主编 阎纯德 吴志良
北京语言大学
列国汉学史书系
Sinological History Series

马立安·高利克的汉学研究

杨玉英 著

学苑出版社

图书在版编目（CIP）数据

马立安·高利克的汉学研究 / 杨玉英著. —北京：学苑出版社，2015.8
（列国汉学史书系 / 阎纯德，吴志良主编）
ISBN 978-7-5077-4821-5

Ⅰ. ①马… Ⅱ. ①杨… Ⅲ. ①汉学－研究 Ⅳ. ①K207.8

中国版本图书馆CIP数据核字(2015)第172677号

责任编辑：	杨　雷
封面设计：	徐道会
出版发行：	学苑出版社
社　　址：	北京市丰台区南方庄2号院1号楼
邮政编码：	100079
网　　址：	www.book001.com
电子信箱：	xueyuanpress@163.com
联系电话：	010-67601101（销售部）　67603091（总编室）
经　　销：	新华书店
印 刷 厂：	河北保定彩虹艺雅印刷有限公司
开本尺寸：	710×1000　1/16
印　　张：	32.5
印　　数：	1500册
版　　次：	2015年8月第1版
印　　次：	2015年8月第1次印刷
定　　价：	60.00元

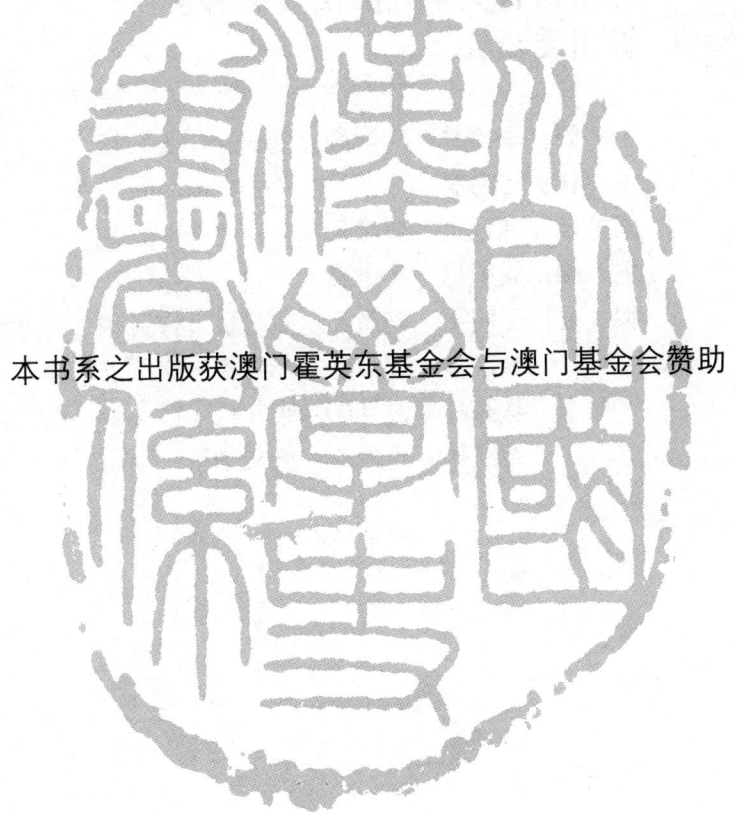

本书系之出版获澳门霍英东基金会与澳门基金会赞助

 北京语言大学列国汉学史书系
编辑委员会

顾　　问：季羡林　李学勤　汤一介　王路江　李宇明
主　　任：崔希亮
副 主 任：韩经太　曹志耘
主　　编：阎纯德　吴志良
编　　委：王晓平　乐黛云　安平秋　许光华　刘顺利
　　　　　吴志良　张国刚　严绍璗　李明滨　李海绩
　　　　　陈开科　侯且岸　柴剑虹　钱林森　耿　昇
　　　　　阎纯德　阎国栋　熊文华

序 一

经过近30年多位学者的辛劳努力,现在我们可以说,国际汉学研究确实已经成长为一门具有特色的学科了。

"汉学"一词本义是对中国语言、历史、文化等的研究,而在国内习惯上专指外国人的这种研究,所以特称"国际汉学",也有时作"世界汉学""国际中国学",以区别于中国人自己的研究。至于"国际汉学研究",则是对国际汉学的研究。中外都有学者从事国际汉学研究,但我们在这里讲的,是中国学术界的国际汉学研究。

自从"改革开放"以来,国际汉学研究改变了禁区的地位,逐渐开拓和发展。其进程我想不妨划分为三个阶段:一开始仅限于对国际汉学界状况的了解和介绍,中心工作是编纂有关的工具书,这是第一个阶段。到了20世纪90年代,出现国际汉学研究的专门机构,大量翻译和评述汉学论著,应作为第二个阶段。在这两个阶段里,学者们为深入研究国际汉学打好了基础,准备了条件。新世纪到来之后,进入全面系统地研究国际汉学的可能性应该说业已具备。

今后国际汉学研究应当如何发展,有待大家磋商讨论。以我个人的浅见,历史的研究与现实的考察应当并重。国际汉学研究不是和现实脱离的,认识国际汉学的现状,与外国汉学家交流沟通,对于我国学术文化的发展以至于多方面的工作都是必要的。我曾经提议,编写一部中等规模的《当代国际汉学手册》,使我们的学者便于使用;如果有条件的话,还要组织出版《国际汉学年鉴》。这样,大家在接触外国汉学界时,不会感到隔膜,阅读外国汉学作品,也就更容易体味了。必须指出的是,国际汉学有着长久的历史,因此现实和历史是分不开的,不了解各国汉学的历史传统,终究无法认识汉学的现状。

我们已经有了不少国际汉学史的著作及论文。实际上,公推为中国最早的汉学史专书,是1949年出版的莫东寅《汉学发达史》,尽管是通史体裁，也包含了分国的篇章。这本书最近已有经过校勘的新版，大家容易看到，尽管只是概述性的，却使读者能够看到各国汉学互相间的关系。由此可见，有组织、有系统地考察各国汉学的演进和成果，将之放在国际汉学整体的背景中来考察，实在是更为理想的。

这正是我在这里向大家推荐阎纯德教授、吴志良博士主编的这套"列国汉学史书系"的原因。

阎纯德教授在北京语言大学主持汉学研究所工作多年，是我在这方面的同行和老友，曾给我以许多帮助。他为推进国际汉学研究，可谓不遗余力，所作出的重要贡献是学术界周知的。在他的引导之下，《中国文化研究》季刊成为这一学科的园地，随之又主编了《汉学研究》，列为《中国文化研究汉学书系》，有非常广泛的影响。其锲而不舍的精神，我一直敬服无地。特别要说的是，阎纯德教授这几年为了编著这套"列国汉学史书系"所投入的心血精力，可称出人意想。

在《汉学研究》第八集的《卷前絮语》中，阎纯德教授慨叹："《汉学研究》很像同人刊物，究其原因，是从事这个领域研究的学者太少，尤其是专门的研究者更是少之又少，所以每一集多是读者相熟的面孔。"现在看"列国汉学史书系"，作者已形成不小的专业队伍，这是学科进步的表现，更不必说这套书涉及的范围比以前大为扩充了。希望"列国汉学史书系"的问世成为国际汉学研究这个学科在新世纪蓬勃发展的一个界标，让我们在此对阎纯德教授、这套书的各位作者，还有出版社各位所做出的劳绩表示感谢。

李学勤

2007年4月8日

于清华大学国际汉学研究所

序 二
汉学历史和学术形态

汉学历史和学术形态历史是既抽象又具体的存在,是浩瀚无边的过去、现在和未来。历史会让我们兴奋,也会使我们悲哀,有时会令人觉得它又仿佛是一个梦。但是,当我们梦醒而理智的时候,便会发现——自然史、时间史、太阳史、地球史、人类社会史,一切的一切,不管是曾经存在过的恐龙,还是至今还在生生不息的蚂蚁社群,天上的,地下的,看得见的,看不见的,一切都有自己的历史。一切都有过发生,一切都还在发展,一切都还会灭亡。

任何事物的发生都有一个有形或无形的孕育过程,"汉学"(Sinology)也是这样,其孕育和成长,就是中国文化与异质文化相互交媾浸淫的历史。这个历史,始于公元1世纪前后汉代所开通的丝绸之路,接下来是七八世纪的大唐帝国、十四五世纪的明代、清末的鸦片战争和"五四"新文化运动,这种文化的碰撞和交流之潮时起时伏直到今天,还会发展到永远。这是历史,是汉学的昨天、今天和未来,是其孕育、发生和成长的过程显现出的文化精神。但是,昨天有远有近,我们可以循蛛丝马迹地探讨找回其真;而今天,只是一个过渡,一俟走过,便成为昨天的陈迹。写作汉学史是一件艰难的劳作,尤其对象是遥远的昨天,尤其是"遗失"在异国他乡的昨天,更非一件易事。时至今日,朦胧面纱下的汉学还不为一些学人所认识,因此有必要取下面纱,让人们看个究竟。

从20世纪70年代中期之后,尤其90年代以降,"汉学"(Sinology)便逐渐成为学术界耳熟能详的学术名词。中国大陆重提"汉学"(Sinology)至今,汉学就像隐藏在深山里的小溪,经过30年的艰辛跋涉之后,才终于形成一条奔腾的水流,并成为中国文化水系不可或缺的组成部分。这个变化是时代和历史变迁带来的结果,也是文化自己发展的规律。

那么,究竟什么是汉学(Sinology)呢？首先,这里的汉学非指汉代研究经学注重名物、训诂——后世称"研究经、史、名物、训诂考据之学"的"汉学",而是指外国人研究中国历史、语言、哲学、文学、艺术、宗教、考古及社会、经济、法律、科技等人文和社会科学领域的那种学问,这起码已是200多年来世界上的习惯学术称谓。李学勤教授多次说:"汉学,英语是Sinology,意思是对中国历史文化和语言文学等方面的研究。在国内学术界,'汉学'一词主要是指外国人对中国历史文化等的研究。有的学者主张把它改译为'中国学',不过'汉学'沿用已久,在国外普遍流行,谈外国人这方面的研究,用'汉学'比较方便。"[①] Sinology 一词来自外国,它不是汉代的"汉",也不是汉族的"汉",不指一代一族,其词根 sino 源于秦朝的"秦"(Sin),所指是中国。

在历史长河里,汉学由胚胎逐渐发育成长。当汉学走过少年时代,在西学东渐和中学西传互示友情后,中学开始影响西方而成为人类文明史上的伟大事件。中世纪以来,欧洲视中国为"修明政治之邦",对中国充满了好奇与好感,当"中国热"蜂起欧洲,19世纪初期法国便成为西方汉学的中心,巴黎成为"汉学之都"。戴密微(Paul Demiéville)曾说汉学的先驱是葡萄牙、西班牙和意大利。但是,汉学作为学术研究和一种文化形态,举大旗的则是法国人。1814年12月11日,雷慕莎(Jean Pierre Abel Rémusat)在法兰西学院首开"汉语和鞑靼——满语语言与文学讲座",启开了西方真正的汉学时代。但指代汉学的"Sinologie"(英文"Sinology")一词则出现在18世纪末,应该早于雷慕沙主持第一个汉学讲座的时间,更不会晚于1838年。从此之后,"Sinology"便成为主导汉学世界的图腾、约定俗成的学术"域名"。在世界文化史和汉学史上,外国人把研究中国的学问称为"汉学",研究中国学问的造诣深厚的学者称为"汉学家"。因此,我认为,我们不必要标新立异,根据西方大部分汉学家的习惯看法,"Sinology"发展到如今,这一历史已久的学术概念有着最广阔的内涵,绝不是什么"汉族文化之学",更不是什么汉代独有的"汉学",它涵盖中国的一切学问,既有以儒释道为核心的传统文化,也包含"敦煌学""满学""西夏学""突厥学"以及"藏学"和"蒙古学"等领域。但是一直以来人们对汉学的理解和解释相

[①] 李学勤:《国际汉学漫步·序》,石家庄:河北教育出版社,1997年。

左,因此便有了"中国学""海外汉学""海外中国学""域外汉学""国际汉学""世界汉学""国际中国文化"等不同的叫法;如果咬文嚼字,推演下来,一定还会有"国内汉学""国内中国学",甚至"北京汉学""河南汉学"等。由于汉学的发展、演进,以法国为首的"传统汉学"和以美国为首的"现代汉学",到了20世纪中叶之后,研究内容、理念和方法,已经出现相互兼容并包状态,就是说 Sinology 可以准确地包含 Chinese Studies 的内容和理念;从历史上看,尽管 Sinology 和 Chinese Studies 所负载的传统和内容有所不同,但现在却可以互为表达、"雌雄同体"同一个学术概念了。话再说回来,对于这样一个负载着深刻而丰富历史内涵的学术"域名",我以为还是叫它 Sinology 最好,因为,Sinology 不仅承继了汉学的传统,而且也容纳了 Chinese Studies 较为广阔的内容。另外,中国人对中国文化的研究应该称为国学,而外国学者研究中国文化的那种学问则称为汉学。汉学是国学的有血有灵魂的"影子",而汉学不是国学,是介于中学与西学两者之间,本质上更接近西学的一种文化形态。说它与国学同根而生,说它们是一条藤上的两个瓜,都不为过,然而瓜的形象与味道却不相同,一个是"东瓜",一个是"西瓜"。我认为这样认识汉学,既符合中国文化的学术规范,又符合世界上的历史认同与学术发展实际。

　　汉学的历史是中国文化与异质文化交流的历史,是外国学者阅读、认识、理解、研究、阐释中国文明的结晶。汉学作为外国人认识中国及其文化的桥梁,是中国文化和外国文化撞击后派生出来的学问,实际上也是中国文化另一种形式的自然延伸。但是,汉学不是纯粹的中国文化,它与中国文化有着密不可分的血缘关系,既是中外文化的"混血儿",又是可以照见"中国文化"的镜子,是可以攻玉的"他山之石"。"'Sinology'是一门在国际文化中涉及双边或多边文化关系的近代边缘性的学术,它以'中国文化'作为研究的'客体',以研究者各自的'本土文化语境'作为观察'客体'的基点,在'跨文化'的层面上各自表述其研究的结果,它具有'泛比较文化研究'的性质。"①以上两种表述虽有不同,但学理一致,基本可以厘清我们对于 Sinology(汉学)的基本学术定位。

　　法国汉学家马伯乐(Henri Maspero)说过:"中国是欧洲以外仅有的这

---

① 严绍璗:《我对 Sinology 的理解和思考》,载2006年《世界汉学》第四期。

样的一个国家:自远古起,其古老的本土文化传统一直流传至今。"法国哲学家弗朗索瓦·于连(François Jullien)也说:"中国文明是在与欧洲没有实际的借鉴或影响关系之下独自发展的、时间最长的文明……中国是从外部审视我们的思想——由此使之脱离传统成见——的理想形象。"①他在《为什么我们西方人研究哲学不能绕过中国》中提出:"我们选择出发,也就是选择离开,以创造远景思维的空间。人们这样穿越中国也是为了更好地阅读希腊。"为了获得一个"外在的视点",他才从遥远的视点出发,并借此视点去"解放"自己。这便是一个未曾断流、在世界上仅存的几种古老文化之一的中国文明的意义。中国文明是一道奔流不息的活水,活水流出去,以自己生命的光辉影响世界;流出的"活水"吸纳异国文化的智慧之后,形成既有中国文化的因子,又有外国文化思维的一种文化,这就是"汉学"。也就是说,汉学是以中国文化为原料,经过另一种文化精神的智慧加工而形成的一种文化。从某种意义上说,汉学既是外国化了的中国文化,又是中国化了的外国文化;抑或说是一种亦中亦西、不中不西有着独立个性的文化。汉学作为一门独立的具有跨文化性质的学科,是外国文化对中国文化借鉴的结果。汉学对外国人来说是他们的"中学",对中国人来说又是西学,它的思想和理论体系仍属"西学"。

  汉学研究是指对外国汉学家及其对中国文化研究成果的再研究,是中国学者对外国学者研究中国文化的反馈,也是对外国文化借鉴的一个方面。凡是对历史或异质文化进行研究,都有一个价值判断和公正褒贬的问题。因此,对于外国汉学家对于我们中国文化的研究,必得有我们自己的判断,然后做出公正的褒贬。我们说汉学是可以攻玉的"他山之石",但是这句箴言并非只是适用于中国人,对外国人也是一样。汉学也像外国的本体文化一样,对我们来说有借鉴作用,对西方来说有启迪作用——西方学者以汉学为媒介来了解中国,汲取中国文化的精华,完善自己的文明。人类由于文化背景差异和文化语境的不同,思维方向和方式也会不同,因而就会得出不同的结论,讲出不同的道理。"西方学者接受近现代科学方法的训练,又由于他们置身局外,在庐山以外看庐山,有些问题国内学者司空见惯,习而不察,外国学者往往探骊得珠。如语言学、民俗学、考古学、人类

---

① [法]弗朗索瓦·于连:(François Jullien)《迂回与进入》,香港:三联书店,1998年。

学、社会学诸多领域,时时迸发出耀眼的火花。"①汉学的学术价值往往不被国人重视,并利用汉学家对于中国文化的一些误读贬低汉学的价值。其实,这并不公平,有些汉学家对于中国文化确实有其独到的见解,能发中国人未发之音。法国汉学家马伯乐(Henri Maspero,1883—1945)对中国上古文化和上古宗教的研究就有独到的贡献,被称对中国宗教研究有"先河"之功。他研究中国宗教的宗教社会学的方法,促进和推动了中国学者采用宗教社会学来研究中国宗教,被称为"中国宗教社会学研究的真正创始人"。瑞典汉学家高本汉(Bernhard Karlgren,1889—1978),终生的最高成就是根据研究古代韵书、韵图和现代汉语方言、日朝越诸语言中汉语借词译音构拟汉语中古音和根据中古音和《诗经》用韵、谐声字构拟古音,写出了著名的学术专著《中国音韵学研究》《汉语中古音与古音概要》《古汉语字典重订本》《中日汉字形声论》《论汉语》《诗经注释》《尚书注释》和《汉朝以前文献中的假借字》等,他对汉语音韵训诂的研究是不少中国学者所不及的,并深刻影响了对于中国音韵训诂的研究。20世纪著名的日本学者津田左右吉关于中国文化的研究著述甚丰,他认为中国文化是一种"人事本位文化",其核心是"帝王文化",其他认识上尽管有偏颇,但也有其独异性和深刻之处。这就是"他山之石"的意义和价值。当然,不可否认,汉学家对于中国文化的误读或歪曲也是常见的,诸如瑞典考古学家安特生(John Gunnar Andersson)于1921年10月对河南仰韶文化遗址发掘之后,便说中国彩陶制作技术源于西方,并在他的《甘肃考古记》和《黄土儿女》著作中反复强调他的这一错误观点。这一观点亦为"西方文化东移造成中国文化之说"提供了说辞。日本学者石田幹之助也推波助澜,闭门造车地推测出西方文化东渐的路线;甚至连我们的国学大师章太炎、刘师培也被"忽悠"得认可了"中国文化西来说"。② 美国现代汉学(中国学)的奠基人费正清对中国历史尤其近代史的研究独具风采,为美国人民认识中国搭建了一座桥梁;但他在研究上的所谓"冲击—回应"模式,却近乎荒谬,认为是西方给中国带来了文明,是西方的侵略拯救了中国。综上所述,对于汉

---

① 季羡林:《汉学研究·序》第七集,北京:中华书局,2003年。
② 《章太炎全集·〈訄书·序〉·〈种姓篇〉》,上海:上海古籍出版社,1985年;刘师培:《刘申叔先生遗书·〈思念祖国〉·〈华夏篇〉·〈国土原始论〉》。

学成果的研究,只有冷静、公正、客观、全面,才能在沙中淘得真金,拥抱"他山之石"。

在中国,汉学的接受与命运,诚实地说,在20世纪80年代初期之前,基本上是无视它的学术价值,更没人把它看做是中国文化的延伸。此外,由于民族心理上的历史"障碍",我们还曾视汉学为洪水猛兽,甚至觉得它是仇视中国、侮辱中国的一个境外的文化"孽种"。这种"观点",虽嫌偏颇,但也不是空穴来风。因为自19世纪"鸦片战争"前后,直至20世纪40年代,偌大的中国曾经惨遭蹂躏,整个历史写满了炮火压迫和宗教怀柔,其间也不乏为列强殖民政策服务的传教士、"旅行家"和"学者"深入中国腹地,以旅行、探险、考古之名而实行搜集社会情报、盗窃和骗取中国大批文物。

人类思想的飞翔,是受社会和历史禁锢的,山高水远的阻隔也使得人类互相寻找的岁月特别漫长。交流是人类文化选择的自然形态,汉学就发生在这种物质交流和文化交流之中。

公元前后,中国人被称为赛里斯(Seres),中国叫赛里加(Serice),这是陆路交往关于中国最初的叫法,时间较早;另一种叫法,把中国人称为秦尼(Sinai),中国叫秦(Sin),这是海路交往关于中国的叫法,时间较晚。由商人输往西方的中国丝绸绢绘是当时帝王贵族倾慕的奢侈珍品,Seres 和 Serice 两字系由阿尔泰语所转化,是希腊罗马称谓中国绢绘的 Serikon、Sericum 两字简化而来。西方人当时称中国为"秦"(Sin),称中国人为"秦尼"(Sinai),则是源于秦朝。①

人类在互相寻找的初级阶段,中国和西方试探性的商业交往还很原始,那时的人类,不同的国家、民族和族群处于相对落后和封闭的状态,人类各个角落的不同文化还处于相对不自觉或是相对蒙昧的历史时期。在人类最早的沟通中,中国人走在最前边。公元前139年,张骞奉汉武帝之命,越过葱岭,亲历大宛、康居、大月氏、大夏、乌孙、安息等地,直达地中海东岸,先后两次出使中亚各国,历时十多年,开创了古代和中世纪贯通欧亚非的陆路"丝绸之路",为人类交往开创了先河,也为汉学的萌发洒下最初的雨露。

---

① 莫东寅:《汉学发达史》,北平文化出版社,中华民国三十八年(1949年),第3页。

在文化史上,以孔孟儒家学说为核心的中国文化最先影响朝鲜半岛,然后才是日本和越南等周边国家。这些周边国家与中国的关系复杂,甚至被说成同种同文,因此可以说它们的文化与中国文化有着很深的"血缘"关系。公元522年,中国佛教渡海东传日本,从那时开始,中国典籍便大量传入日本,但这只是一种"输入",只是日本创建自己文化的借鉴,并没有形成对于中国文化的深层研究。及至唐代,由于文化上承接了汉朝的开放潮流,那时与异质文化的交流相对更加频繁,商贸往来和文化沟通有了发展,西方和中国周边国家或地域的人士通过陆路和水路进入中国腹地,长安、洛阳、扬州、广州、泉州等城市,都是中外贸易和文化交汇的重要都会,尤其是前者,更是当时世界最大的商业文化之都;而后者,由于东南沿海经济崛起、人口增多、手工业发达、农田水利的改善,为海外贸易发展创造了条件,再由于唐代中期"安史之乱"切断了陆路"丝绸之路"的缘故,曾称为"鲤城""温陵""刺桐城"的泉州,便成为联结亚洲、欧洲和非洲的海上丝绸之路的"东方第一大港",是那时以丝绸、金银、铜器、铁器、瓷器为主的国际贸易之都。通过频繁的往来和交流,外国人对中国文化的认识越来越多、越来越深,汉学也便在这种交流中不知不觉慢慢衍生。

但是,源远流长的汉学,人们习惯地认为其洪流和网络在西方,西方是汉学的形象代表。这一看法一是源自近代以来西方强势文化和中国人的崇洋心理;二是西方汉学的某些特征也确实有别于朝鲜半岛、日本和越南的汉学。其实,如果我们从世界汉学历史发展的角度看,日本、朝鲜半岛和越南的汉学要早于西方的汉学,比如日本在十四五世纪已经初步形成了汉学,而那时西方的传教士还没有进入中国。因此,对于汉学的研究,无论是西方还是东方(朝鲜半岛、日本和越南),我们都不能顾此失彼,要以同样的关注和努力探讨其历史。当然,汉学的历史藏在文献里,而隐性源头却在文献之外。

文化往往伴随经济流动,其交流也会在不自觉或无意识状态下发生。到了明代初年,郑和率舰队出使西洋,前后七次,历经二十八年,到过三十多个国家,最远抵达非洲东岸和红海口,真正拓展了海上"丝绸之路"。

在公元八九世纪至十六七八世纪期间,关于中国,多见于西方商人、外交使节、旅行家、探险家、传教士、文化人所写的游记、日记、札记、通信、报告之中,这些文字包含着重要的汉学资源,因此有人把这些文献称为"旅游汉学"。这些来源于文艺复兴,因为思潮的开放影响了欧洲人的思想和生活,他们或通商,或传教,或猎奇,但了解和研究中国文化却是一致的,于是汉学便在葡萄牙、西班牙、意大利、法国、荷兰、英国、德国、俄罗斯等主要的西方国家逐步发展起来。

这类游记和著作较早的有约在公元851年成书的描述大唐帝国繁荣富强的阿拉伯佚名作者的《中国与印度游记》,吕布吕基斯的《远东游记》(1254),意大利的雅各·德安克纳的《光明城》,贝尔西奥的《中华王国的风俗与法律》(1554),《利玛窦中国札记》,亚历山大·德·罗德的《在中国的数次旅行》(1666),南怀仁的《中国皇帝出游西鞑靼行记》(1684),费尔南·门德斯·托平的《游记》,李明的《关于中国现状的新回忆录》(1696)和《中华帝国全志》(《中国通志》)等,以及罗明坚、金尼阁、汤若望、卫匡国等名士的著作,还有大量名不见经传的传教士、商人、旅行家、探险家的各种记述,都成为日后汉学兴旺发达的必然因素。这类著作主要涉及中国的物质文明,较多描述、介绍中国的山川、城池、气候以及生活起居、饮食、服饰、音乐、舞蹈,也涉及一些中国的观念文化。这些"旅游汉学"著作中,影响最大的是《马可·波罗纪行》(《东方见闻录》)。马可·波罗(Marco Polo)于1275年随父亲和叔父来中国,觐见过元世祖忽必烈,1295年回国后出版了这本书,它以美丽的语言和无穷的魅力翔实地记述了中国元朝的财富、人口、政治、物产、文化、社会与生活,第一次向西方细腻地展示了"唯一的文明国家"——"神秘中国"——的方方面面。

这些包罗万象的文献,不仅记录了不同时代的中国,还以自己的文化视角开始了中西文化最初的碰撞。作为文献,这些游记、日记、札记、通信和报告,有赞美,有误读,也有批评,但因为其中包含大量中国物质文化及政治、经济、历史、地理、宗教、科举等多方面的文化记载,而成为汉学的重要组成部分,在学术史上有重要价值。

汉学的发生、发展与经济、政治、交通以及资讯分不开。有学者把汉学的历史分为"萌芽""初创""成熟""发展""繁荣"几个时期,也有的分为"游记汉学时期""传教士汉学时期"和"专业汉学时期"三个阶段。但汉学的真正形成是在明末兴起的"西学东渐"和"中学西传"的互动之中。

从16世纪到十八九世纪,在数以千计的散布在中国各地的传教士中,有不少人成为名载史册的汉学先驱,他们为汉学的发展作出了重大贡献。

自 1540 年罗耀拉（S. Ignatins de Loyola）、圣方济各·沙勿略（Francisco Xavier）等人来华，开始了以意大利、西班牙传教士为主的第一时期的耶稣会的传教活动。接着，意大利的范礼安（Alexandre Valignani）、罗明坚（Michel Ruggieri）等著名传教士来华。1583 年，即明朝万历十一年，罗明坚将利玛窦神甫（Matteo Ricci）带到中国，从此，耶稣会士在中国的宗教活动无论是对于西方或是东方，都开始了一个新的历史时期。西班牙的胡安·冈萨雷斯·德·门多萨（Juan Gonzalez de Mendoza）的《中华大帝国史》于 1588 年问世，这部世界汉学史上的第一部汉学著作，名副其实地对中国的政治、历史、地理、文字、教育、科学、军事、矿产、物产、衣食住行、风俗习惯等做了百科全书式的介绍，具有相当的学术价值，以七种文字印行，风靡欧洲。以利玛窦为核心的耶稣会士的历史意义在于他们开始了对中国文化的全面"开垦"，不仅著书立说，还把《大学》《中庸》《论语》《孟子》等中国文化经典译成西文，不仅开西学东渐之先河，也推动了中学西传，使中国文化对西方科学与哲学产生重要影响，因此这位思想家当仁不让地被视为西方汉学的鼻祖。与其先后到达中国的著名的传教士都著书立说、传播中国文化，对推动西学东渐和中学西传作出了贡献。在世界汉学史上，除了以上提及的，还有许多汉学家的名字十分响亮，诸如曾德照、柏应理、卫匡国、殷铎泽、南怀仁、汤若望、龙华民、金尼阁、罗如望、熊三拔、李明、张诚、白晋、马若瑟、宋君荣、钱德明、翟理斯、安特生、雷慕沙、儒莲、德理文、安东尼·巴赞、蒙田、冯秉正、尼·雅、比丘林、巴拉第·卡法罗夫、瓦西里耶夫、沙畹、伯希和、马伯乐、葛兰言、斯文赫定、马礼逊、斯坦因、理雅各、翟理斯、李约瑟、韦利、霍克斯、卫礼贤、福兰阁、孔拉迪、高本汉、卫三畏、费正清、戴密微、石泰安、谢和耐、欧文等。他们和东方日本、朝鲜半岛的富有建树的汉学家以及当今散布在各国的汉学家，对中国文化的独特理解，铸造成汉学史上的思想学术之碑，开垦了汉学成长的沃土。

"西方的汉学是由法国人创立的。"但是，在欧洲全面研究中国文明的问题上，"法国的先驱是葡萄牙、西班牙和意大利"。① 戴密微把以上三个国家誉为汉学的先锋，"他们于 16 世纪末叶，为法国的汉学家开辟了道路，

---

① 戴密微：《法国汉学研究史》，载耿昇译：《法国当代中国学》，北京：中国社会科学出版社，1998 年。

而法国的汉学家稍后又在汉学中取代了他们",真正建立起作为学术的汉学传统。就传统汉学而言,法国是汉学家最多的国家之一,有许多汉学界的学术巨擘,不断为汉学的崇高而添砖加瓦。

中外文化交流的结果不仅意味着中国文化"外化"的传播,也意味着异质文化对中国文化"内化"的接受。汉学家作为中外文化交流的桥梁和使者,在异质文化的交流中,也是人类和谐与进步的推动者。

汉学诞生在与异质文化碰撞、交流和相互浸淫之中。这个结果无异于一枚果子的成熟,只有"风调雨顺"才生长得好。和谐、宽容、理解与尊重,是异质文化彼此借鉴的保证。作为文化形态的汉学,其成长和生存离不开良好的国际语境。就中国而言,历史上凡是开放的时代,文化交流多,汉学就发展;反之,汉学就停滞,这似乎成为一种规律。

作为学术公器的汉学,文化上有其自己的成长过程。汉学是发展的,这一植根于中国文化土壤,生存于异国他乡的文化,同样深受不同时代语境的极大影响。这里所说的语境,既包括中国的历史演变,也包括异国和世界的历史变化。也就是说,不同的历史时期,不同的社会、政治、经济、文化背景,在很大程度上左右着汉学的发展方向和内容;换句话说,汉学的形成和发展,不仅受制于中国历史的更迭,也受制于他者社会的变化。这就是以历史悠久的中国文化为研究对象的汉学发展的基本轨迹。

汉学作为一种学术形态,总体上可以分为"传统汉学"和"现代汉学"。传统汉学以法国为中心,而现代汉学兴显于美国,20世纪中期以来,在西方其他国家葆有传统汉学的同时,现代汉学也很繁荣。随着中国与世界政治关系的变化,随着中国文化与世界文化交流的拓展,现代汉学有了显著的发展。

虽然20世纪的后五十多年,中国文化与世界各国文化接触开始多了起来,但就整体而言,1949年后约有三十多年是一个相对"闭关锁国"的时期。公正地讲,这道意识形态的"长城"也并非就是中国的政策,是那时期以美国为首的国家在政治、经济、军事、文化上对我国全面封锁的结果。这个时期的"汉学"涂满了政治色彩,以法国为代表的汉学较多地保持着传统汉学的学术精神,而美国的"中国学"却成了充满政治意识的现代汉学的代表。美国的"中国学"所关心的不是中国文化,更不是中国的传统文化,而是中国的政治、经济、军事、教育和社会生活各个层面的问题。这种政治特征,是那个时期美国汉学的基础,这一特征也影响了其他国家汉学的研究方向和内容。

由于中国与世界的隔离,由于西方与中国少有交流,因此汉学家不了解中国最新的文化进展(比如新的考古发现),致使汉学处于断炊或"无米之炊"的状态,没有中国文化的支持,西方汉学要想取得研究上的突破也很困难。陌生感和神秘感困扰着汉学家,这不仅是文化的尴尬,也是汉学家的难堪。

人类文化包含了物质文化和观念文化等。物质文化表现在衣食住行生活方面,是一种看得见、摸得着又极易变化的"具象"文化,例如饮食、服饰、住房、音乐、舞蹈等;观念文化是一个民族的核心,表现在人的价值观、道德观、家庭观、宗教观等诸多方面,以及关于自由、平等、民主的理解,观念文化是一个民族的思维经过高度抽象后形成的思想、观念和精神,它通过文化灵魂——哲学、文学、语言、宗教、历史等来表达。[①] 观念文化,一俟进入外国汉学家的研究视野,他们的研究也就进入了对中国文化核心的深层研究。

汉学家从对中国物质文化到观念文化的研究,其领域越来越广越来越深。现在,汉学不仅包括对中国的哲学、文学、宗教、历史领域的研究,还包括社会学、政治学和自然科学。Sinology(汉学)和 Chinese Studies(中国学),它们已经发展到可以"异名共体"的地步。

时至今日,传统汉学和现代汉学这两种汉学形态不仅同时存在着、共荣着,而且还互相浸透着。

19 世纪末至 20 世纪初,美国汉学悄然嬗变为中国学,并以自己独有的个性特点和极强的生命力出现在世人面前。美国汉学始自 1830 年东方学会(American Oriental Society)的建立,这个学会虽然代表了欧洲那种对东方学文学的兴趣,但这个学会"从一开始就有一种与众不同的使命感"——"为美国国家利益服务,为美国对东方的扩张政策服务"。[②] 这个特点也与"美国海外传教工作理事会"向中国派出基督教传教士的宗旨相

---

① 任继愈:《汉学发展前景无限》,载《中华读书报》2001 年 9 月 19 日。
② 侯且岸:《费正清与中国学》,载李学勤主编:《国际汉学漫步》(上),石家庄:河北教育出版社,1997 年。

一致。可见,美国汉学一开始就和美国的国际战略和对华政策联系在一起。卫三畏(Samuel Wells Williams)1848年出版的百科全书式的《中国总论:中华帝国的地理、政府、教育、社会、生活、艺术、宗教及其居民观》就带有较为浓厚的社会科学特点,与欧洲具有人文科学特征的汉学颇有差异,但它依然属于Sinology的范畴。

美国从南北战争后的统一中走向强大,加入强国之列。八国联军对中国的侵略行径,是列强联合的第一次尝试。从那时起,承担着相当"政治"角色的传教士进入中国。真正美国式的"汉学"——中国学,就从那时开始,而奠基人和开拓者是之后的费正清(John King Fairbank)。作为美国首席中国问题专家的费正清,他的中国学研究不仅影响了美国,也对其他国家的汉学研究或中国学研究有强烈的影响。

在西方,费正清的魅力在于,没有谁能像他那样以更清晰、更富于洞察力的笔触来表述中国。"在使美国人了解中国,了解中国的传统、中国纷扰不安的近代史,以及中国神秘莫测的现状等方面,谁的贡献也没有像他那样大"。费正清等一批知名的美国中国学家都参与过战时情报工作,在战后作为美国政府的智囊而直接为制定对华政策服务。费正清的研究虽然充满了实用和功利色彩,立场和观点也有偏见,但这并不妨碍他在历史上作为一个贡献巨大的汉学家和中国人民的朋友的光辉。美国学者从事研究的根本出发点是"使命感""学术个性"和"反唯理智论倾向","蔑视学问,更为强调实用性知识","更为明显同自己以外的社会,即政治家、实业家及其实践家始终保持紧密的联系"。① 这就是美国中国学家的基本心态,他们讲究功利和实用,不理会学术上的理智倾向,这与法国汉学家的学术心态、学术个性与学术传统几乎大相径庭。

传统汉学(Sinology)和现代汉学(Chinese Studies)的差异在于前者是以文献研究和古典研究为中心,它们包括哲学、宗教、历史、文学、语言等;而以美国为中心的现代汉学(中国学)则以现实为中心,以实用为原则,其兴趣根本不在那些负载着古典文化资源的"古典文献",而重视正在演进、发展着的信息资源。但是,汉学发展到21世纪,其研究内容和方式已经出现了融通这两种形态的特点。这种状况既出现在欧洲的汉学世界,也出现

---

① [美]赖肖尔:《近代日本新观》,北京:三联书店,1992年。

在美国的中国学研究之中,可以说世界各国汉学家的研究中,都兼有以上两种汉学形态。

汉学(Sinology)对中国研究者来说,被尘封得太久,所以它的空白很多,浩如烟海的资源还有待于深入开掘。这种开掘,不仅可以收获汉学,还可以无意中发现被历史"放逐"和"遗失"在异国他乡的中国文化。编撰"列国汉学史书系"的目的和宗旨,不仅是为了梳理已有的汉学资源,在世界范围内追踪中国文化的外传历史状况、经验及影响,同时探究汉学的产生、成长、发展与繁荣,还要尽可能厘清这块"他山之石"对于中国文化的作用。当然,"列国汉学史书系"还期望对推动中国文化与世界文化的交流有所裨益。

"列国汉学史书系"作为一个文化工程,其撰写的难度非一般学术著作所能比拟。严绍璗教授谈到 Sinology 的研究者的学识素养时提出四个"必须":①必须具有本国的文化素养(尤其是相关的历史、哲学素养);②必须具有特定对象国的文化素养(同样包括历史、哲学素养);③必须具有关于文化史学的基本学理素养(特别是关于"文化本体"理论的修养);④必须具有两种以上语文的素养(很好的中文素养和对象国的语文素养)。这几点确实都是汉学研究者必须具备的文化和语文素养,否则很难进入汉学研究的学术境界。

写作"列国汉学史"艰难,而出版可谓难上加难。人间的事好像天上的云、地上的风,飘忽不定没有根,铁板钉钉是没有的,因为钉子可以用"权力"拔出来,一切承诺和协议,都可以化为乌有。虽然"列国汉学史书系"一直受到经济的困扰,但它终没有自毙于摇篮之中,冬天之后是春天,接着便是收获的季节。这套富有创意和价值的书系,将对中外文化交流和汉学的发展及其比较研究产生深远影响。

有人认为"汉学史中国人写不了",当然这是一个很奇怪的"立论"。日本人石田幹之助写了《欧人的中国研究》(1932)、莫东寅写了《汉学发达史》(1949),接下来又有严绍璗的《日本中国学史》(1991),张国刚的《德国的汉学研究》(1994),张静河的《瑞典汉学史》(1995),何寅、许光华主编的《国外汉学史》(2002),刘正的《图说汉学史》(2005)和李庆的《日本汉学史》(2005)相继面世。在人类的文化长廊里,无论是中国还是外国,各种史书琳琅满目,这其中有外国人写中国的各类历史,也有中国人写外国的各类历史。历史,是往事,是记录,是选择,并有相对独立的评论和褒贬。但是,事实上任何一部历史都不是最后的历史,历史随着时光的流逝而演进,修史很难一步到位,它需要一代代学者"积跬步"才能"至千里",只有"积土成山,积水成渊",方能"风雨兴""蛟龙生"。学问之事非一夕之功,非得有前赴后继者敢于赴汤蹈火"流血牺牲",才会达至光明顶峰。

开拓者也许会在某个时候将自己的真诚劳作化为欢乐,因为在以后的岁月里,定会有人踏着自己的肩膀或是踩着自己的鼻子和头顶攀上高峰,以鸟瞰美丽风光。21世纪是经济的大空间,对汉学来说也是一个"大空间"。但是,要探索这个"大空间",需要有个和谐的"太空站",需要大家联袂共建;当然世界上需要多元文化和谐相处的历史语境,共同创造彼此接近、认识、理解、尊重、沟通、借鉴与融合的机会,这个机会,就是汉学研究发展的机会。

时间在行走,历史在行走。人类创造过历史,书写过历史,但是没有最后的历史。汉学有历史,而且还正在创造新的历史,汉学及其研究将以自己的品格和个性在人类文化的世界里放出异彩。

阎纯德

2006年12月5日

于北京半亩春

我所知道的马立安·高利克
（代序）

乐黛云

　　我和高利克可以说是旧日同窗。我们先后就读于北京大学，只是我在五十年代初而他在五十年代尾。虽然我们当时互不相识，但九十年代我和他重游旧日燕园，却有许多共同的回忆。

　　我们真正相知已是八十年代后期了。我当时读了一部分他的专著《中国现代文学批评史》。觉得很有意思，很动了将它从英文译成中文的念头。后来社会科学院文学研究所陈圣生先生接过了这工作。但几经蹉跎，遇到了许多不该存在的问题，已经完成的译稿至今未能出版。我内心一直为此怀着内疚，虽然几经努力，在九十年代初期将他的新著《中西文学关系的里程碑》收入北京大学比较文学丛书，在北京大学出版社得到出版，但总觉得他的成名作《中国现代文学批评史》未能在中国面世是一大遗憾！他的这两本书都是在西方文学的广阔背景上来讲解中国现代文学，这不是一般的"影响研究"，而是讨论在新的与世界沟通的现代环境下，中国文学如何转型和发展。两部著作可以说是姐妹篇，前一本多着重理论的探讨，后一本则着重个案分析。这种超越过去比较文学传统的"影响研究"和"平行研究"，着重在其它多种文学发展的脉络中研究一种文学特色和发展及其可能为世界文学所作出的特殊贡献，我认为这也许正是未来比较文学发展的新方向，而高利克的两本新书正是向着这一方向跨进了结实的一步。

　　我进一步认识高利克是在1991年中国比较文学会在贵阳（贵州）召开第三届年会暨国际比较文学讨论会的时候。那时社会主义的捷克斯洛伐克政府没有很多钱资助文学方面的会议和学者。我们也完全没有办法给他买一张飞机票。费了很多周折，他终于来到北京，而我们也给他找到一张和我们一起从北京乘硬卧到贵阳的火车票。当时的旅程需要两天两夜。

当许多国外学者都从北京乘飞机去贵阳时,我真担心我的老同学会从精神上和体力上都感到不适。但他却爽朗地笑了。他说他和别人没有什么不同,无非是"斯洛伐克一老农",也许坐牛车更好!这一笑消溶了他和中国学者的界限。一路上我们谈得好高兴,真是"乐莫乐兮新相知!"

特别是我和他,同睡在一个狭窄的硬卧车厢中,真作了一番"对床夜谈"。我们谈话的内容无所不包,从政治、人生到文学艺术。谈到意见相投时真是神采飞扬,谈到意见相左时也不乏激烈的争辩。记得我们谈得最多的就是我们都曾认真研究过的中国现代作家茅盾。我认为茅盾是一个党性很强的作家。他常常为要符合政治利益的需要而不得不放弃他自己对现实的深刻观察,但他又不甘心于这种"放弃"。他对现实的思考往往会不知不觉地再度浮现出来。例如他对中国农民问题的探讨就是如此。从他的《泥泞》、《春蚕、秋收、残冬》到《水藻行》就是表现了这样一种反复。《泥泞》写于北伐革命刚刚失败之后。这部短篇小说是写湖南农民运动完全不是真正农民的运动,只是少数地痞流氓、"先锋分子"把几个老实农民作为幌子,"打地主"、"分田地",从中得利。待到政治风云突变,他们又一变而为政治帮凶,将老实农民作为替众羔羊送上了断头台。这部作品真实地反映了作者在革命失败后的深切体会和沮丧。写于三十年代初期的《农村三部曲——春蚕、秋收、残冬》就完全不同了。这部作品虽然也不无深刻之处,但总的说来,只是一种政治观念的演绎。直到三十年代末期,茅盾又写了探索农民问题的《水藻行》。在这篇作品中茅盾摆脱了过去政治观念的束缚,企图从农民自身来发掘农民的原始生命活力。这种企图虽然不一定很成功,总是一种新的尝试。

高利克不完全同意我的观点。他更感兴趣的是他正在研究的关于北欧神话的著述。他觉得自己在这里发现了一片研究茅盾的新天地。他的讨论给了我很多启发。这的确是中国茅盾研究中经常被忽略的一面。沿着茅盾的踪迹我们自然也谈到了在社会主义制度下,知识分子所处的内心与现实的悖论。他回忆起六十年代苏军入侵捷克斯洛伐克时知识分子的遭遇。他当时是捷克斯洛伐克著名知识分子、汉学家普赛克的学生。普赛克也是被整肃的对象。我也回忆起反右时期和"文化大革命"时自己的遭遇。事过境迁我们都不免感慨万端。在那样的历史环境中,似乎谁也不能口心如一,谁都不能声称自己从未说过违心的话!谁都不能说造成那种

"万喙同鸣,鸣又不揆诸心"(鲁迅《破恶声论》)的局面自己完全没有责任！记得我们的结论是,如果没有思想和言论更大的自由度,特别是思想的自由度,国家如果只能按照一个人的思想去行动,社会就决不可能向前发展,只能倒退,甚至崩溃。

以后,高利克和中国学术界有了更密切的交往。他介绍给我们捷克斯洛伐克著名比较文学家杜里申(Ďurišin)的理论著作对中国比较文学的发展有相当深刻的影响。他自己的研究又进一步向中国思想史发展,研究了许多个案,写了很多文章。

我所认识的马立安·高利克不仅是作学问这一面,我深刻感到他爱他的民族,爱他的土地。每次我提到捷克斯洛伐克,简称捷克时,他都颇不高兴。我说这只是一种简称,他却认为这是对斯洛伐克民族的忽视。后来几经纠正,我也不敢再大意了。虽然已是著名学者他仍很注意保持他的农民本色。他甚至在城市近郊买了一小片地。每个周末都到那里种花种菜。他也深爱他的妻子儿女。有一次他来北京,想为他的妻子、女儿、媳妇各挑一段适合她们个性和爱好的丝绸。我陪他在白孔雀艺术商店"比较研究"了近三个小时！对他的学生,他更是关怀备至！为了他的一个学生到北大留学,后来又希望我帮助她学习,他先后给我写了不下二十封信。他的学生也都对他很敬重。当他的一个学生不知为了什么原因放弃学习时,他从心里真正感到难过,和我谈起来,几乎已是热泪盈眶了。

高利克是真正的斯洛伐克人。他爱唱歌、爱跳舞、爱喝很多啤酒。记得我们有一次在悉尼参加澳大利亚的亚洲研究讨论会,会后到一位教授的农场去玩。晚上大家围着篝火聊天。他又唱歌又跳舞,喝酒喝得满脸通红。当他知道我五十年代初曾到布拉格参加世界学生代表大会,并学会了一首捷克歌时,他一定要求我唱出来。我按当时所学唱出了一串字符和音符。它们对我来说完全没有意义。我一点都不知道是什么意思。高利克按照我唱出的节奏跳舞。他一边大笑,一边将我唱出的句子译成中文。原来大意是:"马露霞,马露霞,吻我吧,不要怕妈妈会骂。妈妈年轻时,也和我们一样与别人相爱！"我原来曾被告知,并也告诉了别人这是一首革命歌曲,谁知原意却是如此！我怀疑他是在捉弄我,但他却指天发誓说一字一句都是真的！我永远不会忘记那个悉尼近郊的篝火之夜！在那高远的南半球的夜空,只有在南半球才能见到的,澳大利亚国旗上的南门七星在明亮地闪烁。人们的心也都通明透亮,快乐的高利克也如此通明透亮地映在我心里,永远!

时日飞逝,往事历历在目,但却已是历史陈迹。在此学术界共庆老友马立安·高利克毕生成果丰收之际,"生命之树常青!""知识之树常青!"就是我对他最诚挚的祝福!

一九九七年八月于莱顿大学(北京大学比较文学研究所)

(高利克先生建议本书作者用乐黛云教授这篇为他六十五岁寿辰所写、收录进冯铁和高斯曼编《秋水:庆祝高利克先生六十五岁寿辰论文集》的文章作为这本研究他的中国现代文学研究的代序。本书作者与乐黛云教授联系,她欣然应允。在此致谢!)

本书同时获 2012 年度四川省教育厅人文社会科学（郭沫若研究）课题"马立安·高利克的郭沫若研究"（GY12A09）；四川省哲学社会科学"十二五"规划 2012 年度学科建设项目"马立安·高利克的中国现当代文学研究"（SC12XK003）资助。

目　录

代序　我所知道的马立安·高利克（乐黛云） ……………（Ⅰ）

第一章　马立安·高利克的国际汉学研究六十年 …………（1）
　我的国际汉学研究六十年，1953—2012 ………………（1）
　　学生时代，1953—1960 …………………………………（1）
　　布拉格汉学学派的黄金岁月与西方中国现代文学研究的开始，
　　　1961—1968 ……………………………………………（5）
　　西方与欧洲的中国现代文学研究，1969—1979 ………（7）
　　西方与欧洲的中国现代文学研究，1980—1989 ………（13）
　　二十世纪末的中国现代文学研究，1990—2000 ………（20）
　　二十一世纪初的中国现代文学研究，2001—2012 ……（26）

第二章　马立安·高利克的鲁迅研究 ………………………（32）
　第一节　高利克的青年鲁迅研究 …………………………（32）
　第二节　高利克的鲁迅在波西米亚和斯洛伐克研究 ……（43）
　　鲁迅研究在波西米亚 ……………………………………（43）
　　鲁迅研究在斯洛伐克 ……………………………………（51）
　第三节　高利克的鲁迅短篇小说研究 ……………………（55）
　　鲁迅的《呐喊》：与迦尔洵、安特莱夫和尼采的创造性对抗 …（55）
　　鲁迅的《长明灯》与迦尔洵的《红花》两部短篇小说的
　　　文学间性 ………………………………………………（65）
　　泽耶尔和鲁迅笔下的后羿
　　　——论古老神话在现代文学中的变异 ………………（71）

第四节　高利克的鲁迅文学批评研究 …………………………（79）

第三章　马立安·高利克的郭沫若研究 ………………………（94）

第一节　高利克的青年郭沫若研究 ………………………………（94）

第二节　高利克的郭沫若《女神》研究 …………………………（109）

第三节　高利克的郭沫若《浮士德》翻译研究 …………………（123）

歌德的《浮士德》在郭沫若作品与译著中的接受与幸存 ……（123）

郭沫若与歌德的《浮士德》在中国 ……………………………（127）

"果提克"式的居室与箱崎的一间小屋：
　散议郭沫若1910年10月10日对歌德《浮士德》的翻译 …（133）

第四节　高利克的郭沫若文学批评研究 …………………………（143）

高利克的郭沫若唯美-印象主义文学批评研究 ………………（143）

高利克的郭沫若印象主义文学批评研究 ………………………（152）

高利克的郭沫若无产阶级文学批评研究 ………………………（159）

第四章　马立安·高利克的茅盾研究 ……………………………（169）

第一节　高利克的茅盾思想、传记研究 …………………………（169）

从庄子到列宁：茅盾的思想发展 ………………………………（169）

在北大研究茅盾 …………………………………………………（171）

茅盾先生笔名考 …………………………………………………（172）

茅盾传 ……………………………………………………………（172）

茅盾和我 …………………………………………………………（173）

第二节　高利克的茅盾短篇小说研究 ……………………………（175）

茅盾短篇小说研究，1928—1937 ………………………………（175）

茅盾的《子夜》：与左拉、托尔斯泰、唯特主义
　和北欧神话的创造性对抗 ……………………………………（176）

中国三十年代暮光照耀下的商人与荡妇 ………………………（182）

中国文学指南：《虹》与《春蚕》 ………………………………（184）

斯洛伐克文版《林家铺子》前言 ………………………………（185）

第三节　高利克的茅盾与中国现代文学批评研究 ………………（186）

茅盾与中国现代文学批评 ………………………………………（186）

茅盾为现实主义和马克思主义的文学理论而斗争 ……………（201）

中国现代文学批评史研究之一：1919—1920年间的茅盾 …… （208）
第四节　高利克的茅盾与外国神话研究 …………………… （223）
　　茅盾小说中的神话视野 ………………………………… （223）
　　普西芬尼、潘多拉和梅小姐：古希腊神话
　　　与中国现代小说中的神话视野 ……………………… （226）
　　诸神的使者：茅盾与外国神话在中国的介绍，1924—1930 …… （231）
　　神话中的大力士与荡妇——茅盾视野中的参孙和迪莱勒 …… （237）
第五节　高利克的茅盾与尼采研究 ………………………… （241）
　　由入迷至失望：茅盾与尼采，1920—1921 …………… （241）
　　茅盾与尼采：自始至终，1917—1979 ………………… （246）

第五章　马立安·高利克的其他中国现代文学研究 …… （254）

第一节　中国作家的外国文学研究 ………………………… （254）
　　青年张闻天与歌德的《浮士德》……………………… （254）
　　冯至与歌德的《浮士德》……………………………… （258）
　　王蒙"拟启示录"写作中的戏仿与荒谬的笑 ………… （259）
第二节　中国文学在国外的传播与接受 …………………… （261）
　　老舍在波西米亚和斯洛伐克的接受 …………………… （261）
　　冰心在波西米亚和斯洛伐克的接受 …………………… （263）
　　唐诗在波西米亚和斯洛伐克的翻译，1902—1999 …… （265）
　　孔子和儒家思想在波西米亚和斯洛伐克的接受 ……… （267）
　　中国翻译文学在捷克斯洛伐克、波兰和匈牙利的接受，
　　　1919—1989 …………………………………………… （269）
　　中欧巴比塔：切尔卡斯基、马悦然、顾彬与欧洲二十世纪
　　　汉诗翻译 ……………………………………………… （270）
　　泽耶尔眼中马致远的《王昭君》：着捷克服装的匈奴新娘 …… （272）
第三节　外国文学在中国的接受与研究 …………………… （274）
　　尼采在中国 ……………………………………………… （274）
　　马雅可夫斯基在中国 …………………………………… （279）
　　但丁在中国 ……………………………………………… （284）
　　里尔克在中国 …………………………………………… （289）

《圣经》在中国 …………………………………………… (290)
　　外国文学在中国,1970—1979 …………………………… (307)
　　在克西马尼园和各各他之间:中国现代文学中耶稣的最后一日,
　　　1921—1942 ……………………………………………… (310)
　第四节　中西比较文学研究 ………………………………… (313)
　　欧洲语境中的中国文学:对比较文学重要性的思考 ……… (313)
　　异国情调时代的结束?一个比较文学家的思考 ………… (317)
　　忧郁在欧洲与中国:一个比较文学家对跨文化交际过程
　　　的思考 …………………………………………………… (322)
　　痛苦的母亲:对王独清的《圣母像前》和圭多·雷尼的
　　　"戴荆冠的基督"的思考 ………………………………… (326)
　　顾城的小说《英儿》与《圣经》 …………………………… (330)
　第五节　对中国文学的思考与评价 ………………………… (333)
　　中国文学中"正面人物"的概念,1960—1970 …………… (333)
　　五四运动七十年后 ………………………………………… (337)
　　评《中国现代思想史上的论争》 …………………………… (340)
　　对中国文学共同体的思考 ………………………………… (344)
　　中国现代颓废之梦中非正常的爱与暴力 ………………… (346)
　　论现代中国文学中"民族形式"的讨论之主要话题 ……… (351)

附录 ………………………………………………………………… (357)
　附录一　高利克所译鲁迅作品题名 ………………………… (357)
　附录二　高利克所译郭沫若作品题名及诗歌 ……………… (359)
　附录三　高利克所译茅盾作品题名 ………………………… (368)
　附录四　国外对高利克作品的引用 ………………………… (372)

参考文献 ………………………………………………………… (463)

后记 ……………………………………………………………… (488)

第一章
马立安·高利克的国际汉学研究六十年

斯洛伐克科学院著名的汉学家马立安·高利克先生毕生致力于中西思想文化史和中国现当代文学的研究,从1956年开始,即大量发表关于他的中国文学研究成果,至今已有50多年的研究历史。高利克先生给予过关注的中国现当代作家和批评家极为广泛,有梁启超、王国维、胡适、鲁迅、陈独秀、周作人、郭沫若、茅盾、郁达夫、成仿吾、蒋光慈、钱杏邨、瞿秋白、梁实秋、冯乃超、曹禺、洪深、何其芳、巴金、冯至、老舍、冰心、王独清、向培良、王蒙、顾城、苏曼殊、朱自清、丁玲、张闻天、许地山、柔石等。其中鲁迅、郭沫若和茅盾是高利克关注最多、研究最深入、研究成果也最丰富的三位文学大家。

2012年10月20日的邮件中,高利克先生把他刚完成的回忆文章《我的国际汉学研究六十年》发给了我①。先生在邮件中郑重提及,这篇文章是为我和他的外孙女巴巴拉而写,读这篇文章,可以让我们更清楚了解这几十年中他所阅读的东西、所结识的人、所组织和参加的国际学术会议、他的朋友和同事。该章将先生的这篇回忆文章翻译出来以飨读者。

我的国际汉学研究六十年,1953—2012

学生时代,1953—1960

1953年10月1日,我在布拉格查理大学哲学系办公楼前碰见了一个

---

① 马立安·高利克(Marián Gálik):《我的国际汉学研究六十年》(My Journey through the Sixty Years of International Literary Sinology,1953—2012),共34页,未发表。

女孩,她与她来自斯洛伐克鲁容贝克罗(Ružomberok)的同事一块儿。由于她俩讲的都是我的家乡话,于是我问她俩来这里打算学什么。她说她将研究中文,而她的同伴则研究日语。后来她成了我的同学,然后与我做了差不多40年的同事。安娜·德丽扎洛娃-弗尔高娃(Anna Doležalová-Vlčková)是西方第一位郁达夫研究者,著有《郁达夫文学创作的特征》(Yü Ta-fu: Specific Traits of His Literary Creation)①。之后,黄川和黄向晖以《郁达夫研究》②为题翻译了该书的部分内容。

那个时候,著名的布拉格汉学学派还不存在,尽管雅罗斯拉夫·普实克(Jaroslav Průšek)教授已经出版了一些著作,他的小组也开始进行创作并随之出版了研究成果③。学院的鲁迅图书馆里也有50000册中文藏书,这些书部分是普实克购买的,也有部分是1950年以来中国赠送的,大部分都与传统中国相关。据该图书馆的工作人员介绍,这个中欧最大的图书馆,在50年代和60年代,直到大约1964年,也仅有1762种书刊是关于中国现代文学的。对研究茅盾的我来说,图书馆里只有24种相关图书,其中仅2种是关于1949年以后的文学批评的。后来被安娜研究的郁达夫,相关的资料有7种。她仅能以我1959年为她在中国的旧书店买到的那些二手书为基础写她的博士论文。普实克的其他学生写他们的硕士论文时的情况也不比这好多少,有时甚至更糟:奥德瑞凯·克劳(Oldřich Král)(巴金)、丹娜·卡尔瓦多娃(Dana Kalvodová)(丁玲)、贾米拉·哈林高娃(Jarmila Häringová)(田汉)、史罗甫(Zbigniew Słupski)(老舍)或马歇拉·波斯科娃(Marcela Boušková)(冰心)。我们中仅有两位有可能在我们待在北京期间与中国作家见面,向他们请教与其作品相关的问题。一个是我与我研究的对象茅盾,另一个是史罗甫与他研究的作家老舍。我们有机会接触到王瑶的经典作品《中国新文学史稿》④和刘绶松的《中国新文学初

---

① 布拉迪斯拉发:捷克斯洛伐克科学院出版社,1971年版。
② 乌鲁木齐:新疆美术摄影出版社,1993年版。
③ 贝尔塔·克莱布索娃(Berta Krebsová):《鲁迅的生平与作品》(Lu Hsün, sa vie et sa oeuvre),布拉格:捷克斯洛伐克学院出版社,1953年版。雅罗斯拉夫·普实克(Jaroslav Průšek)有影响力的文章包括《中国现代文学中的主观主义与个人主义》(Subjectivism and Individualism in Modern Chinese Literature),载《东方档案》(Archív Orientální)第25卷,1957年,第261-286页以及他的其他一些用捷克文撰写的文章。
④ 上海:新文学出版社,1954年版。

稿》①。普实克曾经提到过丁易的《中国现代文学史略》②，但我怀疑他读过这本书。20世纪50年代到80年代初苏联出版的有关中国现代文学的书要么不太好，要么不可靠，只因为许多材料在布拉格得不到。在1954年初给汉学学生的一次讲座中，那些从西方可得到的书全都受到了普实克的批评或谴责，其中有1946年北平辅仁大学出版社出版的博文（H. van Boven）的《中国现代文学史》（Histoire de la Littérature Chinoise Moderne），有善秉仁（J. Schyns）编撰的《中国现代小说和戏剧1500种》（1500 Modern Chinese Novels & Plays），该书于1948年由辅仁大学出版社出版。这些书之所以受到批评主要是由于它们的反马克思主义倾向和严格的天主教观点。或多或少，我们可主要从王瑶的、刘绶松的和普实克最有问题的捷克文版《解放区的中国文学及其民间传统》（Die Literatur des befreiten China und ihre Volkstraditionen）③中学到东西。这本著作是普实克学术著作中影响最广的，它所分析的中国解放区文学的主要材料是一本文集，即1950年3月北京新华书店出版的《中华全国文学艺术工作者代表大会纪念文集》。该书是依照反映世界大战后的时代精神的要求而创作的。苏联的日丹诺夫理论和中国的毛泽东思想极大地体现在周扬的阐释中。但在我看来，它既没有对他的学生，也没有对捷克学者或国外产生太大的影响。

　　1956—1959年间，当普实克的学生们开始将他们的时间奉献给中国现代文学时捷克斯洛伐克的形势发生了变化。1957年我写硕士论文时问普实克，著名的文学作家中我该读谁的作品，他仅提到了两位"诺曼"（Romans）：诺曼·雅各布森（Roman Jacobson）和诺曼·英伽登（Roman Ingarden）。我决定论文写茅盾1928—1937年间的短篇小说，因为1949年上海开明书店出版的《茅盾短篇小说集》中包括了他这个时期的所有小

---

　　① 上海：作家出版社，1957年版。
　　② 上海：作家出版社，1955年版。参见雅罗斯拉夫·普实克（Jaroslav Průšek）编：《中国现代文学研究〈引言〉》（Introduction to Studies in Modern Chinese Literature），柏林：学院出版社，1964年版，第1-2页。在西方，更因其收入李欧梵（Leo Ou-fan Lee）编：《抒情的与史诗的：中国现代文学研究》（The Lyrical and the Epic. Studies of Modern Chinese Literature）（布卢明顿：印第安纳大学出版社，1980年版，第30页）中而出名。也可参见其中译文本，载《普实克中国现代文学论文集》，长沙：湖南文艺出版社，1987年版，第31页。
　　③ 布拉格：捷克斯洛伐克科学院出版社，1953年版。其德译文本以《解放区的中国文学及其民间传统》（Die Literatur des befreiten China und ihre Volkstraditionen）为题出版。布拉格：阿提亚，1955年版。

说,可以在布拉格的鲁迅图书馆和吴本星的《茅盾小说讲话》①中找到它们。写论文时我第一次读到了乐黛云的文章《〈春蚕〉中家民形象的性格描写》②。乐黛云是我在北京大学读书的两年(1958—1960)里一开始就想要见的人中的第一个。留学生办公室告诉我那不可能,因为她是右派。谢天谢地,能够在1957年底以前出版的期刊和小册子中读到她的文章。在我读她的文章时她被"从人民中驱逐出去",不得不在离北京大约40里远的一个名叫"斋堂"的村子里修大坝或喂猪③。我的硕士论文《茅盾短篇小说研究,1928—1937》(Mao Dun's Short Stories,1928—1937)(1958)与1960年写的另一同名的文章一样,一直没有出版。由于某些我不知道的原因,《中国现代文学研究》(Studies in Modern Chinese Literature)这本最典型的、唯一一本布拉格汉学学派的文集,里面收录了6篇捷克学者、1篇东德学者的研究论文,但没有收录一篇斯洛伐克学者的论文。没有我关于茅盾研究的论文和安娜关于郁达夫的短篇小说研究的论文。

  茅盾和我的导师吴组缃读了我硕士论文的英文摘要后都鼓励我到上海和茅盾的故乡乌镇去看看,以便更好地了解他故事中所描写的那些事的地方色彩,这些事从20年代以来到30年代抗日战争爆发并没有发生太大的变化。1959年的假期里我听从了他俩的建议④。在北京大学,我听王瑶、王力和严家炎的讲座。一直到1960年的6月,我与一些后来的汉学家,如苏联的谢列布里亚科夫(Yevgeniy A. Serebryakov)、维克多·彼得洛夫(Viktor V. Petrov)、德米特里·沃斯科伦森斯基(Dimitriy N. Voskresenskiy)和艾薇儿·斯图洛娃(Elvira S. Stulova),法国的雅克·班巴诺(Jacques Pimpaneau)和贾永吉(Michel Cartier),意大利的勒娜塔·庇索(Renata Pisu)和高察(Filippo Coccia),东德的费路(Roland Felber)、梅意华(Eva Müller)、尹虹(Irmtraud Fessen-Henjes)以及所有人中年龄最小的来自澳大利亚的杜博尼(Bonnie S. McDougall)在一块儿。尽管我们外国

---

  ① 上海:泥土社,1954年版。
  ② 《文艺学习》1956年,第8期,第11-13页。
  ③ 乐黛云、卡洛琳·韦克曼:《迎向风暴:一位中国革命妇女的漂泊之旅》(To the Storm. The Odyssey of a Revolutionary Chinese Women),伯克利:加利福尼亚大学出版社,1985年版,第54-77页。
  ④ 这个注释没有内容。根据高利克的《茅盾和我》(Mao Tun and Me),载《亚非研究》(Asian and African Studies)第4卷第2期,1995年,第121-125页上的内容,高利克利用这次假期去过的地方有:南京、上海、杭州、桐乡、乌镇、韶关、曲江、广州、桂林、阳朔、武汉和安阳。本书作者注。

学生住在一处类似聚集区的地方,但我还是有机会见到茅盾、老舍、巴金、戈宝权、王西彦、叶以群和刘绶松。尤其是叶子铭,那时最权威的茅盾研究专家,对我的研究帮助非常大。在南京大学我见到了20年代创造社的一员方光焘以及鲁迅早期文章的研究专家赵瑞蕻,他在莱比锡大学教授中国早期文学。在复旦大学,我见到了王永生,他是系图书馆年轻的助理,是他拿着叶以群的"介绍信"帮我在上海的旧书店买到了在中国其他地方买不到的大约30本书。老师中,我见到了《中国文学批评史大纲》①的作者朱东润和中山大学的陈则光。是陈则光帮助我找到了许多在香港出版的茅盾作品。

从中国回捷克斯洛伐克的途中我参观了莫斯科的东方研究所,并有机会又一次见到德米特里·沃斯科伦森斯基,见到苏联最好的茅盾研究专家弗拉迪斯拉夫·索罗金(Vladislav F. Sorokin)、最好的中国现代文学研究专家列夫·叶德林(Lev Z. Eidlin)、马克·施奈德(Mark E. Shneider)以及利奥尼德·切尔卡斯基(Leonid E. Cherkasskiy),与他们讨论共同感兴趣的问题。

布拉格汉学学派的黄金岁月与西方中国现代文学研究的开始,1961—1968

在布拉格,研究中国现代文学的著作大都是在50年代写的。问题是,除普实克和克莱布索娃(Berta Krebsová)的著作外,那些用捷克语或斯洛伐克语写的作品都找不到出版商。1960年,东德的汉学家们第一次为这些作品找到了出版一本选集的机会,是以柏林东德科学院《远东研究》丛书形式出版的。但是,编辑工作用了四年的时间,特别是因为出版商起了动摇和质疑。最终,书以前面提到的《中国现代文学研究》为书名出版。它是这个时期布拉格汉学学派在中国现代文学领域的第一次成果展现。史罗甫研究老舍的专著《中国现代作家的演变》(*The Evolution of Modern Chinese Writer*)②是1966年出版的。

1961年,夏志清(C. T. Hsia)那本综合性的《中国现代小说史,1917—

---

① 上海:开明书店,1944年版。
② 布拉格:斯洛伐克科学院东方研究所。

1957》(*A History of Modern Chinese Fiction*,1917—1957)①在美国出版。书后有其兄夏济安(Tsi-an Hsia)作的附录《台湾文学》。可能普实克在得到这本书时已经完成了他那篇著名的《中国现代文学研究〈引言〉》。文章给人留下了相当深刻的印象,他以充满挑战性的批评口吻,写了一篇论及政治和文化的、文学革命(从封建主义到现代民主)以及新文学创作的一般性质的评论,引发了中国现代文学史上最尖刻的批评论战②。我认为这是不必要的。夏志清和普实克两人都是这个领域的先驱人物。夏志清有一个很聪明的兄长为伴,普实克在布拉格则无人可比或与其相当。二人各有其经历,阅读范围都不够广泛,而且都有自己的观点和偏见。他们以不同的观点将那些大部分都是东西方的年轻学者划分开来,但这并不能起多大作用。现在普实克的著作在西方很出名,夏志清的则在包括中国在内的东方很出名。在我看来,后来的岁月里夏志清似乎将更多的关注放在了中国而不是普实克那里③,而普实克仍然在西方和东方都享有很高的声誉。他会见著名的中国政治人物、作家和学者,如郭沫若、茅盾、郑振铎,会见列夫·叶德林和几乎所有对中国现代文学感兴趣的著名苏联学者和许多西方的汉学家。布拉格成了他们的会面地点。普实克是第20届布拉格年轻汉学家会议的组织者。该会议在1968年8月21日前一天由于以苏联为领导的东欧五国士兵入侵捷克斯洛伐克而被取消。

60年代,我把许多时间花在将中国现代文学作品翻译成斯洛伐克文(如茅盾的、老舍的、张天翼的、严文井的)和撰写我的关于茅盾的文学批评的博士论文上。1965年,第一位对比较文学感兴趣的欧洲汉学家杜威·佛克马(Douwe W. Fokkema)出版了他的博士论文《中国的文学理论与苏联影响》(*Literary Doctrine in China and the Soviet Influence*)④。在众

---

① 纽黑文:耶鲁大学出版社,1961年版。
② 参见李欧梵,前面所引书,第195-266页。最初,论争的文章发表在《通报》(*T'oung Pao*)杂志第49期,1961年,第357-404页和纽黑文:耶鲁大学出版社,1963年,第428-474页上。由于某些显而易见的原因,普实克译文的中文编辑(见注释第6条)没有将夏志清对普实克批评的回应收录进文集,这样,在1987年后的批评中,这场论争的性质就被完全扭曲了。夏志清对普实克驳斥的回应后收录进普实克著,李欧梵编:《抒情的与史诗的:现代中国文学研究》,上海:三联书店,2010年版。
③ 参见《华文文学》2011年第1期,第26-42页关于夏志清的专栏报道。很遗憾,他的这本专著,不管是最初的英文版还是后来的译本,都仅只放在了附加的参考文献中。
④ 海牙:穆顿出版公司,1965年版。我是在1965年6月2日论文答辩之后收到这本书的。书中签文:"赠与我的朋友和同事马立安·高利克,1965年6月20日。"

多关于中国现代文学的著作中,这是一本比较性质的著作,指明了我未来的方向。我得说,我已经比较好地了解了美国和苏联的比较文学理论。1968年,夏济安的《黑暗之门:中国的左翼文学运动研究》(*The Gate of Darkness. Studies on the Leftist Literary Movement in China*)①比其他书对美国的中国现代文学研究产生了更多的影响。在他之前,奥尔嘉·朗(Olga Lang)以她那本影响广泛的专著《巴金及其作品:两次革命之间的中国青年》(*Pa Chin and His Writings. Chinese Youth between the Two Revolutions*)②对研究做出了重大的贡献。由于对哲学无政府主义比对共产主义政治更加深切的同情,我怀着极大的兴趣阅读了这本书。

西方与欧洲的中国现代文学研究,1969—1979

1969年,普实克的《中国文学的三幅素描》(*Three Sketches of Chinese Literature*)③出版。同年(或者说是1970年的第一天),我的博士论文《茅盾与中国现代文学批评》(*Mao Tun and Modern Chinese Literary Criticism*)④在我待在德国期间出版。我的专著是继索罗金的《茅盾的创作之路》(*Mao Tun's Creative Road*)⑤后在欧洲出版的第二本研究茅盾的书。普实克和索罗金的书都部分或全部分析了茅盾的作品。我紧随普实克,研究了茅盾的文学和批评思想。在我的专著同时受到欧洲和美国的中国现代文学研究专家的好评之后不久,杜博尼性质相似的专著《西方文学理论与现代中国导论,1919—1925》(*The Introduction of Western Literary Theories into Modern*

---

① 西雅图、伦敦:华盛顿大学出版社,1968年版。
② 坎布里奇(马萨诸塞州):哈佛大学出版社,1967年版。
③ 布拉格:捷克斯洛伐克科学院出版社。
④ 威斯巴登:弗兰茨·斯坦纳出版社,1969年版。我是在1970年1月底收到一册样书的。
⑤ 莫斯科:东方文学出版社,1962年版。

China, 1919—1925)①也出版了,该书提供了研究五四运动时期中国现代文学的宝贵的文学批评材料。研究中国现代文学创作的真正的新发展是从李欧梵那本《中国现代作家的浪漫一代》(The Romantic Generation of Modern Chinese Writers)②的出版开始的。该书以其博士论文为基础修改而成,导师是伯纳德·史华慈(Bernard Schwartz)和费正清(John K. Fairbank)两位教授。这是一本真正令人羡慕的书,是在普实克理解的中国现代文学中的主观主义和个人主义影响下创作的,但没有对其现实主义进行强调。哈佛大学的许多老师和同事,围着他进行了多年的勤奋研究和咨询。如果要对这部著作说点批评的话,那可能就是他的研究对欧洲的浪漫主义论述不够深入。另外,我钦佩他的这本书。他与夏志清都是中国现代文学"另类"的发现者。当然,他只是浪漫地对待有"异化"倾向的作家。尽管他本人并不将自己看成是比较文学家,但他在书中完整地讨论了一些伟大的人物,如维特、约翰·克里斯托夫和拜伦。同年,另一本专著,卜立德(David E. Pollard)的《一个中国人眼中的文学:周作人的传统文学价值观》(A Chinese Look at Literature. The Literary Values of Chou Tso-jen in Relation to the Tradition)③出版,该书论述了文学及批评的性质,但与佛克马或我的书不同,更多倾向于中国古代的文学批评。这是一部具有开拓精神的作品,它将关注的重点放在了当时在中国被谴责为日本汉奸和叛徒的鲁迅弟弟身上。只有在"文化大革命"后才敢写几页关于他的东西,尽管我分析过他对当代文学中文学的人道主义使命的贡献。④

---

① 东京:东亚文化研究中心,1971年版,1977年第二次印刷。同年,米歇尔·鲁阿(Michelle Loi)的《墙上的芦苇:远东中国诗人,1919—1949》(Roseaux sur le mur. Le Poètes occidentalistes chinois, 1919—1949)由著名的巴黎伽利玛出版社出版。我阅读这本书是因为其丰富的资料的缘故,但不喜欢其毛泽东式的倾向。尤其是其论象征主义、现代主义和"玄学家"的几章对我很有帮助。匈牙利汉学家杜克义(Ferenz Tökei)这年出版了他最优秀的作品《中国三、四世纪的文类理论》(Genry Theory in China in the $3^{rd}-4^{th}$ Centuries)(布达佩斯:阿克达米亚·克拉多出版社,1971年版)。1972年,可能是阐述中国现代诗歌的最好的苏联作品,利奥尼德·切尔卡斯基(L. E. Cherkasskyi)的《20年代和30年代的中国现代诗歌》(Modern Chinese Poetry of the 1920s and 1930s)出版(莫斯科:科学出版社)。我写了一篇评论鲁阿和切尔卡斯基的长评。参见《评研究中国现代诗歌的两本著作》(A Comment on Two Books on Modern Chinese Poetry),载《亚非研究》第10卷,1974年,第145-167页。
② 坎布里奇(马萨诸塞州):哈佛大学出版社,1973年版。
③ 伯克利-洛杉矶:加利福尼亚大学出版社,1973年版。
④ 马立安·高利克:《中国现代文学批评发生史》(The Genesis of Modern Chinese Literary Criticism),布拉迪斯拉发-伦敦:维达-柯森出版社,1980年版,第17-24页。

1976年，沃尔夫冈·顾彬（Wolfgang Kubin）出版了两本专著，吸引了我或许还有其他学者的注意。他的博士论文是在著名的中国传统诗歌研究专家、也是中国现代文学的翻译者阿尔弗雷德·霍夫曼（Alfred Hoffmann）的指导下完成的，论文题为《论杜牧的抒情诗：寻找解释》（*Das Lyrische Werk des Tu Mu*（803-852）.*Versuch einer Deutung*）①。另一为《戴望舒：唯美与自弃：1949年之前中国现代诗歌之我论》（*Tai Wang-shu*（1905—1950）*Ästhetizismus und Entsagung: ein Beitrag zur modernen chinesischen Dichtung vor 1949*）②。但我1970年访问波鸿时没有见到这位有才气的年轻人。那时的中国文学研究系里满是茅盾的崇拜者，我不明白在这样的情况下他怎能研究这两个题目。后来的岁月里顾彬不仅成了欧洲而且成了全世界中国文学研究领域中最棒的学者之一。

1974年8月26-30日，题为"五四时期的中国现代文学"的国际会议在马萨诸塞州戴德海姆的恩迪科特（Dedham, Endicott House）举行，这次会议成了中国现代文学研究的里程碑。大部分的与会者都是美国人或者华裔美国人，会议表明了美国汉学在这个领域中所起的领军作用。后来出版的会议论文集"献给雅罗斯拉夫·普实克，是他使得这次会议得以成功举行"，但这本论文集的精神远比"二夏"要丰富得多。布拉格汉学学派有两位学者参加了此次会议：米列娜（Milena Doleželová-Velingerová），她提交的会议论文是《鲁迅的〈药〉》（*Lu Xun's Medicine*）③，还有史罗甫。鲁迅是会议讨论的主要对象。没有关于郭沫若、老舍、巴金以及非左翼作家的论文。沈从文，这个后来常常被称作伟人，被认为至少是与像鲁迅或张爱玲一样杰出的作家，也一样没有被讨论。威廉·莱尔（William A. Lyell, Jr.）在这次戴德海姆会议两年之后出版的那本给人留下深刻印象的书《鲁迅的现实主义观》（*Lu Hsün's Vision of Reality*）④中补充说，这些研究鲁迅的论文是将鲁迅作为"中国文化革命的主将"，"鲁迅的方向，就是中华民族新文

---

① 威斯巴登：奥托·哈拉索维茨出版社，1976年版。

② 沃尔夫冈·顾彬（Wolfgang Kubin）等编：《中国、文化、政治和经济：阿尔弗雷德·霍夫曼65寿辰论文集》（*China, Kultur, Politik, Wirtschaft. Festschrift für Alfred Hoffmann zum 65. Geburtstag*），图宾根：厄尔德曼，1976年版，第71-88页。在1978年我们在莫斯科会面期间，列夫·叶德林（L. Z. Eidlin）教授是对顾彬的《论杜牧的抒情诗》给予高度评价的人之一。

③ 梅尔·戈德曼（Merle Goldman）编：《五四时期的中国现代文学》（*Modern Chinese Literature in the May Fourth Era*），坎布里奇（马萨诸塞州）：哈佛大学出版社，1997年版，第221-131页。

④ 伯克利、洛杉矶：加利福尼亚大学出版社，1976年版。

化的方向"(毛泽东)。我不明白,为什么莱尔,一个并非致力于社会学的学者,会将这些话作为他此书的座右铭。后来,在1998年,他为我65岁生日的纪念论文集写了一篇文章《梅所走的路:殷夫作品中的女性》(Down the Road that Mei Took: Women in Yin Fu's Work)①。

戴德海姆会议一年后,即1975年11月4-9日,马悦然(Göran Malmqvist)在斯德哥尔摩组织了一次小型的国际会议,会议主题为"诺贝尔论坛第32期:中国现代文学及其社会背景"。六位学者,其中三位来自"资本主义国家",三位来自"社会主义国家",一起讨论了共同感兴趣的话题。这六个人分别是:米歇尔·鲁阿(Michelle Loi)、伊爱莲(Irene Eber)、杜博尼、利奥尼德·切尔卡斯基、史罗甫和我。切尔卡斯基由于突然生病没能来。但我后来访问莫斯科时李福清(Boris L. Riftin)告诉我,切尔卡斯基"身体好得很"。那时斯德哥尔摩大学里满是毛的崇拜者(马悦然不是他们中的一个),而当我宣称下面部分引用的话时被认为是"中国人民的敌人":"我们汇聚在此,还有别处这些年研究中国现代文学的人,一起耕耘这块事实上'否定传统'的地。尤其是在中国,合法的继承人还在其影响之外。从20年代到30年代,除鲁迅外,没有一个人,其话可以被接受的还在……在这种情况下,恰恰将鲁迅作为一个旗手加以宣传,使其作品成为畅销书,这不是一种典型的'危险的叛国'吗?鲁迅不是正在被制造的中国文学生活的掘墓者之一吗?尤其是控制那种生活的决定性氛围的?尽管是通过曲解和误读鲁迅来达到这样的目的。这一天的到来还有真正的希望,不仅鲁迅的,还有其他作家的作品会摆在柜台上、书架上和读者的面前。"②1976年毛泽东去世,两三年后中国文学的情况发生了改变。但我不得不为我对极"左"文化政策的谴责付出代价,差不多五年的时间里我不能代表捷克斯洛伐克汉学界参加国外的会议。

1978年11月6-8日,一次小型的国际会议"中华帝国和民国时期的女性"在威尼斯圣乔治岛举行。13位会议发言人中有如下著名的汉学家:

---

① 参见冯铁(Raoul D. Findeisen)、罗伯特·高斯曼(Robert H. Gassmann)编:《秋水:庆祝高利克先生六十五岁寿辰论文集》(Autumn Floods. Essays in Honour of Marián Gálik),伯尔尼:彼得·朗,1998年版,第335-350页。

② 马立安·高利克:《论二、三十年代中国现代文学的社会和文学背景》(On the Social and Literary Context in Modern Chinese Literature of the 1920s and 1930s),载马悦然(Göran Makmqvist)编:《诺贝尔论坛》第32期:《中国现代文学及其社会背景》(Nobel Symposium 32. Modern Chinese Literature and its Social Context),斯德哥尔摩:(没有标明出版社名字),第32-33页。

榎一雄(Kazuo Enoki)(东京)、傅海波(Herbert Franke)、兰侨蒂(Lionello Lanciotti)以及"皇后的传记作者"罗克姗·维特克(Roxane Witke)。维特克出版了她的那本畅销书《江青同志》(*Comrade Chiang Ch'ing*)①,是那时的媒体之星。在这次会议上我宣读了论文《论1917年前的中国女性作家文学》(*La letteratura scritta dalle donne chinesi prima del 1917*)②。对女性问题的广泛关注出现在80年代,这次会议是首批关注的行动之一。我的论文是用英文撰写的对中国传统女性诗歌进行研究的首批成果之一,但之后仍然没有引起研究者的关注③,因为他们能在我1958—1960年在北京大学读过的,诸如梁乙真、谭正璧、陶秋英、姜亮夫这些两次世界大战期间的中国专家的作品中找到更多的资料。

1979年见证了整个苏联时代汉学的极盛发展。有三本代表20世纪下半叶苏联的最高成果的专著出版,分别是李谢维奇(Igor S. Lisevich)的《古代与中世纪转折时期的中国文学思想》(*The Literary Mind of China at the Turn of the Ancient Times and the Middle Ages*)④、李福清的《从神话到小说:中国文学中人物描写的演变》(*From Myth to the Novel. The Evolution of Character Description in Chinese Literature*)⑤和索罗金的《中国古典戏曲:起源、结构、意象与情节》(*Chinese Classic Drama. Genesis, Structure, Images and Plots*)⑥。李谢维奇的书关注的是与中国传统文学批评最重要的类型相关的哲学的和概念的问题(通常分别与哲学思想相关),用了某些中国古代文学批评的基本概念,这些概念在传统时期的中国文学史上起着不可估量的作用。这个,至少如我所知,是世界文学中对中国文学批评领域与中国哲学和美学思想有着密切联系的大量术语进行学术性考察的第一次尝试。首先是"道"的问题,它是"德"的非凡表现和"文"(主要是文学作

---

① 波士顿、多伦多:利特尔·布朗出版公司,1977年版。
② 莱昂内诺·兰侨蒂(Lionello Lanciotti)编:《中华帝国与民国时期的妇女小说》(*La donna nella Cina imperiale e nella Cina repubblicana*),1980年版,第147-160页。我论文的英文版本以"*On the Literature Written by Chinese Women prior to 1917*"为题发表在《亚非研究》第9卷,1979年,第65-100页。
③ Sharon Shi-jiuan Hou:《女性文学》,载倪豪士(William H. Nienhauser, Jr.)编:《印第安纳中国传统文学指南》(*The Indiana Companion to the Traditional Chinese Literature*),布卢明顿:印第安纳大学出版社,1986年版,第193页。
④ 莫斯科:科学出版社,1979年版。
⑤ 同上。
⑥ 同上。

品)的文学转化。作者将更多的关注给了"比"和"兴"这两个概念。这两个概念在总体上属于欧洲诗学中最不确定的概念。欧洲的学者如果在他们的阐述中试图借助于欧洲的诗学概念让这些术语与欧洲的读者更接近的话是会犯错误的,因为他们这样做就将这些概念从中国传统的诗学体系中剥离了出来,而这些概念与欧洲诗学是完全不同的。传统的中国诗学并不从根本上关注一部作品的语言结构,伴着诗意的比喻或修辞上的确切的区别或界定,而是对理解文本之外的根本现象或使其起源成为可能感兴趣,对决定基于其中的或源于其中的哲学的与伦理的沃土感兴趣①。李福清的《从神话到小说:中国文学中人物描写的演变》从公元前中国的神话时代开始,到15—16世纪中国历史传奇的初期发展结束。在一定程度上,《从神话到小说:中国文学中人物描写的演变》与其杰出著作《中国的历史传奇与民俗传统:〈三国演义〉的口头文本与文学文本》(Historical Romance and Folklore Tradition in China. Oral and Literary Versions of Romance of the Three Kingdoms)②之间有联系。李福清是俄国最杰出的东方神话研究专家之一。在该书的第一部分中他将许多的篇幅给了伏羲、女娲、神农、皇帝、尧、舜和"龙脸"以及中国神话英雄的其他性能特征的文学和艺术"符号"。在第二部分中他分析了中国中世纪叙事散文中人物的刻画,尤其是《评话》和《三国演义》这两部作品,特别对其叙事方面予以了强调和细致的研究。一直到那时,这些方面在神话研究中都被忽略,只有日本学者做过少量的研究。他的这本书是用叙事方法来研究中国中世纪小说的首次尝试③。索罗金的专著是其出版的那年(即1979年)欧洲汉学界关于元曲研究的最佳作品。它比时钟雯(Shih Chung-wen)的《中国戏剧的黄金时代:元杂剧》(The Golden Age of Chinese Drama:Yüan Tsa-chü)④晚了三年。时

---

① 马立安·高利克:《评苏联出版的三本研究中国传统文学的书》(A Comment on Three Soviet Books on Traditional Chinese Literature),载《亚非研究》第17卷,1981年,第202-203页。很遗憾,李谢维奇(L. S. Lisevich)的这本书苏联以外的汉学家还不知道,我的这篇文章《对中国比较研究的当代情境的旁注》(Marginalia to the Contemporary Situation in Chinese Comparative Studies)恰恰是以其为基础的。文章载寿命不长的刊物《中国/国际比较文学通告》第3期,1992年,第2-3页。也可参见谢耀文:《赋、比、兴》,载《淡江评论》第24卷第2-4期,1994年,第65-66页。

② 莫斯科:东方文学出版社,1970年版。

③ 在我写这篇文章的过程中,李福清(B. L. Riftin)于2012年10月3日在莫斯科去世,享年80岁。

④ 普林斯顿:普林斯顿大学出版社,1976年版。

钟雯教授的专著面向的读者群要广些。其中最好的部分是关于戏剧的语言,她是这方面的专家。而索罗金学术生涯中最好的作品是为专家而写的,但对我这个非专家来说最有趣和最有用的是对162部剧本的摘要。这些摘要以在中国出版的两部戏剧选集为基础,一是1958年出版的四卷本《元曲选》和1959年出版的三卷本《元曲选外编》。在西方,苏联最著名的作品是1976年出版的弗拉基米尔·谢曼诺夫(Vladimir Semanov)的《鲁迅与他的前辈》(*Lu Xun and His Predecessors*)①。该书由查尔斯·阿伯(Charles J. Alber)译成了英文,对西方的研究有相当的影响②。尽管它还不能被称作主要著作,不如刚提到的三部作品和他后来的专著《中国小说的演进:19世纪末至20世纪初》(*Evolution of Chinese Novel. The End of the 19th to the Beginning of the 20th Century*)③那样有价值。

西方与欧洲的中国现代文学研究,1980—1989

米列娜和杜瓦尔(Jean Duval)的《世纪之交的中国小说》(*The Chinese Novel at the Turn of the Century*)④对前面提及的谢曼诺夫的《鲁迅与他的前辈》加以了积极的引用,该书是70年代在多伦多大学进行的一项研究项目的成果。项目是在米列娜和她的丈夫、布拉格语言学界著名的理论家卢波米尔·多勒泽尔(Lubomir Doležel)的指导下完成的。此举是布拉格结构主义学家与西方汉学家合作的典范。我的论文《论西方思想对中国文学批评的影响,1898—1904》(*On the Influence of Foreign Ideas on Chinese Literary Criticism, 1898—1904*)⑤也在我50年代至60年代的同事、布拉格汉学派的米列娜的论文中被提及和加以简略的概括。

我不知道米列娜这本书1980年出版的具体时间。我只知道在西方和

---

① 怀特·普莱恩斯:夏普,1980年版。
② 参见伊爱莲(Irene Eber)的优秀论文:《鲁迅在欧洲和美国的接受:大众化与学术化的政治》(*The Reception of Lu Xun in Europe and in America: The Politics of Popularization and Scholarship*),载李欧梵编:《鲁迅及其遗产》(*Lu Xun and His Legacy*),伯克利-洛杉矶:加利福尼亚大学出版社,1985年版,第259-261页和第266-270页。
③ 莫斯科:东方文学出版社,1970年版。
④ 多伦多:多伦多大学出版社,1980年版,第3-4页、16页、39页、42页、55-56页和187页。
⑤ 同上,第16页、28页和36-37页。

中国常常加以引用的我的专著《中国现代文学批评发生史,1917—1930》(The Genesis of Modern Chinese Literary Criticism, 1917—1930)①是在这一年的开头几天出版的。这本书似乎是我影响力最大的著作,有 13 篇评论和差不多 150 位外国学者引用。该书是继泰戈尔(Amitendranath Tagore)的《现代中国的文学论争》(Literary Debates in Modern China)②之后在西方从比较的视角对中国现代文学批评予以关注的第一部作品,它多少算是李何林的《近二十年中国文艺思潮论》③的"产儿"。李何林的这本书资料丰富,有助于梳理中国现代文学批评的历史,但不是学术史。梅尔·戈德曼(Merle Goldman)的《共产主义中国的文学异议》(Literary Dissent in Communist China)④分析了中国共产党与 40 年代和 50 年代的中国自由作家之间的冲突。

《不受欢迎的缪斯:1937 年至 1945 年间上海和北京的中国文学》(Unwelcome Muse. Chinese Literature in Shanghai and Peking, 1937—1945)⑤很可能是耿德华(Edward M. Gunn)最好的书,在最大程度上分析了此前没有被研究过的这个时期的作品。我个人喜欢这本书的第 4 章"传统的复活:熟悉的散文"(The Resurgence of Tradition: The Familiar Essay)(第 151-191 页)。直到现在学界都还没有对中国散文的特征进行足够深入的研究。耿德华对周作人散文的关注产生了有趣的效果。

一年后,林培瑞(Perry Link)的《鸳鸯蝴蝶派:20 世纪早期中国城市通俗小说》(Mandarin Ducks and Butterflies. Popular Fiction in Early Twentieth-Century Chinese Cities)⑥出版,他将五四运动时期受到批评和诅咒的消遣小说和爱情故事作为该书的研究对象。似乎 70 年代美国汉学家的胃口和观点发生了变化,这可以从其为准备出版的书稿所写的《序言》中提到的众多有名的专家、导师和读者看出来。这本书与徐枕亚的《梨娘》和塞缪

---

① 布拉迪斯拉发、伦敦:维达-柯森出版社,1980 年版。在乐黛云的推荐下该书以《中国现代文学批评发生史》为书名汉译出版。北京:社会科学文献出版社,1997 年版。第 2 版于 2000 年出版。
② 东京:东亚研究中心,1967 年版。
③ 上海:生活书店,1940 年版。
④ 坎布里奇(马萨诸塞州):哈佛大学出版社,1967 年版。
⑤ 纽约:哥伦比亚大学出版社,1980 年版。
⑥ 伯克利:加利福尼亚大学出版社,1981 年版。

尔·理查逊(Samuel Richardson)的《克拉丽莎》(Clarissa)①一样有着典型的比较研究的倾向,这在他的美国同行中还不十分常见。一本相似的书,由王晓薇(Hsiao-wei Wang Rupprecht)撰写的《分离与回归:张恨水与中国叙事传统》(Departure and Return. Chang Hen-shui and the Chinese Narrative Tradition)②在文学间框架内论述了一位杰出的鸳鸯蝴蝶派小说作家。对传统文学技巧尤其是对叙事方法的强调是这位女学者最突出的成就之一。周策纵(Chow Tse-tsung)教授在《序言》③中对该书给予了高度评价。

1983年,一本论述中国现代戏剧的伟大作品,伯恩·艾伯斯坦(Bernd Eberstein)的《20世纪的中国戏剧》(Das chinesische Theater im 20. Jahrhundert)④在德国出版。这项综合性的、一丝不苟的研究论述了从16世纪中国传统戏剧的第一批作品到江青的八部"革命样板戏"。在我看来,迄今为止还没有作品能超越它。

1986年,我的专著《中西文学关系的里程碑,1898—1979》(Milestones in Sino-Western Literary Confrontation, 1898—1979)⑤出版。封面上有鲁迅的笔名"令飞"字样,我是根据马丁·路德德语版《圣经》中的"Vogel sollen fliegen"翻译过来的,其源自《创世记》第1章第20节:神说:"水要多多滋生各样有生命的物,要有雀鸟飞在地面以上,天空之中。"专著研究了梁启超和王国维论述中国现代文学观的文章、鲁迅的《呐喊》、郭沫若的《女神》、茅盾的《子夜》、曹禺的《雷雨》、洪深的《赵阎王》、冯乃超的《红纱灯》、何其芳的《梦中道路》、冯至的《十四行集》、巴金的《寒夜》、老舍的《西望长安》和卢新华以及其他作家关于"文化大革命"的游历。对沙叶新的喜剧《假如我是真的》的分析,由于其对"文化大革命"以后那些不能改变自己在新形势下的生活方式的政治干部的批判趋向,应该被这本书忽略。在乐黛云的推荐之下这本书由伍晓明和张

---

① 伯克利:加利福尼亚大学出版社,1981年版,第56-57页。
② 香港:联合出版公司,1987年版。
③ 同上,第XV-XVII页。
④ 威斯巴登:奥托·哈拉索维茨出版社,1983年版。
⑤ 布拉迪斯拉发、威斯巴登:维达-奥托·哈拉索维茨出版社,1986年版。我关于沙叶新作品的文章是作为《继〈钦差大臣〉之后:评两部中国现代戏剧》(In Footsteps of the Inspector-General: Two Contemporary Chinese Plays)研究的一部分发表的。见《亚非研究》第20卷,1984年,第49-80页。

文定等译成中文于1990年出版,再版于2008年①。这本书与中文版的《中国现代文学批评发生史,1917—1930》,成了中国的博士生和大学生的推荐书目。

1985年,一本纪念鲁迅百年诞辰的文集出版,该文集收录了1981年8月23-28日在加利福尼亚太平洋丛林镇举办的会议的13篇论文②。收录在文集中的文章中我最喜欢的是卜立德的《鲁迅的杂文》(Lu Xun's Zawen)③,这个话题在他之前西方还没有太多的研究。文章鉴赏了伊爱莲的两篇文章:《鲁迅在欧洲和美国的接受:大众化与学术化的政治》(The Reception of Lu Xun in Europe and America: The Politics of Popularization and Scholarship)④和《西方语言中的鲁迅著作和研究选目》(A Selective Bibliography of Works by and about Lu Xun in Western Languages)⑤。我非常感激伊爱莲在鲁迅去世20周年的时候提及我学生时代的第一篇研究鲁迅的文章,那是我作为未来汉学家的生日⑥。在她第一篇论文的开始,有10个为她提供资料和书目的学者的名字,而我这个为她的两篇文章都提供了材料的人的名字却不在其中。在我们私下的通信中我问过她这是为什么。作为中间人为我们传递信件的"鸿雁"是埃利斯·蒂罗斯(Ellis Tinios),里茨大学的美术史学家。一直到1989年底,捷克斯洛伐克大学和科学院的员工与市民之间的通信都是被严格禁止的。

1986年10月17-19日,鲁迅去世50周年的时候,波恩大学举行了一个国际研讨会。这场研讨会是由沃尔冈夫·顾彬组织的,邀请了来自欧洲各国的学者参加。有14位来自德国、捷克斯洛伐克、荷兰、挪威和奥地利的学者,没有中国、加拿大和苏联学者参加。研讨会主要研究了文学创作和文学理论作品,政治和革命方面的内容被部分地放在了一边。对我而言,最有趣的是柏林洪堡大学的弗里茨·格鲁纳(Fritz Gruner)的论文《鲁

---

① [捷克斯洛伐克]马立安·高利克著,伍晓明、张文定等译:《中西文学关系的里程碑,1898—1979》,北京:北京大学出版社,1990年版。
② 李欧梵编:《鲁迅及其遗产》(Lu Xun and His Legacy),伯克利-洛杉矶:加利福尼亚大学出版社,1985年版。
③ 同上,第54-89页。
④ 同上,第242-273页。
⑤ 同上,第275-285页。
⑥ 马立安·高利克:《鲁迅——年轻人的朋友》(Lu Xun-A Friend of Youth),载《轮班》(Smena),1956年9月20日。

迅的〈摩罗诗力说〉》(Lu Xun's frühe Schrift Über die Kraft der romantischen Poesie)。文章很可能是,至少有部分是在赵瑞蕻教授的指导下准备的,他是格鲁纳以前做过研究和工作过的莱比锡大学的老师①。我的论文《鲁迅的〈长明灯〉与 V. M. 迦尔洵的〈红花〉两部短篇小说的文学间性》(Interliterarische Aspekte. Lu Xuns Die ewige Lampe [Changming deng] und W. M. GáršinsDie Rote Blume [Krásnyj cvetók])同时有德文和中文两个文本②。鲁迅创造性作品中的文学间性同时也在鲁克思(Klaas Ruitenbeek)③和毕格(Lutz Bieg)④的论文中得到了强调。

  同年 6 月的第一个星期,一场更加国际性的会议由鲁尔大学的马汉茂(Helmut Martin)和威斯康辛大学的刘绍铭(Joseph S. M. Lau)组办,会议题为"中国文学的共同体"(The Commonwealth of Chinese Literature)。我认为"由于语义和地缘政治的缘故,用'共和国'(Commonweath)一词不太恰当"⑤,我更喜欢用"共同体"一词来代替它。夏志清赞成用"Commonwealth"可能是因为作为一个理想的政治联盟之英联邦的缘故。"会议之星"李欧梵的论文是《超越现实主义:对中国当代文学的现代主义实验的思考》(Beyond Realism: Thoughts on Modernist Experiments in Contemporary Chinese Writing)⑥,作者大体上以中国台湾和中国大陆以外的素材为基础论及正流行的许多问题,吸引了与会者的关注,许多评价都是积极的。与他相反,我的论文《1918 年后中国文学研究的文学间的和文学内部的各个方面》(Interliterary and Intraliterary Aspects of the Study of Post-1918

---

  ① 参见沃尔冈夫·顾彬编:《从荒野之园而来:鲁迅研究,1881—1936)》(Aus dem Garten der Wildnes. Studien zu Lu Xun, 1881—1936),波恩:布维尔出版社,1989 年版,第 19-27 页。

  ② 同上,第 125-137 页和《鲁迅研究月刊》1993 年第 5 期,第 35-41 页。

  ③ 《鲁迅与〈小约翰〉》(Lu Xun und Der kleine Johannes),载沃尔冈夫·顾彬编,前面所引书,第 111-123 页。

  ④ 《野草或面对虚无的绝望抵抗:论鲁迅的散文集〈野草〉》(Unkraut oder vom verzweifelten Widerstand gegen das Nichts. Vorläufige Bemerkungen zu Lu Xuns Prosadichtung Yecao),《鲁迅与〈小约翰〉》(Lu Xun und Der kleine Johannes),同上,第 149-164 页。

  ⑤ 葛浩文(Howard Goldblatt):《序言》(Introduction),载葛浩文编:《分离的世界:近年来中国的创作及其读者》(Worlds Apart. Recent Chinese Writing and Its Audiences),阿蒙克(纽约):夏普有限公司,1990 年版,第 3 页。

  ⑥ 同上,第 64-77 页。

Chinese Literature)①是在会议的第一天,在他论文之后宣读的,没有激起与会者不管是正面的还是负面的丝毫反响,是作为论文的"附录"发表的。与会者中有来自美国、加拿大、德国和西班牙的精英以及香港和新西兰的汉学家。

一年后,金介甫(Jeffrey C. Kinkley)出版了他迄今最好的书《沈从文传》(*The Odyssey of Shen Congwen*)②。该书是他花了多年的时间,在哈佛大学本杰明·史华兹(Benjamin Schwartz)教授的指导下完成的。那个时候研究沈从文的还不多,对他的坦率评论"很难在中国出版"③。金介甫耐心地采访了几十个了解或研究沈从文的人,访问了中国和美国的大学、图书馆和档案馆。他的著作资料非常丰富。或许可以看出,他是作为一个史学家开始创作这部作品的,他对沈从文的兴趣根本上与那些湖南西部的非小说类的材料相关,有着特别的味道。与分析沈从文作品创作的地域的、社会的、宗教的背景和伦理制度相比,他分析沈从文作品文学特征的篇幅并不多。同样,他后来那本综合性的著作《现代中国的正义、小说、法律和文学》(*Chinese Justice, the Fiction, Law and Literature in Modern China*)④以及在某种程度上有相似之处的著作《近代社会主义中国的腐败与现实主义:政治小说的回归》(*Corruption and Realism in Late Socialist China. The Return of the Political Novel*)⑤也对被和谐的(over-harmonized)中国当代社会的历史趋势给予了如实的反映。他比任何美国学者都更加积极地参加由我或者我的朋友们在丝莱莲旎翠古堡(斯洛伐克)、布拉迪斯拉发和维也纳组织的汉学会议(1989、1993、1999 和 2003 年)。

1989 年,格雷戈里·李(Gregory Lee)的专著《戴望舒:一位中国现代作家的生平与诗歌》(*Dai Wangshu. The Life and Poetry of a Chinese Modernist*)⑥出版,这是一本优秀的、可与金介甫的著作相媲美的著作,是献给施蛰存先生的。与金介甫的《沈从文传》相似,著作资料翔实,主要是关

---

① 葛浩文(Howard Goldblatt):《序言》(*Introduction*),载葛浩文编:《分离的世界:近年来中国的创作及其读者》,前面所引书,第 231-245 页。
② 斯坦福(加利福尼亚):斯坦福大学出版社,1987 年版。
③ 同上,第 vii-ix 页。
④ 斯坦福:斯坦福大学出版社,2000 年版。
⑤ 同上。我收到一本有作者献词的书:"献给不朽的(甚至不衰的!)马立安。致以我最高的崇敬。杰夫。"
⑥ 香港:香港中文大学出版社,1989 年版。

于戴望舒的采访、通信、手稿、译文以及作品的分析和研究。我在想为什么没有勒内·艾田蒲(René Etiemble)的采访,他是戴望舒最好的法国朋友,是50年代至1988年比较文学法国学派最著名的代表人物。在我们私人会面时,艾田蒲只是提到戴望舒是他的中国朋友,甚至问我要一本《望舒草》(1933)。他曾经收到过戴望舒作为礼物送给他的这本书,但搞丢了。

1989年,我得到允许组织第一次汉学论坛,可以邀请中国大陆和台湾地区的公民。会议题为"中国1919年五四运动的文学间的和文学内部的各个方面"①,会议是在中国现代政治与文学史上的最大事件五四运动70周年的几天前,于3月13—17日在布拉迪斯拉发附近浪漫的丝莱莲旎翠古堡举行的。这是在中国之外第一次举行纪念五四运动的会议。同名的会议论文集被认为是"有吸引力的",收录了来自中国内地和香港、俄罗斯、美国、加拿大、东德、西德、奥地利、意大利、挪威、瑞典和捷克斯洛伐克等67个与会者的论文。香港来的学者相对较多,有饶宗颐(Jao Tsung-i)、谭国根(Kwok-kan Tam)、陈永明(Chan Wing-ming)、邝健行(Kwong Kin Hung)、陈志顺(C. S. Chan)和梁佩琴(Leung Pui Kam),他们不常被邀请参加在西方举行的汉学会议。来自美国的学者有金介甫、吴茂生(Ng Mau-sang)、奚密(Michelle Yeh)、寇志明(John Kowallis)、陈幼石(Yu-shih Chen)和她的丈夫王浩。王浩是数学家,也是克尔特·哥德尔(Kurt Godel)的采访者。来自中国内地的学者有戈宝权、倪瑞琴和我的朋友叶子铭。王蒙被邀请,但由于他是文化部长,不能参加。25篇论文,有部分稍作删减,在大会上作了宣读。我仅提两篇,一是陈幼石的《堕落女性的意象与中国无产阶级意识的制造:茅盾的〈水藻行〉(1936)》(*Image of the Fallen Woman and the Making of the Chinese Proletarian Consciousness: Mao Dun's Shuizao xing, 1936*)②,这是因为我喜欢茅盾的短篇小说的缘故;另一是陈月桂(Goat Koei Lang-Tan)的《欧洲颓废文学与所谓的二三十年代中国现代主义短篇小说〈对亚瑟·施尼茨勒、施蛰存和凌淑华作品的文学间性的研究〉》(*The European Literature of Decadence and the So-called Modernist Chinese Short Stories from the 1920s and 1930s: Interliterary Study of*

---

① 布拉迪斯拉发:斯洛伐克科学院出版社,1990年版。
② 同上,第155—166页。

Arthur Schnitzler, Shi Zhecun and Ling Shuhua)①。喜欢陈月桂的这篇文章是因为我是一个颓废者(用金介甫的话说)的缘故,也因为她的研究在那个时候是最新的,对我而言完全是新颖的。

对20世纪前半叶中国现代文学的研究在经过10年的准备、撰写和出版《中国文学指南,1900—1949》(A Selective Guide to Chinese Literature, 1900—1949)②后结束。这套书是由马悦然主编的,由米列娜协助编辑小说卷,史罗甫协助编辑短篇小说卷,汉乐逸(Lloyd Haft)协助编辑诗歌卷,伯恩·艾伯斯坦协助编辑戏剧卷。10年的时间并没有白费。这项非同寻常的长远项目是由"欧洲科学基金会中国研究计划"赞助的,来自许多国家的研究者提供了丰富的信息,这使得对众多中国现代作家的研究(包括书和文章)的初始研究变得更加方便。我给小说卷和短篇小说卷提供了信息。

二十世纪末的中国现代文学研究,1990—2000

国际会议"中国当代小说及其文学前身"由费正清东亚研究中心主办,受到美国国家人文基金和《中国时报》的资助,于1990年5月11-13日在哈佛大学古德厅111房间举行。这次会议旨在表明"'文化大革命'后中国文学是如何显示出与通常被称为'五四'文学,即大约1918—1930年间的文学之间的连续性。"③我受李欧梵的邀请到美国讲学,有机会访问了7所大学。我趁此机会参加了这次重要的会议,并在会上宣读了我的论文《王蒙对于各各他和启示录的神话观》(Wang Meng's Mythopoeic Vision of Golgotha and the Apocalypse)。帕特里克·韩南(Patrick Hanan)是大会主席,杜博尼作为评议人对这篇文章做了积极的评价,认为它是对中国现代文学研究新话题的贡献。但编辑们或许有不同的看法,或者如对那些非美

---

① 布拉迪斯拉发:斯洛伐克科学院出版社,1990年版,前面所引书,第139-153页。
② 马悦然主编:《中国文学指南,1900—1949》(4卷本)(A Selective Guide to Chinese Literature, 1900—1949. 4 Vols),莱顿:布里尔,1988—1989年。
③ 参见会议论文集。魏爱莲(Ellen Widmer):"序言"(Preface),载魏爱莲、王德威(David Der-wei Wang)编:《从五四到六四:中国二十世纪的小说和电影》(From May Fourth to June Fourth, Fiction and Film in Twentieth-Century China),坎布里奇(马萨诸塞州):哈佛大学出版社,1993年版,第ix页。

国的和非加拿大的学者如乐黛云、鲁道夫·瓦格纳(Rudolf Wagner)和孔慧怡(Eva Hung)的作品一样,认为它不够好到可以收录在会议论文集中。无论如何,这次会议或许可以看成是 20 世纪末中国大陆和台湾地区之外对新文学研究的开始。在会上宣读的论文中,我特别欣赏海勒·弗鲁豪夫(Heiner Frühauf)的《中国现当代文学中的城市异国情调》(*Urban Exoticism in Modern and Contemporary Chinese Literature*)①和刘禾(Lydia H. Liu)的《发明与调停:中国现代文学中女性传统的制造》(*Invention and Intervention: The Making of a Female Tradition in Modern Chinese Literature*)②。这次会议上王德威(David Der-wei Wang)和他的论文《想象的怀旧:沈从文、宋泽来、莫言和李永平》(*Imaginary Nostalgia: Shen Congwen, Song Zelai, Mo Yan and Li Yongping*)引发了中国之外中国现当代文学最有代表性的学者之一的"胜利之旅"。在 5 月 31 日访问加利福尼亚的萨克拉门托的时候,我见到了刘易斯·罗宾逊(Lewis S. Robinson),他将其博士论文《双刃剑:基督教与 20 世纪中国小说》(*Double-Edged Sword. Christianity and 20th Century Chinese Fiction*)③给了我。这篇论文改变了我研究中国现代文学和部分研究中国古典文学的方向。在我访问美国期间,我还去过芝加哥、波尔得、伯克利、斯坦福、旧金山、圣地亚哥和纽约。

同年,有两次国际会议在台湾举行。规模小的一次题为"中国现代文学第三次国际会议",是于 1990 年 6 月 24-26 日在新竹的"清华大学"举行的,会议由新地文学基金会组织。另一次题为"中国文学翻译国际研讨会",是于 1990 年 11 月 16-18 日由台湾大学文化规划发展委员会举办的。第一个会议并不太"国际",因为除居住在美国的中国人许达然、陈若曦和日本的山田敬三外,没有其他的外国人参加。北京大学的严家炎教授,由于显而易见的原因没有参加。我是这次会议上唯一来自西方的学者,宣读的论文是《茅盾小说中的神话视野》(*Mao Dun xiaoshuo zhongde shenhua shiye*)。著名的台湾"左"倾作家陈映真原本被安排为我那一组的主席,结

---

① 魏爱莲(Ellen Widmer):"序言"(*Preface*),载魏爱莲、王德威(David Der-wei Wang)编:《从五四到六四:中国二十世纪的小说和电影》,前面所引书,第 133-164 页。
② 同上,第 194-220 页。
③ 香港:道风山基督教普世中心,1986 年版。

果他没有来。我和其他所有人的论文以小册子的形式被单独印出来①。较大的在台湾大学举行的那次称得上是真正的国际会议,与会者有翻译专业的学生,也有来自美国、欧洲、中国台湾、中国香港、东南亚、韩国和新西兰的从事中国传统或现代文学的翻译家,没有来自中国大陆的学者,外国学者中主要的会议发言人可能算是白之(Cyril Birch)和马悦然了。马悦然作为"会堂"小组的主席,与另外三个国际比较文学学会的代表:鲁汶大学的何塞·兰博特(José Lambert)、伦敦大学的西奥·赫尔曼(Theo Hermans)、首尔大学的玄泰莉(Theresa Hyun),是与会者最感兴趣的。我最喜欢鲁道夫·瓦格纳的《中国哲学文本的翻译》(Translating Chinese Philosophical Texts),因为它有助于我在我们周围可找到的成堆的翻译得很糟糕的中国哲学文本中理解这个极其重要的问题。与 1990 年哈佛会议的论文集情形一样,论文集中除来自美国、英国以及新西兰的约翰·明福德(John M. Minford)和中国台湾的彭镜禧(Ching-hsi Peng)的论文外,没有收录一篇来自其他国家和地区的学者的论文②。是其他欧洲和亚洲学者很糟糕不值得引起国际汉学界和美国出版商的关注吗?

  在沃尔冈夫·顾彬从《诗经》到谢灵运、陶渊明以及部分自然诗歌③等中国诗学的综合性的、坚实的研究之后,他决定组织一些新的国际会议(1986 年之前的一些会议不允许我参加)。90 年代举行的这些国际会议中有三次非常重要。1992 年 4 月 21-23 日的"《红楼梦》200 周年"会议是在波恩大学举办的。由于经费的缘故,会议论文集到了 1999 年,从第一次"征集论文"10 年之后才出版并送到与会者手中。所有与会者都宣读了他们的论文,论文全都在德国得以出版。与会者中有来自东德、西德的,有在德国的华裔,有来自捷克斯洛伐克的两位学者和一位瑞士学者。会议不仅对这项工作及其作者表示了敬意,而且"结束了德语国家在与最重要的中

---

  ① 其中文版本以相同的题名发表在《东北师范大学学报》1993 年第 2 期,第 15-18 页上。其英文文本《茅盾小说中的神话视野,1929—1942》(The Mythopoeic Vision in Mao Dun's Fiction, 1929—1942)发表在《国际南社学会丛刊》(Bulletin of the International Southern Society)1993 年第 4 期,第 169-178 页。

  ② 欧阳桢、林耀福编:《中国文学翻译》(Translating Chinese Literature),布卢明顿:印第安纳大学出版社,1995 年版。

  ③ 沃尔冈夫·顾彬:《空山:中国文学中自然观的演变》(Der durchsichtige Berg. Die Entwicklung der Natuanschauung in der chinesischen Literatur),司徒格特:弗兰茨·斯特纳出版社,1985 年版。

国小说相关的汉学研究中的沉默。"①我的关于文学间性的本质的论文《忧郁与忧郁症患者》(*Melancholie and Melancholiker*)分析了两位忧郁的文学人物(林黛玉和贾宝玉)以及两位知名人物(弗里德里希·尼采[Friedrich Nietzsche]和保罗·雷[Paul Rée])以及他们文学上的、真正的搭档(薛宝钗和鲁·安德烈亚斯·莎乐美[Lou Andreas-Salomé]②)。诗人顾城想要参加,但由于会议的官方语言只能用德语而不能参加。但是4月24日上午我在柏林斯托克温克尔街12号他们的寓所见到了他和他的妻子谢烨,我们一起讨论了《红楼梦》和歌德的《浮士德》中永恒的女性这个问题③。顾城不相信"永恒的女性",但他是"女儿性"的崇拜者,就如贾宝玉是他的金陵十二钗的一部分一样。对贾宝玉而言,特别的是晴雯;对顾城来说,则是英儿。(但根据高利克先生和顾城的谈话,顾城是相信"永恒的女儿性"的。他不相信的,是"永恒的男人性"。本文译者注)

正好在此两年之前的1990年5月21-23日,"工作狂"顾彬组织了另一次会议"你眼中的我的形象:异域情调与摩登:20世纪的德国与中国",旨在研究中德现代思想史研究中的某些被忽略的方面。只有会讲德语的学者参加了这次会议,我是唯一的例外,正如《圣经·约伯记》第2章第2-7节"天庭"中的撒旦或者《浮士德》之《天上序幕》第一部分中的靡菲斯特。我对异国情调的看法在一定程度上与我的好朋友、顾彬波恩大学的同事陶德文(Rolf Trauzettel)的观点有些冲突,因此我决定不在与会议同名的会议论文集中发表它④。我的这篇文章后来以英文形式发表在斯洛伐克的大学学报上⑤。论文集中的11篇文章中我最喜欢在波恩大学教授中国语言的袁志英的《20世纪中国文学中的德国》(*Das Deutschland in der chinesischen Literatur des zwangzigsten Jahrhunderts*)和李欧梵最得意的学生

---

① 沃尔冈夫·顾彬:《序言》(*Einlaitung*),载沃尔冈夫·顾彬编,《红楼梦:〈红楼梦〉研究》(*Hongloumeng. Studien zum 'Traum der roten kammer'*),伯尔尼:彼得·朗,1999年版,第7页。

② 同上,第193-210页。

③ 参见马立安·高利克和顾城:《会议后的一天:谈话录》(*Der Tag nach der Konferenz. Ein Gespräch*),沃尔冈夫·顾彬:《序言》(*Einlaitung*),载沃尔冈夫·顾彬编:《红楼梦:〈红楼梦〉研究》前面所引书,第277-294页及其中文文本。(该对话标题应为:《〈浮士德〉、〈红楼梦〉、女儿性——高利克与顾城对话》。本书作者注。)

④ 论文集在达姆施塔特出版。达姆施塔特:学术书店,1995年版。

⑤ 马立安·高利克:《欧洲文化领域的异国情调和创造性》(*The Exotic and Creative in the European Cultural Area*),载《希腊与东方研究》(*Graecolatina et Orientalia*)(布拉迪斯拉发)第21-22期,1993年,第117-130页。

之一,同时也是研究"异国情调"的专家海勒·弗鲁豪夫的《二、三十年代中国游记中的德国》(Deutschland in der chinesischen Reiseliteratur der zwanziger und dreissiger Jahre)。只可惜,他很快就不再从事汉学研究了。

顾彬组织的最后的也是最重要的一次国际会议题目为"忧郁与社团在中国"(Melancholy and Society in China),是于1995年7月1-6日在波恩大学举行的。来自全世界不同领域的40多位学者参加了这次会议。想要进一步研究与中国相关的"忧郁"这个问题的想法,源自顾彬阅读伍尔夫·莱佩尼斯(Wolf Lepenies)的专著《忧郁与团体》(Melancholie und Gesellschaft)①,该作品阐述了欧洲可与罗伯特·伯顿(Robert Burton)的经典《忧郁的剖析》(The Anatomy of Melancholy)②不相上下的忧郁史。这也是他自己这种极度暴躁型的忧郁患者的"内心的愿望",这在20世纪的头10年尤其显而易见。他将这次会议的论文集《愤怒的象征:在中国找寻忧郁》(Symbols of Anguish: In Search of Melancholy in China)③赠给了马汉茂(Helmut Martin),但却将综合性的那一卷赠给了自己。在翻阅整本论文集或其部分之前应该看看他为该卷写的《序言》,这些论文探讨的是传统中国与中国哲学经典中忧郁的起源以及传统与现代中国的忧郁和文学。我的论文《忧郁在欧洲与中国:一个比较文学家对跨文化交际过程的思考》(Melancholy in Europe and in China: Some Observations of Student of Intercultural Process)同时关注了新与旧。跟前一次的论文集情况一样,读者也在其中找不到它,因为我不想等上10年才见到它出版。论文回溯了自希腊时期以来"忧郁"这个概念:希波克拉底(Hippocrates)、德谟克利特(Democritus)、黑胆汁(melaina chole)以及荷马的《伊利亚特》(The Iliad)。在中国则从屈原的《离骚》开始,通过中国古代哲学和文学批评,"诗……可以怨"、班婕妤的《苑诗》、李清照的《声声慢》,一直到王独清④。在西方,我们可以从欧里庇得斯(Euripides)的《美狄亚》(Medea)开始,通过整个中古时期和现代的文学、艺术、浪漫主义者、黑格尔的"不幸的意识"和索伦·克尔凯郭尔(Sören Kierkegaard)进行观察。现在我会推荐新的鲁迅发烧友们去重读杜博妮的《鲁迅憎恨中国,鲁迅憎恨鲁迅》(Lu Xun Hates

---

① 法兰克福:苏卡普出版社,1969年版。
② 初版于1621年。现代版本可参见伦敦:人人图书馆,1961年版。
③ 伯尔尼:彼得·朗,2001年版。
④ 《亚非研究》新系列,第5卷第1期,1996年,第50-69页。

China, *Lu Xun Hates Lu Xun*)。这种思想源自 1989 年 3 月在布拉迪斯拉发的丝莱莲旎翠古堡她与沃尔冈夫·顾彬的讨论（我没参加他们的讨论）和鲁迅的"忧郁症"（要么是由于性格,要么是由于环境）,这或许是现代中国最有名的案例①。或许,杜博尼的文章标题有些夸张,鲁迅并非是毛泽东所想象的那类作家。②

1998 年 2 月 21 日我 65 岁生日的时候,冯铁(Raoul Findeisen)和罗伯特·高思曼(Robert H. Gassmann)送给我一本名为《秋水:庆祝高利克先生六十五寿辰论文集》(*Autumn Floods*. 秋水 *Essays in Honour of Marián Gálik*)③的纪念文集,里面收录了我来自 15 个不同国家的新老朋友用 6 种不同语言写的 56 篇文章,谈论我、我的工作、中国传统和亚洲背景以及我关于茅盾、中国现代文学和思想史的研究。我尤其特别感谢我的朋友冯铁,为他联系撰稿人和全部的编辑工作所付出的必要的辛苦努力。同样感谢高思曼教授,是他负责筹集这本出色而贵重的文集的出版费用。

1999 年,李欧梵的另一巨作《上海摩登:一种新都市文化在中国的繁荣,1930—1945》(*Shanghai Modern. The Flowering of a New Urban Culture in China*, 1930—1945)由哈佛大学出版社出版。④

此外,1990 至 21 世纪初我还有研究《〈圣经〉对中国现代文学的影响》(*The Impact of the Bible on Modern Chinese Literature*)和《论二、三十年代中国现代文学中的文学颓废》(*The Literary Decadence in Modern Chinese Literature of 1920s and 1930s*)的论文。关于"中西颓废主义文学研究"研讨会我将在另一篇文章中从比较文学的范围呈现给感兴趣的读者我的回忆。

---

① 沃尔冈夫·顾彬编:《愤怒的象征:在中国找寻忧郁》(*Symbols of Anguish*: *In Search of Melancholy in China*),第 385-440 页。
② 毛泽东:《新民主主义论》,载《毛泽东选集》,北京:人民文学出版社,1969 年版。
③ 伯尔尼:彼得·朗,1998 年版,753 页。
④ 李欧梵:《上海摩登:一种新都市文化在中国的繁荣,1930—1945》(*Shanghai Modern. The Flowering of a New Urban Culture in China*, 1930—1945),坎布里奇(马萨诸塞州):哈佛大学出版社,1999 年版。

二十一世纪初的中国现代文学研究,2001—2012

从1995年开始顾彬组织的会议在那不勒斯东方大学史华罗(Paolo Santangelo)教授组织的一些会议的第一个中得到了反应并出现了连续性。这次国际会议的主题是"情感与史料分析在中国",是于2001年11月5-10日在科尔托纳举办的,有来自欧洲、美国、澳大利亚、日本、韩国和中国香港的24位学者参加。史华罗,他在中国被昵称为"情"教授,过去是现在仍然是西方研究中国情感的最好专家。他从1992年开始兼任《明清研究》的主编,有能力邀请这个领域中最好的一些专家到这个美丽的中世纪城市去。这里我仅提几个:浦安迪(Andrew H. Plaks)、顾彬、柯丽德(Katherine Carlitz)、梅道芬(Ulrike Middendorf)和安杰丽卡·梅斯纳(Angelika C. Messner),他们大概是最杰出的。会议论文集《爱、恨及其他情感:中华文明中的问题和情感主题》(Love, Hatred and Other Passions. Questions and Themes of Emotions in Chinese Civilization)①是编辑们为这本综合性的集子所能选择的最佳题名。头两个词"爱"与"恨"在一定程度上也反映了我的论文《对三部中国现代颓废剧中的不正常的爱与暴力的一些思考》(Some Remarks on Deviant Love and Violence in Three Modern Chinese Decadent Plays)②。文章分析了向培良的《暗嫩》、徐葆炎的《妲己》和苏雪林的《鸠那罗的眼睛》。在史华罗组织的下列会议中我要提一下2003年5月29-31日在罗马大学举办的题为"东方情感"的会议。参加这次会议的大部分是意大利学者,我宣读了自己的论文《〈雅歌〉及中国现代文学中新的爱情观:论希伯来与中国文学的文学间过程》(The Song of Songs and a New Vision of Love in Modern Chinese Literature: An Essay in Hebrew - Chinese Interliterary Process)③。另一次会议是于2004年5月27-28日在威尼斯大

---

① 史华罗(Paolo Santangelo)和唐娜泰拉·吉达(Donatella Guida)编,前面所引书,2006年版。
② 同上,第331-341页。
③ 《东方情感》(Passioni d'Oriente),厄洛斯(Eros)编。

学举办的,题为"对身体感觉的认知及其在东南亚文化中"。尤其是梅道芬的①和罗浦洛(Paul S. Ropp)②的论文,他俩可能算是当代汉学家中研究中国女性情感最好的专家,与所有其他文章一样,值得一读。我的会议论文最后出版时题为《文化内和文化间过程中的〈比干的心〉》(*Bi Gan's Heart in the Intra-and Intercultural Process*),文章通过一直到20世纪20年代的中国哲学和文学作品分析了公元前11世纪时比干和商-殷王朝最后一位帝王纣辛让比干取出心脏并将其剖开的故事,文中涉及捷克颓废作家尤利乌斯·泽耶尔(Julius Zeyer)1886年出版的诗剧《比干的心》(*Bi Gan's Heart*)。③

2003年2月21-25日我70岁生日的时候,在布拉迪斯拉发的斯奇宫和丝莱莲旎翠古堡举办了一场招待会和一次国际会议。会议是由德国圣·奥古斯丁《华裔学志》研究所的马雷凯(Roman Malek)教授和他的团队组织的,题为"入迷与理解:西方精神与中国精神的相互作用,"来自14个不同国家的学者参加了这次会议。28篇会议文章后来分两次发表在著名的杂志《华裔学志》(东方研究期刊)上,即2005年第53卷第246-458页和2006年第54卷第151-415页。这次会议旨在促进全球化时代东方与西方之间必要的、恰当的了解,一方面是要避免"入迷",另一方面则是要避免"误解"。当然,"误解"在历史的进程中或许是有用的,这取决于其性质和结果。很"遗憾"马雷凯认为我的论文不值得称赞,没有发表。马雷凯试图表明他对我在半个多世纪里与中国和俄国,与西欧、美国或加拿大学者的接触中所做的贡献的看法。顾彬的论文《误解的重要性:对东西方碰撞的再思考》(*The Importance of Misunderstanding. Reconsidering the Encounters between East and West*)④是对马雷凯的挑战做出的最重要的回答。

2006年3月24日,在亚历山大·洪堡学术奖的颁奖大会上我高兴地

---

① 梅道芬(Ulrike Middendorf):《入迷、衰退与痛苦:〈诗经〉中的受难意象》(*Ecstasy, Recession, Pain: Images of Suffering in the Classic of Poetry*),载史华罗、梅道芬编:《从皮肤到心脏:传统中国文化中对情感和身体感觉的认知》(*From Skin to Heart. Perceptions of Emotions and Bodily Sensations in Traditional Chinese Culture*),威斯巴登:哈拉索维茨出版社,2006年版,第67-129页。

② 罗浦洛(Paul S. Ropp):《清中期三个悲剧女主人公的激情的代价》(*The Price of Passion in Three Tragic Heroines of the Mid-Qing*),同上,第203-228页。

③ 同上,第261-278页。

④ 《华裔学志》(*Monumenta Serica*)第53卷,2005年,第249-260页。

宣读了另一篇颂词,与其通常的情形一样,颂词相当奉承,称赞我是"中国现代文学研究领域的奠基者之一。其研究成果之一关注了欧洲现代文学在中国现代文学的建立中所起的作用。近年来,他将关注的焦点特别放在基督教的影响和《圣经》对该领域所起的独特作用上。与许多东西方汉学家不同,他了解多种语言和传统。"我为获得这个奖感到自豪,因为在欧洲它被认为仅次于诺贝尔奖,而我被告知在我之前仅有三位汉学家被授予过如此殊荣。我是斯洛伐克人文科学领域获此荣誉的第一人。

2004年我的专著《影响、翻译和平行:〈圣经〉在中国研究选集》(*Influence, Translation, and Parallels. Selected Studies on the Bible in China*)①出版,书序是伊爱莲写的。尽管该书在中国到现在还不出名,但在外国汉学家中受到了欢迎。其中一位评论者梁洁芬(Beatrice Leung)将其描绘为"一本不朽的作品"②,另一位评论者高照民(Christian Cochini)则称其具有"丰富如金矿的信息,鼓舞人心的评论和启发性的思想"③。我怀着感激接受这些评价,但我不知道我是否配得上这些评价。在中国,这本书的译本在过去的三年里一直被弃置一边不予出版。没有人知道什么时候会出版。它原本应该是以《海外中国现代文学研究译丛》的形式出版的。该书由写于1992年至2001年间的17篇论文组成。

2004年6月22—26日,第一届远东和东南亚国际文学研讨会在圣彼得堡国立大学举行,每两年一次都在白夜节期间举办。会议由中俄双方联合举办,但实际上主要是俄罗斯主办的,中方是参与者,常常只有很少的西方学者参加。对俄罗斯和乌克兰的汉学家来说尤其是个会见外国同行的好机会。这个会议的不足在于实际上俄罗斯学者用俄语宣读他们的论文,而中国学者用中文宣读他们的论文(第五届会议是2012年6月举行的)。这就是这些会议对西方学者来说没有吸引力的原因。我积极参加了第一和第二届会议,并与佐藤富子的外孙女藤田梨那一起推荐将第五届会议部分论文献给纪念郭沫若诞辰120周年。

2005年顾彬的代表作《20世纪中国文学史》(*Die chinesische Literatur im 20*)作为庞大的文集《中国文学史》(*Geschichte der chinesischen Literatur*)

---

① 圣·奥古斯丁:《华裔学志》研究所,2004年版。
② 参见《中国展望》第63期,2006年1—2月,第56页。
③ 《神州交流》第2卷第1期,2005年1—2月,第161页。

的第 7 卷出版。书的封面让我想起《启示录》第 1 章第 10 节中的"有大声音,如吹号"。在顾彬看来,中国当代文学是整个中国文学史中最弱的,尽管不是所有的作品都应该受到抨击。如棉棉或卫慧的,他们的作品被顾彬视为"垃圾"。似乎我与这部作品全无干系,但在顾彬开始写这部作品前,他叫我来写这部作品。我带着感激谢绝了,因为我没有他那样的才能、渊博的知识、生命力和可用的材料。到 2012 年末,中国获得了两个诺贝尔文学奖(高行健的中国作家气质要比他的法国作家气质更多些),或许中国当代文学并没有如顾彬所说的那么糟糕。他的批评应该加以考虑。许多中国作家同意他的看法,也有许多人不同意。2007 年 3 月 25-28 日,在中国人民大学举办的第一届国际汉学会议中由杨恒达教授组织的圆桌会议小组讨论会上,顾彬和陈平原教授就 20 世纪中国文学的价值观问题交换了相反的意见。我表达了自己的看法,认为顾彬不是如基督教中的"恶魔",而是如《旧约》中的"撒旦",其目的在于用他的批评的观点帮助中国作家创作出更好的文学作品来。顾彬是德国歌德式的靡菲斯特,具有那种否定的精神:

那种力量的一部分,不被理解,

它通常会是坏的,但却总是使好的那一部分生效。①

2008 年,与维也纳大学的李夏德(Richard Trappl)一起,在我的学生马文博(Martin Slobodník)的帮助下,我在布拉迪斯拉发和维也纳组织了一次研讨会,讨论 21 世纪头 10 年里中国文学和文化的问题。2008 年 4 月 11-15 日布拉迪斯拉发-维也纳会议的目的,旨在遵循"以文会友,以友辅仁"的思想。来自 9 个国家的 27 个积极的参与者中有三分之一多的学者是来自中国大陆的。年龄最大的与会者是汤一介教授,在其论文中他指出了参照西方模式进一步发展中国"现代"哲学的必要性。在他看来,与希腊及其后笛卡尔时期的西方哲学相似,新中国的哲学应该更系统些。当代哲学需要对西方哲学进行严肃的吸收和系统的消化,但它也应该影响欧洲哲学。他的妻子乐黛云遵循白璧德的美国新人文主义传统。白璧德是她的岳父汤用彤的老师,但却对卓越的人道自我主义加以了重新强调,对生态

---

① 《〈浮士德〉:约翰·沃尔夫冈·冯·歌德的悲剧》(*Faust. A Tragedy by John Wolfgang von Goethe*)。贝亚德·泰勒(Bayard Taylor)根据其原来的韵律翻译了第一部分。伦敦:斯特拉恩出版公司,1871 年版,第 65 页。

意识、美学智慧和精神理想给予了赞扬,并帮助建立了新的世界观和人生哲学。除汤一介和乐黛云外,我的其他中国友人如严家炎、杨剑龙、谢天振、朱寿桐、陈顺妍(Mabel Lee)、陈鹏翔、张文定、黄卓越、李玲和叶蓉也参加了这次会议。我希望,我的其他国外和国内的朋友会原谅我没有提及他们的名字。这次在我 75 岁时举办的研讨会是我"最后的晚餐"。我决定,由于年事已高的缘故,以后不再和朋友们一起举办研讨会了。很遗憾会议论文集由于经费的缘故到现在也没有出版。我很高兴,同年,我的中国朋友们在北京大学出版社的帮助和影响下出版了我的《中西文学关系的里程碑,1898—1979》第二版,这是送给我的最珍贵的礼物。①

尽管 2008 年 4 月 13 日是我"最后的晚餐",但我仍然尽可能在更宽泛的框架内研究中国文学。我将大部分时间花在我与《圣经》、基督教和中国现代文学,也包括部分古代文学相关的研究计划上。

2009 年 2 月 1 日-4 月 30 日我有机会在台湾图书馆收集与《圣经》和中国现代文学相关的资料。碰巧,我收到了苏州大学季进教授的一封信,这使得我在台湾停留期间完成对《中国现当代文学与〈圣经〉:接受与翻译》的修改。我是在两个月后完成的,然后寄给了编辑,但是到现在也没出版。当然,我一直在进行我的计划,并且部分研究成果将很快同时以中、英文的形式发表出来。

2010 年我非常高兴获得了安德鲁·梅隆基金会三个月访学基金资助,于 3 月 1 日-5 月 31 日期间在耶路撒冷奥尔布赖特考古所作研究。我研究的焦点主要是与大卫王和晋文公相关的材料、《左传》与希伯来申典历史学以及它们的叙事方法,和在一定程度上与公元前 6 世纪和公元前 5 世纪相似的社会政治体系②。另一个研究是关于中国的第一部叙事历史《左传》和同一时期创作的从大卫王一直到公元前 576 年的"巴比伦之囚"

---

① 我不是这次没有出版的会议论文集的编辑。
② 其英文文本以标题 "King David (ca.1037-ca.967 B. C.) and Duke Wen of Jin (ca.697-ca. 628 B. C.): Two Paradigmatic Rulers from the Hebrew Deuteronomistic and Early Chinese Historiography" 发表在《亚非研究》新系列,第 19 卷第 1 期,2010 年,第 1-25 页。其中文译本《大卫王与晋文公:希伯来申典历史学和中国儒家编年史中的两位统治者范例》发表在《基督教思想评论》第 12 期,2011 年,第 4-24 页。

的希伯来历史①。同年10月6-7日,我应邀参加了在布尔塞尔举行的第13届中欧峰会的文化高峰论坛,与来自文化领域的中国和欧盟的代表一起讨论了当下和未来合作的问题。我是会议中唯一来自欧盟的汉学家。②

2011年5月18-19日,我参加了在苏州太湖举办的世界文化论坛第一次会议,我是与会者中唯一一位来自中欧、东欧和俄罗斯的汉学家。③

2012年,我将自己的大部分时间花在了"忏悔"上,这篇文章也算是其中的一部分,以及为11月在中国内地和澳门、新加坡举办的五次国际会议写会议论文。

从我呈现在这篇文章中的评论或许可以看出,在过去大约10年的时间里我没有太多关注美国汉学。另一方面,在我看来,除何谷理(Robert H. Hegel)、李欧梵、金介甫、王德威、邓腾克(Kirk Denton)外,美国汉学家也似乎对我的作品不太感兴趣。有必要认同王德威的观点,他认为20世纪末和21世纪初的美国汉学并非总是具有很高的价值④。我将更多的注意力放到了欧洲、中国内地和香港方面,同时在最后的岁月中将其放在了中国澳门。在那里,停留、研究、购书的可能性越来越大,对我著作的兴趣变得越来越浓,合作也更容易。

80岁回头望……我(以及其他人)在国际汉学领域的所见和所为,上面的文字足以概之。

---

① "Hebrew Deuteronomistic and Early Chinese Confucian Historiography: A Comparative Approach",载《中国历史前沿》(*Frontier of History in China*)第5卷第3期,第343-362页。其中文译本《希伯来申命派史学与中国儒家早期史学———一种比较研究方法》发表在《世界汉学》2010年春季刊,第50-62页。

② 《布鲁塞尔中欧首届文化高峰论坛会议报道———一位与会者的反省》,载《汉学研究通讯》第30卷第2期,2011年,第61-65页。

③ 《文化研讨会往何处去?对首届世界文化大会的一些思考,2011年5月18-19日》,载《亚非研究》新系列,第20卷第2期,2011年,第289-297页。

④ 王德威:《英语世界的现代文学研究之报告》(*Report on the Study of Modern Chinese Literature in English Language*),参见:http://www.chinese-thought.Org/whyj/005009.htm。文章最初发表在《海南师范大学学报》(社会科学研究版)2007年第3期。

第二章
马立安·高利克的鲁迅研究

第一节 高利克的青年鲁迅研究

从收集整理的资料文献中可见三种高利克的青年鲁迅研究成果。其中《鲁迅——年轻人的朋友》①是高利克最早发表的一篇学术研究文章。《青年鲁迅和他的伦理学观点:鲁迅作品中的法律和目无法纪》②则是高利克于2006年10月18-19日在维也纳大学的国际研讨会上宣读的会议论文。第一篇文章是用斯洛伐克文撰写的,发表在《轮班》上。多次向高利克要,高利克先生只说写得太粗糙,不肯给我原文。而第二篇文章,高利克先生在邮件中说它实际上包含在《中国现代思想史研究之三:青年鲁迅》之中③。《中国现代思想史研究之三:青年鲁迅》则是高利克关于中国现代思想史系列研究文章中的第三篇,于1985年发表在《亚非研究》第21卷上④。该文的目的旨在研究鲁迅1902—1909年在日本期间写的文章,展示在欧洲思想与中国本土思想背景下鲁迅的思想与意

---

① 马立安·高利克:《鲁迅——年轻人的朋友》(Lu Xun-A Friend of Youth),载《轮班》(Smena)(布拉迪斯拉发),1956年9月20日。
② 周令飞主编:《鲁迅社会影响调查报告》,北京:人民日报出版社,2011年,第319页。
③ "关于你的第一个问题:那是我在斯洛伐克发表的第一篇文章,我为其感到羞愧。那时我太年轻,没有什么经验。关于你的第二个问题:这篇文章从未发表过,它是我关于鲁迅的研究论文的一部分,这篇文章是《中国现代思想史研究》中的一篇,或许里面有些文字是关于伦理的。我没有原文本。我以后再告诉你是怎么回事。"(2013年1月29日邮件)
④ 马立安·高利克:《中国现代思想史研究之三:青年鲁迅》(Studies in Modern Chinese Intellectual History. III. Young Lun Xun, 1902—1909),载《亚非研究》第21卷,1985年,第37-64页。

识形态的发展情况。

作为现代中国文化最杰出的人物,尽管对其思想与意识形态的发展已有无数的专著和研究成果,但都没能对其观点与信仰的系统-结构实体中的那些根本因素做出公正的评判。该文的总体框架包括但不超过鲁迅在日本的活动。当时的日本,对晚清时期中国年轻的知识分子中的追随者来说,是一个新与旧的交汇之地,一个欧美间的过渡站,一个最便利地了解欧洲的科学、文化、哲学、伦理学、法律以及其他价值观的机会。中国想要成为现代世界这个"大家庭"的一员,就不得不掌握或者最好采纳它们。①

众所周知,鲁迅是第一个转向外国模式、转向文学间和文化间的联系的中国现代作家,之后在1918年他决定用白话创作第一篇小说。同样为大家所熟知,也常被指出但却在汉学中很少被研究的是,他是最早一批思想家中的一个,在1900年之后即开始严肃地思考现代中国的思想体系及其机构组织的问题。鲁迅在1902—1909年间的思想发展受到诸多因素的影响。一是严复译作,尤其是约翰·穆勒(John Mill)的《论自由》(*On Liberty*)和赫胥黎(Thomas Huxley)的《进化论与伦理学》(*Evolution and Ethics*)的持续影响。总体上对中国和东方世界来说是非同寻常的、充满活力的社会达尔文主义,常常是中国年轻知识分子在思想上从传统的世界观(通常是儒家思想和道家思想)向欧洲的思想和观念(通常是马克思主义)转变时停留甚至偶尔留恋的第一个严肃的站点。这个过程在鲁迅那里相当缓慢,一直到1927—1928年间才得以完成。在他那些更年轻的战友如茅盾、瞿秋白那里,这个发展过程在1919年的五四运动时期及之后加快了,其间少了很多的"中间环节"②。二是鲁迅对梁启超小说理论的了解。梁启超于1902年末在《新小说》上发表了那篇著名文章《论小说与群治之关系》。它的发表不仅意味着中国小说的新浪潮,同时也标志着中国文类层次的根本改变。没有梁启超小说理论及他的作品诸如《新中国未来记》或《新罗马》的促进,很难想象鲁迅的第一部作品,半是虚构半是历史的或论说文式的《斯巴达之魂》能够于1903年创作出来③。第三个因素则是鲁迅对被奴役的祖国的热爱、对帝

---

① 马立安·高利克:《中国现代思想史研究之三:青年鲁迅》,前面所引书,第37页。
② 同上,第39页。
③ 同上,第39-40页。

国主义入侵者和压迫者以及对中国人,至少是他们中的大多数人对这种命运的冷漠以及政治领导(满族统治阶层)不能为中国的解放及其未来采取有效行动之无能的痛恨。

在《斯巴达之魂》中,鲁迅回到了公元前480年,即孔子还有一年就行将去世,而希腊还几乎没有人准备好与强有力的波斯作战的那一年。或许将埃斯库罗斯(Aeschylus)和鲁迅这两位"高塔式"(tower stature)的作家,将他们为国家的自由而战进行比较听起来似乎有些大胆,但在类型学上却是合乎情理的。其时年仅22岁的鲁迅,在他的作品中呈现了他那个时代的人的声明,宣布了抵抗帝国主义和清朝奴役的必要性。这与《斯巴达之魂》是一篇译文,或是改编,或是一篇关于历史的、经过作者重塑的原作都没什么关系。这里,给人留下印象的是作品不同寻常的同情,是它的反帝定位,是它的浪漫主义精神,以及为其国家的解放和教育所做的努力①。埃斯库罗斯是在希腊被波斯最后击败几年后创作《波斯人》这部悲剧的。其时47岁的埃斯库罗斯亲眼看见了希腊市民为自由和独立而战的英雄行为,比较了希腊民主式的与波斯暴虐式的这两种不同的社会制度,展现了波斯民族对和平的向往。而鲁迅则亲眼见证了1894的中日战争、1900—1901的义和团起义、不平等条约的签订、赔偿以及资本主义列强的残忍剥削等屈辱的失败。鲁迅的中国没有马拉松(Marathon)和萨拉米斯(Salamis)的英雄,也没什么甚至可与更远的塞莫皮莱(Thermopylae)战役相比的。在鲁迅的第一次文学尝试中,有一个细节与埃斯库罗斯的处理相似:埃斯库罗斯生平第一次呈现了与普罗米修斯传统相关的希腊的生活方式、世界观以及文学,而鲁迅的声音只是他后来,即其在1907—1908年待在日本的第二时期听起来甚至更加急迫的声音的开始。②

要获得这种紧迫感,那就得经历些什么。鲁迅在《呐喊》的序言中描绘了这个出乎意料的事件对他出人意料的决定所产生的影响:"……有一回,我竟在画片上忽然会见我久违的许多中国人了,一个绑在中间,许多站在左右,一样是强壮的体格,而显出麻木的神情。……正要被日军砍下头颅来示众,而围着的便是来鉴赏这示众的盛举的人们。"这与古斯巴达和他

---

① 马立安·高利克:《中国现代思想史研究之三:青年鲁迅》,前面所引书,第41页。
② 同上。

们的盟军在对波斯的战斗中所呈现的完全不同,也因而不难理解他决定改变自己为未来的职业所做的准备,成为一名作家和翻译家,以便更多地对他同胞的心灵而非身体产生影响:"凡是愚弱的国民,即使体格如何健全,如何茁壮,也只能做毫无意义的示众的材料和看客,病死多少是不必以为不幸的。所以我们的第一要著,是在改变他们的精神,而善于改变精神的是,我那时以为当然要推文艺,于是想提倡文艺运动了。"①

鲁迅创作于1907—1908年间的文章,尽管常常被提及,但并没有得到充分的研究和分析,为我们了解鲁迅在20世纪头10年的思想发展,以及其后那些重要时刻的决定,即做一名小说家并因此成了中国现代文学之父提供了重要的资料。这些文章中的第一篇是《人之历史》,写作时用的是笔名"令飞"。文中鲁迅表明了他对尤其是以海克尔(Ernest Haeckel)的著作和观点为基础的种族发生学和个体发生学的看法。那些年鲁迅交错使用的笔名"令飞"和"迅行"表明了他的性格、他的努力以及他内在的精神构造。对他的第一个笔名,想要在中国传统的世界里找到什么暗示是徒然的。鲁迅对如包含在海克尔、达尔文(Charles Darwin)、泡尔森(F. Paulsen)、居里(G. Cuvier)、拉马克(J. B. Lamarck)、华莱士(A. R. Wallace)以及其他自然主义家的学说中所阐述的关于人的"创造"感兴趣,但这个不应该转移我们的注意力,那就是,他对各种神话故事是熟悉的。尽管在他的文章《人之历史》中鲁迅没有明确指出"人不是如《圣经》中所认为的那样是由上帝创造的",但他对其主要的各个方面是了解的②。在《创世记》第一章讲述"天地的创造"的第20节中我们可以找到某些可以将词"令飞"翻译成古汉语的东西。该词并没有很多包括欧洲语言版本的翻译。其希伯来原文本明确指出,上帝在他努力创造的第五日说过如下的话:"w'of j'ofef",在英语中即是"让鸟飞"。鲁迅读过《圣经·旧约》(*Old Testment*),可能在一些《圣经》译本(很可能是德译本)中见到过关于这个短语的准确解释。他很可能对天地间充满活力的创造"意象"、对光明与黑暗、对太阳、月亮和星星、对鱼与鸟、对野兽与家畜以及对以上帝为意象的人(鲁迅对此并不相信)充满了好奇。"令飞"的意思只是"让……

---

① 马立安·高利克:《中国现代思想史研究之三:青年鲁迅》,前面所引书,第42页。中文可参见《呐喊》自序。

② 同上,第43页。

飞",此外并无他意。①

鲁迅或许为这种必要的形式找到了一种兴趣(由于语义的演变及其象形,"令"字在中文里比英文中更具表现力)。这个短句没有主语,因为鸟,这种有翅膀的禽,根据《圣经》英译本,是所有动物中最灵活的,能飞能翱翔,能克服一定的距离,这让年轻的鲁迅想到了古代道家的"天游"。然而,在鲁迅那里,"令飞"的意思更广、范围更宽、影响也许也更强烈。在《创世记》(*Genesis*)的第一章中,"令飞"是几个必要的命令中的一个(即,要有光、要有空气、要有光体),它是神话时代的创新的一种符号,一种新的东西,这对中华文明来说是陌生的。鲁迅后来喜欢普罗米修斯(Prometheus)这个"创造者",这个将自然状态的人类转变为完全血腥的、理性的、社会的人的"创造者"不是偶然的。鲁迅后来在一定程度上将自己等同于普罗米修斯。②

年轻的鲁迅对"飞"的母题着迷。他也许读过,但却肯定熟悉拜伦(George Gorden Byron)的《该隐》(*Cain*)和《天地》(*Heaven and Earth*)。这两部作品中,传统的主题"飞"组成了戏剧性的、秘密的叙事结构的基柱。在《该隐》中,撒旦让该隐与他一起在天堂与地狱的深渊中飞,并向该隐展现了"过去的、现在的以及未来世界的历史"。而在第二个故事中,受《圣经》中一个情节的启发,讲述的是大洪水以及那些寻求"人的女儿"的"上帝之子"变得堕落而不得不被摧毁之毁灭,拜伦因而描绘了凡人们"飞去寻求避难所"的场景。鲁迅不仅了解和阅读过而且翻译了尼采(F. Nietzsche)的《查拉图斯特拉如是说》(*Also sprach Zarathustra*)第二部分的如下句子,这些内容选自题为《文化之国》(*Of the Land of Culture*)一章的开头和结尾部分:"我向未来的空间飞得太远了:恐怖袭击着我。我环顾四周,瞧!时间是我唯一的同行者。我于是飞回头,飞回故国——越飞越快:飞到你们这里,你们这些现代人啊,我来到文化之国。……我的眼睛从来没见过如此彩色斑驳的东西。……我的心最近把我推向他们那里去的那些现代人,对于我成了陌生人和笑柄;我被逐出了父母之邦。因此我只爱我的孩子们的国土,在遥远的海上,尚未被发现之国:我叫我的帆去把它找寻,找寻。"译成中文时,鲁迅改变了这一

---

① 马立安·高利克:《中国现代思想史研究之三:青年鲁迅》,前面所引书,第43页。
② 同上,第44页。

章的开头和结尾部分,让读者想到他在《文化偏至论》中描写的传统中国这个"文明之邦",将它换成了他自己的意象,因此其文本可说是与原文本仅有部分相似:"吾行太远,孑然失其侣,返而观夫今之世,文明之邦国矣,斑斓之社会矣。特其为社会也,无确固之崇信;众庶之于知识也,无作始之性质。邦国如是,奚能淹留?吾见放于父母之邦矣!聊可望者,独苗裔耳。"①

可以看出,鲁迅的译文中缺失了"飞"的母题。尼采的那些句子也被鲁迅改写,并根据 20 世纪头 10 年中国文化结构的需要加以了修改,他的"均衡"或许可在其译文中感觉出来。"飞"被改成了"行"。这种翻译、改写反映出当时中国的形势,这种情况在尼采的文本中并不存在。坚定信念的缺失对鲁迅来说意味着这样一种政治、律法、社会、美学和文化观念体系的缺乏。由于其位置的缘故,这种体系将能解决在中国这块日趋衰败的土地上东西方至关重要的遭遇时所产生的问题。作为主要意识形态体系的儒家思想不能解决中国人生活中任何领域内与现代化相关的问题,即文化的包容性问题。鲁迅拒绝王韬、薛福成、张之洞、康有为、梁启超以及其他改革家开出的任何处方。②

尽管鲁迅自己所谓的"坚定的信念"至少部分有些问题,但是他对传统意识形态体系所采取的否定方法,他为新中国未来的缔造者奠定的基石,他们已经意识到。刚才引用的尼采文本中没有提及"文化之国"民众的无知,而鲁迅的文本中提到了他的中国同胞。尼采也没有抱怨创造性的缺乏,而鲁迅却看到了这一点,特别将其看成是他未来祖国开拓性人物所应具备的必要因素。我们或许可以见证鲁迅在 1907—1908 年间表现在"飞"的主题中的那种不可遏制的热情,甚至神话般的狂热,他对国民性格中以及与西方文明的现代普罗米修斯-浮士德式的现代世界相对的中华文明的短处所持的那种适度的、现实的认识,他对现实、不充分的知识以及落后而不切实际的意识形态所持的否定态度。鲁迅也将自己隐藏在这些感觉和认识之后,这次用的是笔名"迅行"。"迅行"是一种狂野的、十分有用

---

① 马立安·高利克:《中国现代思想史研究之三:青年鲁迅》,前面所引书,第 44-45 页。
② 同上,第 45 页。

的、忠诚强健的喜马拉雅公牛。①

这个时期鲁迅的两篇文章《文化偏至论》和《摩罗诗力说》反映出他的敏感与战斗之心,成了他天才的后期发展和新的中国文化源泉的前提条件。在《人之历史》的开头,鲁迅提及世界历史中"点燃"进化论之火的古希腊哲学家泰勒斯(Thales)(文中鲁迅将其译为"德黎"),他也极有热情地提及我们这个世界自然现象中的连续发展。但在《文化偏至论》这篇文章中我们却听到了不同的声音和感觉。它听起来像是中国古老文化和文明的挽歌,但同时也像是对"新生活"的召唤。鲁迅在这篇文章中恰好提及克尔凯郭尔(Soren Kierkegaard),并断言"谓惟发挥个性,为至高至道德,而顾瞻他事,胥无益焉。"二者的相似在于都拥有令人惊异的、积极的或消极的世界价值观,犹如克尔凯郭尔的著作《非此即彼》(*Either-Or*)的标题可用来概括鲁迅在1907—1908年间所写的文章。表现在这些文章中的观点源自他最隐秘的自我,是他"坚定的信念"的精华,而某些错误、缺点,则是由于他知识和经验不足所造成的②。在他的体系中,"个人"这个概念等于"性解"(*xingjie*, genius),即一个有释放或摆脱某事的能力的人,他是创造精神的载体,同时他还能,常常是作为诗人或作家,在人类生活的其他领域"撄人心"(stir up the minds of people)。因而,他也有反叛、毁坏-建设的使命。在鲁迅看来,"只有意力之人,方可为将来之柱石"。③

1907年的时候,"个人"在语言学上和哲学上对中国来说都还是个相当新的概念,仅在三四年前才开始流行。它很快就变了质,在语义上等同于"民贼"。而鲁迅心中的"个人"则完全不同:他们"自识"(self-aware),因而能意识到自己的尊严、自己的个性能力,能将自己从儒家思想体系的法则和组织里面那些反个人主义原则的枷锁中解放出来。此外,鲁迅赋予了他们"我执"(ego-clinging)与"主己"(own self)的特征。这是对儒家思想中"无我"(non-ego)的否定,是对道家对"我执"所持厌恶态度的谴责,即对自我中真实的相信,它与"唯识论"(Consciousness-Only School)的教义是相悖的。鲁迅与他后来的年轻朋友瞿秋白一样,

---

① 马立安·高利克:《中国现代思想史研究之三:青年鲁迅》,前面所引书,第46页。
② 同上,第47页。
③ 同上,第48页。

在其研究的基础上,认为一个人对自我的认识会使得他认识到个性的价值。鲁迅的个人主义与他写这些文章时东京盛行的无政府主义者的个人主义、上海或他家乡浙江的个人主义都不相同。鲁迅对哲学史不充分的了解以及他对那些不能正确理解的观点的过分自信,常常导致他过快下不太公正的结论。①

与价值相关的三个概念"性格"、"性解"和"人",构成了鲁迅观点的系统-结构体系,与"群数"(mob)辩证地截然二分。在一定程度上,这个概念有着社会-政治命令的成分,但其价值论的、伦理-美学的和文化的意义要更明显些。与其相似的词有"愚民"或"群志",指的是那些不顾他们的社会-政治立场或阶级使命的人。鲁迅将其与自己对个体的积极的理想与"精神"、"神"或"个性之尊"这些价值论的概念相连,同时又赋予其与客观的、物质的世界相反的、内在的、主观的精神。鲁迅对前面提到的各个哲学家从认识论角度对基本的哲学问题的分类并不关心,他在意的是这些观点的转移、它们在中国现代思想中的应用以及它们转变为意识形态的和文化改革的工具。鲁迅认为克尔凯郭尔、勃兰兑斯(Georg Brandes)、尼采、叔本华(Arthur Schopenhauer)以及其他所有的哲学家和思想家都是"神思新宗"的追随者,是现代个人主义和具有高贵思想的贵族主义的信徒。②

鲁迅开出的处方尽管并不常常清楚和正确,但并不模棱两可。他要求"明哲之士""洞达世界之大势,权衡校量,去其偏颇,得其神明,施之国中,翕合无间。"在方法上,这就不得不确保民族的与世界的(包括文学间的和跨文化的)、影响与回应、接受与创造间的"取今"与"复古"。"新宗"必须得有一个新的能够帮助中国成为"人国"的意识形态体系。但这个模糊的术语究竟是怎样的,鲁迅从未做过任何详细的解释③。鲁迅的思想与文化激进主义也是这种高贵的思想之一。

在20世纪头10年鲁迅所写的最长的、也是他唯一一篇研究文学与文学理论的文章中,他的脑海中装着"人国"的理想。文章《摩罗诗力说》的格言显而易见源自尼采。下面的引用事实上是理解鲁迅这篇文章以及他

---

① 马立安·高利克:《中国现代思想史研究之三:青年鲁迅》,前面所引书,第49页。
② 同上,第51页。
③ 同上,第52页。

在1907—1908年间绝大部分努力的线索,鲁迅在翻译时也对其做了改动:"求古源尽者将求方来之泉,将求新源。嗟我昆弟,新生之作,新泉之涌于渊深,其非远矣。"①

借助克尔凯郭尔、尼采、易卜生和其他人提出的概念(可能更多是通过勃兰兑斯这个中间人),鲁迅发现了健康的个人主义在中国的意义,促进了反对儒家思想专制、支持社会解放的第一批革命运动。受所谓的摩罗诗人如拜伦、莱蒙托夫(Mikhail Lermontov)、密茨凯维奇(Adam Mickiewicz)、裴多芬(S. Petöfi)等的鼓励,鲁迅至少对文学理论方面的根本变化发挥了作用。这个变化以打破后古典时期的艺术所特有的创造和表现模仿方面的"道"为特征。几乎是在《摩罗诗力说》一文的一开始我们就可以发现如下的句子:"盖人文留遗后世者,最有力莫如心声。""心声"(voices of mind)可在刘勰的文学批评巨著《文心雕龙》中找到。与刘勰的不同在于,经过与欧洲和近东文明短暂但却密切的接触后,鲁迅对"心声"的理解要比扬雄,甚至比刘勰本人深刻得多。②

在古代中国和欧洲我们都能找到对"心"这个概念的有趣阐释。在要么是通过《创世记》,要么是通过传统上被认为是耶利米(Jeremiah)所做的《哀歌》(*The Lamentations*)熟悉希伯来传统之后,再借助卡莱尔(Thomas Carlyle)的文学批评著作《论英雄与英雄崇拜》(*On Heroes and Hero-Worship*)和摩罗诗的帮助,鲁迅赋予了"心声"与中国古代传统不同的意义③。如果说文章的结尾鲁迅是在召唤中国耶利米的出现的话,那么他是在对影响现代中国的社会的、政治的、思想上的疾病进行批判,其目的在于唤醒沉睡者或者使能"至吾人于善美刚健"的"精神界战士"的出现。源自精神界战士的心灵深处的"心声",亦即"至诚之声",与耶利米哀悼曾经为大国、现在却邪恶、肮脏、被污染了"附属国"耶路撒冷相似,旨在表明中国也被相似的命运所袭,而试图为其儿女们的"新生活"的可能性注入希望。

---

① 马立安·高利克:《中国现代思想史研究之三:青年鲁迅》,前面所引书,第54页。尼采的原文可译为:"明智之人关注旧源。瞧,他终将求新泉和新源。哦,我的兄弟,不久新人将出现,新源将喷涌而下形成新的深渊。"

② 同上,第54-55页。

③ 同上,第55页。

这是"心声"的使命①。与前面所提到的两个"新生"和"心声"同音异义的还有第三个词"新声"。在鲁迅那里,"新声"与"心声"同音异义,他们的目的在于创造新生活,是鲁迅努力和奋斗的主要目标。他将这些"新声"与世界著名的文化大家,主要是文学家和摩罗诗人联系在一起。他欣赏他们在作品中塑造的人物:"无不刚健不挠,抱诚守真,不取媚于群,以随顺旧俗。"对这些诗人,他则称:"发为雄声,以起其过人之新生,而大其国于天下。"②

尽管鲁迅的这些话只是他对人的性格中情感因素的看法,并支持这种情感因素的自由发展对允许高贵灵魂所提出的激进要求变成现实的一种反叛来说是不可缺少的一个条件,他同时也呼吁将"新文化之士人"介绍到中国文学中。否则,又该如何解释他将诗喻为"心弦",认为"晓日"有助于情感的表达和"美、伟、强力、高尚和发扬"的实现呢?③

鲁迅将其崇拜首先给了撒旦。在他看来,撒旦是新诗和新生活的象征。当然,这个撒旦是欧洲拜伦式的撒旦,那个敢于站出来反对全能上帝的"伟人",是世界上第一个敢于对强加在自己身上的价值观提出质疑或进行重估的人,鲁迅将拜伦的诗行,这些他确定无疑视为是自己的诗行改译如下:"吾誓之两间,吾实有胜我之强者;无而有加于我之上位。彼胜我故,名我曰恶,若我致胜,恶且在神,善恶易位耳。"④

《摩罗诗力说》中鲁迅对《神摩》(The Demon)的分析非常抽象。"神摩"是"撒旦"的同义词,一个想要和上帝一样的堕落天使。在鲁迅笔下,他"与天地斗争,苟见众生动于凡情,则辄施以贱视。"文中鲁迅没有指出这位"巨灵"和他喜爱的塔玛拉(Tamara)的特征,也没能将各种观点分门别类,或者明显地讲出这部作品的同情之处。但是在诗歌《神摩》中他通

---

① 马立安·高利克:《中国现代思想史研究之三:青年鲁迅》,前面所引书,第56页。鲁迅原文为:"家国荒矣,而赋最末哀歌,以诉天下贻后人之耶利米,且未之有也。"
② 马立安·高利克:《中国现代思想史研究之三:青年鲁迅》,前面所引书,第56页。
③ 同上,第57页。
④ 同上,第58页。

过刻画年轻的主人公主要强调了对自由的热爱。①

鲁迅将裴多芬的《匈牙利国歌》(The Hungarian National Song)中的短语"唯利是图的目的"译为"利",从这我们可以看出他对康德论点"无目的之合目的性"最初的回应。在鲁迅看来,过去的10年里中国由于只去"之实利"而衰败了。结果是,当它一旦被欧洲的帝国列强、美、日等"新力"攻击,"即嗒然冰泮,莫有起而与之抗"。与摩罗诗中的创造者相似,中国需要"新文化之士人",以"破中国之萧条"。②

《摩罗诗力说》是以一种忧郁的,甚至有些抑郁的口吻结尾的。在他未完成的《破恶声论》中鲁迅重申了自己的信念,即少数的伟人就可拯救中国于毁灭,并继续阐发自己将"心声"理解为源自人内心的"电波"(内曜)。不幸的是,只有极少数人可能很自豪自己拥有它。但不是没有原因,人与猿、虫之间存在着相似性③。鲁迅观念体系中的"恶声"这个概念,创造出某种与"心声"相反的消极作用。很遗憾,鲁迅没有尝试从理论的角度对其做进一步的阐发。文章中鲁迅将他观点的系统-结构实体中两个重要的概念"神话"与"神思"联系在一起。文章的最后鲁迅表达了他对世界弱小、被压迫民族和自己的中国同胞的同情。他赞同中国必须强大的观点,但是反对强大的国家欺凌弱小和战败的国家。

"自树既固"这个信念牢牢地存在于鲁迅在日本期间的整个生活和意识中,他将其蕴含在不管是鸟儿飞翔的承受者"令飞"中,还是深思熟虑的、相当乐观的"迅行"中。1903年的时候,鲁迅在写给许寿裳的一首小诗中也有"我以我血荐轩辕"的诗行④。1907年,他意识到自己所谓的"新生活"计划不会有什么结果。1908年时他更加明白,在日本读过他文章的人只是极少部分,在中国更是几乎没有。1909年他和弟弟周作人翻译的两本小册子《域外小说集》,目标与他待在日本期间的所有目的一样,旨在向中国读者介绍一个在真实的环境里孤独但决绝的、真实的、未被扭曲的战士形象。可是再一次证明其读者甚微。

---

① 马立安·高利克:《中国现代思想史研究之三:青年鲁迅》,前面所引书,第58页。

② 同上,第59页。鲁迅的译文为:"吾琴一音,吾笔一下,不为利役也。居吾心者,爰有天神,即自由耳。"

③ 同上,第60页。关于人、猿、虫的相似性,鲁迅的原文为:"夫人历进化之道途,其度则大有差等,或留蛆虫性,或猿狙性,纵越万祀,不能大同。……"

④ 同上,第62页。高利克文中说该诗写于1904年,应为1903年,即《自题小像》:"灵台无计逃神矢,风雨如磐暗故园。寄意寒星荃不察,我以我血荐轩辕。"

1909 年夏天鲁迅回到杭州,尽管他抱着回来长久地随意地生活的目的,但仍然被迫冬眠,直到 1918 年才结束。没有任何人,也没有任何事打破他的"精神",他的"心声"。直到进入五四运动时期以及随后的 20 年中,他才成为为 1918—1937 年间中国新文化的任务准备最充分的人。

第二节 高利克的鲁迅在波西米亚和斯洛伐克研究

高利克的《鲁迅及其在波西米亚和斯洛伐克》①详细梳理了鲁迅在波西米亚和斯洛伐克的接受。施晓燕翻译的中译文本收录在《鲁迅社会影响调查报告》一书第二部分"鲁迅影响在海外"②中。高利克指出,波西米亚,也就是现在的捷克,是除日本和俄国之外世界上最早介绍鲁迅的国家之一。鲁迅作品在西方的接受始于王希礼(B. A. Vasiliev, 1899—1946)1925 年将《阿 Q 正传》译成俄语。10 年后,鲁迅的作品才在波西米亚被接受。由俄语和世界语翻译成斯洛伐克语的第一本译著到 1952 年才出版问世。

鲁迅研究在波西米亚

普实克的鲁迅研究

捷克读者第一次听说鲁迅是刊登在 1935 年 11 月 15 日《人民报》(*Lidové noviny*),后来成为收录在普实克 1940 年的著名作品《中国——我的姐妹》(*Sestra moje Čína*)中的《鲁迅以及其他人》③一文。普实克没有见过鲁迅,但与他有通信往来。有一封众所周知的鲁迅写给普实克的信,在

---

① 马立安·高利克:《鲁迅及其在波西米亚和斯洛伐克的接受》(*Lu Xun and His Reception in Bohemia and Slovakia*),做此节时该文未公开发表。本书作者注。
② 周令飞主编:《鲁迅社会影响调查报告》,北京:人民日报出版社,2011 年版,第 307-319 页。
③ 高利克先生没有明确说明该文的题目,但在脚注中注明了文章的页码。本文作者注。

《中国——我的姐妹》①中可见其原文和译文。在《鲁迅以及其他人》一文中普实克提到与鲁迅的通信使他"得到了一些很有价值的建议"②。但除这封信外,人们对他们间的通信一无所知。

在1936年9月28日鲁迅回复普实克的信后③,普实克马上节译了《呐喊》④,译文于1937年由布拉格人民文化出版社(Lidová kultúra)出版。他为《呐喊》写的题为《鲁迅与他的作品》(Lu Hsün a jeho dílo)的后记于1936年12月12日他在东京时完成。1940年,普实克题为《中国的新文学》(Die neue chinesische Literatur)的长篇论文分三次在柏林的杂志《新中国》(Das neue China)上发表。该文是基于文学作品的关于中国现代文学大框架和基础知识的最早研究之一,涉及中国和日本的文学家们,鲁迅是该文研究的一部分,而且比其他作家、剧作家和诗人占据了更多的篇幅。除普实克自己的亲身经历外,从他的作品中可能还能感觉到郑振铎对他的影响,几乎被遗忘的文学史家王哲甫1933年的《中国新文学运动史》对他的影响,尤其是茅盾和冰心对他的影响。

从1940年到1949年新中国成立,普实克几乎将他全部的精力放到了中国传统文学上,把话本译成捷克语,与马提修斯(Bohumil Mathesius,1888—1952)合作翻译出版中国古诗。他的小册子《中国人民为自由而战》(Čínsky lid bojuje za svobodu)也被译成了斯洛伐克语、波兰语和匈牙利语。同年,普实克与克莱布索娃(Berta Krebsová)一起将鲁迅的短篇故事《故乡》译成捷克语⑤。1951年他俩又一起合作了一篇相关的长篇论文《鲁迅——新中国最伟大的作家》(Lu Sün, největší spisovatel nové Číny)。这一文章,特别在那几年以及对于以后的人民民主国家和苏联,可谓是文学创作中理想化作品的典范。鲁迅,如冯铁(Raoul D. Findeisen)在他的不

---

① [斯洛伐克]雅罗斯拉夫·普实克著,丛林、陈平陵和李梅译:《中国——我的姐妹》,北京:外语教学与研究出版社,2005年版,第369-373页。文中只有中文原文,没有捷克语译文。本书作者注。

② 马立安·高利克:《鲁迅及其在波西米亚和斯洛伐克的接受》,前面所引书。

③ 即普实克于1936年8月27日从东京寄给鲁迅的信。

④ 《呐喊》捷克译本共收入鲁迅短篇小说8篇,为《阿Q正传》、《孔乙己》、《药》、《白光》、《风波》、《明天》、《狂人日记》和《故乡》。

⑤ 高利克在上下文中没有明确提示"同年"是指哪一年。1937年普实克译成捷克语的《呐喊》译本中已包括《故乡》,不知"同年"普实克与克莱布索娃翻译《故乡》一事是否为高利克先生笔误。本书作者注。高利克原文为"In that year he rendered, together with Berta Krebsová, into Czech Lu Xun's short story *Guxiang* 故乡 *My Old Home*."

朽之作中所说,开始成为"文学大师"(Literaturpapst)。

20世纪50年代末和60年代上半时期,普实克对待鲁迅的态度要清醒得多,有节制得多。这些年里他在苏联和欧洲的汉学家、东方学家之间充当调停者,熟知那些年关于鲁迅生平和作品的研究情况。在他编辑的最有名的布拉格汉学学派作品《中国现代文学研究》(Studies in Modern Chinese Literature)中,以及他为该书写的"引言"(Introduction)中,我们都能很清晰地看到这个变化。"引言"中他提到了至1961年所有研究鲁迅的俄文专著:波兹德涅耶娃(L. D. Pozdneyeva)的《鲁迅的生平和作品》(Lu Siň, žizň i tvorčestvo)、索罗金(V. F. Sorokin)的《鲁迅世界观的发展》(Formirovanie mirovozrenia Lu Sinia)、彼得洛夫(V. V. Petrov)的《鲁迅生平和作品研究》(Lu Siň: Očerk žizni i tvorčestva)。所有研究鲁迅生平和作品的其他西方著作,也被他仔细考察,包括波文(H. van Boven)的《中国现代文学史》(Histoire de la Littérature Chinoise Moderne)、善秉仁(Joseph Schyns)的《中国现代小说和戏剧1500种》(1500 Modern Chinese Novels and Plays)、明兴礼(Jean Monsterleet)的《中国现代文学精华》(Sommets de la Littérature Chinoise Contemporaine)。普实克对这些书的批评并不公正,如善秉仁的那本书,在那个时代甚至现在都对研究人员查询一些简单的基本信息非常有用。只有黄松刚(Huang Sung-k'ang)的《鲁迅与现代中国的新文化运动》(Lu Hsün and the New Culture Movement of Modern China)得到了普实克的积极评价,"虽有一些不妥之处",并且同时也批评她"关注鲁迅的思想发展多过他的文学活动"。①

普实克在他1953年出版的《解放区的中国文学及其民间传统》(Literatura osvobozené Číny a její lidové tradice)一书中用了一整章来反对毛泽东思想,但根据杜博尼深入而广泛的基础研究,文章"重讲解而非分析,更具政治观点而非文学视角"。二战前布拉格结构主义继承人之一的卢波米尔·多勒泽尔(Lumbomir Doležel),米列娜的丈夫,为捷克斯洛伐克科学院东方研究所的汉学家们带来了开放的空气。普实克为《中国现代文学研究》所写的"引言"就是在这样一个相对自由的创作氛围里的结果。50年代初,对"更政治化"的强调不仅使他改变了对黄松刚著作的批评,也使他更致力于对鲁迅的描写,鲁迅的艺术比他的政治观点被得到更多地强调。

---

① 马立安·高利克:《鲁迅及其在波西米亚和斯洛伐克的接受》,前面所引书。

文章展示了鲁迅作品尤其是他的《狂人日记》与果戈理作品之间的关系，以及它与中国古代文化如诗歌、小说和散文的关系。普实克同样也试图表明鲁迅作品同外国文学之间的关系，但他的分析并不总是正确的，并不经常是那些已经被证明的或者是可以被证明的观点，如关于果戈理的事例。或者断言鲁迅能够"发现新的艺术方法"，"与旧文学不相类似，与当时欧洲文学相比甚至更具有非常明确的现代主义的方法"。高利克强调，鲁迅的小说，比起果戈理的作品，更受惠于尼采的《查拉图斯特拉如是说》的序言，但却与它非常不同。至于鲁迅作品的现代性特征，他同意顾明东的观点，即至少对于李欧梵(Leo Ou-fan Lee)的《抒情的和史诗的：中国现代文学研究》(The Lyrical and the Epic: Studies of Modern Chinese Literature)一书的编者来说，这样的断言是"大胆的"、"没有说服力的"。①

　　1961年夏志清的《中国现代小说史》出版，普实克立即对他的著作作了冗长的评论。评论文章《中国现代文学史的根本问题：评夏志清的〈中国现代小说史〉》(Basic Problems of the Modern Chinese Literature: A Review of C. T. Hsia. A History of Modern Chinese Fiction)发表在颇具声望的《通报》(T'oung Pao)上②。高利克对普实克的文章观点及其行为本身持不赞同的态度。首先他认为，普实克的评论文章的开头说"夏志清这本书体现了某种讨论是基于教条的偏狭精神和对人类尊严的忽视等特质，原则上我必须就此表示强烈反对。"他是忘记了，作为共产党的成员并任职捷克斯洛伐克社会科学学术的高级官员，普实克也是坚持"教条的偏狭精神"，需要为1955—1961年的文学负责的。而夏志清的偏狭是由于他的意识形态倾向不同造成的。至于"忽视人的尊严"，普实克在其文章的开头指责善秉仁和其他天主教作家，其实是做了他自己所指责之事。他批评"夏志清对作家进行评价和分类主要是基于政治属性而不是出于艺术考虑……"，难道他在当时及稍后的有关文学领域的作品中与此有所不同吗？对他来说政治参与到文学中来不是毛泽东所要求的吗？正如最好的中国现代文学批评史家之一杜博尼(Bonnie McDougall)就令人信服地写道："在所有阶级和所有社会，政治标准一直被放在文艺标准之前。"也许到1961年已经不

---

　　① 马立安·高利克：《鲁迅及其在波西米亚和斯洛伐克的接受》，前面所引书。
　　② 雅罗斯拉夫·普实克：《中国现代文学史的根本问题：评夏志清的〈中国现代小说史〉》(Basic Problems of the Modern Chinese Literature: A Review of C. T. Hsia. A History of Modern Chinese Fiction)，载《通报》(T'oung Pao)第49卷，1961年，第357-404页。

再如此了,但对文学的政治特性的强调仍然是普实克的特点,这从他对延安时期文学的评价可以看出来:"人民群众的创造力大概在任何其他地方和时候都没有像在解放区那样得到如此程度的激发,并产生出如此富有价值的成果。尽管夏志清企图贬低其意义,解放区所有生活领域中发生的变化也许是整个中华民族历史上最辉煌的一页。"①这可以作为夸大政治作用的例子吗?普实克责备夏志清,说他分析整个解放区文学和战后中国文学的篇幅只有28页。难道他首次的捷克语版著作篇幅为559页,德语版篇幅为736页是必需的吗?文中普实克认为夏志清对鲁迅的作品相当温和,只有对《故事新编》的评价除外,他认为这鲁迅小说的最后一本书是"将对中国古代圣贤和神话人物的典型讽刺与恶毒的刻画结合起来"。普实克批评夏志清"忽视人的尊严",不尊重留下文学"遗产"的中国文人的尊严,但有多少人是中国文学,尤其是1949年以后的文学的真正的"里程碑"呢?在普实克对夏志清的作品进行了"广泛而苛刻的审查"之后,在夏志清的反驳文章不再"尖刻和扩展"之后,两个"汉学巨人"陷入了沉默。高利克认为这是他们论争的最佳解决方式,这样的"争吵"是不必要也是没有价值的。②

这篇评论文章之后,有一段时间普实克又回到了对鲁迅的研究,其中最重要的是他为1967年8月13日-19日在密歇根安阿伯召开的第27届国际东方学家大会准备的论文《怀旧:中国现代文学的先声》(*Huai jiu: A Precursor of Modern Chinese Literature*)。普实克将题目中的"怀旧"译为"*Huai jiu*",让人联想到许多被称为怀古诗的中国传统诗歌。普实克在分析"虚假谣言的传播使小镇陷入恐慌"的观点时提到它与果戈理的《钦差大臣》(*Inspector General*)相似。但俄国汉学家谢曼诺夫(Vladimir I. Semanov)的分析更加令人信服,他指出了19世纪末俄国颓废派作家对鲁迅的影响,虽然他没有提及他们与"怀旧"之间的关系。普实克认为"故事情节是难以发展的"。在对鲁迅的故事进行了简短的分析,描述了罗扎诺夫(Vasilij V. Rozanov)所称的"新文类"之后,他做了如下推测:"所有我们要说的是,甚至在早期作品中,这个中国作家使用了直到很久以后才发现

---

① 马立安·高利克:《鲁迅及其在波西米亚和斯洛伐克的接受》,前面所引书。
② 同上。

的欧洲散文手法"。这个"直到很久以后"仅指"一两年"而已①。高利克对普实克所说"故事情节之外的散文"提出异议,认为普实克大概没有读过思科洛夫斯基(Viktor Šklovskij)那篇紧随与罗扎诺夫相关的文章之后的论文,在它的第一页我们可以读到在俄罗斯文学中"故事情节之外的散文":"现在它在该领域的重要性和其历史意义非常大,几乎所有的百科全书、不同种类的论文、俄罗斯的法学论文以及大量所谓纯文学作家的作品都可以被归入'故事情节之外的文类'"。不仅如此,著名的俄罗斯形式主义理论家提纳诺夫(Jurij Nikolajevič Tyňanov)在他对普希金(N. S. Puškin)的研究中也声称,普希金 1825 至 1832 年间创作的小说《叶甫盖尼·奥涅金》(Eugene Onegin)是"一种故事情节之外的结构的斗争。"②

贝尔塔·克莱布索娃的鲁迅研究

第二位为鲁迅研究倾注了大量心血的是捷克汉学家贝尔塔·克莱布索娃(Berta Krebsová),普实克的第二任妻子。高利克认为,如果我们相信他的第一任妻子瓦拉斯塔·诺瓦娜(Vlasta Novotná),著名的捷克日本问题研究专家在他翻译鲁迅的《呐喊》时帮助过他,那么至少在某种程度上这两位女性在鲁迅研究上是他的助手。普实克其时是克莱布索娃的老师,毫无疑问,是与鲁迅研究有着相互关系的。

他们合作的第一个成果是 1951 年出版的《呐喊》捷克语译本,普实克翻译了包括《狂人日记》、《孔乙己》、《药》、《明天》、《风波》、《阿Q正传》和《白光》在内的七个短篇小说。其余的故事和全部的《野草》是由克莱布索娃翻译的。前言和后记均由二者合作完成。

克莱布索娃 1953 年发表在布拉格《东方档案》(附录)(*Archív Orientální. Supplementa*)第 1 期上的作品《鲁迅生平及其作品》(*Lu Sün, sa vie et son oeuvre*)是失败的,但它还是获得了捷克斯洛伐克科学院授予的奖。傅吾康(Wolfgang Franke)教授在《东方文学》(*Orientalische Literaturzeitung*)1955 年第 3/4 期上对该作品进行批评,引起了布拉格汉学家和东方学家的骚动。由于克莱布索娃的解释和分析加上了引号,傅吾康教授就将其视为翻译来理解,这当然是错误的。普实克作为她的导师,作

---

① 《怀旧》发表于 1911 年,用文言文作,是鲁迅的第一篇小说。
② 马立安·高利克:《鲁迅及其在波西米亚和斯洛伐克的接受》,前面所引书。

为 1953 年以来东方研究所的所长,很有可能也是同意奖项归属的有影响力的权威,有责任对他的学生给予更多关注。《中国现代文学研究》经过长时间细心的准备,但最终克莱布索娃的研究成果没有收入其中。

克莱布索娃作为一个鲁迅作品的捷克文翻译者更好过她作为一个研究者。除部分《呐喊》和全部的《野草》外,1951 年至 1964 年间她还翻译了其他三部鲁迅短篇小说集:《彷徨》、《朝花夕拾》和《故事新编》。在题为《文集I》(*Essays I*)的一卷中,她把鲁迅的部分散文译成了捷克文。

作为一个研究者,克莱布索娃最好的学术作品是她 1958 年的博士论文《鲁迅和他的〈故事新编〉》(*Lu Hsün and His Collection Old Tales Retold*),分三部分在《东方档案》上发表。其缺点是,这本著作中对其他学者的研究成果的引用非常不足。从其作品的注释中可以看出,它只引用了少量的外国和中国作品,其中中国作品只有三种:王士菁的《鲁迅传》(1949)、雪苇的《鲁迅散论》(1952)和《鲁迅全集》第二卷(1946)与鲁迅的《故事新编》直接相关。她可能没有注意到捷克斯洛伐克科学院鲁迅图书馆馆藏的 1957 年出版的何家槐的《〈故事新编〉及其他》。一样对这些故事进行了分析的还有也是 1957 年出版的叶以群的《鲁迅的文艺思想》。最后一页体现了克莱布索娃这篇论文的最佳特色:"作为作家的鲁迅,总是把他作为一个教育家和思想家的使命放在利益之前。作为一个艺术家,他的创作总是与思想家和学者的目标导向相关联。鲁迅首先是一个战士和革命者,这决定了他整个人生的历程和性格,他所有的作品都是致力于这一点的。《故事新编》这部作品本身就是最好的证明。它与艺术完美结合,不仅凭借其内在的真实美,同时通过其高度的审美价值,说服了读者,为新发展提供了跳板,为新路径指明了方向。"

克莱布索娃的《文集I》没有如其所预计的那样有进一步的延续。在萨特和加缪拜访捷克斯洛伐克之后,在卡夫卡在他的老家布拉格"复兴"之后,捷克的知识分子失去了他们对革命和解放的信念。旧作品,如克莱布索娃翻译的这本《文集I》的出版,已经让读者不再感兴趣了。《文集II》可以使捷克读者了解 1930 年中国左翼作家联盟成立之后鲁迅这类作品的风格。

1964 年之后,克莱布索娃只有两篇研究鲁迅的论文发表。一是发表于 1964 年在波尔多召开的第 16 届中国研究国际会议上题为《对鲁迅作品评价的一些观察评论》(*Quelques observations sur l'evaluation de l'oeuvre de Lu*

Hsün)的论文,文章反映了她和普实克对于鲁迅作品及其意义的理解(尽管这些作品的名字文中都没有被提及),通过夏志清的文章和杰夫·拉丝特(Jef Last)的《鲁迅——诗人和偶像——对新中国历史的贡献》(*Lu Hsün-Dichter und Idol-Ein Beitrag zur Geschichte der Neuen Chinas*),对中国的正面评价和负面评价进行了比较。与普实克相比,她显得温和些,没有使自己沉溺于与对手的辩论中。另一论文《鲁迅对中国现代思想和文学的贡献》(*Lu Hsün's Contribution to Modern Chinese Thought and Literature*)刊登在《新东方双月刊》(*New Orient Bimonthly*)上。

米列娜的鲁迅研究

米列娜·多勒扎洛娃-维林吉诺娃(Milena Doleželová-Velingerová)在1974年8月26-30日在马萨诸塞州召开的"五四时期的中国现代文学"会议上宣读了她的论文《鲁迅的〈药〉》(*Lu Xun's Medicine*)。这是米列娜最好的作品,建议对鲁迅研究或中国现代文学感兴趣的读者阅读它。米列娜在做这篇文章时她的丈夫卢波米尔·多勒泽尔(Lubomír Doležel)的指导作用不容忽视。文中,米列娜追随了她的老师普实克的观点。普实克一样也宣读了他1960年出版并再版于1973年的作品《现代捷克散文的风格》(*O stylu moderní čínské prózy*)并对其给予高度赞赏。这本书影响了普实克的《中国文学的三幅素描》(*Three Sketches of Chinese Literature*)[1],其部分内容收录在李欧梵编辑的《抒情的与史诗的:中国现代文学论集》(*The Lyrical and the Epic: Studies in Modern Chinese Literature*)一书中。

米列娜关于"药"的文章是结构性叙事的优秀范本,它展现了故事的双重线索,并在故事结构中给予了强有力的对照。它用一个完美的方式分析了文章的两条线索:一个与夏瑜的故事相关,另一与华小栓的家庭相关,并最终在夏瑜被处决,华小栓去世之后,两个母亲清明节在他们的儿子坟

---

[1] 雅罗斯拉夫·普实克:《中国文学的三幅素描,东方论文集,第20卷》(*Three Sketches of Chinese Literature. Dissertationes Orientales*, Vol.20),布拉格科学院东方研究所(Orental Institue in Academia Prague),1969年版。封面和传世的书名为《中国文学的三幅素描》(*Three Sketches of Chinese Literature*)。该书由普实克写的《茅盾》、《郁达夫》和《郭沫若》三篇论文组成。"序言"中书名为《中国新文学的三幅素描》(副标题的位置有如下说明:1959—1960年间为一个更大的出版计划准备的,但该计划未能实现)[*Three Sketches on the New Chinese Literature*(Prepared in 1959—1960 for a Larger Publication, which was not Realized)]。

前会面时阐释了两个家庭的悲剧。

丹娜的鲁迅研究

捷克汉学家最近的鲁迅研究作品是丹娜·卡尔瓦多娃(Dana Kalvodová)研究鲁迅在短篇小说《社戏》、《无常》和《女吊》中描述的与回忆相关的流行"宗教仪式"剧《目连戏》。《目连戏》描写了一个佛教徒孝子目连下到地狱去拯救因在尘世时犯下罪行而被惩罚的母亲。《目连之谜》同样也是关于丹娜跟周恩来总理在北京戏剧家会议上会面的回忆。1958年的时候,周恩来总理非常喜爱中国传统戏剧,她也被邀请去看戏。那时浙江绍剧团演出了几幕无常、女吊和男吊的《目连戏》。这三种角色在鲁迅作品中都有描绘,尤其是无常。丹娜强调了鲁迅对俗、简单、粗糙的中国民间宗教仪式剧的赞赏,但同时也批评了鲁迅对于传统中国雅文化知识的不足。此外,她同意鲁迅对活无常及其家人的赞赏。

鲁迅研究在斯洛伐克

斯洛伐克对鲁迅的兴趣开始于1950年初。斯洛伐克文化协会出版了鲁迅小说选集和散文《白光》(*Biele svetlo*)。那时在斯洛伐克还没有汉学家,斯洛伐克的学者和翻译家在继俄文版的《白光》之后找到了1939—1951年间出版的世界语译本并将其译成了斯洛伐克文。但是被邀为之写"后记"的不是普实克,而是德语和法语文学专家简·布尔(Jan Boor),他将1951年《苏联文学》(*Sowjet-Literatur*)杂志第10期上费德林的研究翻译出来作为了后记。

1960年,安娜·德丽扎洛娃-弗尔高娃在她的良师益友克莱布索娃的介绍下,本着对中文原文本的尊重,将鲁迅的另一个选集《火与花》从捷克语译成了斯洛伐克语。

高利克的鲁迅研究

鲁迅逝世20周年的时候,马立安·高利克的短篇作品《鲁迅——年轻人的朋友》(*Lu Sün-priatel' mládeže*)于1956年9月20日在报纸《轮班》

(*Smena*)上发表①,这是高利克学术研究的开始。随后是 20 世纪 70 年代初他那篇被引用时间最长、次数最多的文章《尼采在中国,1918—1925》(*Nietzsche in China*,1918—1925)②。文章分析的是鲁迅的《随感录》第 41 和第 49 以及对狂飙社的一些中国作家的评论,同时也论述了尼采的《查拉图斯特拉如是说》(*Thus Spoke Zarathustra*)对《狂人日记》的影响。

1980 年,高利克的《中国现代文学批评发生史》(*The Genesis of Modern Chinese Literary Criticism*)出版,该书的第 10 章"鲁迅对中国现代文学批评史的贡献以及它为马克思主义统一战线而进行的斗争"(*Lu Hsün's Contribution to the History of Modern Chinese Literary Criticism and His Struggle for a United Marxist Front*)从鲁迅的《摩罗诗力说》和《拟播布美术意见书》到 1930 年左联成立分析了鲁迅的文学和批评观的发展。

1982 年,高利克的论文《鲁迅第一部短篇小说集的文学间性,1918—1919》(*Medziliterárne aspekty prvých Lu Sünových poviedok*,1918—1919)的斯洛伐克文版本出版,文中可看出俄国作家安特莱夫(Leonid L. Andreev)、迦尔洵(Vsevolod M. Garšin)以及尼采对鲁迅显而易见的影响。这篇文章将更多的兴趣放在了对安特莱夫的《谎言》(*Lož*)、《沉默》(*Molčanie*)和《齿痛》(*Ben-Tobit*)与鲁迅的《药》之间的关系上。高利克认为,"没有安特莱夫的《齿痛》和《沉默》,鲁迅永远不可能写出《药》。鲁迅的作品无论在形式上还是在思想上都受惠于这两部作品。"③而在鲁迅看来,"在俄国作家中,没有一个人可以在他的作品中用这样一种方式表达内心和外部的世界,显示灵与肉的统一。""他的作品虽然有象征性和印象派的色彩,但没有失去任何现实主义的精神。"④

1985 年,高利克发表了另一篇有关青年鲁迅的生平与作品的研究成果。这是他研究鲁迅的成果中篇幅最长的,是其六篇关于中国现代思想史

---

① 马立安·高利克:《鲁迅——年轻人的朋友》(*Lu Sün - priatel' mládeže*),载《轮班》(*Smena*),1956 年 9 月 20 日。
② 马立安·高利克:《尼采在中国,1918—1925》(*Nietzsche in China*,1918—1925),载《东亚自然与民族学会通讯》(*Nachrichten der Gesellschaft fur Natur - und Volkerkunde Ostasiens*)第 110 期,1971 年,第 5—47 页。
③ 同上。
④ 同上。

研究的系列文章中的一篇①。文章梳理了1902—1909年早期鲁迅在日本期间的创作,展示了他在同时期欧洲思想以及中国本土思想形势背景下的思想和意识的发展。鲁迅这些年的思想发展受到一些事情的影响,其中之一就是严复翻译作品所产生的持续影响,包括约翰·穆勒的《论自由》(*On Liberty*)和赫胥黎的《天演论》(*Evolution and Ethics*)。其后他又接受了梁启超关于新小说的著作,接受了希腊古老的预言,希腊罗马的神话,海克尔(E. Haeckel,1834—1919)、达尔文(Charles Darwin,1809—1882)、居维叶(G. Cuvier,1769—1832)、拉马克(J. B. Lamarck,1744—1829)和其他博物学家的现代学说,拜伦以及其他摩罗诗派诗人的诗歌,易卜生(H. Ibsen)的作品,以及中国传统的作品,特别是诗人屈原的作品,为他此后回到中国做了准备。

1986年,高利克的专著《中西文学关系的里程碑》(*Milestones in Sino-Western Literary Confrontation*,1898—1979)出版,该书的第2章题为"鲁迅的《呐喊》:与迦尔洵、安特莱夫和尼采的创造性对抗"(*Lu Xun's Call to Arms:Creative Confrontation with Garshin,Andreev and Nietzsche*),文章用了更多的篇幅去分析《狂人日记》与尼采的疯子、迦尔洵的《红花》(*Krasnyj cvetok*)中不知名的疯子与安特莱夫的《我的记录》(*Moji zapiski*)中不知名的半疯子之间的联系。鲁迅故事中不知名的疯子与安特莱夫《我的记录》中的疯子一样,这个世界"在他看来是一个监狱……监狱是不可摧毁的,是有智慧和目的的"。鲁迅的铁屋子与安特莱夫的完美监狱差不多。鲁迅认为,儒家的人文哲学思想实际应用于中国人生活的"铁屋子"中,转变成了"人吃人"的道德理念。这无疑体现出了一定的夸张,就像安特莱夫的版本一样,但鲁迅在整个中国现代社会生活领域取得了一项巨大的成就,指出了真实的、被正确定义的而非神圣却受到诅咒的准则。当时的中国需要行为的和社会伦理道德的规范以及社会控制和政治发展方面的改变,当然后来鲁迅自己界定的标准是否恰当,值得商榷。

在1986年10月17日鲁迅逝世50周年纪念大会,波恩大学顾彬教授组织的专题研讨会上,高利克分析了《彷徨》中的一个短篇故事,其后,该文以《鲁迅短篇小说的文学间性:〈长明灯〉和迦尔洵的〈红花〉》

---

① 马立安·高利克:《中国现代思想史研究之三:青年鲁迅,1902—1909》,前面所引书,第37—64页。

(*Interliterary Aspects of the Short Stories by Lu Xun：Changming deng* [*The Eternal Lamp*] *and V. M. Garshin：Krasnyi Tsvetok*)发表在 1989 年的《亚非研究》第 24 卷上①。至少在中世纪晚期到现在为止,"明智的狂人"(wise madman)在世界文学中是常见的。在 20 世纪下半叶,它成为尼采神话"上帝死了"的隐喻以及所有其表现或创造的人类世界的价值观的一部分。鲁迅的"明智的狂人"这个主题不会让聪明的读者感到惊讶,这是他独创性才能的一种表现。如我们所见,"明智的狂人"恰好出现在鲁迅文学创作和中国现代文学的开始。《长明灯》中的疯子试图用吹灭长明灯和放火烧庙的方式去除中国传统的虚伪的价值观。这个故事有一个"虚幻的结尾"。村民们恰好把年轻的疯子关在他试图破坏的庙里,他绝望的呼叫声从牢房里传出来,与可能不明白发生了什么事的孩子们即兴的歌声混杂在一起。彼得·亨利(Peter Henry)认为《红花》中不知名的疯子是对救世主耶稣基督的模仿②。鲁迅更关注"沉默的、充满谎言的中国"的典型人物,他的疯子是反对民族旧迷信的象征。③

"自树既固"是鲁迅教导自己成为强者的格言,与他在日期间的整个生活和思想是牢牢地联系在一起的④。这些具体体现在他的第一篇文章《人之历史》的笔名"令飞"中。"令飞"可能源自《圣经·创世记》第 1 章第 20 节,"让鸟飞"(Let fowl fly),"fowl"本意为"bird",(古英语中为"fugel"),或者作为他未完成的文章《破恶声论》的笔名"迅行"的载体。此文中的"迅行"暗指一种动物,如野生牦牛,它的腿显然是受了伤或是断了。自那以后鲁迅从不试图拖延他对于罪恶之声的失败的战斗的思索。鲁迅坚持的是努力帮助受压迫的、沉默的中国,或者说至少在 1918 年后的那些年里。

2003 年后,在波西米亚和斯洛伐克没再发表过有关鲁迅研究的成果。2006 年 10 月 18—19 日,在鲁迅逝世 70 周年纪念之际,维也纳大学

---

① 马立安·高利克:《鲁迅短篇小说的文学间性:〈长明灯〉和迦尔洵的〈红花〉》(*Interliterary Aspects of the Short Stories by Lu Xun：Changming deng* [*The Eternal Lamp*] *and V. M. Garshin：Krasnyi Tsvetok*),载《亚非研究》第 24 卷,1989 年第 67—79 页。

② 彼得·亨利:《迦尔洵和早期高尔基作品中的功业与建功立业的意象》(*Imagery of Podvig and Podvizhnichestvo in the Works of Garshin and the Early Gorky*),载《斯洛伐克与东欧评论》(*The Slavonic and East European Review*)第 61 卷,1983 年,第 149 页。

③ 马立安·高利克:《尼采在中国,1918—1925》,前面所引书。

④ 同上。

中文系和孔子学院李夏德(Richard Trappl)组织的国际研讨会上高利克宣读了他的文章《青年鲁迅和他的伦理观:鲁迅作品中的法律和目无法纪》(*The Young Lu Xun and His Views on Ethics*: *Law and Lawlessness in the Oeuvre of Lu Xun*)。这是高利克之前关于鲁迅在日期间的文章,尤其是他的《论〈破恶声论〉》和《论〈摩罗诗力说〉》研究的继续。在这篇文章中高利克指出,在这个世界上,美、善和伟强与邪恶对抗要取得完全的胜利是不可能的。①

第三节 高利克的鲁迅短篇小说研究

高利克研究鲁迅短篇小说的文章共有四篇:《鲁迅第一部短篇小说集的文学间性》、《鲁迅的〈呐喊〉:与迦尔洵、安特莱夫和尼采的创造性对抗》、《鲁迅的〈长明灯〉与V. M. 迦尔洵的〈红花〉两部短篇小说的文学间性》和《泽耶尔和鲁迅笔下的后羿——论古老神话在现代文学中的变异》。其中第一篇小说的英文原文高利克没有找到。

鲁迅的《呐喊》:与迦尔洵、安特莱夫和尼采的创造性对抗

1986年,《中西文学关系的里程碑》在德国威斯巴登出版②,由伍晓明和张文定等翻译的中译本于1990年由北京大学出版社出版,书名译为《中西文学关系的里程碑》③。该书的第2章以"鲁迅的〈呐喊〉:与迦尔洵、安特莱夫和尼采的创造性对抗"为题详细分析了鲁迅的短篇小说集《呐喊》受迦尔洵、安特莱夫和尼采思想与作品的影响,并结合自己的理解与时事的需要所进行的创造性接受与改造。

文章的一开始即自信地指出中国现代文学的开端可以准确地确定下来,其标志就是1918年5月《新青年》杂志上发表的鲁迅短篇小说《狂人日

---

① 马立安·高利克:《尼采在中国,1918—1925》,前面所引书。
② 马立安·高利克:《中西文学关系的里程碑》(*Milestones in Sino-Western Literary Confrontation*,1898—1979),威斯巴登:哈拉索维茨出版社,1986年版。
③ [捷克斯洛伐克]高利克著,伍晓明、张文定译:《中西文学关系的里程碑》,北京:北京大学出版社,1990年版。

记》。文章将《呐喊》中小说的文学间性作为探讨的主题,认为这些小说是中国现代小说中不可忽视的开山之作。尤其是第一篇小说《狂人日记》,它是鲁迅毕生创作的某种前奏①。如果我们想要了解外国文学对这些小说的影响,就必须至少对这一复杂的系统-结构整体的某些方面做考察,这样做将有助于体现出鲁迅文学和文化的发展。

鲁迅所有作品中最具有摩罗精神和浪漫精神的是《摩罗诗力说》,但它没有得到充分的研究。文章是在忧郁的,甚至是压抑的气氛中突然结束的。在年轻的鲁迅看来,1907年的中国缺乏像拜伦、雪莱、普希金、莱蒙托夫、密茨凯维奇、斯洛伐茨基、裴多芬和易卜生这样"伟大的精神战士",这就好像俄国的西伯利亚缺乏栖息于樱花树上的夜莺一样②。在其未完成的文章《破恶声论》中,鲁迅用了"迅行"这个笔名来代替"令飞"。在这篇文章中,他继续"追寻精神界的战士,他们将吹响激越的号角,唤醒自己沉睡的同胞。"但是,一旦发现大众对于这些精神界伟人无动于衷,他就陷入了革命热情的反面,即"存在的痛苦"之中。当鲁迅与弟弟周作人翻译的《域外小说集》无人问津时,这种痛苦增加了。中国读者对于他们提供的文学还未做好准备③。译本的16个短篇故事中,鲁迅翻译了3个,包括迦尔洵的《四日》(Chetyre dnya)和安特莱夫的《谩》(Lozh)与《默》(Molchanie)。

仔细阅读鲁迅对摩罗诗力的颂扬,这一虽不浪漫但却颇有深意的选集将使每位学者和读者大吃一惊。鲁迅似乎已经对恶魔的翅膀和那些恶魔附体的英雄们失去了兴趣,转而将注意力转向世纪末那些孤独、沉默、痛苦的人们的内心世界。这里是转向俄国文学。没有这些作品,没有尼采,我们就很难想象鲁迅会在大约10年之后成为中国现代文学第一批作品的作者。

1902年至1909年间,鲁迅生活在日本。他有条件跟从或至少是阅读那些更有差异的、更前卫的日本现代文学的典范作品以及日译的外国文学作品。他也读德文作品,杂志《他者之舌》(Aus Fremden Zungen)有助于他

---

① 马立安·高利克:《中西文学关系的里程碑》,前面所引书,1986年版,第19页。
② 同上,第19-20页。
③ 同上,第20页。

的发展①。在评价鲁迅 1918 年后以及此前的准备阶段的创作发展时,我们也许永远也无法解释,为什么除了《四日》之外,鲁迅没有翻译迦尔洵给人印象最深、也可能是他最著名的短篇小说《红花》(Krasnyi tsvetok)?或者他没有翻译《红花》却翻译了《四日》?事实上,《红花》比《四日》更接近鲁迅自己的创作。也许他是欲借《四日》的翻译来回答自己关于"恶声"的问题,以及有关他的内在自我性格特征的问题。鲁迅自己的身体或灵魂之内有恶魔吗?"令飞"、"迅行",还是其他,哪个笔名更适合他呢?

安特莱夫的《谩》和《默》在某种程度上发展了与迦尔洵的《四日》同样的感情和状况,即人类的痛苦,首先是人的孤独、被弃和面对现实与命运时的无力。鲁迅没有翻译安特莱夫的短篇小说《墙》(Stena),尽管这部小说之于他有可能如迦尔洵的《红花》之于他一样熟悉。故事中麻风病人们竭力要战胜一堵墙,认为正是这堵墙使他们与幸福快乐无缘。对于是否存在"新世界"这个问题,小说没有做出回答。安特莱夫就这样勾勒了一幅速写,它可被看成是对鲁迅摩罗时代努力的一种嘲弄。他的处理方法表面上看来并无说服力,但其对艺术所关照的根本对象却富有启发意义。无论如何,这一不可征服的、不可超越的、不可渗透的象征提供了理解《谩》和《默》,以及理解它们所代表的认识论和本体论概念的钥匙。②

鲁迅写于 1907—1908 年间的文章从未提及可以凭借概念之助而认识的真理,而仅提到严肃、真诚的真理(即诚理),认为它是一种判断形式。这个观点使人想到康德(Immanuel Kant)。鲁迅认为诗最重要的因素是真实和诚挚,这一因素由诗人的思想感情与人类普遍的思想感情的统一所构成。鲁迅并没有认为真理属于直觉范畴,但是知识和真理的普及是他 20 世纪最初 10 年间主要努力的目标之一,尽管其后来的活动证明他并不相信安特莱夫的看法,但它的确在某种程度上纠正了他以前的浪漫主义的努力。③

在《默》中我们可以发现类似的东西。那堵看不见的、无法确定但却无所不在的"墙",再次矗立在孤独的人们和事物之间。"沉默"在安特莱夫的小说中几乎与"孤独"是同义的。你沉默,是因为你不相信与周围世

---

① 马立安·高利克:《中西文学关系的里程碑》,前面所引书,1986 年版,第 20 页。
② 同上,第 22 页。
③ 同上。

界的交流能带来自己想要的结果。并且,如果再考虑到还有死亡或者右脑中风的可能,那么沉默便是无法避免的本体定数。

"沉默"与"孤独"是鲁迅1909—1918年间的定数,尽管不是绝对意义上的。这段时间他进入了至少是部分休眠的时期,仅是偶尔翻译些东西,写点文章。他在1907—1909年间的"呐喊"(旷野的呼喊)实际上并没有激起任何的反响,至少在日本没有,在当时的中国几乎更没有出现的可能。仅卖出的60本书证明,那些主要来自东欧的、在鲁迅看来是"大涛之微沤与,而性解思惟,实寓于此"的"心声"是失败的。①

世纪末的"性解思惟"应该成为中国读者的养料。这些读者之中没有"伟人"。伟人应该逐渐培养,而伟人的出现和业绩是需要耐心等待的。这也许就是为什么鲁迅在这本译文集中用"周树人"的缘故。该名取自格言"百年树人"。这几乎是了解鲁迅的最引人注目的角度,也是深思迦尔洵与安特莱夫的"微沤"的又一个理由。他的孤独这样说来就是相当可以理解的了。②

谢曼诺夫曾仔细研究了鲁迅1912—1917年间的日记。根据他的看法,鲁迅没有提到过当时的中国文学。而从鲁迅1924年的《中国小说史略》来看,我们知道他对于20世纪最初10年间那些甚至是最有利的、最具有进步的社会意义的文学,即那些谴责小说,采取了相对否定的态度,他的评价相当严厉:"其在小说,则揭发伏藏,显其弊恶,而于时政,严加纠弹,或更扩充,并及风俗。虽命意在于匡世,……徒作谯呵之文,转无感人之力,旋生旋灭,亦多不完。"这些评价并不十分公正,但却并不意味着鲁迅在批评他那些年长的同时代人时排斥他们最重要的成果。③

从鲁迅的同学钱玄同鼓励他为《新青年》写点东西时鲁迅的回答:"假如一间铁屋子,是绝无窗户而万难破毁的,里面有许多熟睡的人们,……你倒以为对得起他们么?"以及文中至此所讨论的,不难猜出所谓的"铁屋子"对鲁迅来说就是中国的象征,是中国制度和机构的象征。鲁迅没有谈到摧毁这间"铁屋子"的可能性,也没有谈到居住其中的人的解放,而是仅仅暗示,要摧毁这一象征所代表的东西必须首先清除无数的困难。当钱玄

---

① 马立安·高利克:《中西文学关系的里程碑》,前面所引书,1986年版,第23页。
② 同上,第23页。
③ 同上,第24页。

同说"然而几个人既然起来,就没有人能说没有摧毁这铁屋的希望"①时,他点燃了希望的火星。

"希望"这个概念在鲁迅 1907—1927 年间的系统-结构体系中有着特殊的地位。1925 年时他说:"这以前,我的心也曾充满过血腥的歌声:血和铁,火焰和毒,恢复和报仇。"②这个时代以后,这一希望变成了空虚。陷于"生存的痛苦"后,希望之于他犹如一面盾牌,他以此来"抗拒那空虚中的暗夜的袭来"③。有研究文学间性的学者认为"铁屋子"联系着并且暗示着迦尔洵的《红花》以及安特莱夫《我的记录》中重要的引人注目的意象。但它们之间是有所不同的,迦尔洵小说中的疯人院和安特莱夫小说中的监狱有门、有窗、有花园、有院子,而且都是由不那么坚硬耐磨的材料建成的。"铁屋子"是《狂人日记》的核心。也许让研究中国现代文学和鲁迅生平与作品的学者感到惊讶的是,在评价鲁迅的第一篇白话小说的文学间性时,应该提到和详细分析的不是迦尔洵和安特莱夫,而是果戈理与尼采。因为众所周知鲁迅本人是承认后两者对他这篇小说的影响的。但是鲁迅的说法和一些学者的努力都没能成功地让大家相信除了文章的标题外果戈理还给了鲁迅更多的东西。而且,两篇小说的主人公以及作品的内容与形式差别都很大。鲁迅的这篇小说与尼采的,更确切地说,与尼采的《查拉图斯特拉如是说》相差更远。④

在尼采看来,这种狂就是超人。但鲁迅并不相信超人,尼采哲学的基本概念和他的主要希望对鲁迅来说非常模糊。如果我们想要正确理解鲁迅希望通过他所想象的无名狂人的"狂"所表达的意思,就必须回头看他的《破恶声论》。在这篇文章中,他试图用概念和学术的方式向读者展示"恶声"。而在《狂人日记》中,他则试图采用某种文学或艺术形式藉形象之力达到这一目的。因此,尼采的话之所以成为鲁迅最后一篇文言论文和

---

① 马立安·高利克:《中西文学关系的里程碑》,前面所引书,1986 年版,第 25 页。

② 参见鲁迅:《希望》。初载于 1925 年 1 月 19 日《语丝》周刊第 10 期,后收入《野草》,1927 年 7 月北新书局初版。鲁迅在 1931 年 11 月《〈野草〉英文译本序》中说:"因为惊异于青年之消沉,作《希望》。"本书作者注。

③ 马立安·高利克:《中西文学关系的里程碑》,前面所引书,1986 年版,第 25 页。

④ 同上,第 26 页。

第一篇白话小说的座右铭绝非是偶然的①。在尼采看来,"疯狂"（madness）或"超人性"（supermanness）对于一切价值的重估是必要的。而根据鲁迅的看法,"狂"而非"超人性"是发现、揭露并战胜"恶声"的方法。鲁迅很可能是在着手写《狂人日记》之前把《查拉图斯特拉如是说》序言的前三节译成文言的。它的基本思想被尼采放入了序言的第三节,也被放入了全书的第三部分。而鲁迅的《狂人日记》的核心也居于小说的第三节,这种相似性也许仅仅只是偶然②。这一节中包含着鲁迅作品中最常被引用的一段话,这段话不仅写进了中国文学史,而且进入了中国现代哲学,并在很大程度上为推翻作为统治意识形态的儒教及其各种制度做出了贡献："凡事总须研究,才会明白。古来时常吃人,我也还记得,可是不甚清楚。我翻开历史一查,这历史没有年代,歪歪斜斜的每页上都写着'仁义道德'几个字。我横竖睡不着,仔细看了半夜,才从字缝里看出字来,满本都写着两个字是'吃人'!"③

如果从文学间性来判断这段话,可以发现文学中至少有两处与鲁迅的主人公有着有趣的相似性。鲁迅小说中的无名的狂人,通过他的经验和他传达给读者的信息,使人想到迦尔洵《红花》中的无名疯人和安特莱夫《我的记录》中的无名半疯人。"神圣的铁窗格公式"可以成为我们下面思考的出发点,它不仅是安特莱夫这一作品最基本的思想和内核,而且也对鲁迅产生了影响。鲁迅通过删除和克服它而创造性地发展了它,为它填进了相反的内容。他的"铁屋子"大致相当于安特莱夫的完美的监狱,但这一象征及其所适用的现实在鲁迅看来是一种愚蠢的、无意识的邪恶。从理论层面上讲,如果说鲁迅没有给"恶声"这一结果以门、窗,在《狂人日记》中他至少给了这间铁屋子一扇铁格窗,并在其中的四个格子中放进了代表儒家伦理本质及其主张的"仁"与"义",以及儒家世界观的基本原则"道"与"德"。鲁迅只是根据他们对中国传统社会生活造成的实际后果来判断"仁"与"义"以及"道"与道之"德",因此鲁迅认为它们是纯粹的伦理主张和本体-认识论原则,它们代表并保护着"恶声"。儒家的人本主义哲学在实际应用于中国人生活的"铁屋子"时转变为"吃人者的道德"即"人吃

---

① 马立安·高利克:《中西文学关系的里程碑》,前面所引书,1986年版,第27页。
② 同上。
③ 同上。中文可参见鲁迅的《狂人日记》。

人"。①

鲁迅的狂人流露出对生活神志清醒的、有目的的理解。他不断体验着的,他的妄想的发作没有产生滞延的后果。相反,他劝诫周围的人,首先是他的哥哥,让他们放弃吃人。当他交替使用一位现代人种学者的话和摩西的《创世记》中的材料以及我们已熟悉的源自《查拉图斯特拉如是说》中的警句时,他的话显然是有目的的:"大哥,大约当初野蛮的人,都吃过一点人。后来因为心思不同,有的不吃人了,一味要好,便变了人,变了真的人。有的却还吃,……怕比虫子的惭愧猴子,还差得很远很远。"这段话证明狂人的、也是鲁迅的目标是培养"真的人",因为他们更害怕的不是"无目的性的恐怖",而是"恐怖的无目的性"②。1918年的鲁迅虽然通过这一概念与他1907年的观点联系了起来,但不幸他却未能详论"真人"。

我们在比较研究鲁迅的狂人与尼采的狂人时,曾不仅指出了鲁迅的反应,也指出了他的创新,同样的论断也适用于鲁迅的《狂人日记》与安特莱夫的《我的记录》,甚至是与迦尔洵的《红花》的比较。这里要给予关注的只是与第一部小说,即安特莱夫的《我的记录》之间的关系,尽管鲁迅小说中的主人公与迦尔洵的疯人而不是安特莱夫的愤世嫉俗者更接近。

尼采说疯狂将净化人。鲁迅将这一格言译成了他自己概念的元语言:"所当播种汝之猖狂则安在邪?""播种"意味着播下一些使人可以成为未来的"真的人性"的生育者和培养者的种子。"受精"一词必然假定着更高物种的诞生与培养,它更符合鲁迅的意图:证明能够改造人及其本体-认识论存在方式的力量。在这些之中将出现伟大的心灵,它们虽然少,却是照亮黑夜的火炬。③

《狂人日记》中被放在"铁屋子"的象征性窗格中的四个汉字似乎取自韩愈的著名文章《原道》。韩愈认为"博爱之谓仁,行而宜之之谓义,由是而之焉之谓道,足乎己而无待于外之谓德。"或者是"凡吾所谓道德云者,合仁与义言之也,天下之公言也。"但是鲁迅力图用其著作粉碎这一"公言"。因此他后来写于五四运动前夕的其他短篇小说也直接对准了儒家伦

---

① 马立安·高利克:《中西文学关系的里程碑》,前面所引书,1986年版,第27页。

② 同上,第31页。

③ 同上。

理的这两大基本原则①。1918年的最后两个月,鲁迅写了短篇小说《孔乙己》,在小说中他勾勒出了封建的"仁"和"礼"的反面特征。而封建的"义"的反面特征则被概括在他的第三篇小说《药》中。如果没有安特莱夫的《齿痛》和《默》,《药》也许就写不出来了,至少不会写成我们所知道的这个样子。在《药》中,鲁迅使人血馒头成为封建落后和偏见的象征。也许鲁迅的哪一篇小说都不像这篇小说那样依附于外国文学,但是,这并非是他想要仿效外国文学。相反,他是希望通过遵循外国的榜样,力图更好地满足他的创作构思,写出好的作品。②

鲁迅在一定程度上追随了安特莱夫的情节结构原则。鲁迅小说中华家的三个悲剧性的人物对应着安特莱夫《齿痛》中有些喜剧性的三个人物。与安特莱夫相比,鲁迅最大限度地利用了对于那位青年革命者的被盘问和被折磨的间接描写所提供的种种可能性。但与安特莱夫不同,鲁迅并不满足于对行刑场面的简短描写。在鲁迅的小说中,涉及那位青年革命者的悲剧性问题并未随着绍兴轩亭口刑场上刽子手的那一刀而结束。死仅仅标志着小说第一部分的结束。第二部分中,鲁迅撇开第一部分中的所有人物,仅让读者看到华母和夏母。在实现这一构思之时,鲁迅曾求助于安特莱夫的小说《默》。《默》中父亲伊格纳西徒劳地坚持着他向死去的女儿提出的问题。而在鲁迅的小说中,夏母提出了问题,但并未得到任何回答。后来当朋友和评论家们问鲁迅这些花是怎么来到坟头上的时候,鲁迅说他这样写"并无任何特殊理由"。这不能算是一个回答。理由当然是,在这篇小说之内和之外一样是,鲁迅始终忠实于支配着瑜儿坟墓的,以及华与夏之间的沉默。正如鲁迅研究专家许钦文所假定的那样,花圈几乎不可能是青年革命同志放在夏瑜坟上的。因为在中国,到20世纪30年代开始才有在坟上放花圈的习惯。然而鲁迅很可能知道这种习惯,而且很可能读过有关一些年轻的俄国人用红色的罂粟花点缀迦尔洵坟墓的故事。③

可是,这位中国革命者的母亲的"狂"还不是鲁迅心目中的那种"狂"。鲁迅认为,在那种"狂"中,将会孕育出为新中国奋斗的人。夏母

---

① 马立安·高利克:《中西文学关系的里程碑》,前面所引书,1986年版,第33页。
② 同上,第33-34页。
③ 同上,第36页。

的"狂"是一位饱受痛苦的母亲的"狂"。她天真地认为杀害儿子的人将来总会有报应，因为"天都知道"。然而尽管如此，沉默仍然像一个不祥的、可怕的、令人窒息的幽灵，在《药》的第二部分展开了它的翅膀。小说结尾处乌鸦的叫声也并没有打破沉默，因为这叫声作为回答是毫无价值的。在当时绍兴穷人的墓地，一切都是沉默的，而那时黑暗而荒凉的中国也是沉默的。①

在写于1920年的《明天》中，"沉默"和"谎言"包围着单四嫂子和她病重的儿子。唯一真正的现实是那个充满阴惨孤寂的现实：单四嫂子在她那间"太静、太大、太空"的小屋里听见自己的呼吸。单四嫂子的悲剧发生地鲁镇是寂静而黑暗的，传统束缚下的中国也是寂静而黑暗的。

20世纪20和30年代之交，鲁迅为了破除"恶声"提高了自己的"声音"，短篇小说集《呐喊》的标题就意为"战场上的呼喊"。这个标题初看是互相矛盾的。这本集子中的作品都没有超越孤独、沉默和谎言的范围。然而细想一下我们就能发现其中所蕴含的鲁迅的天才之力。他的小说切切实实地表明了中国的现实，而这将"慰藉那在寂寞里奔驰的猛士，使他不惮于前驱。"②

鲁迅的个人主义将"疯狂"这一观念置于中华民族尤其是其文化和文学代表人物的面前。他的这种个人主义追随的是尼采，并且克服了安特莱夫或迦尔洵作品中压倒一切的片面性。通过对于反个人的和限制个人的原则的克服，通过树立一个高度个性化的、摆脱传统教条的、趋于在各个领域内进行自由表现的个性，创造个性的发展过程在鲁迅那里达到了极致。然而这个个性不是一个无政府主义者的个性，一个将"自我"绝对化的唯意志论，而是一个与服务于进步和民族的超个人原则和标准系统地联系在一起的个性。这些原则与标准不服务于乌合之众，而是服务于那些已经理解了重估一切价值这一需要的华夏儿女。可是，作为一切新的价值之本质的"真狂"还从未是个核心的概念，而且这个概念中存在着他的个人主义的弱点，那就是，强于破坏，弱于建设。直到20世纪20年代后期，鲁迅才接触到马克思列宁主义，并将自己的生命和斗争与

---

① 马立安·高利克：《中西文学关系的里程碑》，前面所引书，1986年版，第37页。
② 同上，第39页。中文可参见鲁迅《〈呐喊〉自序》。

其结合在一起。①

  20世纪的头20年,鲁迅的创造性个性沿一条反传统的、主要是反儒家的道路一直向前发展。他最初受到克尔凯郭尔的不妥协个性的激励,后又追随尼采对于文化和道德庸俗的批判,鲁迅也追随了孤独的战斗者如易卜生的斯多克曼(Stockmann)医生的英雄主义。鲁迅选择了一条个性主义的然而却极为人性的道路。在接受-创造的过程中,鲁迅走的是他自己的路,即风格化的独创推动他创作自己的作品,这些作品在思想上和艺术形式上都是独创性的。鲁迅并没有接受安特莱夫将"墙"作为人际理解或社会进步的绝对障碍之象征的观点。因为如果这样的话,战场上的"呐喊"就不能被听到,就得不到社会的反响,因而鲁迅阻止自己接受"无目的性的恐怖"(horror of purposelessness)这种对任何积极的使命和伟大牺牲予以否定的、可怕的、威胁的观念。②

  尽管鲁迅在文学艺术领域内的才能比不上安特莱夫的才能,但他的生活、经验、哲学知识却为自己的文学创作作了很好的准备。安特莱夫对现实全无兴趣,了解太少,这样我们就能充分理解为什么决意改造中国人民"精神"的鲁迅选择了一条不同于安特莱夫和其他人的创作方法。这些人的作品,鲁迅以富有成果的文学连续性的名义追随着。③

  鲁迅在完成《明天》之后说他"此后脱离了外国作家的影响",但这仅仅对于《呐喊》集中的作品才多少是正确的。至少在收入其1926年出版的《彷徨》中的《长明灯》对迦尔洵的《红花》做出了反应,后来又在散文诗《复仇》(二)中对有关各各他的描写做出了反应。1927年《野草》中的散文诗《影的告别》则是对《查拉图斯特拉如是说》中题为"影"一节的反应。《野草》中的散文诗还可能揭示了鲁迅与其他作家如屠格涅夫、雨果、厨川白村(Kuriyagawa Hakuson)等的影响-接受关系。鲁迅的现象仅是证明了杜里申(Dionýz Ďurišin)的观点,即"与其他民族的文学过程进行最有效的、最密切的接触的,恰恰是那些显示了最大发展的作家、学派或者民族

---

① 马立安·高利克:《中西文学关系的里程碑》,前面所引书,1986年版,第39页。
② 同上,第40页。
③ 同上。

文学。"①

鲁迅的《长明灯》与迦尔洵的《红花》两部短篇小说的文学间性

1989年,高利克在《亚非研究》第24卷上发表题为《鲁迅的〈长明灯〉与V.M.迦尔洵的〈红花〉两部短篇小说的文学间性》的文章②。文章以相关的史料为基础,运用比较文学的研究方法分析了中俄两位著名作家的小说,分析了他们对"存在"这一主题的探讨。

对19世纪俄国古典文学史进行详细的研究会发现,迦尔洵的非凡表现力的特征绝不是个特例。这一评价同样适合描写精神病患者及其病态的所谓"临床文献"(clinic literature)。这些文学作品通过描写精神病患者及其病态,以此描绘充满不可调和矛盾的现实世界。这些矛盾正是痛苦和悲剧的根源,正是在堕落时代里受折磨的人所无法忍受的命运。而在中国文学中鲁迅是作为一个特例出现的,这不仅在于他的伟大,也因为他在"临床文献"这一特别的文学作品中所表现出的独特,尽管如果我们认为"狂人"这个主题是为他所独有的领域的话将会显得我们对中国文学很无知③。郭沫若、何其芳以及其他一些作家也对此主题给予过关注,但他们关注的程度却要浅得多。至少从中世纪到我们这个时代,"明智的疯子"在世界文学中是很常见的。狂人是为了新的、即将到来的世界而与旧的、过时的一切斗争的人。19世纪末20世纪初是"一切价值重估"的时代(在中国,这种价值重估在20世纪二三十年代尤为突出)。特别强调一下鲁迅

---

① 马立安·高利克:《中西文学关系的里程碑》,前面所引书,1986年版,第41页。
② 马立安·高利克:《鲁迅的〈长明灯〉与V. M. 迦尔洵的〈红花〉两部短篇小说的文学比较观》(Interliterary Aspects of the Short Stories by Lu Xun: Changming deng [The Eternal Lamp] and V. M. Garshin: Krasnyi Tsvetok [The Red Flower]),载《亚非研究》第24卷,1989年,第67-79页。此文有丁松译文。丁松译:《鲁迅的〈长明灯〉与V. M. 迦尔洵的〈红花〉两部短篇小说的文学比较观》,载《鲁迅研究月刊》1993年第5期,第35-41页。作者误将高利克先生所在国家斯洛伐克的首都译为高利克先生名字的一部分,为"[捷]马利安·高利克·伯拉第斯拉瓦作"。另在注释中:1)将《中西文学关系的里程碑》译为《中西文学冲突(1898—1979)中的里程碑》;2)将高利克在1970—1992年间发表的系列文章共6篇之三"中国现代思想史研究:青年鲁迅"译为《中国现代知识分子史研究第3章:青年鲁迅,1902—1908》;3)此文原载《亚非研究》第24卷,1989年。不是第16卷。本书作者注。
③ 同上,第67页。

笔下的"明智的疯子"出现在他文学创作和中国现代文学的开始或许是恰当的。①

文章引了伦纳特·斯滕伯格（Lennart Stenborg）具有广泛特征的评价："《红花》可能是他最具特色的作品。文中病态的灵魂以一种暗示性的艺术活力和令人信服的效力呈现出来。"②对汉学家来说，熟悉鲁迅的作品是理所应当的，即便是他那些最少被人阅读的作品。与《红花》中所描写的一样，《长明灯》中那无名的疯子也是怀着要干一件非凡的、从没人干过的事的信念而活着的。鲁迅笔下的疯子要吹灭吉光屯城隍庙里据说从梁武帝开始就一直燃着未熄的长明灯，而迦尔洵笔下的疯子则要毁掉作为世界或宇宙罪恶之象征的三朵罂粟花。鲁迅的疯子希望废除旧中国传统的虚伪价值观，改善人们的生活条件，从而使社会生活重要领域内的变革得以全面实现。迦尔洵笔下无名的疯子想要"以彼得大帝的名义"进行观察的那所房子，是精神病院的象征。他把主人公放在精神病院里，那里生活条件恶劣，住着几百个精神病患者。而吉光屯中居住的只是我们平日在茶馆里可以见到的普通人。从他们的谈话中可以看出，除了防止那个年轻的疯子吹灭长明灯和用火烧毁城隍庙外，别无其他可担心的事。迦尔洵的主人公死在俄国的精神病院里，脸上露出"平和安详的表情"，握紧的拳头里攥着将被他带到坟墓里去的战利品。鲁迅的小说却有一个"不真实的结尾"③。村民们把这个有决心却少洞察力和信任感的疯子关在他决意要烧毁的城隍庙里。好奇的孩子们跟在大人们的身边议论着发生的事，仍能听到疯子的喊声"我放火"，但他们同时也看见西厢房一只手紧紧扳着木栅和两只因发狂而闪闪发亮的眼睛。或许对鲁迅来说，那是一个溺水者的形象，除了疯子喉间发出的单调声音外，别无希望。故事在孩子们随口编唱的歌谣和那个不幸的囚者之绝望的喊叫声中结束。

1954年，鲁迅的弟弟周作人在《鲁迅小说里的人物》一书中注意到这两篇小说之间存在的可能联系。几年后，索罗金（V. Sorokin）在其《鲁迅世界观的形成》（*The Formation of Lu Xun's World View*）一书中，从比较的视角对这两篇小说进行了分析，其观点与周作人的一致。索罗金认

---

① 马立安·高利克：《鲁迅的〈长明灯〉与 V. M. 迦尔洵的〈红花〉两部短篇小说的文学比较观》，前面所引书，第68页。
② 同上。
③ 同上，第69页。

为,鲁迅"首先感兴趣的是主人公周围的人,这些人偏激、盲目地坚信着祖宗的遗训"。这就意味着,与迦尔洵的全部作品相比,或者与鲁迅从1918年的《狂人日记》到1924年间的作品相比,无论是在生活境遇本身,还是从总体的伦理观来看,孤独的叛逆者的抗议在鲁迅的作品中占有更特殊的位置。①

作家兼文学评论家许钦文认为,从《长明灯》这篇小说中可以看出,鲁迅已经对他所信仰的进化论产生了怀疑。而在此之前,在一篇写于1925年2月12日,收入《华盖集》中的杂文里他却还保留着它。四天后(即2月16日)写的一篇杂文中鲁迅虽未作具体的比较,却认为"中华民国"与五代、南宋和明末极为相似。在写完《长明灯》六周以后(即4月14日)所写的杂感中,他表达了自己的信念:世上如果还有真要活下去的人们,就先该敢说,敢笑,敢哭,敢怒,敢骂,敢打,在这可诅咒的地方击退了可诅咒的时代!②

鲁迅可能是在1908年写作他未完成的作品《破恶声论》之后阅读迦尔洵和安特莱夫的作品的。这篇文章主要研究了1918年之前和1919年后,主要是1909—1929年之间两位作家对鲁迅产生影响的情形。鲁迅对迦尔洵《红花》的分析看起来非常简单,在1909—1929年间,鲁迅只有两处专门谈到《红花》。第一次很短:"氏悲世至深,遂狂易,久之始愈,有《绛华》一篇,即自记其状。"第二次稍长些:"他的杰作《红花》,叙一半狂人物,以红花为世界上一切恶的象征,在医院中拼命撷取而死,论者或以为便在描写陷于发狂状态中的他自己。"③

初看鲁迅对迦尔洵《红花》所做的两段简短评论并不能发现太多的东西。有差不多20年的时间鲁迅一直对迦尔洵(同时也包括尼采和安特莱夫)的作品感兴趣。对他这20年间发展的全过程进行更加详细的分析表明,"狂人"思想深深影响了鲁迅,并且狂人的幻想和行为在他的创作和批评中都得到了反映。上面的两处引文清楚地表明,疯狂状态正是鲁迅所关注的,尽管这种状态使他反感而非让他着迷。鲁迅所描写的"狂人",是像健康的种子一样能滋养人们心灵的某种东西。这样,鲁迅就与尼采在某种

---

① 马立安·高利克:《鲁迅的〈长明灯〉与V. M. 迦尔洵的〈红花〉两部短篇小说的文学比较观》,前面所引书,第70页。
② 同上,第72页。
③ 同上。

程度上相似,尼采也向人们灌输其与众不同的"狂人"思想。鲁迅理想的"狂人"是一个头脑健康的正常人,他表现出来的疯狂只不过是他社会文化和政治上的独特而已。在一定程度上,可以把这种独特性看作是勃兰兑斯(Georg Brandes)所谓的"贵族式的激进主义"(aristocratic radicalism)①。与尼采和迦尔洵相反,鲁迅常常缺乏对真正的精神错乱或精神疾病的把握尺度和经验。要是伦理学或美学不对它们加以解释,他就永远也不会接受超人的理念。象征手法的过度运用阻碍了他用比较正确的眼光去分析尼采的成就。鲁迅笔下的狂人与尼采笔下的狂人不同,尽管他们都对"传统价值"有着相似的憎恨,有着相似的"重估一切价值"的观念,而且对未来都很茫然。

鲁迅的第一部白话小说《狂人日记》与尼采、迦尔洵和安特莱夫的作品有共同之处,同时它也是20世纪20年代末鲁迅内在信仰与生活体验的表达。在某种程度上,它是鲁迅的战斗宣言。《长明灯》呈现了一个完全不同的狂人和一个完全不同的鲁迅。故事中的那个无名的疯子很难与尼采和安特莱夫笔下的疯子相比,只是作品的思想才把他与相互之间有着很大不同的"疯子"主题("madman"-topos)中的疯子相联②。迦尔洵的疯子在俄国文学中可能处于顶峰,或是对所谓的"神圣的"狂人描写最伟大的成就之一。彼得·亨利(Peter Henry)曾发表过一篇题为《迦尔洵和早期高尔基作品中的功业与建功立业的意象》(*Imagery of Podvig and Podvizhnichestvo in the Works of Garshin and the Early Gorky*)的文章,认为《红花》最重要的主题就是对勇于献身的耶稣基督的模仿。而这个方面在鲁迅的作品中却找不到。鲁迅曾表达过自己对耶稣的自我牺牲的理解,但读者却找不到一句能表明他相信耶稣负有救世使命的话。在他看来,这个世界的伟大人物"超人"与其说是"劝诫者"(admonishers),不如说是"创造者"(makers),是伟大的思想家,是照亮黑暗的灯塔,是谴责民族罪恶的先驱,是成功地给其追随者带来美、善、力量与强健的精神战士。在鲁迅心

---

① 马立安·高利克:《鲁迅的〈长明灯〉与V. M. 迦尔洵的〈红花〉两部短篇小说的文学比较观》,前面所引书,第73页。
② 同上,第73-74页。

中，耶稣不是"上帝之子"，而是"人之子"，他战斗、受苦并无辜死去。①

还有另一个可区别迦尔洵《红花》中的疯子和鲁迅《长明灯》中的疯子的特征。当迦尔洵全神贯注于他的狂人的时候，鲁迅则关注着"沉寂垂死"的中国的种种代表，如传统文化的支持者、古老迷信的信奉者、中国封建村庄的典型居民。他笔下的狂人只是一个坚定反抗儒教和佛教的象征，是没有什么个性特征的偶像破坏者②。鲁迅一定对《红花》中所蕴含的思想着迷。红花之所以如此红据说是因为"它汲取了所有无辜者的鲜血"，而这些鲜血在那时一定让鲁迅无法入眠。

迦尔洵和鲁迅在小说中都留下了有关自己及其精神状态的证明。1881年2月21日，迦尔洵写信给洛里斯·梅利科夫伯爵（Count M. T. Loris-Melikov），为其企图行刺伯爵的行为请求原谅。这封信清楚地表明，他坚信殉难的独特性与伟大，或者道义上的优越性。与其极为相似的是，鲁迅在写作《长明灯》时，不仅怀疑"进化论"，也对在当代中国环境下以一种非常人道的方式给予理解的"贵族式的激进主义"的效力以及孤立的个体普遍存在的可能性表示怀疑。鲁迅的《长明灯》创作于1925年的二三月间，否则，在其他时间他要写出该作品几乎是不可能的③。如果那时的鲁迅赞同裴多芬的格言："绝望如同希望，一样地骗人"的话，我们就可以想象出他所感觉和体验到的复杂心境，这种心境源自"空虚中的暗夜"，并且他试图将二者等同起来。④

从鲁迅的《野草》中倒数第二首题为《淡淡的血痕中》的散文中可以发现一种相当不同的心境。这篇作品是在1926年"三一八"惨案发生之时那种心境下写的，贝尔塔·克莱布索娃在其捷克译本中标注了四段，其中一段如下："叛逆的勇士出于人间，他屹立着，洞见一切已改和现有的废墟和荒坟，记得一切深广和久远的苦痛，正视一切重叠淤积的凝血，深知一切已死，方生，将生和未生。他看透了造化的把戏，他将要起来使人类苏生，或者使人类灭尽，这些造物主的良民们。"

就在那时，社会革命的理念开始在鲁迅的思想中形成，虽然还未有细

---

① 马立安·高利克：《鲁迅的〈长明灯〉与V. M. 迦尔洵的〈红花〉两部短篇小说的文学比较观》，前面所引书，第74页。
② 同上。
③ 同上，第75页。
④ 同上，第76页。

节上的确定。"天地在猛士的眼中于是变色"是这篇散文的最后一句。相似的信念早在鲁迅的头脑中形成,但他第一次将其表述得更加清楚仅是在完成了《长明灯》之后。《野草》中的最后一篇散文题为《一觉》,写于《淡淡的血痕中》两天之后。处在飞机的嗡嗡声与炸弹的爆炸声中,人会感到生与死辩证地相近与相关,但这仅在鲁迅的心中引起了"轻微的紧张"。这种紧张,可能是对其同时代人命运的悲剧性理解。邪恶,如同白白流淌的无辜者的鲜血,或如他们生活中的长明灯,至少暂时唤起了他与佛、道教徒们相似的那种大彻大悟。否则,他又怎会写下"也许有人死伤了罢,然而天下却似乎更显得太平。"①

处于"觉悟"状态的鲁迅回忆起不久前一位年轻人递给他一个信封,内装《浅草》杂志第 1 卷第 4 期。这件小礼物带给鲁迅快乐,之后他更加喜欢阅读《沉钟》了。《沉钟》即是那位年轻人冯至和他的朋友们在《浅草》停刊后编辑的杂志。鲁迅认为它是"深深地在人海的底里寂寞地鸣动"的声音。1935 年,他又称赞年轻人对这些刊物的贡献:"向外,在摄取异域的营养,向内,在挖掘自己的灵魂,要发见心里的眼睛和喉舌,来凝视这世界,将真和美歌唱给寂寞的人们。"②鲁迅在中外优秀的文学作品中看到了冲破黑暗沉寂的旧中国的曙光。这次经历促使鲁迅创作了与《红花》背景相对的《长明灯》。在他创作《长明灯》时,他应该已经意识到《红花》作为一部关于生活过的和正在生活着的人类的信仰、希望和爱的作品的伟大力量,将会使《长明灯》黯然失色。在《长明灯》中,鲁迅恰如其分地表达了与其几个月后写的一段话相同的意思:"站在歧路上是几乎难以举足的;站在十字路口,是可走的道路很多。"③鲁迅不知道哪一条路是正确的。

---

① 马立安·高利克:《鲁迅的〈长明灯〉与 V. M. 迦尔洵的〈红花〉两部短篇小说的文学比较观》,前面所引书,第 77 页。
② 同上,第 78 页。
③ 同上。

泽耶尔和鲁迅笔下的后羿——论古老神话在现代文学中的变异

《泽耶尔和鲁迅笔下的后羿——论古老神话在现代文学中的变异》[①]是高利克向 2012 年 11 月 8-11 日在北京举行的国际鲁迅研究会第一届学术论坛提交的论文。文章一开始对泽耶尔对中国古代神话的兴趣做了介绍。

1882 年 6 月 6-9 日,其时鲁迅才一岁多,捷克著名的颓废派作家尤利乌斯·泽耶尔(Julius Zeyer)在布拉格的纳普尔斯特克图书馆(Náprstek Library, Prague)借阅了 1874 年由上海美华书馆出版的梅辉立(William Frederick Mayers)的著作《中国辞汇》(*The Chinese Reader's Manual*)[②]。他浏览了关于中国神话和历史人物的近 1000 个条目,其中包括对纣辛、妲己、比干和后羿的介绍。

在《中国辞汇》一书的第 552 条中我们可以读到关于比干的如下信息:"比干是暴君纣辛的亲戚,纣辛在公元前 1123 年使衰败的商朝走向灭亡。据说由于比干抗议天子的荒淫无度,为了嘲笑比干的这个警告,纣辛宣布:'吾闻圣人心有七窍,剖比干观其心'。因此,为了取悦于他的王妃妲己,纣辛把他的这位同族人处以极刑并挖出了比干的心放在自己的面前。当暴君的统治被武王的军队推翻时,这个天下的继承者'封比干墓'。"

对妲己的介绍是书中信息最长的之一,这里仅引其中的部分内容:妲己是"商朝最后一位统治者纣辛的王妃,在历史上以淫荡和残忍著称,……"

梅辉立的《中国辞汇》中关于后羿的故事有两个说法,泽耶尔在其书中使用的第一个故事是这样的:"公元前 2357 年在尧手下做事时表现出了他神奇的箭术。后来,传统上对他的叙述是他在月食的时候'把箭瞄准月亮射向了天空'。"这个故事的另一个说法是:"当时天上有十个太阳,导致天下大乱,并引起生物的大量死亡。这时候尧命令羿用箭去射那些假太

[①] 马立安·高利克:《泽耶尔和鲁迅笔下的后羿——论古老神话在现代文学中的变异》(*The Archer Yi according to Julius Zeyer*[1841—1901] *and Lu Xun*[1881—1936]——*On the Changes of Old Mythologomenas in Modern Literature*),未发表。

[②] 梅辉立(William Frederick Mayers):《中国辞汇》(*The Chinese Reader's Manual. A Handbook of Biographical, Historical, Mythological, and General Literary Reference*),上海:美华书馆,1874 年版。

阳,羿完成了任务,那些假太阳随即就消失了。"

这里我们不再全文引用第 71 条中对纣辛反常的"放肆的言行、放纵的情欲和令人惊异的残忍"等罪恶的介绍。纣辛对比干的残暴已经众所周知。很可能在泽耶尔 1884 年创作诗剧《比干的心》(Srdce Pikangovo)时,(这主要是从他的《诗歌》[Poesie]中得知的),他也读了《论语》和《孟子》两书中关于比干和后羿的简短介绍。他家中也有 1852 年出版的由鲍吉耶(M. Guillame Pauthier)翻译的法文本《孔子与孟子》(Confucius et Mencius: Le quatres livres de philosophie morale et politique de la Chine)。其他关于纣辛、妲己、后裔的资料他很可能不知道。泽耶尔不是一个东方学家,只是在他生活的某一时期对与亚洲和东非的历史、哲学和宗教相关的话题非常感兴趣而已。①

泽耶尔收藏了法国、英国、德国以及意大利颓废派作家的作品,他很可能在创作《比干的心》之前读过许多这一类的作品。他对这类作品的美和异国情调着迷,但却反对一部分作品中那种极端个人主义的、违背自然的、违反常情的和非道德的精神。他的一生经历了一个复杂的发展过程,从一个虔诚的孩子,一个受到母亲天主教精神的教育,听保姆讲捷克民间故事和民族神话,到后来自己阅读文学作品、欣赏古老布拉格的中世纪建筑、著名的教堂、绘画、大部分与宗教艺术紧密相关的雕塑,直至在各国游历的过程中进入一个极度怀疑、摇摆和焦虑的时期。在小说家戈比诺(Joseph-Arthur de Gobineau)去世的那一年,泽耶尔发现了梅辉立那本无价之书,萌发了创作比干的心和后羿之箭的念头。戈比诺的《亚洲故事集》(1876)可能是泽耶尔在创作他的"复活的意象"时效仿的榜样之一。与泽耶尔一样,作品中的戈比诺也受到了《一千零一夜》(One Thousand and One Nights)的影响。这本书是泽耶尔的宝贝,在他的图书馆中或许能找到。此外,在泽耶尔的小说、短篇故事、戏剧和诗歌中,我们可以发现关于埃及的、美索不达米亚的、希伯来的、印度的、波斯的、阿拉伯的、叙利亚的、中国的、日本的以及美洲的母题与主题。②

待在巴黎期间,泽耶尔也有可能接触了神秘主义(occultism)、唯灵论

---

① 马立安・高利克:《泽耶尔和鲁迅笔下的后羿——论古老神话在现代文学中的变异》,前面所引书。

② 同上。

(spiritualism)和通神论(theosophy)。对他而言,最有趣的是通神论及其对佛教的解读。但泽耶尔并不仅仅满足于如他介绍给捷克读者的各种文学中的佛教的和印度的母题,他渐渐对中国和远东的神话、哲学和文学传统发生了兴趣。他的作品中包括了关于王昭君、薛涛以及其他的主题。①

在诗剧《比干的心》中,泽耶尔最感兴趣的是商王纣辛的亲戚,无辜的大臣比干受到的可怕的刑罚。纣辛让泽耶尔想到了罗马皇帝尼禄(Nero)。从勒南(Ernest Renan)众多的作品中,尤其是他出版于1873年,可在布拉格的基础图书馆找到的多卷本《基督教的起源》(*Origin du Christiaisme*)第7卷《反对基督徒》(*L'Antichrist*)一书中,泽耶尔对尼禄有了很好的了解。纣辛和尼禄都是道德扭曲的产物,特别是二者都有着独出心裁的病态心理。泽耶尔在梅辉立的《中国辞汇》一书读到第71条关于纣辛和第695条关于妲己的介绍,认为中国的商-殷时期与罗马帝国的尼禄时代相似。对第171条关于后羿及其向天上那些引起地球混乱和死亡的假太阳射箭的故事的"发现",会让一个信仰基督教的捷克知识分子立刻将后羿与耶稣基督和他拯救世界相比。根据泽耶尔的推论,耶稣、后羿和被剖了心的比干之间有着太多的共同之处。②

泽耶尔的独幕剧呈现的是商-殷王朝最后一天的最后几个小时。泽耶尔对其结局的处理与历史史实完全不同。他描述成千上万的人带着花圈来到皇宫的窗户外。这很可能让人想到苏维托尼乌斯(Suetonius)的《尼禄传》(*Vita Neronis*),其中也有许多的罗马市民将花放在尼禄的坟上。但纣辛的情形不是这样的,其结局似乎是武王的战车"很快将商军打得溃不成军"。这种情形与以后的中国历史中的人民起义或农民叛乱不同。纣辛对人民表现出的"爱"很满意,但他仍然憎恨他们。泽耶尔的作品将妲己描绘成一个与梅辉立的《中国辞汇》和历史书如《书经》、《列女传》、《武王伐纣评话》、《封神演义》中的妲己不同的艺术形象③。泽耶尔所理解的妲己不是一个充斥于19世纪八九十年代的欧洲世纪末颓废派文学作品中的那种邪恶女人。相反,她是一个见到成堆的花,闻到醉人的花香会很怀旧的女人。她知道自己应该受到谴责并被处死刑,因为她是国王罪行的帮凶。

---

① 马立安·高利克:《泽耶尔和鲁迅笔下的后羿——论古老神话在现代文学中的变异》,前面所引书。
② 同上。
③ 同上。

她不爱国王,之所以和他生活在一起是因为她认为与混在宫殿外人群中对国王阿迎奉承的女人相比,和他在一起要更好些。她悄悄爱着的是一个"真人",据说在国王的国土上根本找不到这样的人。他出现在她的梦中,充满"勇气和真爱",用他的箭射下了悬挂在被林中没有飞鸟、土壤干燥的黑杉树森林覆盖的上空的太阳。这位真人只可能是后羿,他射下了出现在天空中的十个太阳中的九个。在泽耶尔的妲己眼中,后羿也是中国商-殷王朝的拯救者①。梦中的她"跪"在这位英雄的面前,触摸他的手,但他像摆脱"一只讨厌的臭虫"一样摆脱了她。

戏剧的最后时刻这位"无畏的勇士"来到宫殿的大门。他是唯一一个不磕头、不修饰自己房子、也不带花的人。那些胆小的暴徒喧嚣着要杀了他。即使在这些乌合之众面前他也不磕头,并指责国王是个血腥的杀手,指责他残暴的统治,提醒国王他也会如他统治的20年间被他杀掉的那些人一样死去。这个人就是比干,尽管他身上有着后羿的特征,并与妲己愚蠢的想法相符。妲己让纣辛宽恕比干,并试图说服比干-后羿成为国王的朋友和顾问。

当妲己告诉这位无畏的英雄她的爱时,比干用一种典型的颓废派风格回答她:"你是美丽的,但你的美丽也是致命的。在你冷酷的脸上流露出死亡,在你神秘的眼神中透露出腐朽。"纣辛想杀掉比干-后羿。"你喜欢这些人吗?"他问这个自己的王妃爱上的男人。"是的。"于是纣辛继续讥讽道:"你已经拥有了一颗高贵的心。我想看看它与一颗缺乏智能却高尚的心有什么不同。抓着他,挖出他那鲜活的心脏放在金质的大盘里。"这里的"大盘"源自《圣经》。②

妲己来到行刑的现场,亲眼看到了下面的情景:"多么神奇呀,用天然琥珀制成的心脏在这里跳动,从它里边有甜蜜的芳香往外飘荡,许多花朵下落代替下滴的血。"被挖出了心的勇敢、聪明的比干-后羿,让如泽耶尔一样的每一个天主教徒想到在各各他被刺穿心的耶稣及其在1765年玛格丽特·阿拉科克(Margareta Maria Alacoque)的预言之后世人对他的崇敬。③

---

① 马立安·高利克:《泽耶尔和鲁迅笔下的后羿——论古老神话在现代文学中的变异》,前面所引书。
② 同上。
③ 同上。

19世纪80年代,特别是90年代,泽耶尔完全返归他少年时代信仰的基督教和天主教。当首都的人民得知比干-后羿被剖心的事后,他们放火烧了皇宫。国王和王妃都葬身火海,甚至在他们的尸体还未被大火吞噬之前,愤怒的人们就将其扔给了狗吃。这个情景很可能也是借自《圣经》。耶洗别(Jezebel),以色列国王亚哈(Ahab)"无耻放荡的"王妃,被扔出宫殿的窗外,尸体被狗吃了。①

在梅辉立的《中国辞汇》一书中,泽耶尔读到了关于后羿的第二个故事:"后羿是夏朝第三个国王太康的大臣,是尧这个大射师的后人,后来逐渐篡夺了国家的实权,但他专爱打猎而不管政事,把国家政事交给他的亲信寒浞,寒浞于公元前2170年背叛他,派人把他杀了。……"②

泽耶尔在创作《比干的心》时肯定只用了关于后羿的第一个故事。他读了第二个,但没有用它,因为第二个故事与他自己的创作意图不符。可是当我们将泽耶尔的诗剧与鲁迅《故事新编》中的《嫦娥奔月》相比较时会发现,它显然与后羿的第二个故事更相似。在梅辉立,可能还有理雅各(James Legge)看来,正如上面所引的,有两个后羿。根据萨拉·阿兰(Sarah Allan)的专著《龟之形:早期中国的神话、艺术和宇宙》(*The Shape of the Turtle. Myth, Art and Cosmos in Early China*),在说到太康在位时以及其后关于后羿的最佳来历时,她认为:"王位被后羿夺去。这个后羿可能就是射下十个太阳的后羿。与此相呼应的有《史记》中记载的关于制造混乱的羲与和(即神话中的太阳神之母,羲和)。羿的妻子对他不忠,羿后被寒浞所杀。寒浞命令羿的儿子们吃他,拒绝,被处死。寒浞继续羿的统治,后将王位传给儿子浇。但肚子里怀着少康的母亲逃掉了。少康长大后回来杀了浇,夺回了王位。"阿兰还认为,"一个王朝不可能是从篡位开始的。实际上,如果这个时期有一个王朝的话,那就是后羿统治的。"意即,后羿肯定就是一个霸王。③

在鲁迅的《嫦娥奔月》中,后羿是贵族中相对来说比较贫穷的人。他每天只能带回射来的几只乌鸦,因为周围那些美味的鸟都被射光了,也可能是在他猎得野猪和长蛇后所有可猎的动物都没了。当嫦娥责备他"我就

---

① 马立安·高利克:《泽耶尔和鲁迅笔下的后羿——论古老神话在现代文学中的变异》,前面所引书。

② 同上。

③ 同上。

整年只能吃乌鸦的炸酱面"时后羿回忆起"当年的封豕是多么大,远远望去就像一座小土冈。如果那时不去射杀它,留到现在,足可以吃半年,又何用天天愁饭菜。还有长蛇,也可以做羹喝……"很奇怪,一个国家最高地位之一的人竟只能吃这个。鲁迅是善用讽刺的大师。有时他用怪诞的文学手法,比如,当他叫女辛为女主人嫦娥烧一碗汤。假如我们将嫦娥,或姮娥当女神看待的话,鲁迅这么做就是在亵渎神明①。鲁迅的嫦娥,当然不会满足于这种命运的。她试图说服后羿到更远一点的地方去猎好一点的猎物,但他并不相信自己会有什么收获。在这个对话中后羿犯了一个致命的错误。当他说到自己和嫦娥糟糕的家境时,他说自己倒不要紧,只要将那道士送给他的金丹吃下去,就会飞升。这里,鲁迅将原来的神话做了小小的改动②。对话之后的第二天,后羿起得很早,女乙将五个炊饼、一株葱和一包辣酱给了他。骑了差不多70里后,由于饿得眼花,他误将一只黑母鸡当作鸽子射死了。母鸡的主人老太太开始责备他。当他告诉老太太自己是夷羿时,老太太并不相信。当他说自己射死过几匹野猪和几条蛇时,老太太责备他在说谎:"那是逢蒙老爷和别人合伙射死的。也许有你在内罢;但你倒说是你自己了,好不识羞!"鲁迅的后羿反驳她,可是毫无用处。他得赔偿被射死的母鸡。

　　黄昏时他回想起逢蒙瞄准他并不停地向他射箭的事。双方的箭在半空中遭遇,最后后羿的箭用光了,逢蒙趁机要杀后羿。逢蒙直接射中后羿的嘴,但他却是空欢喜一场。后羿用了据说是"啮镞法"咬住了箭头。后羿从嘴里将箭吐出后说道:"难道连我的'啮镞法'都没有知道么?这怎么行?你闹这些小玩艺儿是不行的,偷去的拳头打不死本人,要自己练练才好。"回到家的后羿很诧异。他为一整年没喝过鸡汤的妻子带回一只黑母鸡准备做顿美味的晚餐,而她却不见了。她带着自己的首饰盒和长生不老药奔了月。异常愤怒的后羿叫女仆拿来三支箭和他的射日弓,但被射的月亮"却还是安然地悬着,发出和悦的更大的光辉,似乎毫无伤损。"故事的最后后羿叫女辛去把鸡做了,"给我吃了好睡觉。明天再去找那道士要一服仙药,吃了追上去罢。"

---

　　① 马立安·高利克:《泽耶尔和鲁迅笔下的后羿——论古老神话在现代文学中的变异》,前面所引书。
　　② 同上。

据说鲁迅是在 1926 年 1 月 30 日完成《嫦娥奔月》,并在第二天辞去了厦门大学的职务的。除夕夜和随后的日子里他并没有试图因为飞升去找一个老道士。直到 1 月 15 日他会见朋友,在不同的会上宣读自己的文章。1 月 16 日他没有"飞天",但却在三个学生的陪同下乘坐"苏州号"轮船去了当时革命的摇篮广州,用他"洋溢着激情和战斗精神的心为人民做点什么。"①

《嫦娥奔月》这个故事中的后羿多多少少是鲁迅的"他我"(alter ego)。从古代典籍不同的传统版本中,鲁迅在故事中使用那些能代表作为"德"之范式和值得崇拜与进行道德模仿之典范的后羿的正面特征,而没有考虑那些批判性的评价②,如屈原《离骚》的第 76—77 行:"羿淫游以佚畋兮,又好射夫封狐。故乱流其鲜终兮,浞又贪夫厥家。"如《论语》也提到一些关于后羿的不太招人喜欢的性格特征:"羿善射,奡荡舟,俱不得其死然。禹、稷躬稼而有天下。"同样,《左传》对后羿的评价与《屈原》对后羿的评价相似:"襄公四年,侯对襄公说:'昔有夏之方衰也,后羿自鉏迁于穷石,因夏民以代夏政。恃其射也,不修民事,而淫于原兽。弃武罗、伯因、熊、髡、龙圉,而用寒浞。'"庄子对后羿似乎也有批评之意,在《庄子》第 23 章中我们可以读到"羿工乎中微而拙乎使人无己誉。"③

从关于后羿的不同史料中可以发现,他不是一个相对来说比较贫穷的贵族,也不是没有性格缺陷。从《庄子》和《左传》的记载中可以看出,他喜欢那些不值得信赖的部下对他的恭维。鲁迅不同,不敢说他对于别人对他作品的那些恭维话持什么态度,但他对敌人的批评却是相当敏感的。贝尔塔·克莱布索娃在她的研究的注释第 31 中概括了写于 1927 年之后的《故事新编》中的部分小说的特征:"小说的主题与现在的意识越来越相互交织、融汇,因此历史材料常常只成了一种表达和批判现代问题的舞台背景或背景幕。这种对现代问题的更加确定的、下意识的定位,使得这些故事成为作者奋力实现一个新的社会秩序的令人惊异的文献。"④

---

① 马立安·高利克:《泽耶尔和鲁迅笔下的后羿——论古老神话在现代文学中的变异》,前面所引书。
② 同上。
③ 即《庄子》杂篇《庄子·庚桑楚》。本书作者注。
④ 马立安·高利克:《泽耶尔和鲁迅笔下的后羿——论古老神话在现代文学中的变异》,前面所引书。

20世纪50年代后期,克莱布索娃同意鲁迅对于在文学作品中使用神话元素或历史素材的态度。1960年,安娜·德丽扎洛娃-弗尔高娃唯一将《故事新编》中的《嫦娥奔月》选入斯洛伐克文版的鲁迅故事集《火与花》中。当然这并非最好的选择,至少他的《补天》和《铸剑》更好些。从文学的角度看,集子中的其他小说都要差些。顾彬(Wolfgang Kubin)在他的《二十世纪中国文学史》(*Geschichte der chinesischen Literatur im 20. Jahrhundert*)中没有对《故事新编》做任何的评价。冯铁(Raoul D. Findeisen)那本颇有影响力的《鲁迅:文本、年谱、图片与文献》(*Lu Xun. Texte, Chronik, Bilder, Dokumente*)中也没有一个字提及《故事新编》。《嫦娥奔月》并没有吸引多少中国批评家的目光。1977—1982年间,仅有2篇关于《嫦娥奔月》的文章,而关于《铸剑》的则有15篇。根据所掌握的1983—1994年间的相关资料,1984年、1989年、1990年、1994年这四年里总共也只有2篇文章是关于《嫦娥奔月》的。这就意味着它是鲁迅作品中价值较小的其中一部。

　　克莱布索娃认为"《故事新编》的主题与现在的意识越来越相互交织、融汇"指出了其主要的问题,但并非如她所断言的,而是很大程度上在于鲁迅与他的同事之间的个人恩怨甚至是敌意①。他们常常先是朋友,后来却成了敌人。我们可以把他对逢蒙的文学刻画看成是对他自己一个早年的年轻朋友,后来成了敌人的高长虹的讽刺画。他对弟弟周作人、胡适、顾颉刚、林语堂和陈源的态度也是一样的。

　　勒内·韦勒克(René Wellek)在其《批评的概念》(*Concepts of Criticism*)中多次指出对文学作品进行评价的重要性。在该书的第一篇文章中他强调:"评价来自理解,正确的评价来自正确的理解。'解释恰当'这个概念就蕴含着一组不同等级的观点。正如存在着至少是被当作一种理想的正确理解一样,也存在着正确判断和好的判断。"韦勒克不同意诺思洛普·弗莱(Northrop Frye)的观点,后者将价值判断从其理论范式的批评概念中予以排除。②

　　当泽耶尔创作出版《比干的心》时大约43岁,而鲁迅写《嫦娥奔月》时大约50岁,但二者其时都是有着丰富经验和渊博学识的著名作家,尽管泽

---

① 马立安·高利克:《泽耶尔和鲁迅笔下的后羿——论古老神话在现代文学中的变异》,前面所引书。

② 同上。

耶尔最终是在布拉格研究了三年的哲学和梵文,而鲁迅也没有完成在日本的学医。二者都精通不同的世界文学,泽耶尔可能对东方文学了解更多,而鲁迅则是中国古典文学的专家和外国文学,更多是西方文学而非亚洲文学的翻译家,二者均可谓"文学的考古学家"。捷克伟大的文学批评家萨尔达(F. X. Šalda)认为泽耶尔是一个"强烈地憎恨他的时代和国家的人",对鲁迅亦可作如是评价。在重新建构神话的、哲学的、历史的史实时,泽耶尔常常与鲁迅不同。在他生命的最后几年里,他将精力集中在研究基督教上,将基督教看成是国家的唯一希望。对鲁迅,尤其是他1927年待在广州之后,则主要是关注马克思主义在俄国的解读。不言而喻,对二者来说,现代社会正在衰败,需要从根本上进行重新建构。泽耶尔从所谓的"永恒真理"的实现和预言性的幻觉中看到了它,而鲁迅则是通过革命和马克思主义的神话①。二者都有朋友和敌人。对泽耶尔来说,耶稣的"你应该爱你的邻人"的教义是他的行为与别人发生关联的主导动机,而鲁迅则常使用那些或许可以归纳如下的方法:"冷嘲热讽"或"白刀子进,红刀子出"②。从后羿的神话传说中,泽耶尔更好地选择了第一个,尽管他知道当然不如第一个有价值、不那么符合伦理道德的第二个故事。泽耶尔的目的旨在指出最符合伦理道德的、对自己的国家甚至全世界来说最需要的,如后羿将人类从自然界的混乱和地球的死亡之中拯救出来、比干为商-殷时期人民的自我牺牲、甚至耶稣在各各他的死。鲁迅的《嫦娥奔月》的创作目的则仅出于自己对一两个以前的同事后来的敌人的报复,以及他离开厦门这个他不喜欢甚至憎恶的地方的需要。③

泽耶尔的诗剧《比干的心》比鲁迅的《嫦娥奔月》更有价值。④

第四节　高利克的鲁迅文学批评研究

1980年出版的《中国现代文学批评发生史,1917—1930》第10章以"鲁迅对中国现代文学批评史的贡献以及他为马克思主义统一战线而进行

---

①　马立安·高利克:《泽耶尔和鲁迅笔下的后羿——论古老神话在现代文学中的变异》,前面所引书。
②　同上。
③　同上。
④　同上。

的斗争"为题系统探讨了鲁迅的文学批评思想①。该文有两个中文译本，一是由陈圣生、华利荣等译，于 1997 年出版的《中国现代文学批评发生史，1917—1930》一书第 10 章。译文未用原文的标题，而是改题为《鲁迅：中国现代文学批评史上的元勋》②。另一为收录在乐黛云编《国外鲁迅研究论集》中的韩敏中译文，译文用的是与原题相同的题名③。逐文比较，韩敏中译文较陈圣生译文更准确，语言也更优美。

鲁迅是中国现代文学批评前史的创始人之一，是这一批杰出人物中唯一一个开创中国现代文学的中坚力量，要正确理解鲁迅鼎盛时期的成就，简略回顾一下他在 1908—1912 年间的情况是必要的。这篇文章详细分析了鲁迅分别写于这个时间段开头和结尾的两篇文章《摩罗诗力说》和《拟播布美术意见书》。

论及《摩罗诗力说》一文，其中值得读者特别关注的首先是对鲁迅与康德观点的比较。一接触到年轻的鲁迅，研究者便可在其著作中发现康德以及他的"无目的而合目的性"与"没有利害关系的快感"的影子。鲁迅在许多方面与康德相似，尽管二者在很多地方也有或多或少的不同。康德的"以快感为直接目的的艺术，为审美的艺术"与鲁迅关于美术之本质的论述："由纯文学上言之，则以一切美术之本质，皆在使观听之人，为之兴感怡悦。文章为美术之一，质当亦然，与个人暨邦国之存，无所系属，实利离尽，究理弗存。故其为效，益智不如史乘，诚人不如格言，致富不如工商，弋功名不如卒业之卷"极为相似。不管鲁迅本人是否意识到他与康德一致的地方在于他将包括文学在内的艺术理解为"以自身为目的表现现实的模式，虽然它没有明确的目的，但它增进了与社会交际相关的心智力量的培养。"④

鲁迅并不关心娱乐，他明确反对以消遣或感官愉悦为文学的唯一目的。他的文学标准是快乐，而非娱乐；是沉思，而非官能的感觉。他也不关

---

① 马立安·高利克：《鲁迅对中国现代文学批评史的贡献以及他为马克思主义统一战线而进行的斗争》(Lu Hsun's Contribution to the History of Modern Chinese Literary Criticism and His Struggle for a United Marxist Front)，载《中国现代文学批评发生史，1917—1930》(The Genesis of Modern Chinese Literary Criticism, 1917—1930)，伦敦：柯森出版社，1980 年版，第 236-284 页。

② [斯洛伐克]高利克著，陈圣生、华利荣等译：《中国现代文学批评发生史》，北京：社会科学文献出版社，1997 年版，第 226-267 页。

③ 乐黛云编：《国外鲁迅研究论集》，北京：北京大学出版社，1981 年版，第 228-278 页。

④ 马立安·高利克：《鲁迅对中国现代文学批评史的贡献以及他为马克思主义统一战线而进行的斗争》，前面所引书，第 236-237 页。

心认识的价值或理性的、逻辑的判断,而是关心思考的材料与反思的、审美的判断,这与康德的理论完全相同:"美的事物是仅通过判断便可产生快感的东西"或"快感是可以普遍交流的,这一观念本身就说明快感不仅仅是由感觉引起的愉悦,而必须从反思中得到。因此,艺术品作为审美艺术,其标准在于反思判断而非感觉如何。"我们虽然不知道鲁迅是否注意到康德的这些观点,但他无疑认定"文章之用益神"。①

在鲁迅看来,"人生之阂机"等于"诚理",也就是艺术再现的真理,而科学知识表现不了这种真理。文学与此相似。人生的至理,蕴含在言辞之中。在鲁迅看来,马修·阿诺德(Mathew Arnold)对文学的见解与此相似。阿诺德在《拜伦》(Byron)一文中特别强调了这个问题,认为"散文和诗无疑都以批评人生为主旨,我们虽然据此还不足以准确区分诗歌与散文的特性,但诗对人生的批评必须遵循'真实'和'审美'的法则。"②尽管鲁迅没有特别提出过"诗美",但他意识到了"诗美"蕴含在"辞句"之美中。在鲁迅看来,诗不仅是人生之批评,还有其他如教化的作用,它如荷马史诗所体现的那样,带有生动的事例。像当时中国那样落后的国家,或许正应该从此教化开始。③

如果鲁迅不对"天才"这个问题发表自己的看法,就很难说他是审美的批评家。他称"天才"为"性解"(hsing-chieh),这个"性"即是康德所谓的"天赋"(ingenium)或"内在的气质"(inner mental disposition)。但与康德相反,鲁迅认为天才的作用不是赋予艺术以规则,他的"解"字已经说明了"天才"之"解放"(release something)或"去除"(get rid of something)的能力。因此,鲁迅所强调的是天才社会意义上的创造性,而非康德所强调的形式上的创造本质。④

在对中国历史冷峻地审视之后,鲁迅不可能像康德在《判断力批判》(Critique of Judgment)中谈论天才时那样轻快、乐观地写作,康德以及前人探讨天才及其创造性时所处的精神文化环境要比鲁迅年轻时的处境民主得多。鲁迅甚至也从不强调天才的"立法"作用。他关注的是其他的问题,看到的是中国现实中的专制制度与国民的奴性,这影响了他对天才问题的思考。鲁

---

① 马立安·高利克:《鲁迅对中国现代文学批评史的贡献以及他为马克思主义统一战线而进行的斗争》,前面所引书,第237-238页。
② 同上,第239页。
③ 同上。
④ 同上,第239-240页。

迅将诗人定义为"撄人心者"(stir up the minds of people)。他认为,撒旦及其叛逆精神和自由不羁的灵魂,以及在如拜伦、雪莱等"摩罗诗人"的创作中所发出的"新声"有助于我们阐明作为"精神界之战士"的天才的概念。事实上,鲁迅将表现诗人职责或功能的声音称为"昭明之声"(clairvoyant voice),他更喜欢将撒旦这一黑暗势力视为人类未来的希望。鲁迅20世纪初的天才观可归结为:天才是先知或预言家,能高瞻远瞩,能劝诫人们投身于行动;他是偶像破坏者,敢于反叛权利无上的暴君,敢于怀疑或重新评价自己那个统治阶级的价值体系;他是诗人,他的预言将付诸行动。①

谢曼诺夫(V. I. Semanov)和戈里吉娜(K. I. Golygina)对鲁迅的《拟播布美术意见书》做了评价。前者认为它是"鲁迅观点的发展和中国新美学建立"过程中重要的一步,后者则认为很难说清"鲁迅这篇文章中思想的出处,在梁启超、王国维、蔡元培的著作中没有与其相似或接近的东西。"借比较之法可以发现,鲁迅了解锡得尼·柯尔文(Sidney Colvin)是从其为1879年第9版大英百科全书撰写的《美术》(Fine Arts)一文,当然鲁迅更有可能是使用该百科全书1910年第11版第10卷中略有修订的文本或其译文。鲁迅不只是接受柯尔文的美术分类法,而且还借助他的观点来说明自己对艺术的本质、起源和影响等美学理论的看法,只不过鲁迅自己不承认罢了。②

柯尔文和鲁迅都是从"艺术或美术是'做'或'作'的产品"这一基本前提出发的,从而进一步说明,有人制作美术,是"创作者"。有人从美术那里得到快感,是"受者"③。鲁迅还记录了对美术的制作过程所做的大量考察,与柯尔文相似,鲁迅也把文学包括在美术之中。他认为美术作品的创作必须具备三个要素。而柯尔文只提出了两个,他没有把鲁迅所说的第二和第三要素分开。这三个要素分别为:鲁迅称之为"天物"的自然万象、鲁迅将其包含在"思理"一词中的"艺术家本人那些不可估量的复杂功能,如记忆、气质、情感、本能等自发的作用"以及柯尔文没有加以强调的"美化"。将"思理"译为"构思"或"反省"也许更确切些。或许这个词是取自刘勰的《文心雕龙》的《神思》篇。④

---

① 马立安·高利克:《鲁迅对中国现代文学批评史的贡献以及他为马克思主义统一战线而进行的斗争》,前面所引书,第242页。
② 同上,第243页。
③ 同上。
④ 同上,第244页。

鲁迅根据这三个因素对美术下了如下定义:"……美术云者,即用思理以美化天物之谓。"这一简明扼要的定义与柯尔文较长的定义相似:"美术是人们以特定的方式自由地构思并制作出来的、旨在表现和激起感情的事物;它服从于节奏运动、表达方式或规整构图的规则,其结果与使用无干,故能给予众人以永久的不涉利害关系的快感。"鲁迅的定义缺了对"实用"的斥责和对"不涉利害关系"的强调,但二者显然都蕴含在了他的概念中,这清楚地表现在他论及艺术目的的一段文字中:"言美术之目的者,为说至繁,而要以与人享乐为桌极,惟于利用有无,有所抵牾。主美者以为美术目的,即在美术,其于他事,更无关系。诚言目的,此其正解。然主用者则以美术必有利于世,傥其不二,即不足存。……"①

鲁迅是主张艺术的功利的,但他反对艺术中直接的、庸俗的功利主义。他承认艺术可以生动地"表见"一个民族或一个国家的文化,能"辅翼道德",能"救援经济"。鲁迅的功利主义概念与柯尔文的相差甚大,几近于他自己 1908 年所发表的关于文艺的职与用的观点。可能是因为时局的原因,他没有在这个问题上采取更明确的立场。②

1914—1918 年初这段时间,鲁迅在文学和文学批评中保持着沉默,保留下来的唯一例外也许就是他 1914 年写的一行半关于海涅(Heinrich Heine)的抒情诗的文字。他在 1919 年的《随感录》第 43 中又回到了自己在 1908—1912 年间的观点,但他这时的理论增加了关于"美术家"的新内容:"进步的美术家,这是我对中国美术界的要求"、"美术家固然必须有臻熟的技巧,但特别应有进步的思想与高尚的人格"、"我们所要求的美术家是能引路的先觉……"③。

经过长时间的沉寂后鲁迅的文学批评工作于 1922 年底才重新开始,《对于批评家的希望》一文为鲁迅后来的文学创作和文学批评定下了基调。在这篇文章中,鲁迅没有像茅盾以及后来的郭沫若、成仿吾、郁达夫那样提出自己的文学批评观念,他并不认为自己是文学批评家,也无意建立或宣讲自己的理论体系,因为他的知识和经历足以使他痛苦地意识到,没有(至少他没有遇到)任何可使他满意的文学理论。只是到后来,经过广

---

① 马立安·高利克:《鲁迅对中国现代文学批评史的贡献以及他为马克思主义统一战线而进行的斗争》,前面所引书,第 245 页。
② 同上,第 246 页。
③ 同上,第 247 页。

泛而持久的探索后他才在马克思主义的,尤其是苏联学者的文学理论中找到一些有益的教导。在《对于批评家的希望》中鲁迅只是泛泛而谈,没有直指当时活跃于中国的三类批评家。同时,他还表现出自己是个不甚苛求的批评家,并勾勒出自己心目中理想的批评家的轮廓。鲁迅是这样描述第一类批评家的:"以文艺如此幼稚的时候,而批评家还要发掘美点,想煽起文艺的火焰来,那好意实在很可感。……或则叹息现代作品之没有血泪,那是怕著作界复归于轻佻。……那也实在是很可感谢的。"鲁迅在写这段文字时首先想到的是文学研究会的批评家,除茅盾外,还有郑振铎、王统照等,也很可能是指那些在《小说月报》第 8、9 期上评论冰心作品的人。而"血泪"文学则指郑振铎在《文学旬刊》第 6 期上发表的那一类文章。林培瑞(Perry Link)曾将此文译为《人侮辱人》(*People Who Insult People*)。①

鲁迅这样评论第二类批评家:"独有靠了一两本'西方'的旧批评论,或者捞一点头脑板滞的先生们的唾余,或则仗着中国固有的什么天经地义之类的,也到文坛上来践踏,……"鲁迅是对世界神话感兴趣的少数中国学者之一,在《估"学衡"》一文中他明显扮演了但以理(Daniel)这一角色。他像但以理一样评判学衡派,把他们说成是玄怪的"提客勒"(Tekel),仅引此文的结论就足以说明鲁迅的观点了:"……诸公掊击新文化而张皇旧学问,倘不自相矛盾,倒也不失为一种主张。可惜的是于旧学并无门径,并主张也还不配。……'衡'了一顿,仅仅'衡'出了自己的铢两来,于新文化无伤,于国粹也差得远。我所佩服诸公的只有一点,是这种东西也居然会有发表的勇气。"鲁迅仅看了《学衡》创刊号就作此文,是很难对以此刊为中心聚在一起的全体批评家做出正确估量的。到 1922 年底,在阅读了该刊全年至少四分之三的文章后,他在文章中谈论它时就客观多了。②

对第三类宁读原作不读译本的批评家无须多谈,因为他们不过是那段文学发展史上的匆匆过客,没有太大的意义。在鲁迅看来,处于当时普遍的情势中,批评家不应该过分苛求。他显然已意识到批评家这一概念的模糊与无法确定的性质,他不像郁达夫、成仿吾那样徒劳无益地要求真正的批评家出现,也无意强求当时的批评家能写出像亚里士多德、刘勰或布瓦

---

① 马立安·高利克:《鲁迅对中国现代文学批评史的贡献以及他为马克思主义统一战线而进行的斗争》,前面所引书,第 247-249 页。
② 同上,第 250 页。

洛(Nicolas Boileau)那种水平的东西来,同时他也不认为中国当时已有了产生批评巨著的条件。不过,鲁迅还是十分理解实际批评活动的重要性和必要性的。他在勾勒不甚苛求的批评家形象时,更多采用的是艺术家的方法而非文学理论家的方法。这种方法,与他创作的许多作品一样,带有强烈的视觉特色[1]。鲁迅在文中并没有说明文学与生活之间的理论关系,虽然这是我们判断一个批评家在实践活动中的作用的根本依据;他也没有说明个人批评标准存在的必要性,没有这种标准类似的活动便无法进行;他更没有指出批评家由于对艺术作品的客观性和自己的主观性缺乏应有的认识会产生的危险。他含蓄地表达了自己对从中国当代艺术中观察到的一些东西,如"学了体格还未匀称的裸体画,便画猥亵画……"。他用同样的方法勾勒出自己理想的批评家的形象,并以厨子做菜为例说明厨子在对自己的手艺有把握的同时还要求客人没有"嗜痂之癖",没有喝醉,没有害热病失去胃口。鲁迅的"厨子"让人想到战国时为文惠君解牛的庖丁。在许许多多中国的文学、批评和美学论著中,庖丁都被当作艺术领域真正具有创造力的事例,因而当然也可用来说明鲁迅关于艺术品与"天物"之间的关系以及文艺创作中"思理"与"美化"过程的观点。"理想的批评家"要在最广泛的联系中去领会和阐释这种创造力,要有中外美术与文学理论知识、独树一帜的文艺批评标准、健康的审美情趣、进步的观点和高尚的人格,而他那个时代的批评家离这样的条件还远。[2]

鲁迅的《未有天才之前》与郭沫若的《天才与教育》没有本质的差别,只不过鲁迅远比郭沫若对环境对于天才得以产生并有所成就所起的作用的强调要多。在鲁迅看来,天才产生于民众之中,民众孕育了它并给予它成长的条件。20年代上半期的中国还没有供天才生长的土壤,人们一面强烈要求天才的出现,一面又使劲扼杀天才。那些潜在的天才,大部分也被恶意的批评所毁。鲁迅所指为成仿吾、梁实秋等无情的批评家,他也注意到了成为无情"驰马"第一个牺牲品的冰心。1924年的鲁迅对"天才"的看法与他1908年时已经大不相同了。尽管他仍然认为诗人能成功地"创造",但他不再相信诗或艺术的天才有什么预言或先知的能力了。莎士比

---

[1] 马立安·高利克:《鲁迅对中国现代文学批评史的贡献以及他为马克思主义统一战线而进行的斗争》,前面所引书,第251页。

[2] 同上,第253页。

亚(William Shakespeare)的《仲夏夜之梦》(*A Midsummer Night's Dream*)中的几行诗,写到诗人在"微妙的发狂"中看见了天地间的万物,可以断定正是这些诗行促使鲁迅写下了"非有天马行空似的大精神即无大艺术的产生。但中国现在的精神又何其萎靡锢蔽呢?"前一句表达的是他的信念,后一句则在提出问题。①

这段话中的"精神"一词表明鲁迅写《摩罗诗力说》时对自己理论体系中这一重要因素的看法至今仍无本质上的改变。诗人要成为勃兰兑斯所理解的那种"精神"(勃兰兑斯很可能是鲁迅思想的源泉之一),他应该是"诗的精灵",具有创造性的激情,珀尔修斯(Perseus)那种天马行空的想象力,能表现《恰尔德·哈罗德游记》(*Childe Harold's Pilgrimage*)所描绘的那种希望的象征,即跟彩虹女神伊里斯(Iris)一样美好的事物。然而现实的丑恶和黑暗,天才赖以产生和成长的"土壤",常迫使鲁迅奋笔疾书。《论睁了眼看》既是鲁迅20年代上半期最重要的文学批评文章,也是他迄今为止在文学批评领域的巅峰之作。文中鲁迅谈到要有正视墨杜萨(Medusa)丑脸的勇气是该文最有意义的:"文艺是国民精神所发的光,同时也是引导国民精神的前途的灯火。……中国人向来因为不敢正视人生,只好瞒和骗,由此也生出瞒和骗的文艺来,……早就应该有一片崭新的文场,早就应该有几个凶猛的闯将!"②

鲁迅在写过这篇文章之后,仍然感到神话英雄珀尔修斯不能让他安宁,于是他又写了一篇题为《这样的战士》的散文,为现代中国的珀尔修斯在黑暗现实中的格斗画了一幅有力的肖像。对于文中的"无物之阵",杨宪益夫妇将其英译为"无的行列",赫茨费尔德(Johanna Herzfeldt)将其德译为"无形的队伍",都没有表达出其本义。鲁迅采用的是《庄子》第13篇和第15篇中的"无物累"之意,即指那些不问世事、无视事实的人们,他们始则不敢视,继而不知如何视,直至最后视而不见,成了睁眼瞎③。鲁迅这篇文章中的中国墨杜萨,不是用丑恶的脸来杀人的,而是以点头哈腰、使人窘迫、谨遵古训、恪守礼仪等方式。现代的中国珀尔修斯,事实上是一个反英雄。鲁迅意识到自己的孤独,之后他也试图说服自己仅靠那种"诗底奋

---

① 马立安·高利克:《鲁迅对中国现代文学批评史的贡献以及他为马克思主义统一战线而进行的斗争》,前面所引书,第254-255页。
② 同上,第255-257页。
③ 同上,第258页。《庄子》第13篇和第15篇,即《庄子》外篇《天道》和《刻意》二篇。

激"、"微妙的发狂"是不够的,珀尔修斯式的"天马行空"不是像文学理论著作或手册中所解释的那么简单。①

正如鲁迅在他的第一篇白话小说《狂人日记》所指出的,中国的墨杜萨不仅点头哈腰,开始时让人摸不着头脑,继而杀死许多有希望的战士,还"吃人"。他模仿叔本华而创作的《无花的蔷薇》(之二)的最后一段更为重要:"以上都是空话。笔写的,有什么相干?实弹打出来的却是青年的血。血不但不掩于墨写的谎语,不醉于墨写的挽歌,威力也压它不住,因为它已经骗不过,打不死了。"不过在 20 年代后半期中国需要的是别样的英雄,至少鲁迅是这么认为的。②

在 1926 年的 3 月 18 日这个"民国以来最黑暗的一天",鲁迅又不再相信自己修正过的"天才"概念了。他的信念在新的社会政治现实中被扼杀。以前他对这种现实还没有足够的认识,特别是还没有亲身经历过。过去的大约 20 年来,"天才"是鲁迅文艺信仰的基础,从受到卡莱尔启发的"昭明之声",到极具独创性的《这样的战士》,我们目睹了天才力求"解放"、"摆脱",特别是"创造"事物的各种变形。鲁迅的影响没有超出中国的社会文化界。社会政治现实表明,"天才"远非足以抵挡一切的武器。因此,像郭沫若不久之前所为的那样,鲁迅也从"天才"转向了革命。他的酝酿时间长达一年多,其文艺批评的新时期显然始于《革命时代的文学》这个演讲,这一酝酿时期正是革命活动取得很大进展和成功的时期③。鲁迅的演讲部分是在清算旧账,部分是在忏悔。他清算的是他以前整个的发展过程,他过去的生活和文学经验使得他逐渐地却毫无疑虑地对那些他熟悉了差不多 30 年的文学理论失去了信心。他不再相信文学的力量以及它对革命进程的影响。在他看来,正具雏形的革命文学搞些宣传、鼓吹、煽动还可以,但对于革命没有实际用处:"不过我想,这样的文章是无力的,……如果先挂起一个题目,做起文章来,那又何异于八股,在文学中并无价值,更说不到能否感动人了。……革命,倒是与文章有关系的。"这段引文表明,即使在大革命的凯旋声中,即使鲁迅已完全摆脱了他的天才观的束缚,他仍然没有彻底去掉自己原有的"无目的而合目的性"的观念。他用康德

---

① 马立安·高利克:《鲁迅对中国现代文学批评史的贡献以及他为马克思主义统一战线而进行的斗争》,前面所引书,第 258-259 页。
② 同上,第 259 页。
③ 同上,第 259-260 页。

的信条来谴责当时中国的革命文学,即蒋光慈、顾仲起等人正创作的所谓"标语口号式的文学"。鲁迅的这些批评观点,只能说是部分正确。对于那种夸大感情的作用或低估艺术的特性的做法,他的批评是正确的。但他把刚发芽的革命文学比作八股文在某种程度上说是不对的。①

革命影响文学而非文学影响革命反映出了鲁迅的信念之所在。"革命"已经成为他的新批评观念体系中与以前的"天才"等同的因素,与"天才"有着同等的地位。1927年鲁迅对革命与文学的看法没有什么改变。他的观点已表现在他1927年之后所发表的一些文学批评文章中,尽管他的对手几乎都还不知道这些文章。直到1928年10月之后,他在黄埔军校作的那篇演讲才连同他的另一篇文章《革命文学》与批评家和读者见面。鲁迅在革命批评家队伍中的对手大多是从他发表在《语丝》或《北新》上的"杂感"笼统地了解到他的文学观点的,只可惜这些观点通常都不合革命文学的鼓吹者们的胃口,如他的《文艺和革命》第一句便是:"欢喜维持文艺的人们,每在革命地方,便爱说'文艺是革命的先驱'。"鲁迅不相信这种说教是有道理的,只是他的那些道理不为中国的批评家们所了解。革命文学的鼓吹者们可能对他描绘的革命、反革命以及有关的不同派别成员之间的"互相残杀"的话十分恼怒,如下面这段话就没有被收录进《鲁迅选集》:"革命,反革命,不革命。……革命,革革命,革革革命,革革……"创造社的新老成员特别忍受不了他发表在《语丝》上的那些杂文。可能他们只读了一点皮毛而已。新月社的成员,尤其是梁实秋就更有理由不满意他了,因为说到他们时,鲁迅总是很尖刻。他在《卢梭和胃口》与《文学和出汗》这两篇杂文中直指梁实秋的理论。但鲁迅的批评并不总是令人信服的,《文学和出汗》尤其如此。以"永久不变的人性"作为文艺的基础,这种"人性论"是很深奥的哲学观念,将其与人的出汗相比是不好的。只是在后来,鲁迅对梁实秋一批人的批评才变得更加客观更具说服力。②

革命文学的鼓吹者们对鲁迅的攻击既是由于他们对鲁迅观点的无知,也是由于他们自己思想及其他方面的偏见。蒋光慈甚至认为高尔基也不是革命作家,因为他的时代已经过去了。依这个荒谬的说法又类推出一篇

---

① 马立安·高利克:《鲁迅对中国现代文学批评史的贡献以及他为马克思主义统一战线而进行的斗争》,前面所引书,第261–262页。

② 同上,第264页。

钱杏邨发表于 1928 年 8 月的《死去了的阿 Q 时代》,说鲁迅落伍了,缺乏无产阶级觉悟和革命情调。应该说,那时的革命对于鲁迅意指一切事物本身固有的某种状态,即变易和进化。他认为革命者事实上就是革命的"人化"或革命的化身,因为如果不这样理解的话就无法解释他的这段话:"我以为根本问题是在作者可是一个'革命人',倘是的,则无论写的是什么事件,用的是什么材料,即都是'革命文学'。从喷泉里出来的都是水,从血管里出来的都是血。'赋得革命,五言八韵',是只能骗骗盲试官的。"这种极端的否定言辞符合鲁迅当时的思想观点。鲁迅写这段及其他类似的文字的时候,中国的革命浪潮还处于高潮状态,革命行动还在进行。在实际的革命时代,当人们以暴力和斗争实现重要的变革,当一种社会制度为另一社会制度所取代之时,在鲁迅看来,"……文学便只好暂归沉寂了。"①

鲁迅认为革命作家"只能等到大革命成功后才写作"这种观点在他阅读苏联文学之时得到了巩固,他认为作家即使在大革命之后也有很多事情要做,他的这一心态无疑会招人指责。但这也不是没有道理的,因为他把革命者和作家看成是一体的,他在 1926 年"三一八"事件后的惨痛经历也是他持这种态度的原因。在鲁迅的"这样的战士"在社会文化意义上而非在艺术手法上失败后,他在革命时代便再也找不到任何可以取而代之的人物形象了。②

在 1928 年元旦至旧历正月初一的这几周里,出现了中国现代文化和文学史上,同时也是中国现代文学批评史上最生机蓬勃的时期,惟有鲁迅这种"有闲者"、"反动分子"、"买办"站在一旁。冯乃超所描绘的鲁迅"醉眼陶然"地眺望窗外的人生,部分是相当精彩的。鲁迅确实专注地注视周围的生活,主要是文学和文学批评,然而他是睁大了眼睛地、清醒地而非"醉眼陶然"地观察人生的。他的反驳文章保留了论敌自鸣得意的"醉眼"二字,把"陶然"改为了引人注目的"朦胧"二字。这里的"朦胧"不是鲁迅有时也会喝上两杯所产生的结果,而是新成立或改造的各种文学社团或杂志社所提出的革命文学纲领的朦胧性。引人注目的是,即使在成仿吾、冯乃超、李初梨的谩骂之后,鲁迅仍然没有把这种朦胧当作批评的靶子,也不

---

① 马立安·高利克:《鲁迅对中国现代文学批评史的贡献以及他为马克思主义统一战线而进行的斗争》,前面所引书,第 264—265 页。

② 同上,第 265 页。

把产生朦胧的责任归咎于那些年轻的、没有经验的、学识不足的革命文学理论家身上。但是,既然他们嘲弄鲁迅,鲁迅也只能讥讽他们。他不想批评这种"朦胧"的原因也在于他本人存在一些阐述得不太充分的无产阶级文学的问题①。对他来说,那几年也是他从达尔文的进化论观点转变到马克思主义哲学观点的几年,他开始逐渐掌握了当时的马克思主义文学批评方法,并对革命的意义与实质做出马克思主义式的解读。

在鲁迅看来,1928—1929年间的革命家甚至还不如"这样的战士"能干,后者至少还敢于正视现实,而他的那些同时代人却连这样的勇气也没有:"招牌是挂了,却只在吹嘘同伙的文章,而对于目前的暴力和黑暗不敢正视。"鲁迅在激愤之中写下的关于不敢正视暴力和黑暗的话是不太公平和准确的②。中国那时出现了与社会和政治密切相关的著作,只是效果不大而已。鲁迅从他以往的文学经历中保留了他对文艺的思想价值和艺术价值的坚定信念。1926年3月至1927年12月间他失去了把作家看成敢于面对墨杜萨丑脸作有效斗争的战士的信念。但到了1928年初,这种战士式的作家重现了,只是他没有"扭转乾坤"的力量,而只是一种斗争的工具,比如起宣传的作用。仅凭鲁迅自己的观察和对外国文学的研究他都无法找到另一种更完美的革命作家或革命文学的模式。1928—1929年间,鲁迅又注意到了深入研究文艺批评的必要性,颇为惊人的是他的新见解与他之前的分析间存在某些相似,但若因此指责他旧话重提也是不公正的。

从1929年5月的一次演讲中可以看出鲁迅是不相信革命文学存在的可能性的,他也不认为"大革命"之前会有革命作家,这也许是他理论上的一个失误,但这与他对革命与文学、革命者与作家之间关系的看法相关,这一看法适合他生活的时代。他的个人经历使他认识到,中国在1926—1927年间,也许政治上已经革命了,但文艺领域却没有革命。鲁迅在20年代的中国文学中没有发现真正称得上新的、有价值的、思想深刻有力的、形式上有渗透力的东西。③

文章的第七部分对鲁迅在20年代后期对苏俄马克思主义文学理论与批评著作的译介择要做了介绍。首先是对片上伸(Katakami Noburu)的

---

① 马立安·高利克:《鲁迅对中国现代文学批评史的贡献以及他为马克思主义统一战线而进行的斗争》,前面所引书,第266页。
② 同上,第267页。
③ 同上,第269页。

《无产阶级文学的理论与实际》(Musan kaikyu bungaku riron to jissai)的翻译。片上伸留苏时对俄国的无产阶级文学的全部论争了如指掌,后来他将其中的一部分写进了这部著作里。鲁迅在译文后记中强调了注重学习苏联无产阶级革命文学以及文艺论战及斗争经验的必要性。但鲁迅并非第一次这样注意苏联经验,早在1925年他就是《苏俄的文艺论战》(On Party Policy in the Field of Literature and Art)一书的发起人之一,并为该书写了"前记"。尽管可从中看出他对当时苏联文学的实情知之甚少,但他的翻译显然是起到了应有的作用。尽管鲁迅对片上伸的著作以及1924年5月苏俄中央出版部的那次论战的译本未加详细品评,他的一些较为重要的陈述、反思和希望还是应该加以强调的。①

主要是苏联和早先俄国的马克思主义批评成了鲁迅当时的路标,他很自然地沿着处在他地位的天才在类似的境况下都会走上的道路前进。他只吸取那些适合他的东西,那些有助于补充或改进他的批评结构体系、那些与中国现代文学及其未来相适应的东西②。20年代后半期,鲁迅完全不注意犹太-基督教神话了。至于希腊神话,也仅有一次谈到普罗米修斯(Prometheus),即他1930年发表的文章《"硬译"与"文学的阶级性"》:"人往往以神话中的 Prometheus 比革命者,以为窃火给人,……但我从别国里窃得火来,本义在煮自己的肉的,以为倘能味道较好,庶几在咀嚼者那一面也得到较多的好处,我也不枉费了身躯……"鲁迅在这里只是想说明外来的火种在文学批评过程中对他多少起了催化剂的作用。事实上,30年代初,鲁迅发现他为同胞偷来的火跟他内心燃烧的烈火也差不多。他的"肉"不是别的,就是他自己的理论、文章、杂感和意见。他自己的观点与他那些俄国导师和同志们的观点没有太大的差别。如果说他真正学到了一些新东西,那倒像是从普列汉诺夫(G. V. Plekhanov)那里来的③。普列汉诺夫不仅是鲁迅的导师,也是给他带来苦恼的根源。1932年的时候,他承认普列汉诺夫对他的启发,而在《"硬译"与"文学的阶级性"》中他则谈到那"气人的事":郑伯奇指责他翻译普列汉诺夫的著作是"投降"。④

---

① 马立安·高利克:《鲁迅对中国现代文学批评史的贡献以及他为马克思主义统一战线而进行的斗争》,前面所引书,第272—273页。
② 同上,第273页。
③ 同上,第274页。
④ 同上。

鲁迅为了求新知也开始读卢那察尔斯基(A. V. Lunacharsky)的著作,后来,他从阅读其著作中认识了自己。在鲁迅所翻译的俄苏批评文献中,卢那察尔斯基的著作居首位。在与这位作家的作品接触时,鲁迅更多地表露了自己的看法,或是至少做了概略的提示。1929 年,鲁迅翻译了卢那察尔斯基的《文艺与批评》(Literature and Criticism),同年又根据升曙梦(Nobori Shomu)的日译本翻译了《马克思主义艺术理论文集》(Ocherki marksistskoi teorii iskusstv),即卢氏的原著《实证美学的基础》(Osnovy pozitivnoi estetiki)一书。不过鲁迅从未提及这部文集的原名,也从未说明该书原文于 1926 年在苏联出版,并且书中论及艺术与马克思主义、工业和阶级的关系。但他在"小序"中指出卢那察尔斯基的那些有力的论述显然应该归入无产阶级文艺理论的范畴,认为读者如果有耐心细读他的"硬译",总可以领会卢那察尔斯基的一些基本观点的。鲁迅也抱持真、善、美及其统一的理想。卢那察尔斯基将美学当成一种评判价值的科学,他显然从中看到了一定的认识论的、审美的和伦理的价值。尽管我们不知道鲁迅对美学所下的定义,但他似乎很赞同卢那察尔斯基的审美见解中的三位一体(triune modus)方法和现实之评价的综合观点。鲁迅也可能像他那样坚持古希腊人的理想,将美与善的统一当成完美的理想来追求。①

在鲁迅选译的第二种卢那察尔斯基著作《马克思主义艺术理论文集》的最后一篇,根据藏原惟人(Kurahara Korehito)的日译翻译的《关于马克思主义文艺批评之任务的提要》(Theses on the Role of Marxist Literary Criticism)中,他认为"这一篇提要即可以据以批评近来中国之所谓同种的'批评'",他希望中国的批评能成为一种真切的批评。这一点不能说明多少问题。但鲁迅也明白指出,中国有过的那些自命为马克思主义的文艺批评家,在他们所写的"判决书"中,"同时也一并告发了自己"。在他看来,这些文章是他献给中国批评家和读者的最重要的研究成果。他把自己所选译的卢那察尔斯基的著作称为"杂摘的花果枝柯"(stalks with flowers and boughs with fruit),这些言辞要算是鲁迅对于批评的最高赞扬了。②

鲁迅在《"硬译"与"文学的阶级性"》中以及在"左联"成立大会上的

---

① 马立安·高利克:《鲁迅对中国现代文学批评史的贡献以及他为马克思主义统一战线而进行的斗争》,前面所引书,第 276 页。
② 同上,第 277-278 页。

讲话和题为《我们要批评家》的文章中用他锋利而诙谐的笔描绘出了中国文学界大观。但实际情况有些不同,"敌军"对他并无敌意,他们擂动战鼓,确实是在招兵练将,准备与真正的敌人战斗。他们之中的代表人物首先因为缺乏经验,因而在每次进攻时并不都能选对目标。如果我们仅仅把鲁迅的话当作绝对客观的描述,那么奇迹就在我们面前出现了:怎么解释"左联"的产生和活动呢,它毕竟不是无所由来的?在"左联"成立大会的演讲中鲁迅提出了一些重要的问题,如他要大家注意他的革命者与革命合一的观点,他还批评了在20年代中国文学批评中时常以不同形式出现的认为诗人高于一切人,其工作比一切工作都高贵的看法。这等于间接批评了把诗人当作先知和人类导师的看法。鲁迅同时也给了新战友们一些鼓励和支持,他强调了全面地、毫不妥协地同旧社会做斗争的必要性,强调了扩大战线和造就大批新战士的必要性。他还着重指出统一战线内的文学活动应该专门化,同时又要有共同的目标。他也像"左联"的纲领起草人那样指出必须研究马克思主义批评和外国经验并以此作为文学发展的一种标志。①

没有鲁迅的赞同与合作的诚意,难以想象会有左联的存在。鲁迅和他最杰出的几位朋友或学生如茅盾、瞿秋白、柔石和冯雪峰等一起建立了一种创作和批评的新局面,对日后多年的中国现代文学都产生了深远的影响。②

---

① 马立安·高利克:《鲁迅对中国现代文学批评史的贡献以及他为马克思主义统一战线而进行的斗争》,前面所引书,第283—284页。
② 同上,第284页。

第三章
马立安·高利克的郭沫若研究

第一节　马立安·高利克的青年郭沫若研究

《中国现代思想史研究之四:青年郭沫若,1914—1924》于 1986 年发表在《亚非研究》第 22 卷上①。该研究对郭沫若在 1914 年至 1924 年间的思想和学术发展进行了梳理,指出了他通过泛神论从传统到马克思主义信仰的转变过程。②

在近代中国,郭沫若被认为是仅次于鲁迅的中国现代文化的杰出代表人物。尽管二者在思想和艺术类型方面差别相当大,但他们的青年时代和命运在某些方面却非常相似。该研究要向读者详细介绍的青年郭沫若 10 年的思想与学术发展大都发生在日本,只有一部分是发生在中国的。1914 年 1 月 14 日,这个对郭沫若一生来说最重要的日子,在历经一场漫长之旅后他终于到达日本。他发现自己置身于与过去 21 年间完全不同的世界。

文章其后的两个自然段主要从政治和思想两个方面介绍了中国和日本的情况。1900—1937 年间,到日本去寻求自己教育的中国学生远比来自欧洲或美洲发达国家的学生要多得多,有 34000 人。文章引汪一驹(Yi-Chu, Wang)

---

① 马立安·高利克:《中国现代思想史研究之四:青年郭沫若,1914—1924》(*Studies in Modern Chinese Intellectual History. IV. Young Guo Moruo*,1914—1924),载《亚非研究》第 22 卷,1986 年,第 43-71 页。高利克共著有《中国现代思想史研究》系列文章 6 篇,分别发表在《亚非研究》第 11、12、21、22、24、28 卷上,对"世界与中国:二十世纪的文化影响与回应"和中国现当代作家瞿秋白、鲁迅、郭沫若、王国维和冰心青年时期的思想发展做了系统的研究。本书作者注。

② 马立安·高利克:《中国现代思想史研究之四:青年郭沫若,1914—1924》,前面所引书,第 43 页。

《中国知识分子与西方》(Chinese Intellectuals and the West, 1872—1949)①中的观点,认为中国学生之所以选择到日本留学有四个原因。最重要的原因是离得近;其次是学习的成本更低;第三是中文和日文文字的(尽管并非语言的)相似;四是有寻求政治避难的机会②。多年来渴望走出沙湾、走出四川这个封闭、偏远的地方进入广阔天地的郭沫若,毫不犹豫地抓住了第一个机会。当郭沫若的哥哥郭开贞以前的同学和同事张次瑜将郭沫若带到日本时,这个机会来得多少有些偶然。郭开贞给郭沫若提供了仅能维持半年的财政支持,因此郭沫若不得不用很短的时间来准备参加正常情况下需在两年内完成的语言考试。

在1914—1915年间,郭沫若听儒家学者桂馨谷关于唯识的重要内容之一"大乘起信论"的讲座。文章将唯识论(Consciousness-Only)、《奥义书》(Upanishads)、庄子的观点、王阳明的学说和老子的思想等对郭沫若的影响做了梳理和比较。作者在论及唯识论对瞿秋白思想的影响的文章中已经详细阐述过其特征③,并认为在此文章中用它足以表明这个复杂而具有高度思索特征的学说正是源自这样的论点,即"外部世界只不过是我们意识的一种伪造的假象。外部世界并不存在,内在的意识呈现出一种似乎它就是外部世界的表相。整个外部世界因而不过是一种幻觉而已。"④

这个郭沫若显而易见崇拜但并不十分相信的学说对他的无政府主义的主张并没有产生干扰。1915年5月7日,他写过一首表达他准备好为自己的祖国而战的诗。他也曾与几个朋友回到上海,但那里并没有发生战争,于是几日后他又返回了东京。⑤

---

① 汪一驹(Y. C. Wang):《中国知识分子与西方》(Chinese Intellectuals and the West, 1872—1949),教堂山:北卡罗来纳大学出版社,1966年版。
② 马立安·高利克:《中国现代思想史研究之四:青年郭沫若,1914—1924》,前面所引书,第45页。
③ 马立安·高利克:《中国现代思想史研究之二:青年瞿秋白》(Studies in Modern Chinese Intellectual History. II. Young Ch'u Ch'iu-pai, 1915—1922),载《亚非研究》第12卷,1976年,第92-95页和第102-103页。
④ 陈观胜(Ch'en Kenneth):《佛教在中国:一种历史考察》(Buddhism in China. A Historical Survey),普林斯顿:普林斯顿大学出版社,1964年版,第321页。
⑤ 为抗议日本帝国主义向中国提出的二十一条不平等条约,郭沫若于1915年5月7日回国。但是在上海的客栈里等待了三天,毫无结果,只好再回日本。当时曾作七律一首,表明自己的态度:"哀的美顿书已西,冲冠有怒与天齐?问谁牧马侵长塞?我欲屠蛟上大堤!此日九天成醉梦,当头一棒破痴迷!男儿投笔寻常事,归作沙场一片泥!"本书作者注。

郭沫若那时对儒家思想的兴趣在一定程度上是偶然的,但不容置疑这与他内心的需要是相关的。还在嘉定时,郭沫若就打碎过"主宰怀孕和生育之神的塑像",还在神像的碎片上撒尿表明自己对神的蔑视①。自然,儒家思想的迷信形式与唯识论是有很大差别的。作为主观唯心主义的一种现象,它当属世界哲学中最复杂的阐释体系。郭沫若对儒家思想的兴趣,不仅仅在于它是那个时期的时尚,或者因为它源自与中国有较近渊源的印度哲学。唯识论有一个特征,它将这种本质上是外国的、印度的教义与中国本土的、至少有一部分属于哲学家庄子的道家教义紧密相连。这个关联与作为哲学类别的和作为人的、自然的、宇宙之存在的一种形式的"梦"相关。唯识论的核心译成中文即是"一切唯识"(All is only consciousness),即,一切外在现象都是心识的变现,而非实存于外。"识"并非最恰当的字眼,因为其中也蕴含了某种"无意识"的形式,尽管它与弗洛伊德(Sigmund Freud)发现的超心理学有差别。根据布迪(D. Bodde)对冯友兰《中国哲学史》的解释,"识"原本为"藏识"(alaya-vijnana, storehouse consciousness),从中"有对我们来说似乎是外在现象的进化"。在这种"藏识"中,有所有现象之种子(bijas, seeds)在不断地产生外部现象。②

《中国现代思想史研究之二:青年瞿秋白》一文曾提及过庄子与唯识论之间重要的相似性。但二者之间的相似还有不少,而且到其时还没有人做过有助于我们更加详细了解二者的比较研究。该文中又提及了二者间的其中一个相似之处,并引了《庄子·齐物论》中带有深刻哲学意蕴的故事《周公梦蝶》加以说明:"昔者庄周梦为蝴蝶,栩栩然蝴蝶也,自喻适志与! 不知周也。俄然觉,则蘧蘧然周也。不知周之梦为蝴蝶与,蝴蝶之梦为周与? 周与蝴蝶,则必有分矣。此之谓物化。"唯识派的哲学家们没有呈现给读者什么诗意的故事而只是竭力去对自己的主张加以证明,如冯友兰的《中国哲学史》和《庄子》对"物化"的阐释。"尽管在表面上事物之间是有差别的,但在幻觉上或者在梦中一个事物也可以转化为另一个事物。

---

① 马立安·高利克:《中国思想史研究之四:青年郭沫若,1914—1924》,前面所引书,第46页。原文为:"有一个站像,是一个裸体的小男孩。……这不消说就是从前的和尚对于祈求子息的人的一个骗钱的工具了。这一发现激起了小小的偶像破坏者的义愤,我们开始推倒那些偶像,更向它们洒起尿来。"可参见《郭沫若全集·文学编》第11卷,前面所引书,第62-63页。

② 马立安·高利克:《中国思想史研究之四:青年郭沫若,1914—1924》,前面所引书,第47页。布迪(Derk Bodde)的观点可参见布迪在冯友兰《中国哲学史》第2卷(*A History of Chinese Philosophy*, Vol.2),普林斯顿:普林斯顿大学出版社,1953年版,第304页上的解释。

'物化'现象证明事物之间的差别不是绝对的。""尽管除意识之外不存在客观的对象,但是非真实的东西也具有功能作用(如遗精)的原则却是成立的。"①

我们无法知道唯识论是否对郭沫若产生了影响。如果产生了影响的话,又在多大程度上产生了。如果确实产生了影响的话,那么首先应该归功于郭沫若自1912年起就开始喜欢并阅读的《庄子》。我们很有趣地注意到他唯一一次对其中有《庄周梦蝶》那个故事一篇的引用,用以描述那个时期(即他与第一个妻子的婚姻)发生的一件事②。某种程度上,郭沫若将自己等同于南郭子綦。在南郭子綦的话中,我们可以读到或许是中国哲学和文学中所表达出的最引人注目的观点了:"可乎可,不可乎不可。通行之而成,物谓之而然。恶乎然?然于然。恶乎不然?不然于不然。恶乎可?可于可。恶乎不可?不可于不可。物固有所然,物固有所可。故为是举莛与楹、厉与西施、恢诡谲怪,道通为一。"③西施是著名的美女,而郭沫若的妻子则是一个丑陋的、没有受过教育的、愚昧的女人,郭沫若称她为"黑猫",并且很可能从未"了解"过她。我们或许会很奇怪,他为什么不反对父母的意愿,而他的默许很可能源自他对《庄子》的阅读。

如果说泛意识论没能满足郭沫若的话,持本体论观点的哲学家王阳明则被证明与郭沫若意气相投,对郭沫若来说成了搭建起中国古老的价值观和印度哲学之间的一座桥梁。而且同时也让他对欧洲的思想,尤其是现代观点有所了解。他重读庄子、老子、孔子,对他们有了更深的理解,并且对《奥义书》、斯宾诺莎(B. Spinoza)和歌德(J. W. Goethe)有了认识。在郭沫若作于1924年6月的文章《儒家精神之复活者王阳明》中他回忆了自己对这位杰出哲学家的思想、人生和政治人格的崇拜之情。郭沫若认为,对王阳明来说,生命的意义不在于无常,也不在于苦劫,而是在生活中与病魔

---

① 这两个观点分别载冯友兰,前面所引书,第323页和冯友兰:《庄子新译》(*Chuang Tzu. A New Selected Transaltion with an Exposition of the Philosophy of Kuo Hsiang*),上海,1933年版,第64页。

② 此事指的是郭沫若结婚前一个晚上读《庄子》的事,收录进《黑猫》中,原文为:"我把衣裳脱了,顺手从案上拿了一本《庄子》来,倒睡在床上,翻开《齐物论》来读。——南郭子綦隐几而坐,仰天而嘘,嗒焉似丧其耦。颜成子游侍乎前,曰何居乎?形固可使如槁木而心固可使如死灰乎?今之隐几者非昔之隐几者也。……泛泛地读了一阵,心境不安,又把书抛开了。"可参见《郭沫若全集·文学编》第11卷,前面所引书,第241-242页。

③ 可参见《庄子·齐物论》。

奋斗,与死神奋斗。他的奋斗精神在于对道家的逃避现实的教义不满足,在于对佛家悲观的思想不满足,却对儒家人文主义的观念,尤其是他对"万物一体"的假设,这个儒家的创立者宣扬的观点以及源于其中的"自我扩充"观念的推崇。但王阳明并非郭沫若认为的那样是个个人主义者①。原因有三,一是这个概念在旧中国还不曾存在,尽管他的有些追随者确实有这种倾向。二是个人主义在旧中国是不可能的,同时对于普遍流行的儒家思想来说也是相当异端的。个人主义的任何一种重要的措施都容易对"万物一体"的宇宙观造成破坏并且妨碍"去人欲,存天理"观点的实施。此外,它还可能对社会秩序产生深远的影响,甚至危及它的存在。在"心即是理"的前提中,郭沫若特别强调"理",将其看成是宇宙的第一因缘,是天,是道,是本体,是"动而为万物,万物是它的表相,万物的流徙便是它的动态。②

郭沫若说是通过王阳明他才对庄子的哲学和老子的哲学有了全面理解的。但郭沫若没有在这篇文章中表明他是如何领会庄子哲学的,而且他认为老子的哲学却"导引到利己主义去了"。郭沫若对王阳明的社会行动的崇敬使得他对老子的社会清净寂灭观持批判的态度。郭沫若不是对老子的观点进行科学的、客观的调查,而是仅通过对老子部分观点的陈述来进行推断和加以主观的补充。老子肯定不在那些将对利己主义的辩护作为生活中的自我实现之道的人之列。恰恰相反,他曾在一篇论述人与人之间应该相互包容,应该如何对待知识、欲望以及应该拥有什么素质的文章中宣称"少私寡欲"③。从郭沫若比这篇文章早些时候写的《中国文化之传统精神》一文可以看出,郭沫若那个时候对老子的看法要更正确些,而且老子反对宗教的观点,与他更是产生了共鸣:"雄浑的鸡鸣之后,革命思想家老子便如太阳一般升出。他把三代的迷信思想全盘破坏,极端咒诅他律的伦理说,把人格神的观念连根拔出来,而代之以'道'的观念。他说'道'先

---

① 关于郭沫若说王阳明是个利己主义者的观点,原文为:"他的自我甚强,他的对于生的爱执决不容许他放弃了自己的要求,他的生活的途程便进而为努力地和病魔奋斗,和死神奋斗。他的求佛求仙的动机正是出于积极的奋斗精神,他在道家之中求不出满足,他在佛家之中也求不出满足来,我们可以更无些儿疑义了。道家的宇宙本是活泼的动流,体相随时转变,而他的人生哲学却导引到利己主义去了。我在《函谷关》一篇小说中借老聃的口来批评过他自己。"可参见郭沫若著,黄淳浩校:《〈文艺论集〉汇校本》,长沙:湖南人民出版社,1984年版,第59—60页。
② 马立安·高利克:《中国现代思想史研究之四:青年郭沫若,1914—1924》,前面所引书,第51页。
③ 可参见《道德经》第19章。

天地而浑然存在,目不能视,耳不能闻,超越一切的感觉而绝去,如'无',而实非真无。这'道'便是宇宙之实在。"①在老子的学说和时代中,郭沫若看到了一个"中国思想史的复兴",看到了对"个性解放"的要求和对"三代"以前所谓的民族精神和自由思想的回归、对他律伦理和过去时代的宗教偏见的反抗②。尽管其表达常常是错误的,但郭沫若对老子的高度评价使得他在解决自己世界观中的一些重要问题时转向这位哲学家。老子的态度加强了他的无神论观、生存的现实观(生存是现实的表现),他确信所有的人类行为的结果及其目标都是"自我完成"。③

在郭沫若看来,老子世界观的最后两个特征也是孔子所有的,只不过老子提倡的是无神论,而孔子却是泛神论。五四运动之前或者之后的那些年,郭沫若并没有如有些学者那样认为《论语》是孔子教义之唯一可靠的源泉。他很可能忽略了欧阳修或者崔述的旧作,也可能没有在意他那个时代大部分严肃的学者的东西。由于某些原因,他也可能因为对今文学派的很多著作留下较深的印象而拒绝将孔子仅看作是个公元前五六世纪的历史人物,而认为他是中国历史上的伟大哲学家,甚至是全世界的伟大的圣人和老师。郭沫若解释了孔子教义中与老子和《易经》"十翼"相关的主要观点,并在《中国文化之传统精神》一文中引用了《易经》中的一段,其内容显而易见与孔子和老子的观点很相似④。为易于读者的理解,文章把郭沫若引文中省略的部分补充了出来,该段选自《周易·系辞上》:"一阴一阳之谓道,继之者善也,成之者性也。仁者见之谓之仁,知者见之谓之知,百姓日用而不知,故君子之道鲜矣。显诸仁,藏诸用,鼓万物而不与圣人同忧,盛德大业至矣哉。富有之谓大业,日新之谓盛德。"⑤这让人想到与

---

① 可参见郭沫若著,黄淳浩校:《〈文艺论集〉汇校本》,前面所引书,第11页。
② 原文为:"我们在老子的时代发见中国思想史上的一个 Renaissance,一个反抗宗教的,迷信的,他律的三代思想,解放个性,唤醒沉潜着的民族精神而复归于三代以前的自由思想,更使发展起来的再生运动。"可参见郭沫若著,黄淳浩校:《〈文艺论集〉汇校本》,前面所引书,第11页。
③ 马立安·高利克:《中国现代思想史研究之四:青年郭沫若,1914—1924》,前面所引书,第52页。
④ 郭沫若的引文为:"一阴一阳之谓道,继之者善也,成之者性也。富有之谓大业,日新之谓盛德。生生之谓易……阴阳不测之谓神。"可参见郭沫若著,黄淳浩校:《〈文艺论集〉汇校本》,前面所引书,第12-13页。
⑤ 马立安·高利克:《中国现代思想史研究之四:青年郭沫若,1914—1924》,前面所引书,第53页。此是对"盛德大业至矣哉。富有之谓大业,日新之谓盛德。生生之谓易"几句的英译,中文可参见《周易·系辞上》。

"阴"之法则相关的,老子在《道德经》第42章中论及之"道":"道生一,一生二,二生三,三生万物。万物负阴而抱阳。"

当郭沫若眼前呈现出这两处引用的时候头脑中很可能想到了"万物一体"这么个在两段引文中都被称为"道"的东西。它一方面与阴、阳规则相关,另一方面又与被孔子称为"易",且在相对无限之存在的循环中具有连贯的、空间变化的特征相关:"生生之谓易……阴阳不测之谓神。"①除了"易",他注意到的可能还有"神",它在这里具有存在之部分,但却是理性和情感认知所不能解的特征。在郭沫若看来,这个"神"是立法者,是宇宙之独特物体的表相,尽管从理想上和情感上是很难解释的:"本体含有一切,在不断地进化着,依两种相对的性质进化着。本体天天在向'善'自新着。然而本体这种向'善'的进化,在孔子的意思,不是神的意识之发露而是神之本性,即本体之必然性。"②这里对"神"的理解有别于中国哲学或宗教对神的所指,即包括人死后的灵魂或者鬼神。"神"这个概念在这里指的是"万物不可测之力量",也可能是蕴含在"道"中的"一"。在郭沫若看来,"道"与"易"是同样的概念,是同一物体的两个同义词。在他认为"我们可以于孔子得到一个泛神论者"时郭沫若仅是根据孔子"本体即神"的观点来推断并解释他的世界观和他的哲学史观的。③

尽管郭沫若认为庄子是最伟大的,或者至少说是中国的无神论者中最伟大的,但关于他的东西却写得很少,这位哲学家仅是在郭沫若的文章《惠施的性格与思想》中不断地被提及,这与惠施的第十个似是而非的论点"泛爱万物,天地一体"是相关的。尽管在《庄子》的著名翻译者中可能没有谁会以这种方式来翻译这个悖论,但在郭沫若看来,这个遗说表达出了泛神论的卓越观点,同时它也是庄子哲学体系的核心。尽管它是另一个哲学派别的哲学家的观点,但却是庄子道家思想的基础。在《庄子·齐物论》中我们可以读到如下的观点:"天下莫大于秋毫之末,而大山为小;莫

---

① 马立安·高利克:《中国现代思想史研究之四:青年郭沫若,1914—1924》,前面所引书,第53-54页。该段原文引文为:"他以为神的存在与作用,不是我们的感觉的知识所能测量的。神是一切的立法者,而只能统律感官界的范畴与规律是由彼所生,所以不能范围彼。易与天地准,神无方而易无体。"可参见郭沫若著,黄淳浩校:《〈文艺论集〉汇校本》,前面所引书,第13页。

② 郭沫若著,黄淳浩校:《〈文艺论集〉汇校本》,前面所引书,第12页。

③ 马立安·高利克:《中国现代思想史研究之四:青年郭沫若,1914—1924》,前面所引书,第54页。郭沫若的观点"我们可以于孔子得到一个泛神论者"以及他指出老子的"本体即神"可参见郭沫若著,黄淳浩校:《〈文艺论集〉汇校本》,前面所引书,第13页。

寿于殇子,而彭祖为夭。天地与我并生,而万物与我为一。"①与沃森(B. Watson)不同,郭沫若毫无疑问是翻译了最后一句的,因为它在其后紧接着又补上了这一句:"识此大同我们可以不生差别,对于天地万物都可以一视同仁。"②

综观上述论点可以看出,郭沫若将"道"看成是所有存在的本体,是暂时的、空间的表相。尽管在形式上他超越了这两个方面而朝着庄子的观点发展,然而,就其内容而言,他却是朝着泛神论的观念发展的,这种观念构成了那个时代世界观的广泛基础:"万汇是道的表相,我也是道的表相。体相如一,我与道体非二。本体不灭故我也不灭,本体无穷故我也无穷。故自时间上说:我与天地是并生;自空间上说:万物与我是一体了。"③

这些句子与郭沫若在《〈少年维特之烦恼〉序引》中的话:"我即是神,一切自然都是我的表现",呈现出了一个泛神论者令人惊异的世界观。郭沫若整体的哲学观是经历了好几年的时间而并非仅仅只直接与庄子和斯宾诺莎相关。郭沫若也到古希腊和印度哲学中,当然还有现代欧洲哲学中去寻根。他在泰利斯(Thales)与他的水中,在赫拉克利特(Heraclitus)与他的火中,在德谟克利特(Democritus)和他的原子中,同时也在《吠陀》(Rg-Veda)之水中,在《奥义书》的梵(brahman)中,在毗舍迦派(Vaiśesika school)哲学的原子理论中获得了启发。郭沫若哲学思想的外国来源,可说是从最初对卡比尔(Kabir)的印度泛神论思想和《奥义书》的兴趣,到 1917—1918 年间在日本冈山的六高时接触作为必修功课之歌德的《诗与真》(Dichtung und Wahrheit)④。他是在阅读《诗与真》时了解斯宾诺莎的,并且显然对歌德的评价很感兴趣,这可在后来的《三叶集》中得到证明。对于歌德,郭沫若不仅是阅读了他的东西,而且还翻译了他的《浮士德》(Faust)和《少年维特之烦恼》(The Sorrows of Young Werther)。这两部作品都对他的创作起到了促进作用。

文章整段引用了郭沫若在《〈少年维特之烦恼〉序引》中对泛神论最全

---

① 高利克将《齐物论》称为是《庄子》第 2 章,没有明确说明第 2 章为《齐物论》;将《大宗师》称为是第 6 章,亦然。
② 马立安·高利克:《中国现代思想史研究之四:青年郭沫若,1914—1924》,前面所引书,第 54 页。中文可参见郭沫若著,黄淳浩校:《〈文艺论集〉汇校本》,前面所引书,第 51 页。
③ 可参见郭沫若著,黄淳浩校:《〈文艺论集〉汇校本》,前面所引书,第 52 页。
④ 郭沫若在文中将其译为《创作与真实》。

面和最有分量的评价①并进行了更加详细的分析。这段的第一句陈述"泛神便是无神"源自郭沫若对"神"的认识和表示本体时所用词汇的不同。这个观点蕴含了郭沫若话语的根本之核,引文其余的陈述是对万物之存在的本体更加详细的解释。本体是永恒的、不灭的、不竭的,它一直存在也将存在,它过去是、现在是、将来也会是暂时的、空间上的变形。郭沫若将自我等同于"神",其中也蕴含着自己的性格,这不是表示他将自己或他人神化,而是显示出与宇宙、自然、万物以及作为存在之目的或理由的本体统一为一体②。而其后的陈述,郭沫若似乎又回到了 1915—1922 年间他刚开始接触泛神论观点的那个时期并主要回忆了其思想发展的不同阶段。引文中关于"我见"一句是对唯识论教义某一方面的否定。"我见"是与人的意识,即被称为"末那"或思想意识相关的七八种烦恼中的四个根本因缘之一,其余为"我痴"、"我慢"、"我爱"。"自我扩张"对郭沫若来说是获得泛神论式的自我实现的手段,它是自我表现的一种形式,也是具有浮士德式的特征的创造社成员们的重要口号。"自我扩张"是郭沫若这个伟大的艺术家和人文主义者在藉浮士德的口表达"我的小我便扩大成全人类的大我,我便和全人类一样,最后终归消磨"时头脑中所想到的这个过程的抽象表达。"自我扩张"与之前我们提及的"自我完善"是一样的,或者是相似的,郭沫若将孔子、康德和歌德看成是"自我完善"的杰出典范③。在某些方面,郭沫若走得比歌德远,比斯宾诺莎更要远得多。他相当严肃地看待

---

① 原文为:"泛神便是无神。人到无我的时候,与神合体,超绝时空,而等齐生死。人一到有我见的时候,只见宇宙万汇和自我之外相,变灭无常而生生死死存亡之悲感。万物必生必死,生不能自持,死亦不能自阻,所以只见得'天与地与在他们周围生动着的力,除是一个永远贪梦,永远反刍的怪物而外,不见有别的? 此力即是创生万汇的本源,即是宇宙意志,即是物之自身能与此力暝合时,则只见其生而不见其死,只见其常而不见其变。体之周遭,随处都是乐园,随时都是天国,永恒之乐,溢满灵台。在'无限'之前,在永恒的拥抱之中,我与你永在。'人之究竟,唯求此永恒之乐耳。欲求此永恒之乐,则先在忘我。忘我之方,歌德不求之于静,而求之于动。以狮子搏兔之力,以全身全灵以谋刹那之充实,自我之扩张,以全部的精神以倾倒于一切! 维特自从与夏绿蒂姑娘相识后,他说,'自从那时起,日月星辰尽管静悄悄地走他们的道路,我也不知道昼,不知道夜,全盘的世界在我周围消去了。'如此以全部的精神爱人! 以全部的精神陶醉! 以全部的精神烦恼! 以全部的精神衰毁! 一切彻底! 一切究竟! 所以他对于疯狂患者也表极端的同情,对于自杀底行为,也绝不认为罪过而加以赞美。完成自我的自杀,正是至高道德——这绝不是中庸微温者流所能体验的道理。"可参见郭沫若著,黄淳浩校:《〈文艺论集〉汇校本》,前面所引书,第 228—229 页。

② 马立安·高利克:《中国现代思想史研究之四:青年郭沫若,1914—1924》,前面所引书,第 59 页。

③ 同上,第 61 页。

自我与上帝的问题,维特的疑问"什么是人,这个高尚的半人半兽?"或者浮士德的"我是上帝吗?"至少有时与他是不相关的。与歌德相比,年轻的郭沫若更接近赫尔德(Johann Gottfried von Herder),这个十八岁时写下"什么?我是个神?我是神,我是上帝!……上帝,你给了我什么!我将更新你全部的世界"的德国哲学家。或许郭沫若可能并不知道赫尔德,他们只不过是在关于上帝与人的观念上碰巧有些相似而已。①

是"情"这个前提让歌德和郭沫若走得更近。"情"这个概念在中国漫长的文学批评史上有着各种不同的变化,而且或许在创作中已经显而易见被注意到了。在欧洲,"情"在哲学上、文学上和艺术上被广泛提及是在启蒙时期和浪漫主义时期。在中国,对"情"的迷恋持续了大约三个世纪,即16—18世纪。而在英国和德国,后来是其他欧洲国家,大约是一个世纪,即18——19世纪。但是,在中国,对"情"的兴趣常常通过对其反面,即对"性"或"景"的强调得到平衡。而在欧洲,"情"在文学史或艺术史上起到了广泛的作用,它是使得欧洲学者认为"情"是两千多年的传统理念之影响的原因之一,也是作为一种文学和艺术运动的浪漫主义的重要成分。②

文章引《〈少年维特之烦恼〉序引》中"人总是人,不怕就有些微点子的理智,……在死灭中立地可以生出些有情的宇宙"③一段,并认为与歌德的主情主义相比,郭沫若仅是从欧洲浪漫主义开始,尽管他引文中的第一句和前面引文最后的翻译(或者说理解)与原文意思相差甚大。他这么翻译可能是为了使他同时代的读者能更全面地理解吧。这里,人成了衡量万物的标准,理性及其能力被认为是事物的普遍性,而心仅是属于拥有它的个

---

① 赫尔德(Johann Gottfried von Herder),一位极具影响力的德国哲学家、文学评论家及信义会神学家。本书作者注。
② 马立安·高利克:《中国现代思想史研究之四:青年郭沫若,1914—1924》,前面所引书,第61-62页。
③ 原文为:"'人总是人,不怕就有些微点子的理智,到了热情横溢,冲破人性底界限时,没有什么价值或至全无价值可言。'这种事实,我们每每曾经经历过来,我们可以说是,是一种无需乎证明的公理。侯爵重视维特的理智与材能而忽视此心情时,他说'我这心情才是我唯一的至宝,只有他才是一切底源泉,一切力量底,一切福佑的,一切灾难的。'他说,他智所能知的,甚么人都可以知道,只有他的心才是他自己所独有。他对于宇宙万汇,不是用理智去分析,去宰割,他是用他的心情去综合,去创造。他的心情在他身之周围随处可以创造一个乐园;他在微虫细草中,随时可以看出'全能者底存在','兼爱无私者底彷徨'。没有爱情的世界,便是没有光亮的神灯,他的心情便是这神灯的光亮,在白璧上立地生出种种画图,在死灭中立地可以生出有情的宇宙。"可参见郭沫若著,黄淳浩校:《〈文艺论集〉汇校本》,前面所引书,第228页。

人的。然而,个体的心不仅仅只为他自己,而是在其帮助下与世界相连接或者创造世界。郭沫若在《〈少年维特之烦恼〉序引》中称为"爱"的东西,在欧洲浪漫主义作家和浪漫主义史学家那里被称之为"同情"。二者其实是同一种东西,都与人与人之间的和谐、理解与团结、甚至人与其周遭之间的团结相关。对于作为模仿过程记录者但最终成为同一现象之投射者的"神灯"(Zauberlantern)这个概念,歌德和郭沫若对于艺术之精髓的见解相当接近。可是,歌德遵奉大部分的模仿原则,而从郭沫若对创造性原则的强调中显而易见可以看出他更多是对"心"作为生于死气沉沉的虚无之中的活的宇宙之造物主的强调。郭沫若并没有坚持这种对"心"的强调,或者说,只是在那种状况下,"心"对他来说传达的是更广的意思:它必定等同于本体,等同于上帝和大我。这在他发表于1922年《创造周刊》创刊号上令人惊异的诗《创造者》可以看出来。在这首郭沫若最具表现力的诗歌之一中,他向他那个时代的年轻读者呈现了自己关于神话时代的宇宙起源版本。

在与朋友们准备《创造周刊》创刊号时的郭沫若与翻译《少年维特之烦恼》时的郭沫若一样,追求的是同样的观念,即在现代世界的喧嚣中创造一个充满活力的、具有无私的自我的、能够自我表达和自我扩张的新世界。神灯只能对他希望获取的东西提供一个不太准确的反映。在他看来,"大我"是一个通过知识而获得了解放并包孕本体之人的自我;是客观现实在所有形式的内在统一方面的具体化,它是自我发展的保证;它至少也是那些影响他在自然、社会、包括文学与艺术的知识之各种形式等现象方面的发展。郭沫若自己就是这么个"创造者"。文章部分翻译了《创造者》一诗:"我唤起周代的雅伯,我唤起楚国的骚豪,我唤起唐世的诗宗,我唤起元室的词曹,作《吠陀》的印度古诗人哟!作《神曲》(*Devine Comedy*)的但丁哟!作《失乐园》(*Paradise Lost*)的米尔顿哟!作《浮士德》悲剧的歌德哟!你们知道创造者的孤高,你们知道创造者的苦恼,你们知道创造者的狂欢,你们知道创造者的光耀。"①

郭沫若认为歌德《少年维特之烦恼》中所反映出的泛神论思想的第三个特征是"对自然的赞美",在《〈少年维特之烦恼〉序引》中他抓住了维特

---

① 马立安·高利克:《中国现代思想史研究之四:青年郭沫若,1914—1924》,前面所引书,第61—62页。中文可参见《郭沫若全集·文学编》第5卷,前面所引书,第369—370页。

与这个话题相关的坦白,引用了其中适合他自己关于人与自然之关系的观点的部分,而略去了那些与他的看法甚远的部分:"我今后只皈依自然。只有自然是无穷地丰富,只有自然能造就伟大的艺术家。一切的规矩准绳,足以破坏自然底实感,和其真实的表现!"①郭沫若在翻译这本小说时,这些句子也一样被曲解。歌德不带个人色彩的观点清楚地表明"规矩准则的优点很多",而郭沫若却将其误译为"一些人坚持遵循规则",与歌德的意思相去甚远。他将歌德的"同样的事中有很多可以用来歌颂中产阶级社会"译为"或许他们赞同知识渊博但欣赏水平却很低下"。很显然,由于郭沫若自己不喜欢规矩准绳,于是瞧不起他那个时代的"中产阶级社会"。在歌德对他那个有着良好秩序、坚持公认的社会的、伦理的、道德法则的社会表示赞同的地方,郭沫若却不去表达、不去翻译歌德的观点,而仅只满足于歌德的某些陈述,并根据自己的想法给予一种评价。②

郭沫若之后强调了维特的泛神论思想的其他两个特征:对原始生活的敬仰,即通常指未受到文明影响的纯朴的自然,和对小儿的尊崇。郭沫若在论述"对小儿的尊崇"这一特征时将其与古代东方哲学或宗教作了宽泛的比较评论。郭沫若因为太相信自己的记忆力而在引用老子观点时犯了错误:"老子教人'专气致弱如婴儿'。"③而在引用哲学家孟子的观点时,除了一个助词外,基本上是准确的:"孟子说:'大人者不失其赤子之心'。"④郭沫若同时还引用了《旧约》中预言者以赛亚(Isaiah)的未来社会观⑤。这位希伯来预言家头脑中想到的是一个乌托邦式的社会并用诗意的形式将

---

① 可参见郭沫若著,黄淳浩校:《〈文艺论集〉汇校本》,前面所引书,第230页。高利克原文本在郭沫若所译这部分中间,即在"只有自然能造就伟大的艺术家"和"一切的规矩准绳,足以破坏自然底实感,和其真实的表现"之间还有几个句子,英文如下:"There is much to be said for the advantage of rules and regulations, much the same things can be said in praise of middle-class society——he who sticks to them will never produce anything that is bad or in poor taste, just as he who lets himself be molded by law, order, and prosperity will never become an intolerable neighbour or a striking scoundrel. On the other hand——and people can say what they like——". 马立安·高利克:《中国现代思想史研究之四:青年郭沫若,1914—1924》,前面所引书,第64页。

② 马立安·高利克:《中国现代思想史研究之四:青年郭沫若,1914—1924》,前面所引书,第65页。

③ 《道德经》第10章原文为:"专气致柔,能婴儿乎?"本书作者注。

④ 《孟子·离娄下》原文为:"大人者,不失其赤子之心者也。"本书作者注。

⑤ 原文为:"犹太底预言者以赛亚,说是预言者底黄金时代实现时,'狼要绵羊儿同居;豹要山羊儿同卧;小犊要与稚狮肥畜同游;一个小孩儿要牵引他们。'"(《旧约·以赛亚书》第11章)可参见郭沫若著,黄淳浩校:《〈文艺论集〉汇校本》,前面所引书,第231页。

其描绘出来,而郭沫若在其中看到的则是"小儿的行径是大人的楷范"。然而,郭沫若在其中蕴藉了更多的东西。①

论文最后梳理了郭沫若转向马克思主义思想观的过程。从早在1921年6月与日本的马克思主义者河上肇(Kawakami Hajime)的学生李闪亭建议郭沫若读河上肇的《社会问题研究》(Studies of Social Problems)②,到郭沫若在文章《太戈儿来华的我见》中或多或少呈现出自己思想发展的大概,到郭沫若开始严肃地对马克思主义哲学思想和社会思想发生兴趣等。同时郭沫若的思想发展也与那个时期如恽代英、邓中夏等年轻的共产党人对相关文学之需要的宣传、日本发生的事件、革命文学和无产阶级文学通过发行杂志《种莳人》(Tane-maku hito)而形成并产生的影响有关。这个时期,正是郭沫若活跃的表现主义文学批评发展时期,1921—1924年间的各种经历、事件以及所获得的知识使得他逐渐转向马克思-列宁主义。在他的《太戈儿来华的我见》的"坦白"中我们可以读到如下的观点:"唯物史观的见解,我相信是解决世局的唯一的道路。世界不到经济制度改革之后,一切甚么梵的现实,我的尊严,爱的福音,只可以作为有产有闲阶级的吗啡、椰子酒;无产阶级的人是只好永流一生的血汗。"③

郭沫若这个哲学思想上的再生过程是进步的,1923—1924年间郭沫若写了许多关于泛神论思想理论方面的问题的文章。在写作《太戈儿来华的我见》一文之前不足六个月的时候,郭沫若在给宗白华的信中断言:"欧战之勃发乃是极端的资本主义当然的结果。远见的思想家在欧战未发以前已断言资本主义之必流祸于人类,伟大的实行家于欧战既发以后更急起直追而推翻其祸本。马克思与列宁终竟是我辈青年所当钦崇的导师。"④

1923年下半年至1924年初,一个特别的情况在郭沫若的思想发展中

---

① 原文为:"你看他终日之间无时无刻不是在颠倒全我以从事于创造,表现,享乐。小儿的行径正是天才生活底缩型,正是全我生活的楷范!"可参见郭沫若著,黄淳浩校:《〈文艺论集〉汇校本》,前面所引书,第232页。

② 原文为:"那时我对于马克思学说还是门外汉,夜间我同'中国马克思'并枕睡着的时候,他对我说了些'唯物史观的公式',说了些'资本主义的必然的崩溃',又说了些'无产阶级专政'。他说得似乎并不怎样地把握着精髓,我听得也就千真万确地没有摸着头脑。他劝我读河上肇的个人杂志《社会问题研究》,我在当时并没有感觉着有怎样的必要,他这个劝诱,我也没有立地接受。"可参见《郭沫若全集·文学编》第12卷,前面所引书,第93页。

③ 可参见《郭沫若全集·文学编》第15卷,前面所引书,第241页。

④ 同上,第135-136页。

形成了,他自身的冲力促使他一面继续表达他的泛神论思想,同时又开始显示出他对马克思-列宁主义的兴趣,他关于社会的、阶级的、经济的以及其他观念的世界观变得更加丰富,最终使得他的哲学方向发生完全的变化并转向了辩证的历史唯物主义。这个过程是复杂的,常常充满了自相矛盾的变化、反动和一个不能应对自己和周围世界之人的断断续续的追寻。在1922年郭沫若发表的一篇与日本的无政府主义者大杉荣(Osugi Sakae)的被刺相关、至少有些无政府主义思想特征的文章《国家的与超国家的》中,郭沫若表达了抗议国家这个"囚禁"人民的鸟笼,追求"四海同胞"的超国家主义的观点①。相似的矛盾倾向也或可在郭沫若20年代早期的文学发展中看出来,激进的、乐观的时刻常常与悲观的、寂静无为的甚至失败主义的观念交替出现,《黄河与扬子江的对话》就是一个可举一隅而三隅反的例子:"人们哟!醒!醒!醒!你们非如北美独立战争一样,自行独立,拒税抗粮;你们非如法兰西大革命一样,男女老幼各取直接行动,把一大群的路易十六弄到断头台上;你们非如俄罗斯无产专政一样,把一切的陈根旧蒂和盘推翻,另外在人类史上吐放一片新光;人们哟,中华大陆的人们哟!你们是永远没有翻身的希望!"②而同年11月他写的短剧《孤竹君之二子》却弥漫着一种完全不同的精神,剧中他描绘了孤竹君的两个儿子伯夷和叔齐与受辛统治下的渔民和部落居民的相遇。两兄弟既没有攻击受辛,也没有谴责他,因为如果他们这么做的话就违背了对统治者应该忠诚的法则。相反,他们前往首阳山,决定靠采食微草为生。

1924年列宁的去世以及当郭沫若得知自己在日本的妻子和三个孩子所遭受到的巨大折磨时的"自卑感、无能为力感、罪恶感、绝望感、愤恨感以及妄想症"或多或少影响了他最终在哲学、世界观或思想等方面的决定。1924年《创造周报》第39期刊发了郭沫若最后一次翻译的《查拉图斯特拉如是说》,即该书第4章第2部分,其中有这些话:"而且你们将为较一切救

---

① 原文为:"同类的鸟雀在大自然的护翼之下本是相辅相助,然而在斗鸟者的笼中则可以相搏而至于死。我们人类离开取乐的感情之外可以笑鸟类的痴愚,但是我们人类站在'国家'的斗笼中,各为保全自己的安全而互失其安全的,不也和鸟类,和莎鸡,和斗犬一类的无聊,一类的痴愚吗?""好在我们素来的传统精神,最远的目的是在使人类治平,而不在家国。我们古代的哲人教我们以四海同胞的超国家主义,然而同时亦不离弃国家,以国家为达到超国家的阶段。"可参见《郭沫若全集·文学编》第15卷,前面所引书,第161页和163页。

② 可参见《郭沫若全集·文学编》第1卷,前面所引书,第321-322页。

主更伟大底人所救赎,我的兄弟们,若你们将寻得往自由之路。"①敏感而细心的郭沫若应该是注意到了的。

郭沫若没有译完尼采,1924年4月他开始翻译河上肇的《社会组织与社会革命》(Social Organization and Social Revolution),正如郭沫若在信中告诉成仿吾的,这本书最初于1921年出现在李闪亭介绍郭沫若阅读的杂志上(应为《社会问题研究》)。在1924年8月9日郭沫若写给成仿吾的信中,他表达了自己对建立起遵循"各尽所能,各取所需"原则的科学社会主义的确信,并相信它将成为"个人之自由发展为万人自由发展之条件的一个共同团体"。他认为此路为所有人当走之"唯一路径"。郭沫若宣称自己已经成了"一个彻底的马克思主义的信徒"。对他这个话应该有所保留地对待。因为在他那个时代,"庸俗社会学"(vulgar sociologism),尤其是与马克思主义不可调和的那些,在他的世界理念中有着相当深厚的根基②。这与其他原因一起,应归因于他的痛苦。经济手段的缺乏迫使他在把《社会组织与社会革命》翻译成汉语后将其送进了当铺。对河上肇这本书的翻译标志着郭沫若进一步发展的最为重要的转换。这本书使他从睡眠状态中醒了过来,为他不确定的摸索指出了一条路,并且据他说将他从死的阴影中拯救了出来。③

郭沫若的无神-泛神论思想最终成为了历史。

该文的第43-50页以"年轻的郭沫若与成唯识论"为题,由王晓燕和刘燕翻译成中文,经本书作者修改补充后提交2012年11月15-18日在乐山沙湾举行的郭沫若诞辰120周年国际研讨会,收录在会议论文集中。

---

① 马立安·高利克:《中国现代思想史研究之四:青年郭沫若,1914—1924》,前面所引书,第68页。

② 同上,第69页。原文为:"我现在相信着,它的确是可以实现在我们的地上的!科学的社会主义所告诉我们的'各尽所能,各取所需'的时代,我相信终久能够到来;'个人之自由发展为万人之自由发展之条件的一个共同团体',我相信是可以成立的。……这正是我们处在这不自由的时代而不能自遂其发展的人所当走的唯一的路径呢!芳坞哟,我们是生在最有意义的时代的人!人类的大革命时代!人文史上的大革命时代!我现在成了个彻底的马克思主义的信徒了!"可参见《郭沫若全集·文学编》第16卷,前面所引书,第7-8页。

③ 原文为:"这书的译出在我一生中形成了一个转换时期,把我从半眠状态里唤醒了的是它,把我从歧路的彷徨里引出了的是它,把我从死的暗影里救出了的是它。我对于作者非常感谢,我对于马克思、列宁非常感谢。"可参见《郭沫若全集·文学编》第16卷,前面所引书,第9页。

第二节　马立安·高利克的郭沫若《女神》研究

1986年,《中西文学关系的里程碑》①在德国威斯巴登出版。1990年,由伍晓明和张文定等翻译的此书出版,书名为《中西文学关系的里程碑》②。该书的第3章以"郭沫若的〈女神〉:与泰戈尔、惠特曼、歌德的创造性对抗"为题研究了郭沫若的《女神》在创造过程中的发生、发展以及受外来影响的过程。文章讨论了郭沫若《女神》诗集57首中的25首,分别为:1.Venus;2.岸上;3.别离;4.晨安;5.金字塔;6.太阳礼赞;7.立在地球边上放号;8.沙上的脚印;9.新阳关三叠;10.海舟中望日出;11.我是个偶像崇拜者;12.梅花树下醉歌;13.天狗;14.地球,我的母亲;15.凤凰涅槃;16.湘累;17.女神之再生;18.胜利的死;19.晴朝;20.春愁;21.序诗;22.新月与白云;23.死的诱惑;24.光海;25.日暮的婚筵。

文章的开头与结尾都对郭沫若的《女神》给予了很高的评价,认为它"是1919年五四运动所开创的中国现代文学中头等重要的先驱作品,过去与现在都显然是中国国内与国外被讨论最多的诗集"。"郭沫若的第一本白话诗歌和诗剧集具有很高的艺术和社会价值。它是一位受读者欢迎的杰出艺术家的作品,是源自文学、艺术、哲学、政治乃至科学领域的各种成分的创造性的组合,是来自《圣经》、《奥义书》、儒家经典以及现代哲学与神话观念的绚烂色彩的镶拼,是一幅五颜六色的文学意象的画卷。"③

文章首先分析了《女神》创作之前郭沫若所受的影响。尽管郭沫若在20世纪的头10年已经通过林纾"翻译"的《迦茵小传》(Joan Haste)、《艾凡赫》(Ivanhoe)、《吟边燕语》(Tales from Shakespeare)等了解了一些欧洲文学

---

①　马立安·高利克:《中西文学关系的里程碑》,前面所引书,1986年版。第3章在该书的第43—71页。高利克在2012年接受国际关系学院刘燕教授的采访中谈到了他对"Confrontation"这个术语的解读。他认为将其翻译为"接触的踪迹"或"交融"更好些。高利克原文为:"The Chinese translation of my Milestones appeared in 1990.In 2007 appeared an essay written by Wang Wei 王炜 and in 2009 by Peng Song 彭松 where duikang 对抗 contradiction,jiechu de zongji 接触的踪迹 traces of the contact,or jiaorong 交融 blending are more exact rendition of the idea I had in mind."该采访原文未正式发表。本书作者注。

②　[捷克斯洛伐克]马里安·高利克著,伍晓明、张文定等译:《中西文学关系的里程碑》,北京:北京大学出版社,1990年版。

③　马立安·高利克:《中西文学关系的里程碑》,前面所引书,1986年版,第43页和71页。

作品,但他第一次接触真正的西方文学作品却很可能是在1913年,即他读到美国诗人朗费罗(H. W. Longfellow)的短诗《箭与歌》(The Arrow and the Song)。这首诗给郭沫若留下了深刻的印象,并使他想到了《诗经》,尤其是其中的《国风》这个一大批中国旧体抒情诗的基础与源泉①。由于没有原文,郭沫若的回忆犯了三处错误:一是这首诗有三节而不是两节;二是诗人不是在林子里,而是在一棵橡树上发现那支箭的;三是诗人的歌不在朋友的耳边,而是在朋友的心里②。郭沫若第一次尝试作的新诗是1916年用英文写的 Shadow and Dream (《影与梦》)。它的中译文收录1923年的《辛夷集》中③。"影"与"梦"既是中国古代美学和诗歌的母题,也是小说与戏剧喜爱的母题④。一面是司各特(Walter Scott)、朗费罗、泰戈尔(Ranbindranath Tagore),另一面是《诗经》、道家文学与哲学,这两个极其不同的来源为郭沫若的诗歌创作、至少是为他的诗歌灵感提供了主题。尽管初看起来郭沫若阅读和思考王阳明的观点在很大程度上是因为身心的疾病,但其思想却是一片沃土。而郭沫若是怎样研究上印度《奥义书》中的

---

① 郭沫若原文为:"民国二年进了高等学校的实科,英文读本仍然是匡伯伦。大约是在卷四或卷五里面,发现了美国的朗费洛(Longfellow)的《箭与歌》(Arrow and Song)。那首两节的短诗,一个字也没有翻字典的必要便念懂了。那诗使我感觉着异常的清新,我就好象第一次才和'诗'见了面的一样。诗的原文我不记得了,目下我手里也没朗费洛的全集,无由查考,但那大意我是记得的。那是说,诗人有一次射过箭,箭飞去了,但后来又发现着,在一座林子里面;诗人有一次唱过一首歌,歌声飞去了,但后来又发现着,在一位朋友的耳里。就这样一个简单的对仗式的反复,使我悟到了诗歌的真实的精神。并使我在那读得烂熟、但丝毫也没感觉着它的美感的一部《诗经》中尤其《国风》中,才感受着了同样的清新,同样的美妙。"可参见《郭沫若全集·文学编》第16卷,前面所引书,第174-175页。

② 马立安·高利克:《中西文学关系的里程碑》,前面所引书,1986年版,第45页。

③ 郭沫若的原文为:"同住的一位本科生,有一次他从学校里拿了几章英文的油印录回来,是从太戈儿的《新月集》中选出来的几首诗,是《岸上》(应为《海岸上》)、《睡眠的偷儿》、《婴儿的世界》等篇。我把来展读时,分外感受着清新而恬淡的风味,和向来所读过的英诗不同,和中国的旧诗之崇尚格律雕琢的也大有区别。从此我便成为了太戈儿的崇拜者。凡是他早期的诗集和戏剧我差不多都是读过的。我在冈山时便也学过他,用英文来做过些无韵律的诗。《辛夷集》开首的《题辞》便是一九一六年的圣诞节我用英文写来献给安娜的那首散文诗,后来我把它改成了中文的。"可参见《郭沫若全集·文学编》第12卷,前面所引书,第56-57页。可以看出,郭沫若在文中并没有明确说明1916年圣诞节为安娜所写的这首英文诗是他所作的第一首新诗。另外,这首英文诗于1922年7月译成汉语,作为1923年出版的《辛夷集》的《小引》而非《题辞》。1923年出版的《辛夷集》中共收录郭沫若的5部作品,其中诗歌有《岸上》、《蜜桑索罗普之夜歌》、《夜步十里松原》和《鹭鹚》,另有短篇故事《牧羊少女》。《郭沫若全集·文学编》第16卷第176页的脚注中说"内收郭沫若著作8篇"。本书作者注。

④ 马立安·高利克:《中西文学关系的里程碑》,前面所引书,1986年版,第44页。

哲学的还不清楚,但一个可能的促进因素是他阅读了泰戈尔翻译的《迦比尔诗百首》(One Hundred Poems of Kabir),特别是那篇篇幅很长的序言。郭沫若对"梵"与"我"的关系以及二者事实上的同一有着明确的看法,但迦比尔并不承认这种看法。在他看来,"梵"与"我"是永远分立而又永远合一的。迦比尔的老师罗摩难陀(Rāmānanda)承认"梵"与"我"并不存在不同,而郭沫若则根据其观点认为,在罗摩难陀看来,"梵"是独一无二、无所不在的实体。"我"是"梵"的一部分,与它同一,尽管二者从概念方面而论是不同的。"梵"可以通过某种更高级的宗教直觉而被知晓,这种自觉能够穿透大千世界的那些隐藏在各种各样的表相之后的幻想达于世界的真实统一体。一个高度抽象的公式"advaita-vedanta:那即是你"即表达了"梵"与"我"、神与人、客体与主体间的统一。郭沫若后来的观点"梵我一如"与此极其相似。而王阳明的"万物一体"尽管关联甚远,但也与其有着相似。但在王阳明这里,强调的重心似乎转移到了人本身,转移到人的心,是心将人与大千世界统而为一的。①

尽管郭沫若在1915年初的时候就读了泰戈尔的《新月》(The Crescent Moon)、《园丁》(The Gardener)、《吉檀迦利》(Gitanjali)、《暗室王》(The King of the Dark Chamber)、《迷途之鸟》(Stray Birds)、《情人的礼物》(Lover's Gift)、《渡口》(Crossing)和《迦比尔诗百首》,但是,如果不算那些他翻译了但未能发表的泰戈尔诗歌的话,那么,直到1918至1919年,他对泰戈尔诗歌的某些反应才在他作品中显示了出来。1934年的时候郭沫若承认,《女神》中的四首诗《新月与白云》、《死的诱惑》、《别离》与Venus是受了泰戈尔的影响而创作的。但是可以有理由质疑他所说的后两首诗是否真的受到了泰戈尔的启发。如果我们读一读Venus的第一节:"我把你这张爱嘴,比成着一个酒杯。喝不尽的葡萄美酒,会使我时常沈醉!"就足以看出一个更可能的灵感来源,那就是《所罗门之歌》(Song of Solomon)(应为《雅歌》,本书作者注)第1章第2节:"愿他用口与我亲嘴。因为你的爱情比酒更美。"或者可以将Venus的第2节:"我把你这对乳头,比成着两座坟墓。我们俩睡在墓中,血液儿化成甘露!"与书拉密(Shulamite)的"塔一样的双乳"和虚构的所罗门"将整夜躺在我的双乳之间"相比较。Venus和其他那三首据说是受泰戈尔启发而作的诗都是为安娜而写的,所

---

① 马立安·高利克:《中西文学关系的里程碑》,前面所引书,1986年版,第47-48页。

有这些诗很可能使她想到古希伯来诗歌的瑰宝。①

郭沫若不仅从《旧约》中,而且从日本作家有岛武郎(Arishima Takeo)的一出戏中了解了参孙和迪莱勒的故事。郭沫若并不完全同意有岛武郎对这两位《圣经》人物的理解,但却似乎赞同他的如下观点,即参孙是"灵底世界"的象征,或"神力"的象征,这种神力可以创造出超凡的英雄业绩。或者,参孙是力量的象征,人们最终意识到为了完成使命,这种力量不仅可以消灭敌对目标,而且还能够毁灭自己的力量源泉。有岛武郎和郭沫若都没能对参孙神话素做出恰当的解释。参孙被视为太阳及其能量的象征是有道理的:他的希伯来语名字 Simson 在语义上与 Semes 一词,即"太阳"接近。他的超凡力量以一种神秘的方式与太阳的力量相似。黑夜夺取了他的头发(即太阳的光)和居于其中的力量,因为"迪莱勒"这个名字可以从希伯来语 lajla 即"黑夜"中推演出来②。郭沫若读过斯宾诺莎的《神学政治论》(Tractatus Theologica-Politicus)以及其他著作,但他一点也没接受他的反创造的态度,或者他对上帝的反人格化和反人类学的理解。这可能是由于郭沫若是从一个诗人而非一位哲学家的角度来研究万事万物的,这就使得他带有更多的泛神色彩。我们以后将会看到,对于上帝拟人化的意象和人类学的解释将会受到郭沫若自我表现的艺术形式的制约。③

年轻、热烈、多情的郭沫若在泰戈尔的影响下所写的一切都是从那本《新月集》中得到的灵感。郭沫若的那首《岸上》的第三部分甚至引了可能是泰戈尔所有诗文中最美的几行,那首诗题为《海岸上》:"无穷世界的海边群儿相遇。无际的青天静临,不静的海水喧嚯。无穷世界的海边群儿相遇,叫着,跳着。"郭沫若的《别离》一诗也让人想到泰戈尔《新月集》中的《观天者》(The Astronomer),只是《别离》中诗人代替了《观天者》中的那个孩子。泰戈尔诗中的那个孩子相信,他能用手抓住"圆圆的满月"。而《别离》中的诗人则希望能抓住那个像"黄金梳儿"一般的月亮,然后这位中国

---

① 马立安·高利克:《中西文学关系的里程碑》,前面所引书,1986 年版,第 47-48 页。原文为:"因为在民国五年的夏秋之交有和她的恋爱发生,我的作诗的欲望才认真地发生了出来。《女神》中所收的《新月与白云》、《死的诱惑》、《别离》、《维奴司》,都是先先后后为她而作的。《辛夷集》的序也是民五的圣诞节我用英文写来献给她的一篇散文诗,后来把它改成了那样的序的形式。"可参见《郭沫若全集·文学编》第 16 卷,前面所引书,第 176 页。

② 马立安·高利克:《中西文学关系的里程碑》,前面所引书,1986 年版,第 49 页。

③ 同上,第 50 页。

的所罗门就可以将它插在一位日本的书拉密(安娜)的头发上。而那个太阳呢,他想上天把它取来,借着爱人的手他可以把它像一个"月桂冠儿"那样放在自己的头上。太阳这个母题没有出现在泰戈尔的那首《观天者》中,"月桂冠儿"是郭沫若用以象征太阳的意象之一。他想像古代地中海地区为胜利者、伟人或诗人加月桂冠那样将太阳加在自己的头上,此深意不是第一眼就能从这些诗行中看出来的。太阳成了郭沫若的泛神论的审美的宇宙中最重要的一位神:"太阳呀!你同那月桂冠儿一样。我要想爬上天去,把你取来;借着她的手儿,戴在我的头上。"①

在郭沫若为其所译的波斯诗人莪默·伽亚谟(Omar Khayyām)的四行诗集所写的序中,他说宇宙中有无数个太阳,它们放射出无限的光和能,星际气体的凝缩则形成新的星系。但是在我们所分析的他的作品中,他总是回到这样的一个星,即太阳那里,郭沫若部分追随了中国本土的传统。他并不是唯一歌颂太阳宇宙的人,但是他的向导已不再是泰戈尔,而是那位伟大的美国民主诗人瓦尔特·惠特曼(Walt Whitman)。有好几种东西将郭沫若和惠特曼联系在一起,其中即有科学和民主。另外,在总体上他们还有着相似的诗学观和艺术观,相似的泛神论世界观。郭沫若可能从不会写出"我在万物中听到并看到上帝……"这样的诗行,虽然他可能同意这行诗的后半部分和随后的诗行:"但我对上帝仍毫不理解。我也不能理解谁能够比我自己更加神奇。"或许可以同意马尔科姆·考利(Malcolm Cowley)的解释,认为在惠特曼看来,"万物都是灵魂的放散,既然惠特曼的灵魂也具有同样的本质,他就能够与那些活着的或死去的,英雄的或罪恶的万物万众认同。"郭沫若在诗中以相似的方式表现自己,但他肯定不会认同"宇宙灵魂"这样一个概念。郭沫若对自然、对质、对量和对力的尊重使他相信此力"即是创生万汇的本源,即是宇宙意志,即是物自体。能与此力瞑合时,则只见其生而不见其死,只见其常而不见其变。"②

我们可以在这两位作者的诗中注意到某些对于世界的本质、对于实体以及对于宇宙之各种组成部分的不同理解,尽管二者都具有泛神论思想。读郭沫若最有价值的作品之一《晨安》会让我们想到惠特曼的《向世界致敬》。这两首诗的标题或许都可以理解为是问候的形式,尽管这种问候极

---

① 马立安·高利克:《中西文学关系的里程碑》,前面所引书,1986年版,第51—52页。
② 同上。中文可参见《郭沫若全集·文学编》第15卷,前面所引书,第273页。

不寻常,因为它们适合更加宽泛的领域。两首诗的艺术实现形式不同,惠特曼仅是在精神上遨游于五大洲之上,描绘他的所见所闻。诗人认为自己就是世界上存在着的一切的化身。郭沫若则选择了一种不同的方式,一种不为惠特曼所知但却合乎中国文学传统的形式,即"远游",它是典型的道家哲学的、《楚辞》诗学形式的,更准确地,是屈原根据民间祭神乐歌改作或加工而成的《九歌》的一种形式。《晨安》中,郭沫若灵感的主要来源似乎是《东君》。郭沫若在《晨安》中使用了"扶桑"这个神话素。太阳每晚回到它升起的地方,清晨则必须爬上扶桑的枝头。根据《淮南子·天文训》:"日出于旸谷,浴于咸池,拂于扶桑。是谓晨明。"郭沫若将"明"字换成了"安"字,"晨明"随即意为"晨安"。诗中他让"扶桑"仍然沉浸在睡梦中以表明是问候和祝福全世界的时候了,但那个象征着自由、平等和社会公正的新的太阳还未升起,但现在已经不会拖延太久了:"晨安!大西洋呀!晨安!大西洋畔的新大陆呀!晨安!华盛顿的墓呀!林肯的墓呀!惠特曼的墓呀!啊啊!惠特曼呀!惠特曼呀!太平洋一样的惠特曼呀!啊啊!太平洋呀!晨安!太平洋呀!太平洋上的诸岛呀!太平洋上的扶桑呀!扶桑呀!扶桑呀!还在梦里着的扶桑呀!醒呀!Mesame 呀!快来享受这千载一时的晨光呀!"①诗人仿效太阳神祝"万物"晨安:大海、晨光、白云、细雨、晨风、新中国、长城、黄河、长江、新世界的先驱、年轻的俄罗斯、帕米尔和喜马拉雅山、泰戈尔和恒河、红海、苏伊士运河和金字塔、加布里埃尔·邓南遮(Gabriel d'Annunzio)、罗丹(August Rodin)的雕像《沉思者》(*The Thinker*)、半工半读的中国留法学生、拒绝在第一次世界大战中为德国侵略者服役的比利时人、爱尔兰及其革命诗人。现代读者可能会对郭沫若对邓南遮的问候感到奇怪。郭沫若那时心里想到的一定是他对那时的敌方城市维也纳的空袭、他的受伤以及右眼的失明。在后来的版本中,达·芬奇(Leonardo da Vinci)及其飞行梦想代替了邓南遮。②

  太阳是《女神》中好几首诗的主要赞美对象,要数《金字塔》两首最为出色。《金字塔》其一是关于金字塔和太阳的颂歌,其中金字塔是太阳的

---

  ① 马立安·高利克:《中西文学关系的里程碑》,前面所引书,1986 年版,第 54 页。中文可参见《郭沫若全集·文学编》第 1 卷,前面所引书,第 67 页。

  ② 马立安·高利克:《中西文学关系的里程碑》,前面所引书,1986 年版,第 55 页。这里想要说明的是,高利克在研究郭沫若及其作品时,特别注意对其作品初版本的强调与使用。本书作者注。

象征。《金字塔》其二是人类创造能力的赞歌:"创造哟!创造哟!努力创造哟!人们创造力的权威可与神衹比伍!不信请看我,看我这雄伟的巨制吧!便是天上的太阳也在向我低头呀!"在《太阳礼赞》中郭沫若又回到了"日出"这一母题,但这一次他是以一种符合其独特的泛神论信念的独创的方式来表现自我的。他似乎是一位太阳的崇拜者,与楚国时期的巫师相似,对上帝念着冗长的诗的祷告词,表白自己的信念:"太阳哟!你不把我照得个通明,我不回去!……太阳哟!你请永远倾听着,倾听着,我心海中的怒涛!"①这首诗中有三点值得注意,一是始终如一地运用了惠特曼的诗学,即铺排事物的技巧;二是"立在大海边"这几个字构成了郭沫若的另一首诗《立在地球边上放号》的基础;三是"心海"这个概念出现了两次②。它原本是个佛教术语,用以表示一切有情的事物之相似的思想或者感觉。"我心海中的情涛"并不比"心波"这个哲学术语多些什么意思。"心波"也具有诗意,表示的是自心海不断涌出的思想之流。诗人的心海是新世界的创造者,是新社会的创造者。而且,他的心海和心波也作为泛神实体的表现出现在古老的金字塔之间。这种泛神实体不受时空的限制,是一种永恒的创造性放射,是流动不居的万物之后一个普遍生成和毁灭的过程,是个体与一切的泛神融合。③

太阳也是《沙上的脚印》、《新阳关三叠》和《海舟中望日出》的主题。其他诗中也有提及太阳的,但在这些诗中,太阳通常仅是所写景物的一部分而非宇宙的中心。在《新阳关三叠》中,诗人将重点显而易见地放在了对太阳是"自我爆裂"的一个实例的强调上,这是自我表现的一种独特形式,它能"开出血红的花朵",放出生命的光和热。而在另一首更常被引用的诗《我是个偶像崇拜者》中,诗人一开始就提及了太阳。郭沫若利用了惠特曼的铺陈技巧,列举了那些我们可在惠特曼的《斧头之歌》(Song of the Broad-Axe)第三节中找到的事物,起一种索引的作用。只不过郭沫若的这首诗不是由"具有属性定义的一系列名词"组成,而是由作为系统-结

---

① 马立安·高利克:《中西文学关系的里程碑》,前面所引书,1986年版,第55—56页。除"太阳哟!你请把我全部的生命照成道鲜红的血流!"一行外,高利克引用了《太阳礼赞》一诗的后半部分。可参见《郭沫若全集·文学编》第1卷,前面所引书,第103—104页。

② 马立安·高利克:《中西文学关系的里程碑》,前面所引书,1986年版,第56页。这是英语世界郭沫若研究学者第一次提出这样的观点,认为《立在地球边上放号》是以《太阳礼赞》中的"我背立在大海边头紧觑着你"一句为基础的。本书作者注。

③ 马立安·高利克:《中西文学关系的里程碑》,前面所引书,1986年版,第56页。

构之存在的各种最重要的"实体"样式组成的。这些"实体"的"样式"同时属于"能动的自然"(natura naturans)和"具有破坏作用的自然"(natura destructans)。"我"(I)作为每一行的主语将全诗连在一起,贯穿始终。全诗共九行,第一行诗人声明他的偶像崇拜立场,最后一行则声明其反对偶像崇拜的立场,而第五行诗人或许是以一种最意味深长的方式点明古今人类的创造精神。这首诗是对人类的礼赞,人在这里是万物的尺度,是中国古代哲学家曾说的"宇宙之心",是以泛神论方式所理解的、作为大千世界的最重要组成部分的"自我"。①

《梅花树下醉歌》中诗人赞美的是梅花所代表的"自我表现的全宇宙的本体"。对郭沫若来说,梅花是"宇宙的精髓"、"生命的泉水",它们与诗人的"自我"是同一的。诗人看不出自己与这些花之间有区别,因为二者都是同一本体的不同"样式"。从这首诗没有收入《女神》而仅见于《三叶集》的那部分中可以看出,"本体"的同一性适用于其所实际代表的一切"样式"②。而在《天狗》一诗中,郭沫若的泛神论自我表现倾向达到了极致。《天狗》同《我是一个偶像崇拜者》一起,与惠特曼的《自我之歌》(Song of Myself)相对应,尤其是《自我之歌》第41节。在这一节中,惠特曼量出了"耶和华(Jehovah)的准确尺寸,印刷了克罗诺斯(Kronos)以及他的儿子宙斯(Zeus)和孙子赫拉克勒斯(Hercules)"。与惠特曼一样,郭沫若也夸大了自己,把自己在名义上几乎等同于"天狼"。郭沫若根据自己的需要和方便改造了北欧神话中的"狼"这个神话素。如果惠特曼将自己等同为《圣经》中天与地的创造者耶和华,等同于克罗诺斯,然后又等同于宙斯和他的儿子赫拉克勒斯的话,郭沫若则同样将自己等同于哈梯(Hati)、斯库尔(Sköll)和玛纳加尔姆(Managarm),只不过他不是在世界末日,而是在生命中的每一时刻将自己与他们等同③。文章全文英译了《天狗》一诗,认为诗人的"自我"不仅是"全宇宙底 energy 底总量",而且是诸天体毁灭与创造的表现,是我们这个星球和其他星球各种元素的表现,是能量的最重要形式的表现。在郭沫若的笔下,北欧神话中狼这个原在自然界中具有启示作用的神话素被现代化,被用来表现发生在宇宙中的持久不断的过程。这

---

① 马立安·高利克:《中西文学关系的里程碑》,前面所引书,1986年版,第57页。
② 同上,第57—58页。收入《女神》中的《梅花树下醉歌》为《三叶集》中该诗的前半部分,只有个别字和标点符号有改动。本书作者注。
③ 马立安·高利克:《中西文学关系的里程碑》,前面所引书,1986年版,第58页。

首诗中的"我便是我呀!"与上帝在"上帝之山"上透露给摩西的信息相似。诗人的自我不仅把太阳编成的"桂冠"放在自己头上,还把月亮和其他一切星球编成的"桂冠"也放在了自己头上。①

郭沫若在《创造十年》中谈到诗歌创作的发展,这些话对读者理解他的诗是非常重要的,但需要加些注释。不能说这些创作发展阶段之间的界限就像郭沫若自己所说的那样是一清二楚的②。首先,第二和第三时期之间的连接点就有些问题,这是由于郭沫若的发展和他的自我表现的需要,它们在同一时间具有不同层面的缘故。惠特曼的诗学是在暴风雨般的1919年作为一颗超级新星向他发出光辉的,使他在1920年的上半年激动不已,此后,惠特曼的大部分诗学对他也一直有影响。郭沫若知道歌德的时间要更早一些,是在1917—1918年间,在他离开冈山六高之前的最后日子里,是在他知道泰戈尔之后不久。和同学们一起,郭沫若读了歌德的《诗与真》。在那位年轻的在书房里思考研究哲学、医祝和神学之无用的浮士德博士身上,郭沫若发现了自己双重的第二自我。他翻译了全书开头浮士德的那段独白,把它当作歌德巨作的第一个样本。这段译文发表于1919年10月10日。《浮士德》对郭沫若的影响并非像他自己说的那样是消极的,恰恰相反,《浮士德》留给他的印象是古典式的端庄、节制与清醒,在某种程度上抑制了郭沫若的泛神论式的自我扩张。郭沫若与宗白华简短却效果极佳的通信也像《浮士德》中的一些片段那样对郭沫若产生了积极的影响。③

认识浮士德之后郭沫若发现,至少是部分地发现,他在《草叶集》(Leaves of Grass)的影响下获得的这种对泛神论的阐述是有问题的,他感到了控制自己的狂热的必要性。在《浮士德》第一卷开头浮士德的独白中,郭沫若发现了"我莫非是神?"和"我不像神"这两个句子与他在《天狗》一诗中的表达是相悖的,与他对自己的神化是相矛盾的。在郭沫若翻译的

---

① 马立安·高利克:《中西文学关系的里程碑》,前面所引书,1986年版,第59页。
② 同上,第60页。郭沫若关于自己作诗的经过,原文为:"我的短短的做诗的经过,本有三四段的变化。第一段是太戈尔式,第一段时期在'五四'以前,做的诗是崇尚清淡、简短,所留下的成绩极少。第二段是惠特曼式,这一段时期正在'五四'的高潮中,做的诗是崇尚豪放、粗暴,要算是我最可纪念的一段时期。第三段便是歌德式了,不知怎的把第二时期的情热失掉了,而成为韵文的游戏者。我开始作诗剧便是受了歌德的影响。"可参见《郭沫若全集·文学编》第12卷,前面所引书,第65—66页。
③ 马立安·高利克:《中西文学关系的里程碑》,前面所引书,1986年版,第60页。

《浮士德》片段(这段中大地精神被唤起)首次发表大约两个月之后,郭沫若写了《地球,我的母亲!》,它标志着诗人正在背离太阳宇宙这一观念:"地球,我的母亲!我想那飘渺的天球,是你化妆的明镜,那昼间的太阳,夜间的太阴,只不过是那明镜中的你自己的虚影。"①不久之后,郭沫若在1920年1月10日这一天之内完成了中国现代文学史上的第一首抒情长诗《凤凰涅槃》。跟《草叶集》相比,这时《浮士德》带给他的影响更大,即便他还保留了一些不同的东西②。创作《凤凰涅槃》的根本原因可能是他自己的生活,从他给田汉的信中我们可以推想出一个结了婚又离了婚,在异国引诱了一个天真无邪的姑娘的男人良心的悔恨。在读到《浮士德》中题为"城廊"的一场,看到葛丽卿把花插在悲哀圣母像前的花瓶中时郭沫若不禁流泪了,这很容易让人想到浮士德与郭沫若之间的某些相似之处。

《凤凰涅槃》也可看成是一部简单的诗剧。在完成这首诗几天之后写给宗白华的一封中,郭沫若说这首诗的素材源自埃及、希腊和罗马神话,这点也可以通过细读此诗而看出。诗的开头描写一对凤凰在除夕将近的夜空中一边飞翔一边哀歌。"除夕"也许含有更深的象征意义,因为在中国的神话传说中,凤凰的出现被看成是个可疑的预兆,预示着伟大光荣的统治者的出现,或是为他的统治带来祝福,或者是预示着天下的太平③。郭沫若在中国神话适合他的创作构思时坚持了中国传统,他选择了一对雌雄异体的凤凰,而在其他的神话传统中凤凰被认为是无性的或者是雌雄同体的。在更重要的一些方面,他却追随了外国传统,如那个时候在中国还不

---

① 马立安·高利克:《中西文学关系的里程碑》,前面所引书,1986年版,第62页。

② 高利克在注释中说这个可参照郭沫若的"我的作诗的经过",但文中郭沫若并没有明确指出自己作《凤凰涅槃》时受《浮士德》的影响多于《草叶集》。原文为:"《凤凰涅槃》那首长诗是在一天之中分成两个时期写出来的。上半天在学校的课堂里听讲的时候,突然有诗意袭来,……诗语的定型反复,是受着华格讷歌剧的影响,是在企图着诗歌的音乐化,但由精神病理学的立场上看来,那明白地是表现着一种神经性的发作。那种发作大约也就是所谓'灵感'(inspiration)吧?""我和歌德接近也是在民八的暑间,那时我译过他的《浮士德》的《夜》,在书斋中的那一场独白,是在那年的《学灯》的双十节增刊上发表了的。第二年又译过《浮士德》第二部第一幕《风光明媚的地方》,也在《学灯》上发表过。因为我有这两次的发表,在民九的初夏便接到当时的共学社的惠嘱,从事《浮士德》的全译。在暑假中只译完了第一部,却没有得到发表的机会。"可参见《郭沫若全集·文学编》第16卷,前面所引书,第179-180页和第182-183页。本书作者注。

③ 马立安·高利克:《中西文学关系的里程碑》,前面所引书,1986年版,第63页。

为人所知的"自焚"或"太阳鸟"这个在埃及-罗马世界极为普通的存在。郭沫若根据自己的需要对它们进行了改动①。古罗马历史学家塔西佗(Tacitus)曾说:"凤凰在飞往埃及时由一大群羡慕它再生的鸟护卫着。"但郭沫若却让群鸟聚集在濒死的而非新生的凤凰周围,它们不是羡慕它,而是来嘲笑它,从它的死亡中寻求乐趣。唯一例外的是那只雄鸡:它的啼鸣宣示着光明的更生、宇宙的更生以及凤凰从它们自己的灰烬中的更生②。从哲学和文学方面来看,《凤凰涅槃》中最令人感兴趣和最有价值的是凤凰死前的歌唱。雄凤遵循的是体现在如《天问》或《列子·汤问篇》中国古代哲学的怀疑传统,将自己时代中有关自然和宇宙生命的哲学及科学知识的问题和怀疑一一唱出:"宇宙呀,宇宙,你为什么存在?……你到底还是个有生命的交流?你到底还是个无生命的机械?"③

在知道了郭沫若对《浮士德》开头"夜"一场和其后"囚牢"里的场面以及葛丽卿的定罪(但也是获救)有着异常深刻的印象后,那么,如果郭沫若在上面一段对于人类认识范围的局限性的挽歌之后再加上一段把整个宇宙等同于监狱的挽歌的话,也就没什么可惊讶的了:"宇宙呀,宇宙,我要努力地把你诅咒:……你到底为什么存在?"④雌凤的歌是充满感情的,哀伤、忧郁、恍惚,富暗示性,它使人想到葛丽卿向圣母玛利亚的祈祷。二者的不同在于,雌凤本身就是一个神话素,因而不需要再求助于其他。它也与葛丽卿在狱中那悲哀的"独白"相似,极度渴望将自己从永恒的诅咒中拯救出来,释放出来。对于雌凤来讲,生活就是一座囚牢,如无边的大海,上面飘泊着孤舟,帆破舵烂。

欧洲和亚洲的凤凰神话史表明,凤凰的出现总是标志着世界历史上的一个重要转折。对郭沫若而言,凤凰的再生意味着更新和新时代的到来。凤凰更生歌是雄凤和雌凤一起唱的,它标志着回归古老的泛神论世界观,回到柏拉图和普罗提诺(Plotinus)著作中的原始元素,回到"一的一切"(the One-the All)和"一切的一"(the All-the One)这样的信念。但郭沫若并没有向读者解释这些,尽管从他那个时期的推论方式来看,他的陈述具有新柏拉图主义的形式,但他却为这些哲学前提赋予了不同的意义。也

---

① 马立安·高利克:《中西文学关系的里程碑》,前面所引书,1986年版,第63页。
② 同上。
③ 同上。
④ 同上,第64页。

许，在这个新生的世界里，"实体"与这个物质的和精神的世界中的各种现象的"样式"重新和谐起来。在郭沫若写作第一本诗集的时期，他把"火"这个元素作为太阳的象征来强调是很典型的。作为太阳之象征的中国凤凰也在其中起了作用，因为它与阴阳家的"五行"中的"火"联系在了一起："我们更生了，我们更生了。……火便是他，火便是火。"这个新生的世界将充满光明，充满新的精神、美、旋律与和谐、欢乐与爱、热情与勇敢，充满自由、疯狂、神秘，充满悠久的生命与歌声。①

但是郭沫若的这种欣喜并没有持续多久，常变是他的典型特征。他的短诗剧《湘累》是否是在歌德的影响下所做值得商榷。它让读者想到《浮士德》第一卷中葛丽卿与浮士德的最后一次会面，只是这次会面不是在囚牢里，而是在风景优美的洞庭湖上。然而，这次不是屈原的姐姐女须（葛丽卿的对应者），而是屈原自己（浮士德的对应者）疯了。水妖的歌声对他越来越充满诱惑，使他很快就投入到了她们那致命的怀抱。在歌德那首郭沫若喜欢并将其译为中文的歌谣中，那位渔夫正好也是以同样的方式被诱惑的②。根据郭沫若自己的说法，《湘累》中的屈原是他自己的化身，就像浮士德是歌德的化身一样，并且在他以后的历史剧和短篇故事中，郭沫若也追随了歌德的这种自我表现形式。但是在《女神之再生》中却找不到类似的元意象，尽管这部诗剧体现了郭沫若的预言，并且在诗剧开始之前的题辞中我们就遇到了歌德。郭沫若以《浮士德》第二部结尾的八行"神秘的合唱"来作为他这部诗剧的题辞，并且将原文与其译文并列在一起："一切无常者／ 只是一虚影；不可企及者／ 在此事已成；不可名状者／ 在此已实有；永恒之女性／ 领导我们走。"我们只能猜测为什么郭沫若将这首著名的诗不仅放在他这部诗剧的开头，而且也是放在了他第一部诗集的开头，因而在实际上是放在了他创作生涯的开头。而歌德是把它放在自己最后一部伟大作品的结尾，因而在实际上是把其放在了他生命历程的最后。③

如果说《凤凰之再生》清楚地表明了郭沫若与《浮士德》第一部最后一场的联系，那么《女神之再生》则使人想到《浮士德》第二部的最后一场。《女神之再生》的整个故事回到了中国的创世时期，不是女娲抟土造人的

---

① 马立安·高利克：《中西文学关系的里程碑》，前面所引书，1986 年版，第 65-66 页。
② 同上，第 66 页。
③ 同上，第 67 页。

那个最初阶段,而是后来的时期,它在类型上与《启示录》(*The Revelation of St. John*)中的"天堂之战"(*War in Heaven*)或者希腊神话中泰坦(Titanomachy)反抗奥林匹斯诸神的斗争相当。在《女神之再生》中,女神们是没有姓名的,郭沫若也没有交代她们的职能。这些女神仅仅在这部诗剧的前半部分是女神,她们在合唱了"我们要去创造个新鲜的太阳,不能再在这壁龛之中做甚神像"之后就"全体向山阙后海中消逝"了。在共工与颛顼的战斗之后,出现的只是"黑暗中女性之声",而这声音应该被新太阳的新光明和新能量所传播。随着女神"再生"的理想境界,郭沫若又回复到了他的凤凰之"再生"的理想境界,于 1919—1921 年间回复到一个经修正的太阳宇宙,这是一个在 1924 年转向马克思列宁主义并获得一个坚实的形式之前他将连续几年一直不断再造的宇宙。①

　　文章的最后一个部分指出,《女神》的宇宙远比这里描绘出的更为复杂,我们的文学分析也远没呈现其全貌,文中所描述的文学间的过程或许可以通过进一步研究郭沫若这一时期的诗歌、戏剧和翻译作品所找到的更多的东西来加以补充,文中所提到的这三位伟大的世界文学作家并没有完全支配郭沫若的文学宇宙,他自己也承认还受到过其他外国作家,如海涅(H. Heine)、雪莱(P. B. Shelley)、瓦格纳(R. Wagner)的影响。瓦格纳的影响应该补充了他对歌德的反应。郭沫若还曾说过,助成歌德对他的影响的,"不消说也还有当时流行的新罗曼派和德国新起的所谓表现派。特别是表现派的那种支离灭裂的表现,在我的支离灭裂的头脑里,的确得到了它的最适宜的培养基。托勒尔(Ernest Toller)的《转变》(*Die Wandlung*),凯惹尔(Georg Kaiser)的《加勒市民》(*Die Bürger von Calais*)是我最欣赏的作品。"②

　　罗伊(D. T. Roy)认为郭沫若早期的诗剧试验具有表现主义戏剧的特点,即重思想交流而不重戏剧动作,重类型而不重人物,缺乏明确的背景和心理发展③。文章对此表示赞同并加以了补充,认为在表现主义戏剧中,

---

① 马立安·高利克:《中西文学关系的里程碑》,前面所引书,1986 年版,第 68 页。"黑暗中女性之声"的后半部为:"我们尽他破坏不用再补他了! 待我们新造的太阳出来,要照彻天内的世界,天外的世界! 天球底界限已是莫中用了! 新造的太阳不怕又要疲倦了吗? 我们要时常创造新的光明,新的温热去供给她呀!"可参见《郭沫若全集·文学编》第 1 卷,前面所引书,第 13 页。
② 原文可参见《郭沫若全集·文学编》第 12 卷,前面所引书,第 66 页。
③ 马立安·高利克:《中西文学关系的里程碑》,前面所引书,1986 年版,第 69 页。罗伊的观点可参照戴维·托德·罗伊:《郭沫若的早年岁月》(*Kuo Mo-jo: The Early Years*),坎布里奇:哈佛大学出版社,1971 年版,第 97 页。

生存经常被描绘成幻象,而世界则被描绘成是必须被改变的东西。在这些戏剧中,灵魂的呐喊被表现了,大部分的独白或对话都是抒情的。在文学批评中,郭沫若也经历过一个短暂的表现主义阶段①。在《女神》的太阳宇宙中,可找到很多优美的抒情诗,有写给孩子的诗,有表现对中国和日本风景之喜爱的诗,有描写自然现象和四季交替的诗,有歌颂伟大的英雄行为的诗,有歌颂工人和农民的诗,有歌颂为自由而战的诗,还有部分是描写中国古诗之影响的诗。其中大部分都是现代自由体诗,极少数为格律诗。在《女神》中也有一些散文诗,一些对于《楚辞》和中国其他古典诗歌的模仿。

有人认为郭沫若在创作《女神》时已经对作为社会革命者的马克思和恩格斯有热情是站不住脚的。这种看法源自对《女神》最初的、未经修改的版本的无知。其实郭沫若相信的不是马克思而是"社会重构"的提倡者罗素(B. Russell),不是恩格斯而是优生学的建立者高尔顿(F. Galton)。应该注意的是,在创作《女神》时,郭沫若是一个"无产者",不过是古罗马时代的那种无产者。他自己如此认为,因此对于这个词的其他任何解读都将是错误的。他也不是一个"共产主义者",尽管他对共产主义的某些观点有共鸣。②

《女神》的宇宙主要是一个神话宇宙。某种程度上它是中国现代文学中一个无可比肩的神话,它是"五四"时期的神话,是新世界或至少是新中国的创造神话,是旧世界的末日神话,是以火和毁坏为前提的不断再生的神话。"力"是郭沫若太阳宇宙中的主要成分。尽管《女神》的作者总是回到对"日出"的期待,回到对一个几乎在事实上是空洞的幻象的新创造的期待。作为能量、光明、热和生命来源的太阳,在郭沫若的作品中只是停留在"扶桑"的层面上,它像只潜水鸟升上了世界东边的神秘之树的树梢,其力量已经可以被感觉到,但它离真正升起还很遥远,就像在《女神之再生》中那样它还没出现:"新造的太阳,姐姐,怎么还不出来?她太热烈了,怕她

---

① 马立安·高利克:《中西文学关系的里程碑》,前面所引书,1986 年版,第 69 页。
② 同上,第 69—70 页。关于郭沫若对"无产者"的解释,可参见《郭沫若全集·文学编》第 15 卷,前面所引书,第 98 页:"古罗马时代最下阶级的市民 Proletarius 除了产育儿女之外,莫有资财以奉仕国家:我看我倒真正是个 Proletarian 了"。另可参见"序诗"原文第一节,见《郭沫若全集·文学编》第 1 卷,前面所引书,第 3 页:"我是个无产阶级者,因为我除个赤条条的我外,什么私有财产也没有。《女神》是我自己产生出来的,或许可以说是我的私有,但是,我愿意成个共产主义者,所以我把她公开了。"

自行爆裂;还在海水中沐浴着在!"①

如果说郭沫若在后来把他对于现实的这种诗意的(或者说神话的)解释叫作"空架子"的话,那么这其实是表明了他后来的失望,同时也是他的诚实。那就是,新世界或者新中国是不能借助于无生命的空想来创造的,这种失望使他决定去寻求新的、更恰当的道路和方法以实现中国社会的目标。于是他也成了革命者中的一员。②

第三节　高利克的郭沫若《浮士德》翻译研究

该研究拟通过细读高利克研究郭沫若的《浮士德》译介的三篇研究论文,即《歌德的〈浮士德〉在郭沫若作品与译著中的接受与幸存》、《郭沫若与歌德的〈浮士德〉在中国,1919—1947》、《"果提克"式的居室与箱崎的一间小屋:散议郭沫若 1910 年 10 月 10 日对歌德〈浮士德〉的翻译》,向读者介绍他对郭沫若的《浮士德》翻译研究。

歌德的《浮士德》在郭沫若作品与译著中的接受与幸存

1991 年,第一篇研究郭沫若对歌德代表作《浮士德》译介的文章《歌德的〈浮士德〉在郭沫若作品与译著中的接受与幸存》发表在《亚非研究》第 26 卷上③。该研究为高利克 1987 年 11 月至 1988 年 1 月三个月间在德国慕尼黑大学的研究成果,其目的在于分析中国现代诗人郭沫若对歌德《浮士德》的翻译及其对郭沫若 20 世纪 20 年代初创作的影响。

对接受文学结构上的需求以及一定程度的重要性,对被翻译的文本,至少是其中所蕴含的信息来说,年轻文学(20 世纪二三十年代的中国新文学当属此列)相对来说要更容易理解些。这个事实在《浮士德》在中国的接受与幸存上同样起着至关重要的作用。《浮士德》不在被读者所普遍接受的作品之列。此文将《浮士德》在中国的接受研究限定在 1918 年之后,

---

① 马立安·高利克:《中西文学关系的里程碑》,前面所引书,1986 年版,第 70 页。
② 同上,第 71 页。
③ 马立安·高利克:《歌德的〈浮士德〉在郭沫若作品与译著中的接受与幸存》(*Reception and Survival of Goethe's Faust in Guo Moruo's Works and Translations*, 1919—1922),载《亚非研究》第 26 卷,1991 年,第 49-70 页。

因为即便1918年前对它的接受存在的话,其相对于中国文学史及其与世界文学的关系来说也完全是微不足道的。①

中国新文学社团的历史始于1921年5月成立的文学研究会,但其实早在1920年初一个由"三个同志"(three comrades)即郭沫若、宗白华、田汉组成的小社团已经成立,并于1920年的5月出版了一本名叫《三叶集》(*Kleeblatt*)的小集子。田汉、宗白华为集子写了简短的序,而郭沫若却采取一种不同的方式,不是写序,而是将他翻译的《浮士德》第1112—1121行共10行与"*Zwei Seelen*"(两个心儿)相关的著名诗行作为代序:

> 两个心儿,唉!在我胸中居住在,
> 人心相同道心分开:
> 人心耽溺在欢乐之中,
> 固执着这尘浊的世界;
> 道心猛烈地超脱凡尘,
> 想飞到个更高的灵之地带。
> 唉!太空中若果有精灵,
> 在这天地之间主宰,
> 请从那金色的霞彩中下临,
> 把我引到个新鲜的,绚烂的生命里去来!
> 　　　　(沫若自哥德之《浮司德》中译出,即以代序)②

郭沫若译文中的"两个心儿"(two minds)与歌德的"*Zwei Seelen*"有些不同。郭沫若的"两个心儿"是《书经》(*Book of History*)中所划分的儒家哲学的两个类别,一类是指身体的、"低下"的心灵,就如"浸在不洁的水中的珍珠"③,因此会受到性欲、私欲的影响。另一类则指精神的、"高尚"的心灵,就如"躺在清冽的水中的宝珠"④,为修身服务。我们不清楚郭沫若是否关心修身,但他对"身体之心"的密切关注却是显而易见的,这或可从他

---

① 马立安·高利克:《歌德的〈浮士德〉在郭沫若作品与译著中的接受与幸存》,前面所引书,第49页。
② 《郭沫若全集·文学编》第15卷,前面所引书。
③ 冯友兰:《中国哲学史》第2卷,前面所引书,第560页。
④ 同上,第559页。

在《三叶集》中的几次坦言得到证实。①

文章的第三部分提及 1918—1921 年间郭沫若三次搬家,在 1920 年 3 月 20 日田汉到郭家去拜访时,郭沫若已经翻译完《浮士德》的第一部,但这个版本却没能保存下来之事。那天郭沫若与田汉一起诵读《浮士德》的前部,田汉最喜欢的是从"街道"(Street)(第 2605 行)到"马尔特之花园"(Martha's Garden)(第 3543 行)这一部分(即第一部第 11 节至第 16 节);而郭沫若却对"井畔"(At the Well)(即第一部第 17 节)至葛丽卿死在狱中这部分印象最深。当读到"城曲"(A Shrine in the Ramparts)这一节时,郭沫若流泪了。这是可以理解的,因为田汉与郭沫若的生活经历不同、两个人对男女之间的关系、对爱情甚至对婚姻的理解都不同。郭沫若的移情能力在他对葛丽卿悲剧的态度上得到了充分体现。葛丽卿生活中的两个时刻给郭沫若留下了深刻的印象:一是她意识到自己的"犯罪"而且将忍受自己所受到的伤害;另一则是在狱中,她失去理性,等待执行她死刑的人到来的时候。郭沫若受《浮士德》的激发写了一首题名为《泪之祈祷》的诗,诗的开篇描写的即是葛丽卿面对圣像所做的祷告词"我这心中,这彻骨髓的苦痛,谁能知道?"②

文章的第四部分概述了郭沫若翻译《浮士德》的情况。1920 年 3 月 21 日晚郭沫若创作《泪之祈祷》三个月后,"三个同志"分散了。1920 年 7 月 17 日,郭沫若收到《时事新报》主笔张东荪的信,请他翻译海外名著《浮士德》。郭沫若回信接受了提议,但很快就感到力不从心。经过四个星期的艰苦努力,郭沫若只翻译出了第一部,接下来的一个月里他将译文抄写在日本的"改良半纸"上,并开始着手第二部的翻译工作。但显然,除了第一场中的"风光明媚的地方"(Pleasing Landscape)一幕外,郭沫若什么也没有译出来。对此,郭沫若仅在 12 年后作了解释,认为《欧北和酒寮》(Auerbach's Celler)、《魔女之厨》(Witch's Kitchen)、《瓦普几司之夜》(Walpurgis Night)和《夜梦》(Walpurgis Night's Dream)都没有诗意(unpoetic),而且相当游戏(burlesque)。郭沫若借口这几幕"没有诗意"是极不公正的,而用"游戏"(burlesque)一词来评价歌德的诗作倒是比较恰

---

① 马立安·高利克:《歌德的〈浮士德〉在郭沫若作品与译著中的接受与幸存》,前面所引书,第 53-54 页。
② 同上,第 58-59 页。

当、一语中的。当然,郭沫若说的这几幕的确是很难理解的,难怪他会认为第二部比第一部难译。①

郭沫若认为《浮士德》第二部甚至比第一部中包含了更多的"文字游戏"("burlesque" messages),全剧的构成过于支离破碎,而且里面所包含的帝王思想、反对革命(尽管郭沫若自己也的确承认,过去革命的意义与现在的不同)让他难以忍受。应该注意,1932 年郭沫若对于他与歌德以及他与浮士德之间的关系与他在 1919—1922 年间与歌德和浮士德的关系是完全不同的。②

郭沫若是一个极力想要忠实于自我的诗人,即便是在他痴迷于歌德艺术的那段时间,即在 1920 年的前几个月里,在一封他写给宗白华的信中他仍然宣称:"我想我今后也不学许雷(指雪莱),也不学哥德(指歌德),我只忠于我自己的良心罢。"③

歌德,也因而浮士德,对郭沫若的个人性格产生了强烈的影响。在《凤凰涅槃》、《女神之再生》、《湘累》中都可见歌德的《浮士德》或多或少、或大或小的影响。对于《夜》(Midnight)一幕的翻译,有一半多郭沫若都翻译得相当准确,而其余译文,则是郭沫若对于他与浮士德和歌德之间关系的理解的反映:

"地上的事物我已尽知,
我终不能向天外逃去;
馋眼望天,幻想有个上帝的,
只是痴愚!
立定脚根且向周围看吧!
世界对于有为之人不是无语。

---

① 马立安·高利克:《歌德的〈浮士德〉在郭沫若作品与译著中的接受与幸存》,前面所引书,第 61 页。郭沫若原文为:"象那《欧北和酒寮》、《魔女之厨》、《瓦普几司之夜》及《夜梦》要算是最没有诗意的地方。那些文字搀杂在诗剧里面而滥竽诗名,仅是在有韵调的铿锵而已。……用韵文译出,也不外是下乘的游戏文字而已。"可参见《郭沫若全集·文学编》第 12 卷,前面所引书,第 64 页。

② 马立安·高利克:《歌德的〈浮士德〉在郭沫若作品与译著中的接受与幸存》,前面所引书,第 62 页。

③ 同上。中文可参见《郭沫若全集·文学编》第 15 卷,前面所引书,第 123 页。

何用在永远之中盘旋去!"①

1920年之后,郭沫若对《浮士德》的兴趣减弱,而将注意力转向《少年维特之烦恼》便是他努力的自然结果。相比之下,维特更符合郭沫若的诗学主张和性情。1928年2月,郭沫若(重新)翻译了《浮士德》。他对歌德最初的爱变成了完全的恨。1932年,他将卡尔·马克思(Karl Marx)比作"太阳光"(the brightness of the sun),而将歌德比作"太阳光中的萤火虫"(the flicker of a firefly)。但郭沫若这么说显然是没有意识到歌德是马克思最喜欢的诗人,而葛丽卿是整个世界文学中最受欢迎的女主人公。②

郭沫若的确从不曾将自己比作歌德,但他却在《湘累》中将自己比作屈原,实际上是"夫子自道"。而屈原,从描绘他的书或与他相关的传统中我们可以看出,他自然与歌德的浮士德有一些相似之处。那么,"在中国是否真正存在浮士德这样的人?""他就是根据郭沫若的方式所理解的屈原吗?""而不仅仅只是一个模仿?"③

如果说中国文学创造了一部《浮士德》的话,充其量也仅仅只是一部译著,很可能郭沫若的《浮士德》是其中最有趣的一部,对它的研究或可丰富我们对作为现代文学整体之一部分的中国新文学中的翻译现象的了解。④

(该文中高利克分析、阐释的内容与其第二篇文章有部分相同,本文作者省略了相同的部分,以方便在第二篇文章中作比较分析。本书作者注。)

郭沫若与歌德的《浮士德》在中国

《郭沫若与歌德的〈浮士德〉在中国》发表在《国际南社学会丛刊》1992

---

① 马立安·高利克:《歌德的〈浮士德〉在郭沫若作品与译著中的接受与幸存》,前面所引书,第62-63页。(原文注释可译为:郭沫若:《波斯诗人莪默·伽亚谟》,载《文艺论集》,上海,1929年版,第321-322页。)

② 马立安·高利克:《歌德的〈浮士德〉在郭沫若作品与译著中的接受与幸存》,前面所引书,第67页。

③ 同上。

④ 同上,第69页。

年第 3 期上①。高利克对文章的发表做了说明:"将这篇文章发表在《国际南社学会丛刊》上不是我自己的本意。柳无忌教授在 1991 年 5 月 20 日写信给我:'能将您所作的关于《浮士德》在中国的演讲文章发表一篇在《国际南社学会丛刊》第 3 期上吗?'"②文章的最后补充说明这篇文章原是 1991 年 4 月 12 日在德国巴塞尔理工学院做的一次演讲。

  歌德的作品中,《少年维特之烦恼》和《浮士德》引起的反响是最大的。但前者对中国文学结构所产生的影响更加显而易见,尽管文学间的影响不能去确切地加以衡量。它更多地受到接受文学的需要的限制,而非所翻译的、阅读的、评论的或接受的文学作品的文学价值的限制。当《浮士德》在 1919 年和随后的 10 年里第一次与中国这块文学土壤产生联系的时候,它对其产生了极大的影响,之后它被研究,更多是被翻译。但是,并没有证据表明它将对中国的诗人和作家产生更深远的影响而因此对中国新文学的结构,即文学作品的形式,留下任何显而易见的痕迹。③

  《浮士德》的影响与文人郭沫若的生活和创作息息相关。众所周知,在 1917—1918 年上学期间,他与自己的同学们一起读过歌德的半自传性作品《诗与真》(*Dichtung und Wahrheit*),并由此接触了《浮士德》。由于郭沫若 17 岁时听力出现问题,这使得他能如歌德的浮士德那样不安地坐在桌边,仔细研究哲理、医典、法律和神学一样,将歌德的《浮士德》第一部翻译成中文。郭沫若在自己的自传中没有提及,在阅读和翻译这些诗行时他如歌德的浮士德一样有着自杀的快感,但他承认感觉就如浮士德在独白中诅咒中世纪的学问,却是出自他自己的,而非浮士德的内心。这种对待原文本的态度,这种因他自己的内在性格、经济上的窘境和家庭的问题而引

---

  ① 马立安·高利克:《郭沫若与歌德的〈浮士德〉在中国》(*Goethe's Faust in China and Guo Moruo*,1919—1947),载《国际南社学会丛刊》1992 年第 3 期,第 143-153 页。这篇文章的获得有些曲折。国内数据库中找寻不到,笔者与高利克先生邮件联系,遗憾的是这篇文章在先生的图书馆中也没有。本意欲请香港的朋友代为查找,先生知道后建议说你不如直接请柳无忌教授的亲属,现在南社的董事高铦先生帮忙吧。高利克先生把高铦先生的联系方式给我,高铦先生复印好后挂号寄给了我。在高铦先生随复印资料寄来的信中,还有先生的手写的信:"小杨老师:高利克的文章已复印好,那篇文章后面,我发现有郭沫若翻译的 *Faust* 的诗,一并印出奉上。收到后请告。高铦 1 月 2 日。"高利克先生文中研究涉及的郭沫若译诗,皆是根据这附在此文后的郭沫若最初的译文,即郭沫若译于 1919 年 10 月 10 日,并于同日发表在《时事新报·学灯》第五张的译文:"*Faust* 钞译(沫若)"。本书作者注。

  ② 马立安·高利克:《郭沫若与歌德的〈浮士德〉在中国》,前面所引书,第 143 页。

  ③ 同上,第 144 页。

发的态度,必然导致翻译过程中的某些转变。这可以从郭沫若翻译歌德《浮士德》"月光"一幕中得到证明。①

郭沫若采用了"自我表现的"方法来将其翻译成中文:

中宵倚案,
烦恼齐天。
牙籤筒页堆满前,
一轮明月来相见。
月儿呀!我幽静的朋友!
我愿你见我的烦闷儿呀,
今宵算最终一遍!
啊!我愿能载着你的爱光儿登上山巅,
同那些精儿灵儿
在那崖间草上伴你盘旋。
我愿能除去这一切的学枷智梏,
浴你的清露之中,得健痊。②

而如果将郭沫若的译文英译成散文诗则可如下:

Till midnight I used to lean over this desk

And I was bored the whole day

Over the heap of bone book signs and bamboo scrolls.

Bright moon has come to visit me.

Oh Moon, thou melancholic friend,

I wish thou couldst see my grief!

This night might be considered as the last!

In thy mellow, bright light I would like to climb the peaks of hills

Together with the spirits to accompany thee over meadows and

---

① 马立安·高利克:《郭沫若与歌德的〈浮士德〉在中国》,前面所引书,第 145 页。
② 同上,第 144—145 页。选自《时事新报·学灯》,1919.10.10. 第五张。

　　　　mountain gullies,
　　　　　　To get rid of all the fetters of study and knowledge,
　　　　　　To bathe in thy healthy, pure dew.①

　　可以看出,郭沫若将原文本中的"月光"转换成了"明月",这更符合中国诗学。因为"月光"仅仅只是"明月"的一部分,而且这样的比喻在中国旧体诗歌中也并不常见②。可以说他是把诗的整个情景都转换成了中国式的,也可以说是他自己的现实处境。译诗的前两行中郭沫若描写了他在日本箱崎所居住的那间离博多湾不远的可怜的房间的情形以及他自己的内心感情。在译诗中他注入了一些歌德原文本中没有的东西,如残书、散帙以及齐天的烦恼。这种"换置"手法是郭沫若诗歌的一种表现方式,而且在他翻译的歌德《浮士德》中时常可见。③

　　对郭沫若来说,是不存在非自我表现的文学或艺术创作的。歌德,尤其是《浮士德》对郭沫若来说就等同于人生,通过他从那个时期开始的翻译,郭沫若成功地将歌德及其作品介绍给了中国读者。于是他翻译了《献诗》(Dedication)(指《浮士德》第一部中《天上序幕》前的《献诗》,本书作者注。)中歌德对戏剧中所有的那些文学的和真实的、一些虽然还活着,但当他写下这些诗行时大部分已经死掉了的人物所朗诵的如下诗行:

　　　　昔年间曾现在我朦胧眼中的幻影,
　　　　于今又来相近。
　　　　难道说我今回会将你们把定?
　　　　我觉着我的心儿还倾向在那样的梦境?
　　　　你们逼迫着我的胸襟,你们请!
　　　　你们尽可得云里雾里地在我周围飞腾!
　　　　我的心旌感觉着青年时代的摇震,

---

　　① 马立安·高利克:《郭沫若与歌德的〈浮士德〉在中国》,前面所引书,第145页。高利克没有说明英译为谁所译,只是在注释中注明中文引自:《时事新报·学灯》,1919.10.10 [Shishi xinbao(*The China Times*), October 10, 1919. 本书作者注。
　　② 马立安·高利克:《郭沫若与歌德的〈浮士德〉在中国》,前面所引书,第145-146页。高利克在注释中指出,这个观点可以参见《李太白诗集》,台北,1966年版,第11页和《三叶集》,上海,1930年版,第14页。
　　③ 马立安·高利克:《郭沫若与歌德的〈浮士德〉在中国》,前面所引书,第146页。

环绕着你们行列的神风又来摇震我的心旌。①

若将郭沫若翻译成的中文诗再译成英文的话可如下：

You, erstwhile hazy shadows, today approach my cloudy sight.
Am I perhaps to say that this time I shall retain you?
I feel my heart aiming towards such dreamy vision.
You are pressing on my breast. Well, then!
You may float about me in the manner of clouds and mists!
My open heart feels the commotions of youth,
The bewitching breath that envelops your ranks, shakes my open heart.②

从译文感觉郭沫若倒更像是在改述而非翻译。他没有扮演老歌德的角色，却将他的话语变换成了这样一种方式，以使得他显而易见就是诗中的主人公。原诗中歌德使用了人称代词"我"的主格两次，宾格和所有格同样也是两次。而译诗中郭沫若使用了相应的中文人称代词两次，以及其适当的变换形式六次，数量恰好是原文本的两倍。原文本中歌德只用了一次"心"（heart），郭沫若的译文则用了两次，并且将其限定为"心旌"，即像背在东亚战士背上飘动的旗帜，每一刻都显示出这是记录着郭沫若生活的那个时代的，而非歌德时代的年轻人的每一次心跳。这些诗行中所蕴含的精神，在他的诗集《女神》之《序诗》的第二诗节得到了体现。诗中他呼吁书中的人物去寻那些与他的振动数相同的人，去寻那些与他的燃烧点相等的人。③

如果说年轻的苏曼殊与沙恭达罗（Sakuntala）产生了强烈的共鸣，年轻

---

① 《郭沫若全集·文学编》第15卷，前面所引书，第46页。
② 马立安·高利克：《郭沫若与歌德的〈浮士德〉在中国》，前面所引书，第146—147页。高利克没有说明英译为谁所译，只是在注释中注明中文引自《三叶集》，第51—52页。
③ 马立安·高利克：《郭沫若与歌德的〈浮士德〉在中国》，前面所引书，第147页。中文可参见《郭沫若全集·文学编》第1卷，前面所引书，第3页。"《女神》哟！你去，去寻那与我的振动数相同的人；去寻那与我的燃烧点相等的人。你去，去在我可爱的兄弟姊妹胸中，把他们的心弦拨动，把他们的智光点燃！"

的柳无忌对洛特(Lotte)喜爱有加的话,年轻的郭沫若则在读歌德《浮士德》,从读"井畔"开始到葛丽卿(Margareta)死在狱中时"莫有不流眼泪的时候"①。郭沫若受《浮士德》的激发写了一首题为《泪之祈祷》的诗,诗的前三行即是葛丽卿面对圣像所做的祷告词的原文:

"Wer fuhlet,

Wie wuhlet

Der Schmerz mi rim Gebein?"

将该诗命名为《泪之祈祷》不如《葛丽卿之祈祷》(*A Prayer to Margareta*)更恰当,这首诗应归在郭沫若写得较差的诗之列。但由于它反映出作者郭沫若是如何理解葛丽卿,同时也在一定程度上,尽管是间接地,反映出了郭沫若是如何理解《浮士德》的,作者因而将其全文英译。②

通过分析这首诗可以看出,郭沫若的译诗并没有依照歌德原诗的形式,也没有顾及原诗的风格与其他的技巧,但却在他自己的作品中蕴含了源自惠特曼的"罗列技巧"(catalogue technique)的影响因素。诗中的主要意象是"眼泪",是眼泪的奔流。23 行诗中,就有 18 行与眼泪直接相关,四次提及歌德的悲剧女主人公,这表明她们与眼泪的变形相关,并且对郭沫若来说,它们(应指眼泪)被歌德的葛丽卿人格化了。唯一例外的是最后一行,它(I)代表该诗的主人公,也就是作者自己,同时也是眼泪的变形,是《泪之祈祷》的美化或高潮。这首诗,很可能是中国历史上最悲哀的一首,它与郭沫若的太阳宇宙、与太阳宇宙的能量、乐观、光、凤凰以及作为其整个一生之象征的再生的女神不相符,郭沫若也没有将其收录在自己的任何一本诗集中。③

郭沫若是充分意识到了那些浮士德式的局限之重要意义的,即创造力、极力追求某些并不存在的东西、想将可能的东西转变成现实或变成行动、走得太远而自己却意识不到等。他后来转向翻译《少年维特之烦恼》

---

① 马立安·高利克:《郭沫若与歌德的〈浮士德〉在中国》,前面所引书,第 147 页。中文可参见《郭沫若全集·文学编》第 15 卷,前面所引书,第 101—102 页。

② 马立安·高利克:《郭沫若与歌德的〈浮士德〉在中国》,前面所引书,第 147—148 页。高利克没有说明英译为谁所译。

③ 同上,第 148—149 页。

(*The Sorrows of Young Werther*)可解释为是一种与他们的心灵的和谐与共振。在郭沫若所生活的20世纪20年代的前半期,他还不能想象出任何积极的、成功的、浮士德所理解的"行动",找到一种"狂人"的哲学的或诗学的替代办法,或者个体的反叛。"狂人"这个主题在郭沫若的《湘累》中得到了最佳的体现。①

郭沫若翻译《浮士德》的第二部只用了不足一个月的时间。他是将其当作世界进化的预言来理解的,尤其是在反封建斗争时期,郭沫若将其看成是18世纪末19世纪初德国的"悲剧情绪"的一种讨论,这让郭沫若联想到那个时期中国的"悲剧情绪"。正如郭沫若所言:"在中国的浮士德,他是永远不会再老,不会盲目,不会死的。他无疑不会满足于填平海边的浅滩,封建诸侯式地去施予民主,而是要全中国成为民主的海洋,真正地由人民来作主。"②

"果提克"式的居室与箱崎的一间小屋:
散议郭沫若1910年10月10日对歌德《浮士德》的翻译

2010年8月20—22日期间,高利克应邀参加了在中国济南举办的"郭沫若文献史料国际研讨会暨IGMA学术年会"。他提交的论文即是这篇《"果提克"式的居室与箱崎的一间小屋:散议郭沫若1919年10月10日对歌德〈浮士德〉的翻译》③。文章的开头两个自然段强调了一些中国传记作者以及大部分中国现代学者因为如原始资料寻找困难等原因而对自己提供给读者的资料没有足够用心的问题。这篇文章和前两篇文章《歌德的〈浮士德〉在郭沫若作品与译著中的接受与幸存》与《郭沫若与歌德的〈浮士德〉在中国,1919—1947》中都提及郭沫若翻译的《浮士德》(*Faust*)的《夜》(*Night*)一幕最早于1919年10月10日发表在《时事新报·学灯》的

---

① 马立安·高利克:《郭沫若与歌德的〈浮士德〉在中国》,前面所引书,第149页。

② 同上,第151-152页。中文可参见歌德著,郭沫若译:《〈浮士德〉简论》,北京:人民文学出版社,1959年版,第13页。

③ 马立安·高利克:《"果提克"式的居室与箱崎的一间小屋:散议郭沫若1919年10月10日对歌德〈浮士德〉的翻译》(*Gothic Chamber in Goethe's Faust and a Tiny Room in Hakozaki: Some Comments on Guo Moruo's Translation from October 10, 1919*),载魏启明(Wei Chiming)、藤田梨那(Rina Fujita)编:《国际郭沫若会议论文集》(*Proceedings of International Guo Moruo Academy*),2009年,第410-419页。未正式出版。本书作者注。

第五张上,而非像姜铮在《人的解放与艺术的解放——郭沫若与歌德》一书中认为是发表于 1928 年 2 月 1 日。在《郭沫若与歌德的〈浮士德〉在中国,1919—1947》后,附有选自"《时事新报·学灯》,1919.10.10. 第五张"的《Faust 钞译(沫若)》"①。三篇文章中,高利克在分析郭沫若对《浮士德》中《夜》一幕的翻译时都用了这个原初版本。

1919 年郭沫若译的这个版本与郭沫若译的 1928 年那个版本之间的差别仅看诗文的前两行就显而易见了。郭沫若在前言中告诉读者说他译文所依为 Reclam Publishers 德文原本,同时也参考了 John Auster 的英译,但对于两种版本的出版时间郭沫若都没有交代。某种程度上,他的"拙劣之手笨"极大地泄露了他的能力。歌德很可能对郭沫若的翻译不是非常满意的。②

郭沫若在读《浮士德》第一部中的《献诗》、《舞台上的序剧》和《天上序幕》时,一定不会如《夜》一幕中浮士德在书房中的深思部分留给他的印象一样。《"果提克"式的居室与箱崎的一间小屋》这篇文章也如郭沫若一样采用 Reclam Publishers 德文原本,是 1975 年版本。郭沫若在前言中说也参考了 John Auster 的英译,其采用的不大可能是该译本的 1835 年版本,倒更可能是其 1867 年版本。③

《"果提克"式的居室与箱崎的一间小屋》一文对郭沫若在翻译《浮士德》时对一些词语和诗行翻译处理的恰当与否与歌德的原作和约翰·奥斯特(John Auster)的英译进行了分析比较。文章分四个小节来探讨了这首诗中出现的四个主要意象。

夜(Night)

假如我们对郭沫若第一句的翻译感到部分满意的话,他对最后一个短语"作烦恼态"的表达则超过了浮士德的"内心不安"态(restless state of mind)。"烦恼态"意为一种难受的状态(the state of sorrow),在德语中为

---

① "Faust 钞译(沫若)Faust 是德国文豪(Goethe)氏所著的一部神伟大的剧曲。我今不揣鄙陋,把他那'夜'一幕里面 Faust 述怀一节迻译在下面。译本依 Reclam 德文原本。兼参考以 John Auster 的英译,我在译录之前,敢敬告我 Goethe 先生的英灵:请赐我以神慧的天光,使我得完全之了觉,以补我拙劣之手笨。(选自《时事新报·学灯》,1919.10.10. 第五张)"载马立安·高利克:《郭沫若与歌德的〈浮士德〉在中国》,前面所引书,第 154—157 页。
② 魏启明、藤田梨那编:《国际郭沫若会议论文集》,前面所引书,第 410 页。
③ 同上,第 411 页。

"leiden",是各种感受中最深的一种痛苦感觉,当然比纯粹的不安、纯粹的困扰程度要深。1929 年,上海现代书局出版的《浮士德》版本是对 1928 年上海创造社出版部出版的郭沫若翻译的《浮士德》第一部的重印,该句被译为"呈不安态",是对歌德原意的如实翻译。句中"小小的一间"并不与歌德原文本中的" eng"相等,也不同于 John Auster 英译的" narrow chamber",而是指他在箱崎的寓所中一个有一扇窗户的面向博多湾的、非常小的房间。①

郭沫若这种自我表现式的倾向在翻译悲剧的开始部分,即描绘浮士德的独白时更加显而易见。文章同时比较了歌德的原文、奥斯特的英译和郭沫若的汉译(歌德的原文本书作者省略不录):

Auster	郭沫若
Alas! I have explored	哲律医祝,我已不息气的——钻研遍。
Philosophy, and law, and Medicine;	我如今措大依然,
And over deep Divinity have pored,	比从前全不精憐半点!
Studying with ardent and laborious zeal;	
And here I am at last, a very fool,	
With useless learning curst,	
No wiser than at first!	

郭沫若的译文不当。奥斯特将歌德的六行英译成了七行,而郭沫若的翻译仅仅只有三行,这是由于他的"白话"中却有着浓烈的"文言"味造成的。他的"哲律医祝"四个汉字就表达出了歌德前三行诗中的内容,大约只有他自己没有研究的神学除外。郭沫若的浮士德也不称自己为"armer Tor"或"a very fool"(一个傻子),而仅仅是"措大依然"。在郭沫若的翻译中,也没有字与原文的"klug"或"wise"(聪明)相关,郭沫若强调的是"自怜"(self-pity)②。对于与知识或者智慧相关的另一句,歌德原文本所表达的意思也与郭沫若的译文不同,郭沫若的译文对歌德的原意做了不同的解读:十多年后他成了学术和研究的奴仆——"我心焦欲燃,究竟所知有

---

① 魏启明、藤田梨那编:《国际郭沫若会议论文集》,前面所引书,第 411 页。
② 同上,第 413 页。

限！"这与浮士德对这些年他所获得的所有知识的否定是完全不同的。

文章将奥斯特和郭沫若对浮士德自我宣言的翻译作了比较：

Auster	郭沫若
Without dominion, rank, or treasure,	我既无德器又无钱，
Without one joy that earth can give,	既无名誉又无权。
Could dog——were I a dog——so live?	谁想这条狗命儿
	片刻再残延！

奥斯特英译中的问号改变了原诗学话语的意思。歌德原文中浮士德将自己比作一条狗,而郭沫若的译文将自己的生活比作狗的生活,甚至短暂的一刻也不愿意延迟。在郭沫若翻译《浮士德》的那个时期,他常常思考自杀的问题。大约在他翻译《浮士德》中《夜》这一幕前几个月他作了题名为《死的诱惑》的诗。文章对《死的诱惑》第二诗节做了解读。①

明月(Bright Moon)

文章分析了《夜》一幕中郭沫若对"月"的四行译诗："中宵倚案,烦恼齐天。牙签筒页堆满前,一轮明月来相见。"紧随其后的"月儿呀！我幽静的朋友！"要比歌德的"Trubsel'ger Freund"更亲近,多少反映了郭沫若的"他我"(alter ego)在其自称的生命的最后一个晚上月儿来拜访他时的快乐。郭沫若翻译的"明月"这个情景会让中国读者联想到李白的《月下独酌》一诗。但郭沫若的浮士德对死亡的沉思——"今宵算最终一遍！"在歌德的文本中却不是那么显而易见的。奥斯特将浪漫主义派最重要的口号"Flieh! Auf! Hinaus ins weite Land!"翻译成"Away——away and far away"是不太恰当的,因为"far away"(离开、远离)不是浪漫主义的表达,而是回归自然。而郭沫若将其翻译为"啊！飞！飞！你快飞上天！"又过分夸大了浮士德的原话,因为悲剧第一部中的歌德的浮士德,并没想要上天堂的目的。②

在翻译"明月"这一情景时,郭沫若的自我表现欲克制了许多。对于

---

① 魏启明、藤田梨那编：《国际郭沫若会议论文集》,前面所引书,第414-415页。
② 同上,第415-416页。

浮士德的疑问:"Bin ich ein Gott? Mir wird so licht!"奥斯特将其英译得太随意"Am I a god? ——Can mortal sight/ Enjoy, endure this burst of light?"郭沫若则将其翻译成:"难道我便是位天神？／我怎得这样的天光生宇泰？"当然,很可能歌德原文本中的"Gott"在亚伯拉罕诸教(Abrahamic religions)中意指的是"异教的神"(a pagan god)而非"上帝"(not God)。[1]

大宇宙篇之符迹(The Sign of Macrocosm)

歌德观念中的大宇宙之符迹可以帮助我们理解天堂、地狱、天使、恶魔、人类以及所有生物。正如歌德的浮士德,郭沫若的浮士德也马上忘记了他那种忧郁的、悲伤的情绪,而对学问之新的可能性和获取新知识充满了热情。

Auster	郭沫若
Ha! What new life divine, intense,	哈哈！快哉！快哉！
Floods in a moment every sense;	我的五官中此刻儿突然生出光明来！
I feel the dawn of youth again,	我顿觉返老还童,心畅神开。
Visiting each glowing vein!	敢莫那是位天神
Was it a god	画出这些符徽在？
——a god who wrote these signs?	

通过比较可以看出,奥斯特的英译忠实翻译了歌德原文第一行,而郭沫若的译文则忽略了。德语中"Ha"既不同于英语中的"ha",也不同于汉语中的"ha",与中国古代汉语的意思也不一样。郭沫若将歌德原文本第一行中的"wonne"概括为"快乐",甚至"欲望",用了文言"快哉"。奥斯特的第二行译文在一定程度上紧随歌德的原意,而郭沫若的译文则强调了歌德原文本第二行中并不存在的"光明"。"光明"这个词在现代汉语中有不同的意思,很难说郭沫若在翻译此句时头脑中想到了什么,很可能他是将德语词"blick"理解为对大宇宙中各种成分以及它们之间关系的一种犀利的洞察。郭沫若与奥斯特一样,比歌德对"返老还童"给予了更多的强调。[2]

---

[1] 魏启明、藤田梨那编:《国际郭沫若会议论文集》,前面所引书,第416页。
[2] 同上,第417页。

地祇篇上的符迹(The Sign of the Spirit of Earth)

当浮士德看到大宇宙之符迹和地祇篇上的符迹时他看待世界、看待生活和看待他自己的态度可能是完全不一样的。他第一眼看到地祇篇上的符迹时感觉到的快乐与他在看第二眼时是一样的。

Auster	郭沫若
How differently this sign affects my frame!	啊！这符徽又换了新样！
Spirit of Earth! My nature is the same,	地祇呀！要你几近我的身旁；
Or near akin to thine!	我已觉兴儿高,气儿壮,
How fearlessly I read this sign![…]	好像狂饮葡萄觥,
I feel within my soul the birth	人世无敢当,
Of strength, enabling me to bear,	愿把这地上的苦果一般嚐。
The fortunes, good or evil, of the Earth;[…]	

郭沫若的解读对克服生活中的苦难和悲伤给予了特别的强调。"苦果"是一个众所周知的佛教词汇①。当然,是郭沫若自己的生活条件和个人经历让他在翻译这一段时选取了这个术语。而奥斯特与歌德一样,同时强调了生活的好与坏这两个方面,但郭沫若只对坏的一面加以了强调。②

文章还分析比较了地祇篇中的最后一个情景:

Auster	郭沫若
How my heart is torn in sunder——	嗳哟！我心痛得慌！
All my thoughts convulsed with wonder——	我五官又新觉痹障！
Every faculty and feeling	我全身心都放在你身上！
Strained to welcome thy revealing.	地祇呀！你定要！你定要相帮！
Spirit, my heart, my heart is given to thee,	我便死,也无妨！
Though death may be the price, I cannot choose but see!	

---

① 魏启明、藤田梨那编:《国际郭沫若会议论文集》,前面所引书,第418页。
② 同上。

可以看出,分析的这段文本中,歌德原文本共用了六个感叹号,奥斯特的英译只用了一个,而郭沫若的译文则用了八个感叹号。歌德原文本中的"Du must! Du must!"常常意为"愿望",而郭沫若则用了表示需要的"定要"(necessity)一词。由此可见,想要追随地祇的意愿,尽管有可能面临死亡,是浮士德的也是郭沫若的决心。①

文章结尾强调,郭沫若对此一文本的解读不是由于误读(misreading),而是由于他的总体的状态(the overall conditions)和内心的困惑(inner disposition)。正如他自己宣称的那样,在那些时刻,他不是在翻译歌德的《浮士德》,而是在写他自己的诗。箱崎的一间小屋就是其中最重要的状态之一。②

附录:(附于《国际南社学会丛刊》1992年第3期,第154-157页)(*Guoji nanshe xuehui congkan*, Vol.3, 1992, pp.154-157.)

***Faust* 钞译(沫若)**

Faust 是德国文豪(Goethe)氏所著的一部神伟大的剧曲。我今不揣鄙陋,把他那"夜"一幕里面 Faust 述怀一节移译在下面。译本依 Reclam 德文原本。兼参考以 John Auster 的英译,我在译录之前,敢敬告我 Goethe 先生的英灵:请赐我以神慧的天光,使我得完全之了觉,以补我拙劣之手笨。

(小小的一间"果提克"式的居室,屋顶穹余,佛司德坐在案旁椅上,作烦恼态。)

> 哲律医祝,我已不息气的——钻研遍。
> 我如今措大依然,
> 比从前全不精憐半点!
> 称什么先生,道什么博士,
> 颐指了一群弟子东西南北十余年。
> 我心焦欲燃,
> 究竟所知有限!
> 我比那些博士先生文人方士,

---

① 魏启明、藤田梨那编:《国际郭沫若会议论文集》,前面所引书,第419页。
② 同上。

纵算稍加优贤；
我纵无疑无惑；
不怕妖魔,不怕阎罗殿!
然我的乐意娱情究在那边?
再休想格物能致知,
再休想敷文佈命能把黎民变。
我既无德器又无钱,
既无名誉又无权。
谁想这条狗命儿
片刻再残延!
我所以才舍命学神仙；
不可思议万和千,
要借神权神舌为我宣；
我可毋再挥酸汗逞雄辩；
宇宙的核核心心我能知见,
我可得意而忘言。
中宵倚案,
烦恼齐天。
牙签筒页堆满前,
一轮明月来相见。
月儿呀! 我幽静的朋友!
我愿你见我的烦闷儿呀,
今宵算最终一遍!
啊! 我愿能载着你的爱光儿登上山巅,
同那些精儿灵儿
在那崖间草上伴你盘旋。
我愿能除去这一切的学枷智梏,
浴你的清露之中,得健痊。
啊! 我难道还要坐监?
这瘟晦的窗棂,污浊的玻片,
便是那美丽的天光。
通过后,也生了沈澱!

虫糟尘布的书丛遍；
蒙烟纸壁高齐屋巅；
周遭的杯瓶箱屉画了一个圆，
狼藉的祖传家具不计其年！
啊！这便是你的大千！
心脏儿在你心中倒悬；
一种无名的痛苦儿
已礙断了你的生命泉；
你还不知道是什么情缘。
上天造了人。
放在那自然里面。
你背弃了那儿的自然，
埋没在那儿的尘烟。
你只与些枯髅死骨相周旋！
啊！飞！飞！
你快飞上天！
诺时托罗大牟士的奇书
正是你导引的方便。
自然正你师，
神慧来心田；
你自会能九天星路，会解神言。
拘泥着古人的糟粕何谓焉？
你围绕我的精灵儿们！
你们快应我一声！
我的话儿究竟可曾听见？

　　　　　　　（开卷，凝视大宇宙篇之符跡）

哈哈！快哉！快哉！
我的五官中此刻儿突然生出光明来！
我顿觉返老还童，心畅神开。
敢莫那是位天神
画出这些符徽在？
令我烦恼齐消，

区区方寸真欣快。
周遭自然界
恍似大午台。
难道我便是位天神?
我怎得这样的天光生宇泰?
灵符照眼,
神慧开怀,
快哉! 快哉!
我才知道古哲的佳言意有在:
"是你眼儿锁了,心儿死了,
并非天界不开。
后生们! 快快! 休再迟捱!
快在那晨光之中涤荡尘怀!"
万象本一如,
全盘动着在。
相依为命,
那可分开?
盈虚消息有真宰。
神钧转轮言诠外。
天香弥宇宙!
天床快悠哉!
啊! 好似一座幻景台!
无限的大宗师!
我怎能把你拥抱哉?
你的胸儿究何在?
你那生命泉中,乾坤流徙,万象胚胎?
你自翻波湧浪,
我只神猜鬼猜。

     (愤愤然翻换书页,看弥地纸篇上的符跡)

啊! 这符徽又换了新样!
地祇呀! 要你几近我的身旁;
我已觉兴儿高,气儿壮,

好像狂饮葡萄觥,
人世无敢当,
愿把这地上的苦果一般嚼。
神风无究,游荡四方,
我便在破舟之中也不惊慌。
黑云起!
月光无!
又熄灭了灯亮!
狂雾弥天!
光火万道闪头上!
暴雨天降,
捉拿我正忙!
我慈悲的地祇!
我觉得你环护着我的身旁。
你请环护着我的身旁!
嗳哟!我心痛得慌!
我五官又新觉痹障!
我全身心都放在你身上!
地祇呀!你定要!你定要相帮!
我便死,也无妨!

(选自《时事新报·学灯》,1919.10.10. 第五张)

第四节　高利克的郭沫若文学批评研究

高利克的郭沫若唯美-印象主义文学批评研究

《郭沫若的唯美-印象主义批评》一文最初发表在德国汉堡1974年第

21期《远东学报》上①。1980年出版的《中国现代文学批评发生史,1917—1930》第2章《郭沫若:从唯美印象主义到无产阶级批评》②梳理了郭沫若文学批评的发生发展过程,共包括其先后发表的三篇论述郭沫若文学批评研究的文章。《郭沫若的唯美-印象主义批评》是这三篇中写作时间最晚的一篇,书中的内容与文章最初发表时的文本有所改动和增删。该节将结合其最初的文本和收录进《中国现代文学批评发生史,1917—1930》的文本对高利克郭沫若唯美-印象主义批评的研究进行综合的阐释与说明。

郭沫若在20年代前半期的(文学)批评尝试代表着中国现代文学批评史上有趣的一页。这篇文章试图考察其或可称作唯美-印象主义批评的部分。在呈现郭沫若论述文学与艺术的那些最初的观点之起源与发展时,可分为几个时期。文章采取比较的方法,首先指出了郭沫若的文学批评与欧洲美学和批评之间的联系,然后指明了它与中国传统之间的关系,与此同时在整个研究中自始至终呈现出郭沫若的批评观和理论观。

18世纪末,康德(Immanuel Kant)在《判断力批判》(*Kritik der Urteilskraft*)中论述了美学的许多重要方面。在康德看来,天才就是"赋予艺术以规则的才能(或者天赋才能)"。而郁达夫在《艺文私见》中则认为:"文艺是天才的创作,不能以任何标准来衡量。"当批评家沈雁冰(即茅盾)以"损"为笔名发表短篇评论抨击这个观点时,郭沫若在他的一篇题名为《批评与梦》的文章中对"天才"这个问题做出了自己的反应。

在郁达夫和郭沫若的观点中有两个陈述应该予以注意,那就是,"天才的存在"和"用来衡量艺术的标准的不存在"。郭沫若在《批评与梦》中用不同的术语表达了自己的观点,但他同样也在其中论及"漫无标准的文艺界"和文艺作家的"漫无限制"。他认为,在前者中能寻求到真正的文艺,而在后者中,则能找到真正的天才。根据康德、郭沫若和郁达夫关于"天才"的看法的相似性可做如下推论:"美的艺术必被认为是天才的艺术",或者,"只有天才才能创造出美的艺术"。这种观点郁达夫是完全接受的,而郭沫若,则仅有一部分能接受。在郭沫若那里,"每个人都可以创作,但

---

① 马立安·高利克:《郭沫若的唯美-印象主义批评》(*The Aesthetico-Impressionistic Criticism of Kuo Mo-jo*),载《远东学报》(*Oriens Extremus*)第21期,1974年,第53—66页。

② 马立安·高利克:《中国现代文学批评发生史,1917—1930》,前面所引书,第28—62页。

不可以说每个人创作出来的都是文艺作品。"①对郭沫若来说,天才应是那种具有特别的天赋,同时又非常勤奋的人。而在康德,天才是一种先天的智力倾向,艺术是不能学的,不可学是艺术的法则、规则,艺术总是独创的。

  康德的艺术的概念是先假设了规则的存在,"对每种艺术来说,必须先预设规则。如果一种产品要被称为是艺术的,就必须通过这种规则来加以证明。"康德的这种观点是与他生活的时代相关的。他生活在新古典主义和浪漫主义的转折时期,因此,他尊重规则,同时也尊重独创性的天才。而郭沫若则生活在一个与之完全不同的时期。他写作时是近代先锋派运动时期,对文学和艺术规则的尊重久已不在,每件严肃的艺术品都与独创性原则相关。郭沫若在表述他的文学理念的另一个重要论题时也采用了康德的这个观点。他在《文艺之社会的使命》中说:"文艺也如春日的花草,乃艺术家内心之智慧的表现。诗人写出一篇诗,音乐家谱出一支曲子,画家绘成一幅画,都是他们感情的自然流露:如一阵春风吹过池面所生的微波,应该说没有所谓目的。"这些话以其自己的方式表达出了整个欧洲从康德起至现代时期对美学批评的确信②。郭沫若明确地声称"艺术是无目的的"(art has no purpose),但他同时又指出艺术具有两个重大的使命,即在它奋力使生活变得更加美好的同时,统一人类的感情,提高个体的精神。与他的同伴们相比,郭沫若更像一个探索者。他的文学批评的构成体系绝大部分来自欧洲批评家中的那些唯美-印象主义作家,但他同时也接触到其他学派的代表作。在郭沫若看来,文学是一种社会现象,因而它有社会影响,或者说要产生社会的作用。文学通过自己本身固有的艺术本质产生作用,与此同时开拓读者的情感能力。

  郭沫若也受到了列夫·托尔斯泰的"感染力"(infection)批评理论的影响,并在他的文章《艺术的评价》中清楚地表明,他经常遭遇到作品的价

---

  ① 郭沫若此一句的原文是这样的:"要完成这种任务,这也是甚么人都可以做,但也却不是甚么人都可以做得到的。"可参见《郭沫若全集·文学编》第 15 卷,前面所引书,第 214 页。
  ② 马立安·高利克:《郭沫若的唯美-印象主义批评》,前面所引书,第 54 页。郭沫若的观点原文可参见《郭沫若全集·文学编》第 15 卷,前面所引书,第 177 页。

值与其情感之影响二者间的关系这样的问题①。列夫·托尔斯泰认为,那些没有受过教育的人更易于接受伟大的艺术和文学作品,因为他们的趣味还没有受到现代颓废艺术的败坏。而郭沫若却与之相反,认为读者的感受力是与他所受到的艺术之"趣味的教养"(education of taste)直接成正比的。可以看出,实际上,郭沫若从列夫·托尔斯泰那里继承来的仅有一点,那就是,艺术是人类进步的手段。②

令人惊异的是,在当时中国的文学批评背景下郭沫若竟然对心理批评产生了兴趣,正如他在《批评与梦》和《〈西厢记〉艺术上的批判与其作者的性格》中所展示的那样。前一篇是根据作者的唯美-印象主义观进行心理批评的例子,而后一篇则是对13世纪末王实甫的名剧《西厢记》中所体现的话题进行心理分析阐释的尝试。《批评与梦》是这样开始的:"批评没有一定的尺度。批评家都是以自己所得到的感应在一种对象中求意义。"这些话让人想起了法郎士(Anatole France)。在他看来,文艺批评只是"批评家的心灵在杰作中的冒险"。粗粗一看是这样,但郭沫若头脑中另有其他的想法。他相信某些批评的存在,即便这些标准是不固定的。在《批评与梦》中,郭沫若阐释了这个观点。根据此观点,一个批评家是必须知道如何根据所研究的作品的本质采取多种不同的批评方法和步骤的。这就是郭沫若为什么宣称(文艺批评)没有固定的标准的原因。③

作为在艺术作品中运用梦的一个"非常自然的"例子,郭沫若举了《西厢记》中的一幕。剧中男主人公梦见崔莺莺,而崔莺莺也向往与之同生共死。郭沫若从梦中看到了建构艺术作品的一种手段,一种必然的、将真实事件加以诗意化的手法,即"真实的描写"(a genuine description)。运用这种手法,即便是最苛求的分析者也找不出什么破绽来。在郭沫若看来,梦应该像日常生活中发生的事一样是自然而然的,是应该符合生理学和心理学的现实的。④

---

① 马立安·高利克:《郭沫若的唯美-印象主义批评》,前面所引书,第55页。原文为:"艺术的特征,诚然如托氏所说在有感动人的力量,然而这种力量之发动也须视受者的感动性如何。故自受者的方面而言,感动力之有无不能定艺术之真伪。"可参见《郭沫若全集·文学编》第15卷,前面所引书,第174页。
② 马立安·高利克:《郭沫若的唯美-印象主义批评》,前面所引书,第56页。
③ 同上。
④ 同上,第57页。

郭沫若在对梦的本质进行解释时始终坚持现实的原则。有趣而令人惊异的是，后一篇文章《〈西厢记〉艺术上的批判与其作者的性格》论述的是关于东方的弗洛伊德心理分析方法。文章将普遍性的假设，即文学是反抗精神的象征当成出发点。传统的中国社会在某个方面，即两性关系方面来说，就是这种反抗精神的滋养地。在郭沫若看来，实际上所有的中国男人都是足的崇拜者（foot-fetishists），因为他们对（女人）缠足是赞赏的；而所有的中国女人都是性受虐狂（masochists），因为她们用畸形的脚作为服务男人使其获得性满足的工具并让自己从中获得快感。因此，郭沫若将王实甫当作性欲反常者也是相当自然的事了。①

与绝大多数的弗洛伊德心理批评家一样，郭沫若的这篇文章也是很表面很肤浅的，原因之一在于郭沫若对弗洛伊德的了解不甚深入。原因之二则在于中国的文学作品中适合运用弗洛伊德的心理分析方法的作品太少。在唯美-印象主义批评家中，瓦特·裴特（Walter Pater）给郭沫若留下的印象最深刻。所有的批评家中，郭沫若唯独只为他一人写过一整篇介绍性的文章。文章的第一部分是说明性的，第二部分则对裴特的《文艺复兴期之研究》（Studies in the History of the Renaissance）"序论"中最重要的段落做了翻译。裴特是郭沫若推荐阅读的唯一一个批评家，正如他在《瓦特·裴德的批评论》中所写的，他极希望"我们从事文艺的人，能读他《文艺复兴论》的全部。"②同时，裴特的追随者，著名的"为艺术而艺术"的拥护者王尔德，也给郭沫若留下了深刻的印象，但这种印象仅限于王尔德的实用唯美主义的理念。

"天才"是一个不可或缺的条件，同时它也是构成郭沫若的唯美-印象主义批评的基础。当然，"天才"也是任何文学和艺术的条件与基础。1923 年郭沫若曾在《天才与教育》一文中夸张地说现代世界没有哪一个国家就天才的问题所做的文章能比中国的多③。郭沫若毫无疑问是熟悉克罗齐（Benedetto Croce）的《美学》（Aesthetic）的，或者至少熟悉它的第一部

---

① 马立安·高利克：《郭沫若的唯美-印象主义批评》，前面所引书，第 57 页。
② 同上，第 58 页。中文原文为："我希望我们从事文艺的人，能读他《文艺复兴论》的全部；假使有人读了我这篇小文，生出了研究裴德的兴趣，我的目的也就达到了。"可参见《郭沫若全集·文学编》第 15 卷，前面所引书，第 226—227 页。
③ 马立安·高利克：《郭沫若的唯美-印象主义批评》，前面所引书，第 58—59 页。中文原文为："天才这一个名词，用得比我们中国再滥的国家，恐怕没有了。"可参见《郭沫若全集·文学编》第 15 卷，前面所引书，第 153 页。

分《美学原理》(Theory of Aesthetic),这部分中有两处论述天才的问题。克罗齐认为天才或艺术天才与普通人之间的不同在于量而非质。郭沫若在其《天才与教育》中对此观点表示了赞同:"天才是人,绝不是人以外的甚么怪物。他与凡人的区别只有数量的相差,而没有品质的悬异。譬如对于美的感受性这便是在极原始的人也是有的,文艺家的感受性不过比常人更丰富,更敏锐一点罢了。"在他看来,天才就是天赋加适当的教育①。克罗齐认为"艺术上、科学上、道德上被赋予天才的人或者英雄,总是被认可的。但是纯粹经济上的天才却令人厌恶。"郭沫若对这两个说法都表示认可。在他看来,如果一个民族忘了道(the Way [tao])与义(righteous [i]),怎么可能产生伦理的天才呢?在缺乏逻辑和科学的穷乡僻壤怎么可能诞生伟大的科学家或学者呢?中国在过去的几百年间没有创造出任何伟大的文艺作品。伟大的音乐传统中除了胡琴和锣鼓这种只会使普通人的神经变得迟钝的东西外什么都没有被保留下来;古代的舞蹈不再;文学失了活力;绘画、雕刻、建筑在僵死的传统的束缚下变得麻木。②

但郭沫若的文艺观的基础并非康德或者克罗齐,他的观念的中国渊源可以追溯到庄子。如果我们想要了解郭沫若的艺术天才观的话就必须得注意庄子。郭沫若在他的文章《生活的艺术化》中全文抄引了《庄子·达生》中"梓庆削木为鐻"的故事,只是省略了最后几句:"则以天合天,器之所以疑神者,其是与!"③文中郭沫若特别强调了故事中的如下几句:"不敢怀庆赏爵禄,不敢怀非誉巧拙,辄然忘吾四肢形体也。"随后郭沫若对"天才"加以了阐释:"这便是天才的秘密,便是艺术的生命所在的地方。我们的艺术家,如果能够做到这一步,就是能够置功名、富贵、成败、厉害于不

---

① 马立安·高利克:《郭沫若的唯美—印象主义批评》,前面所引书,第59页。这是克罗齐的话,郭沫若的原文为:"天才与非天才的区别,不包含有数量以上的意义。"可参见《郭沫若全集·文学编》第15卷,前面所引书,第154页。

② 马立安·高利克:《郭沫若的唯美—印象主义批评》,前面所引书,郭沫若的原文为:"更说到狭义的天才——文艺方面的天才上来,我们真是可怜到万分了!美的观感麻木了,无论是音乐、绘画、建筑、舞蹈、文学,近百年来我们究竟有哪几样可以目无古人而夸耀全世?……我们古时大规模的音乐是失传了,只剩下些胡琴、锣鼓,每日乱弹乱打,麻痹国民的神经。舞是失传了,文学是化了石,绘画、雕刻、建筑,都不脱前人窠臼。"可参见《郭沫若全集·文学编》第15卷,前面所引书,第158页。

③ 马立安·高利克:《郭沫若的唯美—印象主义批评》,前面所引书,第60页。高利克没有指明该故事选自《庄子》外篇《达生》。可参见陈鼓应注译:《庄子今注今译》,北京:中华书局,2009年版。本文作者注。

顾,以忘我的精神从事创作,他的作品自然会成为伟大的艺术,他的自身自然会成为一位天才。"并引德国哲学家叔本华(Schopenhauer)的观点总结道:"天才即纯粹的客观性。所谓纯粹的客观性,便是把小我忘掉,溶合于大宇宙之中,——即是无我。"①这给我们指明了郭沫若的批评观产生的根源:他在接触康德、托尔斯泰、裴特和克罗齐之前,就已经通过他所受的教育与道家的艺术传统紧密相连,并对其深信不疑。庄子的言论构成了他逐渐形成的批评理论的坚实基础。

通过郭沫若对待王尔德这个个例,或许可以清楚地知道他是如何走近欧洲的批评家的。郭沫若曾两次提及王尔德。第一次他对其观点进行了反驳,不同意王尔德的"一切艺术是完全无用的"观点。郭沫若的观点恰恰与其相反,认为每种艺术都是有用的,即便它可能(表面上看起来)似乎有点多余②。第二次是在宣传生活的艺术化观点时提到王尔德③。郭沫若断然地对唯美主义运动加以谴责。在他看来,这种运动完全是表面的,与内在的问题一点关系也没有。但是,他却支持生活艺术化的思想,尽管他是以一种完全不同的态度来对待它的。有趣同时也完全可以理解的是,在郭沫若看来,生活的艺术化只不过是中国古代的哲学家和文人的某些道家

---

① 马立安·高利克:《郭沫若的唯美-印象主义批评》,前面所引书,第 59 页。郭沫若的原文为:"更说到狭义的天才——文艺方面的天才上来,我们真是可怜到万分了!美的观感麻木了,无论是音乐、绘画、建筑、舞蹈、文学,近百年来我们究竟有哪几样可以目无古人而夸耀全世? ……我们古时大规模的音乐是失传了,只剩下些胡琴、锣鼓,每日乱弹乱打,麻痹国民的神经。舞是失传了,文学是化了石,绘画、雕刻、建筑,都不脱前人窠臼。"可参见《郭沫若全集·文学编》第 15 卷,前面所引书,第 60 页。高利克的文章将"无我"翻译为"没我"(mei-wo),且在其下脚注中用中文标明。

② 原文为:"有人说:'一切艺术是完全无用的。'这话我也不承认。我承认一切艺术,虽然貌似无用,然而有大用存焉。它是唤醒社会的警钟,它是招返迷羊的圣箓,它是澄清河浊的阿胶,它是鼓舞革命的醍醐,它的大用,说不尽,说不尽。"可参见《郭沫若全集·文学编》第 15 卷,前面所引书,第 204 页。

③ 高利克没有将郭沫若在《生活的艺术化》一文中对王尔德的看法标明。郭沫若提及王尔德时的原文为:"今夜的讲题为《生活的艺术化》。提到这个题目,各位一定会联想到英国的十九世纪末期的唯美主义的运动上来。他们的主张就是要用艺术来使我们的日常的生活美化的。那很有名的王尔德,他便是这项运动中的一位健将。他曾经穿着很奇怪的服装,在伦敦街市上游行,逗看当时的人们的注目,这是大家都知道的。他这当然也是一种'生活的艺术化',不过是偏于外部生活去了。我今晚所说的与此稍微不同。我的意思是要用艺术的精神来美化我们的内在生活,就是说把艺术的精神来做我们的精神生活。我们要养成一个美的灵魂。"可参见《郭沫若全集·文学编》第 15 卷,前面所引书,第 183 页。高利克将"生活的艺术化"英译为"Practical Aestheticism"。

理想的移植而已。生活的艺术化之作用应该是"借助于艺术,美化我们的内在生活,亦即艺术的精神必须成为我们的精神生活。"①

郭沫若在思考艺术的精神时,还是更喜欢中国古代的艺术多于欧洲古老的艺术。在郭沫若看来,只有20世纪最初几十年间欧洲先锋派运动的艺术才满足了"动"的基本条件,而在此之前,欧洲的艺术是"静"的。郭沫若宣称,较之欧洲古老的艺术,动的原则在很大程度上更适合于中国古代的艺术②。文章将郭沫若在《生活的艺术化》一文中对南齐谢赫的"画的六法"之第一法"气韵生动"的理解与法国批评家马利坦(Jacques Maritain)在《艺术与诗歌中的创造性直觉》(Creative Intuition in Art and Poetry)对谢赫第一法的理解做了对比,认为马利坦的理解比郭沫若的更深刻,但郭沫若在文中抄引《庄子·达生》中的故事来说明问题,取得了相同的效果。③

郭沫若的批评似乎不太需要借助于王尔德,同样也许可说不必借助于其他的欧洲美学家和批评家,如康德或克罗齐,可裴特是个例外。但这里需要强调的是,如果郭沫若在中国古代艺术,以及部分文学作品中已经发现的要点与裴特的相矛盾的话,或者不能支撑裴特这个批评家的观点的话,那么他可能也不会走得离他那么近了。④

郭沫若是没有分清"为人生的艺术"与"为艺术的艺术"之间的不同的。他宣称艺术和生活就是(人的)的身体与精神,是相等的,是相互依存的,相互间是没有主次之分的。这种说法正是针对王尔德的观点的。王尔德认为艺术是至高无上的现实,而生活仅仅是虚构的形式⑤。而文中刚才在谈到法郎士时引用过的几句话表明法郎士与郭沫若之间观点的接近仅仅只是表面的、不可靠的。郭沫若在《批评-欣赏-检察》中清楚地说明了他是反对纯印象主义的批评的。对法郎士的批评理念,郭沫若同样也持反

---

① 马立安·高利克:《郭沫若的唯美-印象主义批评》,前面所引书,第61页。此句的原文是:"我的意思是要用艺术的精神来美化我们的内在生活,就是说把艺术的精神来做我们的精神生活。"可参见《郭沫若全集·文学编》第15卷,前面所引书,第183页。
② 马立安·高利克:《郭沫若的唯美-印象主义批评》,前面所引书,第61页。此句的原文是:"动的精神便是西洋近代艺术的精神。从这一点来说,我觉得中国的艺术实在比他们先进了。"可参见《郭沫若全集·文学编》第15卷,前面所引书,第185页。
③ 马立安·高利克:《郭沫若的唯美-印象主义批评》,前面所引书,第62页。
④ 同上。
⑤ 同上,第63页。

对的态度。①

文中还提及郭沫若在文章《批评-欣赏-检察》中将圣伯夫(Sainte-Beave)看作是近代第一个批评家并认同其对文学批评史的看法,强调了郭沫若认为裴特关于"审美的批评家"的理想可以作为对于真正的批评家的要求的批评理念,并补充了郭沫若在其文章最后的态度,即批评家及其批评还应该具备一种品质,即阿诺德(Mathew Arnold)所说的"一种没有利害的努力"(disinterested endeavor)的品质。②

与收录进《中国现代文学批评发生史,1917—1930》中的文本相比,最初发表的文章最后还有两段,对郭沫若的唯美-印象主义批评的特点进行了总结。郭沫若批评观的基础是传统,这不仅体现在他的批评理论所涉及的范围上,同时他对诗歌种类及其韵律给予关照时的观点也主要是以传统为基础的。只不过这些看法不在本研究的范围之列。1920—1925年间,郭沫若的批评理论经历了一些演进。1923年的时候,这个时期同时也是他进行文学批评的顶峰时期,我们可以看出他的批评观开始从唯美-印象主义的立场转变到一个我们或许可以将其命名为印象主义的立场。值得注意的是,尽管看起来有些互相矛盾,郭沫若在这一年中简明扼要地以最显著的形式表达出了他的唯美-印象主义的批评观点。印象的和激进的情绪,于是成就了这种向无产阶级的(文学)批评的舞台转变的基础。③

---

① 马立安·高利克:《郭沫若的唯美-印象主义批评》,前面所引书,第64页。中文原文为:"但是佛朗司等的印象批评,也只有批评之名而无批评之实。佛朗司自己便是否定批评的人,他以为关于艺术的批评对于艺术的创作不唯无益并且有害。他们彻底的怀疑,彻底的享乐,他们以为学说、主义、好尚等均是一时的流行,个人的感想是孤独的梦想。艺术批评家只须在别人作品之前保持着微妙的感受性,如实地谈说他所得的印象。艺术的批评不在乎忠实地理解别人的作品,倒在乎以作品为媒介所生出的感想的艺术表现。他们受动的情思,犹如小小的灯蛾,在灯前栩栩飞舞。这怕就是佛朗司所说的'灵魂的冒险'吧。"可参见《郭沫若全集·文学编》第16卷,前面所引书,第133页。

② 马立安·高利克:《郭沫若的唯美-印象主义批评》,前面所引书,第65页。高利克将"无利害的努力"英译为"disinterested behavior"。本书作者注。

③ 马立安·高利克:《郭沫若的唯美-印象主义批评》,前面所引书,第65-66页。此两段,在收录进1980年《中国现代文学批评发生史,1917—1930》一书第2章《郭沫若:从唯美印象主义到无产阶级批评》时取消了。该文共涉及郭沫若的文学批评文章14篇,具体情况如下:1)批评与梦;2)文艺之社会的使命;3)艺术的评价;4)孤鸿——致成仿吾的一封信;5)《西厢记》艺术上的批判与其作者的性格;6)瓦特·裴德的批评论;7)天才与教育;8)生活的艺术化;9)革命与文学;10)艺术家与革命家;11)批评-欣赏-检察;12)论国内的评坛及我对于创作上的态度;13)儿童文学之管见;14)批评《意门湖》译本及其他。本书作者注。

高利克的郭沫若印象主义文学批评研究

《郭沫若的印象主义批评》①发表在《东京汉学学会通报》1967 年第 13 期上,后被收录在 1980 年出版的《中国现代文学批评发生史,1917—1930》第 2 章《郭沫若:从唯美印象主义到无产阶级批评》中。在收录进《郭沫若:从唯美印象主义到无产阶级批评》时,文本内容无论是正文还是原为文后的尾注,后为当页脚注都有较明显的改动。删省的文字,尤其是中文及段落,对读者准确、详细地了解郭沫若的印象主义批评有一定的影响。

被省略的原文本的第一段简单明了地指出了郭沫若是个毋需向汉学家做介绍的作者,其诗歌、戏剧和散文相对来说要更著名些,而这篇文章则试图引起研究者们对郭沫若文学批评观点的些许关注。

文章的一开头即引了郭沫若写于 1932 年的自传体作品《革命春秋》中关于自己"做诗的经过",引文的后半部分为:"助成这个影响的不消说也还有当时流行着的新浪漫派和德国新起的所谓表现派。特别是表现派的那种支离灭裂的表现,在我的支离灭裂的头脑里,的确得到了它的最适宜的培养基,托勒尔的《转变》和凯惹尔的《加勒市民》,是我最欣赏的作品。那一派的人有些是崇拜歌德的,特别把歌德的'由内而外'(von Innen nach Aussen)的一句话作为了标语。在把《浮士德》第一部译过了之后的我,更感觉着了骨肉般的亲热。"②

美国学者罗伊(David Tod Roy)说表现主义戏剧的特点与郭沫若于 1920—1922 年间写的第一批戏剧的特点是一致的。如果真是这样的话,那就意味着表现主义作为有影响力的艺术先锋运动在中国的艺术创作中也有其具体的表现。郭沫若在 1921—1924 年上半年间写的诗歌和短篇小说能否看成是表现主义的还值得做进一步彻底的研究。但无论如何,毫无

---

① 马立安·高利克:《郭沫若的印象主义批评》(*The Expressionistic Criticism of Kuo Mo-jo*),载《东京汉学学会通报》(*The Bulletin of the Tokyo Sinological Society*)第 13 期,1967 年,第 231-243 页。

② 同上,第 243 页。原文可参见《郭沫若全集·文学编》第 12 卷,前面所引书,第 66 页。收录进 1980 年《中国现代文学批评发生史,1917—1930》一书第 2 章《郭沫若:从唯美印象主义到无产阶级批评》。注释中高利克用的是罗伊的论文《郭沫若接受马克思主义之前的时期,1892—1924》。而最早发表的文章中高利克用的是罗伊的专著《郭沫若的早年岁月》。

疑问的是,表现主义的确在郭沫若发表于 1923 年的那些文学批评见解中得到了具体的表现。①

[这里有一个非常有趣的、值得研究者注意的观点。高利克指出,为了全面理解中国现代文学史上这有趣的一页,有必要先说几句。他列举了郭沫若创作于 1923 年 5 月 27 日的《我们的文学新运动》一文,认为论文的结尾是一些口号,表明了郭沫若和他的朋友们所代表的新文学运动是"反对资本主义的毒龙"、"反对不以个性为根底的既成道德"、"反对否定人生的一切宗教"、"反对盛容那种有趣的奴隶根性的文学"的。新文学运动提倡"爆发出无产阶级的精神、精赤裸裸的人性"。罗伊认为郭沫若的这篇论文"充满了马列主义的词句",但高利克认为这个观点不符合事实。高利克在文章的注释中指出,这个观点仅在发表于 1958 年第 12 号的《哈佛中国研究论文集》(*Papers on China*)中罗伊的论文《郭沫若接受马克思主义之前的时期,1892—1924》中,在其《郭沫若的早年岁月》(*Kuo Mo-jo: The Early Years*)一书中没有提到这个观点。郭沫若在这篇论文中甚至一点也没有离开表现主义文学运动中各种要求的框框②。本书作者注。]

文章指出了发表在 1923 年 9 月 12 日第 19 期《创造周报》上的郭沫若的文章《文艺的节产》所犯的一处错误。郭沫若文中引用了未注明出处的德国批评家朗慈伯格(Franz Landsberger)的话:"艺术是现,不是再现"(Kunst ist Gabe, nicht Wiedergager)。其实,那不是朗慈伯格说的,他只是在他的著作《印象和表现》(*Impressionismus und Expressonismus*)中使用过这句话而已。这句话出自德国表现主义者创办的最重要的刊物之一《狂飙》(*The Sturm*)的发行者瓦尔登(Herwarth Walden)之笔③。"文学是现,不是再现"构成了郭沫若的印象主义文学批评的最重要的前提,在郭沫若看来,

---

① 马立安·高利克:《郭沫若的印象主义批评》,前面所引书,第 243-244 页。罗伊的观点可参见罗伊:《郭沫若的早年岁月》,前面所引书,第 97 页:"表现主义的戏剧常常被认为具有如下的特征:以观点的交换取代戏剧性的行为;以类型代替人物;缺乏背景的介绍;没有心理发展。郭沫若早期的戏剧尝试恰好具有这些特征。"

② 马立安·高利克:《郭沫若的印象主义批评》,前面所引书,第 241 页。

③ 同上。

朗慈伯格的这些话"把艺术的精神概括无遗了"①。

文章分析了郭沫若对这句话中的两个关键词的翻译。"Gabe"一词在德语中意为"天赋"或"才能",郭沫若将其译为"现"(Hsien)。"现"这个字很难翻译,郭沫若将"艺术"解释为"从内部的自然的发生",就像"由种子化而为树木,由鸡卵化而为鸡雏"。"Wiedergabe"在德语中意为"再生产",郭沫若将其译为"再现",并用了《论语》中的故事来加以说明。郭沫若评注说,"'向邻居借来的醋不是'制作','向自然转借来的醋也不是制作',因为'一切从外面借来的反射不是艺术的表现'"。从1923年8月21日郭沫若写的《自然与艺术》中可以看出,郭沫若是不喜欢亚里士多德的"模仿说"(mimests)的,至少从他所理解的角度,即"极力模仿自然,复制自然"这个意义上讲是不喜欢的。在郭沫若看来,艺术只能存在于内部与外部的结合之中,存在于灵魂与自然的结合之中②。艺术受外界的同化和养育,但不是由外界那些真实的东西创造出来的。一件艺术品就好像是来自母亲子宫里的孩子,母亲和胎儿均由自然界的物体所养育,但是孩子与其被创造过程中起帮助作用的自然之物并无相似之处,但却像生育他的母亲。这些观点或多或少在朗慈伯格的研究中也能找到。收录进1980年《中国现代文学批评发生史,1917—1930》第2章《郭沫若:从唯美印象主义到无产阶级批评》的文本省略了朗慈伯格《印象与表现》中的一段话,此引用意在让读者能将朗慈伯格与郭沫若的观点做比较:

"曾经受到高度赞扬的理想如今被判决为艺术的死亡,恰是自然阻碍了作品成为艺术。自然是可像一页书或一个章节那样被随意翻转的,由是而赋予艺术作品以如此特征,那就是,只有片段能代替其呈现全貌。甚至,自然在哪儿被接受,观看者就将被养育的物体与外在世界之间的关系建立在哪;他将会被从画面那引开而不是以画面为依赖的对象;自然使得艺术在应该绝对的地方变得相对。由此可以得出结论:通过重塑自然,艺术家

---

① 郭沫若的观点原文为:"'艺术是现,不是再现'(Kunst ist Gabe, nicht Wiedergager)——朗慈白昌教授(Prof. Landsberger)这句简明的论断,把艺术的精神概括无遗了。"可参见《郭沫若全集·文学编》第15卷,前面所引书,第193页,《文艺的生产过程》一文。

② 这是收录进1980年《中国现代文学批评发生史,1917—1930》一书第2章《郭沫若:从唯美印象主义到无产阶级批评》中的意思,也比较接近郭沫若的原意。而在此文最初发表时意思却与此相反,为"只存在于灵魂与自然不相结合的所在"。高利克的文章英文原文为"… is connected, only where spirit is not become linked with nature."马立安·高利克:《郭沫若的印象主义批评》,前面所引书,第240页。本书作者注。

将屈从于外部世界而不是遵从自己内心的召唤,他将不得不使用那些并非源自自己心灵的形状与色彩,或者只能迫于对象的要求而非考虑某处因画面整体的节省之需。因而,在原本应该由他自由主宰的地方他却成了奴隶。基于这样的原因,让我们远离所有对自然的模仿,远离那些反映我们空间的观点,艺术不需要这样的人为加工。其真理不是'与外部世界之间的和谐而是与艺术家的内心世界的和谐'……"①

郭沫若认为中世纪和近代的艺术都受到了自然的束缚。是到了20世纪艺术才得以复兴,获得了自由,摆脱了自然的统治。是艺术家赋予自然生命,是艺术家使得自然复苏。是艺术家将潘(Pan)带入森林,使神话和传说的时代得以再生②。文艺复兴时期就是表现主义时期,它的实现者就是德国的表现主义者。但除了上述刚引用的研究外,从郭沫若作品的研究者所能得到的资料还很难说郭沫若的哪些批评作品与表现主义的批评著作相关。但可以肯定的是,郭沫若很了解巴尔(Hermann Bahr)的《表现主义》(Expressionismus)。巴尔和郭沫若都认为,人类是文学创作的开端和结尾。巴尔在《表现主义》中指出:"问题在于,人类想要重新找到自己。"郭沫若则以诗意的语言来加以表达,他转向上帝,指责他按自己的形象创造人类,但同时却造出了最失败的作品。相比较,巴尔写得更实际更具体些:"所有我们经历的、体验的,只不过是一场为人类的巨斗,一场与机器间的精神之战,我们不能再生存下去了,我们已经活过了。我们已不再有自由,我们不能再自己做决定,我们已经逝去了,人类的灵魂已经被带走,自然已经被非人性化……问题是,当人被夺了灵魂、沉沦下去、被埋葬后还能再复活吗?"③

最初发表的论文此后的两段在收录进1980年的《中国现代文学批评发生史》第2章时被省略了,而这两段对读者深入理解巴尔和郭沫若之间观点的异同颇为有益:"巴尔的观点与尼采的相反。尼采认为,艺术的任务在于

---

① 马立安·高利克:《郭沫若的印象主义批评》,前面所引书,第240页。
② 同上,第239页。高利克先生在收录进1980年《中国现代文学批评发生史》第2章的文后注释中说:"非常有趣的是,由阿尔弗雷德·克尔(Alfred Kerr)编辑的一份表现主义的刊物名字就叫潘(Pan)。从中我们可以清楚地看到郭沫若理论中的王尔德式(Wildean kind)的神话倾向。"可参见马立安·高利克:《中国现代文学批评发生史》,前面所引书,第44页。但最初发表的论文后的注释只有前一句。可参见马立安·高利克:《郭沫若的印象主义批评》,前面所引书,第233页。
③ 马立安·高利克:《郭沫若的印象主义批评》,前面所引书,第239页。

'润饰'生活和'将生活中那些丑陋的东西隐藏起来或者加以重新阐释'。巴尔赞同的是另一个观点,他说这个观点是歌德的:'艺术必定能带给我们生活,从我们中创造生活,让人类将生活当成其原本该做的事情那样去生活。'郭沫若的观点与此相似。在巴尔看来,现代时期的人通过逃进自己的内心世界以极力逃避文明。人们被在他们自身中找到的不可摧毁的最后力量之文明摧毁了。这种力量存在于'我们自身不可知的信号中,它是我们所信仰的、必定可以拯救我们的信号,是受到束缚的精神的信号,是想要挣脱监禁获得自由的信号,是警告所有受到惊吓之灵魂的信号。'"①

郭沫若认为艺术的创造力肯定不在一般的自然主义的(现实主义的)和前表现主义的描写式的、照相式的实践中,而是如前面已经说过的,认为艺术产生于"内在本质"。当然,郭沫若没再进一步对这个"内在本质"做进一步的定义。在阅读郭沫若表现主义时期写的那些论文时,我们可以看出,他确实不仅仅是与表现主义文学批评站得非常近,而且更多地接近于行动主义的要求②。从前面引用过的《我们的文学新运动》中可以看出郭沫若反对资产阶级和帝国主义的态度。他认为生活的炸弹是用来摧毁资本主义这条龙的,因为他相信第一缕曙光之前必有喧嚣混乱,因此,创造开始之前必定先有毁灭。凤凰自焚后方能从灰烬中再生。

郭沫若对世界主义的信仰可从文章《国家的与超国家的》中显示出来。文中他谴责现代国家是"人类的牢狱",他反对它,并希望中国能很快成为一个新的世界主义的国家,中国作家能成为世界主义的宣传家。郭沫若与许多行动主义者如鲁宾纳(Ludwig Rubiner)或托勒(Ernest Toller)一样,也是反对宗教的,他希望艺术家能在与资本主义的斗争中成为战士。但一开始郭沫若与那些人一样,在1924年以前还不是马克思主义者,即便他宣称他对"无产阶级精神的发展"给予过关注,但他不是从资本主义时期或帝国主义时期马克思与恩格斯的革命概念出发的,不是从资本主义时期或帝国主义时期无产阶级的任务以及阶级这一概念的无产阶级的本质等出发的。郭沫若所关注的是"以复兴人类的名义,各族人民的,包括被压迫民族的兄弟情义。"③

---

① 马立安·高利克:《郭沫若的印象主义批评》,前面所引书,第239-240页。
② 同上,第238页。
③ 同上,第237页。

郭沫若对托勒作品的赞赏也证明他对行动主义的表现主义的同情。另外还有一件事也可说明郭沫若与部分德国表现主义者和行动主义者之间的联系,那就是,郭沫若对尼采作品的崇拜①。尼采被卡尔·斯特恩海姆(Carl Sternheim)所崇拜,他也在希勒(Hiller)、亨利希·曼(Heinrich Mann)、弗里茨·翁鲁(Fritz von Unruh)以及表现主义作家佐尔格(Reinhardt J. Sorge)或许还有其他许多人的作品中都留下了深深的烙印。那么,郭沫若的作品中有没有留下尼采的痕迹呢?这个问题至少是目前这个研究阶段所不能回答的。但可以肯定的是,1923年的时候,郭沫若是非常崇拜尼采的。他在《创造周报》的专栏上发表了他翻译的尼采最重要的作品《查拉图斯特拉如是说》的第1卷和第2卷的部分章节。在《雅言与自力》一文中,郭沫若认为尼采是个相当难理解的哲学家,他是没有勇气去解释他的。在郭沫若看来,每个读者都应该自己去解释尼采,去批判性地评价尼采。②

在表现主义的文学批评领域中,郭沫若的作品成了一个非常有趣的综合体,它结合了关于艺术作品本质的表现主义的观点和关注要达到的目的之行动主义的要求。在第一次世界大战后的德国,表现主义的发源地,我们可以异常清楚地看到完全的表现主义者与表现主义-行动主义者之间的分界线。这种分别首先是由于他们属于不同的团体,其次是由于参与者内在性情的不同,再就是他们想达到的目标不同。泡尔森(W. Paulsen)相当准确地刻画了表现主义者和行动主义者之间重要的差别:"表现主义者是诗人,是自我世界的创造者,是梦想家和预言家……"而"行动主义者不是诗人,而是理论家"。而郭沫若毫无疑问两者皆是。由于在他所处的情况下不必有任何表现主义的宗派活动,因而他只从表现主义和行动主义中去选取那些遵从他内心世界的东西,只需考虑那些中国现代文学的发展所需要的东西,以及社会和中华民族再生所要求的东西。

文章随即比较了郭沫若与表现主义作家朗慈伯格和巴尔之间的作品

---

① 马立安·高利克:《郭沫若的印象主义批评》,前面所引书,第237页。
② 同上,第236页。郭沫若的原话为:"《查拉图司屈拉》一书便在他的本国,便在他的亲近者中,也是如何难解的一部书了。我们现在要来理解他,要来参预他的权威,恐怕连我自己也是使他寒栗的全无资格者的一个。""我希望读者不必过信我的译书,尤不必伸长颈项等待我的解释。读一切深邃的书都应该如是:第一,要用自己的能力去理解,第二,要用自己的能力去批评。"可参见《郭沫若全集·文学编》第15卷,前面所引书,第166页和第167页。

与思想。他认为,如果将郭沫若的观点与朗慈伯格和巴尔的作品进行比较的话,我们可以找到它们之间重要的一致性。然而,如果我们进一步将这两个德国作家的作品与郭沫若的观点进行比较的话,我们就会发现在这种一致性中缺了点什么东西①。实际上,郭沫若没有考虑需要关注的每一个问题。在他的论文中,我们既找不到像巴尔那样对东方艺术的崇拜,也找不到如朗慈伯格那样对儿童和原始人的荒诞、幼稚的艺术的兴趣。依靠现有的资料,还不能证明郭沫若的行动主义的观点与主张的根源。然而,通过深入研究行动主义的问题,我们会发现德国行动主义者的观点以及他们具体的社会与政治主张同郭沫若的观点与主张非常接近。但即便如此,还是有例外,那就是,在郭沫若的观点中缺乏"对纯粹理性力量的近乎着魔般的信仰"。别无其他,郭沫若随后对自然主义的反对和对直觉的信仰,正是造成这种现象的原因②。文后的注释引了郭沫若于1922年5月发表在《创造季刊》第1卷第1号上的话来对此加以证明:"歌德这句话,我看是说尽了我们青年人的矛盾心理的。真理要探讨,梦境也要追寻,理智要扩充,直觉也不忍放弃。这不单中国人的遗传脑筋,这确是一切人的共有天性了。歌德一生只是一些矛盾方面的结晶体,然正不失其所以为[完满]。我看我们不必偏枯,也不要笼统,宜扩充理智的地方,我们尽力地去扩充,宜运用直觉的地方,我们也尽量地去运用。沫若"③

  文章最后对郭沫若的表现主义文学批评及其转向无产阶级的文学批评做了总结和提示。1924年1月4日郭沫若到日本福冈,利用业余时间研究日本的马克思主义者河上肇(Kawakami Hajime)的《社会组织与社会革命》(Social Organization and Social Revolution)。这本书对郭沫若产生了立竿见影的影响。他转向马克思主义,由此结束了其表现主义文学批评的短

---

  ① 马立安·高利克:《郭沫若的印象主义批评》,前面所引书,第236页。收录进1980年《中国现代文学批评发生史》第2章的文本中"Comparing further these two German works with Kuo Mo-jo's considerations"一句有两个单词做了改动,"works"改成了"authors","considerations"改成了"essays",并省略了"郭沫若并不是一个机械的应用者,他对要运用的材料采取了批判的态度"一句。(Kuo Mo-jo was not a mechanical applicator; he took a critical attitude to the material to be take over.) 本书作者注。

  ② 马立安·高利克:《郭沫若的印象主义批评》,前面所引书,第235页。

  ③ 同上,第232页。原文可参见《创造季刊》第1卷第1号,第121页。

暂时期①。他的观点相对来说变得非常激进,其作品和文学批评也呈现出不同的特征。毫无疑问,是他思想中的那些行动主义的成分在这种转变过程中起了重要的作用②。在那个时期的中国文学背景中,郭沫若的表现主义似乎处于孤立的地位。然而,某些表现主义的倾向,某些与表现主义产生共鸣的言论,以及促使它被接受的努力,都成了特别是20世纪初期中国文学思想的特征。③

最初发表的论文中还有一段,在收录进1980年《中国现代文学批评发生史》第2章时被省略了。文中呼吁对中国表现主义的文学批评给予同样的关注:"因此,表现主义是中国文学史上的一个(存在的)事实吗?可以说,它是中国现代文学批评史上的一个既存事实,但这个事实仍需进行更加深入的调查研究。就创作领域而言,即使它不值得引起更多的关注,至少也应该对其给予同样平等的注意。"④

高利克的郭沫若无产阶级文学批评研究

《郭沫若的无产阶级文学批评研究》最初发表在1970年的《亚非研究》第6卷上⑤,在收录进1980年《中国现代文学批评发生史》第2章时被省略了不少段落,也有不少地方做了删改。最初发表的论文的前3个自然段中,第一段在收录进1980年《中国现代文学批评发生史》第2章时被省略,该书第2章的第一段对原第二、三段的部分内容进行了综合,其中一半的内容被省略了。被省略的第一段对郭沫若的无产阶级文学批评做了简要的评价:"郭沫若20年代后半期的批评实践呈现了中国现代文学批评史上特殊的一页。说它独特,是由于无论从那些年的无产阶级文学批评来看,还是从他创造社的那些同仁的文学批评来看,在某种程度上,都是显而

---

① 马立安·高利克:《郭沫若的印象主义批评》,前面所引书,第235页。在收录进1980年《中国现代文学批评发生史》第2章时,高利克将"时期"(period)一词改为了"插曲"(intermezzo)。本书作者注。
② 马立安·高利克:《郭沫若的印象主义批评》,前面所引书,第235页。
③ 同上。
④ 同上。
⑤ 马立安·高利克:《郭沫若的无产阶级文学批评研究》(Studies in Modern Chinese Literary Criticism. IV. The Proletarian Criticism of Kuo Mo-jo),载《亚非研究》第6卷,1970年,第145-160页。

易见的。这种独特性，在很大程度上也是由他在20年代前半期的文学批评的准备造成的。"①

最初发表的论文的第二段指出，1924年1月4日郭沫若离开中国达到日本时给自己订的其中一个目标就是研究生理学。尽管他原本是打算为之付出毕生精力，实际上却并非如此，郭沫若只研究了很短一段时间的生理-心理学。在收录进1980年《中国现代文学批评发生史》第2章时省略了其后的一句："然而，这种研究的结果的确也对他写于1925年的文章以及其后几年的部分批评文章产生了影响。"②

论文的第三段论及郭沫若的注意力随即被马克思主义哲学所吸引，并写信给成仿吾说他们的时代是"最有意义的"，是"人类的大革命时代"，并告诉成仿吾自己已经成了一个"彻底的马克思主义的信徒了"。郭沫若将马克思主义说成是"唯一的宝筏"③。在收录进1980年《中国现代文学批评发生史》第2章时作者省略了其后对"宝筏"进行的解释："应该注意的是，在佛教术语中，'宝筏'是佛祖教义的同义词，它能将信佛之人渡到幸福的彼岸。或许可以说，马克思主义——恰好是以'宝筏'的形式，成为解决各种问题，甚至是文学批评领域的问题的线索。"④

文章整段引用了《孤鸿——致成仿吾的一封信》中郭沫若论述自己与文学的新关系的内容，并总结说，至此所说的足以证明郭沫若即便是在这个时期仍然是坚信文学或艺术的天才就是创造者。郭沫若已经不再相信克罗齐所谓的四种天才了，他宣称并不存在什么纯粹的科学家、纯粹的作家、纯粹的艺术家和纯粹的哲学家。在他看来，政治家也不再是他曾经所谓的"恶天才"。参与政治和社会成了人类活动必需的形式和各种天才的一部分。到了20年代的后半期，当论及作者主体与被加工的客体，或者与

---

① 马立安·高利克：《郭沫若的无产阶级文学批评研究》，前面所引书，第145页。这一段的第一句与最初发表在《远东学报》上的《郭沫若的唯美-印象主义文学批评》第一段第一句的内容是基本相同的，不同只在将原来的"有趣的"(interesting)换成了现在的"特别的"(peculiar)。本书作者注。

② 马立安·高利克：《郭沫若的无产阶级文学批评研究》，前面所引书，第145页。

③ 郭沫若给成仿吾的信原文为："芳坞哟，我们是生在最有意义的时代的！人类的大革命时代！人文史上的大革命时代！我现在成了个彻底的马克思主义的信徒了！马克思主义在我们所处的这个时代是唯一的宝筏。"可参见《郭沫若全集·文学编》第16卷，前面所引书，第8页。

④ 马立安·高利克：《郭沫若的无产阶级文学批评研究》，前面所引书，第145页。

其他的主体之间的关系时,郭沫若不再坚持文艺是"无目的而合目的性"①,也不再宣称作者主体的"无利害关系"了。②

郭沫若的观点是经历了巨大的变化,但要因此说它们完全变了那是不真实的。首先郭沫若从自己的批评准则中去除了那些传统的道家思想中的重要因素,而这些因素是郭沫若前期文学批评的基础之一。另一方面,郭沫若则发展了(即便是无意识地)那些传统的儒家思想中的因素,如他仍然相信文艺的巨大力量,尽管不及他20年代前半期那样的程度;他还继续相信文艺与社会和政治的关联。

《文艺家的觉悟》是郭沫若无产阶级文学批评的开始。他把既决定于理性因素也决定于感性因素的人类精神活动的两重性当成出发点,认为正是理性因素使得人们去进行思想方面的研究。只有当文学表现了整个的人,表现了其性格中感性的和理性的成分时,这样的文学才是理想的文学。虽然郭沫若赞同同时表现人个性中的感性和理性两个方面,但在他的批评文章中他总是更多强调感性的一面。如果说郭沫若在20年代前半期的批评系统的基础是"天才"的话,那么现在的基础则是"革命"。他现在已经从主观的、内向的批评系统转变为力求客观、外向的批评系统。郭沫若并没有否定文艺天才在这个新系统中的作用,只是他认为文艺天才只有在新的社会主义社会中才能发挥充分的作用。当郭沫若要求新的无产阶级文学应该是现实主义的,这个时候他默认了时代精神,但与此同时却抛弃了之前的艺术主张。郭沫若此前从未对现实主义和自然主义表示过赞同。这段其后的意在对其进行总结的几句,在收录进1980年《中国现代文学批评发生史》第2章时被省略:"通过类比我们或可猜测出,在郭沫若看来,在即将来临的社会主义中对自由和个性的获得也有可能意味着对现实法则的背离,或者至少意味着对自由、心灵手巧的个人来说一种自由选择的可能性的失去。但郭沫若没有提及这个问题"③。《文艺家的觉悟》这篇文章

---

① 原文为:"文艺也如春日的花草,乃艺术家内心之智慧的表现。诗人写出一篇诗,音乐家谱出一支曲子,画家绘成一幅画,都是他们感情的自然流露:如一阵春风吹过池面所生的微波,应该说是没有所谓目的。"可参见《郭沫若全集·文学编》第15卷,前面所引书,第177页。

② 原文注释中,郭沫若对"无利害关系"做了解释:"即是无我一句,最初发表时为:即是没我。——即是没有丝毫的功利心(disinterestedness),这没功利心便是艺术的精神。"可参见《郭沫若全集·文学编》第15卷,前面所引书,第187页。

③ 马立安·高利克:《郭沫若的无产阶级文学批评研究》,前面所引书,第148页。

既是郭沫若个人观点的表达,同时也是他的无产阶级文学批评的纲要,而他其余的东西则不过只是这篇文章的发展而已,它们的框架是他无产阶级批评的框架,其中蕴含的思想则构成了其无产阶级文学批评的精华。

文章将郭沫若的《革命与文学》中论述将文学用于革命的目的之更为仔细的分析做了引用,并强调说引用这段文章的目的并不仅仅在于让读者熟悉其中所蕴含的信息,而且也是为了让读者了解郭沫若20世纪20年代后半期的说理方法,那就是,直接、坦率、有些机械。这一段在论述"将文学用于革命的思想在中国屡见不鲜"时,其后的说明在收录进1980年《中国现代文学批评发生史》第2章时被省略:"早在1923年,一些年轻的共产党人,如邓中夏、恽代英等提出了这个思想,郭沫若和成仿吾也对同样的观点进行了详细的论述。只是,这些思想或多或少有些喊口号的嫌疑。在1926—1927年的北伐战争爆发后,郭沫若马上就对这个问题给予了足够的回答。"①

在刚引用的那一段的末尾郭沫若将文学分为革命的和反革命的两类是不充分也不准确的。郭沫若之所以会这么分类,与他机械的推理方法有关,并最终使得他得出这样的结论:不革命的文学根本不算是文学,真正的文学总是革命的,也只能是革命的。②

郭沫若运用数学的方式就革命与文学关系的探讨"对中国的无产阶级文学批评作出了有趣的、创新的(尽管有可能是荒谬的)贡献"③。我们没有必要让读者了解他关于从革命文学转化为反革命文学的全部看法,但是却需要指出那些与现代相关的观点。"在资产阶级,尤其是以个人主义和自由主义为特征的资产阶级出现以后,就逐渐产生了被压迫的无产阶级。这时浪漫主义文学早就成了反革命的了,自然主义文学也没有摆脱其个人

---

① 马立安·高利克:《郭沫若的无产阶级文学批评研究》,前面所引书,第149页。

② 同上,第150页。原文为:"那吗,我们更可以归纳出一句话来:就是文学永远是革命的,真正的文学是只有革命文学的一种。所以真正的文学永远是革命的前驱,而革命的时期中总会有一个文学的黄金时代出现。所以我在讨论文学和革命的关系的时候,我始终承认文学和革命是一致的,并不是两立的。"可参见《郭沫若全集·文学编》第16卷,前面所引书,第31页。

③ 郭沫若用数学的方式论述文学与革命的关系的原文为:"这用言语来表现时,就是文学是革命的函数。文学的内容是跟着革命的意义转变的,革命的意义变了,文学便因之而变了。革命在这儿是自变数,文学是被变数,两个都是X,Y,Z,两个都是不一定的。在第一个时代是革命的,第二个时代又成为非革命的,在第一个时代是革命文学,在第二个时代又成为反革命的文学了。所以革命文学的这个名词固然固定,而革命文学的内涵是永不固定的。"可参见《郭沫若全集·文学编》第16卷,前面所引书,第33页。

主义和自由主义的趣味。自然主义之后的各种文学流派都只是相似的过渡时期的文学思潮。他们的代表人物没有认识到阶级斗争的意义,以及发展趋势的不稳定。20世纪20年代后半期及其后一段时期最进步的是无产阶级新文学运动。就其'精神'或'内容'而言,它是社会主义的,就其'形式'而论,它则是现实主义的。"①从郭沫若的这些观点可以看出他在欣赏趣味和作品评价方面都有了很大的改变。如果以前他觉得浪漫主义文学,尤其是歌德和雪莱的作品以及先锋派文学(尤其是德国表现主义作家的)很有价值的话,那么现在他则对那些或多或少新颖的东西予以谴责,仅只那些现实主义的和无产阶级的作品例外。

在1928年发表的《桌子的跳舞》中,郭沫若不再提"革命时期将是文学的黄金时代"了。事实上,他自己已经认识到情况并不一定如此。但是他的其他观点显而易见地并没有改变。相反,郭沫若认为自己所处的是一个伟大的时代,然而就艺术对中国的影响而言,却是"一张白纸"。在他看来,20世纪20年代前半期由创造社成员倡导并实践的自我表现的原则总是被强加于文学创造活动中。很显然,郭沫若自己帮着培育的果实却很少合乎他自己的口味。而对于1928年中国文学批评家们经常谈论的时代精神及其与文学的关系问题,郭沫若则坚持只有那些反映自己时代的作品才可算是伟大的作品。

实际上郭沫若20世纪20年代后半期的整个文学批评都是在针对所谓的今日的文艺,也有部分是针对昨日的文艺的。而对明日的文艺,仅提及一次。这些年的无产阶级文学批评中出现了不少关于文学中的辩证唯物主义的方法问题的讨论文章。尽管我们不能确切了解到"辩证唯物主义方法"这个术语是何时开始在文学关系中被使用的,仅知道1928年5月在苏联被这样使用过,1929年也在中国风行过。但其实在中国,在文学上应用这种方法的类似要求早就有文章提及过,如在北伐战争时期郭沫若就听到"大地的最深处有极猛烈的雷鸣"。在他看来,资产阶级文学家的"王宫"、"象牙塔"、"铜柱床"就要倒塌了,只有一件事才能拯救他们,那就是必须参加革命,停止"乱吹你们的破喇叭","暂时当一个留声机器"。然而,"当留声机器"的思想甚至都没有被创造社的成员所完全接受,如李初梨就在文章《怎样地建设革命文学》中建议郭沫若将其改为"不当一个留

---

① 马立安·高利克:《郭沫若的无产阶级文学批评研究》,前面所引书,第150—151页。

声机器"。尽管郭沫若在《留声机器的回音》中对自己的说法进行了辩护,对这个概念做了进一步的阐明,但其能否将辩证唯物主义降低理解为"留声机器"是值得质疑的。①

郭沫若20世纪20年代前半期文学批评系统的基础是天才,而这时的基础则是革命。但这并非就是说革命也是这个系统的中心思想,其中心思想仍然是天才,但只是一种小天才,即革命的"留声机器"。之所以这么说,是因为即便是郭沫若对马克思主义的革命理论很熟悉,他也在很大程度上将革命本身理想化和浪漫化了。在他的文学作品和批评文章中,除了关于"大地最深处的雷鸣"这几句话外,几乎就没有更多关于革命的话了。尽管在他的观念中革命确确实实是应该写的主题,但当他认识到实际上自己并没有写过什么关于革命的文章时,他没有开始去思考革命,尽管这应该更符合逻辑些,而是去继续写与"留声机器"相关的东西。在郭沫若看来,错误不在革命,而在革命作家。因此,他把自己的注意力更多地集中在了作家身上。郭沫若关于充当"留声机器"的理论要求是很宽泛的,但实际上他不如其他的无产阶级批评家那样严格。当别人不断批判和谴责那些看来不如他们那样传统的人时,郭沫若只是批评那些他认为完全不愿意当革命现实的留声机器的人。比如他称"新月社"成员徐志摩为"文学小丑",说"语丝派"成员如周作人、钱玄同、林语堂、鲁迅等不关心政治。②

郭沫若这一时期对于文学基础的看法与前一阶段没有什么不同。他在写于1925年的《革命与文学》中认为文学的本质是始于感情、终于感情的。文学家把自己的感情表现出来,而他的目的,总是要在读者的心中引起同样

---

① 郭沫若认为准备当还是不准备当客观真实的"留声机"是文学家和批评家的革命性或反革命性的指示剂,并将自己观念和态度的转变做了对照,为中国青年文学家做了榜样。原文为:"不信就把我前几年的几句话引来看看吧。我在一九二三年三月做的《批评与梦》里有这样的几句话:我只想当个饥则啼、寒则号的赤子。因为赤子的简单的一啼一号都是他自己的心声,不是如象留声机一样在替别人传高调。——《文艺论集》你看这是多么十足的一个小有资产者意识的表白!他们这些小有资产者就是不愿意当留声机器了,你还要叫他们'不当留声机器'吗?但我自己是已经忏悔了。"可参见《郭沫若全集·文学编》第16卷,前面所引书,第62页。

② 原文为:"但是语丝派的不革命的文学家,我相信他们是不自觉,或者有一部分是觉悟而未彻底。照他们在实践上的表示看来倒还没有甚么积极的反革命的行动。我现在且举一派积极的有意识的反革命派的革命文学观来检点一下吧。研究系的文学小丑徐志摩——他和他第X次的爱人听说在上海串演过一次'小放牛',不消说他演的是小丑——在他和某女士合译的小说《玛丽,玛丽》上,他明目张胆地说:……"可参见《郭沫若全集·文学编》第16卷,前面所引书,第60页。

的感情作用的观点是托尔斯泰观点的回声,尽管在20世纪20年代前半期郭沫若对其文学思想是谴责的。根据托尔斯泰的"感染力"理论(doctrine of infection),艺术活动是,某人在通过听觉或视觉接受另一个人表露的情感时,能够感受到那个人的感情。20世纪20年代后半期郭沫若不再因为托尔斯泰的文学理论假设作者的巨大激情和读者大众显著的接受性这个简单的理由而对其进行谴责了。但郭沫若前些年的观点是不一样的,从他所写的文章中可以推测,他当时不相信那些没有接受过教育的人有接受文学作品的能力,因而他认为读者的感情反应不是文学和艺术作品价值的标志。而现在他认为这是衡量的标准了,并因此十分欣赏那些具有感染力的作品。

在对文学的本质基于感情这个观点的背景了解之后我们便找到了郭沫若文学思想的另一条线索。虽然郭沫若的无产阶级文学纲领宣称文学只有表达出人的个性中的感性和理性两个方面时才是理想的,但实际上他在文学批评实践中却并没有坚持这么做。他在强调感情时忽略了作家仅凭感情力量是不足以创造出一部好的艺术作品的,因为作家的感情与读者的接受能力之间没有必然的联系。而不了解这一点,正是20年代末中国无产阶级文学和左翼文学批评比较薄弱的主要原因之一[①]。郭沫若的大部分文章都是带着感情写的,并蕴含着表现主义的风格。

郭沫若在20世纪20年代前半期虽然没有直接论及文学的宗旨这个问题,但他似乎仍是承认文学是全人类的,否则的话他就不会在《文艺之社会的使命》中写出文学的使命是统一人类的情感这样的话了[②]。但是在20世纪20年代后半期,在相信文学的宗旨就是一个阶级的宗旨之后,他改变了自己的看法。郭沫若采用比较简单的方法驳斥了那些认为文学是全人类的、不属于一个阶级的、因而与革命无关的观点的人。他指责那些近代的坚持文学是全人类的人已经把无产阶级"牛马"排除在"人类"之外,他们拒绝承认无产阶级,他们在原则上就是反对革命的,所以他们在革命或者不革命这个问题上没什么好说的。这种说法也是带着感情色彩的,它既没有说服力,也不准确。即便是最有名的无产阶级文学的反对者梁实秋也没有在文章中说过无产阶级不是一个阶级这样的话。最初发表的论文中

---

① 马立安·高利克:《郭沫若的无产阶级文学批评研究》,前面所引书,第155页。
② 原文为:"艺术有此两种伟大的使命,——统一人类的感情和提高个人的精神,使生活美化——已经够有不朽的价值了。"可参见《郭沫若全集·文学编》第15卷,前面所引书,第181页。

该句后还有两句,在收录进1980年《中国现代文学批评发生史》第2章时被省略了:"尽管他对'支持革命',即'无产阶级文学'这个概念持反对态度,他也一样承认革命,一样支持革命,尽管他对马克思-列宁主义的革命观是持反对态度的。"①

文章论述了20世纪20年代后半期另一个引起讨论的话题,那就是文学的永远性的问题。文章将郭沫若对这个问题前后不同的看法作了比较。20世纪20年代前半期郭沫若是相信伟大的作品能超越产生它们的时代延续下去并享受读者千百年的赞美的。而后半期,郭沫若把文学的"永远性"(perenniality)与"变易性"(changeability)融合在了一起。郭沫若认为,文学的变易性是使其成为伟大作品的一种因素,它决定文学的性质。文学的永远指的是在千百年间保持其价值,这是它的真实性。但正是这种"永远性"给无产阶级读者带来了危险:"文艺的创作有时是处于无意识的冲动而且有满足人爱美本能的一方面。这是它对于社会的经济基础呈出不变易性——所谓永远性——的原因。但纯粹代表这一方面的作品就是不革命乃至反革命的作品"。②

此后有两个自然段在收录进1980年《中国现代文学批评发生史》第2章时被省略了:"郭沫若引用了卢那察尔斯基在1924年5月9日在会上的发言中讨论有关苏联文艺领域内党的政策的一段。卢那察尔斯基是反对反革命的作品的。反革命的作品应该被毁掉,即便它们是如列夫·托尔斯泰或者陀思妥耶夫斯基这样的天才写的反革命的作品。卢那察尔斯基只能忍受那些对于政治上冷淡,在行文上有些不太好的倾向的作品。显而易见,卢那察尔斯基的观点全都是针对新的文艺作品而言的。"③"郭沫若是同意卢那察尔斯基的观点的。他警告中国的那些不革命的作家不要高兴

---

① 马立安·高利克:《郭沫若的无产阶级文学批评研究》,前面所引书,第156页。
② 可参见《郭沫若全集·文学编》第16卷,前面所引书,第50页。
③ 马立安·高利克:《郭沫若的无产阶级文学批评研究》,前面所引书,第157页。原文为:"现在我们假定在我们的面前有这样的作品,虽然是艺术的,天才的,然而于政治上是不能满足的作品:就譬如托尔斯泰或者达世多奕夫斯基一类的大作家在现在写了一个在政治上与我们隔离的天才的小说。这样的小说假如是反革命的,在我们的斗争的各种条件上,我们虽然很感觉着遗憾,然而不得不挥泪杀此小说,这我们不消说是能够了解的。但是,假如这种反革命性并没有,只是在行文上有些不好的倾向,或者就譬如对于政治上的冷淡之类,那我们不消说是不能不许这样的小说存在的。(卢那察尔斯基:《文艺领域内的党的政策》)"可参见《郭沫若全集·文学编》第16卷,前面所引书,第50页。

得太早,在新的中国现实中只有'艺术的、天才的作品'才有希望,只有像托尔斯泰和陀思妥耶夫斯基那样的艺术天才写的天才的小说才有希望。"①

郭沫若后来在《关于文艺的不朽性》中改变了自己对文学的永远性这个问题的看法,并承认这个问题困扰过自己②。其后一句被省略:"可能连他自己也未能理解为什么文学中的'永远性'恰恰应该与反革命是同义的。"③郭沫若不太重视屠格涅夫(Ivan Turgenev)通过《处女地》(*Virgin Soil*)中借巴克林(Paklin)之口表达出的观点。当他读《政治经济学批判导言》(*A Contribution to the Critique of Political Economy*)时发生了其他的什么事,使他说自己的忧虑消除了,因为马克思早就解决了文学的永远性的问题。④

不知道郭沫若在马克思的这篇《政治经济学批判导言》中读到这些话时有什么感想:"关于艺术,大家知道,它的一定的繁荣时期同社会的普遍发展并没有直接的关联,也与其物质基础和社会组织的结构没有直接的关系。将希腊人与现代人、甚至莎士比亚做比较就可作为例证。"⑤事实上,这些话可以间接地反驳20年代后半期郭沫若的文学批评系统中的一个基本论点,那就是,革命时期即是文学的黄金时代。我们读《政治经济学批判导言》可以明白,马克思其实并不关心如何给文学的"永远性"做解释,他作文的目的在于解释生产方式如何在与社会的和政治的关系中起决定性的作用。郭沫若基于马克思的观点,断定"永不复归的社会性"是艺术永

---

① 马立安·高利克:《郭沫若的无产阶级文学批评研究》,前面所引书,第157页。原文为:"这可以说是最公平的态度。但是不革命的作家们哟,你们不要欢喜,以为得了一个护符:须要晓得我们所能听其存在的不革命的作品,那是有限制的,那是要'艺术的,天才的作品'才行呀!你们要有托尔斯泰或者达世多奕夫斯基那样的天才,而且写的还要是'天才的小说'!"可参见《郭沫若全集·文学编》第16卷,前面所引书,第50页。

② 原文为:"文艺的不朽性,或者是悠久性——这个问题我在前曾经肯定过,高调过;到后来又曾经否认过,但是苦闷过。"可参见《郭沫若全集·文学编》第16卷,前面所引书,第85页。

③ 马立安·高利克:《郭沫若的无产阶级文学批评研究》,前面所引书,第157页。

④ 郭沫若的观点原文为:"马克思在他一八五七年所做的《经济学批判导论》上,端地论述了这个问题。""在这儿我们可以看出马克思对于所谓艺术的不朽性是并不否认的,他不惟不否认,而且对于这个问题,就豫先知道了我们的'困难',早就替我们克服了。"可参见《郭沫若全集·文学编》第16卷,前面所引书,第89页和第91页。

⑤ 马立安·高利克:《郭沫若的无产阶级文学批评研究》,前面所引书,第158页。

远性的原因所在①。但马克思是不大可能这样看待问题的。或许马克思只是利用了人类心理学方面的成果,并通过对席勒(J. F. von Schiller)的"游戏本能"说(play instinct)的某种阐释来解释希腊艺术的特征。郭沫若概括得太随心所欲了,并且完全是错误的②。因为对马克思来说,这里根本性的东西不是"永不复归的社会性",而是那个"历史上的人类的童年时代",它所获得的全部艺术魅力似乎与不成熟的社会条件是相矛盾的。③

郭沫若论文艺的不朽性的文章,是他相当持久的、相对来说比较丰富的文艺批评活动的尾声。这个时期包含了整个20世纪20年代。此后,郭沫若对文学批评问题便不那么关注了。

最初发表的论文的最后两个自然段在收录进1980年《中国现代文学批评发生史》第2章时被省略了。这两段对郭沫若的无产阶级文学批评做了客观的总结:

"20世纪20年代前半期临近结束时,是日本学者河上肇翻译的马克思的作品决定了郭沫若的无产阶级文学批评的方向,是郭沫若所翻译、阅读马克思的那些东西摧毁了20世纪20年代末郭沫若无产阶级批评的基本主题之一。"④

"20世纪30年代,郭沫若主要投身于历史和哲学的研究。很有可能是来自外界的对这种新的研究方向的某种刺激导致了他的无产阶级文学批评的失败。当一个革命时期不能创造一个文艺的黄金时代时,而且,当把社会的发展与文艺领域的完善荒谬地联系在一起时,那么,通过作为一种社会发展的固定形式的革命来理解文艺批评的基础,就几乎没有什么道理或完全没有作用了。"⑤

这篇文章涉及的郭沫若文学批评文章共有8篇:1.《孤鸿——致成仿吾的一封信》;2.《文艺家的觉悟》;3.《革命与文学》;4.《桌子的跳舞》;5.《英雄树》;6.《留声机器的回音》;7.《批判与梦》;8.《关于文艺的不朽性》。

---

① 原文为:"这几句简单扼要的话,真是道破了几千年来艺术学上的秘密,新兴艺术学或美学的胚芽便含蓄在这儿。我们透过了优越的民族性、美的人性,现在是得到一个永不复归的社会性来把这个艺术的不朽性的问题解决了。"可参见《郭沫若全集·文学编》第16卷,前面所引书,第91页。
② 马立安·高利克:《郭沫若的无产阶级文学批评研究》,前面所引书,第159页。
③ 同上。
④ 同上。
⑤ 同上,第160页。

第四章
马立安·高利克的茅盾研究

第一节 高利克的茅盾思想、传记研究

从庄子到列宁:茅盾的思想发展

《从庄子到列宁:茅盾的思想发展》于1967年发表在《亚非研究》第3卷上①。该文原为1965年7月在里茨举行的中国研究第17届大会上宣读的会议论文。②

文章的开始和最后都强调,事实上,对大约50年前那个时期研究中国思想史的人来说,或许会出现如扬子江的峡谷对于旅行者的那种感觉,一会儿从北蜿蜒到南,一会儿从南蜿蜒至北。另一方面,每一件事都发生了本质的变化,最终只有某些特别的特征保留下来了。这个规律适用于哲学、文学、艺术和科学。整个的思想史改变了它的面貌。

因而,比如一个在很短的时间内习惯了儒家思想、道家思想和佛家思想的不同形式的研究者,现在面对这样一个充满了社会达尔文主义、无政府主义、实用主义、马克思主义,充满了尼采、柏格森(H. Bergson)、罗素和其他许多人的哲学的狭窄的历史区域。之前,他看到了儒家思想的胜利,看到了对道家思想的极度崇拜,现在他又看到了对无政府主义的极端推崇

---

① 马立安·高利克:《从庄子到列宁:茅盾的思想发展》(*From Chuang-tzu to Lenin: Mao Tun's Intellectual Development*),载《亚非研究》第3卷,1967年,第98-110页。

② Paper read at the XVIIth Congress of Chinese Studies in Leeds, July 3-10, 1965.

和马克思-列宁主义的胜利。我们想要在文中仅指出一个特别的典型例子,但它在中国思想史上非常重要,典型到足以展现这个转变的画面。①

文章梳理了茅盾思想发生、发展和转变的过程。从茅盾一开始对庄子的兴趣、受《庄子》和《淮南子》思想的影响,到他在文章《一九一八年之学生》中指出这个思想改革过程要取得成功必须具备的四个前提条件:思想的自由、思想的独立、与欧洲的影响之间的创造性关系以及坚定的斗争精神②。文章指出了在这个思想发展过程中茅盾对不同的学说以及对真理采取实用主义的和功利主义的态度持保留看法是完全赞同的,他甚至也赞成对古老的传统和学说采取反权威的态度,直至后来对尼采的"重估一切价值"的基本哲学观的寻求。文章也提及1919年和1920年初的时候,茅盾还有一个特别的政治信仰,那就是对国家的憎恨。1919年底的某个时候,茅盾开始熟悉罗素(B. Russell)的著作《通向自由之路:社会主义、无政府主义和工团主义》(*Proposed Roads to Freedom*:*Socialism*,*Anarchism and Syndicalism*),著作对茅盾产生了短暂却深刻的影响。1920年上半年的时候,在张东荪的影响下茅盾对美国工团主义产生了兴趣,他可能是喜欢这个组织对政治的厌恶及其坚信政治斗争是无用的观点。1920年5月,由陈独秀组织的第一个共产主义小组在上海成立,与此同时茅盾也开始研究自己对此显然还一无所知的对马克思主义的布尔什维克式的解读。1920年11月7日,非法刊物《共产党》第1号开始在上海出版。第3号上刊登了茅盾以笔名P.生撰写的题为《自治运动与社会革命》的文章。从文章中可以明显看出,至迟在1921年上半年的前三个月中茅盾已经在一定程度上接受了列宁主义。对于1921年的中国需要些什么,茅盾是这样认为的:"这就是无产阶级的革命!立刻举行无产阶级的革命。无产阶级的革命便是要把一切生产工具都归劳工所有,一切权利都归劳工们执掌,直到尽灭一分一毫的掠夺制度,资本主义决不能复活为止。这个制度,现在俄国已经确定了,并且已经有三年的经验,排除了不少的困难,降服了不少的反对者……最终的胜利一定在劳工者,而且这胜利即在最近的将来,只要我们现在充分预备着!"③

---

① 马立安·高利克:《从庄子到列宁:茅盾的思想发展》,前面所引书,第98页。
② 同上,第102—103页。
③ 同上,第108—109页。

文中有许多是老生常谈,但可以肯定,1920 年底在经过研究苏维埃俄罗斯的革命实践和列宁主义之后茅盾开始变得相信"无政府主义是不可能的"了。他开始翻译列宁的《国家与革命》(State and Revolution)一书。茅盾很可能在 1921 年的时候成了一个列宁主义者,对此我们还不能加以确切的证实。但我们相信这一年他对列宁的兴趣代替了他对克鲁泡特金(Peter Kropotkin)、罗素和基尔特共产主义(guild socialism)的兴趣。庄子的家乡产生了布尔什维克,绝对自由的笃信者加入了共产党。①

文章总结道,这些 50 年前还很年轻现在已经是中国政治和意识形态领导人的思想发展不是完全相同的,但却在某种程度上是一致的。他们的发展之路一开始常常是国内的哲学,然后通常会出现社会达尔文主义(并非总是!)和一些欧洲哲学流派,再然后是他们转向马克思列宁主义。他们中很大一部分人宣称自己信奉的无政府主义常常成了一座桥梁,他们通过这座桥从进化的立场转向了马克思列宁主义的立场。②

茅盾的情况就是这段历史的一个最重要的例证。

文章共涉及茅盾的文学批评文章 17 篇,具体如下:1.《回忆辛亥》;2.《印象、感想、回忆》;3.《我的小学时代》;4.《我的小传》;5.《我曾经穿过怎样的紧鞋子》;6.《〈庄子〉评注》;7.《〈淮南子〉评注》;8.《良好的开端》;9.《学生与社会》;10.《一九一八年之学生》;11.《萧伯纳》;12.《新偶像》;13.《共产主义是什么意思?》;14.《美国共产党党纲》;15.《美国共产党宣言》;16.《共产党的出发点》;17.《自治运动与社会革命》。

在北大研究茅盾

《在北大研究茅盾》收录在《北京大学国际交流丛书》《红楼飞雪》中③。1958—1960 年间,高利克在北京大学研究学习。文中他回忆了自己在北大的学习和研究情形,包括与导师吴组缃的多次交流、与茅盾的两次会面、吴组缃和茅盾对其研究的指导、听从维克多·彼得洛夫教授的建议尽可能多地为将来的研究收集资料、当时授课的老师王力、王瑶和严家炎

---

① 马立安·高利克:《从庄子到列宁:茅盾的思想发展》,前面所引书,第 109 页。
② 同上。
③ [斯洛伐克]高利克:《在北大研究茅盾》,载林建华主编:《红楼飞雪:海外校友情忆北大,1947—2008》,北京:北京大学出版社,2008 年,第 205—209 页。

以及当时的同学后来的汉学家、与叶子铭的会面和茅盾的老朋友叶以群的帮忙,以及自己在北京大学留学期间写的两篇文章《茅盾先生笔名考》和《茅盾传》。

茅盾先生笔名考

《茅盾先生笔名考》是高利克1960年撰写第一篇英文的汉学研究文章,后于1963年以"茅盾使用过的真名和笔名"为题发表在《东方档案》第31卷上①。该文的中译文发表在《现代中文学刊》2010年第2期上。与原英文文本相比,中译文开头和结尾部分有删减,增加了《茅盾先生笔名考》的补充。另外,个别笔名后有茅盾的批注。英文文本出版时,文后附有中文的《文中所使用的期刊名》30项、《文中所使用的书》12种、《第1—3部分中的真名和笔名》三个部分。

文章分三部分整理了茅盾的笔名。一是现在已经知道的茅盾先生的笔名;二是新发现的茅盾先生的笔名;三是尚有疑问的茅盾先生的笔名。文章还具体分析了哪种刊物、哪一期、哪些文章中使用了该笔名。

《在北大研究茅盾》对此文的相关细节也有所交代,比如在《在北大研究茅盾》中提及"第一篇,《茅盾先生笔名考》,曾由茅盾过目、修订和增补。他在1960年3月3日写的信里说:'你的工作十分细致,我很钦佩。'"以及"在南京大学我会见了叶子铭,他提供给我他手头一些重要的专集资料、茅盾对他的著作的批注,以及一张他所了解的茅盾笔名的清单。"②

茅盾传

《茅盾传》是高利克1958年至1960年在北京大学学习期间于1960年3月至6月用中文撰写的茅盾小传,全文共65页,未发表③。书稿行间和页边空白处有茅盾修改、补充、批注的笔迹,也有回答文中高利克提出的问题。封面有"知识分子的思想改造"、"私营工商业的社会主义改造"、"企

---

① 马立安·高利克:《茅盾使用过的真名和笔名》(*The Names and Pseudonyms Used by Mao Tun*),载《东方档案》第31卷,1963年,第80—108页。
② 同上,第108页。
③ 马立安·高利克:《茅盾传》(*A Biography of Mao Dun*),1960年。用中文撰写,未发表。

业的改造"和"资本家的思想改造"等字样。书稿分"茅盾童年和少年时期与家庭情况"、"1921—1922 年"、"1923—1925 年"、"1926—1927 年 7 月"、"茅盾在日本"、"茅盾回国"、"1933—1935 年"、"1936—1941 年春"、"1941 年香港时期"、"桂林时期"、"1943—1946 年"、"1947—1949 年 12 月"和"1949 年 10 月—1959 年 10 月时期"共 13 个部分梳理了茅盾的生活和创作。

茅盾和我

英文的《茅盾和我》于 1995 年发表在《亚非研究》第 4 卷第 2 期上①。文前的"撰写目的"交代说此文是献给茅盾的百年寿辰的。文章记述了作者研究茅盾创作和生平 40 年的历程。庄嘉宁摘译的《我和茅盾》发表在《中国现代文学研究丛刊》1990 年第 1 期上②。译文没有说明是以什么为底本翻译的。另有李玲等编译的《捷克和斯洛伐克汉学研究》第 3 章《高利克与中国的文学友人》第 1 节以此英文为底本汉译了《茅盾与我》,译者为万树玉。③

文章共有五个部分。第一部分追溯了高利克先生首次接触茅盾作品,或者更确切地说是认识茅盾作品的总体特征,是在 1953 年 10 月他开始在布拉格查理大学研究汉学的时候。雅罗斯拉夫·普实克编写的教材《中文口语课本》中的两句话"中国出版了许多新小说,我个人喜欢茅盾写的那些作品。我认为他是当代中国最好的小说家"给他首次提供了茅盾这个研究主体的信息④。1950 年 8 月出版的普实克《子夜》捷克译本及长篇序言,不仅对捷克的汉学家而且后来也对斯洛伐克的汉学家致力于中国现代文学研究起了重要的作用。从普实克的这些评价中可以看出他对《子夜》的推崇:"可以说,除了中国现代最伟大的作家鲁迅的这部(即,《阿 Q 正传》)现在已成为经典的作品外,《子夜》是战前中国最伟大的文学作品。"普实

---

① 马立安·高利克:《茅盾和我》(*Mao Dun and Me*),载《亚非研究》第 4 卷第 2 期,1995 年,第 113-136 页。
② [捷克斯洛伐克]高利克著,庄嘉宁译:《我和茅盾》,载《中国现代文学研究丛刊》1990 年第 1 期,第 249 页。
③ [斯洛伐克]马立安·高利克著,李玲等译:《捷克和斯洛伐克汉学研究》,北京:学苑出版社,2009 年版,第 101-122 页。其中《茅盾与我》一文为万树玉译。
④ 马立安·高利克:《茅盾和我》,前面所引书,1995 年,第 113-114 页。

克对《子夜》的不足之处的评价引起了高利克的注意和思考："也许是由于茅盾在写小说时赶速度,他小说中的许多段落都缺乏详细的阐述,尤其没有鲁迅表现现实变化的才能……茅盾的现实主义是忠实多过其艺术性。他受到现实的压抑,这种感觉阻碍了他的艺术的升华。"①高利克研究茅盾短篇小说的决心是坚定的,他打算硕士研究生毕业论文做"茅盾短篇小说研究"。

第二部分追溯了他在1958年10月15日至1959年5月9日在北大研究茅盾的情况,包括与导师吴组缃两次见面时导师对其茅盾研究的指导;在文化部办公室拜访茅盾时茅盾与他讨论他的毕业论文提纲、翻译的茅盾短篇小说的选择问题、茅盾同意对他的学习进行指导以及与茅盾第二次见面时茅盾介绍他与老舍认识等情况。

第三部分则回忆了1959年5月29日自己听从导师和茅盾的建议,到上海、杭州、桐乡、乌镇、韶关、曲江、广州、桂林、阳朔、武汉、安阳去旅游。文章重点记叙了高利克在上海拜访叶子铭、叶以群以及在旧书店购书的情况和到茅盾故居乌镇拜访的情形。

第四部分谈及高利克在北大宿舍撰写论述茅盾短篇小说的研究文章,但论文却并未在普实克编辑的《中国现代文学研究》中出版之事,以及他对茅盾笔名的考证。文章的英文版本发表在1963年1月号《东方档案》上,题为《茅盾使用过的真名和笔名》②。这部分还论及他1960年用中文撰写的长达65页的关于茅盾生平与作品的论文《茅盾传》。在他与茅盾第三次会面时茅盾将加了批注和对他文内部分问题做了答复的手稿还给了他。

第五部分梳理了高利克1960年回国后至1996年的茅盾研究情况,包括撰写的评论文章、参加的会议和提交的会议论文、1986年的第二次访华以及与巴金、冰心、冯至、戈宝权的会面和访问茅盾故居。高利克比较重要的茅盾研究成果有1986年撰写的专著《中国现代文学批评发生史,1917—1930》的第8章《茅盾为现实主义和马克思主义的文学理论而斗争》③、《诸

---

① 马立安·高利克:《茅盾和我》,前面所引书,1995年,第115页。
② 马立安·高利克:《茅盾使用过的真名和笔名》,前面所引书,1963年,第80-108页。
③ 马立安·高利克:《茅盾为现实主义和马克思主义的文学理论而斗争》(Mao Tun's Struggle for a Realistic and Marxist Theory of Literature),载《中国现代文学批评发生史,1917—1930》第8章,前面所引书,第191-213页。

神的使者:茅盾与外国神话在中国的介绍》①、《茅盾小说中的神话视野,1929—1942》②、《三十年代暮光照耀下的中国商人与荡妇》③、《神话中的大力士与荡妇——茅盾视野中的参孙和迪莱勒》④。

第二节　高利克的茅盾短篇小说研究

茅盾短篇小说研究,1928—1937

《茅盾短篇小说研究,1928—1937》是 1958 年高利克在布拉格查理大学哲学系的硕士毕业论文⑤,至今未发表。论文共有 9 章,143 页,其中参考文献和注释占 19 页。文后附有高利克翻译的茅盾短篇小说《秋收》。第 1 章为"1930 年前茅盾的文学和科学发展"。第 2 章为"只有灰暗沉重的现实……",主要分析了茅盾创作于 1928 年的 4 部短篇小说《创造》、《自杀》、《一个女性》和《诗与散文》。第 3 章"人生是努力加理知(智)!"分析了小说《陀螺》。第 4 章为"1930 年后茅盾的文学和科学发展",分析了茅盾的两篇文艺理论著作《我们这文坛》和《都市文学》。第 5 章为"历史短篇小说",分析了《石碣》、《狗子头林冲》、《大泽乡》和《神的灭亡》4 个短篇故事。第 6 章为"1932 年的短篇小说和茅盾塑造人物的方法",分析了《小巫》、《右第二章》和《林家铺子》3 个故事。第 7 章为"农村三部曲",分析

---

① 马立安·高利克:《诸神的使者:茅盾与外国神话在中国的介绍》(*The Messenger of the Gods: Mao Dun and the Introduction of Foreign Myths to China*,1924—1930),载《淡江评论》(*Tamkang Review*)第 23 卷第 1,2,3,4 期,1992—1993 年,(1994 年出版),第 639-669 页。

② 马立安·高利克:《茅盾小说中的神话视野,1929—1942》(*The Mythopoeic Vision in Mao Dun's Fiction*),载《东北师大学报》1993 年第 2 期,第 15-18 页。也可参见《国际南社学会丛刊》1993 年第 4 期,前面所引书,第 169-178 页。

③ 马立安·高利克:《三十年代暮光照耀下的中国商人与荡妇》(*Merchants and Mercenarie in the Twilight of China in the 1930s*),载《澳大利亚东方社会杂志》(*The Journal of the Oriental Society of Australia*)第 24 卷,1992 年,第 1-14 页。

④ 马立安·高利克:《神话中的大力士与荡妇——茅盾视野中的参孙和迪莱勒》(*Mythopoeic Warrior and Femme Fatale. Mao Dun's Vision of Samson and Delilah*),载伊爱莲(I. Eber)等编:《圣经对现代中国文学和思想的影响》(*Bible in Modern China: The Literary and Intellectual Impact*),圣·奥古斯丁:内托尔,1999 年版,第 301-320 页。

⑤ 马立安·高利克:《茅盾短篇小说研究,1928—1937》(*Mao Tun's Short Stories*,1928-1937),查理大学学位论文,布拉格,1958 年。未出版。

了茅盾最重要的小说《春蚕》、《秋收》和《残冬》。第 8 章为"1933—1935 年间的短篇小说以及茅盾小说的影响问题",分析了《当铺前》、《牯岭之秋》、《赵先生想不通》、《微波》、《夏夜一点钟》和《第一个半天的工作》。第 9 章为"1936—1937 年间的短篇小说和茅盾人物类型化的方法",分析了《水藻行》、《儿子去开会去了》、《大鼻子的故事》和《一个真正的中国人》等故事。除正文外,另有"序言"和"摘要"。

茅盾的《子夜》:
与左拉、托尔斯泰、唯特主义和北欧神话的创造性对抗

《茅盾的〈子夜〉:与左拉、托尔斯泰、唯特主义和北欧神话的创造性对抗》是《中西文学关系的里程碑》一书的第 4 章①。该书于 1986 年在德国威斯巴登出版。由伍晓明、张文定等翻译的中译本于 1990 年出版②。该章一开始即指出,茅盾的《子夜》是现代中国第一本著名的、有意义的社会长篇小说,要正确理解《子夜》,就必须深入了解他的文学思想以及他关于欧洲文学史和神话方面的主要批评著作。③

考察茅盾对于他称为自然主义的文学现象的理解可以发现,常常是美国、德国和日本的第二手材料构成了他的自然主义-现实主义理论的基础,这一基础正是他的著作的批评依据和意识形态的来源④。茅盾很好地运用了哈维洛克·埃利斯(Havelock Ellis)的观点。埃利斯在他的文章中攻击左拉的"文献式的"文学作品模式,并对托尔斯泰关于熟悉生活和文学创作的态度加以强调。尽管在上述三角关系中在关于体验生活方面茅盾似乎更接近托尔斯泰,但这在总体上不适合《子夜》的创作,《子夜》是在不同的时期、不同的背景下创作的。

1923—1928 年间茅盾很少写关于自然主义的东西,但在《西洋文学通论》中他又回到了自然主义-现实主义的问题。在书中,茅盾表示了他对

---

① 马立安·高利克:《中西文学关系的里程碑》(Milestones in Sino - Western Literary Confrontation,1898—1979),威斯巴登:哈拉索维茨出版社,1986 年版,第 73-99 页。

② [捷克斯洛伐克]马里安·高利克著,伍晓明、张文定等译:《中西文学关系的里程碑》,北京:北京大学出版社,1990 年版。

③ 同上,第 74 页。

④ 同上。原文引自马立安·高利克:《自然主义:一个变化着的概念》(Naturalism: A Changing Concept),载《东方与西方》第 16 卷第 3-4 期,1966 年,第 310-328 页。

欧洲文学发展趋势的看法。他利用在日本的时间（1928年中—1930年3、4月间）重新整理了他关于现代外国文学史的著作，完成了他关于希腊、中世纪、骑士文学、中国和北欧神话的书。由于这些工作之后茅盾紧接着就开始了《子夜》的资料收集和写作，两者之间的相关部分值得注意。茅盾喜欢西班牙作家巴洛伽（Pio Baroja）的反偶像精神，对尼采、易卜生、左拉和托尔斯泰作品的普遍传播也感兴趣。

在《西洋文学通论》中，茅盾随意使用"自然主义"和"现实主义"这两个术语。他常常是在理论层面上用"现实主义"，而在实际层面上用"自然主义"。在茅盾那里，现实主义、自然主义、批判现实主义这三者的区别是很不清楚的。他认为，从巴尔扎克到契诃夫所创作的作品都是自然主义的，但他同时又提醒说巴尔扎克是现实主义的先驱，狄更斯使用了一种"现实主义的风格"，狄更斯和萨克雷的作品都有"现实主义的倾向"，"现实主义之花"早在19世纪30年代的果戈理作品中就已经盛开，并认为从果戈理到契诃夫的整个俄国文学都是现实主义的。①

从《西洋文学通论》可以看出，茅盾对某些作家完全忽略，而给了那些在历史进程中有影响的作家或作品太多的空间，如希腊、罗马和北欧神话，希腊悲剧，中世纪的传奇，雨果（V. Hugo）、福楼拜（G. Flaubert）、左拉、契诃夫、梅特林克（M. Maeterlinck）、现代派和先锋派文学，以及高尔基和他的"新现实主义"。在1934年的《谈我的研究》中，茅盾非常具体地谈到了他的"文学爱好"。英国文学他提到了狄更斯和司各特，法国文学他提及大仲马（A. Dumas père）、莫泊桑和左拉，俄国文学则有托尔斯泰、契诃夫和高尔基。后来的学者也感到左拉和托尔斯泰是与茅盾最接近的。瞿秋白早就指出过《子夜》与左拉的《金钱》（L'Argent）之间的关系。现在被经常提及的是托尔斯泰的《战争与和平》和《子夜》的关系，1949年第一次被林海提及，张毕来在1958年、格鲁纳（F. Gruner）在1975年也分别提到过。格鲁纳也分析过《子夜》与左拉的《金钱》之间的关系。费德林（N. T. Fedorenko）在他的《中国札记》（Chinese Notes）中也谈到茅盾自己曾说过高尔基的小说《弗玛·高蒂耶夫》（Foma Gordeev）曾唤起了他"对中国民族资产阶级处境的兴趣"，并因而"激发了他创作《子夜》的愿望"。但不管是费德林还是索罗金（V. F. Sorokin），都没有对此做进一步的分析。太阳社成

---

① 马立安·高利克：《中西文学关系的里程碑》，前面所引书，1986年版，第77页。

员祝秀侠(祝庚明的笔名)曾指出《野蔷薇》中的《一个女性》与莫泊桑的《一生》(Une vie)之间可能存在的关系。但还没有证据表明有人将茅盾的作品与契诃夫和狄更斯的作品进行过比较。①

茅盾在1920年1月发表的《小说新潮栏宣言》中建议将33种欧洲文学作品译成中文,其中左拉的有三种:《崩溃》(Le Débacle)、《生命的欢乐》(La joie de vivre)和《磨坊的攻击》(L'Attaque du moulin)。高尔基的有两种:《底层》(Lower Depths)和《曾为人的动物》(Creature that Once Were Men)。托尔斯泰的有一种:《战争与和平》。不清楚茅盾为什么会从左拉的作品中选择这并非其典型的三种。茅盾对左拉,或者是对他的创造性策略的兴趣,在其后三年中成为一种兴盛的潮流。在其《文学上的古典主义、浪漫主义和现实主义》中,他认为"左拉和莫泊桑是现实主义的重要代表"。在《近代文学体系的研究》中,他则指出左拉描写现实纯粹是从客观现象出发揭露生活的黑暗面,对颓废文学是一个重大的打击。②

茅盾对左拉的关注可以看作是他对自己过去的文学批评观的继续,也可看作是他对当前文学的兴趣,至少预示了他未来的发展。在《西洋文学通论》中,茅盾分析了或者至少是指出了《卢贡马加尔家族》(Les Rougon-Macquart)的特点。这部书中至少有两本影响了茅盾后来的发展,一本是《金钱》(L'Argent),另一本是《娜娜》(Nana),他写专文介绍的唯一一本左拉小说。《金钱》直接影响到了《子夜》的整个组织和总的系统结构;《娜娜》则在两个方面产生了影响:一是把"性"看作一种神秘的力量,另一是关于命运权利的变化。这种影响不仅表现在《子夜》中,也表现在茅盾其他的短篇小说如《小巫》中。③

1921—1929年间的茅盾著作很少表现出他对高尔基和托尔斯泰的关注,1928年后茅盾作品对高尔基作品显而易见逐渐增加的兴趣很可能意味着他是将高尔基作为一个社会参与者,一个现实主义的革命文学家来强调其重要性的④。20世纪20年代,茅盾对托尔斯泰和左拉的兴趣是相似的。《崩溃》和《战争与和平》都在茅盾建议翻译的作品之列,我们可以假设在茅盾看来这两部作品是可以互相补充的。在回答自己为什么把这两

---

① 马立安·高利克:《中西文学关系的里程碑》,前面所引书,1986年版,第78—79页。
② 同上,第80页。
③ 同上,第81页。
④ 同上。

部作品放进翻译计划时,他认为"左拉的作品只描写了战争的可怕,而托尔斯泰却已谈到了战争是为什么。"

1934年2月,茅盾用笔名"昧茗"写了《郭译〈战争与和平〉》的评论,从两个方面评论自己对这部小说前3章的兴趣:一是对翻译理论的微薄的贡献,二是自己个人对于托尔斯泰这部小说的开头的看法。茅盾不止一次注意到书中关于海伦(Hélène)的胸脯的描写,两次强调郭沫若将其译为"酥胸"(creamy breasts)是错误的。在《子夜》中,关于中国现代女性的描写,特别是关于她们的胸脯的描写成了女性的致命的性的诱惑力,而这在托尔斯泰的小说中是没有的。茅盾的小说中,没有年轻的彼埃尔那样的人出现在客厅中,只有年迈的吴老太爷,他的形象与所谓的"酥胸"相连,但不是诱惑而是毁灭①。茅盾的这一描写虽然可在托尔斯泰的小说中找到原型,但却相当不同。与托尔斯泰的相比,它不那么保守,更动态,更少暗示性而有一种象征的使命。这后一特点与左拉的相同。②

如果我们将茅盾在《子夜》的创作中所怀有的那种戏剧式的希望感与《圣经》启示录中的世界联系起来的话也许会大错,但他那时已从居厄伯(H. A. Guerber)的《北欧神话》(Myths of the Norsemen)中熟悉了《大埃达》(Elder Edda)和《小埃达》(Younger Edda)的世界,后来在1929年末的《北欧神话ABC》中他以相当详细的方式复述了居厄伯书中的内容。③

茅盾很可能在选择《子夜》这个书名时做了严肃的思考。其最初的标题是"夕阳"(The Twilight),它比"子夜"所含的希望成分要少,但却包含着更多的戏剧性。茅盾最初将这部小说取名为"夕阳"显然与"众神的夕阳"有关,这是居厄伯书中描写"神之劫难"(Ragnarok or Götterdämmerung)即神的衰落一章。在茅盾的小说中,"夕阳"意指中国封建主义和资本主义"众神"的衰亡。④

即便是在向中国读者介绍"北欧神话"这样一个似乎很遥远的主题时,茅盾也常常回到中国人民特别是工人和农民的艰难现实之中。在他为《子夜》的创作作准备,写第1章甚至整个的创作过程中,他常回到"北欧神话"的戏剧精神。小说第1章原准备以"逃墨馆主"的笔名发表。"逃墨

---

① 马立安·高利克:《中西文学关系的里程碑》,前面所引书,1986年版,第84页。
② 同上,第85页。
③ 同上,第86页。
④ 同上,第86—87页。

馆主"是对叔列姆赫姆(Thrym-heim)之主的翻译。叔列姆赫姆在《北欧神话》中是指"世界元初时与神祇相敌对的"叛逆的巨人们的处所。①

或许有人会同意有些作者指出《子夜》第1幕情景与《战争与和平》的情景极其相似。托尔斯泰和茅盾都使用了呈现法,在作品一开始便提供了基本信息,介绍了主要人物。但在此应提及的是,左拉也常常采用这种方法。《北欧神话》悲剧精神的呈现(这在《子夜》的研究者中还未有人注意)使茅盾更能领悟神话时代插曲的意义,将其描写和叙述转向戏剧性和象征性的表现,有助于他创造出整个中国现代文学中一些最令人难忘的场景。②

茅盾不仅在股票交易情行的描写上,也在文学人物的塑造上借鉴了左拉。桑多尔夫(Sandorff)男爵夫人在某些方面是刘玉英的样板,尽管左拉更多是以自然主义的方式对这个人物进行刻画的。同样,近视却聪明的经济学教授李玉亭与患有结核病却博学的西基斯蒙·布施(Zigmund Busch)之间显而易见存在着重要的文学联系,二者都有些心不在焉的气质以及经济理想主义和空想家的精神。③

歌德的《少年维特之烦恼》并没有对茅盾《子夜》的"系统结构实体"产生深刻的内在影响,但托尔斯泰的《战争与和平》却起了最有价值的作用。对影响的衡量并不取决于艺术的价值或其他的价值,而是取决于接受作家的需要和文学结构的需要。影响《子夜》的最后一部主题相近的作品是左拉的《金钱》。在某些情况下,特别是在描写"最后一战"时,茅盾直接追随左拉的情节结构原则。当描写益中公司的创建时,这种借鉴相当明显,但却相对少一些。然而茅盾一贯坚持自己的原则,在接近左拉之后又离开他,走适合自己个人气质和中国民族文学需要的道路。④

在《子夜》的接受-创造过程中起重要作用的是居厄伯的《北欧神话》。茅盾从未提过居厄伯,只是在《北欧神话 ABC》末尾的参考资料中提到过一次他的这本书。茅盾在书目中写道:"北欧神话是庄严的、悲剧的。"他正确地理解了居厄伯的"热和光明的影响为上帝之善势力"、"寒冷与霜雪

---

① 马立安·高利克:《中西文学关系的里程碑》,前面所引书,1986年版,第87页。
② 同上,第89-90页。
③ 同上,第92-93页。
④ 同上,第96页。

为巨人们的恶势力"的观点①。茅盾最终决定将他的小说名为"子夜"而非"夕阳"是有他自己的道理的。茅盾在选择"子夜"即"夜之子"时,十有八九想到了《北欧神话》中女夜神诺特(Nott)与她的第三任丈夫"黎明"(Dellinger)所生之子"昼"(Dag)。这种变形似乎更能为他所接受。

外国文学的刺激对茅盾来说既是跳板或者灵感的源泉,也是他在创作新的民族文学,尤其是为社会服务的、革命的、特别是具有"艺术细胞"的文学作品时所必需的因素。《子夜》一开始就很接近托尔斯泰。茅盾为艾伦公爵夫人(princess Hélène)的形象着迷,他将其变形为吴家客厅中的几位女性。但在从托尔斯泰那里获得灵感的同时,他马上又离开他,因为这也是他自己创作设计的需要。②

从《北欧神话》中借来的悲剧的和庄严的时刻贯穿了整个小说"众神末日"的母体或是在实际上促进了整个情节的发展。只是在最后时刻,"夜、黎明和白昼"的母题才占据了主导地位,以缓解强有力但却朦胧的"夕阳"的效果。

茅盾在情节上经常仿效左拉。但应该注意的是他把自己放在肩负着比左拉更复杂更繁重的人物的位置上。③

茅盾对《少年维特之烦恼》采取了区别对待的态度(而不像对托尔斯泰、左拉和居厄伯那样采取的是整合的态度),他并非想拒绝感伤主义的有价值的文学传统,但他讽刺了在理性及理性主义之后现代人发展的重要进程中中国城市现代资产阶级青年虚假的生活。

如同我们所看到的,茅盾与托尔斯泰的联系并不多,尽管他赋予吴家的客厅的作用比托尔斯泰赋予安娜·巴甫洛夫娜(Mlle Scherer)沙龙的作用更大。然而,如果没有《金钱》,《子夜》就写不出来。不过,茅盾并没有从左拉那里接受在他看来是反现实的、明显自然主义的、与他的文学观的系统结构实体相悖的因素。这种在他的《西洋文学通论》(《子夜》创作之前)中就已经清晰地形成了的系统结构实体,呈现了文学发展主流在继上世纪末本世纪初的现代主义和先锋派文学之后的"现实主义的回归"。茅盾显然也想使自己的作品成为那些标志着"现实主义的回归"的作品

---

① 马立安·高利克:《中西文学关系的里程碑》,前面所引书,1986年版,第96-97页。
② 同上,第97页。
③ 同上,第98页。

之一。①

茅盾的《子夜》，作为一部无产阶级革命文学的伟大的现实主义作品，具有无可比拟的地位，是对后来的中国文学发展中因一系列原因不能常常得到足够的空间实现其艺术价值的"壮健美妙"（sublime and beautiful）风格的一个证明。②

中国三十年代暮光照耀下的商人与荡妇

《中国三十年代暮光照耀下的商人与荡妇》于1992年发表在《澳大利亚东方社会杂志》第24卷上③，由万树玉翻译的中文收录在《茅盾与二十世纪》中④。文章一开始即解释说《暮光》是茅盾小说《子夜》的英文译题。《子夜》原题实际上是"夕阳"，即"暮光"的隐喻。暮光通常是在夕阳西下至夜幕降临之间这段时间，太阳落下地平线时从天空产生出来的光线。在北欧神话中，"暮光"喻指诸神之黄昏（Ragnarok or Götterdämmerung）⑤。茅盾是外国神话领域中的"诸神的使者"，他将古希腊-罗马地区、犹太-基督地区、北欧及其他地区的神话故事介绍给中国同胞，对海伦娜·阿德琳·居厄伯的《北欧神话》很熟悉，居厄伯同时还创作了《希腊罗马神话》（The Myths of Greece and Rome）、《中世纪的神话与传说》（Myths and Legends of the Middle Ages）及其他作品。与《子夜》的译题"暮光"相似，居厄伯题为《众神之暮光》（The Twilight of the Gods）一书的第28章是这样开头的："北方神话的显著特征之一即是，人们总是相信他们的神是属于某个神族的。亚萨神族（即，北欧众神）有生，因而也就有灭。由于它们出生自一个神圣的、巨大的混合体，生而带有死亡的细菌，因而是不完美的。为了获得精神的不朽，注定要遭受肉体的死亡。整个北欧神话的构成因而像是一部剧，每一部都逐渐走向高潮或

---

① 马立安·高利克：《中西文学关系的里程碑》，前面所引书，1986年版，第99页。
② 同上。
③ 马立安·高利克：《中国三十年代暮光照耀下的商人与荡妇》（Merchants and Mercenarie in the Twilight of China in the 1930s），载《澳大利亚东方社会杂志》第24卷，1992年，第1-14页。
④ 中国茅盾文学研究会编：《茅盾与二十世纪》，北京：华夏出版社，1992年版，第563-576页。
⑤ 马立安·高利克：《中国三十年代暮光照耀下的商人与荡妇》，前面所引书，第1页。

是悲剧的结局,作者带着诗意的正义感,对众神给予公正的奖惩。"这些话在总体上可以当作茅盾《子夜》的序言。而这一章里另一段不长的描写可能对茅盾《子夜》的前几章甚至整部小说产生了影响:"太阳神和月亮神由于受到惊吓而变得苍白,浑身颤抖地驾着它们的战车沿着指定的道跑,惊恐地回头看正在追赶它们的狼。这些狼很快就会袭击它们,吞噬他们……"①

雅罗斯拉夫·普实克用捷克文翻译的《子夜》"序言"很独特,没有像政治社会学那样具有文学性和批判性,而是谈他之前研究的点点滴滴。他认为茅盾的《子夜》(他用捷克文称其为《暮光》)很可能是关于日本侵略中国前中国所经历的那段可怕的瓦解时期最棒的文献。"尽管它只描写了1930年的春夏几个月,但却像一幅巨大的壁画,描绘了那时中国的所有重大问题。可以说,几乎没有任何其他的书能够给我们提供有关战前中国的如此丰富的知识和形象、生动的意象。"②

茅盾向读者展示了中国社会,主要是"商业"阶层的广阔天地以及他们在经济生活、政治和文化中的地位。但是他的"分析"与历史学家、国民经济学家以及其他这类人的学术著作不同。《子夜》中价值创造的张力主要是由其神话倾向造成的。上海和中国的"众神的暮光"并非仅仅是由世界范围的经济危机造成的,还有特殊的历史原因。③

茅盾极有可能是在他读了中世纪的文学后才知道"死神之舞"(la danse macabre)的。他在1928年和1929年初阅读了大量的这类著作,其中包括居厄伯的《中世纪的神话与传说》。在写《子夜》时,茅盾对欧洲中世纪及其精神氛围可能仍有鲜明具体的印象。④

徐曼丽、刘玉英、冯眉卿都是现代的高等妓女。小说对她们的"手腕"没有像对其同行商人的手腕那样着力加以描写。

1934年茅盾写了最后的两个涉及"暮光"主题的短篇故事《赵先生想不通》和《微波》。两个故事都是《子夜》主题的变形。从1935年起茅盾不再遵循"暮光"的神话主题。在《子夜》中第二次的"死神之舞"后,我们就

---

① 马立安·高利克:《中国三十年代暮光照耀下的商人与荡妇》,前面所引书,第1-2页。
② 同上,第3页。
③ 同上,第3-4页。
④ 同上,第5页。

已经可能观察出茅盾观点的变化了①。与"暮光"相对的即是"黎明"。"黎明"成了茅盾的写作目标。在他将小说的题名从《暮光》改为《子夜》时,茅盾再次追随了另一北欧神话主题,对此他应该给予感谢。根据茅盾的说明,"子夜"即"半夜,既已半夜,快天亮了……"。正如北欧的神话作家一样,茅盾也笃信"再生"。可是他并没有对"暮光"的神话主题追求到底。因为这样做是需要完全毁灭诸神及其对手的。茅盾乐于看到中国商人和荡妇的世界以及与他们相关联的整个社会秩序的消亡,但是他不愿看到中国工农的湮灭,因为他在他们身上看到了中国共产主义未来的希望。②

从前面的分析可以看出,中世纪"死神之舞"的现代阐释很可能是《子夜》对"暮光"这一神话素的阐释中最重要的主题。茅盾的确逃脱了"暮光"的陷阱,可是他对那不想到来的"黎明"寄托了太多的希望③。另一方面,茅盾比其他的中国作家更出色地描绘了这种充满了戏剧性因而具有价值的"暮光"。西方的汉学家研究《子夜》的成果并不多。夏志清认为《子夜》"是对 1930 年中国的最野心勃勃的描写",是"做了大量的研究,在文献史料方面无可挑剔,充满了对典型人物的映射,拥有翔实的政治、经济素材的作品。"仅仅这一切"构成了一部常常令人恼怒和厌烦的作品……"或多或少,西方的茅盾研究者至少是下意识地附和了这些观点④。由于好的中国小说"缺乏"而断定《子夜》"属于主要的中国现代小说",只是部分合乎情理。而谴责它是"重大的失败",则是太过粗暴的判断。政治的、社会的以及其他的偏见和各种教条应该从坚实的文艺批评中加以排除。⑤

中国文学指南:《虹》与《春蚕》

由马悦然主编的《中国文学指南,1900—1949》的第 1 卷小说卷,是由米列娜负责编辑的,其中收录了由高利克撰写的关于茅盾小说《虹》和《春

---

① 马立安·高利克:《中国三十年代暮光照耀下的商人与荡妇》,前面所引书,第 12 页。
② 同上,第 13 页。
③ 同上。
④ 同上。
⑤ 同上,第 14 页。

蚕》的介绍与评价①。评论认为,与发表在《小说月报》第 20 卷第 3 号上的同名文章一样,茅盾暗示了《虹》只不过是新与旧,或者神秘与古希腊所唤起的自然现象中的那种希望的现代形象而已。小说可以理解为是梅和 20 年代大部分中国人的希望的一种艺术化尝试。对如梁刚夫在小说中所表现的那种更好的时代先驱的描写,是比较弱而且不太具有说服力的。

《春蚕》这个短篇小说集代表了茅盾短篇小说创作的最高水平。在这些故事中,《春蚕》之后的那些,尤其是《林家铺子》,对中国文学的进程有着非同寻常的影响,促进了很多短篇小说的创作,有些在后来的发展中变得相当有名,如叶绍钧的《多收了三五斗》、叶紫的《丰收》和夏征农的《禾场上》。②

斯洛伐克文版《林家铺子》前言

高利克为 1961 年出版的斯洛伐克文版《林家铺子》所写的前言中③,主要按时序向读者介绍了茅盾的生平和创作。《前言》最后强调,茅盾是作为中国文学生活的杰出的组织者和卓越的文学批评者而活跃在新中国成立后的文坛上的。他是现代中国最优秀的散文家,他的长篇和短篇小说更是以史诗般的规模展现了无与伦比的中国生活的画面。可以说在中国作家中,还没有谁像他那样反映出从 1911 年至新中国这整个历史进程中中国城乡广阔的社会生活画面。如果我们把中国某个作家的作品称为现代中国的一部小型的《人间喜剧》的话,那就可能是茅盾的作品了。

茅盾是一位政治的、社会的作家,个人的区区小事对他是没有吸引力的,只有那些伟大的政治的或社会的问题才最使他激动不安。他的作品充满了时代精神,现实感极强。这本文集中选取的作品,绝大部分都是对现实最直接的反映。从译介给斯洛伐克读者的那些短篇小说中读者可以清

---

① 马立安·高利克:《茅盾:〈虹〉与〈春蚕〉》(*Mao Dun: Hong [The Rainbow] and chuncan [Springworm]*),载米列娜(Mileva Dolezelova-Velingerova)编:《中国文学指南,1900—1949》(*A Selective Guide to Chinese Literature, 1900—1949*)第 1 卷,《小说卷》,莱顿:布里尔,1988 年版,第 133—134 页和第 137—139 页。

② 同上,第 139 页。

③ 斯洛伐克文版《林家铺子》,奥尔德日赫克拉尔译,布拉格作家出版社,1961 年版。该文中译文由蒋承俊译,载李岫编:《茅盾研究在国外》,长沙:湖南人民出版社,1984 年版,第 312—325 页。

楚地看到,茅盾综合表现了不久前整个中国的动荡不安和中国各阶层人物的思想情绪的起伏转折以及中国人民为争取正义、为更加人性的生活而斗争的无与伦比的中国生活的画卷。

第三节　高利克的茅盾与中国现代文学批评研究

茅盾与中国现代文学批评

1969 年,高利克的第一本英文专著《茅盾与中国现代文学批评》在德国威斯巴登出版①。该书是在其 1968 年的同名博士论文基础上修改而成的。正如高利克在"致谢"中所言,该书旨在揭示出 1919—1936 年间茅盾的文学和批评之路以及与这条路的历史或前史相关的重要事实。高利克的导师雅罗斯拉夫·普实克为此书作"序",题为《写在马立安·高利克的文艺批评家和理论家茅盾研究的页边》②。除"结语"外,全书共有 11 章,第 1 章为:"青少年时期,1896—1920";第 2 章为:"早期的思想发展";第 3 章为:"文学批评第一步";第 4 章为:"中国现代文学:一条进退两难之路";第 5 章为:"文学研究会与 1921—1930 年间的茅盾";第 6 章为:"论文人、文学的本质及其功能";第 7 章为:"自然主义还是现实主义";第 8 章为:"论革命文学与无产阶级文学";第 9 章为:"论中国当代无产阶级文学与世界先锋文学";第 10 章为:"左联与 1930—1936 年间的茅盾";第 11 章为:"文学创作和技巧问题"。该书有由王彦彬翻译的第 11 章的译文③和由本书作者翻译的第 6 章的译文④。与此书几乎同时,该书作者全文翻译了这本《茅盾与中国现代文学批评》。书稿作为中国茅盾学会主编的《茅

---

① 马立安·高利克:《茅盾与中国现代文学批评》(*Mao Tun and Modern Chinese Literary Criticism*),威斯巴登(Wiesbaden):弗兰茨·斯坦纳出版社,1969 年版。
② 雅罗斯拉夫·普实克:《写在马立安·高利克的文艺批评家和理论家茅盾研究的页边》(*In the Margin of M. Galik's Study of Mao Tun as a Literary Critic and Theoretic Writer*),载马立安·高利克:《茅盾与中国现代文学批评》,前面所引书,第 XI-XV 页。
③ 马立安·高利克著,王彦彬译:《茅盾的文学创作和技巧问题》,载唐金海、孔海珠编:《茅盾专集》第 2 卷下册,福州:福建人民出版社,1985 年版,第 1552-1569 页。
④ 马立安·高利克著,杨玉英译:《茅盾论文人、文学的本质及其功能》,载《茅盾研究》第 12 辑,第 147-163 页。

盾研究八十年书系》之一于 2014 年 7 月由台湾花木兰文化出版社出版。此节将着重介绍该书的第 6 章《论文人、文学的本质及其功能》和第 11 章《文学创作与技巧问题》。

第 6 章以"中国现代文学批评史研究之二：茅盾论文人、文学的本质及其功能，1921—1922"为题于 1968《亚非研究》第 4 卷上①。茅盾在《文学和人的关系及中国古来对于文学者身分的误认》中有些夸张地认为，古来文学者是"词赋之臣"、"粉饰太平的奢侈品"或"弄臣"。但并非仅是帝王对古代中国的诗人和文人怀有不正确的态度，像吕不韦、刘安以及其他的达官贵人们也一样有这样的态度。即使我们读完中国古代文学批评家所有的作品，要回答"文学是什么"这个问题也是徒劳的，但我们能在其中找到"文学有什么作用"这个问题的答案。因而当茅盾询问中国古代对于文学的定义时，他很可能是在无意识地回答后一个问题。在茅盾看来，对此问题中国古代有两种相反的回答。第一种是"文以载道"，即是古代圣贤提出的"道"。文学被认为是相当功利的，因而文章是对圣君贤相的歌功颂德，是对善男恶女的摹写。对这个问题的第二种回答并不十分模糊不清，比如它可以被称为是"文以消遣"。在他看来，也许通过书写作者自己的情感也可以创作出好的文学作品来，但它只是"作者一个人的文学"，而非"时代的文学"，更说不上是"国民文学"。②

这个问题以及对这个问题的各种回答引起了茅盾更深入的思考。由于中国的文学批评家和文人还没有正确解决文学和人的关系问题，没有搞清楚文学在一个国家的文化框架中的功能问题，使得中国的文学发展与欧洲的不同。文学作品不应该只属于作者一个人，其目的在于表达生活的复杂性，反映时代的背景。在茅盾丰富的作品中，分析的这篇是他唯一一篇将文学等同于科学的文章。其中被研究的对象是人生，是他加以了特别强调的现时的人生。文学研究运用的工具是三种主要的文类——诗、剧本和小说（原文为说部"fiction"，高利克用了"prose"一词，本书作者注）。文学作品的对象是人生，其各种可能性涵盖了全人类。通过美学的手段综合地

---

① 马立安·高利克：《中国现代文学批评史研究之二：茅盾论文人、文学的本质及其功能，1921—1922》(*Studies in Modern Chinese Literary Criticism. II: Mao Tun on Men of Letters, Character and Functions of Literature*, 1921—1922)，载《亚非研究》第 4 卷，1968 年，第 30-43 页。

② 同上，第 32 页。茅盾的观点可参见沈雁冰：《文学和人的关系及中国古来对于文学者身分的误认》，第 9 页。

表现人生是作家的职责。茅盾认为,只有这样的文学才是人的文学,真的文学。与他国历史和文学事实的对抗使得茅盾和他的同事们意识到改变中国古来对于文学者的社会作用、文学及其任务的态度的必要性。不无道理,仅是这种努力,这种改革文学的基本方面的努力,就表明了他组织建构中国现代文学的首次努力。他认为根本的要求是:作家的个性自由、相应的社会地位、对自己所从事的工作的社会责任的认识和对文学作为通过作家的感觉和手中的笔来对客观事实的客观反映的认识。文学应该如对科学一样进行判断,而且更甚,因为科学已经于本世纪 20 年代在中国知识分子眼中赢得了稳固的地位。①

对客观事实进行客观反映的要求表明了对作家作品最广泛的有效性的认识。除非他的作品只是一时的娱乐,那作家就应该表现出一种重要的社会力量。如果更重要的,他们的职责在于"沟通人类感情代人类呼吁的唯一工具",那么,他们也应表现世界的力量。

中国的文学者必须意识到这个使命,他们不再只是传统道德的阐释者,或者消遣品的生产者,他们必须成为新的福音的倡导者。作为一种尝试,这个新的福音这次是文学,它等于人生。对茅盾来说,这个新的福音、文学和人生,三者是同义的。这个观点并非只为茅盾独有,否则的话,它们就不能完成其在思想世界中应该完成的作用。

1921 年,茅盾写了《近代文学体系的研究》。文章的第一部分讨论了文学与哲学的关系,认为每个想要了解近代文学的渊源的人都应该研究近代哲学史,没有牢固的意识形态结构的文学是立不住脚的②。将茅盾的这些"荒谬的"观点水平放置的话,我们可以得到这样的组合:

文学 = 科学 = 人生 = 新福音 = 新思想

如果将这个相当绝对的组合加以调整,可被理解为文学,应该是对客观现实最客观的反映,它应以通过选择和描写虽说不上是全人类的但与一国相关的事物来获得广泛的有效性为目标。对广大的读者来说,它应该是认知的源泉,这种源泉应以高度科学的、哲学的和伦理学的知识为基础。当然,这种反映应该通过艺术的手法加以表现。这就构成了茅盾对文学进

---

① 马立安·高利克:《中国现代文学批评史研究之二:茅盾论文人、文学的本质及其功能,1921—1922》,前面所引书,第 32—33 页。

② 茅盾原文为:"没有一种立得住,传得下的文学,不靠思想做骨子。"该文最初发表在 1921 年 12 月《新文学》上,署名沈雁冰。

一步思考的一个重要基础。根据此观念,他对文学的功能进行了思考,并得出如下结论:"无非欲使文学更能表现当代全体人类的生活,更能宣泄当代全体人类的情感,更能声诉当代全体人类的苦痛与期望,更能代替全体人类向不可知的运命作奋抗与呼吁。"①

茅盾没有表达出自己对世界文学进行采纳的态度之新文学观是令人难以置信的。但他对于介绍世界文学的态度已经在他以笔名"佩韦"所写的宣传文章中表达出来了。他写于1921年的《新文学研究者的责任与努力》把他的态度表现得更清楚。茅盾在文中写道:"介绍西洋文学的目的是欲介绍他们的文学艺术来,一半也为的是欲介绍世界的现代思想——而且这应是更注意些的目的。"②换句话说,茅盾将一部艺术作品思想的启示和精神的价值放在了首位。他与郑振铎都强调,将所有受人尊敬的艺术作品都译成中文,用他们的话来说,是"不经济的事"。如他认为,由于奥斯卡·王尔德的"艺术思想"与现代精神相反,不应该漫不分别地对其作品进行翻译。至于对伟大经典的翻译,他进一步说这不是浪费,因为更多的人阅读的是中文而非原著。③

除了文学的本质和向群众介绍文学作品的问题外,茅盾还对如何创作出一部好的作品给予了关注。1921年的早些时候,茅盾提到了他所认为的中国新文学作品的三个缺点。其一是作品缺少"活气"。他确实用了"humour"一词,但实际上这个词有更宽泛的意思,获得这种"活气"最根本的前提是对被描写的对象完全熟悉,拥有一些人生的经历并对其产生一些很深的印象。其二是作品没有"个性",即作家的人格,左拉称为"气质、个性"(tempérament)的东西。其三是这类作品太多模仿,因而缺乏生动性,也不可能在其中找到对作者人格的反映。茅盾提醒年轻的作者注意两个必不可缺的条件,即观察的能力和想象的能力。他认为,为了避免片面性,在文学创作中二者都要运用。有助于文学表现的是分析与综合。为了在作品中甚至在整个文学活动中获得满意的效果,仅仅使用前者或后者都是

---

① 马立安·高利克:《中国现代文学批评史研究之二:茅盾论文人、文学的本质及其功能,1921—1922》,前面所引书,第35页。原中文引文可参见郎损:《新文学研究者的责任与努力》,载《小说月报》第12卷第2号,1921年2月10日出版,第2页。

② 马立安·高利克:《中国现代文学批评史研究之二:茅盾论文人、文学的本质及其功能,1921—1922》,前面所引书,第35页。

③ 同上,第36页。原中文引文可参见《论文学研究与介绍》,载《沫若文集》,北京,1959年版,第139页。

不够的。

由于中国新文学应该是民族的,茅盾同时也对"国民性"这个问题给予了关注。①

1922年茅盾的文学观有稍许修正。1922年的时候,参考《1921年第二季度文学作品批评》一文中相似的事实,茅盾认为中国现代文学作品的"千篇一律"是因作者生活其中的"环境"而非模仿所造成的。

已经不止一次表明,在1922年的文章《文学与人生》中茅盾与泰纳的文学理论最接近。他在文中写道:"文学是人生的反映。人们怎样生活,社会怎样情形,文学就把那种种反映出来。譬如人生是个杯子,文学就是杯子在镜子里的影子。"茅盾进一步解释了文学与人种的关系。在泰纳的三种主要因素中,茅盾显然认为环境是最重要的。它包括作者周遭的一切,如家庭、朋友、住所、空气等。它不仅仅是物质性的问题,同时也是不同的哲学倾向的问题。茅盾认为,一个作家主要受环境的影响。他在一篇文章中写到:"环境在文学上影响非常厉害"。在另一篇文章中他也强调了环境极大的广泛影响,他甚至写了一篇短文来论述环境与作家之间的关系。②

茅盾将泰纳的术语"moment"译为"时代",但他觉得用"时势"一词更恰当些。他并不像泰纳那样是个极端的决定论者。他认为可将"moment"这个术语进一步限定为"时代的精神"。③ 或许并非偶然,他的观点与哈德森(W. H. Hudson)在其书《文学研究入门》(*An Introduction to the Study of Literature*)中的解释相似。哈德森赞同泰纳的"moment"仅意指"时代的精神"这个观点,而且他用了三页半的篇幅来阐述文学与时代的精神之间的关系。时代的文学被理解为是"其特有的精神与理想的表现"。④

对茅盾对泰纳纯科学方法的信任应持保留的态度。茅盾并不依附泰纳本人,甚至他是否读过泰纳的主要作品也不能确定。假如是这样的话,他则是在以自己的方式阐释它们,根据他自己的心理倾向来思考它们,将

---

① 马立安·高利克:《中国现代文学批评史研究之二:茅盾论文人、文学的本质及其功能,1921—1922》,前面所引书,第36-37页。

② 同上,第38-39页。原中文引可参见《中国新文学大系》第2集,第150页和《文学与政治社会》,载《小说月报》第13卷第9号,1922年9月10日出版,第1-3页。

③ 沈雁冰:《文学与生活》,第151页。

④ 哈德森,前面所引书,第42页。

其包括进他自己的批评体系中,通过这样的方式使其在本质上失去了大部分。当他在那三个重要的客观因素中添上第四个主观的因素,即"作家的人格"时,他并非是在创新。他之前已经有许多人提过,并且其中有些人,如前面提到过的哈德森的观点以及亨特教授(T. W. Hunt)在专著《文学:法则与问题》(Literature: Its Principles and Problems)中的观点,在某种程度上甚至影响了中国现代文学批评的进程。茅盾很可能用了亨特这本书。①

在泰纳的主要因素中,茅盾着重强调了环境和时代精神的影响。他赞成,它们中的哪一个,甚至他经常提到的作家的人格,在介绍一部文学作品时都并非完全重要。茅盾将"社会背景"这个术语放进了他的理论和批评体系中,认为"社会背景"表现了比作家的人格或泰纳的主要因素更重要的力量。他断言"文学的背景是社会的","背景"就是"所从发的地方"。②

茅盾在《社会背景与创作》中阐述了社会背景及其与作家的创作活动之间的关系问题③。很有趣的是,在这篇文章中他没有采用泰纳的观点,因为泰纳主要是从社会性方面来研究文学并试图以他对艺术作品的叙述为基础来阐释人的感觉和思想的。④

茅盾是以《诗经》序来开始自己的这篇文章的。《诗经》序对文学的社会功能加以了解释:"治世之音安以乐,乱世之音怨以怒,亡国之音哀以思。"⑤显而易见,茅盾是在更宽的层面上来思考"音"这个字的,将其看成一种更普遍的艺术的表达,因为他在其后加上了如下的评论:"这就是说,什么样的社会背景便会产出什么样的文学来。这几句话的观察本来是不错的,但一向的人都认为'安以乐'、'怨以怒'、'哀以思'的'音'是'治世'、'乱世'、'亡国'之兆,却未免错了!我们可以说正因为是乱世,所以文学的色调要成了怨以怒;是怨以怒的社会背景产生出怨以怒的文学,……"⑥

对于现时中国社会背景的本质茅盾是这样回答的:中国生活在"乱

---

① 参见马立安·高利克:《评茅盾的两本文集》(A Comment on Two Collections of Mao Tun's Works),载《东方档案》(Archiv Orientální)第33卷,1965年,第629—630页。
② 沈雁冰:《文学与生活》,第150页。
③ 《小说月报》第12卷第7号,1921年7月10日出版,第13—18页。
④ 参见泰纳:《英国文学史〈序言〉》(Histoire de la littérature anglaise, Introduction)。
⑤ 参见《诗毛诗传疏》,载《万有文库》第1卷,第1页。
⑥ 郎损:《社会背景与创作》,第13—14页。

世",因而其文学必须反映这样的时代。中国需要如易卜生(Henrik Ibsen)的《青年同盟》(*The League of Youth*)、屠格涅夫(Ivan Turgenev)的《父与子》、冈察洛夫(Ivan Goncharov)的《奥勃洛摩夫》(*Oblomov*)、梭罗古勃(Fedor Sologub)的《小鬼》(*The Poor Devil*)这样的文学作品。

茅盾认为文学的社会性质与其政治作用有着密切的关系。在《社会背景与创作》这篇文章一年多之后他发表了题为《文学与政治社会》的文章。文章的结构与前者相同,然而,其导入不是以旧文学而是以新文学为基础的。这篇文章可以理解为是对那些新文人的挑战,这些人迷恋"艺术独立"的口号,反对文学的功利主义。茅盾在文中没有点名,只是将其批评的靶子直指创造社的成员。

艺术实际上是一座"象牙塔",这些类似的观点与茅盾的文学观有不同是很自然的。不论茅盾对现代艺术(或者更准确地说是现代文学)是否同情,他从未将艺术和文学仅仅看成是包含了对美的法则的尊重和对社会现实的忽略的艺术创作。他从未承认"为艺术而艺术"的文学。茅盾将"为艺术而艺术"的追随者称为"孤军",并不相信他们会成功①。他对极端实用的艺术观给予了谴责,但他同时也反对那种认为具有政治色彩或社会味道的作品在文学中没有位置的观点。②

总体而言,茅盾指明了文学反映社会和政治的倾向,他相信中国的新文学运动将显示出相似的倾向,而且,这种倾向并不等同于颓废。

第 11 章《文学的创作和技巧问题》一开始即指出,从 1919 年茅盾作为一个文艺批评家的一开始文学的创作和技巧问题就吸引了他。后来,如在 1922 年,它们又引起了他的兴趣。但是直到大约 1924 年当茅盾在上海大学发表关于小说发展的演讲时他才开始对这个问题给予了更多的关注。这时,他写了题为《人物的研究》③的文章,该文章后来成了他更为丰富的著作《小说研究 ABC》中的一章。在其题为《小说的对象》的"序言"中,茅盾简明地指出了中国对于小说的旧概念,并更加详细地分析了欧洲很多作家如邓洛普(J. Dunlop)、塔克曼(B. Tuckermann)、贾斯兰德(J. Jusserand)、沃伦(F. Warren)和佩里(B. Perry)的观点。

---

① 沈雁冰:《文学与政治社会》,第 1 页。
② 在上述引文中。
③ 《小说月报》第 16 卷第 3 号,1925 年 3 月 10 日出版,第 1-20 页。

在茅盾看来,"novel"(小说,或近代小说)是"散文的文艺作品,主要是描写现实人生,必须有精密的结构,活泼有灵魂的人物,并且要有合于书中时代与人物身分的背景或环境。"①

此书用了相当的篇幅来阐述小说的最重要部分:人物、情节和背景。这样,本质上他是追随了佩里在其《小说研究》(*A Study of Prose Fiction*)一书中处理主题的方法②。在这部分中,茅盾主要探讨了小说技巧方面的问题。比如,他没有去分析那些已经创造出来的人物,那些名著中的主人公,也没有分析这些人物和主人公在一部文学作品的整个组织结构中的重要性,而是通过人物可以被塑造的方法描绘了这个过程。他非常简略地论及人物作为社会的或历史的现象(就它们当代的或过去的来源而论),以及他作为现实主义的或理想主义的现象(根据创造这些人物的方法而论)。

茅盾首先回答了怎样描绘人物这个主要问题。他最先论及的是直接描写和间接描写这两种方法。在茅盾的词汇中,直接描写法或许可以被称作"分析描写",意为"作者将人物的思想性格,分析的叙述出来,愈详明愈好。"③惯以自身经验为小说题材的作家更常常用这个方法。关于间接描写法,茅盾是这样说的:"作者对于人物的思想性格不用抽象的话来说明,只着意描写该人物的动作,让读者自如从动作中寻求该人物的思想性格。……总之,作家不来自己直捷告诉读者,却叫读者自去探索。"④

接着,茅盾探讨了作家与其描绘的人物之间的关系,小说中的各种人物以及它们之间的相互关系,并在最后强调指出,作家在创作时必须将人物个体的典型特征牢记在心。

在茅盾看来,作家可以对其描写的人物有三种不同的态度。他可以如司各特那样崇拜他们,或者如莫泊桑那样像生物学家解剖生物时那样(冷眼)看待他们,或者像科洛连科(Vladimir Korolenko)和列夫·托尔斯泰那样对它们给予"友意的同情"。⑤

在茅盾的整个文学批评生涯中,他始终要求文学作品的人物要有独特

---

① 沈雁冰:《小说研究 ABC》,第 14 页。(具体信息应为:沈雁冰著:《小说研究 ABC》,世界书局:1928 年版,第 14 页。本书作者注。)
② 出版时用的中文书名《小说的研究》,上海,1925 年版。
③ 沈雁冰:《小说研究 ABC》,前面所引书,第 85 页。
④ 同上,第 85-86 页。
⑤ 同上,第 87 页。

性、个性和特性。文学作品的人物必须清晰,也就是说,只有这样描绘人物才能打动读者。刻画不充分的人物是不会打动读者的。几乎不用去回想便可知道,正是茅盾对自己这个原则的坚信使得他最好的文学作品与那个时期中国文学所特有的类型化的特征区别开来。

茅盾总是反对并警告任何可能导致任何形式的类型化和没有活力的形式化的文学的权宜之计。因而,比如,当要把一个新的人物引进一部文学作品时直接描写法的表达方式之一即是"总介绍"(general introduction)(用他自己的话说)①。英国小说家中司各特(Walter Scott)用这种方法,中国旧时的小说家也用这种方法。使用这种方法在本质上没有什么错,但容易流于类型化。这在中国旧时的故事和小说中是很明显的,其中最常见的类型化特征即是要求在作品中指明朝代、统治者的名字、人物的姓名、出生地、职业、绰号等等。在茅盾的文章《自然主义与中国现代小说》中,他谴责了这种方法以及与描绘的人物之间没有直接关系的其他类型化的方法。第二种方法对人物进行类型化描绘的可能性要小些,茅盾将其称为"零碎介绍"(fragmentary introduction),即陆陆续续地直接或间接地把人物的性格思想一点点指出来。这种方法的不足之处在于描绘的人物有可能变得模糊、表面而肤浅。

茅盾对所谓的典型人物给予了相当的关注。在他看来,描写人物的职业特性、阶级特性、民族特性或性的特性这些特征,只表现了"所共具的类性"②,而非他个人特有的特征。如果仅仅只刻画一个典型人物的社会的、阶级的、职业的以及其他的职位的特性,那他则不是一个共性与个性兼具的和谐体。因而,茅盾建议应塑造非典型的、具有个性的人物。他将典型人物看作是作家创作失败的一个标志。甚至到了晚些时候他也没放弃这种看法,在他与左派批评家辩论时他尤其依赖这个观点。在他看来,只有具有个性的人物才能"有极大的吸引力,能引起读者无限的兴味"。③

茅盾认为,结构实际上是小说的"故事"。换句话说即是"书中离合悲欢的情节"④,或更确切地说便是人物所遇到的事故以及它们之间的相互关系。他以人物参与结构的情况为基础,将结构分为最简单结构和复式的结构

---

① 沈雁冰:《小说研究 ABC》,前面所引书,第 89 页。
② 同上,第 92 页。
③ 同上,第 93 页。
④ 同上,第 100 页。(应为第 101 页。本书作者注。)

两种。最简单结构只通过一系列不同的事件或相互关联的事件之间的一条线索来描述一个人物的发展和他的种种遭遇。复式的结构则要展开所关联的几个人物的情况,通过他们之间的因果关系来描绘,但其中只有一个是主要人物。说到结构的展开,茅盾强调了其复杂性和难度。他认为大部分中国旧章回体小说在末尾使用"要知后事如何,且听下回分解"是"最拙劣的方法"①。茅盾之所以这么认为是由于他确信,一个作家必须要回避第三者的叙述口吻,即是在文学作品中,他必须让事实自己的发展来告诉读者。这个观点与福楼拜和亨利·詹姆斯(Henry James)的观点不谋而合。雅罗斯拉夫·普实克已经指出过茅盾文学理论中的这个显著特征。②

当从对材料的艺术处理这个角度来考虑结构时,茅盾进一步将结构分为松结构和机体结构两类。前者描绘的是并没有紧密的连带关系的各项事实,他举了司各特(Walter Scott)的小说《尼格尔的家产》(The Fortunes of Nigel)和中国小说《儒林外史》和《西游记》来说明。茅盾没有举例说明机体结构,仅仅将其比作一部复杂的机器,只有当所有的齿、轮协调合作,才能正常运转。从茅盾的阐释中,我们无法推断出他更喜欢哪一种结构。

环境是作品中围绕人物的成分,即时间、地点和其他自然的和社会的环境界。关于时间,茅盾要求作家们处处抓住时代精神。正如我们已经重复看到过多次的情形,这也是茅盾文学理论又一内在的主张。他也认为地点是非常重要的因素,并说一个作家必须"用极大的努力去认明他所要写的地方的'地方色彩'"③。他必须亲自到他描写的地方去实地观察(茅盾又一次强调了著名的"实地观察")。如果作家描写的是历史地点,则他必须通过书和其他适当的来源研究相关的史料。在茅盾的文学理论中,地方色彩是在两方面与时代精神相符合的:它是自然背景与社会背景之错综相,不但有特殊的色,而且有特殊的味。地方色彩可使故事变得更加的真实。茅盾强调了准确选择故事所发生的社会背景和自然风貌的必要性。因而,真实性成了茅盾要求一部艺术作品所需具备的基本条件。④

---

① 沈雁冰:《小说研究 ABC》,前面所引书,第 104 页。
② 关于福楼拜和詹姆斯的观点,可参见[美]沃伦·韦勒克:《批评的概念》(Concepts of Criticism)第 247 页。关于普实克的观点,可参见《中国现代文学研究》(Studies in Modern Chinese Literature)一书"引言",第 31 页。
③ 沈雁冰:《小说研究 ABC》,前面所引书,第 113-114 页。
④ 同上,第 115-116 页。

1931年下半年初,茅盾写了一篇题为《关于"创作"》①的文章,研究了本章探讨的一系列问题。这篇文章实际上仅仅是个开始。与马克思主义的文学批评理论一致,茅盾坚信一部文学作品的形式和内容是同一硬币的两面,不可强行分开。更甚一步,是内容决定一部艺术作品的形式。这个观点逻辑性地表明茅盾将更加关注一部文学作品的内容,关注其思想信息。但是形式问题仍然还是他最关注的问题。

有趣的是,题材的问题和题材与创作的关系问题却组成了茅盾这类著作最常论及的主题。

在1932年年末的时候,一个名叫万良湛的青年学生给《中学生》杂志编辑部写了一封信,他在信中写道,他们班的40多个同学中,有十多个对文学非常感兴趣②。他们几乎读了出版的所有书和杂志,甚至试着写了短篇故事。万良湛和他的朋友们主要为两件事感到困惑:一是,他们仅写了那些"个人琐事",而这些,根据那个时期最有影响力的文学批评观(即无产阶级批评观),是不应该加以艺术地对待的。二是,如何艺术地对待这个问题。他们所写的不是小说而是叙述。他们给编辑所提的问题便是:小说适合写什么主题?该用什么语言来写小说?该用什么方法来写小说?

在答复时,茅盾先说明自己是个作家,是个"做"小说的人,向来对"做"小说这个"做"字看得非常严肃。在他的《关于"创作"》一文中他已经写过,"写"小说和"做"小说之间是有区别的③。如果一个作者偶有所感,信笔挥洒,是不会写出杰出的作品来的。小说和文学作品总的说来不能这么"写",而是必须"做",即系统地创作,并且要与美学原则相和谐④。郭沫若曾经说过诗不是"做"出来的,而是"写"出来。⑤

茅盾在答复这些学生时所提出的观点已经在前一章中加以了引用。根据这些观点,在选取题材时应该以其社会意义为基础,必须具有普遍性,必须与一般人生有重大的关系。茅盾举了两个例子来加以证明。

---

① 以笔名"朱璟"发表在《北斗》第1卷第1期,第75-87页上,1931年9月出版。
② 茅盾:《创作与题材》,第1页。
③ 朱璟,前面所引书。收录在松井博光(Hiromitsu Matsui)编:《茅盾评论目录》(A Biography of Mao Tun's Critical Works),第1卷,东京,1957年版,第84页。(高利克把松井博光的名字误作 Niromi Matsui[松井宏美]。本书作者注。)
④ 茅盾:《创作与题材》,第1-2页。
⑤ 郭沫若:《论诗三札》,见《郭沫若选集》第10卷,第205页。

茅盾给《中学生》的复信中没有谈文学技巧的问题(信中茅盾仅指出：……最大的原因在作者缺乏描写的技术,……本书作者注)。他关注这个方面,但他并没有详细论述,因为他与鲁迅和其他中国作家一样,都不相信那些由美国学者和他们在中国的追随者们编辑的关于如何写故事或小说的手册或指南能够对任何人有所帮助。在题为《怎样写作》①的文章中茅盾这样写道:"我们也见过有许多书籍或论文回答'怎样写作'了。那都是长套的大议论,介绍了前人写作经验的心得。这些回答也许是有用处的,也许曾有人得到了启示,但读了什么什么'作法'之类的书籍而愈弄愈糊涂的青年却也很多……有材料而觉得表现困难的青年是应当学习一点什么写作法的。不过那些专书却不能给他们什么。他们倒是丢开了种种规则自由独立的写去,恐怕要好得多。他们倒是多读名家的著作,不要先把什么写作法横梗在心中,只是欣赏地去读着,恐怕倒能够不知不觉间读会了一些写作法。"②

从茅盾的文章《小说作法之类》③我们知道,30年代最畅销的是原版的中国小说和小说写作手册,其次是译介的外国小说、文学评论和历史文学作品,最后是译介的外国诗歌和戏剧。中国读者最关注的是小说写作手册这类的书以及文学技巧词典。上面所引茅盾的话,确实很有分量。

1936年,在有了小说创作9年的经验之后,生活书店让茅盾写一本关于小说创作的方法之类的小册子,但这本书同时也可以供青年作家和那些对文学感兴趣的人使用。于是茅盾写了《创作的准备》。茅盾的这本书是这样开始的:"这样一个重大的题目,绝不是我能够说得圆满的。世界文学史上的巨人们遗留给我们的不朽著作,以及它们毕生的文学视野的经历,就是这题目——《创作的准备》的最完美的解答。"这些话让我们推测,这本书将要介绍的是别人的经验。但其实不然,因为这个时候的茅盾被认为是中国最杰出的作家,因而,编辑明确要求他以作家的身份,而不是以一个批评家的身份来写一本小册子。这就是为什么他自己的小说创作经验也包括在了这本书中的缘故。

这本书是以他常常在文章中所阐释的观点开始的:在试笔以前,一个青年作家"一定是爱读文艺作品,而且读得很多的"④。但是,想要成为一

---

① 以笔名"丙生"发表在1934年12月25日出版的《读书生活》第1卷第4期,第4页上。
② 在上述引文中。
③ 以笔名"明"于1935年8月1日发表在《文学》第5卷第2期,第286-287页。
④ 茅盾:《创作的准备》,第2页。

个优秀的作家,仅读文学作品是不够的,他还必须研究文学理论,拥有广博的艺术、文学和文化方面的知识,观察生活,体验生活并收集题材。

接着,茅盾把他的文学的基本概念转向了作家本人。他认为,作家不应该是一个拿着照相机到处拍照的摄影师。他应该不仅是一个艺术家,也是一个思想者,"在现代,并且同时一定是不倦的战士"①。他的作品不仅应该反映现实,也要对当代生活和思想的问题给出自己的理解。

一个未来的作家必须熟悉诸多伟大作家的作品,而不应该仅仅局限于一个作家的作品或者一个文学流派的作家作品。根据茅盾 1936 年的观点应该对现实主义作家给予最广泛的关注,但也必须熟悉浪漫主义的文学,如高尔基的作品。他警告了由于传统的力量使然当时中国常见的模仿名著的现象。对文学作品研究的结果应该是对原材料的重新融合,是把作者所研究的东西与自己的东西融为一种新的东西。一个有才能的作家因而应该创造出与自己的前辈完全不同的作品。一切均须依靠作家自身的能力与不懈努力。②

如前面所指出的,茅盾一直都将其大部分的注意力放在了文学作品的人物身上。仅仅只在 30 年代初的时候他写了更多关于题材以及题材与创作的关系的文章。在写《创作的准备》时,他被人物与故事之间的关系问题所深深吸引。他在书中这样写道:"应当是由人物生发出故事。人物是本位,而故事不过是具体地描写出人物的思想意识。"③

那时中国文学自身的形势可能会对这种提法给予具体的反对:作家描写诸如中国农村经济的衰退、工厂里的童工问题等社会现象,因而,他应该将故事作为自己的出发点,阐明出其原因和后果。在这种情形下,人物仅仅只是完成自己在故事中的角色而已。茅盾对此说法是这样回复的:即便在关闭的房间里,依靠各种书本、报告、统计数据和旅行手册等等,也是可以观察和研究社会现象的,而且也可能得出满意而可靠的科学结论。以这些结论为基础,他可以写故事,为故事安排合适的人物,这样就创作出了一部文学作品。然而,即便这样的作品可能准确地反映社会现实,但也很可能会是类型化的,它可能成为一篇穿着文学外衣的社会科学主题的文章。

---

① 茅盾:《创作的准备》,第 4 页。
② 同上,第 8 页。
③ 同上,第 15 页。

一个作家不能先在书桌上得出了结论然后才进入社会去"摄取"一些"实感",也不能把人物装进故事的框架里。作家的创造过程是与社会科学领域的研究者的调查过程完全不同的。

　　茅盾要求作家先研究书本和其他的材料以获得一些关于社会的认识,获取对于社会的某种态度(他将其描绘为"正确的和先进的"),然后径直去研究和观察活生生的人。用这样的方式他就能积累足够的关于人(人物)和各种各样的社会现象的、材料的、主题方面的知识,这样就很容易创作出一个或者更多的故事来。

　　与20世纪20年代相似,茅盾现在将关注的焦点放在了创作反映个性与共性相统一的人物的需要上。如果描绘的人物只反映了其社会性,或其阶级的特性,那么它就只能是一个"标本化"的人物,不能带给读者美学上的满足感。

　　同样,读者也不能在这个无非是模特儿的画像的人物身上找到美学上的满足感。文学人物是"创造"这个行为的结果,它必须通过对许多活生生的人物的各种特征加以综合来进行描绘。在这点上,茅盾与鲁迅的观点是一样的,鲁迅也采用了所谓的概括法。这一类的成功人物被茅盾称作创作的"最上乘",是其"极致"。茅盾举了鲁迅的阿Q为佐证。

　　对于人物与故事之间的关系,茅盾强调了人物的至高地位。有了人物,故事就容易建构。相反,就没有活生生的人物出现在文学作品中,而仅仅是木偶剧表演中的木偶罢了。

　　在《创作的准备》中茅盾为人物与环境之间的关系保留了相当的空间。他认为二者是相互统一的,但是在此处他仍然认为人物是主要的。是人创造了环境,然后环境反过来影响他的思想和行为。环境应该通过人物的行为来描绘。文学人物不应该仅仅只是环境的补充和装饰。

　　茅盾用了整整一章来讨论搜集材料的问题。他认为一个作家必须不断地、持续地搜集题材,即便在他不写作的时候,或甚至是在写与其完全不同和无关的东西的时候。搜集题材应当是一种追求现实与人生知识的形式。茅盾指出了两种搜集题材的方法。第一是左拉实践过的方法,这种方法包括对文学作品中要涉及的生活与环境的熟悉,包括从这个环境中以及与人物的对话中去观察人物,包括注意报纸上对他将要描写的生活环境的相关报道,也包括阅读类似的书籍。然后研究所有这些记录,分析它们,最后在这些基础上构建一部文学作品。

茅盾对这种方法是极其反对的。首先,在他看来这种方法似乎有点机会主义。其次,运用这种方法的人对生活和艺术没有足够诚挚的态度。然而,他也没有痛快地谴责这种方法。在他看来,这种方法不是毫无用处,只是不能令人满意而已。

茅盾反驳了那些不知名的批评家,他们拒绝搜集题材,认为它是一种"敷衍的不切实的"方法。在他们看来,艺术作品唯一的题材就是作家的自身经验。茅盾承认,这种题材是最好,但要亲身参与社会生活的各个重大方面在中国是不大可能的。茅盾不相信在1936年或者更早些年里到工人和农民中间去是可能的。而且,要求中国作家仅仅描写他们自身的经验并非"轻微的"错误。

在这本书的结尾处茅盾列举了某些可能引起那些反对此方法的人的质疑。在30年代的中国文学界对灵感和直觉知识的盲目信任取代了对"生活的实地经验"①的盲目信任。有人将其看成是一种全能的方法(指周扬,以及他那些没有被提及名字的追随者),并且认为获取了生活的真实经验就会创作出伟大的作品。他们看不起辛苦地提高自身的知识和对文学技巧的训练。后来的事情证明茅盾是正确的。即便是源自工人、农民、士兵的最真实的生活经验也没能阻挡得了40年代以及后来那些年里中国文学的衰败。那些原本应该是文学和艺术中最主要的东西跌到了次要的地位。这必然会在过去30年的中国现代文学作品的质量上得以反映。

正如前面所提到的,1936年左翼作家联盟的解散为中国的文学创作和文学批评带来了新的形势。1937年抗日战争爆发,文学批评不得不用有别于二三十年代的方法去解决出现的问题。土壤一点一点地为毛泽东的文学批评理论做了准备。1942年,他的《在延安文艺座谈会上的讲话》标志着中国文学思想新纪元的开始,这个时代至今还未结束②。茅盾,除了在抗日战争的第一阶段外,不再在中国的文学批评领域中起最重要的作用。当他成为这个领域中更严肃的发言人时,他更多传达的是官方的态度而非健康的文学批评所允许的观点。因而,在一本设计如本书这样的著作

---

① 茅盾:《创作的准备》,第27—28页。
② 毛泽东的文学思想被在如雅罗斯拉夫·普实克的《解放区的中国文学及其民间传统》(*Die Literatur des befreiten China und ihre Volkstraditionen*),布拉格,1955年版,第29—40页和杜威·佛克马(D. W. Fokkema)的《中国的文学理论与苏联影响,1956—1960》(*Literary Doctrine in China and Soviet Influence*, 1956—1960),海牙,1965年版,第3—11页中探讨。

中再来继续谈他的文学批评就没有理由和意义了。

茅盾为现实主义和马克思主义的文学理论而斗争

《茅盾为现实主义和马克思主义的文学理论而斗争》收录在《中国现代文学批评发生史,1917—1930》第8章①。该专著的中译本由陈圣生、华利荣等翻译。②

茅盾的第1篇文学批评文章题为《现在文学家的责任是什么》,于1920年1月发表在1949年以前现代中国最重要的一份刊物《东方杂志》上。这篇文章写于1919年底,一点也不引人注目,发表时作者用了"佩韦"这个笔名。茅盾用"佩韦"这个笔名是有用意的,旨在表现他自己的某些性格特征:脾气暴躁、不服输、想象力丰富、热情,也意在表明建设新中国迫切需要西门豹的精神③。这不仅体现在他的文学方面,也见于其哲学和社会学方面。

这篇不太引人注目的文章是从比较文学与思想开始的。从茅盾文学生涯的一开始他就注重哲学题材胜过文学题材。在他看来,思想是基础,而文学发展是需要依靠以某种思想氛围为前提的哲学背景的:"自来一种新思想发生,一定先靠文学家做先锋队,借文学的描写手段和批评手段去'发聋振聩'。"④茅盾认为,18世纪的个人主义源于卢梭的《新爱洛绮丝》(*Nouvelle Héloïse*)和《爱弥儿》(*Émile*),尼采的哲学思想简洁地包括在了这部他认为是"小说"的《查拉图斯特拉如是说》(*Also sprach Zarathustra*)中。⑤

1920年1月,茅盾发表了他的重要研究成果《尼采的学说》第一部分,

---

① 马立安·高利克:《茅盾为现实主义和马克思主义的文学理论而斗争》(*Mao Tun's Struggle for a Realistic and Marxist Theory of Literature*),载马立安·高利克:《中国现代文学批评发生史,1917—1930》第8章,前面所引书,1980年版,第191-213页。

② [捷克斯洛伐克]玛利安·高利克著,陈圣生、华利荣等译:《中国现在文学批评发生史,1917—1930》,北京:社会科学文献出版社,1990年版,第185-205页。

③ 马立安·高利克:《中国现代文学批评发生史,1917—1930》,前面所引书,1980年版,第191页。

④ 同上,第192页。中文可参见《现在文学家的责任是什么》,载《茅盾全集》第18集,前面所引书,第8页。

⑤ 马立安·高利克:《中国现代文学批评发生史,1917—1930》,前面所引书,1980年版,第192页。

该部分是对弥漫在当时中国的整个知识分子现状的反映。茅盾的"哲学思维"的倾向,只有在这种氛围下才能得到"自我实现"①。1919 年 12 月,《新青年》发表了中国共产党的创始人陈独秀和李大钊草拟的《本志宣言》。宣言指出:"我们相信政治、道德、科学、艺术、宗教、教育,都应该以现在及将来社会生活进步的实际需要为中心。"宣言另有一段直接提及文学:"我们因为要创造新时代新社会生活进步所需要的文学道德,便不得不抛弃因袭的文学道德中不适用的部分。"作为接近陈独秀的年轻人,茅盾对宣言的观点表示赞同。他是把尼采当作一个哲学家而接触其思想的,认为他的东西也许能帮助中国解决社会、经济和伦理方面的问题。他至少是带着杜威的工具论的基本原则来接近尼采的。但在他细读了尼采的坚定信徒卢多维奇(Anthony M. Ludovici)1910 年在伦敦出版的《尼采的生平与著作》(*Nietzsche:His Life and Work*)一书后,茅盾清楚地看到尼采的哲学无论如何也满足不了他和国人的理想与希望。茅盾在《尼采的学说》第 4 部分的结尾指出尼采是一个伟大的哲学家,但他的道德论里也有一些危险的话。正如在每一个思想家的观点中一样,茅盾在尼采的哲学中仅仅只找到了将帮助他达到两个目标的手段:改变生活与获得真理。当他发现这似乎确实不是理想的手段时,茅盾完全停止了对尼采的关注。②

茅盾在托尔斯泰的著作中寻找的也是哲学性而非文学性:"而十九世纪,则俄人思想一跃而出始兴之时代,亦即大成之时代。二十世纪后数十年之局面,决将受其影响,听其支配。今俄之 Bolshevism 已弥漫于东欧,且将及于西欧。世界潮流澎湃荡动,正不知其伊何底也。而托尔斯泰实其最初之动力。"

与托尔斯泰相关的类似的看法,显然有些夸张。那时茅盾也熟悉了社会达尔文主义、克鲁泡特金的无政府主义和美国的工团主义。1920 年下,陈独秀在上海组织了第一个共产主义小组,急于探索行动纲领的茅盾很可能是它的成员。同年下半年,他就发表了在某种程度上符合列宁思想的主张。

"这就是无产阶级的革命! 立刻举行无产阶级的革命。无产阶级便是

---

① 马立安·高利克:《中国现代文学批评发生史,1917—1930》,前面所引书,1980 年版,第 192 页。中文可参见《现在文学家的责任是什么》,载《茅盾全集》第 18 集,前面所引书,第 192 页。

② 马立安·高利克:《中国现代文学批评发生史,1917—1930》,前面所引书,1980 年版,第 193 页。

要把一切生产工具都归生产劳工所有,一切权利都归劳工们执掌,直到灭尽一分一毫的掠夺制度,资本主义绝不会复活为止。这个制度,现在俄国已经确定了,并且已经有三年的经验,排除了不少的困难,降服了不少的反对者……最终的胜利一定在劳工者。而且这胜利即在最近的将来,只要我们现在充分预备着。"①

这个观点有些老生常谈。但在 1920 年底或 1921 年初,经过研究苏维埃俄国的革命实践之后,茅盾的确意识到了无政府主义、工团主义和社会达尔文主义的不足之处。他也开始翻译列宁的《国家与革命》。

与 20 世纪初中国的杰出文学家一样,茅盾也深信文学存在着一致的发展过程,这个规律适用于全世界。甚至在此处,他也是从文学和艺术的哲学或思想方面出发的。1919 年底或 1920 年初时茅盾写道:"文学是思想一面的东西,这话是不错的。然而文学的构成,却全靠艺术。同是一个对象,自然派(Natural(应为 Naturalism,本书作者注。)去描摹便成自然主义的文学,神秘派去描摹便成神秘主义的文学;由此可知欲创造新文学,思想固然要紧,艺术更不容忽视。思想能够一日千里的猛进,艺术怕不是'探本穷源'便办不到。因为艺术都是根据旧张本而美化的。不探到了旧张本按次做去,冒冒失失'唯新是摹',是立不住脚的。所以中国现在要介绍新派小说,应该先从写实派、自然派介绍起。"②

茅盾的"新"指的是后现实主义(是从这个术语的进化论的意义而言的),这种文学也常被他描绘成象征主义的或新浪漫主义的。当时他还不知道有未来主义、表现主义和其他的现代文学运动。

就进化概念而论,茅盾与陈独秀是很接近的。他在刚分析的这篇文章中写道:"西洋的小说已经浪漫主义进而为写实主义、表现主义、新浪漫主义,我国却还是停留在写实以前,这个又显然是步人后尘。所以新派小说的介绍,于今实在是很急切的了。"这个观点实际上是对陈独秀 1915 年的"吾国文艺,犹在古典主义,理想主义时代。今后当趋向写实主义"的

---

① 马立安·高利克:《中国现代文学批评发生史,1917—1930》,前面所引书,1980 年版,第 194 页。中文可参见雁冰:《托尔斯泰与今日之俄罗斯》,载《学生杂志》第 6 卷第 4-6 号,1919 年 4-6 月,第 25-26 页。

② 马立安·高利克:《中国现代文学批评发生史,1917—1930》,前面所引书,1980 年版,第 195 页。中文可参见《小说新潮栏宣言》,载《小说月报》第 11 卷第 1 号,1920 年 1 月,第 1 页。

补充。①

　　茅盾为宣传和介绍这个主张拟定了一个计划。这个计划分成两个部分,都包括了自然主义和现实主义的作品。第一部分更重要范围也更广,包括 12 个国家的 30 部作品;第二部分包括 8 个国家的 13 部作品。这个宣传和介绍计划就是中国翻译家们在 1920 年为中国出版界提供的翻译书目。不出所料,茅盾满怀希望设想的大部分都没有实现。那时中国文学界确实非常薄弱,而且很不统一。

　　1920 年下半年,茅盾在后现实主义中看到了中国文学的未来。不久(即在 1921—1922 年间)他开始相信现实主义或自然主义只是进化发展过程中的短暂时期。他在主观上安慰自己,中国的自然主义或现实主义的历史很快会结束,中国文学将汇入那个时代的世界文学之流中。②

　　恽代英的文章《八股?》标志着中国"政治性的"文学批评的开始。文中的有些话,虽然一开始茅盾可能并不完全同意,但在好些年里却非常厉害地影响着他的思想:"我以为现在的新文学若是能激发国民的精神,使他们从事于民族独立与民主革命的运动,自然应当受一般人的尊敬;倘若这种文学终不过如八股一样无用,或者还要生些更坏的影响,我们正不必问它有什么文学上的价值,我们应当象反对八股一样的反对它。"③他认为这些话具有中国文艺家思考的客观价值:"这种勇敢坚决的抗议,能不能促进国内青年的注意?……如果你不打算明天就死,你大概觉得这种的现实生活有点难堪罢?如果你也觉悟到现在这种政局和社会不是空想的感伤主义的和逃世思想所能改革的,你大概也不会不把代英君的抗议想一想罢?"④

　　茅盾也许认为创造社部分成员的自我表现的努力是存在问题的。他从不理解对于自我表现的信念。但就我们所知,只要体现这种信念的作品

---

①　马立安·高利克:《中国现代文学批评发生史,1917—1930》,前面所引书,1980 年版,第 195 页。中文可参见《答张永言》,载《新青年》第 1 卷第 4 号,1915 年 12 月 15 日,第 2 页。
②　马立安·高利克:《中国现代文学批评发生史,1917—1930》,前面所引书,1980 年版,第 195 页。
③　同上,第 197 页。中文可参见雁冰:《〈杂感〉——读代英的〈八股〉》,载《茅盾全集》第 18 集,前面所引书,第 410 页。
④　马立安·高利克:《中国现代文学批评发生史,1917—1930》,前面所引书,1980 年版,第 198 页。中文可参见雁冰:《〈杂感〉——读代英的〈八股〉》,载《茅盾全集》第 18 集,前面所引书,第 411 页。

有艺术的价值,他也从不责难它们。他1923年所做的《什么是文学》的演讲就直接指向那些可能出现的、对年轻的中国文学有威胁的各种危险倾向。他甚至没有使用"自我表现"这个术语。茅盾密切关注这个问题,不时表达他对所谓的中国式颓废作品或感伤作品的担忧。

对于"直面现实"这个中国思想史,尤其是中国现代思想史上的重要问题,鲁迅的观点比茅盾和那个时代其他任何思想家或批评家都更深刻、更全面。1922年茅盾已经觉察到同胞中的某些倦怠现象、某种忧伤情绪和对大的社会问题不感兴趣的现象,他认为这是"各派思想的交流"中"理想与现实的冲突"造成的。①

必须注意的是,除了社会问题外,茅盾在文学作品中探索和关注的还有审美标准。1923年最后一天发表的《"大转变时期"何时来呢?》实际上是对邓中夏、恽代英及其朋友们在《中国青年》上发表的文章在中国文学上所产生的气氛的一个回应。他并不完全同意恽代英的看法,在1924年新年后仍然坚持某种"独立自主"的观点或保持与其之前的发展过程有一定关系的"连续性"。他1924年7月发表的文章《苏维埃俄罗斯的革命诗人》也许恰是瞿秋白的文章《赤俄新文艺时代的第一燕》的补充。他把文章献给马雅可夫斯基(Vladimir Mayakovsky),是因为"他是充分了解十月革命的意义,并且用生花的笔把它描写把它赞美的。"也因为他的未来主义"纵使与无产阶级文化没有历史的关系,可是它实在是表现了无产阶级的革命精神的。"茅盾意识到意大利未来派,尤其是在其思想方面,与布尔什维克主义之间的根本区别,但同时又感到这样一个事实:正是在苏联,未来派达到了它发展的高峰。②

在第一次世界大战爆发10周年时,茅盾于1924年8月发表了题为《欧洲大战与文学》的文章,分析了以反战为主题的作品。通过研究茅盾至1925年的生平及著作,我们会发现前后有些矛盾。事实上,他经历过的发展道路不但在中国,就是在其他努力建设新文学的国家,也是相当普遍的。那时人们相信文学进化,相信文学思潮之间的逐渐交替,不像以后的无产阶级文学或革命文学那样要求在政治、社会和艺术观之间达成一致的

---

① 马立安·高利克:《中国现代文学批评发生史,1917—1930》,前面所引书,1980年版,第202页。

② 同上,第204页。中文可参见雁冰:《苏维埃俄罗斯的革命诗人玛霞考夫斯基》,载《学灯-文学》第130期,1924年7月14日,第1页。

原则。在《欧洲大战与文学》中可以看出茅盾明显的马克思主义的方法,即对具有帝国主义的征服性的第一次世界大战作的阶级分析,这或许可在茅盾在欧战爆发10年这天写的文章《欧战十年纪念》中看得更为清楚:"十年前的今日,正是世界有史以来第一次'大屠杀'开始的时候。各民族的无产阶级受了资本主义者(治者阶级)的巧诱强迫,成千上万到战场上去送命;他们流的血,如果流的得当,本足以洗净这个世界,但是不幸被帝国主义者偷偷摸摸地利用了去,反巩固了帝国主义者的威权,到如今,他们效死疆场的无产阶级的子孙,再来忍受资本家的比大战前凶恶十倍的掠夺。"然而,他的文学作品中却缺少这种阶级分析方法。①

1925年4、5月与10月间茅盾写了《论无产阶级艺术》。这是他对无产阶级艺术和文学理论最重要的贡献。文章分4个部分:无产阶级艺术的前史和前驱者;无产阶级艺术产生的条件;无产阶级艺术的内容;无产阶级艺术的形式。在1920—1924年这几年中,可以看出茅盾对罗曼·罗兰很推崇,尤其在这时期的开始阶段,罗兰对他来说是未来文学和中国现代文学的象征和代表。后来他的观点发生了变化。但是,在对第一次世界大战及其对欧洲文学的影响的研究中,茅盾极其热情地谈论了罗曼·罗兰的2部作品:《列留列》(*Liluli*)和《克莱郎鲍尔》(*Clérambault*)。茅盾对后一部作品尤其肯定,读者能感到他对罗曼·罗兰的态度是亲切的。②

1925年或以后,罗曼·罗兰对茅盾来说还没有完全失去其魅力,但是茅盾对他的态度变得更带批判性,更冷静了。当茅盾用他自己从1925年以来形成的新的阶级观去看待罗曼·罗兰的某些艺术创作和批评作品时,他认为罗兰所理解的"普遍化"或"大众化"的概念实际上是很可笑的。③

茅盾实际上是把高尔基看成了罗曼·罗兰的对立面。正如我们前面所说,茅盾以前提到过高尔基,但是从这个时候起,他的观点更正确了,他把高尔基与完全新式的文学运动联系在了一起:"我们要为高尔基一派的文艺起一个名儿,我们要明白指出这一派文艺的特性,倾向,乃至其使命,我们便不能不抛弃了温和性的'民众艺术'这名儿,而换了一个头角峥嵘,

---

① 马立安·高利克:《中国现代文学批评发生史,1917—1930》,前面所引书,1980年版,第207页。中文可参见雁冰:《欧战十年纪念》,载《学灯-文学》第133期,1924年8月4日,第1页。

② 马立安·高利克:《中国现代文学批评发生史,1917—1930》,前面所引书,1980年版,第208页。

③ 同上。

须眉毕露的名儿——这便是所谓'无产阶级的艺术'。"①

茅盾的这篇文章与其他无产阶级文学艺术的理论家在1926—1927年中国革命前夕写的文章在一定程度上有些不同。他的文章不仅仅是歌功颂德,不仅仅是对开始决定人类命运的阶级艺术的圣化,在某种高度上说,也是批判性的。茅盾说当代无产阶级艺术的主题和内容受到了很大的限制,不是没有道理的。他把这归因于无产阶级的青年作家缺乏经验,他们接触的生活面狭窄。但他相信这只是暂时的。②

他还提到了无产阶级文学的另一个不足之处。这点后来在1928—1929年间他与鲁迅都强调过,即是,"把刺激和鼓动作为艺术的所有目的"。茅盾认为这种做法是无产阶级文学初期难以避免的,但任何时代文学都不能那样产生。他认为无产阶级艺术最大的弊病是"否认了阶级斗争的高贵的意义"。③

从1925年开始,茅盾对所有先锋派文学采取了更为批判性的态度。

1929年10月10日,茅盾完成了他的《西洋文学通论》。在该书中他将文学史与社会和经济发展联系在了一起。

马克思文艺理论认为文学对于经济基础来说是上层建筑(茅盾用了"上层的装饰"一词),茅盾把这个观点也放入了自己的文学和批评观的"系统-结构整体"中。然而,他没有指明文学和文学运动的任何特殊性质都是上层建筑的现象,也没有注意到个体作为文学和思想酝酿过程中最积极的因素的作用④。茅盾写这本书时是在日本的京都,远离了"武器的艺术"和"艺术的武器"这两种战斗形式,尽管这两种战斗形式他都参加过。由于时空的缘故,茅盾现在对某些问题的看法与自己当初在论述无产阶级艺术的文章中的看法稍有不同。

与1925年时的态度相反,1929年茅盾并不固执于那种认为新的文学思潮是社会腐败时期产生的病态现象的死板的概念,他认识到这些思潮的共同现象在于歪曲客观现实和努力地表现某种主观世界。他同样认识到

---

① 马立安·高利克:《中国现代文学批评发生史,1917—1930》,前面所引书,1980年版,第209页。中文可参见雁冰:《论无产阶级艺术》,载《文学》周报第172期,1925年5月2日,第3页。

② 马立安·高利克:《中国现代文学批评发生史,1917—1930》,前面所引书,1980年版,第209页。

③ 同上,第209-210页。

④ 同上,第211页。

这种文学表现的"客观化"必然导致人们去努力创作那些脱离经验世界的作品,结果往往使人难以理解。茅盾谴责那些完全不能理解的作品。

茅盾认为"健康的人的文学"的基础已经由高尔基奠定了,他在其现实主义的作品中采用了一种"清新雄健的调子"。他认为将来新文学的中心主题应该是在广阔背景的基础上描写人类生活,并把生活的激烈变化的情形作为艺术加工的对象。①

应该注意的是,茅盾对钱杏邨在中国宣扬的"新的"现实主义的理解,与其对"俄罗斯无产阶级作家联盟"纲领中所提出的"无产阶级的现实主义"是有很大不同的。茅盾完全支持苏联的无产阶级和现实主义文学创作,但又反对在文学中应用辩证唯物主义的方法。②

中国现代文学批评史研究之一:1919—1920 年间的茅盾

高利克《中国现代文学批评史研究之一:1919—1920 年间的茅盾》与其《从庄子到列宁:茅盾的思想发展》同发表在 1967 年《亚非研究》第 3 卷上③。

中国现代文学和文学思想诞生于五四运动前后那些年。当我们谈到中国现代文学和中国现代文学思想时,指的是不同时期,在某种程度上,不同的作家和批评家将他们放在旧的文学传统的位置,同时又将其与世界文学传统和世界文学思想相连的文学、文学批评和文学理论。

中国现代文学思想,这正是我们首先要论述的对象,开始在胡适(1891—1962)和陈独秀(1979—1942)写于 1916 年之后的文章中得到了显而易见的发展。但是,中国现代思想却源于更早的时期,即至少在 20 世纪与 19 世纪之交的那些年,体现在梁启超(1873—1929)和他的追随者王国维(1877—1927)以及稍后时期年轻的鲁迅(1881—1936)的文章中。

这篇文章主要研究年轻的茅盾的文学思想,他将在 1921—1925 年间

---

① 马立安·高利克:《中国现代文学批评发生史,1917—1930》,前面所引书,1980 年版,第 212-213 页。中文可参见方璧:《西洋文学通论》第 2 版,上海,1933 年版,第 286 页。

② 马立安·高利克:《中国现代文学批评发生史,1917—1930》,前面所引书,1980 年版,第 213 页。

③ 马立安·高利克:《中国现代文学批评史研究之一:1919—1920 年间的茅盾》(Studies in Modern Chinese Literary Criticism. I: Mao Tun in 1919—1920),载《亚非研究》第 3 卷,1967 年,第 111-140 页。

成为中国文学理论最重要的代表人物之一。

（一）文学的本质及其对茅盾文学思想的影响问题

该部分后收入《茅盾与中国现代文学批评》第3章《文学批评第一步》的第2和第3部分①，只作了少许改动。

茅盾的第1篇文学批评文章于1919年初发表，是献给他文学上的崇拜者萧伯纳的（George Bernard Shaw）。第2篇文章与第1篇相关，在同一年的第二个季度发表，是献给茅盾喜爱的另一位文学大师托尔斯泰（L. Tolstoy）的。文章实际上仅从哲学的本质回答了茅盾在萧伯纳的戏剧和序言中寻找的问题，而且进一步回答了比文学特征更具哲学特征的问题，他是在托尔斯泰的作品去寻找答案的。

1919年上半年，茅盾处于文明哲学观的影响之下。他的托尔斯泰观的发展可能是受到了严复的影响。他看待托尔斯泰的态度与严复看待亚当·斯密（Adam Smith）的态度相似。严复将亚当·斯密看成人类文明发展的工业时期的"思想源泉"；茅盾则把托尔斯泰看成是19世纪末20世纪初进步思想的源泉和现代世界思想的最初之动力。②

茅盾写道："而十九世纪，则俄人思想一跃而出始兴之时代，亦即大成之时代。二十世纪后数十年之局面，决将受其影响，听其支配。今俄之Bolshevism（布尔什维主义）已弥漫于东欧，且将及于西欧。世界潮流澎湃荡动，正不知其伊何底也。而托尔斯泰实其最初之动力。"③

在严复和茅盾这两种情形下，我们可以看到对这两位世界经济科学和文化的杰出人物之实际而客观的重要性某种程度的曲解。严复将亚当·斯密看成了一个了解发展过程及发展趋势的圣人（从儒家的角度讲）。他能控制它，能与它合作，能将它带到最后。由于托尔斯泰是思想、文学和艺术领域里最好的（这个茅盾在他的文章中提到过），茅盾则以相似的眼光

---

① 马立安·高利克：《文学批评第一步》（*First Steps in Literary Criticism*），载马立安·高利克：《茅盾与中国现代文学批评》第3章，前面所引书，第21-28页。
② 马立安·高利克：《中国现代文学批评史研究之一：1919—1920年间的茅盾》，前面所引书，第112页。中文可参见本杰明·史华慈，前面所引书，第113-114页和雁冰：《托尔斯泰与今日之俄罗斯》，第25-26页。
③ 马立安·高利克：《中国现代文学批评史研究之一：1919—1920年间的茅盾》，前面所引书，第112页。中文可参见雁冰：《托尔斯泰与今日之俄罗斯》，第25-26页。

来看待他。茅盾甚至认为托尔斯泰是世纪之交世界历史上最伟大的人物①。他最后将托尔斯泰的艺术观做了如下总结:

"托尔斯泰论艺术,以通俗为主,……各国文学,咸力求其简明,为通俗而便用也。托尔斯泰以为艺术而离于社会一般人之嗜好,便是无益的,便是不生产的。托氏思想势力之所以能及全俄者,其通俗文学之力也。故其艺术之意见,已为世界所公认,而为将来趋势之一,必然无疑也。"②

托尔斯泰在19世纪末所表达的观点仅是对艺术的一种道德异议,或至少是对其大部分的一种反对。他猛烈反对的程度,此前唯柏拉图有过之而无不及。茅盾,也许还有那个时代其他的中国批评家,都将托尔斯泰的道德异议、他的道德谴责包括进了他们自己的无论是新还是旧的艺术语境中,当然也包括进了他们自己的文学语境中。

在托尔斯泰看来,伟大的艺术是每个人都可接近的、可理解的。《圣经》中约瑟夫的故事或者印度释迦牟尼的故事常常给世界上每一个男人或女人留下深刻的印象,它们没有种族的或是语言的限制。另一方面,新的艺术能被一小部分人接近和理解,这部分人绝大部分都是富裕的、受过良好教育的。作品中的暗示、象征和独特性不能被每一个人都理解。③

托尔斯泰认为,世界是被不好的艺术统治着的,其中充满了各种不同的借来的、模仿的、有惊人效果的和有趣的东西。伪造的艺术与真正的、伟大的艺术之间没有任何的相同之处。托尔斯泰所谓的"借",指的是对年长的或著名的作者的模仿。众所周知,模仿即是从别的作者那里"拿来"(剽窃),在中国算不上是对文学或艺术在伦理上的侵犯。实际上,整个中国文学史都充斥着这种模仿的痕迹。④

在托尔斯泰看来,不好的艺术的第4个缺点在于为了引起读者的兴趣所做的过度的努力,不管是在复杂的情节的形式上,还是对某些历史时期

---

① 马立安·高利克:《中国现代文学批评史研究之一:1919—1920年间的茅盾》,前面所引书,第113页。中文可参见本杰明·史华慈,前面所引书,第114页和雁冰:《托尔斯泰与今日之俄罗斯》,第47-52页。

② 马立安·高利克:《中国现代文学批评史研究之一:1919—1920年间的茅盾》,前面所引书,第113页。中文参见雁冰:《托尔斯泰与今日之俄罗斯》,第52页。

③ 雁冰:《托尔斯泰与今日之俄罗斯》,第113页。中文可参见艾默尔·莫德(Aylmer Maude)译:《什么是艺术》(What Is Art?),伦敦,1899年版,第75-105页,特别是102-103页。

④ 马立安·高利克:《中国现代文学批评史研究之一:1919—1920年间的茅盾》,前面所引书,第113页。中文可参见托尔斯泰:《什么是艺术》,前面所引书,第106页。

的,或是对现在生活的某些特别分支的文献式的过度详细的描写上。在前面已经讨论过的中国文学的那个时期,那种为了激发读者的兴趣所做的过度努力特别明显地表现在"鸳鸯蝴蝶派"的文学作品中。"鸳鸯蝴蝶派"作品的主要美学原则是"趣味第一"(being interesting, this is the main criterion)①。值得注意的是,这一派的文学在数量上成了辛亥革命和五四运动时期之间中国文学最广泛的潮流。

1919年的前半年,茅盾确实坚信托尔斯泰的影响将会波及全世界,并最终导致"重大的改革"。然而,后来茅盾对托尔斯泰的很多观点都不再赞同。比如,在他半年后所写的一篇批评文章中,茅盾选择了民族文学的立场,这显而易见与托尔斯泰的世界艺术观是对立的。然而,一定程度的道德抗议、对无用艺术的道德反对(即茅盾认为是无用的)、对艺术的社会创造性和有用性的相信以及关于托尔斯泰的批评的其他一些特征,全都在他身上体现出来了。

茅盾在诸如《现在文学家的责任是什么?》的文章中使用笔名"佩韦"。文章是这样开始的:"自来一种新思想发生,一定先靠文学家做先锋队,借文学的描写手段和批评手段去'发聋振聩'。"②

当他写这篇文章时他头脑中首先想到的问题是文学与哲学之间的关系问题,这是很容易理解的。根据茅盾的看法,比如,18世纪的个人主义发源于卢梭(J. J. Rousseau)的《新爱洛绮丝》(*Nouvelle Héloïse*)与《爱弥儿》(*Émile*)中,尼采的哲学显而易见包含在茅盾认为是"小说"的《查拉图斯特拉如是说》中。他甚至认为托尔斯泰是人道主义和无产阶级之父,萧伯纳和霍普特曼(G. Hauptmann)在他们的作品中宣传社会主义。茅盾做了如下的总结:"中国现在正是新思潮勃发的时候,中国文学家应当有传播新思潮的志愿,有表现正确的世界观(*Weltanschauung*)在著作中的手段。"③

这篇文章中茅盾关注的第二个问题是文学的本质问题。

"文学是被创造出来表现生活的。"这个定义与英国文学批评家伍德

---

① 马立安·高利克:《中国现代文学批评史研究之一:1919—1920年间的茅盾》,前面所引书,第116页。中文可参见《中国小说史稿》,北京,1960年版,第579页。

② 马立安·高利克:《中国现代文学批评史研究之一:1919—1920年间的茅盾》,前面所引书,第118页。中文参见《东方杂志》第17卷第1号,1920年1月17日,第94页。

③ 马立安·高利克:《中国现代文学批评史研究之一:1919—1920年间的茅盾》,前面所引书,第118页。中文在上述引文中。

伯里(E. G. Woodbery))那个相对出名的定义非常相似:"文学是对生活的表现。"它是茅盾文学理论的前提条件之一,在这个过程中经历了不同的变化,有些像是茅盾文学发展的晴雨表。①

茅盾认为,假如让一个作家来表达的话,生活不是一个人或者一个家庭的生活,而是社会生活与国家生活。没错,作家对一个人、两个人的生活,或者一个家庭、两个家庭的生活进行描写。然而,在进行这种描写之前,他必须得研究整个社会,研究整个民族,而且他必须认识这个社会和民族的病根。只有这样的文学才是"表现人生的文学"②。

茅盾感兴趣的第三个问题是新、旧文学间存在的不同。在他看来,旧文学是对崇高情感的表达,在刻画一个人的感情时旧文学是从作者的瞬间感情出发的。新文学从社会现实出发,属于整个社会,属于整个民族集体。旧作家是主观型的,只属于他自己,属于一个阶级。新作家正相反,他属于每一个人,属于每一个阶级。对旧作家来说,研究文学问题就已经足够了,他可以即刻开始写作。在茅盾看来,新作家则必须研究伦理学、心理学(社会心理学)和社会学。文中茅盾将关注的焦点放在了新文学家与旧文学传统之间的关系上。他对这个问题的处理与他对新文学家与旧哲学学说之间的关系的处理方法相似。

最后一个问题在文章的标题本身已经明确地表达出来了。茅盾给新文学家分配了两个任务。第一个任务是"将西洋的东西一毫不变动的介绍过来;而在介绍之前,自己先得研究他们的思想史,他们的文艺史,也要研究到社会学人生哲学,更欲晓得各大名家的身世和主义。"第二个任务是"把德谟克拉西(即民主)充满在文学界,使文学成为社会化,扫除贵族文学的面目,放出平民文学的精神。"③

在文学革命的第一时期陈独秀起到了一个战略家的作用,诸如对各种具体任务的阐述,关于文学的本质、方法论、文学与哲学的关系、文学与政治、语言、人生、道德,文学的趋势、文学类型等问题都是他留给文学家们自

---

① 马立安·高利克:《中国现代文学批评史研究之一:1919—1920年间的茅盾》,前面所引书,第118-119页。中文可参见伍德伯里(E. G. Woodberry):《文学鉴赏》(*The Appreciation of Literature*),纽约,1909年版,第1页。
② 马立安·高利克:《中国现代文学批评史研究之一:1919—1920年间的茅盾》,前面所引书,第119页。中文可参见佩韦:《新文学研究者的责任是什么》,第95页。
③ 马立安·高利克:《中国现代文学批评史研究之一:1919—1920年间的茅盾》,前面所引书,第120页。中文可参见佩韦:《新文学研究者的责任是什么》,第96页。

己去思考的问题。这些问题中有的茅盾也做了讨论。

影响并非意指每一件事。这种影响不过是一种推动力而已。重要的是在这些影响之下的对象在新的维度和新的价值方面能够得以丰富。对茅盾而言,我们说到的这些影响,落在了已准备好的土壤上。茅盾对其他他所理解的现代世界思想中有价值的认知也给予了批判性的评价。

(二)文学上的"主义"及中国现代文学出路之进退两难的困境问题

该部分后收入《茅盾与中国现代文学批评》第4章《中国现代文学:进退两难的困境》①,只作少许改动,并省略了最后两个自然段。

19世纪末20世纪初文学发展的进化观在文学批评领域非常流行。在欧洲文化圈这个概念已经为亚里士多德和希腊、罗马的文学批评家所熟知。中国的文学批评至少早在王充和葛洪(4世纪)的时候已经知道一种特别的文学进化发展理论。王充,作为中国文学批评的第一人,通过他的反传统的历史观,确信经、传、圣人名士之言在古代和现代的用语中是不同的,而且与它们的起源也有关系②。葛洪进一步发展了王充的文学理论基础。在他的著作《抱朴子》中他异常大胆地指出《书经》"然未若近代优文、诏、策、军书、奏议之清富赡丽也"。在同一本著作中他进一步强调《诗经》"然不及《上林》、《羽猎》、《二京》和《三都》之汪濊博富也。"③明代公安派的代表人物之一袁宏道(1568—1610),以如下的话表达了自己对于文学进化发展观的信仰:"理不必古所恒有,语不必人所经道。……子文一代之文也,子诗一代之诗也。藉古人以文其短是强笑强合之类也。"④

---

① 马立安·高利克:《中国现代文学:进退两难的困境》(Modern Chinese Literature: A Dilemma of the Way),载《茅盾与中国现代文学批评》第4章,前面所引书,第29-41页。

② 马立安·高利克:《中国现代文学批评史研究之一:1919—1920年间的茅盾》,前面所引书,第123页。中文可参见刘盼遂编:《论衡集解》,北京,1958年版,第583页。关于王充的文学批评可参见兰侨蒂(Lionello Lanciotti):《对中国古代文艺美学的思考:王充论文学自主性的起源》(Considerazioni sull' estetica letteraria nella Cina antica: Wang Ch'ung ed il sorgere dell'autonomia delle lettere),罗马,1965年版,共33页。

③ 马立安·高利克:《中国现代文学批评史研究之一:1919—1920年间的茅盾》,前面所引书,第123页。中文可参见《抱朴子内外篇》,载《万有文库》,第629-630页。文中提及的诗分别为司马相如、扬雄、张衡和左思所做。本书作者注。

④ 马立安·高利克:《中国现代文学批评史研究之一:1919—1920年间的茅盾》,前面所引书,第123-124页。中文可参见《袁宏道全集》,上海:1935年版,第6页。(应为《袁中郎全集》,上海图书馆,1935年版。本书作者注。)

由于仅有很少数量的文学资料可以获得,很难说陈独秀的文学进化观追随的是谁。当然不是中国的,因为中国的文学进化观认为进化通常是不同时期文学类型的一系列后续变化。最有可能是他沿袭了一条由黑格尔(G. W. F. Hegel)和泰纳(H. Taine)开始并发展的批评实践的线路。

根据陈独秀的观点,自然主义走得比现实主义要远一步,尤其是在其对生活的实际意象的揭示方面,尽管其所反映的东西相当粗俗而且不避讳任何东西。与现实主义相比,至少在对人生现象的直接的、真实的描写方面,自然主义比它更接近现实,更多跨了一步。陈独秀认为,"欧洲自然派文学家,其目光惟在写自然现象,绝无美丑善恶、邪正惩劝之念存于胸中。彼所描写之自然现象,即道即物,去自然现象之外,无道无物。"①

茅盾相当明显地是遵从了陈独秀的观点。在《"小说新潮"栏宣言》的一开始我们可以读到如下的话:

"现在新思想一日千里。新思想,是欲新文艺去替他宣传鼓吹的,……况且西洋的小说已经由浪漫主义进而为写实主义、表象主义、新浪漫主义,我国却还是停留在写实以前,这个又显然是步人后尘。所以新派小说的介绍,于今实在是很急切的了。"②

这些话显然会让人想到陈独秀的主张。但这篇文章中其他的话则更让人想到陈独秀的观点:

"我们中国现在的文学只好说徘徊于'古典'、'浪漫'的中间,《儒林外史》和《官场现形记》之类虽然也曾描写到社会的腐败,却绝不能就算是中国的写实小说(黑幕小说更无论了)。"③

当茅盾认为现实主义和自然主义是中国新文学最适当的运动(现实主义、自然主义以及其他的主义包含在茅盾的文学运动观中)时,他是从两个特别的问题出发的。一是假设"文学是思想一面的东西,然而文学的构成全靠艺术。"每个遵循其文学原则变得很有艺术价值的对象,都能通过不同的方法形成。他可能由自然派创作成自然主义的文学,可能由象征派创作成象征主义的文学,也可能由神秘派创作成神秘主义的文学。另一方面,

---

① 马立安·高利克:《中国现代文学批评史研究之一:1919—1920年间的茅盾》,前面所引书,第124页。中文可参见《中国新文学大系》第2集,前面所引书,第8页。
② 马立安·高利克:《中国现代文学批评史研究之一:1919—1920年间的茅盾》,前面所引书,第124页。中文可参见《中国新文学大系》第2集,前面所引书,第1页。
③ 《中国新文学大系》第2集,前面所引书,第3页。

他也意识到了这样一个事实,要欣赏一部文学作品的艺术特征,或是至少理解和正确地认识它,需要一个长期的过程。也即是,对与人类相关的艺术体系的适应(同时对作者和消费者来说),要远远滞后。在研究一部作品的艺术特征时,必须"探本穷源",亦即要彻底了解作者,了解作品创作时的时代和思想背景,了解其艺术性的阐述和批判性的评价。①

茅盾的第二个出发点是文学的进化观。他与 20 世纪 20 年代早期绝大部分中国文人一样相信文学发展的统一过程是存在的,并且适用于全世界。否则,他不会说中国停留在写实以前,或中国对西方文化的介绍应该从写实派、自然派开始。茅盾可能是从黑格尔的辩证法来构思这个发展过程的。

茅盾在这个方面究竟是从哪个来源获得的影响还是个问题。然而,事实上,当茅盾说到 20 世纪初浪漫主义在世界文学中的复兴时他指出过黑格尔著名的"正反等于合"(triad method)的方法。根据茅盾的观点,旧的浪漫主义是"正反等于合"的第一个时段,即,立论;写实主义是第二个时段,即对立面;最后,新浪漫主义是一个结果性质的时段,即综合。他明确地强调这三个阶段不是循环的发展,而是一个遵循进化原则的发展。②

茅盾指出了哲学的发展与在文学上作为一种相应状态之类比的哲学认知(指中国的)的当代状态之间的相似:

"治哲学的倘不先看哲学史,看古来大哲学家的著作,不晓得以前各家本体论的说头怎样,现在研究到怎样,价值论认识论又怎样,而只看现代最新的学说,则所得的仍只是常识,不算是研究。"③

茅盾制定了一个宣传和介绍的计划。他将其分为两部分。这两部分都包括了自然派的和写实派的作品。第一部分更重要,也更广泛,包括俄国、法国、波兰和北欧文学的 12 个作家的 30 部作品。包括在这部分的作品有诸如屠格涅夫(I. Turgenev)的《父与子》(Fathers and Sons)、陀思妥耶夫斯基(F. Dostoyevsky)的《白痴》(The Idiot)、契诃夫(A. Chekhov)的

---

① 马立安·高利克:《中国现代文学批评史研究之一:1919—1920 年间的茅盾》,前面所引书,第 125 页。中文可参见《中国新文学大系》第 2 集,前面所引书,第 1 页。

② 马立安·高利克:《中国现代文学批评史研究之一:1919—1920 年间的茅盾》,前面所引书,第 126 页。中文可参见雁冰:《文学上的古典主义、浪漫主义和写实主义》,载《学生杂志》第 7 卷第 9 号,1920 年 9 月,第 19 页。

③ 马立安·高利克:《中国现代文学批评史研究之一:1919—1920 年间的茅盾》,前面所引书,中文在上述引文中。

《樱桃园》(*The Cherry Orchard*)、果戈理(N. Gogol)的《死魂灵》(*Dead Souls*)、高尔基(M. Gorky)的《在底层》(*The Lower Depths*)、左拉的《崩溃》(*La Débâcle*)、莫泊桑的《彼得与约翰》(*Peter and John*)、易卜生(H. Ibsen)的《青年同盟》(*The League of Youth*)等。第二部分包括选自俄国、英国、法国和德国文学的8个作家的13部作品。在第一部分中,茅盾主要关注的是分别对各个文类艺术标准的评价。而在第二部分中,他则主要选取了"问题"戏剧和小说,这些也成为20年代的中国文学中最受欢迎的文类。也即是说,对这一部分,茅盾更为关注的是各类作品的思想价值。被茅盾归入这一类的作品有托尔斯泰的《战争与和平》(*War and Peace*)、陀思妥耶夫斯基的《罪与罚》(*Crime and Punishment*)、霍普特曼(G. Hauptmann)的戏剧《织工》(*The Weavers*)和萧伯纳的《为清教徒所写的三部戏剧》(*Three Plays for Puritans*)。

然而,问题是,这样的划分是否正确,是否能够将一部作品的艺术与其思想分离开来,是否在文学中也可以像在国民经济中所做的那样进行计划。但是,茅盾用以解释他的步骤的话却是值得引起注意的:

"我以为总得先有了客观的艺术手段,然后做问题文学做得好,能动人。"并强调,"欲创造新文学,思想固然重要,艺术更不容忽视。"①

当我们在讨论茅盾的哲学观时,也可在他这些年的文学批评中发现同样迅猛的发展。

1920年9月,茅盾在《学生杂志》上发表了一篇题为《文学上的古典主义、浪漫主义和写实主义》的重要的研究文章,以及一篇关于胡先骕大约万余字的研究的辩论文章,题为《〈欧美新文学最近之趋势〉书后》。这两篇文章对茅盾作为一个文学批评家的进一步发展起到了至关重要的作用。然而,这两篇文章都不太为人所知。

在创作《文学上的古典主义、浪漫主义和写实主义》时,茅盾给自己定了三个任务,三个目标:

一、解说这三个主义的意义和本身的价值;

二、用"鸟瞰"的记述,说明文艺进化之大路线;

---

① 马立安·高利克:《中国现代文学批评史研究之一:1919—1920年间的茅盾》,前面所引书,第127页。中文可参见雁冰:《文学上的古典主义、浪漫主义和写实主义》,前面所引书,第1页。

三、为古典主义、浪漫主义鸣冤,为写实主义声明不受过分之誉。

从中我们可以清晰地看出在研究哲学和政治问题时茅盾所持的"工具主义观",这个观点他同样也用在了文学的问题上。意义和文学的"主义"的实际价值在茅盾的观点中是具有重要作用的因素,并且对它们给予了最大程度的关注。他并没有具体关注某一个"主义"①,不管是哪一个。

茅盾具体将所谓的古典主义、新古典主义和假古典主义包括进古典主义的概念中。两个时间临界点构成了其局限:文艺复兴时代和浪漫主义时代的到来。他没有提供更多关于不同亚类的古典主义的具体特征,只是在总体上概括了古典主义的特征。他认为拉辛(J. B. Racine)和布瓦洛(N. Boileau)是古典派最杰出的代表人物,他们的文学"格调娴雅,章法谨严,词句华赡,而且有多含讽刺的意思,正合中国所谓'怨诽而不乱',是'中正'之音。"茅盾从理、强调的重点以及理性主义几个方面来看古典主义存在的理由。理性主义在匀称、谐和、完具、全备——在"一成的无可增损的美"方面是显而易见的。②

创造性的浪漫主义开始于古典主义结束之处。在茅盾看来,"自由"一词本身就包含了浪漫主义最重要的特征。由于法国大革命除了自由之外没有宣称任何东西,浪漫主义,即文学上的法国现代革命运动同样也是除了自由其他任何东西都没有要求。

在归纳古典主义的特征时,茅盾没有考虑文学与古代哲学之间的关系,尽管他是完全意识到了这点的。然而,这次他相对彻底地论述了哲学与文学之间的关系,这可能是因为在20世纪20年代后期浪漫派作家的哲学思想的一些方面对他来说并不陌生的缘故。茅盾认为文学上的现实主义的兴起有两个原因。首先,19世纪的后半叶是科学的时期,其时科学方法开始浸入生活的各个领域。其次,它正当其时,恰好处于民主的繁荣时期和劳动运动的萌发时代。大众开始意识到悲惨的社会条件,清楚地看到理想的文学与现实生活不相符合。他们认识到民主的本质。

---

① 马立安·高利克:《中国现代文学批评史研究之一:1919—1920年间的茅盾》,前面所引书,第128页。中文可参见雁冰:《文学上的古典主义、浪漫主义和写实主义》,载《学生杂志》第7卷第9号,1920年9月,第1-19页。
② 马立安·高利克:《中国现代文学批评史研究之一:1919—1920年间的茅盾》,前面所引书,第128-129页。中文可参见雁冰:《文学上的古典主义、浪漫主义和写实主义》,前面所引书,第2页。

茅盾指出,现实主义作家对浪漫主义作家的攻击没有进入艺术领域。不能说浪漫主义的作品就没有艺术价值。然而,可以说它们不是"合理"的艺术。在现实主义作家看来,这意味着浪漫主义的作品不是以客观观察为基础创作的艺术作品。

茅盾还指出了写实派作家从思想上对浪漫派作家的攻击。写实派作家认为,"举凡文学,美术,都欲德谟克拉西化,不能再为一阶级少数人的私有物,娱乐品。"由于浪漫文学不是为人民而写的,它注定将从民主世界的文学中消失。①

在茅盾看来,写实主义的"重镇"是左拉(E. Zola)和莫泊桑(G. de Maupassant)。福楼拜(G. Flaubert)是他们的前驱,巴尔扎克(H. de Balzac)还仍然是个浪漫派作家。写实主义在福楼拜尚不过是一种趋向,到左拉手里才确立起来,到莫泊桑手里,才光大而至于大成。

最伟大的俄国写实派作家中茅盾提到了托尔斯泰、陀思妥耶夫斯基、屠格涅夫(I. Turgenev)、契诃夫(A. Chekhov)和高尔基5位。这个时期是俄国写实主义文学的极盛时代。茅盾认为,陀思妥耶夫斯基代表了"心理的写实派";屠格涅夫代表了"诗意的写实主义";托尔斯泰是"主义的写实主义"的代表,而高尔基和契诃夫是"纯粹的写实主义和嫡派的自然主义"的代表。茅盾认为高尔基的文学作品革命性极强极烈,自托尔斯泰以来能够得俄国青年一致欢迎的莫过于高尔基了。至于契诃夫,"他是自然派在俄的孤种"。②

从这里所讨论的关于茅盾的自然主义的理论可以看出,对茅盾来说,写实主义的概念与自然主义是交错在一起的。在《文学上的古典主义、浪漫主义和写实主义》这篇文章中,他将写实主义仅仅理解为是福楼拜、左拉和莫泊桑时代的写实主义,或者也包括了他们的继承者,如在他概括契诃夫的特征时他在某处认为他是一个写实派作家,而在几行之后又说他是一个自然派作家。③

在与我们正讨论的这篇文章发表的同一个月,但是是在10天后,茅盾发表了另一篇题为《给新文学研究者进一解》的文章。这篇文章实际上是前面

---

① 马立安·高利克:《中国现代文学批评史研究之一:1919—1920年间的茅盾》,前面所引书,第130页。中文在上述引文中。

② 同上,第130-131页。中文在上述引文中。

③ 同上,第131页。中文在上述引文中。

这篇文章的后续。在阐述每一个特征时他用了浪漫的对比来帮助自己。

一、浪漫派重想象,写实主义重观察;浪漫派文学是主观的,写实派文学是客观的。

二、浪漫派承认相对美的存在,不认为那些古代大师的作品的美是至高无上的美;因为美是相对的,它允许艺术家进行创造;写实派不承认美的存在,认为美是一种幻觉,现实生活中除了丑恶,没有其他。

三、浪漫派文学描写的是上层社会的生活,写实派文学关注的是下层社会的生活。

四、浪漫派文学在总体上强调的是艺术,写实派文学强调的则是生活。

茅盾认为在某些重要方面浪漫派和写实派是具有同样价值的艺术运动,如在时间与空间方面、在如何艺术地处理与现实的方法方面、在这种方法的哲学方面以及美学价值方面。然而,当涉及与人生的关系时,即思想的价值而非艺术的价值时,尤其是与不同社会阶层的关系时,茅盾更喜欢写实主义。当然,是他特别构想的那种写实主义。

茅盾开始批评写实主义。他看到了以下不足之处:

一是过度强调客观描写。

二是过度强调批评的破坏性特征,缺乏与所描绘的客观现实相关的建设性的成分。

茅盾写道:"讲到艺术方面呢,本来不能专重客观,也不能专重主观。专重主观,其弊在不切实;专重客观,其弊在枯涩而乏轻灵活泼之致。讲到批评呢,虽是写实主义的好处,同时也是写实主义的缺点。他把社会上各种问题一件一件分析开来看,尽量揭穿他的黑幕,这一番发聋振聩的手段,原自不可菲薄。但是从事批评而不出主观的简介,便使读者感着沉闷烦忧的痛苦,终至失望。举个譬喻,今有人走路走错了,你对他尽言,说出去路是错,你说得很透彻很明白,走路的人是相信你了,但你却不把那一条是大路指给他,那么他还是彷徨中道,出不得一毫主意,对于你说的话固然是承认了,但对于前途的希望也没有了。"[①]

辩论文章《〈欧美新文学最近之趋势〉书后》首先是对写实主义的辩

---

① 马立安·高利克:《中国现代文学批评史研究之一:1919—1920 年间的茅盾》,前面所引书,第 132-133 页。中文可参见雁冰:《文学上的古典主义、浪漫主义和写实主义》,前面所引书,第 17 页。

护。茅盾认为胡先骕的研究"简练精湛,而又明白晓畅",然而,却有三个"不敢苟同"之处。其中两个指的是写实主义的问题。这两个中一个是指在总体上作为一种艺术现象的写实主义,一个是指所谓的丑恶的美化的问题。后者更接近写实主义。

胡先骕在文章的一处指出,如果自然派专写下层社会人民的罪恶与缺陷,这样的作品是激发不起读者的美感的。茅盾对此观点是这样回应的:

"鄙意未敢苟同。夫丑恶的美化,非近代艺术哲理中一大发明乎,可徒诋之为病的现象而不承其为艺术之进化乎。古学文学者所崇奉之'完美与洗炼'的美,尚能适合今人尖锐之思想而无感冲突乎。文学既为表现人生,岂仅当表现贵族之华贵生活而弃去最大多数之平民阶级之卑贱生活乎?"①

当茅盾准备创作《文学上的古典主义、浪漫主义和写实主义》时,他可能没有打算写新浪漫主义。然而,当他想以文学现实为基础"指出文学进化之大路"时,他不得不也对新浪漫主义加以考虑。在所有现代文学运动中新浪漫主义是最适合他的文学进化理念的。

尽管《文学上的古典主义、浪漫主义和写实主义》一文几乎没怎么谈新浪漫主义,然而我们可在如下这些有趣的话语中发现它:

"一年以来,浪漫文学为国人唾弃到地,写实文学为国人高抬到天,这都不是能懂得文学进化的道理的人说的话。浪漫文学所本有的思想自由,勇于创造的精神,到万世之后,尚是有价值,永为文学进化之原素,这一句话是我可断言的;写实文学中所包有的批判精神和平民化的精神,我也敢决言永为文学中添出新气象的。所以恭维写实文学到极点的话,写实文学实在不敢当;而轻蔑浪漫文学到极点的话,浪漫文学实也太委屈。最后还有几句话,就是新浪漫主义不尽能包括现在以及将来的趋势;……"②

1920年初,茅盾开始接触19世纪末的爱尔兰文学,主要是其3个代表人物:威廉·叶芝(William Butler Yeats)、格莱戈瑞夫人(Lady A. Gregory)和约翰·辛格(John M. Synge)。他那篇论这3位代表人物的文学作品的

---

① 马立安·高利克:《中国现代文学批评史研究之一:1919—1920年间的茅盾》,前面所引书,第133页。中文可参见雁冰:《〈欧美新文学最近之趋势〉书后》,最初载1920年9月5日《东方杂志》第17卷第18号。载《茅盾全集》第18集,第77页。
② 马立安·高利克:《中国现代文学批评史研究之一:1919—1920年间的茅盾》,前面所引书,第134页。中文可参见雁冰:《文学上的古典主义、浪漫主义和写实主义》,前面所引书,第19页。

"文章"题为《近代文学的反流——爱尔兰的新文学》。在茅盾看来,爱尔兰文学最伟大的地方在于其作家们对国家从英格兰的束缚中解放出来的强调,以及他对那个时期这样一个事实所感到的惊愕,那就是,爱尔兰文学正在寻求除19世纪末的写实主义文学之外的其他的表现手法和内容。

稍后,茅盾也开始对安纳托尔·法郎士(Anatole France)的印象主义批评发生兴趣,主要包括在他的4卷本著作《文学生活》(La vie littéraire)中。茅盾同时也将他的注意力集中在爱德华·卡彭特(Edward Carpenter)的作品上。卡彭特是一个英国作家,是瓦尔特·惠特曼(Walt Whitman)和哈维洛克·埃利斯(Havelock Ellis)的崇拜者。在其作品中我们找到了一本与1899年出版的题为《文明的成因及防治》(Civilization: Its Cause and Cure)的论文集。在书中收录的论文中,茅盾可能对一篇题为《现代科学:一种批评》(Modern Science: A Criticism)的文章感兴趣。这本论文集俄译本的序言是由列夫·托尔斯泰写的。

1920年的时候茅盾有些犹豫,一度他不再相信科学的理想。这些人的怀疑立场显而易见地向他表明科学并不是无处不在的,批评的精神和健康的怀疑的精神毫无疑问是需要的。那个时候茅盾对两个作家很着迷,一个是罗曼·罗兰(Romain Rolland),是第3个茅盾最喜爱的文学大家。另一个是亨利·巴比塞(Henri Barbusse),是第4个茅盾最喜爱的大师。

尽管那时茅盾至少部分赞成他那个时代的怀疑论者的观点,但在约翰·克里斯托夫的形象中,他高度欣赏的真理是普遍的真理(epitheton constans):"书中的英雄是个极好真理的人。不问环境如何,不问自身以及一己的性命,所知的只是真理。"①

对1920年的茅盾来说,罗兰和巴比塞是新浪漫主义最重要的两个代表人物。

茅盾是如何概括新浪漫主义的特征的呢?他将其看成是"旨在反抗自然主义的运动。"在论辩文章《〈欧美新文学最近之趋势〉书后》中他写道,新浪漫主义消除了写实主义"丰肉弱灵"之弊,清除了写实主义夸张地批评而不指引的毛病,修正了写实主义不见恶中有善的错误。②

---

① 马立安·高利克:《中国现代文学批评史研究之一:1919—1920年间的茅盾》,前面所引书,第136页。中文在上述引文中。
② 同上。中文可参见《〈欧美新文学最近之趋势〉书后》,载《茅盾全集》第18集,第76页。

在茅盾看来,浪漫主义(但不是假浪漫主义)拥有"一种革命的、解放的、创新的精神。"这种精神是 19 世纪欧洲文学的创造者。这种精神也正是"实在连真真的浪漫文学都不曾有过,一向锢蹋于好古主义的下面,浪漫精神缺乏得很"的中国所需要的。我们可以看出,这种说法与茅盾在 1920 年早期的说法是非常不同的。他在"自觉"中看出了浪漫主义最伟大的信条①。浪漫主义之父让·雅克·卢梭(J. J. Rousseau)的《忏悔录》(Les Confessions)就是在这种信条的基础上创作出来的。现代文学正是以这种自觉的精神为标志的。只有自然主义运动受到了"科学方能说暂时的变态"的影响,是个例外。当科学不能解决社会问题时,其热情之火便熄灭了,为新浪漫主义的复活创造了条件。假如我们意识到这点,我们便不会认为"自然主义文学有多么重大"。

1920 年初的时候,茅盾在《"小说新潮"栏宣言》中以一个宣传者的身份介绍写实主义和自然主义作品,不那么急于坚持自己的提议了。同年,茅盾将巴比塞、叶芝、格莱戈瑞夫人和邓塞尼爵士(Lord Dunsany)的作品译成中文,不再认为他们是写实主义作家了。正如大家所见,茅盾也没有继续坚持他在那年年初时所宣称的观点。

茅盾最后得出结论,认为中国新文学必须是新浪漫主义的而不能是自然主义的(这留下余地让我们说甚至不是写实主义的)。对于"为什么",茅盾的回答非常简洁,这可能也是受到罗曼·罗兰作品影响的缘故:新浪漫文学可以将我们引导至正确的世界观,可以帮助我们获得自觉的精神。这种精神不是别的什么,就是"我是我,是世界的一个人,不是什么主义什么信条的人。"②

应该强调的是,1920 年下半年茅盾在后现实主义文学中预见了中国文学的未来。但仅是在后来(即在 1921—1922 年间)他才开始相信写实主义或自然主义只是文学进化发展史上的很短的时期③。他在主观上用这样的希望安慰自己,中国自然主义或写实主义的历史很快将会结束,中国

---

① 马立安·高利克:《中国现代文学批评史研究之一:1919—1920 年间的茅盾》,前面所引书,第 137 页。中文在上述引文中。

② 马立安·高利克:《中国现代文学批评史研究之一:1919—1920 年间的茅盾》,前面所引书,第 137 页。中文可参见雁冰:《为新文学研究者进一解》,载《茅盾全集》第 18 集,第 102 页。

③ 马立安·高利克:《中国现代文学批评史研究之一:1919—1920 年间的茅盾》,前面所引书,第 133 页。中文可参见《最后的一页》,载《小说月报》第 12 卷第 8 号,1921 年 8 月 10 日,第 8 页。也可参见茅盾给周赞襄的信,载《小说月报》第 13 卷第 2 号,1922 年 2 月 10 日,第 4 页。

文学将加入那个时代的世界现代文学之流。

第四节　高利克的茅盾与外国神话研究

茅盾小说中的神话视野

《茅盾小说中的神话视野》发表在1993年《东北师范大学学报》(哲学社会科学版)第2期上①,该文也刊载在《国际南社学会丛刊》1993年第4期上②。其原是高利克向1990年6月24-26日在新竹的清华大学举办的"中国现代文学第三次国际会议"提交的会议论文。

茅盾小说中的神话创作,指的是由神话意识,或者是由阐释这个世界及其研究的潜意识与结构所促进的创作,是茅盾在1924—1929年间对世界神话广泛深入研究的结果。这些神话包括中国本土的神话、希腊神话、北欧神话和源自自然和创世的神话。

茅盾的神话知识源于三本著作:安德鲁·朗(Andrew Lang)的《神话、仪式和宗教》(*Myth, Ritual and Religion*)、唐纳德·麦肯齐(Dorald Elexander Mackenzie)的《克里特岛和前希腊时代的欧洲神话》(*Myths of Crete and Pre-Hellenic Europe*)和海伦娜·居厄伯(Hélène Guerber)的《北欧神话》(*Myths of the Norsmen from Eddas and Sagas*)。茅盾创作的《希腊神话》于1925年10月出版。这本书具有导读的作用,曾是《小学生丛书》中的一本教材,同时该书也是他后来神话创作的原动力。茅盾的系列文章《北欧神话》也是为《儿童文学》杂志写的,于1925年2-4月发表,似乎是他没有足够的时间按原计划将其以书的形式出版。

茅盾对希腊神话《绑架冥后普西芬尼》(*Abduction of Persephone*)的着迷可从他的《春的复归》这篇为中国儿童创作的小说中,或是从他为20年代末期的中国青年所写的成长小说《虹》中看出来。

并不确定茅盾是从哪里得到《春回大地》的创作灵感和素材的。但他

---

① 马立安·高利克:《茅盾小说中的神话视野》,载《东北师范大学学报》1993年第2期。(没有标明译者)
② 马立安·高利克:《茅盾小说中的神话视野》(*The Mythopoeic Vision in Mao Dun's Fiction, 1929—1942*),载《国际南社学会丛刊》1993年第4期,第169-178页。

结合了荷马对此主题的歌咏,以及奥维德(Ovid)在《变形记》(*Metamorphoses*)中对这个素材的处理手法。与传统的希腊神话不同的是,普西芬尼在茅盾的小说中是以"春神"的角色出现的。这样的处理方式一直持续到他后来包括《虹》在内的作品中。在《虹》中,普西芬尼和"希望"连在一起,而希腊神话则是以"虹的女神"作为希望的象征。"梅小姐"是"五四"时期中国的"普西芬尼"。她被喻成彩虹,其人生目标是战胜环境和命运,在个人、政治、社会的解放战争中帮助她的同志。

相对于普西芬尼神话中展现出的希望,从20世纪30年代开始,茅盾转向另外一个截然不同的神话原型,即"诸神的暮光"。茅盾对这个神话相当熟悉,因为他曾仔细研读过居厄伯的《北欧神话》,并将其改写为《北欧神话ABC》介绍给中国读者。

1933年1月,茅盾创作了两篇神话故事,一是《神的灭亡》。这个故事和居厄伯的不同,由此可见茅盾的原创能力。茅盾是以不同的方式来结束小说的:"人类史上也就有过封建的皇帝,而现在还有资本主义的霸王。人类的斗争还在继续。"

茅盾的巨作《子夜》的开头可被称作是中国现代文学中的最佳描写。它将诸神的统治与1930年的上海联系在一起。该小说最初的名字是《夕阳》。上海的沉沦并非由于神话中的狼及其后代造成的,也不是赫尔(Hel)这位死亡之女神,或造反的巨人及其追随者导致的。20年代末30年代初处于世界经济危机中的中国重要城市的回光返照是在吴老太爷的死亡中结束的。根据茅盾的神话创作视野,这位吴老太爷是中国农村封建社会的代表人物,由于无法面对新的、强势的、贪婪的资本主义世界带来的压力而倒下了。

《子夜》第1章原本想以"逃墨馆主"的笔名发表。但茅盾在《我走过的道路》中的解释说他想让读者相信这个笔名取自孟子之言:"天下之言,不归杨则归墨"值得质疑。"逃墨馆主"应该是"The Lord of Thrymheim"的中文翻译。"Thrymheim"在北欧神话中是指反叛巨人的居所。这些巨人"从一开始就是与诸神旗鼓相当的反对者"。在这些巨人中,茅盾想到了"Thrym",即"逃墨"。

茅盾相信社会经济的要素具有巨大的甚至是神话般的力量。"豪雨"、"响雷"、"闪电"这些意象不断在他的小说中出现,用以描绘反抗中的中国农村的情景和吴荪甫工厂女工罢工前和罢工时的情景。在这些场景和事件中,似乎神话中的巨人"索列姆"("Thrym)应该为这毁灭性的大雷雨负责。"索列姆"和他的追随者,即反抗的农民以及罢工的上海男女工人,在这场攻击中国社会结构,与老迈的诸神的斗争中成了同志。

在茅盾最重要的小说中,他不再遵循"夕阳"的神话意义。与北欧神话不同的是,茅盾呈现了"封建主义"和"资本主义"神祇的死亡,但却避免表现"新的巨人"(指工人和农民)的毁灭。否则的话,就违背了他身为马克思主义者的信念。在北欧神话中,诸神和巨人必一起毁灭,以便重建一个新天国。

茅盾最后决定将小说命名为"子夜"。在北欧神话中,"夜之女神"诺特与其第三个丈夫"黎明"生了一个儿子叫"白昼"。茅盾大概是选择"子夜"作为小说题名时,想起了"夜之子"这个典故。

在完成《子夜》后,茅盾继续从神话中寻找创作源泉,这一次茅盾找到的是犹大-基督教传统。耶稣的传教和其被钉上十字架以及参孙晚年的故事,都给茅盾留下了深刻的印象。在珍珠港事件和斯大林格勒保卫战之间的几个月里,茅盾创作了最后两篇神话作品。由此我们或许可以理解为什么茅盾的小说《耶稣之死》要用以赛亚预言希伯来人沉重的命运和外来的侵略以及奴役作为开头。下面的一段引文则显示出茅盾的乐观有历史的原因,他是在借着这段话宣告他对苦难岁月之后的新世界的信心:"末后的日子,耶和华殿的山必坚立,超乎诸山,高举过万岭,万民都要流归这山。必有许多国的民前往,说:来吧! 我们登耶和华的山,奔雅各神的殿,主必将他的道教训我们,我们也要行他的路。……"

茅盾对耶稣的教义并不太感兴趣,他将注意力放到了耶稣以一个"人之子"而非"上帝之子"的身份领导大众反抗由外族罗马人和本土势力组成的统治阶层上。分析茅盾对福音书信息的主观态度我们可以推断,茅盾是以神话系统中"诸神的黄昏"来理解耶稣的使命、传教生涯和受难的。

茅盾的《参孙的复仇》讲述了参孙和迪莱勒的爱情故事。茅盾的故事和《圣经》故事二者间除了《圣经》时代与20世纪上半叶的叙述手法不同外,小说主题并没有太大的改变。茅盾的这两篇小说被称为是文学上的姊妹篇,都描述了一个国家和人民处于外来统治之下,而且都以死亡结束。参孙之死对茅盾来说比耶稣之死具有更重要的意义。如果说耶稣孤寂的死多半是因为茅盾对他殉道的同情,但却并不信仰他,那么,茅盾当然会更喜欢参孙的复仇,因为敌人中约有"三百名男女"和他一起赴死。茅盾将这篇作品写成了抗日文学作品。

在中国政治的三个重要时期,茅盾转向了神话世界,即 1925—1927 年间充满希望同时革命陷入绝望的时期;30 年代初期世界经济萧条时期;以及第二次世界大战期间欧亚同时陷入苦战的时期。

茅盾以神话为基础所写的所有作品,都是悲剧的、崇高的。所有作品都与希望相关,或者是处在黎明之前的"黄昏"。"普西芬尼"并没有被解放,旧日的神祇和新兴的巨人也没有进行"最后一战"。参孙的复仇在第二次世界大战结束后的亚洲成为事实。然而,即便以赛亚关于武器和犁头、茅和镰刀的理想在我们这个世界仍然是一个乌托邦,茅盾依然在一个适当的时间和场合将其书写在抗日战争时期粗糙、不洁、廉价的纸上。茅盾涉猎了古代最有价值的遗产,为我们揭示了人类最基本的希望。

普西芬尼、潘多拉和梅小姐: 古希腊神话与中国现代小说中的神话视野

《普西芬尼、潘多拉和梅小姐:古希腊神话与中国现代小说中的神话视野》最初是高利克向 1991 年在慕尼黑举行的第 25 届国际弗尔曼东方学者会议提交的会议论文,后发表在《希腊与东方研究》(*Graecolatina et Orientalia*)(布拉迪斯拉发)第 23-24 期上①。由周耀辉中译的文章收录在中国茅盾研究会编辑《茅盾与二十世纪》中。②

这篇文章主要论述了希腊万神殿中那位谷物、丰收之女神德米特尔的女儿普西芬尼与茅盾小说《虹》中的梅(行素)小姐的故事。高利克之前至少有两次指出过这种有着基因联系的相似性:一是米列娜编《中国文学指南》第一卷中为《虹》所写的介绍,二是 1993 年发表在《国际南社学会丛刊》上的《茅盾小说中的神话视野》。然而至今不能花必要的精力来着重对茅盾的创造力做出估量:他将神话作为这个极为理性的世界里人类生活

---

① 马立安·高利克:《普西芬尼、潘多拉和梅小姐:古希腊神话与中国现代小说中的神话视野》(*Persephone, Pandora and Miss Mei: Mythopoeic Vision in Classic Greek Myth and in Modern Chinese Novel*),载《希腊与东方研究》(*Graecolatina et Orientalia*)(布拉迪斯拉发)第 23-24 期,1992 年,第 143-151 页。

② [斯洛伐克]马立安·高利克著,周耀光译,万树玉校:《普西芬尼、潘多拉和梅小姐:古希腊神话与中国现代小说中的神话视野》,载中国茅盾研究会编:《茅盾与二十世纪》,北京:华夏出版社,1997 年版,第 577-590 页。

所固有的东西,其固有的程度远远超过了我们大多数人的认可和领悟。他将神话当作一种现实模式,同时也当作理想与现实。在此,从古代神话方面去研究普西芬尼的主题是没有问题的,但这些古代神话能否适应我们时代的需要却是有问题的。这一适应过程涉及神话本身内容的演进,以及在某种特定的政治、经济与社会形势下产生的巨大变化。

在对各种不同民族以及形形色色的古代神话进行现代的解释方面,中国并没有放弃在学术上和文学上对它们做出新的解释。这种倾向在20世纪20年代和30年代初尤为强烈。然而,这种倾向很快就由于马克思主义的出现而中断了。在普及神话题材方面,茅盾居于头等重要的地位。他在对革命、妇女问题发生兴趣的同时,也写过一些关于神话题材的文章。除前面提及过的《北欧神话ABC》外,他还写了《神话杂论》和《中国神话研究ABC》。在为《楚辞》选注所写的"序言"中,茅盾也论及了神话主题。

在茅盾的小说《虹》之前,美国、欧洲的汉学研究中就有不少研究茅盾作品的相关文学成果,如年轻的德国汉学家多罗蒂亚·巴尔豪丝(Dorothea Ballhaus)就是最早尝试刻画茅盾女主人公性格的作者之一。她将梅小姐列入中国的"娜拉"中,尽管这么做确切地说是相当成问题的。与其说茅盾将梅小姐当作娜拉(Nora),不如说是将她当作林顿夫人(Mrs. Linde)。另一方面,茅盾把梅小姐以及其他一些人物呈现在中国读者,尤其是女性读者面前,是作为某种希望的象征的。巴尔豪丝在分析时,将茅盾所描述的中国"娜拉"与他在1927年和1928年间的作品中代表大多数女性人物的"失望"妇女进行比较。

茅盾在1924—1929年间所从事的全部政治、社会与文学工作都可归入有某种问题的"希望"这一类。这个时期也是茅盾各类神话影响最深、时间最长的时期。1929年茅盾在写作《虹》时向读者讲过这样的话:

"自从Pandora开了那致命的黑檀木箱以来,人类原是生活在'希望'里的。宗教底而且神秘底对于将来之信赖,既已亘千余年之久成为人类活力的兴奋剂,现在是科学底而且历史底对于将来之信赖,鼓舞人们踏过了血泊而前进了!"

茅盾的这种心情有一个发展的过程。在1924年10月11日,茅盾发表了一篇题为《何以这世界上有烦恼》的文章。这是潘多拉式的故事,与我们熟悉的赫西奥德(Hesiod)的《工作与时日》(Works and Days)和《神谱》(Theogony)的内容相似,所不同的是潘多拉把箱子里的一切祸害都释放出来了,而只是将"希望"关在了里面,因而就把"不幸"命定为人类的固有命运。青年茅盾相信共产主义的太平盛世即将到来,他将潘多拉的神话变成现代化的,并允许潘多拉再一次打开盒子,把"希望"放了出来。"希望"便悄悄插上雪白的翅膀,腾空而起,替人类治病,使人类摆脱痛苦并得到安慰。

由于茅盾这篇小说是为儿童写的,并负有教育的目的,因而,其内容同古代神话中原来的结局以及后来的演变都有根本区别。从上述引文可以显而易见地看出,他相信"希望"是其生活的光明的一面。然而,在以文学的形式来处理的时候,茅盾想起了普西芬尼的故事,这个也是他从自己的《春的复归》中再次认识到的。茅盾把荷马给予德米特尔的要素和奥维德《变形记》里的要素融合在了一起。在介绍普西芬尼和春之神的时候,茅盾的处理与古代神话是有所不同的。

在第 1 章的结尾,茅盾通过梅之口说出了下面的话,因为她感到自己已经真正逃脱了地狱以及哈德斯冷酷无情的拥抱:

"从此也就离开了曲折的窄狭的多险的谜一样的路,从此是进入了广大,空阔,自由的世间!"

茅盾如果忘记了虹,那他就简直无法理解普西芬尼的故事。作为一种希望的迹象或象征(尽管在世界神话中虹并不总是代表希望),通过原始的方式,把潘多拉、普西芬尼和梅的神话融合在一起。作为理论家,至少在某种程度上茅盾是相信希望的,并且也对这种信念加以了强调。在普西芬尼的故事中,他得到了希腊神话中彩虹女神艾丽斯的启发。当他在日本旅居时,在开始写作《虹》这部小说之前他看到了一条真正的彩虹。在一篇有意无意也题名为《虹》的散文里,茅盾却认为它"使人伤心"①。也许虹在当时的出现恰恰是一种巧合,是京都的一种自然现象。当时茅盾正在致力于另一问题的研究。他当时正在写自己并不喜欢的有关中世纪的骑士史诗与浪漫传奇的小册子《骑士文学 ABC》。在当时的茅盾看来,中世纪的骑士们就像北欧神话中的那样,出现在彩虹桥上。

也许茅盾是害怕虹的象征。他读过居厄伯的著作,并将其介绍给中国读者,其中彩虹桥是用来将倒下的战士从地下运送到天上的。他也从居厄

---

① 原文为:"但虹一样的希望也太使人伤心。"《虹》,原载《小说月报》第 20 卷第 3 号,1929 年 3 月 10 日出版。本书作者注。

伯的著作中得知,彩虹桥是一条路,沿着这条路那些最终带来众神暮光的巨人们到达了敌人的宝座。他在《北欧神话 ABC》中将此告诉了读者。

如果我们把有关普西芬尼和潘多拉的故事放一边便会看到,茅盾对希望基本上具有一种赫索迪亚式(Hesodian)的怀疑态度,尽管他大概是想使自己和许多来自"革命文学"的追随者队伍里的对手相信某种东西。茅盾在《写在〈野蔷薇〉的前面》中认为三个北欧女神之一的弗丹迪(Verdandi)是一个"盛年、活泼、勇敢、直视前途"的女子,并表明自己不能按照那些革命文学或无产阶级文学追随者对他提出的要求去创作毫无生命的浪漫故事,既欺骗自己,又欺骗读者。茅盾明确表示,他担心自己有意要在其新作中描绘的一座"彩虹桥"会落在他在上海和武汉所熟悉的那些黑骑士们的手里。

在茅盾构思好了《虹》的一部分时他在《写在〈野蔷薇〉的前面》中这样写道:

"知道信赖着将来的人,是有福的,是应该被赞美的。但是,慎勿以'历史的必然'当作自身幸福的预约券,且又将这预约券无限止地发卖。没有真正的认识而徒藉预约券作为吗啡针的'社会的活力'是沙土上的楼阁,结果也许只得了必然的失败。把未来的光明粉饰在现实的黑暗上,这样的办法,人们称之为勇敢;然而掩藏了现实的黑暗,只想以将来的光明为掀动的手段,又算什么呀!真的勇者是敢于凝视现实的,是从现实的丑恶中体认出将来的必然,是并没有把它当作预约券而后始信赖。真的有效的工作是要使人们透视过现实的丑恶而自己去认识人类伟大的将来,从而发生信赖。"

上述引语清楚地表明,如同鲁迅先生一样,茅盾劝告同行们首先要面对现实,面对中国美杜莎(Medusa)的嘴脸,然后再去从事文学或艺术的工作。可问题仍然是,那种对"人类伟大的未来"充满信心的乐观精神,到底是茅盾自己的呢,还是仅仅以为这是对当时正在流行的马克思主义乐观精神的一种认同?

《虹》第 1 章最后一句"我们现在进入一个伟大、宽阔而自由的世界了"被证明只不过是一种幻想而已。当我们把梅小姐的故事看成是希腊普西芬尼的现代同类故事时,我们注意到这两个神话故事之间存在着一种辩证的张力关系。那伟大、广阔而自由的世界就是上海。但梅小姐 1919—1925 年间在成都与上海所走过的路,根本就不是一幅"希望"与"幸福"的图画。没错,茅盾在对梅小姐这个人物作理想化解读时,很可能试图主观地将希望与幸福融合在一起,但这在现实的、具体的生活情境中是实现不了的。①

希望,连同幸福,留在了那神秘的盒底。茅盾在描写梅小姐的精神状态时,最常使用的字眼即是"孤独"、"寂寞"。这些情绪像梦魇一样折磨着梅小姐。在茅盾小说中,梅小姐是异化的典型。她对现在、对今天的信念,她那想要过"光明的生活"的想法,她要有幸福的人来陪伴来帮助她以摧毁各种偶像和旧的道德观念使所有人都能投入到社会与政治生活中去的愿望,她对个人主义、个人权利与自由发展的信仰,都在现实的面前崩溃了。她周围的一切都在"单调的、灰色的现在",在中国人的"人类命运"(condition humaine)中瓦解了。

梅小姐在上海时,普西芬尼的"回归"与"解放"都未曾发生过。如果那里确实发生过什么的话,那就是潘多拉的"来临"②。在《虹》快要结尾的时候,也就是在1925年5月30日下午3点这个重大时刻之前,当外国警察在上海南京路向中国的游行示威人群开火时,一股水柱冲到了梅小姐身上。突然间,另一位中国的赫尔墨斯,梅小姐从前的朋友徐自强出现了。他把浑身湿透的梅小姐带到了一家旅店,那里放着一个装满了各种实用礼品的现代的"箱子"。

在对旅店房间里发生的情景所做的讽喻、象征的描写意味着,在梅小姐换掉了衣服之后,她便不再是中国的普西芬尼,而成了中国的潘多拉了。不是说她会给中国带来一切痛苦,而是她没有带来任何积极的东西。虽然这是违背作者个人意愿的,但是有洞察力的读者都不会没有注意到,梅小姐的脱衣和换衣、旗袍开口处显露的大腿、在薄薄的纱衣中凸显的乳头,在中国人民正进行的反帝大游行期间,这些都是很难象征"希望"或"幸福"的,更谈不上将"希望"和"幸福"带给中国人民了。③

到底是因为茅盾没有时间,还是因为他作为作家来说缺少智慧或独创性,才使他找不到机会来完成这部小说呢?或者仅仅是因为他从未看到出现在京都城的屋后山上的彩虹之影?④

---

① 马立安·高利克:《普西芬尼、潘多拉和梅小姐:古希腊神话与中国现代小说中的神话视野》,前面所引书,1992年,第148页。
② 同上。
③ 同上,第149页。
④ 同上。

如果茅盾愿意遵循当时的中国现实和一般的艺术真理的话,他就不应该给自己确定这么一个目标,去展现一个年轻女子走上光明的未来道路上的发展情况。当时的条件并不允许这样的尝试。从这个方面来看的话,《虹》这部小说的写法与他的三部曲《蚀》或短篇小说集《野蔷薇》相比并没有什么不同。另一方面,尽管他有意要至少部分满足极"左"评论家的胃口,他仍然是忠于自己的。正因为如此,他才创作出了1919年后的第一个10年里中国文学革命最富有意义的作品之一。①

可以这么说,"无论出于何种状况,看来处境是无望的了。"无论如何,"虹"作为这里分析的艺术作品的一种象征和思想,只不过成了茅盾自己在写给郑振铎的一封信里所说的一种幻美(beautiful illusion)②。正因为这样,它成了泡影。③

诸神的使者:茅盾与外国神话在中国的介绍,1924—1930

《诸神的使者:茅盾与外国神话在中国的介绍,1924—1930》发表在1993年的《淡江评论》第23卷上④。这篇文章讨论了茅盾作为"诸神的使者"在将外国神话介绍进中国所起的作用。1926年,茅盾的创世神话是关于原始非雅利安系(Non-Arian)(如澳大利亚土著)和雅利安系(Arian)(如印度、北欧)的创世神话和自然神话的。文章通过细读安德鲁·朗(Andrew Lang)的文本与它们在茅盾《创世神话》和后来作品中的"对应文本"进行分析,指出在很大程度上茅盾的创作都是对朗文本的近似的翻译或自由的改编,并在翻译的过程中添加了他自己的技巧。特别令人感兴趣的是中国学者对希腊和北欧神话的处理,主要表现为:现代的译者,不管是

---

① 马立安·高利克:《普西芬尼、潘多拉和梅小姐:古希腊神话与中国现代小说中的神话视野》,前面所引书,1992年,第149-150页。
② 茅盾在将《虹》前4章原稿寄给《小说月报》主编郑振铎时,附上一封信。他在信中写道:"'虹'是一座桥,便是春之女神由此以出冥国,重到世间的那一座桥。'虹'又常见于傍晚,是黑夜前的幻美,然而易散。虹有迷人的魅力,然而本身是虚空的幻想。这些便是《虹》的命意,一个象征主义的题目。"可参见茅盾:《我走过的道路》(中),北京,1984年版,第36页。
③ 马立安·高利克:《普西芬尼、潘多拉和梅小姐:古希腊神话与中国现代小说中的神话视野》,前面所引书,1992年,第150页。
④ 马立安·高利克:《诸神的使者:茅盾与外国神话在中国的介绍,1924—1930》(*The Messager of Gods*:*Mao Dun and the Introduction of Foreign Myths to China*,1924—1930),载《淡江评论》1993年第23卷第1、2、3、4期(1994年出版),第639-669页。

朗还是茅盾,在翻译古代神话的过程中,究竟在多大程度上,因为什么文化的原因,保留或改变,甚至是使原本宗教的、哲学的、诗意的思想体系合理化?①

　　文章旨在追寻20世纪20年代中晚期在将外国神话介绍到中国的进程。文中涉及希腊的赫尔墨斯(Hermes)、罗马的墨丘利(Mercury)和北欧神话中的赫蒙德(Hermod)对青年茅盾的影响。

　　1924年,茅盾在《儿童文学》杂志上发表了他的第一篇神话故事《普罗米修偷火的故事》,该故事后来于1925年10月收录在《希腊神话》一书中。更多的故事接踵而至,其中有两篇关于普西芬尼和潘多拉的故事对茅盾1930年出版的小说《虹》中的主人公"梅小姐"产生了影响。除10篇与希腊神话相关的故事外,茅盾还向年轻的中国读者介绍了6篇北欧神话,但都没有以书的形式出版。

　　1926年1月,《民铎杂志》上发表了茅盾研究外国神话的第一篇文章《各民族的开辟神话》,其源泉肯定是安德鲁·朗的《神话、仪式与宗教》一书的第6-10章,是关于非雅利安神话中有关世界与人类的起源的。关于北欧和中国神话的素材茅盾是从其他的来源获得的。尽管他没有说自己素材的来源,但除了中文参考文献中提及的徐整的《三五历记》、壬昉的《述异记》、《列子·汤问》和《太平御览》中的《风俗通义》外,他的知识来源也可能包括海伦娜·居厄伯的《北欧神话》。显而易见当茅盾创作正分析的《各民族的开辟神话》时,他利用了朗的那本在当时很出名而现在被遗忘的书《神话、仪式与宗教》。在序中,茅盾解释什么是开辟神话时他看到了北美印第安人神话中的造物主"野兔"或祖鲁人的造物主"牛",这明显表明这些观点分别是从朗《神话、仪式与宗教》的第6章第183页和174页获得的。而且,茅盾在研究中对朗《神话、仪式与宗教》的依赖甚至更加显而易见。

　　从对文本的比较分析可以看出,茅盾的段落是对朗文本的改译,比如与"创造"相关的词在朗的文本中出现了两次,段落开始用的是"创造万物"(the creation of things),结尾处用的是"造物主"(creator)。而茅盾则两处都用的是"万物的创造者"(creator of heaven, earth and all things)。朗的

---

① 马立安·高利克:《诸神的使者:茅盾与外国神话在中国的介绍,1924—1930》,前面所引书,见"摘要"(Summary)。

文本中没有如茅盾的文本那样说"Bun-jel"是"一个半人半神的生物"。①

与现在分析的这篇文章直接相关的是茅盾于1928年1月发表在《一般》杂志上的一篇题为《自然界的神话》的文章。这篇文章茅盾用了"玄珠"做笔名。这个名字源自《庄子·天地》:"皇帝游乎赤水之北,登乎昆仑之丘而南望,还归,遗其玄珠。"②《自然界的神话》与朗那本书中同样标题的第5章非常相关。与其《各民族的开辟神话》不同的是,在这篇文章中他对所借鉴的朗的原文本给予了感谢并附录了大量的注释。同样,通过比较朗《神话、仪式与宗教》的第5章和茅盾的研究就足以让我们判断茅盾文本对它的依赖程度了。

可以看出,茅盾的翻译也是不准确的。他扩展了自然现象的名单表,在朗文本的"鹌鹑"和"画眉"之间加上了"鹦鹉",在"画眉"和"一切野兽毛皮上的斑点和条纹"之间加上了"驴子的长耳朵"。这么做可能是想满足他自己的要求和诗意的欲望。茅盾总是以相同的风格,改编自己的翻译以适应著名的"大同小异"原则。

茅盾的书第一次出版是在1929年的1月而非1925年。这篇研究文章于1925年1月发表,名字差不多,题为《中国神话研究》,但是总体上要短些:研究文章是73页,而书是213页。当写这篇文章时茅盾正在为孩子们创作神话故事,显然受到了这些故事的启发,因为他在文章中指出了神话对艺术的阐释的好处:"尚幸有古代文人时时引用,所以还能间接的传到现在。文学家是保存古代神话的功臣。但是文学家引用古代神话的时候,常常随意修改……"③

同样的情形也发生在宗教和神话的关系中,正如茅盾在研究北欧神话时发现基督教对神话的原始精神所产生的强烈影响时个人认为的那样。④

茅盾继承了朗的观点"神话即是原始信仰的产物"。朗从未写过像这

---

① 马立安·高利克:《诸神的使者:茅盾与外国神话在中国的介绍,1924—1930》,前面所引书,1993年,第643页。
② 同上。中文可参见《庄子·天地》。
③ 马立安·高利克:《诸神的使者:茅盾与外国神话在中国的介绍,1924—1930》,前面所引书,1993年,第648页。中文可参见茅盾:《中国神话研究》,第6页。
④ 马立安·高利克:《诸神的使者:茅盾与外国神话在中国的介绍,1924—1930》,前面所引书,1993年,第649页。中文可参见茅盾:《中国神话研究》,第98页。原文为:"不但文学家要修改神话,一民族的后起的或外来的然而曾经盛极一时的宗教思想,也常常要改变原有的神话。例如北欧的神话于基督教既在北欧盛行以后,便有改动,许多北欧原有的神,都被基督教化了。"

样的观点,尽管在某个地方他试图证明"神话源自各种思想和习惯的野蛮的智力"。茅盾很可能就是以其做前提的。

除朗的《神话、仪式与宗教》外,茅盾对神话的理解也受到了唐纳德·麦肯齐在《克里特岛和前希腊时代的欧洲神话》一书"序言"中观点的影响:"人类经验不能到处一律,而他们所见的地形与气候,也不能到处一律。有些民族,早进于农业时代,于是他们的神话就呈现了农业社会的色彩。……但是同时的山居而以游牧为生的民族,却因为经验不同,故而有了极不同的神话。"

世界神话中,最吸引茅盾的是希腊神话和北欧神话。在《神话研究ABC》的"例言"中,茅盾称其为世界神话的"双璧"。除了前面提及的他为孩子们写的神话故事外,他还对这个问题进行了题为"希腊神话与北欧神话"的比较研究。研究是在1928年,书出版是在1930年。

茅盾的研究是从各种神话的相异和相同开始的,希腊神话和北欧神话显然成了茅盾的例子。他举的第一个例子提到了根据《三五历记》的记载是从巨大的蛋中出生的盘古。他是从中国神话这个他相对来说很熟悉的知识库中获取他的例子的。其他的例子他是从朗和居厄伯的书中获得的。在印度神话中有一个与此相似的关于盘古的故事,可在《百道梵书》(*Satapatha Brahmana*)中找到:"水生金蛋,蛋又成柏拉甲柏底,创造之神,神又造万物。"

这个故事的芬兰版本朗和茅盾都提到了,但都没有对其进行详细说明。在茅盾一提到伊密尔是北欧神话中提坦族人之后,我们看到朗的书对茅盾来说不适合了,于是他转向了居厄伯。他将伊密尔的尸体比作盘古,但这次是根据《述异记》一书。茅盾可能至少对奥维德(Ovid)的部分《变形记》(*Metamorphoses*)是熟悉的。茅盾的文本不用考虑,正如前面所见的,是完全的翻译。由于茅盾这篇文章恰好参考了奥维德,貌似可以推断他这个故事是从《变形记》中获得源泉的。①

通过比较的方法,茅盾继续主要利用朗《神话、仪式与宗教》一书中的材料,包括之前他在研究创世神话和自然神话时分析过的那些。直接参考奥维德让人推测茅盾在写关于宇宙的开始时头脑中一定想到了奥维德的

---

① 马立安·高利克:《诸神的使者:茅盾与外国神话在中国的介绍,1924—1930》,前面所引书,1993年,第652页。

巨作《变形记》:"北欧人和希腊人一样,以为未有天地之前是混沌一团。可是,在希腊人说来是大混乱的一团,地、水、气都混在一起,全无分别,地不坚凝,水不流动,气不透明,是无形、无明、无色的漆黑混沌的一团(见于Ovid的诗)。"

当描绘原始的混乱状态以及随后根据北欧神话的叙述时,茅盾求助于居厄伯,这从如下的比较中可以看出。可以发现,茅盾的描绘非常短,但其重要的特征却是遵从了居厄伯的叙述。如果这还不足以让读者信服的话,他还可在后面发现更多的证据。在随后的段落中,茅盾继续通过比较研究的方法,特别追随了居厄伯一书第29章"希腊神话与北欧神话:一种比较",或者其他可以给他提供更多需要的资料的章节。

不清楚茅盾是否打算为世界书局写一些更加深入的研究希腊神话的东西。汪倜然编辑《希腊神话ABC》时,茅盾正在根据从上海寄到东京给他的资料为世界书局写《北欧神话ABC》。这些资料中,可能包括好几本书(他附录在《北欧神话ABC》中的参考文献上提到了8种)。但他自己的书,除第1章外,可能只参考了居厄伯的书。

茅盾与居厄伯的书在尺寸上差别相当大:居厄伯的书396页,而茅盾的只有184页。茅盾的书是23章,居厄伯的是29章。在这本关于北欧神话的书中,茅盾以与关于这个方面的其他著作同样的方式进行研究。他专注于自己的模式并坚持着,正如他在该书"例言"中所说:"记述北欧神话的许多故事,而非解析北欧神话。"他这是在强调自己创作该作品的目标。

茅盾对居厄伯书中的"伏尔松格传说",对其中的"希格尔德的神话",以及其中最重要的源自德国史诗《尼伯龙根之歌》部分印象最为深刻是一点也不令人惊讶的。茅盾翻译了比其他章节都要长的"希格尔德的传说",对其仅做了极少的改动①。茅盾的文本又一次表明,它仅仅是对居厄伯文本带评论的编译。

20年代末,茅盾对男女之间的爱情非常感兴趣,创作了不少具有非凡女主人公的小说。难怪他会对希格尔德为了取悦自己的朋友,尼伯龙根的国王古恩纳尔,决定以古恩纳尔的名义向自己的前妻布伦希尔德求爱的故事感兴趣。

---

① 马立安·高利克:《诸神的使者:茅盾与外国神话在中国的介绍,1924—1930》,前面所引书,1993年,第657页。中文可参见方璧著:《北欧神话ABC》中的第23章"希格尔德传说"。

茅盾的译文比居厄伯的原文本更具表现力。在卢卡斯(G. Lukacs)看来,居厄伯的态度更超然,是"描写"(describes),而茅盾的则是"叙述"(narrates),对布伦希尔德充满了同情,对希格尔德的行为则不喜欢。茅盾用了更具体的"同住"(did live together)一词来取代居厄伯的"remain"(待在一起)。用了"神"(precious)和"亮闪闪的剑"(shining sword)来代替居厄伯的"bright sword"(明亮的剑);用了更准确的"奇怪"(suspicion)一词来代替心理上更不具有说服力的"curiosity"(好奇)。但是茅盾完全忽略了"singular behaviour"(奇怪的行为),将其翻译成"不近人情的举动"(singular behaviour)。①

阅读居厄伯的书,让茅盾对所谓的中世纪"骑士文学"以及他那个时代的中国"革命文学"的批判态度变得很坚定。

对于那些"怀疑一切的人"来说,前面所列举的居厄伯文本中关于北欧神话中对于"混沌"的描写以及茅盾文本中那些相对较短的呈现还不具备足够的力量的话,那么下面列举的茅盾文本中的证据则更加具有说服力:"他们以为最初还没有地,没有海,没有空气,一切都是包孕在黑暗之中的时候,有名为'万物之主宰'的力存在着。它是不可见的,不知从何而来,然而却存在着。宇宙起源之始,他们认为在广漠太空的中央,有一个极大的被永在的微光包围的无底鸿沟。鸿沟北方是浓雾与黑暗之国尼弗尔海姆,此中又有不竭之泉源赫瓦格密尔……(水)立刻冻成冰山,又滚入鸿沟中,发出雷鸣般的巨响。鸿沟之南,正对着尼弗尔海姆的,乃是火之国穆斯帕尔海姆,火焰巨人苏尔特尔镇守于此。"②

茅盾与神话人类学派相联系的努力,特别是与安德鲁·朗,以及在一定程度上通过他与1971年出版的书《原始文化》(*Primitive Culture*)的作者爱德华·泰勒(Edward B. Tylor),是值得称赞的。

---

① 马立安·高利克:《诸神的使者:茅盾与外国神话在中国的介绍,1924—1930》,前面所引书,1993年,第661页。茅盾译文为:"希格尔德和布伦希尔德同住了三天。睡觉的时候,他的神剑亮晃晃地出了鞘,放在他的身体与布伦希尔德的身体之间。他这不近人情的举动令布伦希尔德很奇怪,希格尔德则解释说,是神命令要他的婚礼这样举行的。"可参见方壁著:《北欧神话ABC》中的第23章"希格尔德传说"。本书作者注。

② 马立安·高利克:《诸神的使者:茅盾与外国神话在中国的介绍,1924—1930》,前面所引书,第662-663页。中文可参见方壁著:《北欧神话ABC》中的第2章"天地创造之神话"。

神话中的大力士与荡妇——茅盾视野中的参孙和迪莱勒

《神话中的大力士与荡妇——茅盾视野中的参孙和迪莱勒》收录在1999年出版的伊爱莲编《〈圣经〉对现代中国文学与思想的影响》中①。文章旨在分析茅盾写于1941年的短篇小说《参孙的复仇》。为寻找英勇作战的军人榜样,茅盾在对希伯来、中世纪以及中国古典文学作品进行了一番研究之后,选取了《圣经》人物参孙和迪莱勒的故事(《士师记》14-16),运用当代心理现实主义的手法,以使这些故事能够很容易被国民党统治下的中国的非基督教的人们所理解。茅盾故事中的迪莱勒代表的是一个来自比中国文化更发达更颓废的国家的高级妓女,他强调的是迪莱勒诱使参孙失去祈祷能力的故事。②

1990年发表的《茅盾小说中的神话视野,1929—1942》③对茅盾的小说和短篇故事从《士师记》的角度给予关注比从其他的《圣经》故事要少些。在写《参孙的复仇》这篇小说之前20年的时间里茅盾一直对参孙式的神话大力士和与迪莱勒相似的坏女人很着迷。他的书《神话杂论》和《北欧神话ABC》都包含了对这两种人物类型的简短评论。作为像希腊神话中的赫尔墨斯、罗马神话中的墨丘利和北欧神话中的赫蒙德一样的"诸神的使者",茅盾试图向他的中国同胞,主要是文人,传递中古时期世界不同地区的神话。他也试图竭力欣赏神话故事中诗意的内容。在一篇论中国神话的文章中他表达了这样的观点,认为"文学家是保存古代神话的功臣。"④

对于第一类人物——神话中的勇士,茅盾至少强调了两个外国人物作为伦理、道德上忠诚与勇敢的典范。抗日战争爆发前夕,茅盾创作并出版了他关于7本世界文学名著的评论文章《世界文学名著讲话》,其第一部分

---

① 马立安·高利克:《神话中的大力士与荡妇——茅盾视野中的参孙和迪莱勒》(*Mythopoeic Warrior and Femme Fatale. Mao Dun's Vision of Samson and Delilah*),载伊爱莲等编:《〈圣经〉对现代中国文学与思想的影响》(*Bible in Modern China: The Literary and Intellectual Impact*),圣·奥古斯丁:内托尔,1999年版,第301-320页。
② 同上,第319-320页。这是附在英文文本后的中文摘要的部分内容。
③ 英文发表在香港《国际南社学会丛刊》1993年第4期,第169-178页上。中文可参见《茅盾小说中的神话视野》,载《东北师大学报》1993年第2期,第15-18页。
④ 马立安·高利克:《神话中的大力士与荡妇——茅盾视野中的参孙和迪莱勒》,前面所引书,1999年,第301-302页。茅盾观点可参见茅盾:《中国神话研究》,前面所引书,第5页。

是关于《伊利亚特》与《奥德赛》的。茅盾对待第一部史诗的态度与其他的专家和评论家不同。在特洛伊战争的伟大战士中,他对特洛伊国王的儿子海克托(Hector)的英雄行为比对阿契里斯(Achilles)的更为欣赏。文中茅盾不太恰当地引用了荷马第6章"海克托回到特洛伊"中海克托年轻的妻子安德洛玛克(Andromache)的话:"唉,海克托,不要走,你是我的父母,我的哥哥,我的丈夫——我一生的靠傍!敌人们专打你一个!"然后茅盾用了更多篇幅引用海克托相信自己的儿子将来会在保家卫国的战事中胜过自己的话:"神呀,保佑我这儿子,使他将来是特洛伊人中最出色的一个,是一位好心而伟大的王。他将来打仗回来,让人家赞他一声'比他父亲还强',让他的妈妈听得了心里快乐。"茅盾是想要在他的年轻读者的眼前呈现一位他在自己的同胞中找不到的勇士。①

  茅盾在居厄伯的《北欧神话》中找到了第二个神话勇士的典范。茅盾的《北欧神话ABC》是对居厄伯一书的意译,其中最长的一章为"希格尔德传说"(Sigurd Saga),是献给北欧万神殿及其继承者中的英雄代表人物之一希格尔德的。一次胜战后希格尔德骑着他的神马"格拉尼"来到被熊熊烈焰包围着的"沉睡的少女"谷,只有最勇敢的人能穿过烈焰的包围接近沉睡的少女布伦希尔德(Brunhild)。希格尔德的勇敢让她爱上了他。但是希格尔德在服了魔药后忘了布伦希尔德和自己的誓言。尼伯龙根的国王古恩纳尔(Gunnar)让希格尔德代替自己去向布伦希尔德求婚。

  茅盾带了一点点推理,对这段文本做了不同的"翻译"。他的"译文"比居厄伯的更人性,有更深层的心理分析。他对布伦希尔德充满了同情,对希格尔德的行为则不喜欢。茅盾用了更具体的"同住"(did live together)一词来取代居厄伯的"remain"(待在一起)。用了"神"(precious)和(亮闪闪的剑)(shining sword)来代替居厄伯的"bright sword"(明亮的剑);用了更准确的"奇怪"(suspicion)一词来代替心理上更不具有说服力的"curiosity"(好奇)。但是茅盾完全忽略了"singular behaviour"(奇怪的

---

  ① 马立安·高利克:《神话中的大力士与荡妇——茅盾视野中的参孙和迪莱勒》,前面所引书,1999年版,第303页。中文可参见茅盾:《世界文学名著讲话》,前面所引书,第12页和13页。

行为),将其翻译成"不近人情的举动"(singular behaviour)。①

至于"坏女人"的典范,在《参孙的复仇》之前的茅盾批评和理论著作中有很多资料可供研究。茅盾对海伦没怎么关注,仅只引用了第3章"海伦见八位老将"中的几行:"无怪希腊人和我们特洛亚打那么多年的仗呀!倾国倾城的貌!……话是这么说,到底还不如让她上船回家吧!"②

在《北欧神话 ABC》中,茅盾一以贯之地追随了居厄伯在献给美与爱之神芙蕾雅(Freya)一章。尽管她是奥都尔(Odur)的妻子,这位"金发蓝眼"的女神,却藐视一些神,也不纯洁。"至于男性神祇们,正如洛基(Loki)后来骂芙蕾雅的那样,都曾和芙蕾雅有过肉体上的关系。"茅盾同意洛基的说法,而且可能也赞同后来对芙蕾雅的基督徒式的谴责,甚至认为她等同于"娼妓之母"。③

在茅盾的小说《子夜》中,徐曼丽(虚美丽),一个"东方巴黎"的高级妓女,正在上海的实业家和银行家而非众神之前两次跳着"死的舞蹈":"她托开了胳膊,提起一条腿——提得那么高;她用脚尖支持着全身的重量,在那平稳光软的绿呢上飞快地旋转,她的衣服的下缘,平张开来,像一把伞,她的白嫩的大腿,她的紧裹着臀部的淡红印度绸的亵衣,全都露出来了。"④另一次是徐曼丽在吴苏甫的陪同下庆祝她24岁生日的时候,吴舔着她头发上的香槟,眼睛盯着她那被从东海吹来的风掀开裙摆露出的胯部。《子夜》中的另一个"坏女人"刘玉英则不仅漂亮,而且聪明。她利用自己的身体和冷静的头脑作投资的资本,仅上海那些最富有的"神"才会成为她的金钱和其他"交易"的目标。⑤

尽管茅盾的《子夜》追随了左拉的《金钱》,但他从未试图去模仿娜娜

---

① 马立安·高利克:《神话中的大力士与荡妇——茅盾视野中的参孙和迪莱勒》,前面所引书,1999年版,第306页。茅盾原文为:"希格尔德和布伦希尔德同住了三天。睡觉的时候,他的神剑亮晃晃地出了鞘,放在他的身体与布伦希尔德的身体之间。他这不近人情的举动令布伦希尔德很奇怪,希格尔德则解释说,是神命令要他的婚礼这样举行的。"可参见方璧著:《北欧神话 ABC》中的第23章"希格尔德传说"。

② 马立安·高利克:《神话中的大力士与荡妇——茅盾视野中的参孙和迪莱勒》,前面所引书,1999年版,第306页。中文可参见茅盾:《世界文学名著讲话》,前面所引书,第12页。

③ 马立安·高利克:《神话中的大力士与荡妇——茅盾视野中的参孙和迪莱勒》,前面所引书,1999年版,第306-307页。该章即是指方璧《北欧神话 ABC》中的第14章"爱与美之神芙蕾雅"。

④ 马立安·高利克:《神话中的大力士与荡妇——茅盾视野中的参孙和迪莱勒》,前面所引书,1999年版,第307页。中文可参见茅盾:《子夜》,前面所引书,第68-69页。

⑤ 马立安·高利克:《神话中的大力士与荡妇——茅盾视野中的参孙和迪莱勒》,前面所引书,1999年版,第307页。

这位左拉作品中最著名的"坏女人"。在收录进《汉译西洋文学名著》中的《娜娜》中,他根据王力 1934 年的翻译呈现了娜娜。娜娜是一个巴比伦妓女,左拉小说中的她远比居厄伯或茅盾呈现的芙蕾雅要形象得多①。茅盾还对收录在《汉译西洋文学名著》中由田汉和徐葆炎翻译的王尔德的《莎乐美》进行了分析。

1941 年 12 月珍珠港事件爆发后,茅盾与妻子孔德沚从被占的香港回到中国大陆,《圣经》是他这次危险的旅途中带的唯一一本书。

1942 年下半年,当茅盾在桂林创作《参孙的复仇》时,他并没有完全坚持自己在 20 年代末时的意旨和建议,这从小说一开始即可看出:"像一尊石菩萨,参孙端然坐在床头打算给她一个绝对的不理睬。"与鲁迅一样,茅盾将外国的和本土的信息混在一起而不顾年代和空间上是否恰当。故事的第三句描写了迪莱勒穿着丝织的长帔②。即便是那时经济和文化都比希伯来要发达的非利士人,也不知道丝织品,因为丝织品是在公元前 53 年后才传到罗马帝国的。在参孙的时代与丝织品到达他所居住的地方的时间之间相隔了至少 1000 年的时间。③

茅盾对迪莱勒的内心并没有多大的兴趣,他只是指出了她特别的"玉体"、"像蛇的尖端开锋的毒舌"、"软绵而滑腻的腿"、"猩红的嘴唇",是一个"无良而蠢笨的妇人",比迦萨的妓女还要"无耻"和"狠毒"。④

茅盾的故事有些部分紧随了《圣经》官话和合本,这从参孙的"三个谎言"中可以清楚地看出来,如第一个,《官话和合本》为:"人若用七条未干的青绳子捆绑我,我就软弱像别人一样",茅盾将其改造为:"如果用七条没有干的青绳子来捆我,我的力气就使不出来。"再如第二个,《官话和合本》为:"用七根不曾用过的新绳子,我就无能为力",茅盾将其改为:"人若用没有使过的新绳子捆绑我,我就软弱像别人一样。"可以看出,茅盾的故事中增加了对迪莱勒的生理特征的描述和参孙受诱惑时的心理状态的描写。同样,一些原本有的信息在茅盾的故事中却被省略了,如迪莱勒因背

---

① 马立安·高利克:《神话中的大力士与荡妇——茅盾视野中的参孙和迪莱勒》,前面所引书,1999 年版,第 307 页。
② 同上,第 313 页。中文原文为:"妖媚的大利拉两臂一扬,飘开了丝织的黄色长帔的下幅,故意将她的玉体和参孙打个照面……"可参见茅盾:《参孙的复仇》,前面所引书,第 100 页。
③ 马立安·高利克:《神话中的大力士与荡妇——茅盾视野中的参孙和迪莱勒》,前面所引书,1999 年版,第 313-314 页。
④ 同上,第 314 页。中文可参见茅盾:《参孙的复仇》,前面所引书,第 100-105 页。

叛而从非利士人那里得到的钱的数目,以及参孙承认自己是来自他母亲子宫的"拿撒勒人神"。①

第五节 高利克的茅盾与尼采研究

由入迷至失望:茅盾与尼采,1920—1921

《由入迷至失望:茅盾与尼采,1920—1921》原是1998年高利克在瑞士的锡尔斯-玛丽亚举行的"尼采在东亚国际研讨会"上宣读的论文②。有中译文发表在《茅盾研究》第七辑上。③

高利克1971年发表在《东亚自然与人类学学会通讯》上的文章《尼采在中国,1918—1925》中谈到了尼采思想的引入中国及其衰落。此后,中华世界(大多是在台湾,近20年来在中国大陆)以及海外从各个方面对尼采的生平和著作进行研究的文章有几百篇之多。其中,关于茅盾与尼采的研究有些被忽视,而关于鲁迅、李石岑和尼采的关系则受到了极大的关注。

茅盾有一篇文章不太为人所知,那就是于1920年的上半年发表的《尼采的学说》。

1919年,是茅盾创作生涯中最多产的一年。他的内心有一种渴求,想要成为为人类谋利益的"完人"。因而他精神振奋、废寝忘食地工作,创作、翻译、出版,内容涉及教育、妇女问题和政治等方面。

1919年,中国知识界的形势发生了新的转折。3月30日,杜威抵达上海。同年10月20日,一同举行了祝贺他的生日与纪念孔子诞辰2470年的活动。杜威的实用主义哲学在很短的时间内赢得了中国年轻的教授和

---

① 马立安·高利克:《神话中的大力士与荡妇——茅盾视野中的参孙和迪莱勒》,前面所引书,1999年版,第317页。
② 马立安·高利克:《由入迷至失望:茅盾与尼采,1920—1921》(*From Enthrallment to Disappointment. Mao Dun and Nietzsche*,1920—1921),载《茅盾研究》第七辑,2003年,第307-315页。原为高利克向1998年在瑞士的锡尔斯-玛丽亚举行的"尼采在东亚国际研讨会"(Paper originally read at the International Symposium on Nietzsche in East Asia,Sept.26-29,1998,Sils-Maria,Switzerland)提交的会议论文。该会议论文集至今未出版。
③ 《茅盾研究》编辑部编:《由入迷至失望:茅盾与尼采(1920—1921)》,载《茅盾研究》第七辑,北京:新华出版社,1999年版,第307-315页。(没有标明译者)。

大学生的心。《新青年》杂志上发表了实用主义的宣言,文中写道:"我们相信尊重自然科学实验哲学,破除迷信妄想,是我们现在社会进化的必要条件。"

在这篇实用主义的宣言发表(1919年12月1日)后一个月,尼采思想即于1920年1月5日进入中国,但其缺乏现在的反权威的性质。茅盾开始写《尼采的学说》是在这篇宣言发表之后不久①,否则,他的这篇篇幅最长的文章对政治学、伦理学、科学、艺术、宗教和教育等各方面的研究中的实用主义的观点大概就不会强调得那么厉害。在这篇文章发表之后,茅盾的立场有所改变。他否定杜威的经验主义和以文化改良代替政治革命。茅盾之所以会这样,是受到了陈独秀影响的缘故。1919年下半年至1920年初,茅盾对克鲁泡特金和巴枯宁的无政府主义、美国工团主义组织世界产业工人联盟(IWW)以及罗素的《自由之路:社会主义、无政府主义和工团主义》等的关注,甚至与他对"正统的",或者马克思主义的"国家社会主义"所持的批判态度,对陈独秀来说必然是非常投合的。

茅盾研究尼采的生平和著作的最重要的材料是1910年出版的安东尼·卢多维奇的《尼采的生平与著作》。由于茅盾对无政府主义抱有好感(虽然尼采在政治上并不是无政府主义者),凭着工具主义的方法论的指导,他开始记下之前阅读尼采著作的几本英译本、卢多维奇的专论和其他3本学术著作和通俗小册子时留下的印象。他也阅读最近发表的有关德国在第一次世界大战后对尼采的兴趣逐渐减退而对马克思的兴趣日益增加的文章。尽管茅盾对"超人"说是支持的,但他却开始谨慎地研究"主者道德"(Master Morality)和"奴者道德"(Slave Morality),宣称"倘然只讲大体,实在都是绝精的。"在阅读哈拉尔德·霍夫丁(Harald Höffding)的著作后,他发现尼采的学说中有许多是自相矛盾的。因而在四个月的阅读与写作中,茅盾对尼采采取了严厉的批判态度。

茅盾写这篇文章并不是受到当时知识界谴责尼采及其哲学是爆发第一次世界大战的思想根源这一形势的影响。这多半是他自己"内心的需求"使得他这么做,而且在经过多次接触之后,茅盾更想深入了解尼采在戏剧、小说和随笔等方面的简介了。茅盾没有忘记强调谨慎、严密地研究相

---

① 茅盾的《尼采的学说》于1920年1月5日发表在《学生杂志》第7卷第1-4号。文章署名雁冰。

关问题的重要性,包括尼采过去的学说,他指出:"只要我们不把古人——尼采——当偶像,不把古人的话当'天经地义',能怀疑,能批评,我是以为古人的书,都有一读的价值,古人的学说,都有一研究的必要的。"

茅盾将卢多维奇《尼采的生平与著作》一书的第 2 章"非道德的尼采"改为"尼采的道德论(上)"。他在这一章对尼采关于奴隶起义的道德观表示满意。茅盾对于像泰奥格尼斯的古代起义的观点是欢迎的,但并不同意它的贵族性质,这一点广泛适用于他对所知道的历史上的各种学说的评价,如佛教、苏格拉底哲学、早期的基督教、宗教改革、自由意志论、革命、民主以及自然科学。尼采是贵族道德的信徒,憎恨社会主义和民主,而后两种社会政治组织的形式却是茅盾所追求的。他在了解了正义的奴隶起义和社会二元论之后,生发了这样的观点:"尼采这说,正似马克思的唯物史观,前半截是很不错的,后半截——马氏扩为经济定运论,却错了。"

茅盾的"尼采的道德论(下)"讨论了尼采的"主者道德"和"奴者道德"。由于不久之前他对尼采极度着迷,使他认为尼采是现代人中品德最为高尚的一个,对其"超人"哲学也非常迷恋,因而卢多维奇对尼采的"有权势者与无权势者、强者与弱者、施与者与接受者、健康者与病残者、快乐者与痛苦者"之间不可原谅而又无时不有的争夺这一观点的解释让他大吃一惊。茅盾不赞成"主者道德"这一概念,但他仍然保留着对超人的某些希望。在他看来,超人是人类的进步者,不过他并没有忘记在其后加上一句重要的话:"不过倘若细论他的节目,便见得尼采是崇拜强权,惨酷无人道! 所以我们要分别了去看,我们只取他的长处,不要看他的短处。"

在第 3 号上发表的文章的开头,茅盾根据全文的思路继续加以分析,并且追随卢多维奇重复尼采那人所共知的命题"重估一切价值"。茅盾追随卢多维奇思考司汤达、叔本华对尼采的影响,对于前者他是认可的,而对后者则持反对态度。另外的两位英国作家斯宾塞和达尔文,他们对尼采产生的影响更大。茅盾与卢多维奇一样完全同意尼采对斯宾塞的"生命的动能"观、达尔文的"生存竞争"观或马尔萨斯的主要观点所进行的批评。但茅盾同样也批评了尼采的最基本的哲学前提"权力意志":"我见有生物的所在,便见有向权利的意志,即使贱如奴仆,也有一旦为主人的想望。也只有有生活的所在方才有意志;但不是求生的意志,我告诉你罢——向权利的意志。"

茅盾从这两句推断尼采"过分称扬强权,以为强权是人类进化的阶段,未免错了"。虽然茅盾承认在尼采的"向权利的意志"中"实在有些意思"。茅盾认为斯宾塞、达尔文、尼采这三派的学说全都错了。他由此指出："我看是克鲁泡特金的话最不错。克氏根据生物学的研究,说明人生是互助,因互助而得进化,进化说到了克氏,总算得到一个较为圆满的说明了。"

茅盾特别强调了达尔文对尼采的影响,这比尼采本人承认或者卢多维奇所指出的要多。与尼采相比,在对"超人"的理解上,达尔文对茅盾的影响要比对尼采更深刻。在众多的原因中,肯定有一个是社会达尔文主义对中国知识界的影响,这种影响是严复的翻译与著作所引起的。达尔文主义以及后来的法西斯对于尼采的影响,在中国是很普遍的,特别是在杜兰特的《哲学的故事》一书中关于尼采的一章于1929年被译成中文之后。杜兰特在书中公开声称："尼采是达尔文的孩子,俾斯麦的兄弟。"这对中国读者产生了极大的影响。

在论文的最后一节"社会学者的尼采"中,茅盾对尼采几乎完全持批判的态度。他用自己对尼采的社会学基本概念的理解进行说明。茅盾回到霍夫丁的社会二元论,并且用他的话说,为其中"十分矛盾"并常常受到指责的那部分表示遗憾。他肯定地说,如果我们根据这一观点来看待尼采的学说,那么尼采是人类真正的恶魔,是最恐怖的人。从茅盾的观点来看,尼采的思想仍然受到很高的评价。这是因为其富有反对偶像崇拜的精神,而非由于他那"保守的、纯属无稽之谈"的社会学观点。

在分析尼采的社会学观点时,茅盾第一次使用了"阶级"、"各阶级"这样的字眼。尼采的"主者"一词,在茅盾的笔下变成了"统治阶级","奴者"则成了"被统治阶级"。在阅读、翻译了罗素的《自由之路:社会主义、无政府主义和工团主义》并反复思考了其内容之后,茅盾才有可能承认,不管是否愿意,无政府主义是有不足之处的,而这些不足"使得它虽然能在一定时期之内存在,但不能持续很久,即使它已经站稳了脚跟。"

1920年3月,当茅盾写作《尼采的学说》第4部分时,他似乎已经与克鲁泡特金的进化论分道扬镳,或者说已经对它失去了热情。那时茅盾受到不少人的影响,张东荪就是其中的一个。在写作《尼采的学说》时茅盾并不相信尼采的民主与社会意味着"消灭所有崇高的价值和希望"这一思想,但他同意"纯粹的或者狭义的民主带有诸多缺陷和限制,正统的或者官化的社会主义则极为专制"的看法。尽管如此,尼采对这两种制度都进行了攻击,认为其思想是"毫无用处的、有害的武断。"

有一种十分重要的看法,即认为"五四"及其前后,中国知识界从尼采的全部著作中所得到的极为突出的印象就是对所有价值进行重估。茅盾在对中国的遗产方面没有发表太多观点,他只是批评了尼采的诸如权利崇拜等几个观点。这显示出了茅盾的,当然也不仅仅只是他一个人的不足来。中国的知识分子在1920年前后还没有足够的准备去重估他们的各种价值,既不模糊他们本身在文化上的同一性,又不破坏他们自己富有价值的传统。

茅盾在《尼采的学说》的结尾处指出,尼采是一位伟大的哲学家,常常充满茅盾。但由于他的自由的意志,大胆的思考,不怕孤立而能立定脚跟,以及探索真理的勇气,我们应当尊重他。在此文的最后,茅盾确实对他几个月前的偶像感到了深深的失望。

1921年底,茅盾发表了另一篇长文《近代文学体系的研究》,其中有一段文字至今还没有被翻译成任何欧洲语言。那时茅盾还把尼采看成一位重要的代表人物:

"讲到近代文学的渊源,先要明白近代思想迁变的大概;没有一种立得住、传得下的文学,不靠思想做骨子,反过来讲,也可说凡是一种新思想,都要靠文学的力量去宣传。卢骚的自然教育主义,见于他的小说爱弥儿(*Émile*)中;福劳贝尔(Gustave Flaubert)的虚无主义,见于他的小说鲍佛莱夫人(*Madame Bovery*);尼采的超人哲学,见于他所著的诗体小说柴拉斯太(*Thus Spake Zarathustra*)。其余萧伯讷(Bernard Shaw)、梅德林(M. Maeterlinck)、罗兰(Romain Rolland)、巴比塞(H. Barbuse)、洛蒂(P. Loti)、托尔斯泰(Tolstoy)、陀思妥耶夫斯基(Doestoyevsky)、安德列夫(Andreyev)、夷执(Yeats)等人,文学即是新思想,新思想即是文学,从来不曾分过。"

在另一篇发表于1921年7月题为《"人格"杂感》的文章中,茅盾重复了他在《尼采的学说》开头提出的观点:"我觉得现在无论是谈哪种主义的,科学的,艺术的,……总目的一定是向光明。""我又觉得现在无论是谈哪种主义的,……对于现社会内可怜的人们——第四阶级是生活的痛苦,其余是精神痛苦罢?一定都有不忍之心,都表同情的。"

由此看来,茅盾在1921年7月之后已经完全抛开了尼采。1922年我们还在一个地方看到了尼采的名字,但那是茅盾在论述霍普特曼,在翻译赫尔曼一篇谈论尼采的文章的时候,并非是在表达他自己的观点。

1922年以后,茅盾的文章中只有一次提到尼采,那是在1981年3月27日他去世的前两年。他坦承自己之所以写《尼采的学说》,不只是受到了当时中国社会思想状况和道德面貌的影响,而且也由于尼采对"资本主义哲学"的攻击。这时茅盾没有提尼采对社会主义思想的批评。

茅盾从文学方面着手研究尼采的著作,并没有理会其象征意义,他的许多误读误解即由此而生。

茅盾与尼采:自始至终,1917—1979

《茅盾与尼采:自始至终,1917—1979》发表在1999年第8卷第2期《亚非研究》上①。文章旨在以茅盾研究尼采的文章、译著和其他的外国和中国的知识分子为基础,研究他文学批评生涯的一开始至70年代末与尼采之间的关系。

茅盾那篇不太十分出名的文章《尼采的学说》是以如下迄今不太引起读者和研究者注意的话开始的:"十九世纪末出了三个大人物——尼采,易卜生,梅德林。这三位大人物,表面看去是绝不同。他们的人生观是向三条路走的。但是不同之中有一点是相同的:这便是对于人生的观察是一本——人生是挣向光明。"文章几乎是以克拉克(Barrett Harper Clark)的研究《近代戏剧家论》(*Continental Drama of Today*)和其1921年出版的《梅特林克评传》(*Maurice Maeterlinck's Life and Work*)为基础进行改编的。就在引用了梅特林克给克拉克的信,称他的戏剧是"力学的"和"静止的",具有"人道的",或者更恰当地说是"人道气味"的特征后,茅盾这样写道:"在梅德林看来,'超人'是最需要的。除慕那伐那(*Monna Vanna*)外,他的其他戏剧也具有'超人'的味道。"一年后,茅盾翻译了安东·赫尔曼(Anton Hellmann)的论文《霍普特曼与尼采哲学》(*Hauptmann and the Nietzschean Philosophy*)。文中,他强调了尼采对梅特林克的影响。②

茅盾还翻译了萧伯纳的三幕剧《人与超人》(*Man and Superman*)、斯特林堡(Strindberg)的故事集《情敌》(*Compulsory Marriage*)和《半张纸》(*Half*

---

① 马立安·高利克:《茅盾与尼采:自始至终,1917—1979》(*Mao Dun and Nietzsche. From Beginning to the End, 1917—1979*),载《亚非研究》第8卷第2期,1999年,第117-147页。

② 同上,第119-120页。

a Sheet of a Paper），也翻译了梅特林克的《丁泰琪的死》（La mort de Tintagiles）和《室内》（L'Interieur），这两个故事都是关于死亡的。1919—1922年间，茅盾翻译的戏剧或短篇小说的主题常常都是与死亡或不幸的婚姻相关的，仅举列夫·托尔斯泰的《活尸》（The Living Corpse）、泰戈尔的《骷髅》（The Skeleton）或比昂逊（Björnsterne Björnson）的《新婚的一对》（The Newly Married Couple）和戴维·宾斯奇（David Pinski）的《拉比阿契巴的诱惑》（The Temptations of Rabbi Akiba）为例。茅盾这么做意在指出世界不同地区的人们日常生活的阴暗画面是第一次世界大战末时代精神的产物。①

茅盾1919年的第一篇文学批评文章是《肖伯纳》，文章相对较长，分两次发表在五四运动前的二月和三月。在文章最后的两页上，"超人"一词被提及9次："他强调了改变思想的必要性。他坚持社会对超人需要。超人可以实现所有的理想。"在同一页上，茅盾仅对第一个观点中的用词做了稍微地改动："他坚持认为社会需要超人。超人可以实现所有的理想。"②

茅盾反复呼唤的超人在中国现代思想史中是有其前辈的。其中之一的鲁迅前面已经提及过，1907—1908年间他承认尼采的"贵族的激进主义"。1919年之后，他在文章中对尼采的超人的理解比茅盾更深："尼采式的超人，虽然太觉渺茫，但就世界现有人种的事实看来，却可以确信将来总有尤为高尚尤为圆满的人类出现。"③

从发表在1915年《新青年》创刊号上的《敬告青年》中我们可以看到第一个口号"自主的而非奴隶的"。尼采的文章论述了"贵族道德"和"奴隶道德"。茅盾在其1917年的第一篇社会批评文章《学生与社会》中完全采纳了陈独秀的观点甚至是用词。如果"贵族道德"如陈独秀所概况的是"有独立心而勇敢者"，"奴隶道德"是"谦逊而服从者"，那么茅盾对此完全同意，只是在文中没有用其英文术语而已。④

可以说在茅盾的认识和想象中"超人"只是一种"幻想"，他在论述肖

---

① 马立安·高利克：《茅盾与尼采：自始至终，1917—1979》，前面所引书，第121页。
② 同上，第122页。中文可参见《学生杂志》第6卷第2号和第3号，1919年，第9-19页以及第15-21页。
③ 马立安·高利克：《茅盾与尼采：自始至终，1917—1979》，前面所引书，第123页。中文可参见鲁迅：《随感录41》，载《鲁迅全集》第1集，前面所引书，第400页。
④ 马立安·高利克：《茅盾与尼采：自始至终，1917—1979》，前面所引书，第123页。中文可参见茅盾：《学生与社会》，载《学生杂志》第4卷第12号，1917年，第133页。

伯纳的文章中所描绘的未来乌托邦的天国只是"海市蜃楼"而已。第一次世界大战末至20年代中期的现代中国充满了超人和尼采的"重估一切价值"这个最流行的口号的气氛。《敬告青年》的第二个口号是"破除偶像崇拜",它是"上帝已死"在当代中国的变形。因为大部分中国人是不相信上帝的,他们信的是神,是鬼。①

五四运动之前或期间的高潮时期,茅盾在努力创作他的《托尔斯泰与今日之俄罗斯》,以及为孩子们写童话故事。1919 年的 11 月和 12 月,茅盾翻译了《查拉图斯特拉如是说》的第 11 章和 12 章,那是尼采著作被介绍进中国的历史中的第一批译著。两章译文都发表在《解放与改造》上。1919 年下半年茅盾帮助家乡乌镇创建了油印的期刊《新乡人》,并在其中发表了《骄傲》一文。文中他提醒读者注意《庄子·秋水》中的寓言,并将其比作《查拉图斯特拉如是说》中的一个格言,甚至是其中的《市场的苍蝇》一章:"惠子相梁,庄子往见之。……仰而视之曰:'嚇!今子欲以子之梁而嚇我邪?'"②

下面的几个格言将足以让读者或听者想起其最重要的内容了:"一切伟大事物发生在远离市场和名声之处;新的价值的创造者向来是住在远离市场和名声的地方。我的朋友,逃往你的孤独中去吧;……他们要接近你的皮肤和你的血。"③

除《市场的苍蝇》外,茅盾还翻译了《查拉图斯特拉如是说》的《新的偶像》一章:"国家?它是什么?好吧!国家乃是一切冷酷怪物中的最冷酷者。……现在为许多人设下圈套而称之为国家的,乃是那些破坏者。……"这一章甚至比前一章更让茅盾想到《庄子·秋水》或是《庄子·马蹄》。根据后来发表的茅盾观点,庄子的"基本思想是无政府主义。"

在茅盾写作《骄傲》一文时,他是将庄子看成了尼采的前辈。在同一期《新乡人》上,茅盾还发表另一篇题为《我们为什么读书》的文章。尽管文中没有提及尼采,但他关注了超人时代的到来:"我们读书是欲求学问,求学问

---

① 马立安·高利克:《茅盾与尼采:自始至终,1917—1979》,前面所引书,第 124 页。
② 同上,第 126 页。中文可参见《秋水》,载《庄子引得》,上海:上海古籍出版社,1986 年版,第 45 页。
③ 马立安·高利克:《茅盾与尼采:自始至终,1917—1979》,前面所引书,第 126 页。中文可参见[德]尼采著,钱春绮译:《查拉图斯特拉如是说》,北京:生活·读书·新知三联书店,2007 年版,第 54 页。

是欲尽'人'的责分去谋人类的共同幸福。……看呀！光明就在前面，!"①

1919年，是茅盾一生最多产的一年。杜威的纯粹工具主义在中国被宣传的时候，茅盾发现弗兰克·梯利（Frank Thilly）的那本流行的《哲学史》（*A History of Philosophy*），指出了尼采哲学与实用主义之间的联系，他对绝对真理存在的质疑，他对旧习俗旧信仰的反对，并开始阅读关于尼采的著作甚至是尼采自己的著作。但是，要说茅盾全读了他在《尼采的学说》中提到的那些尼采著作是不对的。这个观点是茅盾研究者邵伯周的。②

可能是在一开始宣传实用主义和中国现代思想史的现状时茅盾就立即创作《尼采的学说》，否则，他在文中不可能那么竭力强调"政治、伦理、科学、艺术、宗教和教育"等实用的方面。茅盾对克鲁泡特金和巴枯宁的无政府主义、对美国工团组织世界产业工人联盟、对伯特兰·罗素的《通向自由之路：社会主义、无政府主义与工团主义》的关注，甚至他对"传统的"或马克思主义的"国家社会主义"的批评态度，在1919年下半年和1920年一二月时一定与陈独秀有着相当的共鸣。③

阅读并部分翻译、校正或评论卢多维奇的《尼采的生平与著作》后，茅盾几乎在一开始就发现，一些哲学家宣称他"仅仅是一个无政府主义者"。茅盾对此断言有不同的理解，他将其植入"重估一切价值"的语境中并这样写道："这便是尼采思想卓绝的地方，所以有人说他是思想界上的无政府党。"④但是茅盾没有忘记强调要以仔细、慎重的态度来对待相关的问题，包括古人的学说："只要我们不把古人——尼采——当偶像，不把古人的话当'天经地义'，能怀疑，能批评，我是以为古人的书，都有一读的价值，古人的学说，都有一研究的必要的。"⑤

困难变得显而易见，卢多维奇题为"非道德家尼采"的第2部分被茅盾改为了《尼采道德论（上）》。其中的术语"非道德"、"非无道德的"或者"无伦理的性质"很容易误导读者。茅盾将"amoral"（超乎道德行为之外的

---

① 马立安·高利克：《茅盾与尼采：自始至终，1917—1979》，前面所引书，第128页。中文可参见《茅盾全集》第14集，第52页。
② 马立安·高利克：《茅盾与尼采：自始至终，1917—1979》，前面所引书，第129页。中文可参见茅盾：《我走过的路》，前面所引书。
③ 马立安·高利克：《茅盾与尼采：自始至终，1917—1979》，前面所引书，第130页。
④ 同上。中文可参见《尼采的学说》，第2页。
⑤ 马立安·高利克：《茅盾与尼采：自始至终，1917—1979》，前面所引书，第131页。中文可参见《尼采的学说》，第3页。

道德)译为"超道德的,超道德家",可能不是很恰当。茅盾对待道德的态度与马克思的历史唯物主义相似。但另一方面,由于其对贵族、权利、战争的强调,对"为强权而斗争"的"超人"行为模式的强调,却是错了的,正如马克思的经济定运论。这也可能是《尼采的学说》这篇文章没有被收入《茅盾全集》的最重要的原因。①

茅盾论述尼采为"超道德家"的部分是以如卢多维奇论述尼采为"道德家"时引《查拉图斯特拉如是说》第3部分那样结束的:"人是一个烂泥的涧;经过这涧要不受污,除非自己是个海。看呀,我教给你,'超人'便是那个海,你的大污点只可沉在他那里。"②

当茅盾将卢多维奇书中题为"道德家尼采"的第3章译为《尼采的道德论(下)》时也有一些难度。很奇怪茅盾为什么没有对哈拉尔德·霍夫丁给予足够的关注,他在分析社会二元论的哲学基础时提到尼采常常称自己是个非道德家并宣称他的目标在于"扬弃"所有的道德③。文章的一开始茅盾对卢多维奇的观点以自己的方式做了解读:"尼采既以为各式道德都不过是争夺权利的器械,他就得个结论道:善和恶是'一'件东西,'一'件行为。……从这里。他寻得有两个原始式的道德可以代表一切,一切道德,都可以归入这两类。"当卢多维奇"忘记"引用关于这两个基本的互相矛盾的道德格言和另外两个段落时,茅盾却开始在尼采的《超越善恶》(Beyond Good and Evil)和《道德的谱系》(Genealogy of Moral)中去寻求它们。

茅盾不仅读过,至少是部分读过这两本书,他也试图去检验被卢多维奇忽略的那三段话,尽管不甚成功:"我定要向著太阳,我的枝条欲伸展的远而高;这是我认为'善'的,那些居在我身下的小草一定也以为'善'的。""我也欲向太阳,但是这些橡树的大枝桠却在半空遮住,使我不能受阳光,所以橡树的行为是'恶'。"

在茅盾看来,"创造'主者道德'的人,是自己的灵魂很饱满的,……凡是大艺术家,大法律家,大战士,都是属于那'主者道德'的创造人的一类。"而"创造'奴者道德'的,是自己的灵魂很贫乏的,他所见的闻的,都被

---

① 马立安·高利克:《茅盾与尼采:自始至终,1917—1979》,前面所引书,第132页。中文可参见《尼采的学说》,第18页。

② 马立安·高利克:《茅盾与尼采:自始至终,1917—1979》,前面所引书,第133页。中文可参见《尼采的学说》,第19页。

③ 马立安·高利克:《茅盾与尼采:自始至终,1917—1979》,前面所引书,第133-134页。

这贫乏的灵魂醇化,觉得都该比'主者道德'的人所见得的,要少些,卑些,不美些。凡是大阴谋家,厌世自杀者,无所不攻击的政客,无味的艺术家,好骂多憎人的著作家和戏曲家,以及愤世的智者,都是属于那'奴者道德'的创造人的一类的。"①

在第二次连载《尼采的学说》之前11天,即1920年1月25日,茅盾在《时事新报·学灯》上发表了他研究尼采的短文《佩服与崇拜》。

在思考叔本华的思想时,卢多维奇和茅盾都提及了作为时代思想特征的"无上帝",两人都引用了尼采那著名的格言:"一切神都死了!我们只要那'超人'活著。"卢多维奇到这里就结束了,茅盾却对此加以了评价:"'超人'主义便可算是尼采的进化。"

茅盾也如卢多维奇一样赞同尼采对斯宾塞(Herbert Spencer)的"生命的动能"观(conception of as activity)、达尔文的"生存竞争"观(struggle for existence),或马尔萨斯(Thomas Malthus)的人口有超过生存的自然方式的倾向的一般原则,但他批判了尼采最基本的哲学前提"向权力意志"。茅盾认为,"过分称扬强权,以为强权是人类进化的阶段,未免错了。"尽管他也承认尼采的"向权力"实在有些意思。②

茅盾对尼采最严厉的批评是在他题为"社会学者的尼采"一章。他回到了霍夫丁的社会二元论,并认为那是"最受人痛骂的地方","如果我们从此方面看去,诚然是人类中的恶魔,最恐怖的人物。"由于其偶像破坏的精神而非其社会学的观点,尼采的思想仍然被给予很高的评价,它们"被保存得不堪。"③这里,茅盾第一次使用了"阶级"一词,这在卢多维奇和霍夫丁的著作中是没有的。在阅读、翻译并反复思考了罗素的《通向自由之路:社会主义、无政府主义与工团主义》的内容后,茅盾可能犹豫不决地承认无政府主义,尽管他对其理论反应的不足是持同情态度的,认为"在合理的一段时间内,即便它建立起来了,也不可能持续很久。"④

---

① 马立安·高利克:《茅盾与尼采:自始至终,1917—1979》,前面所引书,第134-135页。中文可参见《尼采的学说》,第21-22页。

② 马立安·高利克:《茅盾与尼采:自始至终,1917—1979》,前面所引书,第138页。中文可参见《尼采的学说》,第29页。

③ 马立安·高利克:《茅盾与尼采:自始至终,1917—1979》,前面所引书,第139页。中文可参见《尼采的学说》,第39页。

④ 马立安·高利克:《茅盾与尼采:自始至终,1917—1979》,前面所引书。原文可参见罗素:《通向自由之路:社会主义、无政府主义与工团主义》,前面所引书,第211页。

似乎茅盾在创作《尼采的学说》第 4 部分时要么是跟克鲁泡特金的进化论说了再见,要么是对其兴趣不再那么浓了。那时他与其他人一样受到哲学家张东荪的影响。张东荪借给茅盾一本《世界产业工人联盟——美国工团主义研究》,茅盾读后写了一篇评论文章。茅盾甚至部分歪曲了尼采的话:"人类命运中最可悲观的事,莫过于不能把地上的权力,同时给予第一人。所以一切事情都是伪诈不正,'牛鬼蛇神'得厉害。""兄弟们呀,最好的人方该做治者,最好的人方该做治者! 要不是这等辨呀,那就没有最好的人出来!"随后茅盾加上了如下的评论:"我们看! 尼采这种话,真是强词夺理已极了。"①对于第一处引用茅盾可能没有检查其原文。这些话不是出自查拉图斯特拉之口,而是出自题为"跟君王们对话"中两个君王中的其中一个之口。而第二处引用源自"古老的法版和新的法版"一章,其中没有太多关于超人的,而是关于新价值的创造的。

"五四"期间以及之前与之后尼采所有的著作中对中国知识分子最重要的基本前提就是"重估一切价值"。卢多维奇在其书的结尾处呈现了尼采的《无政府主义者》中的几个句子:"什么是善呢? 就是那一切增长权力的,向权力的意志的,和权力自身。什么是恶呢? 一切从柔弱出的便是恶。什么是快乐呢? 权力增长便是快乐,能胜过阻碍便是快乐"②。卢多维奇只是指出他们要"重新估定现在的道德价值"而没有加以评论,而茅盾的评论却可以看成是对尼采观点的一种绝对的谴责:"我们看了上面的话,便可知超于善恶的尼采,所重新估定的价值却只是如此,却是这样的崇拜强力,真是'匪夷所思'的了。"③

通过分析《尼采的学说》,可以看出茅盾对待同一个问题态度从相当热情到相对甚至是极度批评的极大转变。与茅盾发表《尼采的学说》第一部分的同时,他发表了另一篇相当简洁的文章《现在文学家的责任是什么?》。文章是这样开头的:"自来一种新思想发生一定先靠文学家做先锋队,借文学的描写手段和批评手段去'发聋振聩'。……尼采的超人哲

---

① 马立安·高利克:《茅盾与尼采:自始至终,1917—1979》,前面所引书,第 141 页。中文可参见《尼采的学说》,第 37 页。

② 马立安·高利克:《茅盾与尼采:自始至终,1917—1979》,前面所引书,第 141 页。

③ 同上,第 142 页。中文可参见《尼采的学说》,第 41-42 页。

学,……萧伯纳、哈德曼(即霍普特曼)都是拿文豪的资格提倡社会主义。"①

1921年的最后一个月,茅盾发表了一篇相对较长的文章《近代文学体系的研究》,我们可在文章发现相似的观点:"讲到近代文学的渊源,先要明白近代思想迁变的大概;没有一种立得住,传得下的文学,不靠思想做骨子,反过来讲,也可说凡是一种新思想,要靠文学的力量去宣传。……**新思想即是文学,从来不曾分过。**"②

但是在他写关于霍普特曼的那篇文章的时候,茅盾还仅仅只是**翻译安东·赫尔曼**(Anton Hellmann)关于尼采的文章而非表达他自己的观点。1920年和1921年,茅盾几次表明了他对尼采的态度。他指出了尼采在《查拉图斯特拉如是说》第14章和第18章中对女性的歧视:"**女性还没有能力结交;女性至今还是猫咪、小鸟。或者,在最好的情况下,是母牛。**""对于女人,男人是一种手段:目的总是小孩。可是女人对男人却是什么呢?""男人,应该培养他去打仗,女人,应当培养她供战士娱乐;其余一切都是愚蠢。"

1921年,茅盾在《"人格"杂感》中将"无抵抗主义者"比作超人,并提及《超越善恶》中的"爱即生命"。文中茅盾重复了他在《尼采的学说》一开始的观点:"我觉得现在无论是谈哪种主义的,科学的,艺术的,……总目的一定是向光明。""我又觉得现在无论是谈哪种主义的,……对于**现社会内可怜的人们——第四阶段是生活的痛苦,……一定都有不忍之心,都表示同情的。**"③

似乎在1921年7月之后,茅盾完全忽略了尼采。

---

① 马立安·高利克:《茅盾与尼采:自始至终,1917—1979》,前面所引书,第142页。中文可参见《现在文学家的责任是什么?》,载《东方杂志》1920年第17卷第1号,第94-96页。

② 马立安·高利克:《茅盾与尼采:自始至终,1917—1979》,前面所引书,第143页。中文可参见《现在文学家的责任是什么?》,前面所引书,第8-9页。

③ 马立安·高利克:《茅盾与尼采:自始至终,1917—1979》,前面所引书,第144页。中文可参见冰:《"人格"杂感》,载《茅盾全集》第14集,前面所引书,第225-226页。

第五章
马立安·高利克的其他中国现代文学研究

第一节 中国作家的外国文学研究

青年张闻天与歌德的《浮士德》

《青年张闻天与歌德的〈浮士德〉》发表在 1999 年的《亚非研究》上①。文章为纪念歌德诞辰 250 周年和张闻天诞辰 100 周年而作,旨在表明第一篇有着广泛影响的研究歌德《浮士德》的中文文章是怎样创作出来的,并指出在对待文学问题的新旧方法之间的过渡时期中国文学批评的典型特征。

1878 年,歌德的名字在中国文学批评史上第一次被提及。1922 年郭沫若翻译的歌德的《少年维特之烦恼》出版。在此之前,《浮士德》第一部分被郭沫若译成中文,但是直到 1928 年才出版。1922 年 3 月 23 日,歌德逝世 90 周年的时候,有关于他的生平和作品的三篇短文和一首诗发表在《时事新报》副刊《学灯》上。这三篇文章的作者是郑振铎、胡愈之和谢六逸。诗是冰心写的。

1921 年,第一位写了一篇中文短文介绍歌德《浮士德》的是名叫卢冀野的年仅 16 岁的一名中学生。研究《浮士德》的第二位中国批评家是张闻天。张闻天肯定是在他去伯克利加利福尼亚大学之前开始写作并完成这

---

① 马立安·高利克:《青年张闻天与歌德的〈浮士德〉》(Young Zhang Wentian and His Goethe's Faust),载《亚非研究》第 8 卷第 1 期,1999 年,第 3-16 页。

篇题为《歌德的〈浮士德〉》的。文章最初分别发表在1922年的《东方杂志》第19卷第15期、17期和18期上。中国著名的歌德研究专家杨武能教授可能是第一个指出了这篇将《浮士德》介绍给中国读者的文章的巨大价值:张闻天"这篇论文把《浮士德》摆在欧洲的文化发展和时代精神的大背景上,摆在歌德个人的生活、思想和个性的具体联系中来理解这部内容庞杂的巨著,引述的资料颇为丰富,种种提法即在今天看来也不是'皮毛之论'"。①

假如这篇文章真的是张闻天的原作的话,确实值得崇拜。它很像发表在《小说月报》上的大部分文章,尤其像是茅盾和他文学研究会的朋友们的文章。多年来高利克徒劳地寻找以张闻天的名"闻天"发表的文章。幸运的是,他终于在英国图书馆的目录中找到了。张闻天的手中有现在完全被忽略而且不为研究者所知的这本由科特里尔(H. B. Cotterill)撰写的于1912年在伦敦出版的《〈浮士德传奇〉与歌德的"浮士德"》(The Faust-Legend and Goethe's Faust)。细心的读者会发现,科特里尔这本书的第二部分的标题与张闻天的文章意思是相同的。②

可能在1922年暑假之前,而且肯定是在歌德逝世90周年的纪念日之后,张闻天读过浮士德在"屋顶穿馀,一间'果提克'式的居室",坐在"案旁椅上,作烦恼状"的那段著名的独白,他可能会产生一些与古代的魔术师相似的思想或者感觉:"哲律医祝,我已不息气的——钻研遍。我如今措大依然,比从前全不精憐半点!称什么先生,道什么博士,颐指了一群弟子东西南北十余年。我心焦欲燃,究竟所知有限!"③

张闻天在一开始并没有遵从科特里尔的解释。他没有凑热闹,而是以一些我们不知道的更加普遍的来源为基础,将歌德的个性和作品放入了古代(荷马)、中世纪后期(但丁)和西方现代文学的早期(莎士比亚)框架中。张闻天从其文学喜好出发,像他那些创造社的朋友们一样,强调了以作者

---

① 马立安·高利克:《青年张闻天与歌德的〈浮士德〉》,前面所引书,第6页。中文可参见杨武能:《歌德与中国》,北京:三联书店,1991年版,第111页。
② 马立安·高利克:《青年张闻天与歌德的〈浮士德〉》,前面所引书,第6页。
③ 同上,第7页。中文可参见沫若:《Faust钞译》,载《时事新报·学灯》,1919.10.10. 第五张。

的个性为中心,表达"内部的迫切冲动"的文学。①

在张闻天开始谈论歌德的《浮士德》及其"祖先"的时候,他立刻论及了科特里尔的作品。当介绍浮士德是一位"伟大的魔术师"时,他改述了科特里尔的观点,或者说是进行了"批评的洞察",但是用了一些更容易理解的词句。从下面举的例中我们可以看出,张闻天受到了科特里尔的影响,只是他自己没有恰当地表示感谢而已。同样我们也可以看出他在多大的程度上依赖科特里尔的文本。有些地方,张闻天是逐词逐句引用科特里尔的文本,如科特里尔文本第36-37页上的句子可在张闻天文本的第41-42页上找到②。下面这一段甚至不用再翻译张闻天的译文了。所有这些都可在他的改述中找到,甚至包括拉丁文的用词。

与科特里尔一样,张闻天概述了《浮士德》第一和第二部分的大意。第一部分学术成分更多些,第二部分要简单些,因为那时的中国读者还不可能读到《浮士德》的原文。即便在这里,张闻天文本对科特里尔文本的依赖也是相当明显的。可以看出,张闻天没有提及歌德对莎士比亚的参考,或许是他不知道这点。他也没有引用那两行德文诗,因为他不懂德语。但他在开始分析歌德的《浮士德》文本时,提到了这个对他及其同胞来说最重要的方面:对于生活在地球上的我们,这种不间断的日复一日的努力。可以看出,他稍稍改变了歌德的《浮士德》,他没有提及,至少是没有强调那种向上至天国的努力。这种努力,确实与五四运动前后大多数中国知识分子的努力是一致的,当然也与那些与实用主义和共产主义相关的人一致。卢冀野在他的短文中首先指出了这个特征。③

"为人民服务"在张闻天写这篇文章时是个很好的口号,现在仍然是,尽管在中国常常被滥用。但这里张闻天并没有紧随科特里尔的分析。为了让歌德的浮士德对中国读者更有吸引力,张闻天夸大了浮士德对靡菲斯特的愤怒。因为他烧掉了腓利门和博西斯的财产,正如《圣经》中的拿伯

---

① 马立安·高利克:《青年张闻天与歌德的〈浮士德〉》,前面所引书,第8页。中文可参见张闻天:《歌德的〈浮士德〉》,载《东方文库》第65期,上海:商务印书馆,1924年版,第31-33页。
② 马立安·高利克:《青年张闻天与歌德的〈浮士德〉》,前面所引书,第6页。
③ 同上,第11页。中文可参见卢冀野:《歌德与〈浮士德〉》,载《学生杂志》第8卷11号,1921年,第37页。

一样,二者被葬身火海。但是张闻天"忘了"告诉他的同胞们科特里尔的推理。如果不直接从司法的角度而是间接从伦理的角度看,浮士德失礼了,甚至是犯罪了。我们可以说张闻天作为一个善意的博爱主义者犯的这个错是由于他过度相信人类的进步。他让靡菲斯特犯下纵火罪和谋杀罪,但并没有指出这些行为的动机事实上是源于浮士德。①

为人民服务,甚至是为全人类服务,是浮士德的理想。实现这个理想的过程以及被解放或被救赎,是人类持之以恒的努力。于此,张闻天翻译了天使之歌。天使们身上附着浮士德的灵魂,升到天堂:"高贵的精神现在自由了/ 被从罪恶的阴谋中救了出来。/ 不论谁不知疲倦地热望/ 都没有超出被救赎的范围,/ 如果他感受到爱的恩惠/ 在上空已有/ 被保佑的主人在上面等着/ 并且欢迎他去天堂。"②

在写到浮士德的活动主义时,张闻天没有沿用科特里尔对浮士德精神的分析:"自然界是永久的在活动。这种活动是两种相对的,或是相反的势力的冲突的活动:善与恶,美与丑,向上与向下,施与受,收缩与膨胀,阴与阳,动与反动等等诸势力的活动……它也有一定的目的:那就是进步,就是向善,就是向圆满。"③这里我们不仅能找到阴阳学派的传统中国哲学,还可以发现亨利·柏格森的"生命活力"(élan vital)的回响。在写歌德的《浮士德》之前,张闻天翻译了柏格森的作品,而且还极有可能做了详细的研究。还不止这些。如果我们阅读张闻天论文的最后部分,也许能发现他对佛教禅宗思想的研究也在他的思想中留下了痕迹:"人生是欲望与满足的交替。达到了甲的满足,可生出乙的欲望;达到了乙的满足,又生出了丙的欲望……这样地继续下去,是没有止境的。这就是说:人生是永久没有满足的日子的。"④

张闻天认为浮士德是值得1919年五四运动之后那个时期的中国人民追随的典范。他努力地自我发展,替别人谋幸福,替别人争自由。他执着

---

① 马立安·高利克:《青年张闻天与歌德的〈浮士德〉》,前面所引书,第13页。
② 同上,第14页。中文可参见张闻天:《歌德的〈浮士德〉》,前面所引书,第90—91页。
③ 马立安·高利克:《青年张闻天与歌德的〈浮士德〉》,前面所引书,第14页。中文可参见张闻天:《歌德的〈浮士德〉》,前面所引书,第94页。
④ 马立安·高利克:《青年张闻天与歌德的〈浮士德〉》,前面所引书,第14—15页。中文可参见张闻天:《歌德的〈浮士德〉》,前面所引书,第95—96页。

人生,充分地发展人生。①

冯至与歌德的《浮士德》

《冯至与歌德的〈浮士德〉——从靡非斯托非勒斯到海伦》发表在《国际汉学》第 12 辑上②。冯至 1941 年后所写的全部十四行诗都堪称卓绝典范。在冯至的首篇探讨歌德的文章《歌德的晚年》中他用不少篇幅介绍了歌德的《玛利浴场哀歌》(*Marienbader Elegie*),颂扬了歌德对一位 19 岁少女乌尔利克(Ulrike von Lewetzov)那消逝的黄昏之恋。在冯至看来,我们必须将歌德的《爱欲三部曲》(*Trilogie der Leidenschaft*)视为与《浮士德》中的海伦悲剧以及最后两幕相连的整体。

冯至是在 20 世纪 20 年代初读到歌德的。30 年代后期,经过对里尔克(Rainer Maria Rilke)的深入研究,他回到了对歌德晚年诗歌、戏剧与小说的研究。爱情主题是冯至第一篇论文的主要研究对象,其源流既来自里尔克,也来自歌德。

1943 年 1 月 28 日,冯至为西南联合大学文史学会成员发表了题为《〈浮士德〉的魔》的演讲。演讲中他用的是"魔"(satantic)而非"魔鬼"(diabolic)一词。"魔"并非印度神话中的"摩罗"(Māra),他没有沿用鲁迅在《摩罗诗力说》中的说法。冯至的演讲中,靡菲斯特和浮士德都依然保留着鲁迅意义上的"魔性",但是靡菲斯特被叫作"恶魔",即有着某些特殊品性的恶魔,其中他强调最为关键的品性是如靡菲斯特自己所宣称的"我是那力量的一部分/它永远愿望恶却永远创造了善"。冯至的演讲即是以这两行诗结尾的。冯至认为,当靡菲斯特强调"空"(Leere)的时候,他的"否定能力"是显而易见的。事实上,靡菲斯特谈论的是"永恒的空"(Ewig-Leere)和"无"(reines Nicht),冯至把二者译为"空"(sūnyatā)和"无",暗示出佛-道哲学和美学的两个重要范畴。只是很可惜他没有从比较的角度对二者加以关注,但他却又指出了靡菲斯特与《周易》所谓"君子以自强不

---

① 马立安·高利克:《青年张闻天与歌德的〈浮士德〉》,前面所引书,第 15 页。中文可参见张闻天:《歌德的〈浮士德〉》,前面所引书,第 96 页。

② [斯洛伐克]高利克著,杨治宜译:《冯至与歌德的〈浮士德〉——从靡菲斯特非斯托到海伦》(*Feng Zhi and Goethe's Faust: From Mephistoph to Helen*),载任继愈主编:《国际汉学》第 12 辑,2005 年,第 266-289 页。

息"相冲突的态度,与之相对的是浮士德和天使们的信念:"不断努力进取者,吾人均能拯救之。"他还把靡菲斯特的"虚无"与《传道书》的开头几行联系起来:"……虚空的虚空,凡事都是虚空,人一切的劳碌,就是他在日光下的劳碌,有什么益处呢?"①从中我们可以看出,冯至感兴趣的可说是证明浮士德的"肯定能力",并揭示靡菲斯特天性中的"恶"。

事实上,在冯至1979年之后的研究中,《玛利浴场哀歌》甚至没有被提起,而《浮士德》第二部的最后两幕也是基于《歌德谈话录》、席勒(Friedrich Schiller)的信以及当时的政治环境来进行分析的。海伦是这篇题为《〈浮士德〉海伦娜悲剧分析》的文章的主题。他对待浮士德、海伦和靡菲斯特的态度在1947年以前和1978年以后有相当的不同。海伦在老年冯至的思想和心灵上都没留下太深刻的印象。仅在他去世之前第七年的时候,冯至才暗示《神秘的合唱》(Chorus Mysticus)(并未直接引用,也没有确切说明他的想法),并提出了一个关于歌德和里尔克的独创论点。这不仅是对歌德和里尔克,也是对所有"为文艺奋斗一生的人",以及那些最终"都会唱出这样的高歌"的人②。"一切无常事务/ 无非譬喻一场;人间常苦不足/ 而今所愿皆偿;奇幻难形笔楮/ 凭爱焕成奇章;永恒女性永如常/ 引领我们向上。"③冯至很可能没有读过《神曲》,但他对诺瓦利斯却相当了解,因为他的博士论文是关于诺瓦利斯的。里尔克则是他特别喜爱的诗人。

王蒙"拟启示录"写作中的戏仿与荒谬的笑

《王蒙"拟启示录"写作中的戏仿与荒谬的笑:对〈圣经〉视角在中国现代文学中的变形之思考》发表在1995年出版的《鲍吾刚教授六十五岁寿辰

---

① 可参见《传道书》第1章第2-3节。
② 冯至:《外来的养分》,第6页。
③ 原译文最后一行"Eternal Womanhood"被高利克改成了"Eternal Feminine",他认为这样更符合歌德想要传达的意图。本书作者注。

论文集》中,尹捷的中译文本于 2010 年发表在《汉语言文学研究》上①。1986 年 6 月 25 日至 1989 年 9 月 4 日间,茅盾创作了一篇文学"三联画"(triptych),题为《十字架上》,文章对耶稣的一生、教义、受难和《启示录》进行了说明和分析。正如术语"三联画"所示,文章由三个不同的部分共 9 章构成。其实,仅有最后一章与约翰的《启示录》相关。也是在这里,最大的戏仿某种像拼贴画似的东西用来做了阐述当代现实的文学形式。荒谬的笑声是无处不在的。茅盾是用"荒谬的笑声"来抵抗荒谬的现实。②

王蒙没有读过,至少没有太注意《启示录》中关于耶稣的一生、教义以及他的受难。给读者的第一印象是他的《启示录》那一章写得很匆忙。《圣经》给人印象最深的著作在他那里似乎是以不太恭敬的方式来对待的。然而,这或许是处理我们现代时期的"启示录"这个严肃话题最恰当的方法。③

王蒙的《拟新约·启示录》是一部运用戏仿的方法来进行创作和批评的元小说。在创作正分析的这篇文学"三联画"的 8 个章节时,王蒙也用了戏仿的手法,但是这些章节不如《拟新约·启示录》那样具有鲜明的元小说的特征。王蒙在第 9 章沿用了约翰《启示录》的开始和结尾部分,以及中国古典小说,吴承恩的《西游记》中的一些部分。在写作这一章时,他的面前很可能打开了圣约翰的《启示录》。而对同样涉及的《西游记》,他则仅凭自己的记忆、"创造"能力和"批判"精神对其进行了再创作,赋予其新的内容与意义。④

在圣约翰的基础上,王蒙"创造性"和"批判性"地详细阐述了《启示

---

① 马立安·高利克:《王蒙"拟启示录"写作中的戏仿与荒谬的笑:对〈圣经〉视角在中国现代文学中的变形之思考》(Parody and Absurd Laughter in Wang Meng's Apocalypse: Musings over the Metamorphosis of the Biblical Vision in Contemporary Chinese Literature),载《鲍吾刚教授六十五岁寿辰论文集》(Das andere China, Festschrift für Wolfgang Bauer zum 65. Geburtstag),1995 年,第 449-461 页。中译文出版信息为:[斯洛伐克]马立安·高利克著,尹捷译:《王蒙"拟启示录"写作中的谐拟和"荒诞的笑"》,载《汉语言文学研究》2010 年第 1 卷第 3 期,第 14-19 页。

② 马立安·高利克:《王蒙"拟启示录"写作中的戏仿与荒谬的笑:对〈圣经〉视角在中国现代文学中的变形之思考》,前面所引书,第 449 页。中文可参见王蒙"自序",载《王蒙小说报告文学选》,北京,1981 年版,第 9 页。

③ 马立安·高利克:《王蒙"拟启示录"写作中的戏仿与荒谬的笑:对〈圣经〉视角在中国现代文学中的变形之思考》,前面所引书,第 449 页。

④ 同上,第 450 页。

录》第6章第1-8节的内容,即前4个封印的打开过程。他用"四头牛"来"模仿"《启示录》和丢勒(Albrecht Dürer)画中的"四个骑士"。这四头牛一起构成了牛魔王的现代变形①。王蒙在文中创造的这个牛魔王形象或可视作基督的负面镜像。作为文学创作不可避免的一部分的"荒诞的笑"构成了70年代后期王蒙创作理念的一部分。除了"荒诞的笑"之外,"荒诞的处境造就了荒诞的心境"也是王蒙的典型论断。很难判断到底是"处境"(特别是外国文学)中的哪些成分促成了王蒙小说中的这些荒诞的特征。②

至少有两种资料指出了王蒙这种"荒诞的笑"的起源。武庆云认为他直接受到了美国黑色幽默的影响,而鲁兹·毕格(Lutz Bieg)则根据其文章的副标题推测是维吾尔人的"黑色幽默"最先促使他写《买买提处长轶事——维吾尔人的"黑色幽默"》的。武庆云的推断或许不太切实,因为我们对王蒙在写作此文之前读过多少美国文学作品不得而知。但在1963—1979年间,他生活在新疆的维吾尔族人中间,倒是有可能熟知新疆民间传说中的"黑色幽默"大师,智者阿凡提的故事的。③

第二节　中国文学在国外的传播与接受

老舍在波西米亚和斯洛伐克的接受

《老舍在波西米亚和斯洛伐克的接受》最初于1999年2月3—6日在北京举办的"老舍与二十世纪"国际会议上宣读,后发表在《人文杂志》1999年9卷第1期上④。该研究旨在分析中国现代作家老舍于1947—1987年间在捷克斯洛伐克的接受情况。

高利克与老舍的第一次见面是在1959年5月8日,捷克斯洛伐克国

---

① 马立安·高利克:《王蒙"拟启示录"写作中的戏仿与荒谬的笑:对〈圣经〉视角在中国现代文学中的变形之思考》,前面所引书,第453页。
② 同上,第457页。
③ 同上,第457-458页。
④ 马立安·高利克:《老舍在波西米亚和斯洛伐克的接受》(Lao She and His Reception in Bohemia and Slovakia),载《人文杂志》(Human Affairs)第9卷第1期,1999年,第86-96页。

庆日前夕,在北京饭店的长城大厅由茅盾介绍的。同时在场的还有著名的西藏学家高马士(Josef Kolmaš)。

老舍的著作传到捷克斯洛伐克是在第二次世界大战结束之后两年,即1947年。金凯文(Evan King)1945年英译的《骆驼祥子》成了畅销书。金凯文的译本对原文本做了一些改动,是以喜剧形式结尾的。普实克为杜赞·博科尼(Dušan Pokorný)以英译文本为基础翻译成的捷克译本写了评论,认为"博科尼对自己原本不知道的事物进行了学术性的、信息丰富的有趣尝试"。他认为《骆驼祥子》是部不错的小说,"有很好的情节,这个在中国作家中是弱项,故事非常有趣。"①但普实克对这部小说的贬多于褒。他认为老舍的祥子"与鲁迅笔下的阿Q相似。但通过比较可以看出鲁迅的水准和老舍的艺术之间的巨大差别。鲁迅能用尖锐的笔描写事物,让其植入读者的头脑中,而老舍的描绘则是不明确的。"②多年后,普实克改变了对老舍的看法。

1955—1956年左右,普实克的学生史罗甫(Zbigniew Slupski)开始研究老舍的生平与作品。史罗甫将普实克的专著《解放区的中国文学及其民间传统》(The Literature of Librated China and Its Folk Traditions)的第5章"古老民间文学的现实传统"(Reaslistic Traditons of Old Literature)作为其毕业论文"老舍的批判现实主义"的理论基础。史罗甫发表的第一篇英文的研究成果题为《老舍文学生涯第一阶段的作品,1924—1932》(The Work of Lao She During the First Phase of His Career,1924—1932)是以他的论文为基础的,写于他1960年第一次长期待在中国之前。从中我们可出看出他转向对老舍的第一批小说及短篇小说集进行更加结构主义的研究。这在史罗甫的第一本论述此题目的外国专著《一个中国现代作家的演进》(The Evolution of a Modern Chinese Writer. An Analysis of Lao She's Fiction with Biographical and Bibliographical Appendices)中达到了其学术的高潮。史罗甫老舍研究的一个最重要的结果就是他发现在老舍文学创作的一开始,他"无意识地"受到了中国传统笔记小说和章回体小说的影响。而且,他"下意识地"借鉴了查理斯·狄更斯(Charles Dickens)和约瑟夫·康拉德(Joseph Conrad)小说的一些因素。

---

① 马立安·高利克:《老舍在波西米亚和斯洛伐克的接受》,前面所引书,第87页。
② 同上。

高利克在1958年老舍60岁生日的时候翻译了老舍短篇小说《山人》，但是没有发表。1961年夏天，高利克翻译了《骆驼祥子》。第一次也是最后一次，一部伟大的中国小说以"经典书籍之友研究会"的形式连续发表。1961年5月，在茅盾的帮助下，高利克邀请老舍为《骆驼祥子》的斯洛伐克译本做了"序"。

20世纪70年代末80年代初，另一位汉学家马丽娜·卡诺古尔斯基（Marina Čarnogurská）将老舍的5个短篇故事译成了斯洛伐克文。她似乎对《月牙儿》中朴实的人道主义精神着迷。这5篇小说以及高利克翻译的另外2篇《黑白李》和《也是三角》，与《骆驼祥子》一起于1983年出版。

作为一个研究中国现代文学批评的学者，高利克在这本书稿的"后记"中指出了老舍对伊丽莎白·尼奇（Elizabeth Nitchie）的《文学批评》（The Criticism of Literature）一书的借鉴。1928年，老舍将该书部分译为中文。他也对1894年出版的瓦尔特·罗利（Wlater Raleigh）的《英文小说》（The English Novel）很熟悉，而且肯定也对1912年出版的瓦尔特·毕德金（Walter Pitkin）的《故事写作的艺术与技巧》（The Art and Business of Story Writing）一书非常感兴趣。高利克比较了老舍小说《牛天赐传》、《骆驼祥子》和《老张的哲学》对狄更斯小说《远大前程》（Great Expectations）和《尼古拉斯·尼克贝》（Nicholas Nickleby）的借鉴。他还研究了老舍的戏剧《西望长安》与果戈理（N. V. Gogol）的《钦差大臣》（The Inspector-General）之间的关系。

冰心在波西米亚和斯洛伐克的接受

《冰心在波西米亚和斯洛伐克的接受》最初于1999年9月16—23日在福州举办的第一届冰心国际会议上发表，后发表在2000年的《东方档案》上。①

1940年，年轻的雅罗斯拉夫·普实克（Jaroslav Průšek）发表了一些关

---

① 马立安·高利克：《冰心在波西米亚和斯洛伐克的接受》（Bing Xin and Her Reception in Bohemia and Slovakia），载《东方档案》（Archív Orientální），2000年，第41-52页。（没有标明第几卷，本书作者注。）

于鲁迅、徐志摩、丁玲和冰心的文章,也写了一些关于胡适的文章。是胡适将普实克介绍给一些居住在北京的重要作家如郭沫若、茅盾、沈从文、胡也频、巴金及其他人的。普实克于1932—1934年间待在北京。郑振铎是冰心的老师和她后来的同事,很可能是他向冰心提供了泰戈尔的作品,也可能是他促成了普实克与冰心的会面。另一可能的人是被普实克称为"中国第一位女大夫"的金雅梅,其时普实克住在她在海淀的家里。在普实克关于冰心的这篇文章的最后可发现3首冰心的译诗:《母亲》、《童年》和《大海》。这3首诗在王哲甫的《中国新文学运动史》中都有收录。普实克另一篇题为《论中国文学与文化》(On Chinese Literature and Culture)的研究也引用了冰心的两首诗:《母亲》和《大海》。在1953年出版的普实克的专著《解放区的中国文学及其民间传统》中,他重复了自己对冰心诗歌的评价:"充满了感情、魅力,但未能超越个人生活的狭小框架。"①

达纳·斯托维克科娃(Dana Šťovičková)追随老师普实克,在她的《银色马:20世纪20—40年代的中国诗歌集》(Silver Horse. A Volume of Modern Chinese Poetry from the 1920s up to 1940s)中也翻译了冰心的三首短诗:《父亲》、《小松树》和《墙角的花》。

20世纪50年代末,普实克的另一个学生马塞娜·布斯卡娃(Marcela Boušková)为《中国现代文学研究》(Studies in Modern Chinese Literature)写了一篇有趣的文章《冰心的小说》(The Stories of Ping Hsin),这是年轻的研究者中取得的最引人瞩目的成果。她没有完全忽略时代的精神,至少部分是根据时代的需要来分析冰心的发展的。她的另一篇研究成果是《冰心作品中的韵律特征分析》(An Analysis of the Prosodic Components in the Works of Ping Hsin)。该文是关于中国现代诗歌批评和中国现代诗学领域的开篇之作,这个问题过去是,到现在仍然是汉学研究方面被忽略的问题。

在"文化大革命"的艰难时期,汉学家及女诗人雅米拉·海林沟娃(Jarmila Häringová)对冰心的《繁星》和《春水》产生了兴趣,在其《繁星与春水》(A Maze of Stars and Spring Waters)中她翻译了冰心《繁星》和《春水》346首诗中的129首,但都没有普实克和布斯卡娃翻译的那三首。

1986年4月15日,高利克与冰心见面并交谈。在其1980年出版的

---

① 马立安·高利克:《冰心在波西米亚和斯洛伐克的接受》,前面所引书,第44页。也可参见《冰心文集》第1卷,1982年版,第26页。

《中国现代文学批评发生史》(The Genesis of Modern Chinese Literary Criticism, 1917—1930)第6章"蒋光慈的革命文学理论"(Chiang Kuang-tz'u's Theory of Revolutrionary Literature)①中高利克论及蒋光慈对冰心及其文学批评的看法。1992—1993年间,高利克写了《中国现代思想史研究之五:青年冰心》②和《中国现代知识分子的典范——年轻的冰心,年老的泰戈尔与善良的牧者》③。高利克的研究中没有关注纪伯伦,冰心在1931年将其作品《先知》(Prophet)译成了中文。也没有关注《吉檀迦利》(Gitanjiali),冰心于1946年将其翻译为中文。

唐诗在波西米亚和斯洛伐克的翻译,1902—1999

《唐诗在波西米亚和斯洛伐克的翻译,1902—1999》发表在2003年出版的由陈德鸿主编的《一与多的融合:中国古典文学的译介与传播》中④。1897年,第一个捷克汉学家德沃夏克(Rudolf Dvořák)教授与雅罗斯拉夫·符尔赫列支奇(Jaroslav Vrchický)出版了选译的《诗经》160首。5年后,雅罗斯拉夫·皮斯尼卡(Jaroslav Pšenička)的《七至九世纪的中国古典诗歌》(From Old Chinese Poetry, Seventh-Ninth Century A. D.)出版,该诗集选编的是唐诗。皮斯尼卡写了《中国诗歌的黄金时代》为"序"。

1922年,最成功地将中国诗歌译为捷文的翻译家博胡米尔·马提修斯(Bohumil Mathesius)开始对中国和日本诗歌发生兴趣。1925年,他的《红塔与绿罐》(The Red Tower and the Green Jug)出版。在马提修斯翻译的

---

① 马立安·高利克:《中国现代文学批评发生史,1917—1930》(The Genesis of Modern Chinese Literary Criticism, 1917—1930),伦敦:维达-柯森出版社,1980年版,第142-165页,第6章"蒋光慈的革命文学理论"(Chiang Kuang-tz'u's Theory of Revolutrionary Literature)。其中译本出版信息为:[斯洛伐克]玛利安·高利克著,陈圣生等译:《中国现代文学批评发生史,1917—1930》,北京:社会科学文献出版社,1997年版。
② 马立安·高利克:《中国现代思想史研究之五:青年冰心》(Studies in Modern Chinese Intellectual History. VI. Young Bing Xin),载《亚非研究》第2卷第1期,1993年,第41-60页。
③ 高利克:《中国现代知识分子的典范——年轻的冰心,年老的泰戈尔与善良的牧者》(A Model of the Modern Chinese Intelligentsia——Young Bing Xin, Old Tagore and Good Shepherd),载《爱心》(福州)1993年第1卷第2期,第29-32页。
④ 马立安·高利克:《唐诗在波西米亚和斯洛伐克的翻译,1902—1999》(Tang Poetry in Translation in Bohemia and Slovakia, 1902—1999),载陈德鸿(Leo Tak-hung Chan)主编:《一与多的融合:中国古典文学的译介与传播》(One into Many: Translation and the Disemination of Classical Chinese Literature),阿姆斯特丹-纽约,2003年版,第285-299页。

170首左右中国古典诗歌中有大约80首是唐诗,其中被译介最多的是李白、杜甫和王维。第二次世界大战期间,马提修斯与普实克合作,他的翻译更接近原作。

1945—1954年间,捷克抒情诗人弗兰提谢克·罗宾(František Hrubin)开始翻译唐诗,他翻译的95首唐诗中有53首是李白的。1946年,他的《诗仙:李白诗歌的回响》(The Stars of Wine:Echoes from Li Bai's Poetry)出版。而另一本题为《绿水亭:李白译诗》(Pavilion of Green Waters:Translation of Li Bai's Verses)译著的出版时间不详。1954年,罗宾的《玉笛:唐绝句》(A Flute of Jade:Quatrains from the Tang Dynasty)出版。1978年,他翻译的唐诗全集在他去世后出版,书名与之前相同,只是添加了副标题"中国古代诗人译诗"。

1942年,奥托卡·杰士卡(Otokar Žižka)翻译的李白诗集《莲花》(Lotus Flowers)出版。1962年,伊凡·库普克(Ivan Kupec)翻译的《珍珠与玫瑰》(Pearls and Roses)出版,该诗集是关于唐"诗三杰"王维、李白和杜甫的。1978年,他的《李白:永恒的诗》(Li Bai:Eternal Letters)出版。

白居易在捷克

普实克的最后两个学生,玛塔·赖萨娃(Marta Ryšavá)和高马士(Josef Kolmaš)在20世纪50年代下半期开始翻译唐诗。赖萨娃主要关注的是李白、王维、白居易、孟浩然、寒山和拾得,而高马士给予广泛关注的是白居易。在赖萨娃翻译的三卷本《李白:关山月》(Li Bai:The Moon over the Pass)中共有708首唐诗,其中李白诗235首。她还从事寒山和拾得诗歌的翻译大约有25年的时间。

高马士开始白居易的诗歌翻译要稍晚些,题为《黑潭龙》(Black Pool Dragon)的诗集是由高马士和捷克女诗人雅拉·斯特罗布洛瓦(Jana Štroblová)合译的,共61页,第一版在布拉格出版,第二版于1964年出版。两版的"后记"都是由普实克撰写的,这是第一部以书的形式出版的白居易诗歌的捷克译本。1996年,他俩合译的《杏园中的枣树》(Date-Palm in Apricot Garden)出版,该书有多种肯定性的评论。

近期的翻译

没有关于杜甫的以书的形式出版的译著。译介杜甫的任务落在了旅居美国的斯洛伐克流放诗人卡罗尔·斯特罗门（Karol Strmeň）身上。1998年，他翻译的《杜甫：百花之河》（Du Fu: A River of a Hundred Flowers）出版。他为译本写了题为《杜甫：一个被放逐五次的诗人》（Du Fu: A Poet of Five Exiles）的"序言"。

另一个捷克译者费迪南德·斯托卡斯（Ferdinand Stočes）的翻译从《诗经》开始至元代诗歌结束，该书先以法语《不朽的诗行》（Signes Immortels）为书名在慕尼黑出版，后于1994年在布拉格以《珍珠帘》（Pearl Curtain）为书名出版。1999年底，斯托卡斯出版了书名为《天作被地作枕》（Heaven Is My Blanket and Earth My Pillow）的李白译诗。

1992年，高利克与维拉·普罗克索瓦（Viera Prokešová）合译的《瘦比黄花》（Frail as Chrysanthemums）出版，其中论及的大多是唐代女诗人的诗歌：李治、薛涛、徐月英、鱼玄机、关盼盼和赵鸾鸾等。这是捷克斯洛伐克的唯一一本关于中国女诗人的诗歌译本。

90年代，捷克对中国诗歌中佛教思想的影响给予了相当的关注。除白居易外，王维和寒山的诗歌被翻译出版。1987年，玛塔·赖萨娃译介的寒山和拾得诗集《清光映玉影》（Clear Shimmer over the Jade Shadow）出版。同时，另一本名为《寒山：源自冰山的诗》（Han Shan: Poems from Icy Mount）分别于1996年和1998年编辑出版。两个版本的"序言"和评论都是罗然（Olga Lomová）写的。

罗然最后的理想在她的两本书中得到了实践，即1995年出版的《唐诗教材》（Textbook of Tang Poetry）和1999年出版的《唐朝诗人王维作品中的自然意象》（Landscape Message: The Image of Nature in the Work of Tang Poet Wang Wei）。

孔子和儒家思想在波西米亚和斯洛伐克的接受

《孔子和儒家思想在波西米亚和斯洛法克的接受》发表在《亚非研究》1991年第26卷上[1]，该文中译文于2008年发表在《中国文化研究》上[2]。

---

[1] 马立安·高利克：《孔子和儒家思想在波西米亚和斯洛法克的接受》（Reception of Confucius and Confucianism in Bohemia and Slovakia），载《亚非研究》第26卷，1991年，第71—86页。

[2] 马力安·高利克著，赵俊生译：《孔子和儒家思想在波西米亚和斯洛伐克的接受》，载《中国文化研究》2008年秋之卷，第180—190页。

传教士卫力济(Francois Noël)可能是将中国儒家哲学和孔子教义介绍给布拉格读者和捷克学者的第一人。他在中国待了24年,从1757年开始撰写编辑几本与汉学史相关的书籍,并用欧洲语言翻译汉语文学和哲学。这些成果都在1771年出版。其中第一本论及天、上帝和太极。该书的第一和第二部分特别展示了中西首次相通的早期互相之间冲突的本源。第二本书是对6本儒家经书的翻译集,即《大学》、《中庸》、《论语》、《孟子》、《孝经》和《小学》。第三本书是关于礼仪之争的,很出名,大部分探讨的是17世纪和18世纪初的礼仪。

卫力济之后,布拉格对孔子和儒家思想的兴趣似乎消减了很多年。只是到了19世纪80年代,捷克汉学家德沃夏克(Rudolf Dvořák)才开始对此产生兴趣,他的《孔子的生平与学说》(Confucius Life and Teaching)分两部分分别于1887年和1889年出版。1895年该书的德文版在德国明斯特出版。德沃夏克后来至少有三次回到对孔子的研究,一是收录在《奥托百科全书》(Otto's Encyclopaedia)中的条目;二是《孔子和老子》(Confucius and Laozi)研究;三是收录在《东方伦理史》(A History of Ethics in Orient)中的《孔子》。

大约比德沃夏克晚10年,伊曼纽尔·拉德尔(Emanuel Rádl)教授题为《西方与东方》(West and East)的关于旅行的哲学思考也讨论了中国和儒家思想。1923年,曾为律师、实业家和冒险家的鲁道夫·塞克维拉克(Rudolf Cicvárek)写了一本名为《真正的现代中国》(Modern China as It Really Is)的书。

1940年,雅罗斯拉夫·普实克的《中国 我的姐妹》(My Sister China)出版。普实克题为《论中国社会的儒释道三家学说》(Triple Teachings on the Society in China)是"几乎具有极度渴望的信念"的表现。同时他也为其准备与著名的印度学研究家赖斯尼(Vincenc Lesný)教授合译的《论语》写了一篇长序。十年后,他又为卡尔·克洛(Carl Crow)的捷克译本,题为《孔子的故事》(Master Kung.The Story of Confucius)写了一篇简要的"后记"。

提摩太·波柯拉(Timoteus Pokora)的基础研究之一《中国哲学重要的十字路口》(Important Crossroad in Chinese Philosophy)让人想到普实克的《论中国社会的儒释道三家学说》。波柯拉翻译的王充是译成西方语言的第二部著作。1971年,波柯拉写了一篇题为《孔子怎么样》(What about

Confucius?)的重要文章,文中他甚至研究了孔子的家族和社会论理学。①

毛泽东去世后不到一年,黑山(Marína Čarnogurská)翻译的儒家经典以《如大师所言》(As Master Said)为书名出版,包括了《论语》、《孟子》和《荀子》,以及安娜·德丽扎洛娃写的"前言"。

1982年,高利克对雷金庆(Kim Louie)的《现代中国对孔子的批评》(Critiques of Confucius in Contemporary China)和其他之前出版的研究著作做出回应,发表了题为《孔子及儒家思想在中国的论争,1898—1978》(Controversies about Confucius and Confucianism in China, 1898—1978)的文章。

1987年,一本题为《孔子思想在国外的传播与影响》论文集出版,里面收录了韩国、越南、日本、意大利、法国、德国、英国、美国、俄国研究者的文章,但却找不到关于孔子和儒家思想在捷克斯洛伐克的接受的研究成果。然而,正如我们所见,孔子和儒家思想在捷克斯洛伐克的接受已经有280年的历史。可以说,其最高价值正在于填补了一些问题在欧洲的空白。斯洛伐克的读者接受早期儒家思想的基础文本比较晚,对儒家思想产生兴趣也是在中国复兴和重新评价"文化大革命"的时候。②

到目前为止,再没有捷克斯洛伐克研究提及1978年后儒家思想在中国的新评价,也没有关于新儒家思想的成果,没有提及儒家伦理在日本、韩国、中国台湾、中国香港、新加坡、马来西亚或其他国家地区的影响。这些问题无疑应该引起我们汉学家的注意。

中国翻译文学在捷克斯洛伐克、波兰和匈牙利的接受,1919—1989

《中国翻译文学在捷克斯洛伐克、波兰和匈牙利的接受,1919—1989》发表在2000年的《东西对话》特刊号《中欧文化的相互影响与前景》上③。文章同时附了英文和中文摘要。其中文摘要指出,专门从事某一国家文学

---

① 马力安·高利克著,赵俊生译:《孔子和儒家思想在波西米亚和斯洛伐克的接受》,前面所引书,第78-79页。
② 同上,第85-86页。
③ 马立安·高利克:《中国翻译文学在捷克斯洛伐克、波兰和匈牙利的接受,1919—1989》(Reception of the Chinese Translated Literature in Czechoslavakia, Poland and Hungary, 1919—1989),载《东西对话》(East-West Dialogue)特刊号《中欧文化的相互影响与前景》(Chinese and European Literature: Mutual Influence and Perspective)第4卷第1期,2000年,第1-24页。

作品翻译工作的人,如果他们来往密切的话,就构成了一个个相似的跨文化群体,也可以称他们为"跨文化社团",或者"共同体"。在经过第一次和第二次世界大战之后,尤其是在 1948 年以后,中欧地区形成了一种特殊的社会政治制度。在这种制度背景下,这种"统一"的社团或共同体的出现是不可避免的。在共产政府和马克思主义文化理论的统治下,受到重视的不是帕斯捷尔纳克(Pasternakian)式的"艺术元素"(particle of art),而是意识形态的内容和其他的教育功能。50 年代初的几年,对中国文学的翻译者来说,是情况最糟的时期。但是,从 50 年代末 60 年代初开始,一直到 1968 年的布拉格之春,对这三个国家的中国文学的翻译者来说,是情况最好的时期。在 90 年代初,本文涉及的有关国家的情况都发生了很大的变化。1949 年以后,由于中国的意识形态与这三个国家的情况相似,差不多同一批中国作家和作品被翻译成了捷克文、波兰文、德文,也有少量的被翻译成斯洛伐克文。由于斯洛伐克文的翻译者起步较晚,所以他们可以避免其中欧同行所犯的错误。在这些翻译活动中,以雅罗斯拉夫·普实克为首的捷克汉学家起了领导作用。但是,在 1968 年之后,大多数资深的捷克翻译家都沉默了。尽管如此,在非常困难的情况下,他们秘密工作,并为后人留下了许多传世之作,包括翻译作品。

中欧巴比塔:切尔卡斯基、马悦然、顾彬与欧洲二十世纪汉诗翻译

《中欧巴比塔:切尔卡斯基、马悦然、顾彬与欧洲二十世纪汉诗翻译》发表在 2003 年《书城》第 5 期上①。欧洲的现代汉语文学翻译兴起于 20 世纪三四十年代,并在五六十年代持续发展,70 年代后在欧洲各国特别是西欧迅猛地发展。该文分析了高利克熟悉的 3 位最重要的汉学家切尔卡斯基(L. E. Cherkassky)、马悦然(Göran Malmqvist)和顾彬(Wolfgang Kubin)的汉诗翻译情况。

切尔卡斯基是欧洲第一位终生致力于现当代汉语研究的苏联汉学家,他是从研究曹植的作品开始的。他在 1965—1966 年访问中国回国后写了一系列文章,后以《中国现代诗,1920—1940》为书名出版。其中的"象征

---

① 马里安·高利克著,海岸译:《中欧巴比塔:欧洲二十世纪的汉语诗歌翻译》,载《书城》2003 年第 5 期,第 75-77 页。

主义"和"新月社"两章读者至今仍然会感兴趣。"象征主义"一章着重分析了戴望舒、徐志摩和闻一多的作品。"新月社"一章用了50页的篇幅来介绍徐志摩。在高利克看来,作者竟用了20页的篇幅论述末流诗人蒋光慈是专著的败笔。几年后,《战争岁月里的汉语诗歌,1937—1949》出版,篇幅比前一部书少一些,文章水平也要差一些。值得一提的是切尔卡斯基对九叶派诗人唐祈和陈敬容的评论。他的《中国抒情诗人四十家,1920—1940》收入了第一部专著论述的诗人和第二部中论述的部分诗人共40人的作品。《第五次瞭望》呈现了中国20世纪三四十年代的诗歌。但从某种程度上讲,只是艾青、田间、臧克家、卞之琳、何其芳、李广田、任钧和袁水柏的又一诗歌译集。切尔卡斯基还著有《蜀道难:中国现代诗歌,1950—1980》。他的最后一部译作《艾青:太阳礼赞》收录了他撰写的译介文章和61首译诗。

马悦然对四川怀有深厚的独特情感。他在1966年5月到1979年间迷恋毛泽东诗词。他将一篇题为《战地黄花分外香:论毛泽东诗词的反向主题》的论文献给了著名的德国汉学家赫伯特·弗兰克,其最大的贡献是诗选《长征路上的毛泽东》,共收入38首译诗及译注。马悦然也与闻一多的作品产生共鸣,但不看好徐志摩。1971年,他的论文《诗人兼批评家闻一多》以油印的形式问世,后来一篇论闻一多及其诗作的论文在瑞典的杂志上发表。马悦然编写了一本参考书目《诗歌合集,1900—1949:欧洲汉学协会、中国现代文学研究计划暂定目录》。他偏爱四川籍诗人杨吉甫、何其芳和商禽。1992年,他英译了《冰封的火把:商禽诗文选》。1983年,他用瑞典语翻译出版了《海滨与一个任性的孩子》。1987年高行健与马悦然首次相遇,随后他翻译了高行健的《灵山》。这部由他译成瑞典语的小说较大篇幅涉及马悦然的妻子陈宁祖的故乡四川、那里的人民及其自然环境。

1976年,顾彬的第一本德语版专著《杜牧的抒情诗作品》问世。德语版《透明的山峰:中国文学自然观的演化》于1985年出版,其中文译本于1990年出版。同年,关于杜牧的专题论文和论戴望舒的文章在纪念他的恩师豪夫曼的文集上发表。顾彬最具代表性的现代汉诗译作是于1991年德译出版的北岛诗集《太阳城札记:中国现代诗选,1919—1984》。顾彬翻译了许多北岛的诗歌,但他为顾城诗歌写的评论更多些。他用德语翻译了杨炼的诗集《面具与鳄鱼》及其他一些诗篇,也翻译了冯至的所有共27首十四行诗。顾彬译得最多的三位中国诗人是杨炼、北岛和梁秉钧。1996

年,他翻译了杨炼的另一本诗集《大海停止之处》。2001 年,他翻译出版了北岛诗集《战后》。顾彬将梁秉钧的第一部诗集《蔬菜的政治》德译为《农作物的故事》,第二部《花鸟志异》德译为《奇异花鸟的故事》。郑愁予也曾被纳入顾彬的译诗框架之中。可以看出,顾彬主要是翻译并宣传那些他熟悉的诗人朋友的作品。

泽耶尔眼中马致远的《王昭君》:着捷克服装的匈奴新娘

《泽耶尔眼中马致远的王昭君:着捷克服装的匈奴新娘》发表在《亚非研究》2006 年第 15 卷第 2 期上①。本文旨在分析捷克颓废派作家泽耶尔短篇小说《汉宫之背叛》(Treachery in the Han Palace)对马致远的著名杂剧《汉宫秋》的改写。该文是捷克国别文学中首篇论及中国文学的作品。这篇具有颓废倾向的短篇小说《汉宫之背叛》最初发表在 1881 年的《卢米尔》(Lumír)杂志上,后收录在《泽耶尔全集》(The Collected Works of Julius Zeyer)中。

与《桃花盛开的花园中的幸福》(Happiness in the Garden of Blossoming Peaches)相似,这篇小说很可能也是泽耶尔在对布拉格的纳普尔斯特克图书馆(Naprstek Library in Prague)的中国资料的搜集过程中创作出来的。不难看出,泽耶尔故事的源泉是马致远的《汉宫秋》。在捷克文学与诸多东方文学的跨文学交流过程这一研究领域,保罗·波哈(Pavel Poucha)功不可没。

保罗·波哈在其写于 1942 年的开创性的研究《尤利乌斯·泽耶尔作品中的东方主题》(Oriental Topics in the Work of Julius Zeyer)中第一个指出了《汉宫之背叛》的素材来源。泽耶尔在布拉格的纳普尔斯特克图书馆阅读到了有关中国的许多书和杂志,尤其是梅辉立(William Frederick Mayer)的《中国辞汇》(The Chinese Reader's Manual. A Handbook of Biographical, Historical, Mythological, and General Literary Reference),该书涉及地理、历史、神话和大众文学资料。这本书是泽耶尔汉学方面的入门书。他就是在

---

① 马立安·高利克:《泽耶尔眼中马致远的王昭君:着捷克服装的匈奴新娘》(Julius Zeyer's Version of Ma Zhiyuan's Lady Zhaojun: A Xiongnu Bride in Czech Attire),载《亚非研究》第 15 卷第 2 期,2006 年,第 152-166 页。

其中读到了一些关于王昭君的资料的。

在纳普尔斯特克图书馆可提供的其他资料中,王昭君的名字以不同的方式被记录。在对李白和常建的两首诗的注释中,译者德礼文侯爵(Le Marquis d'Hervey-Saint-Denys)用了"Tchao-kiun"。批评家约翰·戴维斯爵士(Sir John Francis Davis)的两篇论文《中国札记:书札论文集》(*Chinese Miscellanies: A Collection of Essays and Notes*)和《中国:帝国及其居民概述》(*China: A General Description of that Empire and its Inhabitants*)中,根本就没有提及匈奴新娘的名字。戴维斯爵士也是第一个将马致远的杂剧译成英文的人。他译的《汉宫悲情》(*The Sorrows of Han*)于1829年出版,但是这部译作在纳普尔斯特克图书馆和布拉格的其他图书馆中都没有馆藏。在其英译中,王昭君的名字被译成"Chaokeun"。

有没有可能泽耶尔在写王昭君和她的匈奴新郎的故事时,根本就没有读过马致远《汉宫秋》的英译本?我们可以肯定地回答这个问题。通过戴维斯爵士的两篇论文、德礼文侯爵对李白和常建的两首诗的翻译,还有梅辉立的《中国辞汇》,泽耶尔就可以找到足够多的素材来创作《汉宫之背叛》了。在戴维斯爵士1865年的一篇题为《戏剧、小说和传奇》(*The Drama, Novels and Romances*)文章中,我们可以读到很多有关他自己对《汉宫秋》的翻译情况,以及他对翻译中那些引文的详细分析。通过这些,就可以使读者更好地理解这部杂剧,也可以让剧作家通过自己的想象和创造性的设计创作出一部新的艺术作品。①

泽耶尔在创作时将其中的主角重新命名为库塔宇(Kutaju),而非毛延寿或其他类似的名字。《汉宫之背叛》是从马致远的《汉宫秋》也是戴维斯爵士的译本的结尾部分写起的。昭君的声音,"甜美温柔如微风",但并不能打动读者的心。在泽耶尔的小说中,打动读者的是通过梦境释放出的昭君和元帝的内心独白。在皇帝的后花园里,没有赞颂昭君成为匈奴新娘的音乐。同样,在马致远的杂剧、戴维斯爵士的译本、泽耶尔可能读过的评论文章中都没有。她的心已沉浸在深深的忧郁中,至少在泽耶尔的小说中是如此。

在原文和戴维斯爵士的译本中,王昭君在黑龙江投江而死,并没有到

---

① 马立安·高利克:《泽耶尔眼中马致远的王昭君:着捷克服装的匈奴新娘》,前面所引书,第154页。

达当时匈奴的边境处。但在泽耶尔的小说中,昭君穿过了边境线。对她而言,是宫廷中的背叛导致了她命运的改变。一年后,在泽耶尔的"桃花源"中,昭君的侍从把她苍白冰冷的遗体带回了金帐中。根据泽耶尔的理解,"青冢"(verdant tomb)并不是王昭君最后的安息之地。元帝向匈奴索要昭君的遗体,可汗坚决地拒绝了他。这种深切的悲痛也是元帝去世的原因。

泽耶尔在《汉宫之背叛》中展现了他心目中的天使型的女性。天使型的女性形象继承了《浮士德》中具有永恒意义的女性形象。泽耶尔塑造这样的形象,很可能是与他曾受到的天主教教育以及他生前的最后几年重新转向天主教有关。此外,当他写作具有中国风格的作品时,他深受东方文学如《雅歌》(Song of Songs)和《一千零一夜》(The Thousand and One Nights)中理想女性的影响。①

根据分析,中国和捷克的故事讲述者在结尾部分以某种方式融合在一起。泽耶尔的结尾用中国吟游诗人的诗句结束了他的叙述,但也结合了其他的诗歌,如前面提及的常建的诗。

2003 年,刊登在《译丛》上的孔慧怡(Eva Hung)的文章《中国美女的面孔:王昭君》(The Faces of a Chinese Beauty: Wang Zhaojun)向英语国家介绍了王昭君的故事。文章涉及了公元前 3 世纪到 20 世纪 70 年代以来的 56 位中国诗人、短篇小说家、随笔作者和戏剧家的作品。卜立德(David Pollard)翻译的马致远的一首诗《紫芝路》(To the Tune "Purple Fungus Route")也被包括其中。根据最近的学术成果,到 1993 年,在中国文学中大概有 460 篇对王昭君主题的不同阐释。

第三节　外国文学在中国的接受与研究

尼采在中国

《尼采在中国的接受,1902—2000》于 2002 年发表在《东方档案》第 70

---

① 马立安·高利克:《泽耶尔眼中马致远的王昭君:着捷克服装的匈奴新娘》,前面所引书,第 162 页。

卷上①。尼采的名字第一次以中文出现可能是在1902年。那是梁启超在文章中与卡尔·马克思一起提到了尼采。日本比中国要早些,尼采最早的影响可在1893年的一篇不知道作者的关于尼采与托尔斯泰的文章中找到。1898年,姊崎嘲风(Anezaki Chofu))写了一篇介绍尼采的长文,关注的是尼采与佛教,这个后来成了日本的尼采学者喜爱的主题。②

日本是尼采对中国和朝鲜产生影响的中介,几乎所有的中国尼采研究者都会提及1919年之前日本对于尼采的兴趣。这些学者中最重要的有王国维,他在1904年写了4篇未署名的文章发表在《教育世界》杂志上,这些文章全都是关于尼采的。随后的几年里,王国维成了中国现代美学的第一人,那时在日本关于"唯美生活的论争"是激励他对尼采及其美学思想产生兴趣的原因之一③。王国维自己从来不曾提及此惠,尽管他待在日本期间高山杶牛(Takayama Chogyū)和登张竹风(Tobari Chikufū)在东京发起的讨论正值高潮。同样,年轻的鲁迅也可能与王国维一样忘了提及他们源自日本的灵感。李大钊和蔡元培同样也是1919年之前尼采思想在中国青年中的促进者或者批评家。

1969—1970年间,高利克是慕尼黑大学鲍吾刚(Wolfgang Bauer)教授主持的一个题为"德国对中国现代思想史的影响"(The German Impact on Modern Chinese Intellectual History, 1969—1989)项目的发起人和第一个合作者。通过德国和外国汉学家的帮助,让他能够收集和分析有关"尼采于1918—1925年间在中国"的资料。那时资料相当稀少而且显然还没人研究。1968年8月21日后住在捷克斯洛伐克以外,使得高利克能够写作关于那个时候在共产主义国家被认为是第一纳粹哲学家的尼采,甚至能够出版这项研究的成果。这个努力标志着西方对尼采在中国的广泛卓著的影响之研究的开始。

1918—1925年代表着中国文人和哲学家对尼采人格和作品最浓兴趣时期的第一阶段,这些人中有几个是"五四"时期及其后现代中国的知识分子建立者。

在这些知识分子中,最重要的是中国现代文学之父鲁迅。与王国维一

---

① 马立安·高利克:《尼采在中国的接受,1902—2000》(Nietzsche's Reception in China, 1902—2000),载《东方档案》第70卷,2002年,第51-64页。

② 同上,第51页。

③ 同上。

样,他也是日本"唯美生活的论争"时期在日本的外国学生,这个经历当然也在他的哲学发展中留下了明显的痕迹。尼采对其最大的影响与创造性的反应可在鲁迅的第一篇白话小说《狂人日记》中看出。尽管鲁迅一生中阅读过鉴赏过尼采的哪些作品还不清楚,但这些作品中肯定包括了《查拉图斯特拉如是说》(*Also sprach Zarathustra*)。他很熟悉,而且从 1908 年以来头脑中至少有尼采的疯人形象。鲁迅是中国"温和的"(gentle)尼采研究者中最重要的代表,即便到现在也是。

如果说鲁迅是在尼采的影响下慢慢地达到他创作的最高峰的,那么茅盾,当写作他的长文《尼采的学说》向中国读者介绍尼采时,则或多或少是通过翻译著名的卢多维奇(Anthony M. Ludovici)的书《尼采的生平与著作》(*Nietzsche: His Life and Works*)。卢多维奇被称作是一个"强硬的"(tough)尼采研究者,尽管年轻的茅盾介绍的他与此不同。①

当然,中国作家对尼采的兴趣比现代的哲学家更浓。除鲁迅和茅盾外,还有郭沫若和郁达夫。郭沫若和郁达夫二人都在日本留学过很长的时间,而且显然受到了日本的尼采研究者甚至是尼采本人的影响。郭沫若将《查拉图斯特拉如是说》的第一部分和第二部分的 4 篇文章译成了中文。尽管郭沫若高度赞扬尼采的格言艺术,而且在 1923 年 11 月的时候他是欣赏查拉图斯特拉的,但很快,在 1924 年的 1 月他就将尼采的作品弃置一边,开始将他的关注给了马克思而没有一句解释的话。

郁达夫在思想上更诚挚,而且从来不曾对尼采有过盲目崇拜。至少有一次,他将自己的"他我"(alter-ego)等同于查拉图斯特拉②。那是在他创作的第一篇小说《沉沦》中。

在对于与尼采的关系上,至少还有一位作家在精神上与郭沫若和郁达夫很相似,值得一提,那就是白采,或者白吐风(童汉章的笔名)。他写了好几篇短篇小说,都是引人注目的尼采主题。其中有一篇题为《病狂者》,发表在《创造周报》第 39 期上。这期也最后一次连载了郭沫若翻译的《查拉图斯特拉如是说》。他在长诗《羸疾者的爱》中显而易见地参照了《查拉图斯特拉如是说》的"序言"。应该注意的是,白采没有用"超人"

---

① 马立安·高利克:《尼采在中国的接受,1902—2000》,前面所引书,第 51-52 页。
② 同上,第 51 页。

(superman)一词,而是用的"健全的人格"(healthy personality)。①

在那时中国的哲学家中,许多至少在一定程度上表示出了对尼采的兴趣,如陈独秀、胡适和傅斯年。只有李石岑在他短暂的一生的某段时期被误认为是一个尼采研究者。

1925年后,第一波"尼采热"退潮了。许多中国知识分子对尼采的"重估一切价值"感到失望,认为它不适合中国的现状,转而开始将马克思和列宁看成是他们的"救星"。只是在最近的20年里,1926—1936年间中国知识分子写的关于尼采的作品才被"发现"。那时对尼采感兴趣的学者中有美学家朱光潜。在他的第一本书《悲剧心理学》中他讨论了尼采的思想。而且在其去世的前几年他宣称自己追随的不是克罗齐(Benedetto Croce)的而是尼采的理想主义,他灵魂深处呈现的不是源自克罗齐的《美学》(Aesthetic)中的"直觉",而是尼采的《悲剧的诞生》(The Birth of Tragedy)中的"酒神精神"。②

1935年,徐梵澄翻译的《查拉图斯特拉如是说》和《苏鲁之语录》发表在《世界文库》上,同年他还以"朝霞"为题翻译了《尼采自传》的第3章和第4章。萧乾翻译的《查拉图斯特拉如是说》于1936年以著名的《万有文库》丛书形式出版。

甚至在抗日战争前的这段时期,李石岑这位"最直率的中国'尼采研究学者'"为将尼采哲学介绍到中国贡献最大。要了解尼采对中国的影响的所有学生都应该感谢凯利(D. A. Kelly)在他没有发表的博士论文《诚挚与意志:李石岑的存在唯意志论》(Sincerity and Will. The Existential Voluntarism of Li Shicen)中对李石岑的《超人哲学浅说》那令人印象深刻的分析。在20年代和30年代初,李石岑的艺术观都是最有趣的,是有用的。③

李石岑的《超人哲学浅说》标志着开始于1937年的第二波"尼采热",在一群历史学家、文人和哲学家在期刊《战国策》上发表他们的文章的1940—1941年达到高潮。冯铁是第一个写这个问题的西方汉学家,也不能确切说明那些参与《战国策》的讨论的人究竟是不是法西斯分子。这些

---

① 马立安·高利克:《尼采在中国的接受,1902—2000》,前面所引书,第55页。
② 同上,第55页。
③ 同上,第57页。

投稿人中有的用德语进行研究,对德语和文学都非常熟悉,如陈铨、冯至、梁宗岱和贺麟。在"战国策派"的追随者中,五四运动时期尼采的"重估一切价值"变成了"重估历史"。这个学派的有些成员,如林同济和雷海宗,强调了战国时期并呼吁其复活。"战国时期"的复活是可能的,只是需要借助于现代文化的帮助,其中德国年轻的歌德与席勒的"狂飙运动"(Sturm und Drang)以及尼采的声音就是其组成部分。浮士德的精神、尼采的"权力意志"被宣传为唯一的拯救之道。①

成方认为"尼采在中国成了一个法西斯"。但是,后来在1998年的"尼采与东亚国际论坛"上他的观点变得更加温和了。会议上他指出左翼知识分子们相信"陈铨和林同济等因为利用尼采的哲学宣传法西斯主义应该被批判,但实际上他们是爱国者。……应该寻找新的方法来挽救中国的衰败和重塑中国文化。"那些没有完全受到欧美批评家的影响,攻击尼采是一个典型的纳粹分子,或者是苏联的马克思主义者的人则不那么确定尼采能否被看成是一个"法西斯主义的先驱和预言家"。冯至和贺麟就在其中②。抗日战争结束后,朱光潜写了关于希腊悲剧中的日神和酒神成分,如汉斯-格奥尔格·穆勒(Hans-Georg Möller)在最近的一篇文章中所分析的那样。

台湾最重要的尼采研究学者是陈鼓应,1962年他发表了《浓云中的闪电人——刷清对于尼采学说中的几个重要观念误解》,随即又发表了另一篇题为《受尽世人误解的尼采》,并于60年代的后半期出版了专著《圣经批判,耶稣新画像》。陈鼓应将瓦尔特·考夫曼(Walter Kaufmann)对尼采的反法西斯的解读介绍给中国台湾和中国大陆。

1978年,中国掀起了第三波"尼采热"。70年代末及之后,出现了许多关于鲁迅与尼采的文章。只是在1983年朱光潜取消了他的"自我批评"后,对于尼采哲学思想的更加客观的研究才开始出现。③

周国平是中国最杰出的尼采研究者。他最成功的著作是1986年出版的《尼采在世纪的转折点上》,1990年他又出版了《尼采与形而上学》。1996年五卷本《周国平文集》出版,书中周国平翻译了尼采的许多作品,包

---

① 马立安·高利克:《尼采在中国的接受,1902—2000》,前面所引书,第59页。
② 同上,第59页。
③ 同上,第61页。

括《悲剧的诞生》中的美学文章、《偶像的黄昏》(Twilight of the Idols)中的文选、一本诗集、《教育家叔本华》(Schopenhauer as Educator)、《超越善恶》(Beyond Good and Evil)以及《反基督者》(Antichrist)。[1]

中国的许多思想家应该被提及,尤其是因为他们在对待与尼采,有时是与鲁迅相关的美学问题上。仅举闵抗生和杨恒达两个例子就够了。乐黛云1980年关于尼采的论文写得非常成功,在中国重印了很多次。也有缩略的英文文本出版。

90年代末,中国又一次掀起了尼采热。

马雅可夫斯基在中国

《马雅可夫斯基在中国》发表在1978年的《亚非研究》上[2]。该文是一篇评论1976年出版的著名俄国东方研究所学者切尔卡斯基(L. E. Cherkassy)的专著《马雅可夫斯基在中国》[3]的文章。切尔卡斯基主要研究中国古代和现代诗歌,将汉诗翻译成俄文。他的这本书探讨的是1921—1964年间马雅可夫斯基在中国的接受和影响。高利克的这篇评论文章旨在向读者介绍这本书的内容、研究方法以及这部开拓性的作品产生的影响。同时,文章还指出了一些没有引起切尔卡斯基注意的问题以及一些他没有使用的资料。

切尔卡斯基的《马雅可夫斯基在中国》的出版对苏联汉学来说是件相当重要的"事件",值得引起其他学者注意的是,这本书实际上也是对比较文学领域的一大贡献。它首先指出了翻译在文学交流中的作用。自然,如果不能抓住中国现代文学与世界文学间的内在联系的话,那我们是无法彻底了解中国现代文学的。切尔卡斯基在其尽可能的范围内极力拓展了这个主题的广度,指出了各种关系,搜集了相当数量的材料,包括中国学者撰写的关于马雅可夫斯基的文章与专著,外国学者特别是苏联学者撰写的文章和专著的译文,部分关于马雅可夫斯基的批评著作以及关于他的回忆文

---

[1] 马立安·高利克:《尼采在中国的接受,1902—2000》,前面所引书,第62页。
[2] 马立安·高利克:《马雅可夫斯基在中国》(Mayakovsky in China),载《亚非研究》第14卷,1978年,第159-172页。
[3] 切尔卡斯基(L. E. Cherkassy):《马雅可夫斯基在中国》(Mayakovsky in China),莫斯科:科学出版社,1976年版,共223页。

章和大量的译介作品。①

可能所有伟大的世界作家都是以所谓的"意象"的形式,以某种"神话和传说"的形式进入中国的。马雅可夫斯基也不例外。没错,他在"当代法国更出名,人们谈论他的诗而非直接通过他的诗来谈论他,谈论更多的是他的个性而非诗人。"这个观点一样适合他在中国的情形,不仅适合他在世时,而且适合一直到1949年中国解放。20世纪二三十年代,甚至在40年代,中国都没有恰当地准备好接受马雅可夫斯基,尽管有想要见识他、了解他的愿望。

第一个接触马雅可夫斯基的是瞿秋白,他是研究俄国古典文学的,接受了足够哲学的和文学批评的训练,而且也有相当的文学品位,他称马雅可夫斯基的长诗《人》(Man)为"小册子",并且承认自己不懂这些诗。蒋光慈是在他自己对于文学与诗人之间的关系这个理想概念的范围内以自己独特的方式来理解马雅可夫斯基的。

除二者外,萧三有机会直接与马雅可夫斯基认识,因而马雅可夫斯基在中国的"意象"(mirage)(即变形的意象[distorted image])是逐渐在英法关于马雅可夫斯基的作品基础上建构起来的。赵景深翻译了纳扎洛夫(A. I. Nazarov)论马雅可夫斯基的论文②。胡风题为《马雅可夫斯基死了以后》的文章发表时用的是自己的真名"谷非"。此外,还有杨昌溪的一篇题为《马雅可夫斯基论》的文章和两种译介。一是戴望舒对一篇法国研究者奥古斯特·哈巴鲁(Auguste Habaru)关于马雅可夫斯基的文章的翻译。同一期《世界》杂志上还有一篇对日本作者题为《马雅可夫斯基的葬礼》(The Funeral of Mayakovsky)的报道的翻译。米尔斯基(D. S. Mirsky)论马雅可夫斯基的文章发表在《现代学生》杂志1930年第2期上,文章是由赵景深翻译的。

很遗憾所有上述资料切尔卡斯基都没有掌握。如果掌握了的话,他对于马雅可夫斯基刚去世后在中国的意象的描绘将会更加完整。

俄苏文学对中国文学的影响,不管是接受的形式还是最近影响的方式,都比其他的文学研究得更深入些。对马雅可夫斯基的个性和作品的认知过程漫长而曲折。在他悲剧式的去世之前十年间,中国开始了对他那些

---

① 切尔卡斯基:《马雅可夫斯基在中国》,前面所引书,第159页。
② 关于此翻译的原文本来源无从追溯。《现代文学》杂志馆藏于京都大学附属图书馆。

值得关注的作品的热潮。但与其他世界文学的伟大人物如但丁或歌德一样,它们不是建立在对其直接的认识,建立在对其原著或译著的了解基础上的。这些"潮流",这些在中国的不准确的、扭曲的认识与总体的世界文学的"意象"是不相融合的。马克·施奈德(M. E. Shneider)指出了安特莱夫(L. Andreev)和高尔基(M. Gorky)的这种相似的扭曲认识,切尔卡斯基则指出了马雅可夫斯基的这种扭曲情形。①

切尔卡斯基确实提及了茅盾与马雅可夫斯基之间的联系,但他并没有对自己的观点作进一步的阐发。但即便是这样,也有助于阐明马雅可夫斯基在20世纪20年代中国的"意象"。1922年,茅盾题为《未来派文学之现势》的文章分析了马雅可夫斯基的《150000000》,他只对其中的部分内容感到满意,其主要目的在于向《小说月报》的中国读者介绍欧洲的未来派②。文章的结尾是这样概括其特征的:"这篇长诗,如果当他是讽刺的诗,那么既不诙谐又不灵活,只有些精悍的短句,雷吼似的音调,以及火刺刺的气势罢了。然而这诗确是一首伟大的有力的诗。他可以代表布尔札维克派大胆敢于破坏的精神。你读了这首诗,恨他可以,喜欢他也可以,但决不能淡然置之,不置可否;他直刺着你的心,要求你对于他注意,对于他取一种态度!"③

但茅盾对马雅可夫斯基的看法逐渐发生了变化。在1924年4月中国为"无产阶级文化"而斗争的第一阶段,马雅可夫斯基的《150000000》在茅盾看来是一首"伟大的长诗",并断言马雅可夫斯基是"永不失望的",他是"充分了解十月革命的意义,并且能用生花的笔把它描写把它赞美的。"④

茅盾于1929年出版的《西洋文学通论》主要分析了马雅可夫斯基1921年后的作品。与其相似的观点在中国文学中是少见的,而且在1949

---

① 马立安·高利克:《马雅可夫斯基在中国》,前面所引书,第162页。可参见施奈德(M. E. Shneider):《寻求"为人生的文学":利奥尼德·安特莱夫作品在中国》(*In Search of the "Literature for Life". The Works of Leonid Andreev in China*),莫斯科:科学出版社,1973年版,第213—215页。

② 茅盾的文章《未来派文学之现势》发表在《小说月报》1922年第13卷第10号上,署名沈雁冰。后标题稍有改动,为《未来派文学之今昔》。

③ 马立安·高利克:《马雅可夫斯基在中国》,前面所引书,第162页。中文原文可参见茅盾:《未来派文学之现势》,前面所引书。

④ 马立安·高利克:《马雅可夫斯基在中国》,前面所引书,第163页。中文可参见玄珠:《苏维埃俄罗斯革命诗人玛霞考夫斯基》,载《学灯-文学》第130期,1924年7月14日出版,第1页。

年后可能被看成是"异端学说"："1921年以后,他作了许多短诗,题材大体是恋爱,则又有回到初期作风的倾向。《我爱》一篇是其中最好者。"①

《马雅可夫斯基在中国》的"序言"梳理了马雅可夫斯基从1921年瞿秋白开始直到所谓的"文化大革命"前夕,即1964年间在中国的接受情况。第一章题为"用革命的语言",指出了马雅可夫斯基的个性,或是以"意象"的形式或是在他的作品中且被充分了解的个性的影响。"被充分了解的个性"并非意指在与马雅可夫斯基"充分正确地被了解或被描写的个性"相关的那个时代的实践中。在中国,仅有少部分例外,如20世纪20年代早期的茅盾以及后来的戴望舒,批评家们都将马雅可夫斯基仅作为一位"新派的诗人",一位革命诗人去展现。

可能中国的年轻读者和高中生有更多机会读到马雅可夫斯基的诗歌。1955年出版的《中国语文》中收录了9种苏联文学,其中有丘琴翻译的《苏联护照》(Lines about Soviet Passport)。切尔卡斯基指出,马雅可夫斯基的其他作品也常被发表,如《向左进行曲》(Left March)有12次,《震撼人心的事情》(Extraordinary Incident)11次②。遗憾的是,切尔卡斯基同时也被迫指出,"中国的翻译家、文学研究者和批评家没有去探究全部的马雅可夫斯基。他们实际上忽略了作为抒情诗人的马雅可夫斯基,那些具有伟大道德和艺术分量的值得崇敬的长诗,诸如《脊柱横笛》(Flute-Spine)、《关于那个》(About That)、《我爱》(I Love)以及其他许多的抒情诗。除了那"填补了部分空白"的5卷本的《马雅可夫斯基选集》,他的爱情诗在批评著作中也没有体现出来,而且被翻译得很糟糕。③

切尔卡斯基努力展现1921—1964这40年间马雅可夫斯基在中国被接受的画面中"很不完善"和"不那么完善"的方面,即从文学批评的一开始,由1923—1924年间邓中夏、恽代英、肖楚女、瞿秋白的文章,经抗日战争时期,到马雅可夫斯基对田间和何其芳以及其他人的作品产生的具体的影响。

---

① 马立安·高利克:《马雅可夫斯基在中国》,前面所引书,第163页。中文原文可参见方璧:《西洋文学通论》第2版,上海,1933年版,第255页。
② 马立安·高利克:《马雅可夫斯基在中国》,前面所引书,第165页。可参见切尔卡斯基,前面所引书,第18页。
③ 马立安·高利克:《马雅可夫斯基在中国》,前面所引书,第166页。《马雅可夫斯基选集》中译本共有5卷,其中第1卷、2卷、3卷为诗歌,第4卷为戏剧,第5卷为文论、政论,分别于1957—1960年出版。

直到1950年,巴人才在其长篇专著《文学初步》中写道:"苏联的文学的新的风格,不是由勃洛克和玛耶阔夫斯基的诗来完成的;而是由劳动者出身的高尔基和在革命中生长的法捷耶夫、萧洛霍夫这些文学作者来完成的。这就是说,虽然玛耶阔夫斯基的诗,是革命的进军号,然而一到革命的浪漫的热情,回到社会主义理性建设的时代,玛耶阔夫斯基终不能自持而自杀了。"①

情况在1937年得到了改观。万湜思以"呐喊"为题翻译出版了马雅可夫斯基诗歌中的19首,这些翻译是以1930年出版的世界语《洪亮的声音》(In Full Voice)为蓝本翻译的。这个译本给中国诗人留下了印象并且成了重要的影响源泉,比如对田间和抗日战争期间的所谓"街头诗"。②

第3章中切尔卡斯基深入分析了中国语法的本质特征、汉诗和马雅可夫斯基诗歌的韵律、押韵的问题、倒装、同音异义的问题、修辞、意义的变异和习语等,并详细辨析比较了《苏联护照》一诗的3个不同译本。总体上看,切尔卡斯基对马雅可夫斯基作品的汉译是肯定的、欣赏的,但其阐明的问题对俄国和中国的读者来说都是相当有趣的:由于不恰当的知识、缺乏经验,或译者美学上欠敏感而造成的错误和误读究竟有多少呢?③

结尾的两章,即第5和第6章是关于马雅可夫斯基对中国诗歌的影响。其中第5章是对诗学理论的影响,比如对1958—1959年间关于诗歌形式的讨论的影响以及对自由诗问题的影响。最后一章非常直接地指出了马雅可夫斯基对艾青、田间和何其芳的影响。何其芳的长诗《放声歌唱》,用切尔卡斯基的话说,是所有中国诗歌中受马雅可夫斯基影响最大的。④

"附录"部分呈现了中国学者翻译的马雅可夫斯基的诗歌,其中包括艾青、胡风、严阵、戈壁舟、李瑛、邹荻帆和李季的。这些译诗的最后一首诗是李瑛的,可能是在1963年翻译发表的。李瑛在马雅可夫斯基70岁的生日庆典上朗诵了这首诗,梁上泉和田间也在庆典上朗诵了诗歌。

1973年7月,郭小川告诉许芥昱(Kai-yu Hsu),他喜欢马雅可夫斯基,

---

① 马立安·高利克:《马雅可夫斯基在中国》,前面所引书,第168页。中文可参见巴人:《文学初步》,上海,1950年版,第242页。
② 马立安·高利克:《马雅可夫斯基在中国》,前面所引书,第170-171页。
③ 同上,第171页。
④ 同上,第172页。

而且还能背诵好些他的诗。显然,即便是在"文化大革命"期间,马雅可夫斯基也没有被遗忘。

但丁在中国

《中国对但丁的接受及其影响》一文是由格桑翻译的,发表在 2012 年《扬子江评论》第 1 期上①。译文没有标明具体的原文信息。此文是为纪念老舍,因为他是众多中国文学家中第一个发现但丁的伟大并推荐其《神曲》作为模仿范本的人。

早在 18 年前,即 1993 年 6 月 22 至 25 日,于斯洛伐克丝莱莲旎翠古堡举行的第二届"中国文学与欧洲背景"国际研讨会上,安娜·布娅蒂(Anna Bujatti)作了题为"中国现代文学的但丁神话"的报告②。在这简短却令人印象深刻的报告中,她描述了从 1902 年到 20 世纪 70 年代中国对阿利盖利·但丁(Dante Alighieri)的接受史。

或许,中国文学界对但丁的作品及其生平的初次接触可见于梁启超发表在《新民丛报》上的戏剧《新罗马》③。其时,梁启超正致力于说服中国发动一场类似于意大利的复兴运动。

中国读者第一次接触但丁的作品是在 1921 年。钱稻孙从日文版《神曲》中翻译了 3 篇《地狱》中的歌,刊载于《小说月报》上。而后在 1929 年,他再次翻译了另外 5 篇歌,刊载于《学衡》上。钱稻孙的翻译出版于但丁逝世 600 周年纪念之际,作品附有但丁的肖像④。与此同时,在广为流传的《东方杂志》上,出现了一篇强调但丁的生平以及他在意大利文学中的地位的文章。这篇文章有两个作者,胡愈之和幼雄⑤。确切地说,这篇文章不是基于原著的研究成果,而是仔细阅读关于但丁的生平和著作的书的结果。

---

① 马利安·高利克著,格桑译:《中国对但丁的接受及其影响》,载《扬子江评论》2012 年第 1 期,第 13-24 页。
② 高利克编:《中国文学和欧洲背景》,布拉迪斯拉发:亚非研究中心,1994 年版,第 125-130 页。
③ 浦安迪:《〈红楼梦〉中的原型与寓意》,普林斯顿:普林斯顿大学出版社,第 127-177 页。
④ 参见布娅蒂论文,第 126 页。
⑤ 参见幼雄:《表现主义的艺术》(Expresionist Art),载《东方杂志》第 8 号,1921 年 4 月 18 日,第 82-85 页。

马修·阿诺德(Matthew Arnold)关于贝娅特丽丝和但丁的论文的译作于 1929 年问世,它可作为钱稻孙的译作的补充①。另外,吴宓在他的哈佛导师葛兰坚(C. H. Grandgent)的指导下完成的关于《神曲》的一篇论文,于 1925 年 5 月发表在《学衡》第 41 期上。

茅盾是向中国介绍但丁文学的人之一,但是他关于《神曲》的作品明显没有他关于尼采以及加布里埃尔·邓南遮(Gabriele D'Annunzio)的作品的追捧者多。茅盾关于但丁的作品分别发表在《中学生》1935 年 5 月号和 6 月号上,后收录进 1936 年出版的《世界文学名著讲话》中。1934 年,傅东华出版了删节版的《神曲》。同年,其他一些选集由严既澄翻译,发表在《诗歌月报》上。②

同一年,王独清翻译的但丁的《新生》由上海光明书局出版。另外象征主义诗人朱湘也翻译了《新生》中的 7 首十四行诗,收录在他 1936 年出版的诗集《番石榴集》中。③

也许在 20 世纪二三十年代,对于《神曲》最为热衷的是老舍。在所有的西方文学作品中,老舍独爱《神曲》。1936 年,他在《现代》杂志上发表了题为《鬼曲》的诗歌节选,我们从中可以读到以下诗句:"它是个梦中的梦。在梦里,我见着很多鬼头鬼脑的人与事。我要描写他们,并且判断他们。假如有点思想的话,就在这'判断'里。……有点象《神曲》中的'地狱',但只有'地狱'而无'天堂'。"1941 年,在重庆的《佛学月刊》上,他发表了有关但丁的题为《灵的文学与佛教》的文章④。他认为《神曲》是可与托尔斯泰的《战争与和平》相媲美的。《神曲》中描述的地狱与老舍从《圣经》中了解的地狱是相去甚远的。但是如果说但丁在创作《神曲》时受到了中世纪来自中国的佛教观点的影响的话,那也是不大可能的,没有确凿的证据能证明这一点。老舍关于《神曲》所做的分析中最重要的一个特征是他强调了灵魂对于人类的重要性。老舍认为:"中国现在需要一个像但丁这样的

---

① 可参见卢永茂等编:《外国文学论文索引》,新乡:河南师范大学中文系,1979 年版,第 103 页。

② 《诗歌月报》1934 年第 1 期,第 2 页。

③ 见劳伦蒂(C. Laurenti)编:《意大利作品汉译书目》(*Bibliografia della opere italiene tradotte in cinese*, 1911—1999),北京:意大利大使馆文化处(Peking: Cultural Institute of the Italian Embassy),1999 年版,第 16 页。

④ 老舍:《灵的文学与佛教》,载舒乙:《老舍讲演集》,北京:三联书店,1999 年版,第 22—27 页。

人出来,从灵的文学着手,将良心之门打开,使人人都过着灵的生活,使大家都拿出良心来,但不一定就是迷信"。①

1935—1948 年,王维克将整部《神曲》由法文译为中文②。朱维基在 1954 年将《地狱》由英文译为中文,但是直到 1990 年才将整部英文本译完。另一位翻译家田德望经过 18 年的努力,在他去世前两个月完成了对《神曲》原著的翻译③。1949 年后,在中国只有非常少的关于但丁和《神曲》文章著述,"文革"前最好的是张越超 1957 年的长篇评论《但丁及其〈神曲〉》。④

1949—1979 年,中国大陆的无神论思想使得研究和鉴赏《神曲》的可能性几乎没有。也许只有在 1954 年,那时的社会政治氛围还能接受对《神曲》的研究,还可以发表相关的研究成果。

徐迟将文学分为上、中、下三等。从古今中外一百名文学家中,他将但丁、荷马、莎士比亚、塞万提斯、巴尔扎克、托尔斯泰、高尔基等 7 人评为上等。⑤

1979 年后,第一篇见于学术杂志的关于《神曲》的研究成果是华宇清的文章《神曲的近代性》⑥。华宇清关注的主要是但丁对抗天主教会的斗争,同时以维吉尔和但丁为例来维护诗歌权。他引用了雪莱(P. B. Shelley)的《诗辩》(*A Defence of Poetry*)中的论点:"但丁是第一个宗教改革家,路德在粗蛮和毒辣上胜过了他,而非在责难教皇的篡夺方面。"⑦

巴金体会到了他和其他人在"文化大革命"地狱中所受的折磨。1969 年到 1972 年 7 月,他回忆并抄录和背诵了但丁《地狱》中的第 1-9 章。

1983 年,吕同六在《外国文学研究集刊》上发表了题为《论但丁的政治观》的文章⑧。1989 年,李玉悌的专著《但丁与〈神曲〉》由陕西人民出版社

---

① 老舍:《灵的文学与佛教》,第 27 页。
② 孟昭毅、李载道主编:《中国翻译文学史》,北京:北京大学出版社,2005 年版,第 386-387 页。
③ 同上,第 387-389 页。
④ 张越超:《但丁和他的〈神曲〉》,载张越超:《西欧经典作家与作品》,武汉:长江文艺出版社,1957 年版,第 34-41 页。
⑤ 参见黄兆杰:《中国早期的文学批评》,香港:联合出版公司,1983 年版,第 89-114 页。
⑥ 华宇清:《神曲的近代性》,载《外国文学研究》1980 年第 4 期,第 50-54 页。
⑦ 参见哈罗德·布卢姆(Harold Bloom)编:《雪莱诗文选》,纽约、多伦多:美国新图书馆,1966 年版,第 438 页。
⑧ 吕同六:《论但丁的政治观》,载《外国文学研究集刊》,北京:中国社会科学院外国文学研究所,1983 年版。

出版。在他的《自序》中，李玉悌表达了对《神曲》的赞赏，同时也表达了一定程度的失望，因为中国读者不甚了解西方古代和中世纪的历史、科学，以及中世纪宗教哲学、经院神学下的天主教传统。

90年代的学术杂志上出现了一个新的前所未有的对但丁文学的兴趣。1992年，李忠星在他的论文中将《神曲》作为一部梦幻现实主义作品来看待①。1997年，在陆洋的《但丁与阿奎纳——从经学到诗学》②中可以看到从旧的权威到新方向的转变。陆洋通过直接或者间接的途径仔细研究了《神曲》，分析主要是基于但丁对于阿尔伯特·曼格努斯（Albertus Magnus）、奥古斯丁（St. Augustine）、波伊修斯（Boethius）、圣文德（St. Bonaventura）以及其他一些人的评论。

1998年，陈鹤鸣发表了他关于灵魂的研究的文章《但丁〈神曲〉宗教灵魂观念探源》③。在这份研究的开头，陈鹤鸣提到了老舍的论文，并且批评老舍的论文在解释宗教灵魂在西方传统中的意义是不适当的，然而作者也没有尝试去解释文学灵魂的真谛所在。

在20世纪的最后一年，葛涛写了一篇题为《探寻"灵的文学"——论老舍对但丁的接受的历史》的文章④。茅盾也许是中国第一位将屈原与但丁进行类比的人，尽管比较文学研究非常普遍，但是这样比较不甚恰当。⑤

截至2000年，在大陆地区，还有三种这方面的研究成果：索绍武的《屈原和但丁》⑥、常勤毅的《从但丁和屈原看伟大作家产生之因素》⑦，以及孙振田的《〈神曲〉与〈离骚〉共性初探》⑧。蔡清富题为《毛泽东——无产阶

---

① 李忠星：《但丁的"梦幻现实主义"谈片》，载《外国文学研究》1992年第1期，第15—20页。
② 陆洋：《但丁与阿奎纳——从经学到诗学》，载《外国文学研究》1997年第3期，第36—41页。
③ 陈鹤鸣：《但丁〈神曲〉宗教灵魂观念探源》，载《外国文学研究》1998年第3期，第20—24页。
④ 葛涛：《探寻"灵的文学"——论老舍对但丁的接受的历史》，载《上海师范大学学报》2000年第1期，第91—99页。
⑤ 参见茅盾：《世界文学名著讲话》，前面所引书，第78—79页。
⑥ 索绍武：《屈原和但丁》，载《南通师专学报》1988年第3期，第19—26页。
⑦ 常勤毅：《从但丁和屈原看伟大作家产生之因素》，载《齐齐哈尔师范学院学报》1989年第4期，第54—58页。
⑧ 孙振田：《〈神曲〉与〈离骚〉共性初探》，载《徐州师范学院学报》1990年第4期，第67—69页。

级新纪元的但丁》的文章于 1996 年发表在《党史文汇》上。①

"文化大革命"之后,除了以上分析过的《神曲》和《新生》外,但丁的其他作品也被陆续翻译成中文或是被研究。1988 年,钱鸿嘉从英文本翻译了 38 首《新生》里的十四行诗;1996 年和 1997 年,吕同六翻译了《飨宴》;1997 年,朱红翻译了《帝制论》。普通读者更关注的是与但丁相关的流行作品,如 1984 翻译出版的马里奥·托比诺(Mario Tobino)的《但丁传》、1987 翻译出版的霍尔姆斯(George Holmes)的《但丁》。此外,1985 翻译出版了贝尔纳德·鲍桑葵(Bernard Bosanquet)的《美学史》,1991 翻译出版了乔治·桑塔亚那(George Santayana)的《诗与哲学:三位哲学诗人:卢克莱修、但丁、歌德》。

在台湾,对但丁的生平和著作的接受史是不同的。1947 年出现了王维志翻译的《地狱》②。1965 年,在但丁诞生 700 周年之际,出现了王守仁的译作③。罗光出版了台湾第一篇这方面题材的文章《但丁生辰七百周年》。④ 较之大陆的同行们,罗光更清晰地强调了《神曲》作为灵魂的文学的重要性。

1973 年二、三月,《中外文学》杂志的前两期刊载了张汉良翻译的艾略特的《但丁的神曲》。除罗光的论文集外,还有一些关于但丁的短文出现。在台湾也有多种版本的《神曲》,其中台北正文书局 1966 年的版本和远景出版事业公司 1978 的版本没有给出译者的名字。古斯塔夫·多雷(Gustav Doré)为《神曲》所画的插图有助于中国读者理解这一世界文学巨著。

在 20 世纪将近 100 年的时间里,中国文学向我们展示了中意文学交流的过程,其中四分之三的时间里,是不停变幻的幻境(mirages),展现给我们的是或多或少被扭曲的景象,这些是由于评论家对但丁,主要是对他的《神曲》不充分的知识背景造成的。当然也有一些例外,比如老舍、茅盾、巴金与张越超。

---

① 蔡清富:《毛泽东——无产阶级新纪元的但丁》,载《党史文汇》1996 年第 3 期。
② 参见张静二:《西洋文学在台湾研究书目》第 1 卷,台北:台湾大学出版中心,2004 年版,第 1212 页。
③ 同上。
④ 罗光:《但丁生辰七百周年》,载《现代学苑》第 2 卷第 1 期,1965 年,第 1-6 页。

里尔克在中国

《浅议里尔克作品在中国文学与批评中的接受》收录在 2004 年出版的《跨文化接受与建构》中①。不能说 20 世纪 80 年代之前里尔克（Rainer Maria Rilke）还完全不被人知晓。可能第一次将他介绍给中国读者的是颇有影响力的德国研究学者冯至。1926 年秋，冯至第一次阅读了里尔克的《旗手克里斯多夫·里尔克的爱与死之歌》（Die Weise von Liebe und Tod des Cornets Christoph）。1932 年，他翻译了里尔克的 18 首诗。1936 年秋，冯至写了题为《里尔克》的论文，文章关注的主要是里尔克的小说《马尔特·劳利得·布里格随笔》（Die Aufzeichnungen des Malte Laurids Brigge）。冯至是德国哲学家卡尔·雅斯贝尔斯（Karl Jaspers）在海德堡的学生，因而他对里尔克作品中的存在主义的观点感兴趣是可以理解的。

与此同时，梁宗岱和卞之琳也被里尔克的《旗手克里斯多夫·里尔克的爱与死之歌》所吸引。1934 年，梁宗岱的文集《一切的顶峰》出版，其中除对歌德最受欢迎的诗歌的翻译外，也包括对里尔克的《旗手克里斯多夫·里尔克的爱与死之歌》的翻译。卞之琳同一年也翻译了这首诗，但是是到 1936 年才发表的。冯至翻译的《给一个青年诗人的一封信》（Die Briefe an einen jungen Dichter）对 20 世纪 30 年代和 40 年代的中国现代诗歌产生了重大的影响。这本集子是冯至在昆明的那些具有现代思想的学生组成的诗歌俱乐部"九叶派"的诗学作品集，他们创作了 20 世纪 40 年代最好的中国诗歌。冯至自己最好的集子，出版于 1942 年的《十四行集》以及其他许多方面都追随了里尔克。

1952 年，台湾学者方思（黄时枢）以"时间之书"为题翻译了里尔克的诗歌。1966 年，另一位诗人李魁贤开始将里尔克的作品翻译成中文。1994 年，其 3 卷本的译著出版：第 1 卷包括《致俄耳甫斯的十四行诗》（Die Sonette an Orpheus）和《杜伊诺哀歌》（Duineser Elegien）；第 2 卷包括《新诗集》（Neue Gedeichte）和《新诗续集》（Der neuen Gedichte anderer Teil）；第 3

---

① 马立安·高利克：《浅议里尔克作品在中国文学与批评中的接受》（Prelimilary Remarks on the Reception of Rilke's Works in Chinese Literature and Criticism），载莫妮卡·施密特-伊曼斯（Herausgegeben von Monika Schmitz-Emans）编：《跨文化接受与建构》（Transkulturelle Rezeption und Konstruktion），海德堡，2004 年版，第 145-152 页。

卷包括《图像集》(Das Buch der Bilder)以及李魁贤关于里尔克在台湾的接受的颇有价值的论文、里尔克译著参考文献和台湾学者论里尔克的论文等。

1987年,当冯至将里尔克放置在与歌德几乎同样高的位置后,中国对里尔克的态度发生了变化。在中国,翻译里尔克诗歌最多的是诗人绿原。他的《里尔克诗选》于1996年出版,包括了选自里尔克的8部诗集中的诗歌,其中《杜伊诺哀歌》和《致俄耳甫斯的十四行诗》是全文翻译的。1996年,另有臧棣编辑的《里尔克诗选》由中国文学出版社出版。2000年,龚应恬翻译的《亲爱的上帝》出版。2002年,有3本与里尔克相关的书与读者见面,即史行果翻译的《永不枯竭的话题:里尔克艺术随笔录》、绿原等编辑的《里尔克散文选》和2002年再版的梁宗岱的《罗丹论》,其中同时包括了里尔克论法国雕塑的作品。再就是1988年出版的由李魁贤和魏育青翻译的霍尔特胡森(Hans Egon Holthusen)的《里尔克传》(Rainer Maria Rilke in Selbstzeugnisen und Bilddokumenten)。

《圣经》在中国

《〈圣经〉对中国现代诗歌的影响:从周作人到海子》

李燕翻译的《〈圣经〉对中国现代诗歌的影响:从周作人到海子》收录在《中国现代文学研究论丛》中①。文章主要分析了20世纪中国现当代诗歌中最重要的一些诗人及其作品与《圣经》之间的诸多联系。周作人可以看作是中国现代文学界开始对《圣经》产生浓厚兴趣的第一人,而且他还倾向于基督教的道德准则。俞平伯和郑振铎所做的诗歌也是20世纪20年代早期的文学典范。《创世记》激发了20世纪20年代初期诗歌领域的冰心和王以仁创作出一系列的晚祷诗。《圣经》还以其创造世界的宏大思想吸引了郭沫若、冯乃超、王独清、梁宗岱等诗人。《雅歌》让陈梦家创作了一些与原始的空虚有着密切关系的诗歌。《约翰福音》让艾青对基督血

---

① 马利安·高利克著,李燕译:《〈圣经〉对中国现代诗歌的影响:从周作人到海子》,载南京大学中国现代文学研究中心主编:《中国现代文学论丛》第1卷第2期,上海:上海人民出版社,2007年版,第105—125页。原文英文题目为"On the Bible's Influence on Chinese Writers",可译为《〈圣经〉对中国作家的影响》。本书作者注。

腥的自我牺牲精神心生敬畏。受《创世记》影响的穆旦诗歌使穆旦成为中国人中受《圣经》遗产影响最深刻的一位哲学诗人。受《传道书》影响的蓉子强调的是基督教而非原始犹太教中所谓的空虚。斯人受《约伯记》、《雅歌》之影响也喜欢将祈祷作为一种文学形式。海子是受《圣经》影响并对中国现当代诗歌做出或多或少贡献的诗人中最年轻的一位。爱的观念、水是母性的典型元素、权力的观念、火是父性的典型元素以及对太阳的强调都是受《圣经》影响的产物。

三台湾女诗人论三本《圣经》智慧之书

高利克的《三台湾女诗人论三本〈圣经〉智慧之书》收录在2004年出版的专著《影响、翻译与平行：〈圣经〉在中国研究选集》中。①

台湾诗人蓉子从孩童时代起就天天读《圣经》的章节并以此作为她晚祷和冥想的一部分。高利克有幸复印了她的"私人"《圣经》，从而研究她从1946—1995这30年间亲手划出的段落。奇怪的是，第一眼看她的诗却看不出《圣经》对她有多少影响来②，尽管她的宗教感情和信念能够从中管窥一二。蓉子对《雅歌》的任何一节都未勾划过。她欣赏它的诗歌品质。1995年9月至1996年1月间高利克在台北与她几次见面，她亲口这样告诉过他。但是她并未像对《圣经》中的其他智慧书那样，把它当作精神食粮。从蓉子的两首诗《时间的旋律》和《今、昔》中可以看出，引起她关注的不是大卫王的作品而是所罗门的作品《传道书》。虔诚的蓉子强调的基督性，并不是原本的希腊-犹太世界的空无、虚空，或虚无观，它已经失却了《传道书》中的怀疑主义思想。

夏宇因其女性意识而出名。《雅歌》是促使她那富有刺激性和表现力的诗歌创作的众多因素中的一个。她以另一种完全不同的方式看待《雅歌》。在其短诗《我所亲爱的》中，夏宇去除了《雅歌》文本的神化色彩。该诗引第2章第7节开头："耶路撒冷的众女子阿，我指著羚羊或田野的母鹿，嘱咐你们，不要惊动，不要叫醒我所亲爱的，等他自己情愿……"诗中，

---

① 马立安·高利克:《三台湾女诗人论三本〈圣经〉智慧之书》(*Three Modern Taiwanese Woman Poets*(*Rongzi，Xia Yu and Siren*) *on Three Wisdom Books of the Bible*)，载《影响、翻译与平行：〈圣经〉在中国研究选集》(*Influence，Translation，and Parallels：Selected Studies on the Bible in China*)，圣·奥古斯丁:《华裔学志》研究所，2004年版，第213-230页。

② 同上，第215页。

她提醒读者当心从爱人身体里喷发出的"柔软物质"。诗的结尾,她又为他只剪掉了指甲而保留了"所有的其它恶习"而诅咒。在她看来,"没有比美更大的罪恶了"。

在她的《鱼罐头——给朋友的婚礼》一诗中,"鱼躺在番茄酱里"用来喻指男女之间的爱。而拔过牙之后留下的"空洞"则在《爱情》一诗中用以比喻爱情。夏宇的很多诗,都是她寻求自己所谓的"亵渎"现象的证据。在一次采访中她说将"竭力研究女性的不敬的言辞"。但是在她的诗中,绝大部分却是关于男性的不敬的言辞的。

斯人真名谢淑德。对她影响甚大的不是《传道书》而是《约伯记》。其诗集《蔷薇花事》由著名诗人余光中作序。斯人最喜欢的宗教诗人似乎是但丁。她本是佛教徒后来转为了基督徒。许多中国诗人都更喜欢把祈祷诗当作一种文学形式,斯人也不例外。她的诗《晚祷》里有如下的文字:"善与恶到此时还未分开/除了我心中苦涩且萎缩的真理/黑暗里,我感知到了你/哦,上帝,可怕的现实/令我心碎。"

当斯人在《读〈约伯记〉》中试图重新展现她对约伯痛苦背景的悲叹时,她显然想到了自己"露水整夜潮湿了我的头/一滴一滴落在我的心口/没有其它的方式/使主的智慧降临/爱我何其深,砺我何其多/只愿我的心能通过考验/直到尽头"①。

斯人在其作于1987年题为《雅歌》的诗中走得更远。她把自己想象成一个现代的书拉密(Shulamite),在质疑自己和上帝对待人类的方式,并接着第5章第2节的话:"我睡着了,但我的心却是醒着的。听到了,听到了,是我所亲爱的人的声音。我的头满了露水,我的头发被夜露滴湿"这样写道:"多么美丽又令人心动的爱/ 如此急切/ 它是折磨/ 耶路撒冷的众女子阿/ 我嘱咐你们/ 我喜欢经受苦难的约伯/ 他拿瓦片刮身体/ 主把这个他最爱的圣人交给了撒旦/ 为什么?为什么呢/ 为什么伟大来自神秘?"②

二十世纪中国大陆文学中的《圣经》

《二十世纪中国大陆文学中的〈圣经〉》发表在2007年《亚非研究》第

---

① 马立安·高利克:《三台湾女诗人论三本〈圣经〉智慧之书》,前面所引书,第227页。
② 同上,第228-229页。

16卷第1期上①,旨在简短地分析《圣经》对20世纪中国现代文学中从鲁迅到海子那些创造性作家、批评家和文学史家的影响。

鲁迅的《摩罗诗力说》开始对《圣经》给予关注。同时,王国维在论述佛教与尼采的关系时也提到了耶稣基督。20年代,鲁迅重新回到耶稣受难的主题,翻译了麦绥莱勒(Frans Masereel)的版画集《一个人的受难》(Die Passion eines Menschen)并为其作了序。1918年左右,周作人首先是对朋友认为第一福音对开启中国现代文学及第一批现代文学创造者的重要性的观点表示惊讶。20年代,他在观众面前宣称古希腊和古希伯来文学是旧世界最重要的文学,并希望中国现代文学与《圣经》的结合将有助于中国文学家创作出"美丽的田园诗"和革新国民语言。1919年,《旧新约全书·官话和合本》出版。

朱维之是继周作人之后《圣经》最棒的研究者。他从20年代开始对古希伯来和基督教文学发生兴趣。1941年,他的专著《基督教与文学》出版。1951年,另一本《宗教文艺论集》出版。同年,他还出版了《无产者耶稣传》一书。80年代,朱维之重新回到对《圣经》的研究,在他周围聚集了一群追随者。他的论文《希伯来文学简介:向旧约全书文学探险》是《圣经》研究新浪潮的第一波。其中至少有3种相关的研究成果值得一提:梁工的《圣经诗歌》和《圣经文学导读》,卓新平的《圣经鉴赏》。

冰心是中国现代文学中最早介绍《圣经》主题的人之一。她在《生命》杂志上发表了13首源自《旧约》和《新约》主题的祷告诗。许地山在很大程度上与冰心相似,只不过他同时是一个信仰佛教、道教和新教的学者。他对大乘佛教的教义"空"给予了高度评价。他其后的故事《春桃》混合了佛教-基督教色彩,而且道教的"无为"理念在其中也是显而易见的。

郭沫若在其转向基督教的短暂时期创作了一些诗歌和小说,《落叶》即是其中的一篇。被郭沫若实践的"自我暴露"主题在郁达夫的作品中更明显。耶稣基督是他模仿的众多典范之一。他在短篇小说《风铃》(后改为《空虚》)中这样写道:"对将来抱希望的人,他的头上有一颗明星,在那里引路。他虽在黑暗的沙漠中行走,但是他的心里终有一个犹太的主存

---

① 马立安·高利克:《二十世纪中国大陆文学中的〈圣经〉》(The Bible in the Literature of the Chinese Mainland in the Twentieth Century),载《亚非研究》第16卷第1期,2007年,第68—80页。

在,所以他的生活,终于是有意义的。"①

善秉仁(Joseph Schyns)在《中国现代小说和戏剧 1500 种》(*1500 Modern Chinese Novels & Plays*)一书中认为张资平的《上帝的儿女》是"应该被禁"的。他的《冲积期化石》一开始描写了试图做一个好的基督徒的天广。黄庐隐先是热烈地接受继而又拒绝了基督教,她在文中发泄道:"只有那些真正理解悲哀的人才有机会接近上帝。"②

苏雪林一生同时是基督徒和天主教徒。萧乾和老舍是那些追随张资平对基督教持严厉的批评态度的作家中的两位。萧乾非常喜欢《圣经》,尤其是《哥林多前书》。老舍的《黑白李》对耶稣的同情是显而易见的。近年来中国文学史家开始对巴金和曹禺作品中的《圣经》主题和暗指产生了非常浓厚的兴趣。

30 年代中期,中国文人对《圣经》教义和基督教遗产的兴趣更加浓厚。《圣经》是 1942 年茅盾从香港返回被日本侵占的中国大陆时携带的唯一一本书。那年,他以"圣经"为题材创作了《耶稣之死》和《参孙的复仇》两部短篇小说。

李健吾的《使命》是关于 6 个福音书的传道者和一个外国的天主教牧师的。一位中国当代批评家认为可在徐许的《精神病患者的悲歌》中找到一些真诚的基督教观点。在所有这个时期的文学作品中,可能最具哲学倾向的是 1945 年发表的钱钟书的《上帝的梦》。

对中国读者来说,对《圣经》故事的译介是至关重要的。1982 年出版的张久宣的《圣经故事》即是其中流传最广的一本。1980 年后发表的成千上万的作品中有一些与《圣经》主题相关,如王蒙的《十字架上》、顾城和谢烨的《英儿》以及沙叶新的《耶稣、孔子、披头士》。在舒婷和其他作家和诗人的作品中也可以找到《圣经》主题,如北村、史铁生和海子等可被看作是基督教作家或是同情基督教的作家。

对 20 世纪末《圣经》作为文学研究或对中国创造文学来说这个问题没有给予足够的关注。有些作家,如向培良,还没有引起注意。在中国现代文学中也有很多是对《圣经》的暗指,尽管很难断言这些作品就是基督教

---

① 马立安·高利克:《二十世纪中国大陆文学中的〈圣经〉》,前面所引书,第 71 页。中文可参见《郁达夫全集》第 3 卷,上海,1929 年版,第 57 页。

② 马立安·高利克:《二十世纪中国大陆文学中的〈圣经〉》,前面所引书,第 71-72 页。

的。汪静之的小说《耶稣的吩咐》就属此类,或许徐许和他的追随者们的作品也可归在其中。

《圣经》在中国大陆的接受,1980—1992

《〈圣经〉在中国大陆的接受,1980—1992:一个比较文学家的观察》发表在 1995 年《亚非研究》第 4 卷第 1 期上①。文章旨在分析 70 年代末在对宗教更为宽松的政策下中国批评家和史学家对《圣经》的文学的和批判的接受。

汪维藩的《〈圣经〉译本在中国》给人留下这样的印象:《圣经》在中国的接受史不如世界上其他国家长,但其不同变形,尤其是在过去的一百多年里,如 1862—1949 年间,有超过 300 种不同版本以官话和合本的形式在中国出版。"文化大革命"后,80 年代,有 551 万册《圣经》出版,其中 314 万册同时包括了《旧约》和《新约》。②

《圣经》开始在 20 世纪 80 年代前半期的文学接受过程随着中国《圣经》文学研究教授朱维之题为《希伯来文学简介——向"旧约全书"文学探险》的文章对内斯托尔(Nestor)的广泛研究开始了。在其自传中,朱维之提及《圣经》中的《诗篇》(*Psalms*)、《雅歌》(*Song of Songs*)、《约伯记》(*The Book of Job*)和《马太福音》(*St. Matthew's Gospel*)。在其一生中,他多次回到对《圣经》的研究。他列举了古今中外伟大的作家作品:《诗经·国风》,《九歌》,李白的《乐府》,李清照、苏轼和辛弃疾的词,董解元、王实甫和马致远的曲,苏曼殊对歌德作品的翻译以及冰心对泰戈尔作品的翻译。但所有都不及《诗篇》的精神。

朱维之选取了《雅歌》的最后几行,被称为是世界文学的所有爱情诗中"最大胆最坦率"的部分:"求你将我放在你的心上如印记,带在臂上如戳记。因为爱情如死亡坚强,记恨如所发的电光,是火焰的电光,是耶和华的烈焰。爱情众火不能熄灭,大水也不能湮灭。若有人拿家中所有的财宝

---

① 马立安·高利克:《〈圣经〉在中国大陆的接受,1980—1992:一个比较文学家的观察》(*The Reception of the Bible in Mainland China, 1980—1992: Observations of a Literary Comparatist*),载《亚非研究》第 4 卷第 1 期,1995 年,第 24—46 页。
② 同上,第 24 页。可参见《世界宗教研究》1992 年第 1 期,第 78 页。

要换爱情,就全被蔑视。"①

朱维之将取得最高哲学成就的《圣经》作品中的《传道书》(*Ecclesiastes*)这部6000多字的简短作品与老子仅有5000多字的《道德经》(*Sacred Book of Dao and De*)进行了比较,认为二者是"世界文学中两种有着无可比拟的价值的珍宝"。②

在朱维之发表《希伯来文学简介——向"旧约全书"文学探险》之前,他与《圣经》相关的其他作品有1941年发表的《基督教与文学》和1951年出版的小说《无产者耶稣传》。朱维之对《约伯记》中以利户(Elihu)的话最感兴趣。

很奇怪朱维之没有将第38章中的上帝之语与屈原的《天问》或是列子的《汤问》相比较,而是将其与歌德《浮士德》中的《天上序幕》进行了分析。他随后的研究除对《耶利米哀歌》外没有其他很好的阐述。相当有趣的是他试图用骚体来翻译它。朱维之的文章是论述《圣经》对不同欧洲文学的影响这个主题的可靠之作。

朱韵彬的《"圣经雅歌"诗新说——兼议对"雅歌"的几种评论》是第一个对《圣经》这部重要的文学作品进行更加详细研究的成果。很可能《雅歌》也是在中国阅读最广泛的《旧约》作品。一些中国的大学和出版社将《雅歌》列为文学教材或选读材料。朱韵彬的这篇分两次发表的文章很大程度上是与朱维之的《希伯来文学简介——向"旧约全书"文学探险》和1983年出版的2卷本《外国文学简编》的论争。

朱韵彬还有一篇发表于1985年题为《"圣经"原始小说初探》的文章。文章又一次对马克思进行了强调。因为根据出版社的分析材料,马克思作品中全部关于文学的引用中有五分之一是源自《圣经》的。朱韵彬认为《路得记》要好得多,而《以斯帖记》是一部"真正的巨作"。

牛庸懋的2篇研究的标题很相似,一篇是发表于1982年的《漫谈"圣经"文学》,另一篇是发表于1985年的《漫谈"圣经"》。其中第一篇更有价值,第二篇更多重复,而且"思想的祷告"也更强烈些,读后让读者了解在马克思和恩格斯的作品中对《圣经》的引用几近百次,列宁的引用有几十

---

① 马立安·高利克:《〈圣经〉在中国大陆的接受,1980—1992:一个比较文学家的观察》,前面所引书,第27页。中文可参见朱维之:《朱维之自传》,第2-3页。
② 同上,第27页。中文可参见朱维之:《朱维之自传》,第3页。

次。两篇文章都以描写《圣经》中《旧约》和《新约》的成书过程开始,第一篇对《圣经》文学作品的分析更多些,而第二篇则梳理了拉丁文版和英文版《圣经》不同译本的情况,解释了文学与宗教之间的关系以及《圣经》对世界文学的影响。第一篇文章对《雅歌》给予了更多的关注。[①]

都本海有3篇研究《圣经》的论文。第1篇是发表在《东北师范大学学报》1986年第6期上的《莫把"旧约"中的两个创世神话混为一谈》,第2篇是发表在《社会科学战线》1987年第1期上的《古代人类美好本性的颂歌——"旧约·六日创世故事"精华探析》,第3篇是发表在《民间文学论坛》1987年第5期上的《"旧约"众神创世神话的审美层次》。都本海是将六日创世这种创造性实践作为"人类世纪活动的审美概括"来进行分析的。[②]

《圣经》中的第二个创世神话是刘连祥题为《"圣经"伊甸园神话与母亲原型》的文章的主题。刘连祥之前,另一位中国作家齐揆一决定在一篇简短的自白《从"圣经"中的"诗篇"看希伯来诗歌中的语言特征》中表明自己对《圣经》的态度和内在感受。[③]

中国对《圣经》的文学性感兴趣的学者中最年轻最有前途的是河南大学的梁工。他从1987年开始在不同的刊物上发表文章,后出版了2本有关《圣经》的专著:1989年出版的《圣经诗歌》和1992年出版的《圣经文学导读》。第1本书是由朱维之写的"序",仅解释和翻译了《旧约》中从《创世记》至《传道书》的诗学作品,包括《诗篇》、《耶利米哀歌》、《雅歌》、《约伯记》和《箴言篇》。梁工的第2本书是以其博士论文和在北京师范大学的讲座为基础修改而成的。梁工对《圣经诗歌》的分析比他的文章要好。

除梁工外,还有中国社会科学院卓新平的专著《圣经鉴赏》,与梁工的史论相似,但书中更多典故。这些典故已成为包括中国文学在内的世界文学和语言的财富,如"流奶与蜜之地(鱼米之乡)"、"瞒天过海"、"以眼还眼,以牙还牙"等等。

[①] 马立安·高利克:《〈圣经〉在中国大陆的接受,1980—1992:一个比较文学家的观察》,前面所引书,第34-36页。

[②] 同上,第38页。可参见都本海:《"旧约"众神创世神话的审美层次》,载《民间文学论坛》第5期,1987年,第27页。

[③] 文章发表在《齐齐哈尔师范学院学报》1988年第4期第50-54页上。

或许中国大陆现代文学浩瀚的作品中并不仅仅只有如王蒙的《十字架上》、舒婷的《在诗歌的十字架上》和沙叶新的《耶稣、孔子、披头士》这些圣经文学作品。

中国文学批评和创造性文学中的《圣经·旧约》

《中国文学批评和创造性文学中的〈圣经·旧约〉》发表在《华裔学志》丛书第46集《犹太人在中国：从开封到上海》上①。1949年前，中国大陆对《圣经·旧约》没什么兴趣，但从1980年以后，文学批评家和比较文学家对其做了强调，特别是80年代，人们对其兴趣开始变得越来越浓厚。关注《旧约》的文章超过了关注《新约》的文章。从文学的角度看，《旧约》的价值当然要胜过《新约》的价值②。关注《圣经》在中国大陆的文学影响这个问题的介绍性的文章有两篇，一是高利克的《〈圣经〉在中国大陆的接受，1980—1992》，另一是梁工的《中国圣经文学研究20年，1976—1996》。梁工的文章提及这20年间关于圣经文学的研究成果相当丰富，其中文章大约有160篇，专著有30本③。关注《圣经》与文学的专著中最重要的有两本。一是1986年出版的刘易斯·鲁宾逊的《双刃剑：基督教与二十世纪中国小说》④，另一是马佳的《十字架下的徘徊》⑤。第一本书分析了《旧约》的影响，第二本书则很少提及。两本书关注的几乎都是小说作品。分析现当代中国诗歌和戏剧的批评作品很少。

周作人与《旧约》

1920年11月30日，周作人在燕京大学文学会作了题为"圣书与中国

---

① 马立安·高利克：《中国文学批评和创造性文学中的〈圣经·旧约〉》(*The Old Testament of the Bible in Modern Chinese Literary Criticism and Creative Literature*)，载《华裔学志》丛书(*Monumenta Serica Monograph Series*)第46集，罗曼·马雷凯(Roman Malek)编：《犹太人在中国：从开封到上海》(*Jews in China: From Kaifeng to Shanghai*)，2000年版，第589-616页。

② 同上，第590页。

③ 同上。可参见伊爱莲(Irene Eber)等与罗曼·马雷凯合编：《〈圣经〉对现代中国文学和思想的影响》(*Bible in Modern China. The Literary and Intellectual Impact*)，圣·奥古斯丁：《内托尔》，1998年版，第383-407页。

④ 刘易斯·鲁宾逊(Lewis Stewart Robinson)：《双刃剑：基督教与二十世纪中国小说》(*Double-edged Sword. Christianity and 20th Century Chinese Fiction*)，香港：道风山基督教普世中心，1983年版。

⑤ 马佳：《十字架下的徘徊》，上海：学林出版社，1995年版。

文学"的讲演。他向观众申明自己对于宗教从来没什么研究,只是偏重《圣经》在文学的一方面。尽管周作人从来不是像托尔斯泰那样信奉宗教的人,但他完全同意托尔斯泰"艺术的目的在于通过艺术家所经历的感受来感染人"的观点。周作人相当自然地在《毛诗序》中找到了相似的表述:"情动于中而形于言,言之不足而嗟叹之,嗟叹之不足则永歌之,永歌之不足,不知手之舞之,足之蹈之也。"他将托尔斯泰的观点解释为"艺术家的目的,是将他见了自然或人生的时候所经验的感情,传给别人。……人类所有最高的感情便是宗教的感情。所以艺术必须是宗教的,才是最高上的艺术。"①

周作人在解释圣书与文学的关系时将《旧约》比作五经,并认为《创世记》等记事类书与《书经》、《春秋》,《利未记》与《易经》及《礼记》的一部分,《申命记》与《书经》的一部分,《诗篇》、《哀歌》、《雅歌》与《诗经》,都有很相似的地方。在他看来,《约伯记》是"希伯来文学的最大著作,是世界文学的伟大的诗之一。"②

当论及《圣经》与中国新文学的关系时,他的观点不如他分析《圣经》与西方文学的关系那么清楚。他主要强调了希伯来文学的人道主义思想和"神人同形"的理念。他引了《以西结书》中的观点:"我断不喜悦恶人死亡,惟喜悦恶人转离所行的道而活。"他让中国年轻的观众和读者想到以色列及异邦人之同一创造者的"慈悲"与"慈惠"。③

周作人希望圣经文学与中国新文学的结合能帮助中国的诗人们创作出"优美的牧歌",能促进中国语言的改造。他也强调了中国新文学的发展需要借助世界其他国家的文学和哲学思想。但他认为,希伯来文学和希腊文学对中国文学未来的发展起着同等的、决定性的作用。④

---

① 马佳:《十字架下的徘徊》,前面所引书,第 592 页。中文可参见周作人:《圣书与中国文学》,第 377 页。
② 马佳:《十字架下的徘徊》,前面所引书,第 377 页。中文可参见周作人:《圣书与中国文学》,第 379 页。
③ 马佳:《十字架下的徘徊》,前面所引书,第 593 页。中文可参见周作人:《圣书与中国文学》,第 382 页。
④ 马佳:《十字架下的徘徊》,前面所引书,第 594 页。中文可参见周作人:《圣书与中国文学》,第 385 页。

朱维之与世界文学中的《旧约》

在周作人的那篇讲演之前,新的形势已经开始了,沈定一在1920年2月发表的论文《对于"基督教与中国人"的怀疑》中宣称"在我们的社会生活中,要拒绝所有的宗教"。1930年,朱自清的学生朱维之发表了题为《〈旧约〉中的民歌》的文章。1941年,他的专著《基督教与文学》出版。与周作人一样,朱维之也对托尔斯泰的《什么是艺术?》着迷,但与周作人主要追随莫尔(G. F. Moore)的观点相反,朱维之将其关注的焦点放在了那时在上海和南京的图书馆中可找到的许多专著和文章上。在写作《圣经》,尤其是《旧约》在文学方面的伟大时,他开始以3部西方的伟大作品,即荷马的《伊利亚特》、但丁的《神曲》和《莎士比亚全集》为背景进行比较思考①。或许朱维之借鉴了丁司牧(Charles Allen Dinsmore)的《英文圣经》(*The English Bible as Literature*)一书。与张闻天用其来强调《浮士德》的目的不同,朱维之用它是为了赞扬《圣经》。当其将《圣经》与《伊利亚特》作比较时,他说《伊利亚特》所写的不过是50天中间的事情,而《圣经·旧约》所写的却是近两千年间的发展:"它那复杂的事态,广大范围的道德真理和极复杂的情感,比起《伊里亚特》来,真可说是汪洋大海之比江河呢。"②

在朱维之看来,但丁固然如《圣经》人物一样能深入魔鬼的地域,也能高升到天堂,在上帝面前认识人生的奥秘,但他"只是游入太虚幻境,而真正神圣的火焰,常为中世纪神学底狭隘所障蔽。"③他认为《圣经》比起西洋各国各时代的作品来,其为杰作的杰作是很明显的。但在中国文学方面,要选出几部杰作来与《圣经》比较的话,可是"太难了"。他随后列举了屈原的《离骚》、杜甫的诗歌和施耐庵的《水浒传》。他同意李贽认为《水浒传》呈现了"忠义"的观点,指出《水浒传》与《伊利亚特》略像,小说中的108个好汉"替天行道",为弱者打抱不平,以抗强暴,可与《圣经》人物

---

① 马佳:《十字架下的徘徊》,前面所引书,第596页。
② 同上,第597页。中文可参见朱维之:《基督教与文学》,第45页。
③ 马佳:《十字架下的徘徊》,前面所引书,第597页。

相比。①

在今天的比较文学家看来,由于那时比较文学研究的典型研究方法还没有出现,朱维之的这些思考似乎部分是有问题的。但他的这些观点,在40年代早期的中国文学批评中是前所未见的,应该受到恰当的赞扬。

先知文学在30年代中国的接受

朱维之认为《圣经》在世界文学中有着特殊的地位,当然也有着鲜明的特色。最主要的是"博大"与"精深"。它是世界上销行最广译本种类最多的书,仅在1939年的中国,就卖出了224000册。《圣经》的伟大在于其对人类大多数的理解,在于其所阐释的生活的丰富性。他又一次引用了托尔斯泰的《什么是艺术?》中的观点。

关于希伯来民族的作品的一个主题被朱维之给予了特别强调,那就是民族的受难受辱史。他也强调了希伯来历史中连续不断的苦难使他们产生了一贯精神的宗教和文学,是他们同时代的强国如埃及、巴比伦、亚述等国所没有的。②

面对日本的入侵,朱维之引用了《耶利米书》第51章第34—36节来表明无论在怎样严重的国难中,仍旧有无限的光明衬在乌云后面:"以色列:巴比伦王尼布甲尼撒吞灭我,压碎我,使我成为空虚的器皿!他像恶龙,将我吞下,将我珍馐,充他肚肠,并且把我驱逐出去!锡安:巴比伦以强暴待我,损伤我的身体,愿这罪归他身上!耶路撒冷:愿流我血的罪,归到迦勒底居民!耶和华:我必须为你伸冤,为你复仇,我必使巴比伦底海枯竭,使她的泉源干涸。"③

他同样也引用了《诗篇》第126章中的话:"耶和华呵,求你使我们被掳的人归回,好像南方的河水复流。流泪撒种的,必欢呼收割。"④

在其他的先知作品中,朱维之描述了希伯来民族的受辱。他几乎整章引用了《哈巴谷狂欢歌》(Habakkuk),描绘了新巴比伦帝国的整个气氛和

---

① 马佳:《十字架下的徘徊》,前面所引书,第598页。中文可参见朱维之:《基督教与文学》,第46-47页。

② 马佳:《十字架下的徘徊》,前面所引书,第599页。中文可参见朱维之:《基督教与文学》,第52页。

③ 马佳:《十字架下的徘徊》,前面所引书,第559-600页。中文可参见朱维之:《基督教与文学》,第52-53页。

④ 马佳:《十字架下的徘徊》,前面所引书,第600页。中文可参见朱维之:《基督教与文学》,第53页。

迦勒底人对希伯来的残忍压迫:"山岭见你无不战惧,大水泛滥过去,……日月都在本宫停住,你发忿恨通行大地,发怒气责打列国如同打粮。你出来拯救你的百姓,拯救你的受膏者,打破恶人家的头。"①

在其对先知作品分析的最后,朱维之对《破天歌》予以了赞颂,引了《以西结书》第27章,指出了腓尼基城不可挽回的结局:"你的货财,物件,水手,掌舵的,补缝的,经营交易的,并你中间的战士和人民,在你破坏的日子必都沉在海中。"②

《雅歌》在30年代中国的接受

1941年出版的朱维之的书《基督教与文学》提及"十多年前"许地山将《雅歌》译成了中文发表在《生命杂志》上。1930年,女作家吴曙天翻译了《雅歌》。1932年,陈梦家翻译了《歌中之歌》。这两种以书的形式出版的研究成果朱维之都没有提及。第一篇译文收录在唐弢的《晦庵书话》中。唐弢的鉴赏非常简洁,正如吴曙天自己的译文,用唐弢的话说是"译文过于素朴,构句遂如散文,不免缺乏诗的意味。"③吴曙天的译本将《雅歌》分成了五章,以时日分,曰"第一天","第二天",直至"第五天"。这是一个非同寻常的中译本。可能唐弢更喜欢书后的附录之一,即薛冰的《雅歌之文学研究》。除此文章外,译文后还附录了另外三篇文章:一是周作人的《圣书与中国文学》;二是周作人翻译的《霭理斯论〈雅歌与传道书〉》;三是冯三昧的《论雅歌》。

1921年,周作人在《新佛教》上发表了《基督教与妇人》一文。周作人认为《雅歌》将妇人的人格实在看得"太轻漂了"。他引了第8章第6节的几行做证据:"求你将我放在你的心上如印记,带在臂上如戳记。因为爱情如死亡坚强,记恨如所发的电光,是火焰的电光,是耶和华的烈焰。"在他看来,《雅歌》"是极不好的状妇人之词,"认为"其实这节只是形容爱与妒的猛烈;我们不承认男女关系是不洁的事,所以也不承认爱与妒为不好。"④

对于《圣经》的深层意义和广博内容,我们可看出陈梦家和朱维之之

---

① 马佳:《十字架下的徘徊》,前面所引书,第600页。中文可参见朱维之:《基督教与文学》,第61页。
② 马佳:《十字架下的徘徊》,前面所引书,第600页。中文可参见朱维之:《基督教与文学》,第63页。
③ 马佳:《十字架下的徘徊》,前面所引书,第601页。中文可参见唐弢:《晦庵书话》,第128页。
④ 马佳:《十字架下的徘徊》,前面所引书。中文可参见周作人:《谈龙集》,第128页。

间的相似。论及情感的感染,也可在托尔斯泰的作品中发现。陈梦家将《雅歌》译为17首牧歌。在他看来,这本希伯来文学的伟大作品,其作者以及《旧约》时代的人民,"赞美爱如像赞美上帝,上帝是他们灵魂上的爱,他们肉体的上帝是女人。"①与改信佛教的人不同,陈梦家是同意"他们的爱情固然不能避免求纯肉体的快感,你看他们如何赞美肉色的":"你的头如像迦密山,你的秀发仿佛紫云,你的发髻是王的囚栏。你是如何美,如何可爱,阿,爱,为了喜快!你的身体好比一株棕树,你的两乳葡萄一样挂住。我说,我要上这棕树,我要攀住枝桠……"②

朱维之同样也对《雅歌》给予了关注。后来他将《雅歌》与屈原的《九歌》进行了比较。在1951年出版的《文艺宗教论集》中他对其做了详细的研究。也有其他学者将《雅歌》与《诗经》相比较。

《诗篇》和《哀歌》在30年代中国的接受

《诗篇》是朱维之后来的另一个文学和批评的兴趣之所在,研究它们的成果出现在《文艺宗教论集》中。1941年,他强调了吴经熊用文言翻译《雅歌》的首次尝试。书中朱维之全文引用了《诗篇》第19篇。时代的氛围促使朱维之更多关注《圣经》的其他典型主题。

1934年,朱维之开始将《哀歌》译为骚体。随后,李荣芳也以相同的风格汉译了这本薄书的全部5章。朱维之全文引了李荣芳的挽歌风格的第4章,这章与见证耶路撒冷的衰亡相关:"黄金何其失光;纯金何其变色。圣所的石头倒在各市口上。……素来吃美好食物的,现今在街上变为孤寒。素来卧朱红褥子的,现今躺卧粪堆。都因我众民的罪孽比所多玛的罪还大。所多玛虽然无人加手于她,还是转眼之间被倾覆。"③《哀歌》中所描绘的内在的情绪和外在的状况与宋玉的《九辩》相似。第一眼可能看不出二者间有多少相似之处,如内布甲尼撒与伍子胥之间,以及《哀歌》第4章不知名的作者与宋玉之间的共鸣。但是,残暴的、非人性的时代精神是非常相似的,而且两者在时间上差别也不是很大。将《哀歌》译为骚体当然是

---

① 马佳:《十字架下的徘徊》,前面所引书,第603页。中文可参见陈梦家:《歌中之歌》译序,第1页。

② 马佳:《十字架下的徘徊》,前面所引书,第603页。中文可参见陈梦家:《歌中之歌》译序,第2页。

③ 马佳:《十字架下的徘徊》,前面所引书,第605页。可参见《耶利米书》第4章第1、5、6节。

一个很好的主意,甚至可能是使其变得更加为人所知,使其"中国化",成为本土遗产的一部分最恰当的方法。

1945 年之前的中国创造性文学与《旧约》

《旧约》对创造性文学的影响要比其对文学批评的影响小得多。《诗篇》第 19 章和第 23 章改变了冰心的信仰,她的很多作品都让人想到满天的繁星。向培良的独幕剧《暗嫩》(Annen)借用了大卫王之子暗嫩与其同父异母的妹妹乱伦的故事。西方汉学家对 40 年代初发表的另外两篇短篇小说要熟悉得多。一是李健吾发表于 1940 年的《使命》。李健吾是一位杰出的福楼拜研究专家。他翻译了福楼拜的小说《圣·安东的诱惑》(La Tentation de saint Antoine)以及《圣·玉连外传》(La Légende de saint Julien d'Hospitalier)和《希罗底》(Herodias)两个短篇故事。他肯定是用了一段时间来研究《圣经》的。

李健吾的小说讲的是六个从事宣讲先知福音的人的故事。在一份刊物上,他们读到了一种似乎是模仿《以赛亚书》和《耶利米书》中的话:"有你们苦受的,噢。百姓!犹太的叛逆,以法莲的酒鬼,住在肥沃的山谷,酒喝得蹒跚的人们!……摩押,你要和麻雀一样逃入柏林,和跳鼠一样逃入山穴。……墙要倒而城要烧;……"①

可以看出这些先知的文字是借用《以赛亚书》的第 28 章第 1 节和第 7 节,然后还有第 16 章的第 2 节和第 4 节;第 17 章的第 9 节以及《耶利米书》第 6 章的第 25 节。

为了说服自己的同胞起来抗击日本入侵的目的,用这些预言不是最佳的选择。他们不太成功,尝到了绝望的滋味。连续十天不成功的宣讲之后,他们来到了一个教堂,一位年老的外国神父正在做晚祷,读选自《耶利米书》第 4 章中的话:"我的肺腑阿,我的肺腑阿!我心疼痛;我心在我里面烦躁不安;我不能静默无言;因为我已经听见角声和打仗的喊声。坏的信息连绵不绝;因为全地荒废。我的帐棚忽然毁坏,我的幔子顷刻破裂。我看见大旗,听见角声,要到几时呢?耶和华说,我的百姓愚顽,不认识我;他们是愚昧无知的儿女,有智慧行恶,没有智慧行善。"②

---

① 马佳:《十字架下的徘徊》,前面所引书,第 608 页。可参见李健吾:《使命》,第 4 页。
② 同上,第 603 页。可参见李健吾:《使命》,第 20 页。

中国人不需要上帝来帮助他们。这六个人中的"我"极力克制着想要冲进教堂去高声大喊:"不对,不对,不要相信他!他在用一本古书骗你们!救我们的不是什么耶和华,是我们自己!自己!你们自己!"①

第二个短篇故事是1942年发表的茅盾的《参孙的复仇》。神话中的大力士与神话中的坏女人相遇,但是敌对的国家与他们间的遭遇带给主人公和腓利士人悲剧式的结局。与《使命》的作者李健吾相反,茅盾几乎熟悉所有的《圣经》故事,甚至上帝介入杀死3000敌人的故事,尽管茅盾从不相信上帝的存在。茅盾的这个故事与《士师记》第14-16章很相似,只是在叙述方法以及心理和环境描写方面做了一些改变。②

写于抗战时期的小说中还有一篇值得一提,那就是巴金的《田惠世》,是抗战三部曲《火》中的一部。与那些无神论的革命者不同,田惠世信仰基督教。对他而言,上帝就是大众的上帝,他总是强调《圣经》中的那些关于爱和更美好生活的话语。故事一开始田惠世的女儿来到父亲的坟前,太阳正落进那一排树林里,吐出来半天霞光,把林子映得血红,像着了火烧起来似的。她拿出《圣经》念道:"摩西牧养他岳父米甸祭司叶忒罗的羊群。一日领羊群到野外去,到了上帝的山,就是何烈山。耶和华的使者从荆棘里火焰中向摩西显现。摩西观看,不料荆棘被火烧着,却没有烧毁。摩西说,我要过去看这大异象,这荆棘为何没有烧坏呢? 耶和华上帝见他过去要看,就从荆棘里呼叫说:'摩西,摩西,'他说:'我在这里。'上帝说:'不要近前来,当把你脚上的鞋脱下来,因为你所站之地是圣地。'"③《出埃及记》第3章第7-8节中所表达的摩西的使命,在小说中没有被引用。

钱钟书的小说《上帝的梦》

1941年,收入钱钟书的短篇小说集《人、兽、鬼》中的《上帝的梦》发表。从哲学和文学的角度看,这个故事比之前的那些小说更有价值,可被看作伏尔泰(Voltaire)的《老实人》(Candide)的文学后裔,尽管钱钟书这个故事的标

---

① 马佳:《十字架下的徘徊》,前面所引书,第603页。可参见李健吾:《使命》,第21页。
② 马佳:《十字架下的徘徊》,前面所引书,第609页。可参见高利克:《神话中的大力士与荡妇——茅盾视野中的参孙和迪莱勒》(Mythopoeic Warrior and Femme Fatele: Mao Dun's Version of Samson and Delilah),载伊爱莲等编,前面所引书,第301-320页。
③ 马佳:《十字架下的徘徊》,前面所引书,第610页。可参见巴金:《田惠世》,载巴金:《火》,第339页。

题源自《创世记》第1、2章。语句中暗示性的话"上帝见它还不错",在每一次新的创造之后都会被重复。甚至在上帝造人,据说他评价自己造得"非常好"的时候。当宇宙和地球消失时,这种幻想也没有离开上帝。乐观的荒谬又一次在上帝的梦中得到了详细的描绘。在创造了男人和女人之后,带给他的只是愤怒、厌倦和醒悟。万能的上帝不仅在与他的创造物面对面时,甚至在他自己的梦中也是无力的。的确需要对这个故事进行特别的分析。

中国大陆对《旧约》兴趣的恢复

1992年,标志着中国-希伯来和中国-犹太文学关系研究发展的新阶段的开始。1992年7月,"全国首届犹太文学学术研讨会"在庐山举行,有来自中国大陆15所高校的近30名学者讨论了与希伯来文学及包括美国犹太文学在内的后裔等相关的一些重要问题。梁工和刘连祥两位著名的《旧约》研究者,阐明了自己的看法并分析了《旧约》与后来的犹太文学,或者与比较文学研究之间的关系。梁工的文章《古犹太文学如是说》简要介绍了圣经文学以及《新约外传》、《圣经》的模拟作品和《死海古卷》发展的整个过程,对古犹太文学与近东、埃及和希腊的关系进行了简单的勾勒,指出了古犹太文学对后来的欧美文学的影响。文中梁工"发掘出"了闻一多于1943年发表在《当代评论》第4卷第1期上的文章《文学的历史动向》。

1994年10月,"犹太文学国际学术研讨会"在北京举行。这两次会议与1996年由伊爱莲在耶路撒冷大学主办的"《圣经》对现代中国文学和思想的影响"(The Bible in Modern China. The Literary and the Intellectual Impact)一起,显示出中国-希伯来文学的新动向。

庐山和北京的犹太文学会议之后,中国对先知文学和《约伯记》的兴趣变得更浓。至少有3篇研究先知文学的文章。一是梁工的《古犹太先知文学散论》①;二是阎根兴的《热情与幻想的结晶——希伯来先知文学简论》②;三是刘连祥的《试论圣经的神话结构》③。第一和第二篇文章都引用了《何西阿书》第4章第1-2节:"无诚信,无慈爱,无人认识上帝;惟起誓。欺骗、杀害、偷盗、残暴、流血又流血。"两篇文章也碰巧都引用了马克

---

① 梁工:《古犹太先知文学散论》,载《南开大学学报》1996年第3期,第26-30页。
② 阎根兴:《热情与幻想的结晶——希伯来先知文学简论》,载《上海师范大学学报》1994年第4期,第109-112页。
③ 刘连祥:《试论圣经的神话结构》,载《上海师范大学学报》1992年第4期,第77-81页。

思的《路易·波拿巴的雾月十八日》(The Eighteeth Brumaire of Louis Banaparte)中的观点,文中马克思"预言"资产阶级的社会-政治秩序将被摧毁,提及先知哈巴谷(Habakkuk)与克伦威尔(Cromwell)和英国革命的关系。刘连祥的文章则试图明确《圣经·旧约》的前6卷,即"六书"或"六经"(Hexateuch)的统一的神话结构。他认为《圣经》的这几本书发展的整个过程是呈U字形,经历了"创世——堕落——先知——预言——冲破羁绊——到达理想境地"的过程。在到达了"流奶与蜜之地"后,这种结构模式仍然没有改变。甚至在古《圣经·旧约》的最后一卷《玛拉基书》第4章的第4-6节,我们可读到如下的话:"你们当纪念我仆人摩西的律法,就是我在何烈山为以色列众人所吩咐他的律例典章。看哪,耶和华大而可畏之日未到以前,我必差遣先知以利亚到你们那里去。他必使父亲的心转向儿女,儿女的心转向父亲,免得我来咒诅遍地。"①从中可以看出早期先知与后期先知之间的联系和相同的憧憬,先是上帝的荣光与显灵,然后是堕落,最后是神秘的循环,神的降生。

有两篇文章研究希腊和希伯来神话间类型的相似。这两篇文章的作者都是马小朝。一篇是《古希腊神话与〈圣经〉对西方文学影响异同论》②,另一篇题为《希腊神话、〈圣经〉的表象世界及其对西方文学的模式意义》③。

外国文学在中国,1970—1979

《外国文学在中国,1970—1979》于1983年发表在《亚非研究》第19卷上④。文章旨在以中国学者的译介、批评著作和历史著作为基础简要呈现20世纪70年代外国文学在中国(部分俄苏文学除外)的接受情况。

20世纪,外国文学在中国的接受建立了牢固的传统并在50年代下半期取得了令人印象深刻的成果。70年代,外国文学在中国的接受经历了一个完整的兴衰循环。先是对所有外国文学持否定和拒绝的态度(1970—

---

① 刘连祥:《试论圣经的神话结构》,载《上海师范大学学报》1992年第4期,第615页。
② 马小朝:《古希腊神话与〈圣经〉对西方文学影响异同论》,载《文艺研究》1994年第6期。
③ 马小朝:《希腊神话、〈圣经〉的表象世界及其对西方文学的模式意义》,载《山东师大学报(社会科学版)》1995年第5期。
④ 马立安·高利克:《外国文学在中国,1970—1979》(Foreign Literature in the People's Republic of China between 1970—1979),载《亚非研究》第19卷,1983年,第55-65页。

1972 年),接着是大约 5 年的干涸期(1973—1977 年秋)外国文学试图以部分文类的形式渐渐进入中国,然后是中国的文学"市场"逐渐向外国文学作品开放(1977 年底—1978 年底),最后是迅速回归对世界文学的研究以及在 1979 年开始对外国文学的介绍。①

1978 年,《光明日报》发表了一封苏州工人王树田的信,信中描写了他因一部小仲马(A. Dumas fils)的《茶花女》(*La Dame aux camélias*)的中译手稿引发的麻烦。他将手稿带到工场,手稿被人拿去交到了党支部书记手里听取意见,然后被告知这部小说是"色情文学",不适合当时的情况。王树田被迫写自我检查,当地警察也找他的麻烦,最终是他无可指责的过去使他免于警察的迫害。《光明日报》社将王树田的这封信交给了苏州市委。市委回复说他们调查了这件事,认为对王树田的调查和批评是错误的,因为这本小说不是"色情的"。令人惊异的是第二封信根本就没有提这本小说的作者,也没有讲《茶花女》这部小说在世界文学史上的意义。很可能是信的作者忽略了这本流行的小说是第一部被译成中文的法国小说,也是林纾译介得最成功的小说之一。《光明日报》的编辑很方便地将"苏州事件"的责任归咎于林彪和"四人帮"。

1966—1972 年间,在中国没有出版一本外国文学作品。1973 年,《鲍狄埃诗选》出现在图书市场上。这显然是将鲍狄埃的艺术作为革命文学在现代时期的开端。1975 年,日本当代女作家有吉佐和子(Ariyoshi Sawako)的小说中译本《恍惚的人》出版。该书先于 1973 年出现在台湾的图书市场上。这本书不是给普通读者看的,而是作为"内部书"仅供党和国家的干部看的。

在中国,特别是"文化大革命"期间,文学作品的读者问题值得引起注意。"文本"与"读者"之间的文学交流方式与马克思主义的代表作家或西方文学作家所描绘的特征不一样。1975 年出版的 19 世纪意大利作家拉法埃洛·乔万尼奥里(Raffaelo Giovagnoli)的小说《斯巴达克斯》(*Spartacus*)中译本没有出现单独的研究或评论。但是与所有"文化大革命"期间出版的翻译作品一样,这部译本也有"前言"。就目前所知,只有高尔基(Gorky)的《母亲》(*Mother*)中译本期刊上才刊载了评论②。这种研究、评

---

① 马立安·高利克:《外国文学在中国,1970—1979》,前面所引书,第 55 页。
② 同上,第 61 页。可参见卢永茂等:《外国文学论文索引》(征求意见本),新乡:河南师范大学中文系,1979 年版,第 187—188 页。

论兴趣的普遍缺乏或许可以解释为是即便写了也不能肯定会发表,或者更可能是不知道该如何去评价作品本身①。确实,在经过1966—1972年漫长的真空之后,在1973—1977年出现了一些翻译作品,但显然没有明确、具体的关于翻译的政策和与外国文学遗产间关系的概念。

《斯巴达克斯》中译本的出版是一件独特的事情,有可能是将其作为反映非无产阶级文学的勇气的第一步尝试,也相当可能把司汤达(Stendhal)的《红与黑》(Le Rouge et le Noir)作为了将来的出版对象,这点可从至少3篇关于司汤达的这部伟大小说的文章的发表判断出。文学批评在中国也是一件相当艰难的事②。刘大杰的《读〈红与黑〉》是"文化大革命"期间相当稀有的文学批评成果,对司汤达和于连作了直接的评论。作者的目的旨在发起对"别有用心地抽取《红与黑》的政治内容,宣传三角恋爱是《红与黑》的主题"的"修正主义的"解读的攻击③,责备司汤达"宣扬了超阶级的'爱情平等'说,宣扬了'爱与死'是文艺主题的资产阶级腐朽思想"④。除这些攻击外,刘大杰这篇文章的重要目的在于对于连作为一个"小资产阶级的个人主义和个人英雄主义的代表人物"的形象表示质疑。中国的批评家对于连的这种个人主义所采取的立场很好地表明了在学者对一种文学现象的褒扬与毛泽东式的扭曲之间存在的差距。⑤

对外国的恐惧情绪开始消失,慢慢地,到了1977年的开头几个月,中国社会科学院外国文学所的专家们指出了参照马克思、恩格斯和列宁主义的理论翻译外国文学的必要性。之后,到了1978年底,这种羞怯的呼吁开始在中国文学界产生了不寻常的回应。但是直至1977年的年中,没有发生任何改变。

---

① 马立安·高利克:《外国文学在中国,1970—1979》,前面所引书,第61-62页。
② 同上,第62页。中文可参见卢永茂等,前面所引书,第202页。
③ 马立安·高利克:《外国文学在中国,1970—1979》,前面所引书,第63页。中文引文可参见刘大杰:"读《红与黑》",载《学习与批判》1975年第1期,第66页。
④ 马立安·高利克:《外国文学在中国,1970—1979》,前面所引书,第63页。中文引文可参见刘大杰,前面所引书,第64页。
⑤ 马立安·高利克:《外国文学在中国,1970—1979》,前面所引书,第64页。

在克西马尼园和各各他之间：
中国现代文学中耶稣的最后一日，1921—1942

《在克西马尼园和各各他之间：中国现代文学中耶稣的最后一日，1921—1942》发表在《淡江评论》2001 年夏秋号上①。周作人 1920 年在燕京大学所做的题为"圣书与中国文学"的讲演中说："到得现在，又觉得白话的译本（官话和合本）实在很好，在文学上也有很大的价值。我们虽然不能决怎样是最好，指定一种尽美的模范，但可以说在现今是少见的好的白话文。这译本的目的本在宗教的一面，文学上未必有意地注重，然而因了他慎重诚实的译法，原作的文学趣味保存的很多，所以也使译文的文学价值提高了。"他在讲演中接着说："我记得从前有人反对新文学，说这些文章并不能算新，因为都是从《马太福音》出来的。当时觉得他的话很是可笑，现在想起来反要佩服他的先觉：《马太福音》的确是中国最早的欧化的文学的国语，我又豫计他与中国新文学的前途有极大极深的关系。"②

1921 年 5 月发表的冰心的诗《客西马尼花园》是对《路加福音》第 22 章第 44 节"耶稣极其伤痛，祷告更加恳切。汗珠大如血点，滴在地上"的思考："漆黑的天空，冰冷的山石，有谁和他一同伽醒呢？睡着的只管睡着，图谋的只管图谋。然而——他伤痛着，血汗流着。'父啊，只照着你的意思行。'上帝啊！因你爱我们——'父啊！只照着你的意思行。'阿们。"

可以看出，冰心对耶稣内心的问题和烦恼不是很感兴趣，否则的话，她就可能对耶稣的使命问题给予关注，而且也思考如在《路加福音》第 22 章第 42 节中他请求上帝"为我免去这个杯吧！"或者他在对彼得和西庇太的两个儿子所说的那句著名的"你们心灵固然愿意，肉体却软弱了"③。耶稣的"心里甚是忧伤，几乎要死"④。那么追随上帝的意愿对他而言并非如没

---

① 马立安·高利克：《在克西马尼园和各各他之间：中国现代文学中耶稣的最后一日，1921—1942》(Between the Garden of Gethsemane and Golgotha: The Last Night and Day of Jesus in Modern Chinese Literature, 1921—1942)，载《淡江评论》(Tamkang Review) 第 31 卷第 4 期，2001 年夏-秋，第 100-114 页。

② 同上，第 100-101 页。中文可参见周作人：《圣书与中国文学》，载《小说月报》第 12 卷第 1 号，第 6 页和第 7 页。

③ 可参见《路加福音》第 26 章第 41 节。

④ 可参见《路加福音》第 26 章第 38 节。

有经验的快乐的女诗人所描写的那样简单。

冰心的第二首祷告诗《骷髅地》遵循的是同样的描写方法。诗中是她对《约翰福音》第19章第30节的内容"耶稣尝了那醋,就说,成了。便低下头,将灵魂交付神了"的思考:"罪恶,山岳般堆压着他;笑骂,簇矢般聚向着他。十字架,背起来了,钉上去了。上帝啊! 听他呼唤——听他呼唤! '父啊,成了!'上帝啊! 因你爱我们——'父啊,成了!'阿们。"

在这首祈祷诗中,冰心描写了通向十字架的整个过程和耶稣在十字架上的受难,但是她没有深入展现耶稣内心最深处的悲伤或许还有质疑。作为《诗篇》的读者,她是可以用耶稣的大声呼叫"我的神,我的神,为什么离弃我?"①来代替"父啊,成了!"的。据说该诗篇是心灰意冷、极度痛苦的大卫王的抱怨:"我的神,我的神,为什么离弃我? 为甚么远离不救我,不听我唉哼的言语?"耶稣在最后的时刻很可能头脑中想到了这个诗篇。

《以赛亚书》对于对神话主题非常喜爱的茅盾十分具有吸引力。1942年8月初,《文学创作》的编辑熊佛西请茅盾为杂志的第1期写稿。8月5日,茅盾很快完成了题为《耶稣之死》的短篇故事。茅盾的故事开头引用的是《以赛亚书》,更确切地说是第二《以赛亚书》第40章的第3-5节。犹太人正在巴比伦等着他们的解放:"有人声喊着说,在旷野预备耶和华的路,在沙漠地修平我们神的道。一切山洼都要填满,大小山冈都要削平,高高低低的要改为平坦,崎崎岖岖的必成为平原。耶和华的荣光必然显现,凡有血气的,必一同看见,因为这是耶和华亲口说的。"②茅盾在故事中写道:"人们相信。"③正如人们相信有先知施洗的约翰出来在犹太的旷野大声传道:"天国近了,你们应当悔改!"

茅盾没有用《路加福音》中与客西马尼园相关的章节,而是用的《马太福音》中与此相似的部分。当我们将茅盾的故事与《官话和合本》中的《福音》相比较时,即可清楚地看出这点来。《马太福音》第26章第38节中耶稣的话"我心里甚是忧伤,几乎要死。你们在这里等候,和我一同警醒"在茅盾的故事中被重复。茅盾只是用了"一样"来代替"一同",并在其后加上了"不要睡着"几个字。如果说冰心对于在耶稣痛苦的时候天使们从天

---

① 可参见《诗篇》第22章第1节。
② 可参见《以赛亚书》第40章第3-5节。
③ 可参见茅盾:《耶稣之死》,第3页。

堂下来给予他力量感到高兴的话，那么不相信上帝的茅盾，则让耶稣独自一样对抗他可怕的痛苦。

　　整个故事中茅盾试图将耶稣作为"人之子"，一个竭尽全力完成自己的使命——帮助贫穷卑微的人们——的伟大人物来表现。在写耶稣遭背叛后被带到大祭司该亚法那里时，茅盾也是遵从了《马太福音》，尽管《马可福音》中的证词与其非常相似。茅盾对耶稣是同情的，他甚至扭曲了福音传道者的证词，让该亚法公开说："我们何必用见证人呢？定他的死罪便是了！"这样做是违反罗马和波兰的法律的。

　　茅盾的故事中他们指控耶稣"此人鼓惑国民，该杀！"这是根据《路加福音》第23章第2节的内容，从中我们可以读到如下的话："我们见这人诱惑国民，禁止纳税给凯撒，并说自己是基督，是王。"

　　在各各他故事的最后，茅盾又一次回到《马太福音》中去获取灵感。他将耶稣阐释为最孤独的人，不仅被自己的父亲，也被自己的母亲和他最爱的门徒所抛弃。茅盾的故事中，又钉了一左一右两个强盗为耶稣做伴。

　　此外，中国著名的文人中至少还有鲁迅、徐志摩和艾青三人在作品中描写了耶稣受难日。徐志摩的长诗《卡尔佛里》(*Calvary*)可能是借鉴了安特莱夫(Leonid Andreyev)的《齿痛》(*Ben-Tobit*)。那个故事的结尾是在卡尔佛里。卡尔佛里是"各各他"(Aramaic Golgotha)的拉丁名。他可能读过刊载在1919年12月的《新青年》第7卷第1期上周作人的译文。"Calvary"一词让人认为徐志摩很可能是从《钦定版圣经》中的《路加福音》中借用的，而《官话和合本》则用的是"Golgotha"一词。他将"Calvary"，即"骷髅地，或各各他"翻译为"人头山"。这首诗共52行，大部分是依照《路加福音》中的叙事，是关于一个来看耶稣受刑的"见证人"的报告。这个"见证人"没有等耶稣死去，他只"见证"了那个时刻必将覆盖天空和大地的黑暗。徐志摩也对耶稣的宽宏原则给予了批评，认为耶稣的话"父啊，赦免他们！因为他们所做的，他们不晓得"很奇怪，听了叫人毛管里直淌冷汗。

　　1924年12月22日，鲁迅写了散文诗《复仇（二）》，可能是他反复阅读尼采的《查拉图斯特拉如是说》中"自愿的死"(*Of Voluntary Death*)一章的结果。此章中耶稣和查拉图斯特拉是主角："确实，那些宣讲慢死的说教家们所尊敬的那个希伯来人死得太早了。他死得太早，从那以后，对许多人成了一种灾难。"①向培良也可能影响了鲁迅这篇文章的创作。他是一个热心的《圣经》读者,后来创作了一部题为《生之完成》的戏剧。鲁迅的《复仇》(二)追随的是《马可福音》第15章的第14—34节。但其实他这部散文诗最大的价值在于对《诗篇》第22章的改述。《复仇》(二)中有如下一段:

"他在手足的痛楚中,玩味着可怜的人们的钉杀神之子的悲哀和可咒诅的人们要钉杀神之子,而神之子就要被钉杀了的欢喜。突然间,碎骨的大痛楚透到心髓了,他即沉酣于大欢喜和大悲悯中。他的腹部波动了,悲悯和咒诅的痛楚的波。"②

下面是《诗篇》第22章第14—16行中所表达的痛楚和折磨:

"我如水被倒出来,我的骨头都脱了节,我心在我里面如蜡熔化。我的精力枯乾,如同瓦片。我的舌头贴在我牙床上。你将我安置在死的尘土中。犬类围着我,恶党环绕我。他们扎了我的手、我的脚。"

同茅盾一样,鲁迅谴责那些将耶稣钉在十字架上的人,更多的是将耶稣当作"人之子"而非"神之子"。

1934年,艾青题为《一个拿撒勒人的死》的长达109行的诗发表在《诗歌月报》上。1999年,安娜·布娅蒂(Anna Bujatti)将其译成了意大利文。在《约翰福音》的第16章第33节,我们可读到耶稣对门徒说:"我已经胜了世界",但不是在彼拉多面前说的。艾青的诗中有"胜利呵／总是属于我的"。

鲁迅和茅盾的作品应该予以特别的关注。他俩的作品与另外3个人的作品为读者展现了非基督教国家的人看待耶稣的视角。

第四节　中西比较文学研究

欧洲语境中的中国文学:对比较文学重要性的思考

《欧洲语境中的中国文学:对比较文学重要性的思考》发表在《人文杂

---

① 参见尼采著,霍林戴尔(R. J. Hollingdale)译:《查拉图斯特拉如是说》,哈蒙兹沃思:企鹅丛书,1967年版,第98页。
② 引自李欧梵(Leo Lee Ou-fan):《铁屋子的声音:鲁迅研究》(*Voices from the Iron House: A Study of Lu Hsün*),布卢明顿:印第安纳大学出版社,1987年版,第105页。

志》1992年第2卷第2期上①。1897年11月10日,严复和夏曾佑合写了一篇题为《国闻报馆附印说部缘起》的长文。不知是这两个人中的哪一个对与海伦和克利欧佩拉特(Cleopatra)相关的爱情故事着迷,写下了这些如果没有受到欧洲的影响几乎不太可能的句子:"男女之情,盖几几乎为礼乐文章之本,岂直词赋之宗已也。"②

1898年,梁启超翻译了日本作家柴四郎(Shiba Shiro)的政治小说《佳人之奇遇》(The Strange Adventures of a Beauty),并在题为《译印政治小说序》(Preface to the Translated Political Novel)的序文中阐释了在日本和英国流行过一段时间的小说理论假设。1899年,林纾把小仲马(Alexander Dumas fils)的《茶花女》(La Dame aux camélias)用文言翻译出来,书名为《巴黎茶花女遗事》。梁启超翻译的小说产生的影响相当有限,但是小仲马的作品及其女主人公玛格丽特·戈蒂埃(Marguerite Gautier)让读者想到中国文学中的许多女主人公如李娃、杜十娘。至少到20世纪20年代末它都是中国年轻人喜欢的一本书。林纾翻译的小说受到严复、康有为和其他人的崇拜。

在中国,欧洲文学并不总是能处处受到如林纾的第一个译本那样的欢迎。1909年,周作人和鲁迅翻译的《域外小说集》在日本和中国总共就只卖出了61册。

读者有很好的理由对小仲马着迷,对迦尔洵、安特莱夫、契诃夫以及王尔德和显克微支(H. Sienkiewicz)以及其他作家失望。由兄弟出版社出版的这些翻译过来的小说对中国当代读者来说很奇怪很难看懂。周作人就曾恰当地指出:"这三十多篇短篇里,所描写的事物,在中国大半免不得很隔膜;到于迦尔洵作中的人物,恐怕几于极无,所以更不容易理会。"③

1990年,在多伦多举行的第33届国际亚洲和北美洲研讨会上,高利克

---

① 马立安·高利克:《欧洲语境中的中国文学:对比较文学重要性的思考》(Chinese Literature in European Context: Musings over its Importance in Comparative Literature),载《人文杂志》第2卷第2期,1992年,第150-160页。

② 引自夏志清:《严复与梁启超:新小说的倡导者》(Yen Fu and Liang Ch'i-ch'ao as Advocates of New Fiction),载里基特(A. A. Rickett)编:《从孔子到梁启超的中国文学方法》(Chinese Approaches to Literature from Confucius to Liang Ch'i-ch'ao),普林斯顿:普林斯顿大学出版社,1978年版,第9页。

③ 参见周作人:《域外小说集》序,载《鲁迅文集序跋文选集外诗文选》第7卷,1995年版,第449-452页。

提出了跨文化过程和交流的问题,指出了西方和东方文学开始接触一百年后的今天正是思考在这个领域进行连续统一体和连续性研究问题的好时机。中国,"被钉上了十字架的中国"(China Crucified),与几乎全亚洲一样,在社会意识领域,开始经历了一场充满活力的变化过程。这种转变是从广泛的教育著作,通过派代表团到欧洲、美国和日本学习,修建新型的欧式学校,创办之前在中国没有的报纸和杂志开始的。这些报刊成了思想的本源和最重要的交流方式。外国文学进入中国大都经由这些渠道。

著名的台湾裔美籍学者王靖献在他的研究中借鉴维吉尔(Virgil)的《埃涅伊德》(Eneid),称《诗经》中的第 236、237、241、245 和 250 这 5 首诗为《尚文史诗》(Weniad),将《埃涅伊德》与《尚文史诗》进行了比较①。这种研究呈现了"结构-类型的相似性",在西方常被称为"平行研究"。

受到希腊影响的犍陀罗雕塑(Gandharan sculpture),是以其佛教的、非常精致的形式传到中国的,但是需要印度和中亚的艺术与宗教作为中介。希腊文学是在 17 世纪之后才传到中国的。第一类被译成中文的希腊文化是由耶稣会传教士和学者利玛窦(Matteo Ricci)于 1608 年翻译的三四部《伊索寓言》。他自己在中国的佛教先辈们在他之前将梵文的故事译成了中文。

从这些事实可以说,中欧的语境,如果指包括物质的和精神的价值之最宽泛的可能性的话,使得中国和欧洲这两个世界区域的发展成为可能。这里的结构-类型的研究是为了解释相互间没有显著联系的不同个体、民族和种族的文学中相同的文学现象的相似性、差异性和相似的特征。

如果我们只看欧洲文学或文化的话,会发现在诗学、文学作品的结构、特征及其艺术结构和形式方面已经做了大量的工作,但在历史诗学和在考虑时空的条件下在文学内部和文学间这些领域所做的还不够。而中国文学,总体的文学研究还仍然是以欧洲为中心的文学研究的分支,仅仅只是欧美的经验。如果我们读一读统计到 1991 年 7 月前的《国际文学术语辞典》,以及让-玛丽·格拉桑(Jean-Marie Grassin)于 1991 年 8 月向在淡水举办的第 6 届国际比较文学会和在东京举办的第 13 届国际比较文学会提

---

① 王靖献:《〈尚文史诗〉:〈诗经〉中的中国史诗》(The Weniad: A Chinese Epic in Shih-ching),载陈炳良主编:《冯平山图书馆五十周年纪念文集》(Essays in Commemoration of the Golden Jubilee of the Fung Ping Shan Library, 1932—1982),香港:香港大学出版社,1982年版,第 106 页。

交的论文就可以看出,在大约600个术语中只有"雅"、"俗"、"兴"、"景"、"变文"和"五四运动"这六个是与中国相关的。在比较文学领域找到一种元语言是可能的。在中国传统文学中,同时也在更宽泛的比较文学的框架内,要在人的认知范围内总结出一些在欧洲所使用的核心术语对其进行准确的定义,将我们自己与其纯粹的意指形式分离开来,特别是在具体的情况下,主要集中于它们的内容与范围,并努力在既定的语境中给其一个大致准确的限定是非常难的。

刘若愚(James J. Y. Liu)在他那本著名的《中国的文学理论》(*Chinese Theories of Literature*)中写道,这本书的一个特征可能对不熟悉中国历史和批评的西方读者来说是很奇怪的,而且"关于戏剧和小说的参考文献非常少。戏剧和小说作为发育完善的文类,在中国出现相对较晚,直到现代时期才被认为是严肃文学。传统的中国文学批评主要关注的是诗歌,其次是散文,很少有人关注戏剧和小说"。①

特别是在中古时期,中国文学和欧洲文学的特征中一个令人惊异的差别是,希腊和欧洲文学是从《伊利亚特》和《奥德赛》这两种最伟大的史诗开始的,中国文学则开始于《诗经》,其中大部分都是深受远东文学间共同体所有文学的影响而创作的真挚优美的抒情短歌②。在希腊史诗中,神话主题起着重要的作用并且在一定程度上是作为历史的一个组成部分。而在中国,神话的作用受到抑制,神话的因素是作为没有创造性想象的真实的史事。这两种对待历史的相反态度对欧洲和远东文学的发展产生了巨大的影响。欧洲文学中显著的史诗和戏剧观与中国文学中显著的抒情特征相对。③

中欧比较文学中一个非常重要的问题是文类的问题。匈牙利著名的汉学家杜克义(Ferenc Tökei)说他本质上不能放弃他的哲学方法。他认为从周代晚期以来中国哲学中蕴含着后来得到极大发展的美学精华,而且中国哲学从一开始就在某种程度上蕴含着丰富的美学思想。文学的分期在中欧比较文学中呈现出一个特别的问题。黄德伟试图在他题为《时期的风

---

① 刘若愚(James J. Y. Liu):《中国的文学理论》(*Chinese Theories of Literature*),芝加哥:芝加哥大学出版社,1975年版,第15页。

② 马立安·高利克:《欧洲语境中的中国文学:对比较文学重要性的思考》,前面所引书,第156页。

③ 同上。

格与分期:对中国和欧洲文学史理论与实践的考查》的文章中解释欧洲和中国的文学理论家和史学家对这个问题的讨论①。我们可以同意艾德礼(A. Owen Aldridge)的观点:"要设计出一个有效的同时适合20世纪之前的东方和西方的文学体系是不可能的。"②袁鹤翔也断言在"中国的艺术或文学中没有一个巴洛克时期,尽管在不同时期的作品中我们可以找到巴洛克风格的特征。"③

1898年之前,欧洲人对于中国文学的兴趣多过其他的文学,这种倾向在五四运动之后发生了改变。现在是欧洲文学开始成为现代中国文学的模式。"被钉上了十字架的中国",尽管每天饱受欧洲和日本等世界列强的打击,仍然没有对欧洲的文化和文学丧失兴趣。这种兴趣在20世纪的20年代和30年代不但没有消失,反而极大地增加了。20世纪20年代远东文学共同体完全瓦解后,中国文学不再是"给予",而是从外国文学中"获取"促进因素。这点可从《外国文学论文索引》一书中看出④。总共288页的索引中就有212页,占73.6%的文献是与欧洲文学相关的,而且还不包括苏联文学在内。

至于说到中国文学所受到的丰富的欧洲影响,其源泉可以说要回溯到希腊-罗马以及犹太-基督教和北欧神话、希腊悲剧、德国古典主义、浪漫主义和颓废主义、法国新古典主义、自然主义和象征主义,一直到唯特主义和易卜生主义,到苏联文学以及现代甚至后现代主义的倾向。除北欧神话外,中国现代文学避开了所有欧洲地区的中世纪文学,尽管他们也对诸如但丁等有崇拜之言。⑤

异国情调时代的结束?一个比较文学家的思考

《异国情调时代的结束?一个比较文学家的思考》发表在《人文杂志》

---

① 载《新亚学报》(New Asia Academic Bulletin)第1卷,1978年,第45-67页。
② 艾德礼(A. Owen Aldridge):"序言",载李达三(J. J. Deeney)编:《中西比较文学:理论与策略》(Chinese-Western Comparative Literature. Theory and Strategy),香港:香港中文大学出版社,1980年版,第xi页。
③ 袁鹤翔:《东西比较文学:对可能性的一种探究》,载李达三编,前面所引书,第16页。
④ 该书的第2版于1978年由河北师范大学出版社。
⑤ 马立安·高利克:《欧洲语境中的中国文学:对比较文学重要性的思考》,前面所引书,第159-160页。

1994年第4卷第1期上①。文章旨在从东西方文化间过程的视角对不同的物质和精神文化领域的异国情调和与异国情调相关的一些重要问题进行理论与实践的研究。

1988年,著名的日本学者三岛宪一(Irmela Hijiya-Kirschnereit)的专著《异国情调时代的结束》(*The End of Exotic Era*)在德国出版。著作对日本文学、文化、女权主义以及与现代和近期的学术与政治相关的一些问题进行了讨论②。书中对最重要的问题却没有提及:究竟什么是异国情调的?异国情调的东西有什么作用?它将把人类引向何处?高利克的这篇文章对异国情调的历史,特别是它与他处的创造艺术和文学相关的发展进行了研究。

借鉴瑞士-美国比较文学家弗朗索瓦·约斯特(Francois Jost)的观点,高利克将"异国情调"简单地解释为:"异国情调"一词源自希腊,其形容词为"exotikos",主要的意思是"外国的",用以指一国之外的东西。这个意思与"barbaros"或"barbaricos"一词的意思相近。……它显然是指家以外的东西及其经验。但该词常用来假定一种更多的专属感:只有那种属于远方的才能被称为"异国情调的"。因而普劳图斯(Plautus)用了"exotica unguenda"这个短语。当他说"异国情调"时,指的是外国的。③

如果将"exotic"当成一个概念而非短语,从更广更深的角度来看的话,它有很多不同的意思,远比仅仅不完善地给它贴上"异化的、异国的"(alien)、"他者的"(Other)要多得多。它并非仅仅是那些离我们很远让我们感到高兴或者害怕的东西,或者是在我们周围却不是"我们的"东西。但它肯定与"我们"有某种关系。有些研究者也认为它更多是女权主义话语领域的时尚,与真实的或者虚构的那些压迫女性的因素和男权统治下的社会中作为整体的女性气质相关。④

从文学与文化间的历史过程来看,"异国情调"的滥觞是公元前18世

---

① 马立安·高利克:《异国情调时代的结束? 一个比较文学家的思考》(*The End of an Exotic Era? Reflections of a Comparatist*),载《人文杂志》第4卷第1期,1994年,第17-29页。
② 三岛宪一(Irmela Hijiya-Kirschnereit):《异国情调时代的结束》(*The End of Exotic Era*),法兰克福:苏卡普出版社,1988年版。
③ 马立安·高利克:《异国情调时代的结束? 一个比较文学家的思考》,前面所引书,第18页。
④ 同上。

纪某个时期史诗《吉尔伽美什》(Gilgamesh)的创作。但几乎在社会生活或思想的各个领域,事实上"所有人类表达的其他领域"①,如宗教、哲学、语言学、艺术、时尚、生活、风格、旅游等,都能成为而且常常是"异国情调"的范围。

"异国情调"在认识论方面还没有体现出其完全的价值。尽管有许多关于异国情调的文章,但是理论方面的却相当少。维克多·谢阁兰(Victor Segalen)的《谢阁兰文集·异域情调论:一种多元美学》(Essai sur l'exotisme. Une esthétique du diverse)和《一个真正的国家之旅》(Equippé. Voyage au pays du Réel)成了研究"异国情调的"和"异域情调"的里程碑式的代表作。德国汉学家海勒·弗鲁豪夫(Heiner Frühauf)认为,"exotic"指的是异国的、外来的、远方的一种总体的气氛,"exoticism"则是指基于这种气氛的且包蕴在文学或艺术作品之中的创造。他认为在欧洲与远东之间,每个对"异国的、外来的"和"异域情调"感兴趣的人的路径都应该是指向巴黎的,因为巴黎是"异域情调"的诞生之地。②

弗鲁豪夫一针见血地指出了重要的一点:法国发展成了文学的异域情调中最诗意的国家。法国出产诗人和各种层次的作家,其中涉及到"异域情调"与创造性之间的关系的有波德莱尔(Charles Baudelaire)和皮埃尔·洛蒂(Pierre Loti)。

谢阁兰的作品中有相当一部分是反对洛蒂的"作家作品中使用异域情调是为了服务于殖民的思想、种族的歧视以及民族与文化间的偏狭"这种理解的。谢阁兰的思想超越了他的时代,它们注定是为现在甚至可能是为将来的。当对"他者"有更好的理解,这个领域中的跨文化交际和新视野的开放将会成为我们这个时代最重要的要求之一。以创造的形式将"异域情调"植入欧洲语境中新的接受结构应当是我们创造性努力的目标之一,尽管并不总是像波德莱尔或赫尔曼·黑塞(Hermann Hesse)的作品一样

---

① 此观点引自美国比较文学家亨利·雷马克(Henry Remak)的研究《比较文学的定义与功能》(Comparative Literature. Its Definition and Function),载亨利·雷马克(Henry Remak)和霍斯特·弗伦茨(Horst Frenz)编:《比较文学的方法与视域》(Comparative Literature. Method and Perspective),卡本代尔:南伊利诺伊斯大学出版社,1971年版,第1页。

② 马立安·高利克:《异国情调时代的结事?一个比较文学家的思考》,前面所引书,第19页。

成功。①

　　近几年来与其他的国家相比,更多的关注放在了德国的"异域情调"上。这也可能是由于由"异国的、外来的"和"异域情调"所呈现的部分社会意识在今天对德国精神来说比法国或英国更为重要的缘故。德国对"异域情调"的兴趣范围更广,除了前面已经提及的领域外,也包括其他领域如建筑、园艺、异域的植物或动物、所有时尚的表现、香水、纪念品、海报、电影、电视和艺术摄影等等。②

　　这个领域中一些寻求神话或由他们自己创造新神话的女权主义的话语让人想到一些"异国的"、"外来的"特征,但是它们缺乏一个性质:它们不能被包括在异国的、遥远的或偏僻的这个范畴之内,而且它们关注的常常是与当代美国或欧洲的女性以及她们自己的问题最密切相关的东西。从"异国情调"中分化出无边的问题是不对的。约斯特认为"异域情调"具有"文学的倾向",它不同于文学运动或潮流,诸如巴洛克、浪漫主义或自然主义,因为它并不限定在一个特别的时期或某个特定的地域。③

　　作为一个研究对象,其每个范围都必须有其特有的主题、目的和研究方法,对"异域情调"的研究也不例外,只不过方法稍有不同而已。必须考虑"异域情调"作为探索"异国的"、"外来的"、表达某种系统-结构事实的创造性努力的本质。

　　当"异域情调"成为个体或一群人的世界观的一部分时,它就有可能被说成是"沾沾自喜"。过去的几十年里,整个日本民族喜欢某种"自我满足"。在过去的两三个世纪里,与世界许多民族和国家的遭遇让日本人意识到自己这个民族精神的独特性。日本民族的这种"自鸣得意"与欧洲的

---

①　马立安·高利克:《异国情调时代的结束?一个比较文学家的思考》,前面所引书,第20页。
②　同上,第21页。
③　同上,第23页。

自我批判精神恰恰形成了鲜明的对照。①

日本从中国儒家哲学中借鉴的这种思维方式根据亚里士多德逻辑的假设前提算不得一种严格的判断,而是对相关联的印象的信赖。1985年,角田忠信(Tsunoda Tadanobu)研究日本人拥有特别大脑的专著翻译成英文在东京出版,书名为《日本人的大脑、特别性与普遍性》(The Japanese Brain, Uniqueness and Universality)。日本人大多爱读外国学者在如经济、政治、教育、反对犯罪等领域对他们进行赞扬的文章或专著。美国的日本研究专家埃兹拉·沃格尔(Ezra Vogel)题为《老大日本:可供美国人学习的教训》(Japan as Number One. Lessons for Americans)的书卖掉了一百多万册。另一本由杰瑞德·泰勒(Jared Taylor)撰写的题为《正在升起的太阳之阴影:"日本奇迹"的一种批判观》(Shadows of the Rising Sun. A Critical View of the "Japanese Miracle")的书,是批评日本的,日本人没有将其译成日文。②

这种"沾沾自喜"主要的目的只有一个:竭尽全力使日本人和外国人相信日本的独特性,如果可能的话,相信他们在世界各个领域中的领先地位。③

三岛宪一在她那本书的序言《论异域情调的功能》中引用了奥托·尤里乌斯·比尔鲍姆(Otto Julius Bierbaum)的诗,被称为是德国文学异域情调的代表作中的几句:"在我眼里,你似乎很小;在我眼里,你似乎是件可笑的东西。我从未,我从未严肃地对待过你,日本!"这首诗作于1906年,而三岛宪一的书是在80多年后才出版的。该书是对比尔鲍姆一诗的评论,书中作者用了不同的态度。三岛宪一从来都是非常严肃地对待日本的。④

两年前,出现了两本很著名的从异域情调方面直接论及日本现实的著作,一本是法国比较文学家勒内·艾田蒲(René Etiemble)的《不规范的演讲》(Lecture barbare),另一本是罗兰·巴特(Roland Barthes)的《符号帝国》(L'Empire des signes)。

---

① 马立安·高利克:《异国情调时代的结束? 一个比较文学家的思考》,前面所引书,第24页。
② 同上,第25页。
③ 同上。
④ 同上,第26页。

忧郁在欧洲与中国:一个比较文学家对跨文化交际过程的思考

《忧郁在欧洲与中国:一个比较文学家对跨文化交际过程的思考》发表在《亚非研究》1996年第5卷第1期上①。该文的目的旨在概括在跨文化过程的框架内在公元前8世纪的希腊和公元前3世纪的中国到20世纪初之间"忧郁"的不同模式。

1995年,顾彬在伍尔夫·莱佩尼斯(Wolf Lepenies)那本著名的专著《忧郁与团体》(*Melancholie und Gesellschaft*)②之后组织了一场名为"忧郁与社团在中国"(Melancholy and Society in China)的会议,呈现了忧郁史在现代西方的情况。罗伯特·伯顿(Robert Burton)的《忧郁的解剖》(*The Anatomy of Melancholy*)可能是最重要的作品,1621年出版之后成为研究"忧郁"这个主题引用最多的著述。但在这本书之前大约2000年的时候,就出现一本相当重要的作品《希波克拉底文集》,是献给希腊医生希波克拉底的。根据希波克拉底的生理心理学发展的一种理论,忧郁是一种疾病,其症状包括恐惧、忧愁和不同形式的疯狂。

三个著名的德国学者雷蒙德·克里班斯基(Raymond Klibansky)、欧文·潘诺夫斯基(Erwin Panofsky)和弗里茨·扎克斯尔(Fritz Saxl)那本《土星与忧郁:自然哲学、宗教与艺术史研究》(*Saturn and Melancholy. Studies on the History of Natural Philosophy, Religion and Art*)给"忧郁"下了三个不同的定义。第一个定义是:"在现代语言中'忧郁'一词常用来表示几种不同的东西。它可以是指一种精神疾病,其特征主要是受到焦虑、深

---

① 马立安·高利克:《忧郁在欧洲与中国:对一个学者跨文化过程的思考》(*Melancholoy in Europe and in China: Some Observations of a Student of Intercultural Process*),载《亚非研究》第5卷第1期,1996年,第50—69页。文章最初是在1995年7月3—6日由顾彬在波恩举办的"忧郁与社团在中国"国际会议上发表。

② 伍尔夫·莱佩尼斯(Wolf Lepenies):《忧郁与团体》(*Melancholie und Gesellschaft*),法兰克福:苏卡普出版社,1969年版。

度抑郁和疲倦的冲击。"①这个定义可能是西方世界"忧郁"在其漫长的发展史过程中最常见的意思。

三位学者将"忧郁"的第二个意思定义为："它可指一种性格类型，这种类型通常与某种体格、血红素、胆汁以及粘液相关。按照古老的说法就是'四种体液'(four humours)或'四种肤色'(four complexions)。"②对这种"忧郁"的学术研究在公元前4世纪就开始了。对"忧郁"的深层次研究是亚里士多德的古希腊悲剧以及柏拉图在诸如《斐多篇》(Phaidros)或《蒂迈欧》(Timaeos)中提出的"狂躁的"(mania)概念。

1992年4月22日，高利克在"纪念《红楼梦》200周年"的研讨会上宣读了题为《〈红楼梦〉中的忧郁》(Über die Melancholie im Traum der Roten Kammer)的论文。只是文章既没有分析荷马的《伊利亚特》，也没有断言说可在屈原及其追随者的作品中发现"忧郁"的主题。

荷马的《伊利亚特》第6章《海克托回到了特洛伊》叙述了柏勒罗丰(Bellerophon)的故事。故事的最后伊俄巴特斯(Iobates)没有遵从普罗托斯(Proetus)的指示和安提亚(Antea)的邪恶愿望。他将自己的另一个女儿嫁给柏勒罗丰做妻子。柏勒罗丰成了国王，但是由于一些不为人所知的原因，他被曾经喜爱的众神抛弃。最后他发疯了。屈原的《离骚》则叙述了诗人自己的故事。与柏勒罗丰一样，屈原也为自己的"内美"和"修能"感到自豪。楚怀王和他的国家中其他有势力的人不听从他的劝告，这是引起他悲伤、绝望和忧郁的最重要的原因。复杂的"郁"字，或许比其他的汉字更好地表达了人类的这种因忧郁而引起的受压制的焦虑。这种"郁"在《离骚》这首376行的长诗中只用过一次：

"忳郁邑余侘傺兮，吾独穷困乎此时也！宁溘死以流亡兮，余不忍为此态也！"③第一行中的第二个字"郁"呈现出了忧郁状态的高潮。

这两个故事中既有不同处也有相似点，其背景都是神话的，并将神话素进行了文学的处理。屈原是个诗人，而非孤独的疯子，也许只在他死前的那一刻除外。中国人从来不相信希腊式的"命运"观。老子所谓的"天

---

① 雷蒙德·克里班斯基(Raymond Klibansky)等：《土星与忧郁：自然哲学、宗教与艺术史研究》(Saturn and Melancholy. Studies on the History of Natural Philosophy, Religion and Art)，伦敦：托马斯·内尔森父子有限公司，1964年版，第1页。
② 在上述引文中。
③ 戴维·霍克思(David Hawkes)：《楚辞》(Ch'u Tz'u. The Songs of the South)，牛津：克拉伦登出版社，1959年版，第25页。

地不仁,以万物为刍狗"也从不曾在屈原国人的世界观中找到适当的回音,至少在传统的中国不能。

根据中国人的"执"或者更确切地说是"自持"的概念和要求,中国的哲学家、文人、艺术家,都应该像棋手下棋一样行事,不允许有任何理由或者感情有违下棋的规则。任何积极的、创造性的东西都被古代的圣人编成了法典,那些兴奋的或压抑的东西则可能对社会或伦理的秩序造成危险。"忧愁"是基督教乌托邦中被禁止的一种"忧郁"的形式。但是中国文学、艺术和哲学中则允许忧愁这种感情的存在。刘勰曾指出《诗经》中那些古诗是"为情而造文",但他同时也坚持"诗"就是"持"。不仅仅是诗,还有总体的文学、艺术与哲学等,都应"持人性情"。①

在传统的中国文学和艺术中是没有俄狄浦斯(Oedipus)或依菲琴尼亚(Iphigenia),哈姆雷特或少年维特,阿尔布雷特·丢勒(Albrecht Dürer)的《忧郁》,马赛厄斯·格朗(Mathias Gerung)的《忧郁》或爱德华·蒙克(Edward Munch)的《忧郁》的位置的。在中国,必须控制、缓和自己的感情、欲望或者喜爱之情,这样才能与各种教义的需要和要求一致。②

《马太福音》中有两处表现了耶稣死前的忧郁心理。一处是他对自己的3个门徒说:"我心里甚是忧伤,几乎要死。"③或"父啊,如果你愿意,为我免去这个杯吧!"④另一处是在各各他,当被钉在十字架上快死时,他大声喊道:"我的神,我的神,为甚么离弃我?"⑤

内心的忧郁或悲伤这种相似的发泄在中国文学的传统时期是很典型的。前面的引用,可能除了"大声"之外,所有的都应该用"温柔敦厚"来表达。《论语》中有"诗可以怨"。1980 年,钱钟书在东京早稻田大学的会议上宣读了自己题为《诗可以怨》的论文。这可能是中国文学中对"忧郁"最深层次的研究了⑥。高利克指出了钱钟书的这篇批评文章中没有提及的另一个观点,也是出现在《论语》中的"性相近也,习相远也。"⑦

---

① 马立安·高利克:《忧郁在中国:对一个学者跨文化过程的思考》,前面所引书,第 57 页。刘勰的观点可参见《文心雕龙·明诗》。
② 马立安·高利克:《忧郁在中国:对一个学者跨文化过程的思考》,前面所引书,第 57 页。
③ 《马太福音》第 26 章第 38 节。
④ 《马太福音》第 22 章第 42 节。
⑤ 《马太福音》第 27 章第 46 节。
⑥ 马立安·高利克:《忧郁在中国:对一个学者跨文化过程的思考》,前面所引书,第 58 页。
⑦ 同上。

班婕妤的《怨诗》:"新裂齐纨素,皎洁如霜雪。裁成合欢扇,团团似明月。出入君怀袖,动摇微风发。常恐秋节至,凉风夺炎热。弃捐箧笥中,恩情中道绝!"原诗中找不到任何表示"忧郁"或"伤心"的字眼。诗中只有"恐"和"绝"两个字与一个女人害怕失去自己的爱相关。"弃妇"的忧郁以中国最好的诗歌常用的"言外"与"像外"的形式表达了出来。

12世纪,有一位可与屈原相媲美的诗人贝尔纳德·西尔维斯特里(Bernardus Silvestris),他用拉丁文写了题为《作为整体的世界》(On the World as a Whole)的诗,该诗对忧郁的景象作了形象的描绘。这种忧郁与土星无关,而是与中世纪晚期基督教社会和日常生活中的忧郁视角相关。最后的两行让人想到《诗篇》第116章第3节:"死亡的绳索缠绕我,阴间的痛苦抓住我,我遭遇患难愁苦。"

与西尔维斯特里差不多相同的时期,另一位中国女诗人李清照创作了一些表达忧郁主题的最优美的诗,《声声慢》即是其中一首:"寻寻觅觅,冷冷清清,凄凄惨惨戚戚。乍暖还寒时候,最难将息。三杯两盏淡酒,怎敌他,晚来风急!雁过也,正伤心,却是旧时相识。满地黄花堆积,憔悴损,如今有谁堪摘!守着窗儿,独自怎生得黑!梧桐更兼细雨,到黄昏点点滴滴。这次第,怎一个愁字了得!"

通过比较可以看出,这两首诗都比班婕妤的诗更多描写。李清照的诗更抒情。西尔维斯特里的诗很技巧地用了反语,而李清照的诗则用了很多表示强调的叠加词。与班婕妤相反,李清照用了不同的词来表达"忧郁"。并且她深信,一个失去了深爱的丈夫的人内心深处的哀与伤是不能用一个"愁"字来传达的。

王独清在诗中也曾描绘自己的母亲是一个在她的脸上从来看不到快乐笑容的女人。受圭多·雷尼(Guido Reni)的名画"戴荆冠的基督"的启发,他创作了《圣母像前》。尽管诗中没有提及自己的母亲(只提及了耶稣之母和孔子之母),但他母亲的那种南方美,充满忧伤的生活以及他对母亲的深沉的爱,都在诗中表达出来了。

三位学者对"忧郁"的第三个定义是:"忧郁可以指精神的一种短暂状态,有时是痛苦的、压抑的,有时则只是稍稍有点郁闷的或怀旧的。在这种状态下,它是一种纯粹主观的情绪,是可以向客观世界转化的,这样人们就可以理所当然地说'夜之忧郁','秋之忧郁'了。"①正如《庄子·则阳》中所谓"阴阳相照相盖相治,四时相代相生相杀"。中国的大部分诗人都强调了秋与愁这种与四季中的第三个季节在词源和语言方面相关的感受。同样,这种感受也在稍晚的时候,在布兰克、雪莱、济慈以及其他浪漫派诗人的诗中得到了表现。在屈原的弟子宋玉的《九辩》中,可找到关于"忧郁"这个主题最好的诗,其中的一首甚至让人想到18世纪英国人的"怨气"(spleen)和19世纪黑格尔的那种"不快乐的感觉"(unhappy consciousness):

"靓杪秋之遥夜兮,心缭悷而有哀。春秋逴逴而日高兮,然惆怅而自悲。四时递来而卒岁兮,阴阳不可与俪偕。百日晚晚其将入兮,明月销铄而减灭。岁忽忽而遒尽兮,老冉冉而愈弛。心摇悦而日幸兮,然怊怅而无冀。中憯恻之悽怆兮,怅太息而曾欷。年洋洋以日往兮,老嶚廓而无处。事亹亹而觊进兮,蹇淹留而踌躇。"宋玉诗中"人物"的情形与黑格尔诗中的"不快乐的感觉"是相似的:"没有希望","无处"可逃。

忧郁与欢乐,痛苦与笑声是联系在一起的,在生活中常相伴相随。在前面提及的这些人物如美狄亚、屈原、宋玉、班婕妤、圣母玛利亚、耶稣、奥古斯丁、李清照、路得、黑格尔、波德莱尔甚至王独清的母亲的生活中也会有快乐的时刻。

但是,正如《传道书》所言,在对"忧郁"或"忧伤"所进行的文学的或艺术的加工过程中呈现出的价值总是比对快乐或笑声的表现更多些:"凡事都有定期,天下万务都有定时。……苦有时,笑有时;哀恸有时,跳舞有时;……忧愁强如喜笑,因为面带愁容,终必使心喜乐。"②

痛苦的母亲:对王独清的《圣母像前》和圭多·雷尼的"戴荆冠的基督"的思考

《痛苦的母亲:对王独清的〈圣母像前〉和圭多·雷尼的"戴荆冠的基督"的思考》收录在2004年出版的《影响、翻译与平行:中国〈圣经〉研究选

---

① 雷蒙德·克里班斯基等:《土星与忧郁:自然哲学、宗教与艺术史研究》,前面所引书,第1页。
② 《传道书》第3章第1节和第4节以及第7章第3节。

集》中。刘燕的中译文本发表在 2011 年的《汉学研究》上。①

中国现代诗人王独清曾于 1923 年和 1925 年两次去意大利。1923 年 4 月访问佛罗伦萨和罗马期间他被佛罗伦萨迷住了。到达罗马后几天,王独清高兴地引用了拜伦《恰尔德·哈罗德游记》(Childe Harold's Pilgrimage)中的诗句,尽管他写的另外一首长诗《吊罗马》(Lament for Rome)似乎更适合。王独清阅读的吉本(Edward Gibbon)的《罗马帝国衰亡史》(The History of the Decline and the Fall of Roman Empire)也对他很有用。在他看来,罗马是一个颓废之城,1925 年他参观的威尼斯也是如此。

在罗马,王独清与华林所到之处到处弥漫着这种"Decadence 底温泉余香"。他在报道中两次引用了邓南遮(Gabriele D'Annunzio)的作品。

王独清带着多愁善感的颓废之情来到意大利。他居住在巴黎期间就已经把自己沉浸在颓废文学典型的幻美与爱欲的气氛中。从 1922 年 4 月 9 日《杂译诗篇》的后记中,我们得知这一时期王独清从英语、法语翻译为中文的诗歌近 200 首。但只有寥寥几首出版了。其中保尔·魏尔伦(Paul Verlaine)的诗出现了二次。

虽然王独清非常喜欢魏尔伦的诗歌,但他却并不认同其天主教的信仰以及创作这些诗歌时的神秘狂喜。留法期间的痛苦遭遇导致王独清变成了一个希望走向强力意志的尼采主义者(Nietzschean)。在一篇王独清最出色的文学批评文章中,他向中国读者介绍了孟德斯鸠(Count Robert de Montesquiou-Fézensac),翻译了一首他最喜欢的题为《我的心》(Mon Coeur)的诗。

不知道是王独清在哪里看见了他崇拜的那幅圭多·雷尼(Guido Reni)的画"戴荆冠的基督"(La Crocifissione dei Cappuccini),并在其题为

---

① 马立安·高利克:《痛苦的母亲:对王独清的〈圣母像前〉和圭多·雷尼的"戴荆冠的基督"的思考》(Matres Dolorosae: Musings over Wang Duqing's "Before the Madonna" and Duido Reni's La Crocifissione Dei Cappuccini)。修订本发表在马利安·高利克著:《影响,翻译与平行:〈圣经〉在中国研究选集》(Influence, Translation and Parallels. Selected Studies on the Bible in China),圣·奥古斯丁:《华裔学志》研究所,2004 年版,第 299-313 页。中译文发表在[斯洛伐克]马立安·高利克著,刘燕译:《痛苦的母亲:对王独清的〈圣母像前〉和圭多·雷尼的"戴荆冠的基督"的思考》,载《汉学研究》第 13 集,2011 年出版。

《圣母像前》(*Before the Madonna*)的诗中作了简单的描述：①

> 哦，这不是 Guido Reni 底 Mater dolorosa！
> 好一幅合我心境的图画！
> 画中的人，你两眼含着痛泪，哦，玛利亚！
> ……………………………………
> 那又是谁？一个人在颜氏女底身后出现，
> 他那宽袖的长衣，
> 他那高顶的峨冠，
> 他那掩住了领颊的乱发，
> 他那含着愁苦的容颜……"

在王独清的《圣母像前》，有一个小改动，最后的一行变成了三行：

> 哦，智慧的寻求者！哦，我！
> 我要先寻求悲哀去，
> 我要以悲哀的寻求，为我人生底开始！

只要我们观察一下圭多·雷尼的绘画，很容易发现最吻合王独清诗中描绘的应是现今珍藏在波伦亚（Bologna）国家图书馆的"戴荆冠的基督"(*La Crocifissione dei Cappuccini*)。王独清 1923 年并没有去波伦亚，或者他去了这个地方却未提及？或者他看见的只是优秀的复制品？或者他在某个展览馆见过这幅画？无论如何，王独清在写作这首诗的时候，其中提到的"荒凉的市"无疑暗示着罗马而非其他城市。在罗马，王独清想起了他以前读过的歌德的诗《罗马悲歌》(*Römische Elegien*)，尤其是第一首中开始的几行：

> 石头，请告诉我，巍峨的宫殿，请说话，
> 街道，请发言！守护神，你毫无动静？

---

① 原文发表在《创造季刊》第 2 卷第 2 期，1924 年，第 37-40 页。后来再版于同名的集子里（上海，1931 年），第 1-7 页。这首诗的写作日期在集子中标明为 1923 年 1 月 30 日。这也许并不准确。原文中并没有注明日期。

> 在你神圣的城内,一切都生气勃勃,
> 永久的罗马;独对我沉默无声。①

对于这位中国的颓废诗人来说,这首诗应是其另一个灵感来源。尽管它们的抒情语境和诗歌主角并不完全一致。歌德滞留意大利的时间是1786—1788年,他的诗的代言人是不知名的福斯蒂娜(Faustine)或他后来的妻子克里斯蒂安娜·符尔皮乌斯(Christiane Vulpius)。而在王独清的诗歌中,其主题却不是爱神阿摩(Amor)的爱情,而是人的受难、悲伤与哀悼。

我们并不十分清楚歌德有关罗马的这首诗的原型。但我们可以肯定,对大多数基督徒而言,圭多·雷尼的画中描绘的是处女玛利亚;而对王独清及从中获得有关信息的那些人而言,她则是"受诱的米利亚"(seduced Miriam)。与杨光先、赫克尔、朱执信等人不同,王独清对处女玛利亚却持有另一种看法。他并没有挖苦、嘲讽她,也没有怀疑这一历史记载。因为他自己就是妾侍的儿子,也许在儿童时代有过类似的羞辱经历,难怪他对玛利亚和颜氏女怀有深切的同情。②

阅读王独清的这首诗,我们可以清楚地看出它更可能是写给孔子的母亲颜氏女,而非玛利亚的。

圭多·雷尼在1620年被认为是一位"通俗画大师"。在雷尼这幅最触动人心的画"戴荆冠的基督"中,最突出的是基督"受难"(Crocifissiones)时的"颓废",这一氛围让人想起俄国作家安特莱夫(Leonid Andreyev)的著名短篇小说《齿痛》(Ben-Tobit)。这部小说的主题是描写基督在骷髅山(Golgotha)的受难过程。这部小说当时在日本非常有名,它还影响了鲁迅1919年写的著名小说《药》。与安特莱夫的这部短篇小说相反,雷尼与王独清却被骷髅山的一幕深深触动了,虽然他们两人的艺术目标并不一致。

正如我们看见的,在王独清的诗中,骷髅山被替换成了位于孔子的出生地山东省曲阜的尼丘山。我们至少在雷尼画中和王独清的诗中可以发现彼此的关联,孔子的母亲更像抹大拉的玛利亚,而不是耶稣的母亲。颜氏女面向尼丘山跪拜,企求神的宽恕。与此类似,抹大拉的玛利亚,也曾在

---

① 歌德:《罗马悲歌》(Römische Elegien)。此处歌德诗歌中译文参考了《歌德诗集》(上),钱春绮译,上海译文出版社,1982年版。还可以参考王独清的诗《吊罗马》,收入《圣母像前》,第57页。

② 参见王独清:"代序·自述",见《王独清创作选》,上海,1926年版,第1页。

耶稣面前下跪。

在辩明了这两个年轻女人的"非法"怀孕及其后来的命运有所不同之后,我们很容易看出,王独清是把她们作为智慧和悲剧的典型而对她们产生了深切的同情。她们其中一个是把孔子,另一个则是把基督·耶稣带到了这个世界上。这里所表达的全部的爱,是孤独的母亲对天才儿子的那一类爱。

如果我们涉猎一下19世纪后期欧洲文学中的颓废之音,我们在王独清的这首诗及其他大部分诗中也能发现他十分强调所要抒发的悔恨、悲痛以及与此相关的多愁善感之情。悲观是颓废派最典型的特征。在以上分析的这首诗的结尾,对悔恨、悲痛的强烈诉求,使得王独清"变成了一个病人。他的高度敏感的神经系统临近崩溃。"正如我们在他后来的创作发展中所见,这令他陷入了悲观抑郁及"死前"的状态中。①

王独清的《圣母像前》也许是向作为母亲的女性表达赞美和致意的最感人的诗篇。她们孕育生命,培养天才,给予他们深沉的爱和智慧,却要承受折磨、痛苦、悔恨和悲痛。在王独清所有的作品中,这首诗是在表达女性方面情感极强烈的杰作。王独清的诗既无其他颓废派作品中经常出现的反女性主义的倾向,也无欧洲颓废派中典型的怀疑女性具有"天使"特质的倾向。

也许还没有一个中国现代诗人或作家的作品像王独清的那样,其主题体现了跨宗教的重要性。犹大-基督教和中国儒教这两个世界相遇在"人之子"耶稣和"华夏乃至东亚之子"②孔子及其母亲这里,他们最终成为在这个痛苦、忧伤、悲剧的世界上施与爱和同情的理想楷模。

顾城的小说《英儿》与《圣经》

《顾城的小说〈英儿〉与〈圣经〉》发表在1996年《亚非研究》第5卷第

---

① 王独清出版有诗集《死前》,上海,1927年。
② "华夏"指古中国。

1期上①,中译文收录在1998年出版的《中国小说与宗教》上②。可以肯定,顾城读过而且熟悉《圣经》。他当然也读过一些涉及《圣经》传统主题的哲学、宗教、文学和批评的著作。在其短暂的一生中,《圣经》是他自缢前读过的最后几本书之一。这些对他的文学创作、哲学观和世界观自然不无影响。

1992年4月,顾城与高利克在顾彬的寓所内讨论宗教和《圣经》的问题。这次会面,顾城坦言自己最为敬仰的是李煜、佛陀和基督,并将他们并置于同样高的位置。高利克推测,顾城可能就是在搬进顾彬寓所后开始阅读《圣经》的。《英儿》的上篇可发现三处描写直接源自《圣经》。一是暗示夏娃被蛇诱惑的故事。在伊甸园里蛇"是比田野里一切神造的活物更狡猾的"。"英儿手上有个苹果"意指诱惑的开始,在那儿顾城和他的情人英儿像"两条毒蛇,出卖了彼此的宝贝"。第二处与先知但以理有关。顾城在半疯癫的状态下认为世上没有一个好男人:"要但以理那样也罢了。甚么呀!"顾城的自我憎恨意识有很多原因,其中之一是他生为男儿不是女儿的自卑情结。第三处与福音书中所叙述的最后的晚餐有关。顾城对英儿说:"死吧。"英儿同意了,说:"死吧。就可以把最后的晚餐吃完。"但他俩的最后的晚餐没有吃成,因为英儿并不想死。

《英儿》的下篇由《十字》开始:"我就住在教堂对面,看十字架。教堂是有的,十字架也是有的,可钉在上边的人没了。他想到处走走,不想回到十字架上去。我对整个故事的厌弃已经开始了。"顾城最感兴趣的是基督和他的经历,其次是一些基督教义的先行者或继承者:亚伯拉罕、圣·约翰、圣·彼得、圣母玛利亚。为什么基督能引起顾城几乎唯一的兴趣呢?一个原因可能是由于他借住的Wartenburg街7号后院独特的环境气氛。在那里他每天都能看到对面墙上的十字架,看到礼拜天和晚上人们在教堂进进出出,这对他当然有影响。还有一个重要的原因是冯铁留在顾彬起居室里的许多德文中的3本中文书,其中一本是《神曲》的中译本。在1992年4月24日与高利克的讨论中,顾城引用了自己了解的《神曲·天堂篇》第33歌的最后两行,诗行强调了女性爱的最高形式:"爱的轮子均匀地转

---

① 马立安·高利克:《顾城的小说〈英儿〉与〈圣经〉》(*Gu Cheng's Ying'er and the Bible*),载《亚非研究》第5卷第1期,1996年,第83—97页。

② [斯洛伐克]高利克著,陈志宏译:《顾城的小说〈英儿〉与〈圣经〉》,载黄子平主编:《中国小说与宗教》,北京:中华书局,1998年版,第345—362页。

动,推动那太阳和其他星辰。"非常有趣的是,顾城在疯狂的联想中把他的"上天"跟英儿、曹雪芹大观园中贾宝玉的佛道天堂、出现在《神曲·天堂篇》第32歌和33歌中源自《旧约》和《新约》的"女儿":夏娃、撒拉、利百加、拉结、路得、玛利亚以及但丁自己的理想情人贝翠丝联系在一起。

《英儿》下篇有一章题为《英儿手上有个苹果》,篇名跟《圣经》或其中的故事有联系。这部分是模仿、嘲讽、暗示与顾城模糊视线的混合体,与顾城有关自己和英儿半疯癫的演绎联系在一起。各各他以及其他与基督的生平有关联的景象,为其中超小说的情结发展提供了背景。他至少在意念上扮演着一个《圣经》里的人物,那就是耶稣基督。在该章的结尾,他"穿着衣服""到处"走,让人摸他的伤口,而英儿则扮演着与众不同的撒玛利亚妇人。当顾城见到她时,她"眼睛里确有湖水,或刚刚融化的雪水"。《圣经》,特别是其《新约》的一些部分是顾城超现实文学想象的源泉。

在《伤口》一章,顾城重复了基督众所周知的受难经历——被鞭打、戴荆冠和被钉十字架。借着对几乎整个基督受难过程的想象或沉思,顾城希望与英儿一起得救。死亡是得救的一部分,至少从他们在激流岛上关于最后的晚餐的对话之后是这样,但复活却不是得救的一部分。

其后的《傍晚》一章,初看时并不觉得它与《新约》有关,但如果我们结合前面的篇章来看,便可看出它与耶稣在十字架上受难的三个小时有显著的联系。顾城在此章分析了自己半疯的精神状态和心理的阴暗面。

在《傍晚》一章后顾城对《圣经》失去了兴趣,如果偶然提到,它对他也不起任何作用了。1993年5月14—16日这个周末,顾城告诉顾彬,他自己的"圣经"可能是法布尔的《昆虫记》中译本。他批评《圣经》中译本,认为《旧约》和《新约》都译得不好。

有必要强调在《英儿》中《圣经》是一个"对证",一个"见证者"(Kronzeuge),虽然没有一个人物是顾城认同的。除了小说中描写的活着的亲朋,基督是他经常性的同伴,甚至是他的对影,他与基督有一种强烈的对抗。其他伟大的作家和作品,顾城仅匆匆一提或者暗示一下,如夏洛蒂的《简·爱》、契诃夫和蒲松龄的短篇故事、吴承恩和曹雪芹的小说。曹雪芹的《红楼梦》对顾城的生命和《英儿》的影响最大。

在运用《圣经》材料方面,顾城不及王蒙和他的中篇小说《十字架上》。

第五节　对中国文学的思考与评价

中国文学中"正面人物"的概念，1960—1970

《中国文学中"正面人物"的概念，1960—1970》于1981年发表在《亚非研究》上①。该研究旨在通过分析六七十年代特别是"文化大革命"期间的理论、批评和创作作品，梳理所谓的"正面人物"这个概念在这个时期中国文学中的发展。

每个时代都有自己的英雄，不管是正面的英雄还是正面的人物，比如作为对19世纪中期"不完美的小说"《水浒传》思想的反拨的一种反应，俞万春创作了《荡寇志》。俞万春的冒险小说意在对那些与封建的忠义理念相一致的英雄行为和与不公正的抗争进行褒扬。

1929—1930年间，出现了两种反对中国现代文学中"制造英雄"的声音。一是鲁迅的《流氓的变迁》，另一是茅盾以笔名"玄珠"发表的《骑士文学ABC》。鲁迅在文中指出了"侠"在中国文学史中衍变为"流氓"的过程。当说到"正面人物"时鲁迅提到了《施公案》、《彭公案》和《七侠五义》，但他没有忘记强调它们对"英雄的制造"至今没有穷尽。鲁迅不仅是说旧时的文学，而且也想到了现代的文学作品。茅盾那时正忙着研究欧洲中世纪文学，《骑士文学ABC》是这个研究的结果。他甚至也讽刺20年代的中国现代文学，指出500年后再来读现代革命和无产阶级文学作品，教授和学生大概都会觉得讨厌可笑，以为现在的文学家都有些"神经异样"。茅盾头脑中想到的是那个时代文学世界的好几种典型人物，有些被评论家们认为是值得模仿的典范，有些是"只知道喊口号的革命家"，或者是"照例喊口号从容就义的烈士"。

1960年7月至1979年11月这不足20年的时间，是"社会主义的文艺"时期，中国的文艺工作者，以及大部分的其他人，遭受了许多危险的迫害，被迫保持沉默。

---

① 马立安·高利克：《中国文学中"正面人物"的概念，1960—1970》(The Concept of "Positive Hero" in Chinese Literature of the 1960s and 1970s)，载《亚非研究》第17卷，1981年，第27—53页。

据说邵荃麟在1960年召开的全国文艺工作者第三次会议之后几个月即1960年12月说柳青的《创业史》中的人物梁三老汉体现了几千年来农民所承受的精神负担①。在1961年的一次会议和1962年《文艺报》的一次编委会上,邵荃麟试图再强调他的剔除"中间人物"的概念。据说他也写了一篇题为《典型问题》的文章,不过从来没有发表。文中他说到了将中国文学从人物多彩的调色板的衰竭中拯救出来的办法。后来也有一些作家和批评家如康濯、沈思和沐阳对塑造"正面人物"进行了直接或间接的批评。1962年,邵荃麟在会议上的表现以及他的理论表明对毛主义的文学理论和实践的进一步发展是个严重的威胁。1964年发表在《文艺报》上的文章《关于"写中间人物"的材料》是对邵荃麟观点的部分扭曲。邵荃麟观点的实质可说是对毛主义文学的"新"方法,即所谓的将革命现实主义与浪漫主义相结合的直接反对。他主要关注的是对现实主义的深化。

邵荃麟所提倡的"中间人物"在一定程度上与俄国文学中的"小人物"相似,都有个性化的人物,有恰当的心理描写,都与周围的环境和历史相关,都背负着"精神的负担",或者邵荃麟定义的"苦难的历程",即接连不断的再教育运动带给知识分子的不幸。

1963年,发起了"向雷锋同志学习"的运动。刘白羽在《文艺报》上发表了《雷锋形象》一文。文章一开始即是其直率的、偶像化的描写:"雷锋,在我们面前,树立起一个多么光辉的英雄形象啊!……这个形象,以其无比的光芒,以其强大的威力,庄严宣布共产主义新人在中国现实生活中的具体体现。是的,无论从现实生活意义,还是从文学创作意义,我们都应该充分认识与估价这个问题。因为我们的革命,我们的建设,已经创造出具有社会主义、共产主义品质的一代新人。这是无产阶级革命精神,共产主义道德……"②在刘白羽这个显要人物看来,雷锋是个"用特殊材料制造的人",是"暴风雨中的松柏",是"永不生锈的螺丝钉"。他不仅是毛泽东思想培育出来的模范,也是文学创作的典范,创作与他相似的"正面人物"是现代文学的主要任务。雷锋作为一个"正面人物",一定会在文学艺术中"永生"的,他也将是文艺创作上一只春天的燕子,将带来伟大壮丽的新诗篇。

---

① 邵荃麟:《关于"写中间人物"的材料》,载《文艺报》1964年第8、9期合刊,第16页。
② 马立安·高利克:《中国文学中"正面人物"的概念,1960—1970》,前面所引书,第34页。

但现实生活中雷锋并没有什么英雄的行为。他过着"艰苦的生活"。如果他不坚持学习和宣传毛主席的教义就不可能成为毛的"崇拜者和殉道者"。据说他在日记中这样写道:"毛主席著作对我来说好比粮食和武器,好比汽车上的方向盘。人不吃饭不行,打仗没有武器不行,开车没有方向盘不行,干革命不学习毛主席著作不行。"①

也影响了"正面人物"这个概念后来的发展同时对其最重要的特征做了彻底考查的可能是周宇了。他写了篇有大量理论研究的文章《关于正面人物的塑造和评价问题》。文章没有提及雷锋,尽管他在文中完全承认并宣称"我国今天所处的时代,是英雄主义的革命的时代,是理想和现实密切结合的时代,是广大人民以英雄主义的气概为崇高的革命理想而努力奋斗的时代。"因而他全力支持他所谓的中国作家现代时期最重要的使命便是"创造我们时代的英雄人物",而且这样"才能满足读者群众的审美需要"。他从古典文学作品中去找"正面人物",如《水浒传》中农民起义的英雄、《说岳全传》中的岳飞父子、《杨家通俗演义》中保卫国家或民族的民族英雄、《红楼梦》中的贾宝玉和林黛玉。外国的批判现实主义作品中,他指出有许多塑造了反面的典型人物,如车尔尼雪夫斯基(N. G. Chernyshevsky)的《怎么办?》(*What to Do?*)中的主人公拉赫美托尔(Rakhmetov)。用周宇的话说,这本书"成了当时俄国进步人士的福音","即使艺术上不够完满,也能激动人心,发挥大的作用。"②

1962—1963年间,好几种中国文学期刊上出现了关于中国现代文学中的"正面人物"的文章。周宇认为"正面人物比反面人物难于塑造"。在他看来,"有些优秀作品,尽管正面人物塑造得相当成功,但和作品中的反面人物相比,便显得不够突出,不够丰满。"③对"正面人物"的塑造带来一个相关的问题,那就是"如何挖掘和描写新英雄人物的英雄本质"。周宇举了罗广斌和杨益言的《红岩》这部整个中国现代文学史上的畅销书为例。周宇的系统-结构整体观和与"正面人物"相关的文学理论的核心是"思想"。作家必须要创作出现时代的英雄人物,这样他们的"思想光辉"才能被发现,才能得到巩固。有了这种思想,"才能揭示这个人物的行为的

---

① 马立安·高利克:《中国文学中"正面人物"的概念,1960—1970》,前面所引书,第35页。
② 同上,第36页。
③ 同上。可参见周宇:《关于正面人物的塑造和评价问题》,载《文学评论》1965年第5期,第7页。

思想意义,也才能在思想感情上影响教育读者。""一部作品的价值在于通过这些英雄人物的描写,向读者揭示深刻的崇高的思想。"①

除了突出"思想光辉"外,也要强调英雄人物的"性格"。周宇认为有三种方法可用来强调"正面人物",即艺术的"集中"、"夸张"和"把英雄人物理想化"。在塑造英雄人物时,应该突出人物丰富的个性,也要强调他们丰富的内心世界。

1965年11月,中国的文化政策调整为为政治形势服务。吴晗的《海瑞罢官》被批。周扬对《沙家浜》和《红灯记》给予了表扬。邵荃麟的"中间人物"受到指责和攻击。提出了"工农兵英雄模范",而不再是"正面人物"。新的文学作品只需表现"艰苦奋斗和英勇的牺牲、革命英雄主义和革命乐观主义"。刻画人物的方法"三突出"被提了出来。

"四人帮"被打倒近一年半之后,黄镇在"延安文艺座谈会上的讲话"36周年的纪念会上谴责了作为反革命修正主义路线的表达方式之一的"三突出"。1977年11月,20个作家和批评家在一个关于短篇小说的创作会上批判了"三突出"。1977年底,刘梦溪批评了"三突出",并为"中间人物"的理论进行了辩护。茅盾将"三突出"称为"脸谱主义"。在对人物进行刻画时,他称"三突出"是一种直接的"公式化"和"概念化"。将茅盾1929年和1977年提出的"英雄人物"这个概念进行比较可以看出,"英雄人物"在文学中占据着稳固的地位,只有这种文学作品才能表现"人性"。

1972年,李心田在《闪闪的红星》中塑造了主要人物"冬子",即后来的"潘振山"。潘冬子从父亲那里得到的"红星"的象征意义在小说中没有得到体现,因为其最初的意图只是让这个小男孩想起自己的父亲。对他而言,"红星"只是革命的总体象征。

浩然的小说《金光大道》中的主要人物"高大泉"的象征意义成了小说结构的一个组成部分。"高大泉"从语义和语音上来看,指的是"高"、"大"、"全"。高大泉接受了毛泽东思想中与建立农业合作的各种问题相关的体系,或者通过梁海山的所谓"斗争路线"。高大泉竭尽全力与张金发做斗争,或者与"反革命"发音相近的"范克明"。难怪茅盾将如此人物称作是"脸谱"。他们的名字恰好刻画出他们的性格特征,他们的思想和

---

① 马立安·高利克:《中国文学中"正面人物"的概念,1960—1970》,前面所引书,第37页。可参见周宇,前面所引书,第6页。

言行表明了毛主义的文化政策中实用主义的观点。①

"三突出"在"革命样板戏"中得到了最好的体现。其中有两个类型应该提一提。一是"不屈不挠型"(indefatigable),另一种是"战无不胜型"(invincible)。如《海港》一剧的主人公党委书记方海珍和过去 20 年里最具有毛主义思想的杨子荣,《智取威虎山》的主人公②。这部戏剧是以曲波的冒险小说《林海雪原》为基础改编的。段瑞夏的《特别观众》中没有反面人物。他的主要人物季长春对杨子荣的歌声着迷:"明知山有虎,偏向虎山行"。

1979 年,王春元题为《关于写英雄人物理论问题的探讨》的文章发表在《文艺评论》上。他在文中呼吁将正面人物"从神的观念中解放出来",并指出,那些文学人物,特别是在"大跃进"之后,即六七十年代出现的那些,"还不是现实中存在的,而只是心造的愿望"。③ 尽管王春元为将革命现实主义与革命浪漫主义相结合的理论进行辩护,但他还是赞成"它一时一刻也不可以离开今天的生活本来面目的真实描写,正像安泰(Antaios)不可以须臾离开他的大地母亲一样。"他认为,有必要让文学再次成为文学。王万春对英雄人物的抨击不是针对中国现代文学中的"正面人物"这个概念的,而仅仅是试图废除像毛主义的"正面人物"或"革命人物"这样的理想人物。④

五四运动七十年后

《"五四"运动七十年后:在丝莱莲旎翠古堡研讨会开幕式上的发言》于 1991 年发表在《亚非研究》第 26 卷上⑤。"变化"二字更能表达出五四运动的本质。一是传统中国在社会生活和意识各个方面经历的变化,二是这次运动发起人的头脑中发生的变化。这些变化产生和进化的条件取决

---

① 马立安·高利克:《中国文学中"正面人物"的概念,1960—1970》,前面所引书,第 45 页。
② 同上。
③ 同上,第 48 页。参见王春元:《关于写英雄人物理论问题的探讨》,载《文艺评论》1979 年第 5 期,第 63-67 页。
④ 马立安·高利克:《中国文学中"正面人物"的概念,1960—1970》,前面所引书,第 48 页。
⑤ 马立安·高利克:《"五四"运动七十年后》(The May Fourth Movement after Seventy Years: Some Remarks at the Opening of the Smolenice Symposium),载《亚非研究》第 26 卷,1991 年,第 211-218 页。

于波及不同国家的内在社会形势;取决于他们与外部世界主要是欧洲文化地区之间的关系;取决于传统的力量,愿意取代不可避免的改革,以及他们对待外国文化影响的态度;取决于对本土结构的接受以及对外来刺激的反应之"反流"的力量。

1959年,为纪念五四运动40周年,周策纵的专著《五四运动:现代中国的思想革命》出版。他在该书英文初版自序的一开始这样写道:"在中国近代史上,再也没有任何的主要事件像'五四运动'这样惹起各种的争论,这样广泛地被讨论,可是对它的正式研究却又是如此贫乏不足的了。对某些中国人而言,'五四运动'是中国新生和解放的标记;另一些人却把它看成是国家民族的浩劫。就是经常讨论或颂扬'五四运动'的人,他们之间的意见也极端分歧。在过去40年中,每逢五月,就有无数的文章发表,来分析评论'五四'。专门讨论这一主题的文本书籍也已有好几本了,内容涉及这个运动的书本更是数以百计。有关'五四'的文字可以说是非常丰富。……"①书中周策纵没有提及傅吾康(Wolfgang Franke)1957年出版的专著《中国的文化革命:五四运动》(*Chinas kulturelle Revolution. Die Bewegung vom 4. Mai 1919*),他也不知道布拉格出版的由三个年轻学者瓦尔特·斯坦姆伯格(Walter Stamberger)、提莫修斯·波卡拉(Timoteus Pokara)和史罗甫(Zbigniew Slupski)撰写的专著《新旧中国的转折点:五四运动》(*At the Turn of Old and New China. The May Fourth Movement*)。

1964年,由布拉格小组整理,雅罗斯拉夫·普实克(Jaroslav Průšek)编辑的关于1917—1937年间的中国文学史方面的部分研究成果以书的形式出版,书名为《中国现代文学研究》(*Studies in Modern Chinese Literature*)。普实克1959—1960年间撰写的三篇论文组成的集子《中国文学的三幅素描》(*Three Sketches of Chinese Literature*)原是为一个更大的出版计划准备的,结果未能如愿。

与此同时,在苏联,另一个小组也在勤奋地忙着相似的事情,有费德林(N. T. Fedorenko)、索罗金(V. F. Sorokin)、波兹德尼耶娃(L. D. Pozdneyeva)、彼得洛夫(V. V. Petrov)以及其他人。有夏济安和夏志清两兄弟对中国现代文学的研究。夏志清与普实克在《通报》(*T'oung-pao*)上

---

① 周策纵:《五四运动:现代中国的思想革命》(*The May Fourth Movement. Intellectual Revolution in Modern China*),斯坦福:斯坦福大学出版社,1967年版,第 vii 页。

的著名的论争最后打成了平手。

1963年,美国学者在《中国季刊》(*China Quarterly*)第13卷上对"时代的冷战倾向"(Cold War temper of the times)表达了重要的看法。

在普实克1967年到美国之后不久,美国出现了第一批研究中国五四运动及其后的成果,其中有1971年出版的戴维·托德·罗伊(David Tod Roy)的《郭沫若的早年岁月》(*Kuo Mo-jo：The Early Years*)、1972年出版的聂华苓(Nieh Hua-ling)的《沈从文》(*Shen Ts'ung-wen*)、1972年出版的茱莉娅·林(Julia C. Lin)的《中国现代诗歌概论》(*Modern Chinese Poetry. An Introduction*)和1973年出版的李欧梵(Leo Ou-fan Lee)的《中国现代作家的浪漫一代》(*The Romantic Generation of Modern Chinese Writers*)。

同时,斯洛伐克汉学家出版了关于老舍(史罗甫)(Zbigniew Slupski,1966)、茅盾(马立安·高利克)(Marián Gálik,1969)和郁达夫(安娜·多勒扎洛娃)(Anna Dolezalova,1971)的研究专著。

1971年,苏联也出版了阿德吉玛姆多瓦(V. S. Adjimamudova)研究郁达夫的专著。1972年出版的切尔卡斯基(L. E. Cherkassky)研究20世纪20年代和30年代中国新诗的专著可能是最好的一种。

在英国,1971年出版了卜立德(D. E. Pollard)撰写的研究周作人的专著《一个中国人眼中的文学:周作人的传统文学价值观》(*A Chinese Look at Literature. The Literary Values of Chou Tso-jen in Relation to the Tradition*)。那时最年轻的澳大利亚学者杜博妮(B. S. McDougall)则于1971年出版了《西方文学理论与现代中国导论,1919—1925》(*The Introduction of Western Literary Theories into China, 1919—1925*)。

对五四运动的研究更重要的推动是1974年8月26-30日在马萨诸塞州的达拉谟(Durham, Massachussets)举办的"五四时期的中国现代文学"国际研讨会。会议收到了17篇杰出的研究文章,有些是作者多年研究和实践的结晶,有些是将要出版的书的雏形或部分内容。前者包括米列娜(Milena Doležalová-Velingerová)、杜博妮、毕克伟(Paul Pickowitz)的,后者有李欧梵、陈幼石(Yu-shih Chen)、梅仪慈(Yi-tsi Mei Feuerwerker)、林培瑞(Perry Link)和伊爱莲(Irene Eber)的。大部分的文章都是关于鲁迅的。

1981年8月23-28日,在加利福尼亚的太平洋丛林市(Pacific Grove, California)举行了纪念鲁迅百年诞辰的研讨会,收到的17篇研究文章中有11篇收入伊爱莲编辑的《西方语言中的鲁迅著作和研究选目》(*A Selective*

Bibliography of Works by and about Lu Xun in Western Languages）。

五年后,即1986年,顾彬在波恩举办了纪念鲁迅逝世50周年研讨会。对年轻学者反对文学实证主义的抗议的结果在提交的会议论文中显示了出来。他们中的大部分选择了将分析鲁迅的创造性手法、讽刺的作用、神话、象征、与现实的关系、鲁迅作品中的小说与梦、他对少年时代的回忆以及他成年时期的痛苦经历等作为研究的主题。

1979年,马悦然（Göran Malmqvist）开始主编4卷本《中国文学指南,1900—1949》（A Selective Guide to Chinese Literature, 1900—1949）。到1991年,已经出版了第1卷小说卷和第2卷短篇小说卷。

20世纪80年代出版的关于五四运动时期的著作比之前年代出版的总和还要多。下面这些作者的著作值得注意：尼古斯卡亚（L. A. Nikolskaya）、汉乐逸（Lloyd Haft）、伯恩·艾伯斯坦（B. Eberstein）、陈幼石、伊爱莲、马立安·高利克、雅罗斯拉夫·普实克、艾德（E. Eide）、金介甫（Jeffrey Kinkley）、李欧梵、吴茂生（Ng Mau-sang）及其他。

评《中国现代思想史上的论争》

《评〈中国现代思想史上的论争〉》于1968年发表在《亚非研究》第4卷上①。刘君若（Liu Chun-jo）的专著《中国现代思想史上的论争：对五四和后五四时期期刊文章的分析参考书目》（Controversies in Modern Chinese Intellectual History. An Analytic Bibliography of Periodical Articles, Mainly of the May Fourth and Post-May Fourth Era）于1964年由哈佛大学东亚研究中心出版。费正清（John King Fairbank）为该书写了序,指出此书的主要目的在于帮助西方学者研究中国现代史的一个重要时期,帮助他们尽快找到分散在众多期刊中的关于这个时期论争的重要文章。

战国时期和五四时期都可被概括为是思想比较解放的时期。尽管在战国时期一个人可以为其思想而死,而在中国20世纪20年代,特别是30年代扼杀他们思想的人却不在少数。

《中国现代思想史上的论争》毫无疑问是一个非常有趣的汉学研究主

---

① 马立安·高利克:《评〈中国现代思想史上的论争〉》（A Comment on Controversies in Modern Chinese Intellectual History）,载《亚非研究》第4卷,1968年,第113-124页。

题。该书由4部分组成:文学问题、社会问题、政治问题和思想问题。每部分由几个被美国汉学家称为思想史的相关主题构成,这些主题都经过作者非常仔细的选择。其中文学问题部分有:方言运动、西方作者简介、"新、旧"文学、文学批评、对经典和文学遗产的重估、革命与文学、大众文学以及对经典的研究与保护。社会问题部分有如下主题:1918—1933年间的总体讨论、1915—1930年间的家庭体系、1919—1920年间的妇女解放运动、教育、文化、意识形态、1920—1937年间的国民文化运动、关于优生的讨论。政治方面的比较少,因为美国汉学更为关注的是20世纪前半期的中国政治生活,而关于它们的材料已经知道了。该部分总共只有两个主题:总体的讨论以及国民党与共产党的分裂。思想方面的主题是最广泛的,有作为一种宗教的儒学论争、西方哲学简介、"新、旧"思想、科学的精神与方法、东方文明与西方文明、社会主义、关于中国社会史的论争、对宗教的讨论以及关于辩证唯物主义的论争。书后附有期刊目录、中文的作者检索表和一个索引。

该书存在的问题是不完整。几百种期刊中,刘若君所用的不足100种,这远远不足以呈现中国这个最伟大、影响最深远的文化革命。作者仅收集整理了那个时期的期刊文章,还应该包括以书的形式出版的资料。她给读者一个误导,让读者以为仅有数量不多的文章和专著。本文的目的旨在证明该书中有些主题其实是以书的形式出版的。

"西方作者简介"一部分的15篇文章中,有9篇或10篇是以书的形式出版的,只有五六篇是期刊文章。"'新、旧'文学"一部分,有10篇文章是书的形式,只有7篇是期刊文章。"革命与文学"一部分,22篇文章中有10篇可在《文艺自由论辩集》一书中找到。"方言运动"一部分稍好些,51篇文章中只有12篇是以书的形式出版的。

一个明显的缺点是,刘若君不够了解所评注的文章作者的笔名,如"唐俟"是鲁迅的笔名,"陈仲甫"是陈独秀的笔名,"杜衍"是郭沫若的笔名,"周起应"是周扬的笔名,"洛杨"和"易嘉"是瞿秋白的笔名,"仲密"是周作人的笔名,"丹仁"是冯雪峰的笔名,"秋桐"是章士钊的笔名,"朱孟实"和"孟实"是朱光潜的笔名,"化鲁"是胡愈之的笔名。

有几篇文章,如《标点古书与提倡旧文学》,刘若君没有指出该文章的作者"谛"是"西谛"的一部分,这两个都是郑振铎的笔名。而且也应该对中国现代文学的论争中相当重要的文章如《我们有什么遗产?》、《文学遗产与洋八股》、《所谓的历史问题》和《不算浪费》给予评价,这些都是茅盾分别用笔名"芬"、"风"、"兰"、"惠"发表的。他还用笔名"佩韦"发表了文章《对于所谓"文言复兴运动"》。

甚至在索引中,刘若君提到作者的姓名时也省略了作者的姓。不是每一位研究这类问题的学者都能在其第一眼见到时明白究竟作者指的是谁。如"学稼"实际上是郑学稼,"西滢"实际上是陈西滢或陈源,"白华"实际上是宗白华等。有时刘若君只给了作者的名,如"馥泉"是指汪馥泉,"实秋"是指梁实秋。

刘若君对外国学者名字的翻译也没太在意。"布哈林"不是中国现代史学家,而是"N. Bukharin",一位著名的俄罗斯共产党员。《处女地》的作者"梭罗霍夫"的名字应该是"M. Sholokhov"①。英译《中国革命史》一书的是"K. Radek"而非"Latik"或"拉狄克",他也是一名俄罗斯共产党员。"弗里采"是"V. Friche",一名俄罗斯文学史家和批评家。"马扎尔"不是"Marzajar"而是"L. Madyar",是中国经济学领域的一名研究专家。

还有一点要指出的是,"Spingar"应该拼成"Spingarn"。《拓荒者》是一种具"左"倾向的期刊名字,而非人名。

刘若君在选编这本书时过于主观,如在"西方作者简介"一节,总共15篇文章中有10篇选自《东方杂志》,2篇选自《小说月报》,分别有1篇选自《创造周报》、《清华学报》和《语丝》。任何了解西方作者在中国的简史的人都会认为这个主题是有缺陷的,而且更为严重的是对事实的扭曲。没错,《东方杂志》在向中国介绍欧洲文学方面是有很大的功劳,但不及《小说月报》踊跃。书中没有提及《新青年》、《新潮》等宣传刊物。书中胡愈之等的功劳可以看出,但没有提供令人满意的证据呈现茅盾、鲁迅、郭沫若和郑振铎等人在文学领域的活动。

一个非常严重的扭曲是在"革命与文学"这一主题中呈现的。书中说文学与革命的讨论开始于1932年以后的时期。应该是开始于1923年郭沫若、郁达夫、邓中夏和其他人的讨论文章。其最激烈的讨论在1928年爆发,以成仿吾的文章《从文学革命到革命文学》的发表为标志。刘若君教授过分依赖《文艺自由论辩集》一书,而令人惊讶的是她却没有参考李何

---

① "梭罗霍夫"(M. Sholokhov)应为"肖洛霍夫",是《静静的顿河》的作者。《处女地》是屠格涅夫(Turgenev)的代表作。本书作者注。

林的《中国文艺论战》。当然,即便她参考了此书,也不足以完整地呈现那些代表文章,因为李何林这本书没有包括1929年和1930年初这个论争最激烈时期的作品。

还有一个扭曲是在"文学批评"这一主题中。所包括的71篇文章中有12篇选自《创造周报》,10篇选自《新中华》,9篇选自《创造季刊》,分别有7篇选自《小说月报》和《新月》,分别有4篇选自《现代评论》和《东方杂志》。刘若君的选择诱导读者做出这样的判断,那就是,创造社第一时期的期刊在中国现代文学批评的形成中起着非常重要的作用,甚至是最重要的作用,其次是围绕着胡适和梁实秋的批评家,再其次才是文学研究会的那些批评家们。

而且,还应该提一提与鲁迅相关的那些期刊,如《莽原》、《奔流》和《大众文学》,以及与左翼作家联盟相关的期刊如《北斗》、《文学月报》、《前哨-文学导报》等。还有1933—1937年间的主要期刊《现代》、《文学》、《文艺月刊》等。

刘若君认为文学批评"或许是中国现代思想领域中最为丰富的"看法是非常正确的。它是研究中国现代思想史最重要的源泉之一。

书中还有一些小毛病。如王敬轩不是一个活跃的人物而是文学革命最早的追随者;《创造季刊》的在刊时间是1922—1924年间;伯特兰·罗素是《政治理想》(*Political Ideals*)和《通向自由之路》(*Roads to Freedom*)这两本著作的作者而非如刘若君在第3.1.6(即政治:"总体的讨论"一节第6小部分)所说的那样;第4.2.44(即思想:"西方哲学简介"一节第44小部分)中评注的应该是《布尔什维克主义的理论与实践》(*Practice and Theory of Bolshevism*)一书。此外,作者评注了《民铎杂志》中很多关于柏格森(H. Bergson)的文章,但却对同时发表在1920年《民铎杂志》上关于尼采(F. Nietzsche)的文章没有给予任何的关注。

该书作者花费了大量的时间,付出了很大的努力,值得所有对中国现代思想史的学者对其表示感谢。不幸的是,书中大量的缺陷和不足在一定程度上降低了该书的价值。

对中国文学共同体的思考

《对中国文学共同体的思考》于 1999 年发表在《亚非研究》上①。1986 年 6 月 30 日—7 月 4 日,60 个学者参加了在德国雷根斯堡(Reisenburg)举办的关于中国新文学的各种问题的会议。会议组织者是西德的马汉茂(Helmut Martin)和美国的刘绍铭(Joseph S. M. Lau)。会议的主要目的在于尽可能彻底地描绘中国新文学的各个部分,充分地为感兴趣的读者或观众提供还不太为人所知的关于文学共同体的知识。1984 年,在捷克斯洛伐克的丝莱莲旎翠城堡举行的会议中法国比较文学家特别提出了所谓的"总体文学"理论,但是没能为在研究相似的文学共同体时提供足够有效的方法论工具。

这次会议的美国发起人将"共同体"(commonwealth)特别理解为"公益"(public welfare),而且恰当地提倡有"宽阔的胸怀"。但在使用"共同体"这个概念时应当特别小心。高利克在他提交的会议论文《1918 年后中国现代文学研究的文学间各个方面》(Interliterary Aspects of the Study of Modern Chinese Literature after 1918)中认为用"community"一词比用"commonwealth"更恰当,语义上更准确,而且也不容易引起历史上的或政治上的质疑。文中他强调了对文学间的联系以及结构-类型上的相似性的某些方面,特别是文类学和文学潮流进行更加彻底研究的必要性。

在中国现代文学领域,对"跨文学过程"的研究实际上还没有开始。杜里申(Dionýz Ďurišin)在其专著《跨文学过程理论》(Theory of the Interliterary Process)中呈现了文学间共同体内各种不同的类型及其功能。高利克在向 1985 年举办的第 11 届国际比较文学年会提交的论文中对"远东文学间共同体"做了定义,该定义涉及中国古代文学与日本、韩国、越南特别是蒙古和西藏文学之间形成的紧密联系以及其在远东文学共同体中占据的领导位置。这种情形在 1894—1918 年间发生了很大的变化。由于"中国"与其周边的国家在地缘和文化上的相近,形成了远东文学间共同体。在这个概念发展的漫长历史过程中,其内容和对"大汉族主义秩序"

---

① 马立安・高利克:《对中国文学共同体的思考》(Reflections on the Community of Chinese Literature),载《亚非研究》第 24 卷,1999 年,第 223-230 页。

的理解常常在发生变化。中国与那些"荒蛮之国"间根本的不同可在"文"这个概念中见出。在整个公元后的第一个千年里及其后,中国文化是呈离心状向周围世界,首先是韩国,然后是通过韩国这个中介向日本,并且从中国南方向越南发展的。中国古代文学语言"文言"及其本土的适应形式是一直到19世纪整个共同体的"通用语"。远东文学间共同体是双边的、双语的,尽管在中国从来不是这样的。在这个远东文学间共同体中,大部分的中文书被翻译成日文、韩文、越南文和其他语言。根据相对可靠的统计,1661—1895年间,有129种中文书被译成了日文,但只有12种日文书被译成中文,并且其中9种是日本人自己翻译的,其主要目的是宣传。但梵文书与中文书之间的情况正相反。没有一本中文书被译成梵文,却有成千上万种中文书是从梵文这种经典语言翻译过来的。①

这种情况在19世纪发生了变化。中国开始衰落,其原因在于王室与日俱增的需求与封建社会之间的冲突。1839年后,这种衰落因鸦片战争和太平天国起义而加剧。五四运动的爆发既为一场真正的文化革命也为中国现代文学的开始创造了条件。由于远东各国相当多样和相当不稳定的政治、经济的发展,没有新的文学间共同体形成。一直到1937年,日本起着中国的文学中介的作用。

随着这种离心式发展模式的破坏性崩溃,中国文学坚持遵循一种"向心式的模式",即选取世界各种不同的文学中的促进因素,采纳其创造性的部分。在这个过程中,它并没有从地缘的临近中得到益处,或者在一定程度说仅仅只是从其中得到益处。它没有将自己限制在时空中,即它是到欧洲文化区域的"神话"中去寻求自己需要的东西。这个共同体的典型特征是将其他国家的文学翻译过来为己所用。②

直到1949年,中国新文学都是一种文学内部的共同体,尽管其组成不仅在中国本土内,而且也在香港、马来半岛、印度尼西亚和菲律宾。但其发起人都是到这些地方去谋生或寻求政治避难的中国人。

1949年,香港的移民和难民开始创作中国文学。台湾作者开始成为引人注目的中心。现在,中国的文学共同体是一种文学间共同体,其包含了几个典型的特征:一是至少跨越了亚洲、欧洲和美洲三大洲;二是包含了

---

① 马立安·高利克:《对中国文学共同体的思考》,前面所引书,第225-226页。
② 同上,第227页。

社会主义、资本主义和第三世界 3 种不同的社会政治体系;三是它是由唯一一个民族的人创作的。这些人讲中文及不同的方言,使用一样的现代语言工具普通话。中国文学共同体由许多民族文学组成。①

新的中国文学共同体这个说法是近期才提出来的。第一次对其发生兴趣是在 1982 年举办的关于香港和台湾的文学创作的会议。同样也应该注意到,中国文学共同体语言的同质性将文学间的译介排除在外。另一方面,政治方面的障碍阻碍了它从外国文学的译介中获益。香港例外,它起到了中介的作用。

1897—1937 年间,这种中介的功能主要是由日本文学来完成的。1927年后,对俄罗斯古典文学和新的苏联文学的兴趣越来越浓,但其影响在"文化大革命"前夕突然停止了。1978 年后,中国当代文学没有试图依靠哪种民族文学或文学中介,而是有选择性地努力去寻求自身发展需要的促进因素。

中国现代颓废之梦中非正常的爱与暴力

《中国现代颓废之梦中非正常的爱与暴力》于 2002 年发表在《亚非研究》上②。该文为 2001 年 11 月 5-10 日在意大利举办的"情感与史料分析在中国"(Emotions and the Analysis of Historical Sources in China)会议的会议论文。会议由意大利汉学家史华罗(Paolo Santangelo)组织,旨在分析 20 世纪 20 年代和 30 年代创作的与非正常的爱和暴力相关的 5 部具有颓废特征的中国戏剧,展示中国对待这些主题的态度,以及它们与传统中国文学和印度文学以及现代欧洲的奥斯卡·王尔德(Oscar Wilde)和邓南遮(Gabriele D'Annunzio)的颓废之间的关系。

文章第一部分梳理了 16-18 世纪古今中外与"情感"这一主题相关的作家作品。关于外国作家部分,文章梳理了从詹姆斯·阿巴克尔(James Arbuckle)的《书信散文集》(Collection of Letters and Essays),到歌德(Johann Wolfgang Goethe)的《少年维特之烦恼》(Die Leiden des jungen Werthers),到

---

① 马立安·高利克:《对中国文学共同体的思考》,前面所引书,第 228 页。
② 马立安·高利克:《中国现代颓废之梦中非正常的爱与暴力》(Deviant Love and Voilence in Modern Chinese Decadent Dream),载《亚非研究》第 11 卷第 2 期,1999 年,第 185-204 页。

死于1821年的济慈(John Keats)的作品。文章特别强调了华兹华斯(William Wordsworth)和柯勒律治(Samuel Taylor Coleridge)对"情感"的定义,并引用了歌德在《浮士德》中对情感重要性的强调:"情感即是一切,而名字只不过是过眼云烟。"对于中国作家部分,则梳理了从老子到李清照、李梦阳、李攀龙、朱熹、王阳明、李贽、司空图、周敦颐,到郁达夫对于情感的看法①。很奇怪最受马里奥·普拉兹(Mario Praz)批评的王尔德和邓南遮却是对中国影响最大的两位戏剧家。

1826年8月,向培良的《暗嫩》出版。这部戏剧描写了主人公遭受的"看与抚摸的恐惧",可说是中国现代文学作品中运用描写人物裸体这一直接从圣经《雅歌》中借用的方法的最佳典范。尽管向培良阅读和崇拜王尔德的《莎乐美》,而且在一定程度上说他是在王尔德的影响下进行戏剧创作的。"看与抚摸的恐惧"仅仅是向培良或者说他的主人公内心的武器装备。从他作为一个戏剧理论家、剧作家和导演的一开始,向培良就强调了兄妹间性的相互吸引的力量。②

向培良的《暗嫩》与《圣经》中暗嫩与他玛之间的故事不同。一开始他详细描写了他玛穿着衣服时身体不同部位的美,然后他决定仔细观看且可能去触摸她最隐秘的部分。他命令他玛躺在地板上(这当然算是强奸的一种),但他没有进一步行动,因为看与抚摸的愿望比想与她做爱的愿望更甚。

《圣经》中的暗嫩与异母的妹妹断绝了关系,可能再也没有见到过她。他玛的哥哥押沙龙准备复仇,后来将这个引诱者杀了。

向培良的《暗嫩》是对不正常心理的研究。可能他是在自己的亲身观察和对西格蒙德·弗洛伊德(Sigmund Freud)以及哈维洛克·埃利斯(Havelock Ellis)的作品进行研究的基础上萌发了运用这种现代精神病理学知识以不同的、现代的方式来表达这一《圣经》主题,丰富中国戏剧的创作。他的《暗嫩》显示了新的、迄今为止还未被发现的颓废之爱的一个方面。

白薇女士的《访雯》于1926年发表在《小说月报》上。她从未提过邓南遮是她最喜爱的作家,尽管他的《乔宫达》(La Gioconda)已经于1924年

---

① 马立安·高利克:《中国现代颓废之梦中非正常的爱与暴力》,前面所引书,第188页。
② 同上,第192页。

由张闻天翻译出版,他的《死城》(*La Città morta*)译文于1925年发表在《晨报副刊》上,后有曼特里尼(G. Mantelini)的英译文本于1927年由向培良翻译出版。

白薇的《访雯》叙述了曹雪芹的《红楼梦》第77回贾宝玉探视晴雯的故事。故事一开始,可怜的晴雯被从怡红院中撵出去,后被表哥暴打一顿,躺在稻草破席上的自言自语,急切地唤人给她茶喝。她想到了棺材、箱子,她思念宝玉。宝玉一来便让晴雯给他看身上被表哥暴打的伤。纯洁的晴雯不允许他看自己衣服下背上的伤。她告诉宝玉,"我没有那种义务"。16岁的她一直保持着一颗洁心。

《访雯》中的男主角,与《暗嫩》中的男主角一样,是颓废之爱的叙述者。他向她说着崇拜的话:"你的眼睛好像魅惑的海!你的朱唇,好像将发蕾的红蔷薇!你投在我心中的美影,真使我终身不忘。"晴雯知道这些话只是一种"意淫"。他只会舔年轻女孩嘴上的胭脂,不能与她发生真正的异性恋。因此即便是她很喜欢他,也不允许他亲自己的嘴。当宝玉试图"动蛮"时,晴雯叫他"别把我当卖春妇看待!"

与向培良的暗嫩一样,白薇的宝玉也没能达到自己的目的。二者都从欣赏女孩瘦弱的、被暴打的身体或吸引人的嘴唇中得到虐待欲,都被拒绝。因为二者都不值得她们去爱,尽管他们是女孩们内心渴望的对象。

徐葆炎的《妲己》中表现出的非正常的爱与暴力或残忍更加显而易见。1927年,他曾将王尔德的《莎乐美》译成中文。《妲己》于1929年由邵洵美创办并经营的金屋书店出版。《书经》中记载了纣辛或帝辛与妲己的故事。妲己在故事中的作用与《圣经》故事中的希罗底(Herodias)相似,只是她在煽动纣辛的暴虐行为中更加别出心裁,也更加积极。

仔细读徐葆炎的《妲己》会发现,创作这部戏剧时,除了王尔德的《莎乐美》,他还参考了《封神演义》。纣辛的爱在很大程度上是自私的,我们可将其概括为是一种残忍的行为。在他表示了对妲己的眼睛、嘴唇、胸部的崇拜后,他接着表达了想要拥有和享受她的整个身体的愿望。他甚至想"吞"下她,以便使自己的性欲得到完全的满足。妲己没有反对,她甚至将被他像一块肉似的吞下看作是一种荣誉。

在中国古代和现代时期中吞吃人肉是相当普遍的。不仅是在《妲己》这部戏剧中,《封神演义》第27章中也有妲己喝用比干的心熬的汤。对现代戏剧来说,这一幕是病态的。徐葆炎的这部戏剧最典型的特征是其中的暴力行为是故意的、深思熟虑的。从受害人的痛苦中获得施虐的快感充斥着整部戏剧。纣辛急切地盼着妲己想出新的"惩罚"形式来虐待那些反抗的、不顺从的甚至无辜的人。欲望是最高的要求，不管是从生殖器官获得，还是从变态的精神中获得，或者是通过狡猾的痛苦方式获得。

在第三幕的最后，我们看到暧昧的爱与残酷的情景。但3个施刑者，武王最凶残的武士，不敢对妲己施刑。因为他们全都在第一眼就爱上了她，或者很久以来一直暗恋着她。

我们可在苏雪林的《鸠那罗的眼睛》中找到对非正常的爱与暴力的平衡描写。明代以前出现了3个关于《阿育王传》(Asokavadāna)的汉译本。从苏雪林的笔记可以得知她对这3个译本，而且对20世纪30年代在中国可获得的与这个问题相关的梵语文学作品及其研究都很熟悉。在1921—1925年待在法国期间，她很可能阅读了法文版的《阿育王传》(*La legende de l'empereur Acoka dans les texts indiens et chinois*)和《印度佛教史简介》(*Introduction à l'histoire du buddhisme indien*)。

戏剧的一开始阿育王年轻、迷人、粗鲁的妻子净容在"大自在天"石像前祈祷。一天晚上，当她喝了很多酒之后，她激动地试图赢得她那深信佛教且孝顺的儿子、真金鬘忠诚的丈夫鸠那罗的身心。如果说《阿育王传》中诱惑的语言不算太多的话，苏雪林的《鸠那罗的眼睛》中的净容则试图在整整3页的篇幅中向鸠那罗描绘她的爱和他的男性美。至此，所分析的3部戏剧中崇拜的目标都只是男性美，3位作者都追随了《雅歌》，并直接或间接借鉴了王尔德的《莎乐美》。而在苏雪林的这部戏剧中，则《雅歌》和《莎乐美》的痕迹都是显而易见的，甚至其开始的"引言"就选自莎乐美对她的非正常之爱的宣告："唉，你总不许我亲你的嘴，约翰。好！现在我可要亲它了。"①

净容对鸠那罗的要求比莎乐美对约翰的要求多。这个"天眼王子"的信仰者和崇拜者，渴望他用紫金柱似的臂膀拥抱她，她愿意死在他醉人的眼波里，直到行销骨化。纯洁的鸠那罗与他的母亲相反，是大乘佛教的信奉者，多次推开走上前来的她，没有让她得到性的满足。净容发誓如果得不到他的爱，就要他的眼睛。在帮助阿育王治愈他的病后，阿育王答应除了自己的头和鸠那罗的眼睛，什么都可以给她。她秘密地下令剜去了鸠那

---

① 马立安·高利克：《中国现代颓废之梦中非正常的爱与暴力》，前面所引书，第200页。

罗的眼睛。命令是以阿育王的名义执行的。失明又羞愧的鸠那罗靠着在全国弹奏七弦琴作为自己和真金鬘谋生的手段。一次，他在皇宫附近弹奏，阿育王听出了他的声音和音乐，但没有认出他的脸和身体。在听了净容的坦白后，他命令对这个"无耻的淫妇"施以酷刑，处以死刑。向对比干那样，应该取出她的内脏和心来看看。鸠那罗请求缓刑。这个请求没有得到允许而是改为用火活活烧死。净容没有给施刑者机会。趁阿育王不注意，她在"大自在天"石像前将自己刺死。残忍的达摩王很遗憾没有让她受什么痛苦就下了地狱。

欧阳予倩的《潘金莲》是最后要分析的关于不正常的爱与暴力主题的一部戏剧。他描写了另一个"无耻的淫妇"，小说《金瓶梅》中的女主人公和《水浒传》中为数不多的女性人物潘金莲。浪漫而保守的欧阳予倩受到了20世纪20年代和30年代的唯美主义和颓废主义运动的影响。在《潘金莲》这部戏剧中，两个主人公的性格并没有多大的改变。潘金莲成了颓废之爱的代言人。这在《金瓶梅》和《水浒传》两部中国古典小说中完全是不可能的。在剧本最精彩的第4幕中，当武松说潘金莲因为帮助西门庆杀了他自己的哥哥该死时，她回答说所有的人都要死的。但她抱着他说能够死在她爱的男人的手里是件多么高兴的事。她接着问道："二郎，你要我的头，还是要我的心？""你要我的心，那是好极了！我的心早已给了你了！我的心放在这里，你没有拿去！二郎你来看！雪白的胸膛，里头有一颗很红很热很真的心，你拿去吧！"武松不想听她爱的表白。当武松将裹着西门庆脑袋的包袱扔向她，让她跟西门庆一起去时，潘金莲说道："二郎，可是你说叫我'跟西门庆去'……真伤我的心！我今生今世不能和你在一处，来生来世我变头牛，剥了我的皮给你做靴子！变了蚕子，吐出丝来给你做衣裳。你杀了我，我还是爱你！"说完这些话，她张开双臂，用热情的眼神盯着他。武松结结巴巴地说："你爱？我……我……"，一刀将她刺死。

在《潘金莲》这部戏剧中，对爱的表白与中国古代文学作品不同。暴力的行为是一样的，但是在传统的中国文学作品中，尤其是小说中，对暴力的反映有很大的不同。

这5部有关颓废主题的中国现代戏剧给我们展示了在中国现代文学早期不同类别的爱。这是一种极端神经质甚至有精神病人格的爱。即便这种爱存在于前一个千年中，由于中国伦理学、心理学和文学对"执"(self-restrained)的要求,也绝对不会被表现出来。①

论现代中国文学中"民族形式"的讨论之主要话题

《论现代中国文学中"民族形式"的讨论之主要话题》于1974年发表在《亚非研究》上②。关于"民族形式"的讨论主要是在1939—1940年和1944年。文章特别分析了第一次讨论的材料与中国当代文学的现状。这次讨论可能是20世纪以来最重要的一次,对创作和批评产生了重大的影响。

1936—1937年间以及1942年是分水岭。1942年之后的中国文学与1936—1937年之前的相比有很大不同。如果想要研究1942年后到现在的文学,毛泽东是无论如何也绕不过去而必须面对的。对中国新文学的发展来说,1942年比1937年更重要。但作为讨论和意见的自由交换来说,1937—1942年这个时期也是1942年的一个准备阶段。没有这个时期出现的大量的文章、讲话和各种讨论、论争,就不可能有1942年的毛泽东延安讲话。毛泽东的文艺理论是以30年代其他的作家作品为背景和基础的,他们通常是那些离他比较近的中共党员。

1938年10月14日,毛泽东在中国共产党第六次全体会议上作了题为《中国共产党在民族战争中的地位》的报告。报告是中国现代文学批评最重要的文献之一,尽管它根本没有提到文学。其中只有一段也可说是指文学:"学习我们的历史遗产,用马克思主义的方法给以批判的总结,是我们学习的另一任务。……从孔夫子到孙中山,我们应当给以总结,承继这一份珍贵的遗产。……马克思列宁主义的伟大力量,就在于它是和各个国家具体的革命实践相联系的。对于中国共产党说来,就是要学会把马克思列宁主义的理论应用于中国的具体的环境,成为伟大中华民族的一部分而和这个民族血肉相连。……因此,使马克思主义在中国具体化,使之在每一表现中带着必须有的中国的特性,即是说,按照中国的特点去应用它,成为全党亟待了解并亟须解决的问题。"该段最重要的是下面的话:"洋八股

---

① 马立安·高利克:《中国现代颓废之梦中非正常的爱与暴力》,前面所引书,第203页。
② 马立安·高利克:《论现代中国文学中"民族形式"的讨论之主要话题》(Main Issues in the Discussion on "National Forms" in Modern Chinese Literature),载《亚非研究》第10卷,1974年,第97-111页。

必须废止,空洞抽象的调头必须少唱,教条主义必须休息,而代之以新鲜活泼的、为中国老百姓所喜闻乐见的中国作风和中国气派。"①

毛泽东在讲话中提到了"洋八股",这个词在 1923 年已经被恽代英在其题为《八股?》的文章中使用过一次了。恽代英否认国民解放和民主革命运动中的那些文章或主义具有艺术价值能丰富中国文学,认为相似的文学必须被驳斥,必须拒绝"八股文"②。毛泽东在讲话中可能指的是恽代英,但是毛泽东的"洋八股"一词,至少从引文来看是不明确的、抽象的、不具体的。恽代英说"洋八股"时,头脑中肯定没有想到国内的范式,没有想到"中国作风和中国气派"的创造。在写"洋八股"需要废止时,毛泽东已经是个"权威",他的话比恽代英的更具有无可比拟的影响和反响③。"洋八股"与"中国作风和中国气派"在这里是个提示词,是评价的标准,全在于个人对它的解读。

参与"民族形式"的讨论者的观点显然是不一致的。向林冰的观点和葛一虹的观点代表了相反的两极。向林冰在题为《论"民族形式"的中心源泉》中提出了后来成为争论的热点对象的观点:"新质发生于旧质的胎内,通过了旧质的自己否定过程而成为独立的存在。"他接着指出民间形式是民族形式的中心源泉,并驳斥了"五四"以来的新兴文艺形式。④

葛一虹则在其题为《民族形式的中心源泉是所谓"民间形式"吗?》的文章中持完全相反的观点。以保护文学革命成果的名义,他认为应该将五四运动以后的文学创作者使用的新形式作为民族形式。⑤

---

① 原文可参见《毛泽东选集》第 2 卷,北京:人民出版社,1966 年版,第 498-500 页。
② 恽代英:《八股?》,载《中国青年》1923 年第 8 期。
③ 马立安·高利克:《论现代中国文学中"民族形式"的讨论的主要话题》,前面所引书,第 100 页。
④ 向林冰:《论"民族形式"的中心源泉》,载《中国现代文学论文选集》,郑州:河南人民出版社,1957 年版,第 468 页。
⑤ 葛一虹:《民族形式的中心源泉是所谓"民间形式"吗?》,载《中国现代文学史》,上海:复旦大学出版社,1959 年版,第 464 页。

陈伯达题为《关于文艺的民族形式问题杂论》①的文章可能是更加详细地论述民族形式这个问题的第一篇了。他指出应该使旧形式服从新内容。民族形式的问题不仅仅是旧形式的问题,也是关于新形式的创造和发展的问题,新形式是对旧形式的"扬弃"。在他看来,利用旧形式并不意味着对从新文学运动中所获得的知识的拒绝,并不意味着"复古",相反,它是新文学运动发展的新阶段。文中陈伯达没有提及世界文学对中国现代文学创作的影响。

周扬在《对旧形式利用在文学上的一个看法》中认为,旧形式在人民中间的强固地位并没有被新形式所取而代之,全国各大都市竟没有一处话剧场,而旧戏院则数不胜数。他指出,应该努力探索大众化的新形式和新内容的旧形式。与葛一虹相反,他认为不应该迷信新形式,而是要以旧形式为基础努力创造新的民族形式。旧的中国民间形式反映生活,但是它不能表达出其复杂性,因而,需要对这些旧形式进行改造,"把章回小说改造为了更自由更经济的现代小说体裁,从旧白话诗词蜕化出了自由诗。"②与陈伯达一样,周扬也没有提世界文学对中国现代文学之起源和发展的影响。

文中周扬提及将从外国输入的东西变成中国的,认为这些东西在中国特殊环境中具体应用之后,也就不再是外国的原样了。他提到了未来主义和表现主义,认为对中国新文艺影响最大的恰恰是弱小民族的、俄国的以及后来苏联的作品。周扬的目的旨在创造新的民族形式。他认为这些新的民族形式的缺点是"不大众化"。周扬赞成新旧文艺形式应该共存,要提高新形式的大众化,提高旧形式的艺术化。他总结道:"民族新形式之建立,并不能单纯依靠于旧形式,而主要地还是依靠对于自己民族现实生活的各方面的绵密认真的研究,对人民的语言、风俗、信仰、趣味等等的深刻了解。"③

这最后一句是周扬后来的,同时也是毛泽东文学理论的前提。在理论上二者都盲目相信"实际生活的实践"与作家、诗人的成功与否相关。

---

① 陈伯达:《关于文艺的民族形式问题杂论》,载《中国现代文学史参考资料》,北京,1959年版,第727—730页。原载《文艺战线》第1卷第3期,1939年4月16日。

② 周扬:《对旧形式利用在文学上的一个看法》,载《中国现代文学史参考资料》,前面所引书,第733页。

③ 同上,第736页。

郭沫若是第3位讨论"民族形式"的批评家。他在题为《民族形式商兑》①的文章一开始整段引用了毛泽东的观点"洋八股必须废止,空洞抽象的调头必须少唱,教条主义必须休息,而代之以新鲜活泼的、为中国老百姓所喜闻乐见的中国作风和中国气派"并对其给予了褒扬。郭沫若对"民族形式"的理解比较宽泛,它不仅指文学上的,也可包括在政治、经济、军事艺术甚至香槟酒或威士忌的生产上。

郭沫若反对将通俗文学和民间文学作为民族形式的中心源泉的观点。陈伯达选择了忽略外国文学对中国文学的影响,周扬则对其持保留态度,郭沫若却认为外国影响是不容驳斥的。他举了唐朝的"变文"为例,认为唐以后的民间形式的文艺便从这儿开出了一条门径,由这儿变为宋代的"说经"、"说史"、"平话",变为明清的宝卷、弹词、鼓词及章回体小说。郭沫若指出,中国的新文学是"民间形式"和"士大夫形式"这两种旧的文学形式的"综合统一"。它应该从士大夫形式中取其艺术性,从民间形式中取其通俗性。由于中国新文学也受到外国文学的影响,因而它也是旧有形式和外来形式的"综合统一"。②

在中国文人中,胡风是对"民族形式"这个问题最关注的一位。他在题为《对于五四革命文艺传统的一理解》的文章中分析了前面讨论过的除葛一虹之外的许多作者的观点,尤其是诗人和批评家何其芳的。何其芳在《论文学上的民族形式》一文中认为五四运动以来的新文学是旧文学的正当的发展。旧的形式是落后的,中国新文学受到欧洲文学形式的影响。因而新文学形式上更欧化,而在内容上更现代化和中国化。③

胡风的观点与郭沫若的最接近,都提及外国文学对中国新文学的影响。与前面提及的这些批评家对"民族形式"这一问题的看法相比,大部分欧洲汉学家都会更赞同胡风的观点。在普实克为《中国现代文学研究》所写的"引言"中,我们可以读到下面的文字:"可以说,中国文学的发展在这一时期发生了一次重大的突破。中国新文学与其说是从旧的本土文学中吸取灵感,不如说是受了外国文学典范的启发。作家鲁迅的情况是最明

---

① 郭沫若:《民族形式商兑》,载《南方文艺丛刊》,桂林:南方出版社,1940年版。
② 马立安·高利克:《论现代中国文学中"民族形式"的讨论之主要话题》,前面所引书,第105页。
③ 胡风:《对于五四革命文艺传统的一理解》,载《中国现代文学史参考资料》,前面所引书,第779—784页。

显的例证。……旧的中国文学给中国的革命作家提供不了什么东西,因为革命作家的使命是创建一种完全不同于旧中国的文学和文化。"①

茅盾参与这场讨论的文章题为《旧形式、民间形式与民族形式》②。文中茅盾说他不赞成以民间文艺形式为其"中心源泉"的民族形式,因为产生于封建社会的民间形式是陈旧的、过时的。但是,可以用它们来创造民族形式。茅盾将民族形式的中国新文学看成是两种潮流的结果:一是旧文学对新文学的影响;二是世界文学对新文学的影响。新文学应该与欧洲和世界文学中那些古老的经典和无产阶级新文学联系起来。他力图不夸大中国古典文学或外国文学对新文学的影响,既不过分赞扬中国古典文学,也不贬低西方文学及其对中国文学的影响。③

1944年,延安鲁迅艺术学院举办了另一场关于"民族形式"的讨论。所有参加讨论的人都希望建立"民族形式",但有些是以旧的中国文学为基础,有的是通过改革在五四运动之后形成的新的文学形式。

1946年,何其芳在题为《关于诗歌形成问题的争论》的文章中谈到了民族形式:"就我的理解简单说来,民族形式问题实质上是一个文艺与中国广大人民结合的问题。因此,凡是符合今天中国人民的需要,能够多为今天中国人民服务的,无论它是新形式或从新形式改造过来的,无论它是旧形式或从旧形式改造过来的,都是民族形式。"④

巴人对民族形式问题从理论上作了很好的理解。在广泛研究的基础上,他在《文学初步》中指出民族形式必须具备三个特征:一是必须具有民族的特性;二是必须具有外来的形式的特征;三是必须同时具有世界形式的一般特征⑤。可以看出,巴人充分认识到了民族文学、世界文学及其相互关系。1940年之后文学的发展表明中国文学对"世界的"或"外来的"因素的运用跟之前比相对少了。巴人概括了中国文学中对旧形式回归的特

---

① 雅罗斯拉夫·普实克(Jaroslav Průšek):《中国现代文学研究〈引言〉》(Introduction to the Studies in Modern Chinese Literature),载《中国现代文学研究》,柏林:学院出版社,1964年版,第18-19页。

② 茅盾:《旧形式、民间形式与民族形式》,载《文化研究》,重庆,1942年,第25-27页。文章最初刊载于1940年9月25日出版的《中国文化》第2卷第1期。

③ 马立安·高利克:《论现代中国文学中"民族形式"的讨论之主要话题》,前面所引书,第107页。

④ 何其芳:《关于诗歌形成问题的争论》,载《文学评论》1959年第1期,第20页。

⑤ 巴人:《文学初步》,上海:海燕出版社,1950年版,第328-329页。

征,这种现象尤其是在抗战文艺中经常发生。巴人称其为"无原则的中国文学之封建形式之回复"。①

"文化大革命"的主要发起人毛泽东和林彪将江青带进了文学领域,使她成了文学批评领域和整个文艺政策的主要发言人。在她的"打破旧习的热情"中,也包括了创作出有价值的文学或艺术作品的艺术运动。《林彪同志委托江青同志召开的部队文艺工作座谈会纪要》中写道:"要破除对所谓30年代文艺的迷信。""要破除对中外古典文学的迷信。中国的古典文艺,欧洲(包括俄国)古典文艺,甚至美国电影,对我国文艺界的影响是不小的,有些人就当作经典,全盘接受。……古人、外国人的东西也要研究,拒绝研究是错误的,但一定要用批判的眼光去研究,做到古为今用,外为中用"。② 该《纪要》接着说:"对十月革命后出现的一批比较优秀的苏联革命文艺作品,也要有分析,不能盲目崇拜,更不能盲目的模仿。"究竟是哪些苏联文艺作品,江青没有说明。但很可能是指亚历山大·法捷耶夫(Alexander Fadeev)的《毁灭》(*Razgrom*),那是毛泽东在《延安文艺座谈会上的讲话》中唯一一部加以赞美的小说。她直截了当地谴责了米哈伊尔·肖洛霍夫(Mikhail Sholokhov)的《静静的顿河》、《被开垦的处女地》和《一个人的遭遇》。

---

① 巴人:《文学初步》,上海:海燕出版社,1950年版,第329页。
② 《林彪同志委托江青同志召开的部队文艺工作座谈会纪要》,北京:人民文学出版社,1967年版,第12-13页。

附 录

附录一　高利克所译鲁迅作品题名

阿Q正传：*The True Story of A Q*
白光：White Light
补天：Mending Heaven
长明灯：The Eternal Lamp
淡淡的血痕中：Amid Pale Bloodstains
对于批评家的希望：What I Ask of Critics
对于左翼联盟的意见：Views on the Left League
风波：Storm in a Teacup
复仇（二）：Revenge II
革命时代的文学：Literature of the Revolutionary Period
革命文学：Revolutionary Literature
估"学衡"：Weighing of "Study Balances"
故事新编及其他：*Old Tales Retold and Other Works*
故乡：My Old Home
关于小说题材的通信：On Subject-Matter of the Fiction
华盖集：*The Ominous Aureola*
怀旧：The Remembrance of the Past
火与花：Fire and Flowers
孔乙己：Kong Yiji
狂人日记：The Diary of a Madman
卢梭和胃口：Rousseau and Personal Taste
鲁迅论文学：Lu Hsun on Literature

鲁迅全集：*Complete Works of Lu Xun*
鲁迅日记：*Lu Hsun's Diary*
鲁迅选集：*Selected Works of Lu Hsun*
论睁了眼看：On Looking Facts in the Face；To Look Reality in the Face
论"第三种人"：On "the People of the Third Categary"
明天：Tomorrow
"民族主义文学"的任务和运命：The Task and Fate of Nationalist Literature
摩罗诗力说：On Satanic Power of Poetry
呐喊：*Call to Arms*；*Outcry*
拟播布美术意见书：A Project for Spreading the Fine Arts
女吊：The Gost of a Hanged Woman
彷徨：*Wandering*
破恶声论：On Breaking through the Voices of Evil
社戏：Village Theatre
随感录四十一和四十九：Random Thoughts Nos. 41 and 49
中国小说史略：*A Brief History of Chinese Fiction*
未有天才之前：Waiting for Genius
文化偏至论：On the Perverted Development of Culture
文学和出汗：Literature and Perspiration
文艺大众化：Creation of Mass Literature
文艺与革命：Literature and Revolution
文艺与批评：Literature and Criticism
我们要批评家：The Critics We Need
我怎样做起小说来：How I Began to Write Short Stories
无常：Wuchang
艺术论：On Art
无花的蔷薇：Roses without Flowers
现今的新文学的概观：An Outline of Contemporary New Literature
药：Medicine
野草：*Wild Grass*
一觉：The Awakening
影的告别：The Shadow's Leavetaking

"硬译"与"文学的阶级性":"Hard Translation" and "Class Character of Literature"

域外小说集:*Tales from Abroad*

朝花夕拾:*Dawn Blossoms Plucked at Dusk*

这样的战士:Such a Fighter

铸剑:Forging the Sword

"醉眼"中的朦胧:Illusory Visions in the "Drunkard's Eyes"

附录二 高利克所译郭沫若作品题名及诗歌

所译郭沫若作品题名

岸上:On the Shore

别离:Parting

波斯诗人莪默伽亚谟:Persian Poet Omar Khayyam

晨安:The Good Morning

创造十年:*Ten Years of Creation*

创造十年续编:*Ten Years of Creation Continued*

创造者:Demiurge; Creator

春愁:Spring Sadness

地球,我的母亲!:Oh, Earth, My Mother

凤凰涅槃:The Nirvana of the Phoenixes

《浮士德》简论:A Short Critique of *Faust*

《浮士德》第二部《译后记》:After the Translation of the Part Two of *Faust*

革命春秋:*Revolutionary Annals*

革命与文学:Revolution and Literature

孤鸿:The Lonely Swan

关于文学的不朽性:On the Perennial in Literature

郭沫若少年诗稿:*Guo Moruo's Poetry of Young Years*

郭沫若全集:*Collected Works of Kuo Mo-jo*

郭沫若研究论集: *Materials for the Study of Guo Moruo's Life and Work*

海外归鸿: The Swan Returning from the Other Side of the Sea

海舟中望日出: Sunrise Seen from a Boat

黑猫: Black Cat

黄河与扬子江对话: The Dialogue between the Rivers Yangtze and Huangho

惠施的性格与思想: The Temperament and Philosophy of Hui Shi

金字塔: Pyramids

离沪之前: Before Leaving Shanghai

留声机器的回音: Gramophone's Echo

论国内的评坛及我对于创作的态度: Chinese Criticism and My Attitude towards Creation

论诗三札: Three Letters on Poetry

论文学的研究与介绍: On the Literary Study and Introduction; On Literary Research and Introduction

论中德文化书: A Letter on Chinese and German Culture

落叶: Fallen Leaves

梅花树下醉歌: Drunken Song under a Flowering Tree

蜜桑索罗普之夜歌: Misanthrope's Night Song

沫若文集: The Collected Writings of Kuo Mo-jo

女神: *The Goddesses*

女神之再生: The Rebirth of the Goddesses

《女神》诗选: *Selected Poems from The Goddesses*

《女神》序诗: Preface to *The Goddesses*; Preface; Introductory Poem to the Collection *The Goddesses*

批判《意门湖》译本及其他: A Criticism of *Immensee*'s Translation and Other Matters; The Critique of *Immensee* and Other Thing

批评---欣赏---检察: Criticism, Appreciation, Investigation

批评与梦: Criticism and Dream

晴朝: Fine Morning

日出: Sunrise

儒家精神的复活者王阳明: Wang Yangming-The Restorer of Confucian Spirit

三个泛神论者：Three Pantheists
沙上的脚印：Footprints in the Sand
少年时代：Young Age
少年维特之烦恼序引：A Preface to The Sorrows of Young Werther
神话的世界：The World of Myths
生活的艺术化：Practical Aestheticism
胜利的死：Victorious in Death
死的诱惑：The Temptation of Death
太戈尔来华的我见：My Views on Tagore's Visit to China
太阳礼赞：Hymn to the Sun
棠棣之花：Wild Cherry Blossoms
天才与教育：Genius and Education
天狗：The Hound of Heaven
瓦特·裴特的批评论：The Criticism of Walter Pater
未来派的诗约及其批评：Futurist Poetry and its Criticism
文艺家的觉悟：Writer's Consciousness
文艺论集：Studies on Literature and Art
文艺之社会的使命：The Social Mission of Literature
我的童年：My Childhood
我是个偶像崇拜者：I am the Idolator; I am an Idolator
我的作诗的经过：My Experience in Writing Poetry
我们的文学新运动：Our New Movement in Literature
《西厢记》艺术上的批判与其作者的性格：Artistic Criticism of The West Chamber and the Nature of its Creator
湘累：The Tragedy at the River Hsiang; The Tragedy at the Xiang River; The Tragedy on the River Xiang
新阳关三叠：Three Times at the New Sun Gate
新月与白云：New Moon and White Clouds
星空：Starry Sky
学生时代：My Student Years; Student's Age
艺术的评价：The Evaluation of Art
艺术家与革命家：Artist and Revolutionary

英雄树:The Heroic Tree
影与梦:Shadow and Dream
中国文化之传统精神:The Traditional Spirit of Chinese Culture
桌子的跳舞:The Dance of Tables

所译郭沫若诗歌

1.岸上 On the Shore

The lead-grey roofs of the fishermen's cottages

Gleam darkly with a circle of red flame:

Now crimson … now madder

Now orange … now gold.

It is as ever the white radiance of the moon.

"On the seashore of endless worlds children meet.

The infinite sky is motionless overhead and the restless water is boisterous.

On the seashore of endless worlds the children meet with shouts and dances."

Again I sit on the broken hulk on the shore.

My little Ah-ho

Joins with a troop of children;

They play together on the sands.

Reciting this poem of Tagore

I go and play with them.

Ah! If only I could become a pure child!

2.别离(部分) Parting

Sun!

You are a laurel wreath.

I would like to climb up to the sky,

To take hold of you,

And with her hands

Place on my head.

3.晨安(部分) The Good Morning

I greet you with a Good Morning, Atlantic Ocean

Flanked to the New World,

Graves of Washington, of Lincoln and of Whitman.

Whitman, Whitman! Whitman who was similar to Pacific!

Pacific Ocean!

Pacific Ocean! Isles of the Pacific, *fu-sang* lying there.

O *fu-sang*, still wrapped in dream.

Awake! Mesame!

Hasten to enjoy millennial down!

4.创造者(部分) Creator

I conjure to life creators from *The Book of Poetry*.

I conjure to life creators of elegies of the Chu Kingdom.

I conjure to life the great poets of the Tang Dynasty.

I conjure to life playwrights of the Yuan period.

You ancient Indian poets of the Vedas!

Dante, you wrote the *Divine Comedy*,

Milton, author of *Paradise Lost*,

Goethe, creator of *Faust*,

you have known feelings of loneliness,

you have known suffering,

you have known joy,

you have known glory.

5.地球,我的母亲!(部分) O Earth, My Mother

O earth, my mother,

I think that the lofty bowl of the sky is the mirror in which you adorn yourself,

And that the sun by day and the moon by night

Are but your reflection in the mirror.

6. 凤凰涅槃（部分）The Nirvana of the Phoenixes

Universe, O Universe!
Why do you exist?
Whence do you come?
Where are you cradled?
Are you an empty cosmic sphere
or a continuum of unlimited size?
If you are an empty cosmic sphere limited in reach
whence comes the space that embraces you?
What else has existence outside yourself?
If you are infinite and all-embracing,
whence comes the space you hold in yourself?
And why does life exist within you?
Are you a life-endowed flux,
or are you a lifeless mechanism?

Universe, O universe!
I have to invoke curse upon you with all my energy!
You blood-besmirched slaughter-house,
prison surfeited with misery,
graveyard clamorous with ghosts,
hell astir with capering demons,
why you should exist at all?

We are born again,
we are born again!
The All —— the One is born again,
the One —— the All is born again!
We are "He", they are me,
you are in me and I am in you.

I am you,
you are me.

Fire are you,
fire am I,
fire is "He",
fire is fire!

7. 金字塔(其二)部分 Pyramids

Create! Create! Create with all your might!
The creative energy of man can rival those of mighty gods.
If you not believe, look upon us, grandiose buildings.
Even the sun on the heaven must bow its head to us.

8. 女神之再生(题辞,选自《浮士德》) The Rebirth of the Goddesses

All in transition
Is but reflection;
What is deficient
Here becomes action;
Human discernment
Here is passed by;
Women Eternal
Draws us on high.

9. 太阳礼赞(部分) Hymn to the Sun

Sun! Standing on the water's edge, my back to the land, I fix my gaze on you.
Sun! Until you have pervaded me with your light I shall not turn away.
Sun! Shine on me for ever, do not turn away.
Sun! When I remove my eyes from you, all round me is darkness.
Sun! Turn all my poems into a golden foam.
Sun! The cloud-islands of my Mind's sea are firefresh and smiling.

Sun! Hearken ever to the angry waves of my Mind's sea.

10. 天狗 The Hound of Heaven

I am a hound of Heaven

I have swallowed the moon,

I have swallowed the sun,

I have swallowed all the stars,

I have swallowed the whole universe,

I am that I am.

I am the glow of the moon,

I am the glow of the sun,

I am the glow of all the stars,

I am the radiation of X-rays,

I am the sum of energy of the whole universe.

I fly,

I roar,

I burn.

I burn like a flame,

I roar like the sea,

I fly like electric current.

I fly,

I fly, I fly.

I cast off my skin,

I eat my body,

I drink my blood,

I devour my heart.

I fly on my own nerves,

I fly on my own shoulders,

I fly on my own brain.

I am that I am,

My Ego is going to burst.

11. 我是个偶像崇拜者 I Am the Idolator

I am the idolator.

I worship the sun, worship mountains, worhip the seas.

I worship water, worship fire, worship volcanoes, worship the great rivers.

I worship life, worship death, worship light, worship darkness.

I worship Suez, worship Panama, worship the Great Wall, worship the Pyramids.

I worship the creative spirit, worship energy, worship blood, worship heart.

I worship bombs, worship sorrow, worship destruction.

I worship iconoclast, worship myself.

I am also an iconoclast!

12. 湘累(题辞后四句,选自《离骚》) The Tragedy at the River Hsiang

Why be so lofty, with your passion for purity?

Why must you alone have such delicate adornment?

Thorns, king-grass, curly-ear hold the place of power;

But you must need stand apart and not speak them fair.

13. *Venus* (用的是 J. Lester and A. C. Barnes 的译文)

I would compare your enchanting lips

to a wine-cup.

It would be intoxicated time without number

from its inexhaustible nectar.

I would compare your breast

to two grave mounds.

Were we to sleep in these graves

our blood would change to sweet dew.

附录三　高利克所译茅盾作品题名

巴比塞的小说《名誉十字架》：Barbusse's Short Story *Legion d'Honneur*
暴风雨：The Storm
冰心论：On Ping Hsin
《楚辞》注评：*Ch'u-tz'u*, Introduction and Commentary
从牯岭到东京：From Ku-ling to Tokyo
创作的准备：Preparation to Creation
创作与题材：Creation and Subject-Matters
"大转变时期"何时来呢：When Will the Time of the Great Change Come?
冬天：The Winter
读《倪焕之》：After Reading the Novel *Ni Huan-chih*
妇女解放问题的建设方面：How to Solve the Problem of Women's Emanicipation
给周赞襄的回信：Reply to Chou Tsan-hsiang
给王晋鑫的回信：Reply to a Letter of Wang Chin-hsin
高尔基：Maxim Gorky
高尔基与现实主义：Maxim Gorky and Realism
高尔基与中国文坛：Maxim Gorky and Chinese Literary Scene
高尔基与中国文学：Maxim Gorky and Chinese Literature
告研究文学者：To Those Who Are Interested in the Study of Literature
故乡杂记：Notes from My Native Land
关于"创作"：On "Creation"
关于"文学研究会"：On "Literary Association"
汉译西洋文学名著：Great Works of Western Literature Translated into Chinese
虹：*The Rainbow*
《虹》跋：An Epilogue in Mao Tun's *The Rainbow*
《红楼梦》、《水浒》、《儒林外史》的奇辱：Great Insult of *The Dream of the Red Chamber*, *All Men are Brothers* and *The Scholars*
《淮南子》注评：*Huai-nan-tzu*, with Introduction and Notes
欢迎"太阳"：We Welcome "The Sun"
回忆辛亥：Reminiscences on the Revolution of 1911

回忆是心酸的吧,然而只有激起我们的奋发之心: The Reminiscences Are Bitter, but Let Them Rouse Our Enthusiasm

《灰色马》序: Preface to *The Pale Horse*

霍普特曼传: The Biography of G. Hauptmann

霍普特曼的象征主义作品: The Symbolistic Works of Hauptmann

霍普特曼的自然主义作品: The Naturalistic Works of Hauptmann

几句旧话: A Few Old Words

纪念佛罗贝尔的百年生日: Remembrance of the Centenary of Flaubert's Birthday

纪念鲁迅先生: Commemoration of Mr. Lu Hsun

校后记: After Reading the Proofs

捷克版《子夜》序: Preface to the Czech Edition of the Novel *Midnight*

连环图画小说: Picture Books

良好的开端: Excellent Start

近代文学体系研究: *A Systematic Study of Modern Literature*

六个欧洲文学家: Six European Writers

路: The Road

鲁迅论: On Lu Hsun

庐隐论: On Lu-yin

论无产阶级艺术: On Proletarian Art

落华生论: On Lo Hua-sheng

茅盾自选集: *Mao Tun's Self-selected Works*

南行通信: A Letter from the Journey to the South

尼采的学说: Nietzsche's Doctrine

女作家丁玲: The Authoress Ting Ling

《欧美新文学最近之趋势》书后: After Reading *The Recent Tendencies in European and American Literature*

欧战十年纪念: The Reminiscence at the Occasion of the 10th Anniversary of the Beginning of the World War

评四五六月的创作: Criticism of Literary Works of the Second Quarter of the Year 1921

三人行: Three Persons

社会背景与创作: The Social Background and Creation

蚀：*The Eclipse*；*The Canker*
苏维埃俄罗斯革命诗人：A Revolutionary Poet of Soviet Russia
宿莽：Evergreens
谈我的研究：On My Searches；On My Research
托尔斯泰与今日之俄罗斯：Tolstoy and Contemporary Russia
为新文学研究者进一解：One More Explanation for Researchers in New Literature
文学家的环境：Milieu of the Writers
文学青年如何修养：How to Educate Young Writers
文学上的古典主义、浪漫主义和现实主义：Classicism, Romanticism and Realism in Literature
文学者的新使命：The New Mission of Writers
文学和人的关系及中国古来对于文学者身分的误认：The Relation of Literature to Man and the Old Chinese Misconception of the Writer's Position
文学与人生：Literature and Life
文学与政治的交错：Interlocking of Literature and Politics
文学与政治社会：Literature and Political Society
问题中的大众文艺：Questions Regarding Mass Literature
我曾经穿过怎样的紧鞋子：How I Wore Close-fitting Shoes
我的回顾：My Recollections；I Look Back
我的小学时代：My Life at the Primary School
我的小传：My Short Autobiography
我的中学时代及其后：My Life at the Secondary School and Afterwards
我们有什么遗产：What Literary Legacy Do We Have
我所见的辛亥革命：Revolution of 1911 —— How I Saw It
我怎样写《春蚕》：How I Wrote *Spring Silkworms*
五四回忆：Reminiscences on the May Fourth Movement
"五四运动"的检讨：A Study of the "May Fourth Movement"
西柳词：Western Willows
西洋文学通论：Outline of Western Literature
现代化的话：On "Modernization"
现代小说导论：Introductory Study to Modern Fiction
现代小说家的责任是什么呢：What Is the Duty of Contemporary Men of

Letters?

现代文学体系的研究:Systemic Study of Modern Literature

现实主义流弊:Deficiences in Realism

萧伯纳:George Bernard Shaw

小说作法之类:Manuals of Writing Fiction and the Like

"小说新潮"栏宣言:Manifesto of the Column of the New Tide of Fiction

小说研究 ABC:Outline of the Study of Novel

写在《野蔷薇》的前面:A Preface to Wild Roses

新旧文学评议之评议:The Critique of Compromise between Old and New Literature

新文学研究者的责任是什么:What Is the Duty of Contemporary Men of Letters

新文学研究者的责任与努力:The Duties and Efforts of Researchers in the Field of New Literature

徐志摩论:On Hsu Chih-mo

学生与社会:Students and Society

野蔷薇:Wild Roses

一个青年诗人的"烙印":"A Brand" of a Young Poet

一九一八年之学生:Students of the Year 1918

忆鲁迅:Recollections on Lu Hsun

杂感:Various Feelings

杂谈:Miscellancea

怎样创作:How to Create?

《庄子》注评:Chuang-tzu, Introduction and Commentary

自然主义与中国现代小说:Naturalism and Contemporary Chinese Fiction

自治运动与社会革命:Movement for the Local Autonomy and Social Revolution

子夜:Midnight

《子夜》后记:Epilogue to the Novel Midnight

最后的一页:The Last Page

左拉的"娜娜":Zola's "Nana"

附录四 国外对高利克作品的引用

FOREIGN CITATIONS FROM THE WORKS OF MARIÁN GÁLIK FROM THE YEARS 1956–2011

SSCI
A&HCI
WOS
Others

Up to the end of 1998 together 422 citations

Jan. 12, 1999, 10 citations from *Mao Dun nianpu*, 1996

Feb. 18, 1999, 13 citations from different sources from the years 1997–1999, but also older ones

Mar. 29, 1999, 2 older citations

May 23, 1999, 3 citations

June 14, 1999, 5 citatins

July 8, 1999, 2 citations from *Minima Sinica*, 1, 1999

Sept. 9, 1999, 9 citations

Nov. 11, 1999, 1 citation

Nov. 13, 1999, 1 citation from *Seshat*, 3

Nov. 25, 1999, 2 citácie from *Minima Sinica*, 2, 1999

Nov. 27, 1999, 1 citation

Dec. 3, 1999, 3 citations from Li Xia. *The Poetics of Death*

Up to the end of 1999 together 479 citations

Jan. 20, 2000, Zapísané, 2 citations (Gimpel a Zetzsche)

Feb. 20, 2000, 2 citations (Xie Zhixi a Shao Lixin)

Mar. 3, 2000, 1 citation

June 22, 2000, 8 citations (Chan Ching-kiu Stephen, Wong Wang-chi,

Liu Lydia H. a Lieberman, S. T.)

 June 27, 2000, 1 citation (Cheung Chiu-yee)

 Nov. 4, 11. 2000, 1 citation (Dauber)

 Nov. 9, 2000, 2 citations (Terry Yip and R. John)

Up to the end of 2000 together 497 citations

 Jan. 4, 2001, 3 citations (Keller, AS, LIV, 2000, Findeisen, *China Heute*, Kam Louie, *China Quarterly*, Samson)

 Apr. 4, 2001, 3 citations (Hijiya-Kirschnereit, Zimmer Milestones and Liščák)

 Nov. 1, 2001, 13 citations (Jin Keqi 2. Cheung Chiu-yee 3, Sabattini 1, Xiao Kangda and Wang Xiaoping 2 and Findeisen 5)

 Nov. 17, 2001, 1 citation (Hongloumeng xuekan)

 Nov. 22, 2001, 1 citation (Eglauer, Arcadia)

 Dec. 15, 2001, 3 citations (Kubin MS)

Up to the end of 2001 together 521 citations

 Jan. 15, 2002, 1 citation (Buchenau and Messmer)

 Mar. 18, 2002, 1 citation (Barbara Leonesi)

 Apr. 15, 2002, 1 citation (Pireddu)

 June 26, 2002, 3 citations (Daruvala, Haft, Peter [Chen-main] Wang)

 July 1, 2002, 3 citations (Chi Ch'iu-liang, Leung Yiu-nam and Liu Zhiming)

 Oct. 20, 2002, 5 citations (Wang Xie, Wang Zhehui, Wang Lieyao, Yue Daiyun and Zhong Guisong)

 Dec. 10, 2002, 2 citations (Mabel Lee on Nietzsche)

Up to the end of 2002 together 537 citations

 Jan. 14, 2003, 2 citations (Findeisen on Cheung in Orientierungen, 2)

 Jan. 26, 2003, 2 citations (Malek)

 May 8, 2003, 2 citations (Chan Leo Tak-hung)

 May 22, 2003, 3 citations (Tötösy, Dev, Yuan Guoxing, Nanking)

June 14, 2003, 6 citations (Staiger)

June 16, 2003, 1 citation (Böhi) (Neue Zeitschr. F. Missionwiss)

July 7, 2003, 2 citations (Wang Ning, Nanjing volume)

Aug. 7, 2003, 1 citation (Hockx)

Dec. 22, 2003, 7 citations (Eber 4, Ye Rong 3)

Dec. 31, 2003, 3 citations (*Hanxue yanjiu* 7)

Up to the end of 2003 together 566 citations

Jan. 9, 2004, 2 citations (Kubin, Ms. Zelenka)

Feb. 19, 2004, 2 citations (M. Lee, T. Virk, WWWeb Journal)

Feb. 26, 2004, 2 citations (Hoster in Verbum SVD)

May 13, 2004, 1 citation (M. Lee on Nietzsche)

May 30, 2004, 1 citation (N. Pesaro, Asiatica Venetiana, 6-7)

June 11, 2004, 2 citations (W. Kubin, Verbum, Giovanni Stary, Asiatica Venetiana 6-7)

Aug. 1, 2004, 3 citations (McDougall, Fictional Authors)

Sept. 18, 2004, 4 citations (Choi, Eber, Lang-Tan and Zou Zhenhuan - translations into Chinese)

Nov. 2, 2004, 2 citations (Yang Guobin, *Modern China*, 2003, RBS, Gregory Lee)

Nov. 25, 2004, 1 citation (Ye Rong in *Theology and Interpretation*)

Dec. 31, 2004, 4 citations (Tan Chung, Liu Xiaoxin and Zhou Xiaoyi)

Up to the end 2004 together 590 citations

Jan. 31, 2005, 1 citation (Aseguinolaza in Neohelicon)

Dec. 28, 2005, 11 citations (Hoster a Kubin, Verbum SVD, 2003, McNabb, Literary Research, 21, 2004, Yu Longfeng, Nietzsche 2000 a *Mao Dun and Modern*⋯, Nguyen Tuan Ngoc, Cai Zhongqi, Lomova, Wang, David Der-Wei, Harvard, Mingri shalong, Faust a Honglou, Zhang Songjian, *Milestones*)

Up to the end of 2005 602 citations

Jan. 2, 2006, 1 citation (Ferry, *Genesis*)

Jan. 8, 2006, 6 citations (Huters 3, Mao Tun, *Genesis*, *Milestones*, Dang Phung Quan, *Genesis*, Zhang Kuan 1, *Milestones*, Casas 1, *Milestones*)

Jan. 27, 2006, 3 citations (Young Bingxin, *Genesis* 2)

July 5, 2006, 3 quotations (Feng Zhi 1 (Zhongguo bijiaowenxue), Chen Xiaolan 2 (Zhongguo bijiao wenxue, Bali yu Shanghai)

July 6, 4 quotations (*Maodun yanjiu* 8), Chen Kai (Lit. criticism of Jiang Guangci), Ye Rong 2

July 7, 2 quotations (Kirk, Primerjalna knizevnost), Estran (Liang Shiqiu)

July 10, 2 quotations, (Liu Xiaofeng, Yu Yaoping, both *Genesis*) July 12, 2 quotations (Lu Lin, *Genesis*, Gu Cheng, *Faust* and Cao), July 30, 1 quotation (Hay, Griffith Univ. 2000)

Aug. 2, 2 quotations (Wong, C., Qu Qiubai, Drijbooms, *Influence*, *Translations*)

Aug. 4, 2 quotations (Wang Ye, *Genesis*, Yang Qi, *Milestones*)

Up to the end of 2006 632 quotations

Mar. 2, 1 quotation (Findeisen, RCLC 2003)

Apr. 27, 2 quotations (Zhongguo junshi lishi yanjiu zhongxin- *Milestones*, Ma Shuzhen: Gu Cheng, *Ying'er yu Shengjing*)

Apr. 29, 3 quotations (Gu Guicheng, Zhang Chunmei: Genesis, Bai Wei yu weimeizhuyi (cinsky); Pei Chunlai, Bing Xin, Bible, Tagore (Cinsky)

Apr. 30, 1 quotation (Wang Lieyao, Genesis 2001)

May 1, 10 quotations (Zhang Qingmin, Wang Haitao, Gaoxudong, Jiang Yunqin, Zhang Yonghui, Fang Yanghui and Chen Qing, Zhu Shoutong Yang Zhenhong, Fang Yanhui, Pan Jian)

May 2, 11 quotations (Zhang Ze 2, YanLifei, Zhang Sen, Liang Kan, Zhuang Guicheng and Shu Lingwo, Chen Jinchi and Li Shu, Zhang Guan, Yue Taoing, Knight Nick, Lin Qingxuan)

May 5, 13 quotations (Chen Jianhua, Lu Daotian, Li Weiming, Xiong Quan, Chen Xiaolan, Chen Chen, An Wenjun, Jiang Yuqin, Zhuang Guichen, Li An, Dong Wenpo, Zhi Tingge, Tang Xiaolin)

(doteraz: 673)

May 31, 4 quotations (Gruner 1, Ye Rong 3)

June 10, 3 quotations (Wang Wei 2 (*Genesis*), Peng Lifei 1 (*Milestones*)

June 17, 2 quotations (Liu Zhao, Gao Wanlong, obe *Genesis*)

June 24, 2 quotations (Aubin, *Influence*···, Xu Zuhua, Mao Dun)

June 30, 3 quotations (In Malek ed. *Hoster*, *Kubin*, *Gu Cheng*)

July 7, 2 quotations (Song Jianhua, Influence, Liu Shen, *Genesis*, 2005)

(688)

July 25, 1 quotation (Duan Xianghuai, Bai Wei)

July 26, 1 quotation (Lin Lili, Bai Wei)

Sept. 9, 1 quotation (Findeisen 2002- *Lu Xun yanjiu yuekan*)

Nov. 27, 2 quotations (Kubin 2001, Noctural consciousness)

1. The Names and Pseudonyms by Mao Tun. *Archiv Orientální*, 31, 1963, 1, pp.80-108.

1. Matsui Hiromi ed. Mao Tun p'ing-lun chi (*Mao Tun's Critical Works*). Vol. 5, Tokyo, 1965, pp.273, 294, 296 (2x), 287, 298 (2x), 300, 302, 306 (6x), 308, 312, 313, 314 (2x), 320 & 324.

2. Ono Shinobu. Chung-kuo wen-hsüeh tsa-k'ao (*Various Considerations about Chinese Literature*). Tokyo, 1967, p.131.

3. J. Chesneaux. The Federalist Movement in China, 1920-1923. In J. Grayed. *Modern China's Search for a Political Form*. London: Oxford University Press, 1969, p.128.

4. Ch. H. Jensen, Georg Brandes, Pa Kinesisk. In *Fund of Forsking. Det kongelike Biblioteks Samlimger*, 19, 1967, p.101.

5. I. Eber. Poland and Polish Authors in Modern Chinese Literature and Translation. *Monumenta Serica*, XXXI, 1974-1975, pp.435 & 442.

6. Chu Pao-liang. *Twentieth-Century Chinese Writers and Their Pennames*. Boston, 1977, pp.236 & 357.

7. Li Xiu. Kuayue shidai he minzude jiexian. Jieshao shijie geguo duiyu Mao Dunde zhuzuo yanjiu (Transgressing the Borders of a Period and Nation. On the Study of Mao Dun's Work in Different Countries of the World). Wenxue jiaoliu (*Cultural Interflow*), 2, 1982, p.5.

8. Matsui Hiromi. Hakumei no bungaku (*Twilight Literature*). Tokyo, 1979, p.138.

9. Ng Mau-sang. *The Russian Hero in Modern Chinese Fiction*. Hong Kong -New York, 1988, p.31.

10. Gloria Shen. A Theoretical Approach to Naturalism and the Modern Chinese Novel: Mao Tun as Critic and Novelist. *Tamkang Review*, XXV, 2, 1994, pp.40, 43, 44 & 63.

11. Tang Jinhai and Liu Changding. Mao Dun nianpu (*Mao Dun's Chronological Bibliography*). Vol. 2. Taiyuan, 1996, p.1080.

12. Irene Eber. Zdravica na počesť Mariána Gálika (In Honour of Marián Gálik). *Studia Orientalia Slovaca*, 2, 2003, p.7.

2. A Comment on Two Collections of Mao Tun's Works. *Archiv Orientální*, 33, 1965, 4, pp.614-638.

1. Ch. H. Jensen. Georg Brandes Pa Kinesisk. In *Fund of Forsking. Det kongelike Biblioteks Samlinger*, 14, 1967, p.101.

2. F. Gruner. Zur Begriffsbestimmung der "duanpian xiaoshuo" im literarischen Schaffen Mao Duns. *Mitteilungen des Instituts für Orientforschung*, 14, 1968, 1, p.101 (2x).

3. Li Xiu. Kuayue shidai he minzude jiexian. Jieshao geguo dui Mao Dunde zhuzuo yanjiu /Trnasgressing the Borders of a Period and Nation. On the Study of Mao Dun's Work in the Different Countries of the World). Wenhua jiaoliu (*Cultural Interflow*), 2, 1982, p.5.

4. Guan Rongji, Huang Furong, Chen Yueling. Mao Dun "Jianwen zaji" chukan yuanmao (The Original Outlook of Mao Dun's Report "What I Saw and Heard"). *Dousou*, 50, júl 1982, p.70.

5. Tang Jinhai and Liu Changding. Mao Dun nianpu (*Mao Dun's Chronological Biography*). Vol. 2. Taiyuan, 1996, p.1209.

6. Walter Jens (Hrsg). *Kindlers neues Lexikon*. Band 11. München: Kindler Verlag, 1990, p.114.

3. A Comment on Two Studies Written on the Works of Mao Tun. *Asian and African Studies*, I, 1965, pp.81-103.

1. F. Gruner. Über das Verhältnis von gesellschaftlichen Absicht und künstlerischer Methode in einigen Werken Mao Duns aus der Zeit des Krieges gegen Japan. In *Teoretičeskije problemy vostočnych literatur*. Moskva, 1968, p.248.

2. F. Gruner. Das erzählerische Werk Mao Duns und seine Beziehungen zur europäischen Literatur. In *Actes du VIIIe Congrès de l'Association Internationale de Littérature Comparée*. Budapest, 1981, p.367.

3. B. Pisauro. Mao Dun (1895-1981) teorico della nuova letteratura cinese del Novecento. Annali: Rivista del Dipartimento di Studi Asiatici e del Dipartimento di Studi e Ricerche su Africa e Paesi Arabi, 52, 1992, Fascicolo, 1, p.90.

4. P. Bady. La Chine du pousse-pousse. *Critique*, 337, 1975, p.609.

5. Tang Jinhai and Liu Changding. Mao Dun nianpu (*Mao Dun's Chronological Biography*). Vol. 2. Taiyuan, 1996, p.1237.

6. Jens Walter (Hrsg.). Kindlers neues Lexikon. Band 11. München: Kindler Verlag, 1990, p.114.

7. P. Bady. Lun Luotuo Xiangzi (On Rickshaw-Boy). Hanxue yanjiu (*Chinese Studies*), 7, 2002, p.621.

4. Naturalism: A Changing Concept. *East and West*, 16, 1966, 3-4, pp.310-328.

1. B. S. McDougall. *The Introduction of Western Literary Theories into China*, 1919-1925. Tokyo, 1971, pp.81-82, 157, 189, 185 (4x).

"Dr M. Gálik has been studying for some time the intellectual development and critical theory of Shen Yen-ping... I have found these studies most helpful and only regret that the publication of his forthcoming full-length study on Shen Yen-ping has been delayed." (p.287)

2. V. S. Adžimamudova. Y*uy Dafu i literaturnoje obščestvo "Tvorčestvo"*. Moskva, 1971, p.23.

3. L. E. Čerkasskij. Novaja kitajskaja poezia. 20-30-e gody. Moskva, 1972, p.92.

4. D. Fokkema. Method and Programme of Comparative. *Synthesis*, 1, 1974, p.59.

5. L. E. Čerkasskij. K voprosu o uskorennom razvitii kitajskoj literatury (20e gody XX v.). In *Internacional'noje i nacional'noje v literaturach Vostoka*. Moskva, 1972, p.141.

6. D. S. Granat. Literary Continuity in the Chinese Short Story: A Study Based on the Hsiao-shuo yueh-pao (*Short Story Magazine*), 1921-1931. PhD. Thesis of University of Pennsylvania, 1980, p.58 (2x).

7. Ng Mau-sang. The Russian Hero in Modern Chinese Fiction. Hong Kong-New York, 1988, p.36. It "remains to date one of the best on the topic." (Ibid.)

8. J. J. Deeney. Companions for Comparatists. *Tamkang Review*, XX, Spring 1990, 3, p.347.

9. David Der-wei Wang. Mao Tun and Naturalism: A Case of "Misreading" in Modern Chinese Literary Criticism. *Monumenta Serica*, XXXVIII, 1986-1987, pp.172 & 183.

10. Gloria Shen. A Theoretical Approach to Naturalism and the Modern Chinese Novel: Mao Tun as Critic and Novelist. *Tamkang Review*, XXV, 1994, 2, p.43.

11. Leung Yiu-nam. High Finance in Emil Zola and Mao Tun. In Akiyama Masayuki and Leung Yiu-nam ed. *Crosscrurrents in the Literature of Asia and the West. Essays in Honor of A. Owen Aldridge*. Newark: University of Delaware Press and London, Associated University Press, 1997, pp.146-147.

"A number of articles in Chinese and English have been written on Mao's naturalism... The best of these critical articles is the first and most extensive, 'Naturalism: A Changing Concept,' an early study by the Czechoslovakian sinologist Marián Gálik." (p.146)

12. Tang Jinhai and Liu Changding. Mao Dun nianpu (*Mao Dun's

Chronological Biography). Vol. 2. Taiyuan, 1996, p.1978.

13. N. Pesaro. Autore e struttura: analisi di alcuni testi di teoria della narrativa della Wenxue yanjiuhui. *Asiatica Venetiana*, 6 – 7, 2001 – 2002, p.177.

5. On the Influence of Foreign Ideas on Chinese Literary Criticism, 1898-1904. *AAS*, II, 1966, pp.38-48.

1. K. S. Golygina. Teoria izjaščnoj slovesnosti v Kitaje XIX-načala XX vv. Moskva, 1971, pp.210-211.

2. B. S. McDougall. The Search for Synthesis. T'ien Han and Mao Tun in 1920. In A. R. Davis ed. *The Search of Identity. Modern Creative Literature in Asia*. Sydney, 1974, p.226.

3. M. Lee. Liang Ch'i-ch'ao (1873-1929) and the Literary Revolution of Late Ch'ing. In A. R. Davis ed. *The Search of Identity. Modern Creative Literature in Asia*. Sydney, 1974, pp.211 & 219.

4. M. Doleželová-Velingerová. The Origins of Modern Chinese Literature. M. Goldman ed. *Modern Chinese Literature in the May Fourth Era*. Cambridge (Mass.), 1977, p.32.

5. Ng Yok-soon. L'Introduction du realisme et du Naturalisme de l'Europe en Chine, 1915-1919. These pour le doctorat du 3eme cycle. University de la Sorbonne Nouvelle, Paris III, pp.36-37 & 43.

6. L. Miller. Allegory and Personality in Modern Chinese Literary Criticism: Chou Tso-jen and Wang Kuo-wei. *Tamkang Review*, Vol. 9, Summer, 1979.

7. M. Doleželová-Velingerová. Introduction. In *The Chinese Novel at the Turn of the Century*. Toronto-London, 1980, p.8.

8. Shu-ying Tsau. The Rise of "New Fiction". *The Chinese Novel at the Turn of the Century*. Toronto-London, 1980, pp.27-29 (3x).

9. H. Kogelschatz. Wang Kuo-wei and Schopenhauer. Eine philosophische Begegnung. Stuttgart, 1986, p.142.

10. L. Kasarello. Rola i miejsce Tian Hana w procesie narodzin novoczesnego dramatu i teatru chińskiego. PhD. Thesis. Warszawa, 1988, pp.

60 & 62.

11. J. J. Deeney. Comparative Poetics from Chinese Perspeetives (A Bibliographical Sampling from English Sources), *Revue de Litterature Comparée*, 2, Avril–Juin, 1991, p.229.

12. D. Andrš. Late Qing and Early Republican Discourse on Detective and Sentimental Fiction. *Orientalia Pragensia*, XIV, 2002, p.178.

6. From Chuang-tzu to Lenin. Mao Tun's Intellectual Development. AAS, III, 1967, pp. 98-110.

1. B. S. McDougall. *The Introduction. of Western Literary Theories into China*, 1919–1925. Tokyo, 1971, p.182.

2. J. Israel. Continuities and Discontinuities in the Ideology of the Great Proletarian Cultural Revolution. In Ch. Johnson ed. *Ideology and Politics in Contemporary China*. Seattle and London, 1973, p.12.

3. Ch. Dunsing. Die literaturtheoretische Diskussion im China in den Jahren, 1917–1940. PhD. Thesis. München, 1977, p.69.

4. D. S. Granat. Literary Continuity in the Chinese New Short Story: A Study Based on the Hsiao-shuo yueh-pao (*Short Story Magazine*), 1921–1931. PhD. Thesis. University of Pennsylvania, 1980, p.57.

5. Yu-shih Chen. Mao Tun and *The Wild Roses*: A Study of the Psychology of Revolutionary Commitment. *China Quarterly*, 78, June 1979, p.298.

6. Li Xiu. Kuayue shidai he minzude jiexian. Jieshao shijie geguo duyu Mao Dunde zhuzuo yanjiu (Transgressing the Borders of a Period and Nation. On the Study of Mao Dun's Works in Different Countries of the World). Wenhua jiaoliu (*Cultural Interflow*), 2, 1982, p.5.

7. Yu-shih Chen. *Realism and Allegory in the Early Fiction of Mao Tun*. Berkeley, 1986, p.222.

8. Wong Tak-wai & M. A. Abbas. Mao Tun's "Spring Silkworms": Rhetoric and Ideology. In Chou Ying-hsiung ed. *The Chinese Text. Studies in Comparative Literature*. Hong Kong, 1986, p.206.

9. Jens Walter (Hrsg.). *Kindlers neues Lexikon*. Band 11. München:

Kindler Verlag, 1990, p.114.

10. Tang Jinhai and Liu Changding. Mao Dun nianpu (*Mao Dun's Chronological Biography*). Vol. 2. Taiyuan, 1996, p.1280.

7. The Expressionistic Criticism of Kuo Mojo. *Bulletin of the Tokyo Sinological Society.* 13, 1967, pp.231-243.

1. V. S. Adžimamudova. Yuy Dafu i literaturnoje obščestvo – Tvorčestvo. Moskva, 1971, p.39.

2. Ch. Dunsing. Die literatur-theoretische Discussionen in China in den Jahren, 1917-1940. PhD. Thesis. München, 1977, p.75.

3. B. Eberstein. *Das chinesische Theater in* 20. *Jahrhundert*. Wiesbaden, 1983, p.60.

8. Über die kritische Auseinandersetzung Chinas mit dem deutschen Expressionismus. *Nachrichten der Gesellschaft für Natur- und Völkerkunde Ostasiens*, 103, 1968, pp.39-59.

1. D. W. Fokkema. Mao Tun and Modern Chinese Literary Criticism. Wiesbaden, 1969. *T'oung Pao*, LVII, 1971, p.244.

2. U. Weisstein. *Expressionism as an Internatioaal Literary Phenomenon*. Budapest-Paris, 1973, p.9.

"I also alert the readers to Marián Gálik's study ' Über die kritische Auseinandersetzung Chinas mit dem deutschen Expressionismus'... of which I am, unfortunately unable to offer an English version." (p.9)

3. D. W. Fokkema. Expressionism in East and West: Some Methodological Problems. *Tamkang Review*. Vol.VI, No.2 and Vol. VII, No.1 (Oct. 1975-Apr. 1976), pp.149-151. (The great part of this study is founded on the material taken from my work above)

4. D. W. Fokkema. Method and Programme of Comparative Literature. *Synthesis*, 1, 1974, p.59.

5. Ch. Dunsing. Die literaturtheoretische Diskussion in China in den Jahren, 1917-1940. PhD. Thesis. München, 1975, p.75.

6. B. Eberstein. *Das Chinesische Theater im* 20. *Jahrhundert*. Wiesbaden,

1983, p.52.

7. Beate Rusch. *Kunst und Literaturtheorie bei Yu Dafu* (1896-1945). Dortmund ,1994, p.32.

8. B. Ascher. Der chinesische Werther. Beispiel von Rezeption und Wirkung eines Werkes der deutschsprachigen Literatur in China der 20er und 30er Jahre des 20. Jahrhunderts. PhD. Thesis. Universität Wien, 1994, pp.3 & 157.

9. Česká a slovenská literatúra v Číne, 1919-1959. *Slovenská Literatúra*, 3, 1962, pp.367-374.

1. E. Galla. Petöfi in China. *Annales Universitatis scientiarum budapestinensis de Roland Eötvös nominatae. Sectio Philologica*, VII, 1967, p.9.

2. E. Galla. *A Magyar irodalom Kinában*. Budapest, 1968, p.76.

10. Die tschechische und slowakische Literatur in China, 1919-1959. *AAS*, VI, 1970, pp. 161-176.

1. E. Galla. On the Reception of the Literatures of the So-called Oppressed Nations in Modern Chinese Literature, 1918-1937. *AAS*, VI, 1970, p.177.

2. I. Eber. *Voices from Afar: Modern Chinese Writers on Oppressed Peoples and Their Literature*. Ann Arbor, 1980, pp.64 & 77.

3. B. Eberstein. *Das chinesische Theater im 20. Jahrhundert*. Wiesbaden, 1983, p.58.

11. *Mao Tun and Modern Chinese Literary Criticism*. Wiesbaden 1969, 185pp.

1. B. S. McDougall. The Importance of Being Earnest in China: Early Chinese Attitudes towards Oscar Wilde. *The Journal of the Oriental Society of Australia*, 9, 1972-1973, 1-2, pp.92, 93 & 95.

2. F. Gruner. Some Remarks on the Cultural-Political Significance of the Chinese League of Left Wing Writers. In A. R. Davis ed. *The Search for*

Identity. Modern Chinese Literature and Creative Arts in Asia. Sydney, 1974, pp.256 &257.

3. F. Gruner. Der Roman Tzu-yeh von Mao Tun - ein bedeutendes realistisches Werk der neuen chinesischen Literatur. *AAS*, XI, 1975, p.58.

4. D. W. Fokkema. *Het Chinese Alternatif in literatur en ideologie*. Amsterdam, 1972, pp.34, 54 & 60.

5. P. G. Pickowitz. Ch'ü Ch'iu-pai and the Origins of Marxist Literary Criticism in China. PhD. Thesis. University of Wisconsin, 1973, pp.20, 99, 123, 135 & 204.

6. Review by A. Levy of the book J. D. Frodsham. *New Perspectives in Chinese Literature. T'oung Pao*, LVIII, 1972, p.236.

7. Review by D. W. Fokkema of the book B. S. McDougall. *The Introduction of Western Literary Theories into Modern China*, 1919-1925, *T'oung Pao*, LIX, 1973, p.329.

8. P. Bady. *Essai autoritique sur le roman et l'humour*. Paris, 1974, pp. LXIX, LXXIII & LXXXV.

9. W. Franke & B. Staiger eds. *China Handbuch*. Düsseldorf, 1974, pp. 255 & 1085.

10. James J. Y. Liu. *Chinese Theories of Literature*. Chicago and London, 1975, pp.141& 175.

11. James J. Y. Liu. The Study of Chinese Literature in the West. Recent Developments, Current Trends, Future Prospects. *Journal of Asian Studies*, XXXV, 1975, 1, p.24.

12. *Dictionary of Oriental Literatures*, Vol. 1. London, 1974, p.112.

13. J. Berninghausen. Introduction to Mao Dun's "In the Front of the Pawnshop". *Bulletin of Concerned Asian Scholars*, January-March 1976, p.58 (2x).

14. R. von Schirach. Hsü Chih-mo und die Hsin Yüeh Gesellschaft. Ein Beitrag zur neuen Literatur Chinas. PhD. Thesis. München, 1971, pp.2, 162 & 165 (2x).

15. M. Gotz. The Development of Modern Chinese Studies in the West: A Critical View. *Modern China*, 2, July 1976, pp.404 & 415.

16. D. W. Fokkema. Lu Xun: The Impact of Russian Literature. In M. Goldman ed. *Modern Chinese Literature in the May Fourth Era*. Cambridge (Mass.), 1977, pp.89 & 92.

17. R. Yang. "Midnight": Mao Tun's Political Novel. *Review of National Literatures*, VI, Spring, 1975, p.73.

18. Ch. Dunsing. Die literaturtheoretische Diskussion in China in den Jahren, 1917-1919. PhD. Thesis. München, 1977, pp.45-46, 48, 53-54, 66-67, 82, 85, 144, 146 &332.

19. B. S. McDougall. "The Impact of Western Literary Trends" In M. Goldmann ed. *Modern Chinese Literature in the May Fourth Era*. Cambridge (Mass.), 1977, pp.40-41.

20. I. Eber. Images of Oppressed Peoples and Modern Chinese Literature. In M. Goldman ed. *Modern Chinese Literature in the May Fourth Era*. Cambridge (Mass.), 1977, p.135.

21. J. Berninghausen. The Central Contradiction in Mao Dun's Earliest Fiction. In M. Goldman ed. *Modern Chinese Literature in the May Fourth Era*. Cambridge (Mass.), 1977, pp.238-239 & 249.

22. Yu-shih Chen. Mao Dun and the Use of Political Allegory in Fiction: A Case of His "Autumn in Kuling" In M. Goldman ed. *Modern Chinese Literature in the May Fourth Era*. Cambridge (Mass.), 1977, p.277.

23. I. Eber. Poland and Polish Authors in Modern Chinese Literature and Translation. *Monumenta Serica*, XXXI, 1974 - 1975, pp. 415 (2x), 425 & 428.

24. V. F. Sorokin. Sodružestvo dvuch literatur. *Problemy Dalnego vostoka*, 2, 1978, p.195.

25. F. Gruner. Mao Dun. In *Lexikon fremdsprachiger Schriftsteller von den Anfangen bis zur Gegenwart*. Band 2. Leipzig, 1979, p.376.

26. I. Eber. *Voices from Afar*: Modern Chinese Writers and Oppressed Peoples and Their Literature. Ann Arbor, 1980, p.16.

27. D. S. Granat. Literary Continuity in the Chinese New Short Story. A Study Based on the Hsiao-shuo yüeh-pao (*Short Story Magazine*), 1921-1931. PhD. Thesis. University of Pennsylvania, 1980, pp.XV, 33, 34 (2x)

& 57.

28. J. Berninghausen. Mao Dun's Early Fiction, 1927 – 1931. The Standpoint and Style of His Realism. PhD. Thesis. Stanford University, 1980, pp.56 (2x), 36, 81, 111, 115, 197 & 279.

29. P. G. Pickowitz. *Marxist Literary Thought in China*. Berkeley – Los Angeles–London, 1981, pp.58, 61, 79, 103 & 243.

3. O. P. Link (Yue Daiyun trans.). Yishude diwei – tongguo wenxue lai yanjiu xiandai Zhongguode jiazhi bianhua (The Meaning of Art. How With Help of Art yo Study the Metamorphosis of Modern Chinese Axiology). Zhongguo xiandai wenxue yanjiu congkan (*Studies in Modern Chinese Literature*), 2, 1981, p.302. (English title of the study is not given.)

31. Li Xiu. Kuayue shidai he minzude jiexian. Jieshao shijie geguo duiyu Mao Dunde zhuzuo yanjiu (Transgressing the Borders of a Period and Nation). Wenhua jiaoliu (*Cultural Interflow*), 2, 1982, p.5.

32. P. G. Pickowitz. *Marxist Literary Thought and China. A Conceptual Framework*. Berkeley, 1980, pp.26–27.

33. Huang Juchi. Guanyu Mao Dun yu ziranzhuyide wenti (O Mao Tunovi a o naturalizme). *Dousou*, 50, júl 1982, p.38. Reprinted In Wenxuede chuantong yu xiandai (*Tradition and Contemporainity in Literature*). Hong Kong, 1988, p.93.

34. J. D. Spence. T*he Gate of Heavenly Peace. The Chinese and Their Revolution*, 1895–1980. Penguin Books, 1982, pp.278, 297 & 442.

"The context of Mao Tun's intellectual growth in the early 1920s is well described in Marián Gálik, Mao Tun and Modern Chinese Literary Criticism." (p.442)

35. F. Gruner. Der Beitrag von Mao Dun (1896–1981) zur Entwicklung der Realismus in der modernen chinesischen Literatur. *Asian, Afrika, Latein-Amerika*, 11, 1983, 1, p.49.

36. W. Chen Susan. The Personal Elements in Mao Tun's Early Fiction. *Harvard Journal of Asiatic Studies*, 43, 1983, 1, p.188.

37. Wong Tak–wai & M. A. Abbas. Mao Tun's "Spring Silkworms": Rhetoric and Ideology. In Chou Ying–hsiung ed. *The Chinese Text. Studies in*

Comparative Literature. Hong Kong, 1986, p.206.

38. Yu-shih Chen. *Realism and Allegory in the Early Fiction of Mao Tun*. Bloomington, 1986, pp.210, 212 & 213.

39. W. Chen Susan. Mao Tun the translator. *Harvard Journal of Asiatic Studies*, 48, 1988, 1. pp.71, 82 & 94.

40. Ng Mau-sang. *The Russian Hero in Modern Chinese Fiction*. Hong Kong-New York, 1988, pp.36, 130, 131 & 177.

"Gálik's study remains to date the meticulous on Mao Dun's views on literature. I am indebted him for some of my interpretation in this section." (p.131)

41. M. Anderson. *The Limits of Realism. Chinese Fiction of the Revolutionary Period*. Berkeley-Los Angeles-Oxford, 1990, pp.6, 43, 52, 60, 121 & 124.

42. R. D. Findeisen. Die Last der Kultur. Vier Fallstudien zur chinesischen Nietzsche-Rezeption (erster Teil). *Minima Sinica*, 2, 1989, pp.19, 21, 23, 24, 29 & 31.

43. V. Bordahl. Strateger i Kinas literatur. *Dokumentsamling of Moderne kinesisk litteraturteori og-kritik*. Vol. 1. Kobenhavn, 1978, p.24.

44. D. Ballhaus. *Die moderne Frau im Frühwerk des Schriftstellers Mao Dun*. Bochum, 1989, pp.ii, 4, 5, 6, 11, 42, & 87.

45. M. Biasco. The Crisis of the Family System and the Search for a New Identity of Chinese Youth. In M. Gálik ed. *Interliterary and Intraliterary Aspects of the May Fourth Movement 1919 in China*. Bratislava, 1990, p.190.

46. Ni Ruiqin. Tolstoy and the May Fourth Literature. In M. Gálik ed. *Interliterary and Intraliterary Aspects of the May Fourth Movement 1919 in China*. Bratislava, 1990, pp.224-225.

47. F. Gruner. Mao Dun. In B. Lexikon. *Ostasiatische Literaturen*. Leipzig, 1985, p.214.

48. H. Schmidt-Glintzer. *Geschichte der chinesischen Literatur*. Bern-München-Wien, 1990, pp.501 & 511.

49. Namita Bhattachary. Seven Stories of Mao Tun. A Study of Chinese Writer's Short Fietion. MA. Thesis. University of Washington, 1971, pp. 5

(2x), 14 (5x), 15 (7x), 16 (6x), 61 (2x), 89 & 92.

50. Harenbergs Lexikon der Weltliteratur. Autoren, Werke, Begriffe. B and 3. Harenberg Lexikon-Verlag, Dortmund 1989, p.1911.

51. *Kindlers Literatur Lexikon in dtv*. Band 11. München – Zürich, Deutscher Taschenbuchverlag, 1986, p.9660.

52. Z. Slupski. Introduction. In *A Selective Guide to Chinese Literature*, 1900-1949. Vol. 2. The Short Story. Leiden: E. J. Brill, 1988, p.17.

53. Anthony James Kane. The League of Left Wing Writers and Chinese Literary Policy. PhD. Thesis. The University of Michigan, 1982, pp.27 & 54 (2x).

54. B. Pisauro. Mao Dun (1895-1981) teorico della nuova letteratura cinese del Novecento. *Annali* (Napoli), 52, 1992, Fascicolo, 1. pp.85, 87 & 90.

55. He Yuhuai. *Cycles of Repression and Relaxation. Politico-Literary Events in China*, 1976-1989. Bochum: Brockmeyer, 1992, pp.58-59.

56. David Der-wei Wang. *Fictional Realism in Twentieth-Century China. Mao Tun, Lao She, Shen Congwen*. New York: Columbia University Press, 1992, pp.25, 71 & 74.

57. M. Hockx. *A Snowy Morning. Eight Chinese Poets in the Road to Modernity*. Leiden: Research School, 1994, p.18.

58. W. Idema. Mao Dun and Speenhoff or How a Fallen Woman from Rotterdam Started a New Life in Shanghai. In L. Haft ed. *Words from the West. Western Texts in Chinese Literary Context*. Leiden: Centre of Non-Western Studies, 1993, p.41 (2x).

59. David Der-wei Wang. Mao Tun and Naturalism: A Case of "Misreading" in Modern Chinese Criticism. *Monumenta Serica*, XXXVII, 1986-1987, pp.170, 171, 174, 183& 189.

60. Gloria Shen. A Theoretical Approach to Naturalism and the Modern Chinese Novel: Mao Tun as Critic and Novelist. *Tamkang Review*, XXV, 2, pp.39 (7x) & 40 (3x).

61. Th. Huters. Ideologies of Realism in Modern China: The Hard Imperatives of the Imported Theory. In Liu, Kang and Tang, Xiaobing eds.

Politics, Ideology and Literary Discourse in Modern China. Theoretical Interventions and Cultural Critique. Durham and London: Duke University Press, 1993, pp.153 & 155.

62. Sun Lung-kee. Out of the Wilderness. Chinese Intellectual Odyssey from the May Fourth to the "Thirties". PhD. Thesis. Stanford University, 1985, p.32.

63. M. Lee. Personal Freedom in Twentieth-Century China: Reclaiming the Self in Yang Lian's *Yi* and Gao Xingjian's *Lingshan*. In M. Lee and M. Wilding eds. *History, Literature and Society in Honour of S. N. Mukherjee*. New Delhi: Manohar, 1997, p.139.

64. Li Biaojing and Wang Jialiang eds. Jianming Mao Dun cidian (*Mao Dun's Short Dictionary*). Lanzhou: Gansu jiaoyu chubanshe, 1993, pp.442.

65. Leung Yiu-nam. High Finance in Emile Zola and Mao Tun. In Akiyama Masauki and Leung Yiu-nam eds. *Crosscurrents in the Literatures of Asia and the West. Essays in Honor of A. Owen Aldridge*. Newark: University of Delaware Press and London, Associated University Press, 1997, pp. 147 (2x), 150 & 151.

66. L. Miller. Allegory and Personality in Modern Chinese Literary Criticism: Chou Tso-jen and Wang Kuo-wei. *Tamkang Review*. Vol. 9, Summer, 1979, p.?.

67. B. Buri. Welches sind die Pflichten der heutigen Schriftsteller? Übersetzung und Kommentar. In R. D. Findeisen and R. H. Gassmann eds. *Autumn Floods. Essays in Honour of Marián Gálik*. Bern: Peter Lang, 1998, pp.145, 146, 148 (2x), 158, 160, 161&162.

68. D. Gimpel. More Than Butterflies: Short Fiction in the Early Years of the Literary Journal *Xiaoshuo yuebao*. In R. D. Findeisen and R. H. Gassmann eds. *Autumn Floods. Essays in Honour of Marián Gálik*. Bern: Peter Lang, 1998, p.253.

69. Yue Daiyun. Xu (Preface). In Zhongguo wenxue guanxide lichengpei (*Milestones in Sino-Western Literary Confrontation*, 1898-1979). Peking: Peking University Press, 1990, p.3.

70. Zhang Yingjin. *The City in Modern Chinese Literature and Film.*

Configurations of Space, Time and Gender. Stanford: Stanford University Press, 1996, pp.54 & 134.

71. W. Idema & L. Haft. *A Guide to Chinese Literature*. Ann Arbor: Center for Chinese Studies, the University of Michigan, 1997, p.415.

72. M. Dolezelová – Velingerová. European Studies of Modern Chinese Literarture. In *Europe Studies China. Papers from International Conference on the History of European Sinology*. London: Han-shan Tang, 1995, p.387.

73. A. Pieper. *Literarischer Regionalismus in China*. Entstehung, Themen und Funktionen. Dortmund: Projekt Verlag, 1997, p.24.

74. Tang Jinhai and Liu Changding. Mao Dun nianpu (*Mao Dun's Chronological Biography*). Vol. 2. Taiyuan, 1996, p.1294.

75. E. Galla. *Világirodalmi Lexikon*. Vol. 7. Budapest: Akadémiai Kiado, 1982, p.730.

76. M. S (probably Marcela Stolzová). Mao Tun: Šerosvit. In Vl. Macura ed. Slovník světových spisovatelů (*A Dictionary of World Writers*). Vol. 2. Praha: Odeon, 1988, p.M/36.

77. Jens Walter (Hrsg.). *Kindlers neues Lexikon*. Band 11. Mümchen: Kindler Verlag, 1990, p.114.

78. D. Gimpel. Beyond Butterflies. Some Observations on the Early Years of the Journal *Xiaoshuo yuebao*. In M. Hockx ed. *The Literary Field of the Twentieth-century China*. Richmond: Curzon Press, 1999, pp.40-41 & 58.

79. Ye Ziming and Ding Fan. Mao Dun yanjiu de huigu yu zhanwang (The Past and Prospects of Mao Dun's Studies). Zhongguo xiandai wenxue yanjiu congkan (*Modern Chinese Literature Studies*), 2, 1995, p.38.

80. Chan Ching – kiu Stephen. The Problematics of Modern Chinese Realism: Mao Dun and His Contemporaries, 1919 – 1937. PhD. Thesis. University of California, San Diego, 1986, p.307.

81. S. T. Lieberman. The Mother and Narrative Politics in Modern China. Charlottesville and London: University Press of Virginia, 1998, p.247.

82. Wong Wang-chi. *Politics and Literature in Shanghai: The Chinese League of Left-Wing Writers*, 1930-1936. Manchester and New York, 1991, pp.12 & 28.

83. Yin Keqi. Nicai yu Zhongguo xiandai wenxue (*Nietzsche and Modern Chinese Literature*). Nanking: Nanjing daxue chubanshe, 2000, p.199.

84. Yu Longfa. Begegnungen with Nietzsche. Ein Beitrag zu Nietzsche-Rezeption im chinesischen Denken vom 1919 bis heute. Wuppertal. Univ. Diss, 2000, p.220.

85. B. Staiger *et alii* eds. *Das große China - Lexikon*. Darmstadt: Wissenschaftliche Buchgesellschaft 2003, p.914.

86. Irene Eber. Zdravica na počesť Mariána Gálika (In Honour of Marián Gálik). *Studia Orientalia Slovaca*, 2, 2003, p.7.

87. B. S. McDougall. *Fictional Authors, Imaginary Audiences. Modern Chinese Literature in the Twentieth Century*. Hong Kong: The Chinese University Press, 2003, pp.90-91.

88. David Der-Wei Wang. A Report on Modern Chinese Literary Studies in the English-Speaking World. *Harvard Asia Quarterly*, Winter-Spring 2005.

89. Ted Huters. Chinese Theory and Criticism. 3. *Twentieth Century*, n. p. http://61.152.93.149/english/Print. scsp? Article ID = 1074, April 13, 2005.

90. Xu Zuhua. Zai fanshen yu yinjin zhong jiangou de lilun xingtai - kao wusi wenxue bentilun wenxue piping huayu (The Construction of the Theory Seen from the Angle of Introspection and Reception. The Literary and Critical Discourse in the May Fourth Movement. Chongqing sanxia xueyuan xuebao (*Journal of Chongqing Three Gorges University*), 2, 2006, pp.33-39 & 44.

12. Preliminary Research - guide: German Impact on Modern Chinese Intellectual History. *München*, 1971, 120 pp.

1. W. Bauer. Goethe and China. Verständnis und Misverständnis. In H. Reis ed. *Goethe und die Tradition*. Frankurt am Main, 1972, p.189.

2. C. Hana. *Sun Yat-sen's Parteiorgan Chien-she, 1919-1920. Eine Quelle zur Bewegung der vierten Mai in China*. Wiesbade, 1978, p.199.

3. W. Bauer & S. C. Hwang eds. *German Impact on Modern Chinese Intellectual History*. Deutschlands Einfluss auf die moderne chinesische

Geistesgeschichte. Wiesbaden, 1982, p.XVI.

"Marián Gálik made an essential contribution with his Preliminary Research - Guide which took shape during the preparatory stages of the Bibliography." (Ibid.)

4. R. D. Findeisen. Die Last der Kultur. Vier Fallstudien zur chinesischen Nietzsche-Rezeption. (Erster Teil). *Minima Sinica*, 2 1989, p.19.

"Als wertvolles Arbeitsinstrument aus der Forschungsarbeit von Marián Gálik ist ein Preliminary Research Guide entstanden, auf dem Wolfgang Bauer und Hwang Shen-chang 1982 ihre Kompilation aufbauten." (Ibid.)

5. Hartmut Walravens. *Indices to Bauer/Hwang: German Impact on Modern Chinese Intellectual History* (Wiesbaden, 1982). Hareburg: C. Bell Verlag, 1982, p.1.

6. H. Siebenhandel. Zur geistigen Auseinandersetzung der chinesischen Intelligenz mit dem Christentum zwischen, 1915 - 1982. PhD. Thesis. Universität Wien, 1982, p.39.

7. Yue Daiyun. Xu (Preface). In Zhongguo wenxue guanxide lichengpei (*Milestones in Sino-Western Literary Confrontation*, 1898 - 1979). Peking: Peking University Press, 1990, p.3.

13. Studies in Modern Chinese Literary Criticism: VI. Chiang Kuang-tz'u's Concept of Revolutionary Literature. AAS, VIII, 1972, pp. 43-69.

1. F. Gruner. Einige Gedanken zu den Problem Revolution und Literatur in der neuen chinesischen Literatur. *Asien, Afrika, Latein-Amerika*, 3, 1975, 3, p.442.

14. The Red Gauze Lantern of Feng Naichao. AAS, X, 1974, pp. 69-95.

1. R. Etiemble. *Essais de littérature (vraiment) genérale*. Paris, 1975, p.143.

2. Tu Kuo-ch'ing. The Introduction of French Symbolism into Modern Chinese and Japanese Poetry. *Tamkang Review* X, 3 and 4 (Spring and Autumn 1980), pp.357& 367.

3. Tu Kuo-ch'ing. Symbolist Poetry in Modern China. In Critical Issues in East Asian Literature. Report on an International Conference on East Asian Literature, 13-20 June, 1983. Seoul: *International Cultural Society of Korea*, 1983, p.84.

4. A. Marino. Putina orientalistica, *Tribuna* (Cluj - Napoca). May 9, 1985.

5. Harry A. Kaplan. The Symbolist Movement in Modern Chinese Poetry. PhD. Thesis. Harvard University, 1983. pp.69 & 211.

"To my knowledge this is the sole monograph on any single Chinese Symbolist poet in English." (p.209)

15. A Comment on Two Books on Modern Chinese Poetry. AAS X, 1974, pp.145-167.

1. R. Etiemble. *Essais de littérature (vraiment) genérale*. Paris, 1975, p.143.

2. Harry A. Kaplan. The Symbolist Movement in Modern Chinese Poetry. PhD. Thesis. Harvard University, 1983, p.17.

16. Studies in Modern Chinese Literary Criticism: III. Ch'ien Hsing-ts'un and the Theory of Proletarian Realism. AAS, V, 1969, pp.49-70.

1. *Dictionary of Oriental Literatures*. Vol. 1. London, 1974, p.1.

2. B. S. McDougall. Mao Zedong's "Talks at Yan'an Conference on Literature and Art": A Translation of the 1943 Text with Commentary. An Arbor, 1980, p.48.

3. P. C. Pickowicz. *Marxist Literary Thought in China*. Berkeley - Los Angeles-London, 1981, pp.86 & 87.

4. M. Anderson. *The Limits of Realism. Chinese Fiction in the Revolutionary Period*. Berkeley-Los Angeles-Oxford, 1990, p.48.

"Marián Gálik discusses origins of the term in the Soviet Union and then shows how its meaning shifted slightly when it was adopted first by the Japanese and then by the Chinese; Galik's major findings that both Chinese and Japanese advocates of proletarian realism disregarded the emphasis on psychology that characterized Russian definitions of the term." (Ibid.)

17. Nietzsche in China, 1918-1925. *Nachrichten der Gesellschaft für Natur- und Völkerkunde Ostasiens*, 110, 1971, pp.5-48.

1. D. Fokkema. Expressionism in East and West? Some Methodological Problems. *Tamkang Review*. Vol. VI. 2, Vol. VII, 1 (Oct. 1975-Apr. 1976), p.152.

2. M. Lee. From Chuang-tzu to Nietzsche: On the Individualism of Lu Hsün. *Journal of the Oriental Society of Australia*. 17, 1985, p.31.

3. J. Bonner. *Wang Kuo - wei. An Intellectual Biography*, Cambridge (Mass.), 1986, pp.29 & 91.

4. Cheung Chiu-yee. Nicai yu Lu Xun sixiang fazhan (Nietzsche a vývin Lu Sünovho myslenia). Hong Kong, 1987, pp.112-113.

5. R. D. Findeisen. Die Last der Kultur. Vier Fallstudien zur chinesischen Nietzsche-Rezeption (Erster Teil). *Minima Sinica*, 2, 1989, pp.5 (kritická poznámka), 11, 24, 25 (2x), 26 & 28. (Zweiter Teil). Ibid., 1. 1990, pp. 24 & 32.

"Eine umfassende Untersuchung zu Nietzsche in China existiert bis heute nicht, doch hat der slowakische Sinologe Marián Gálik 1972 (má by_ 1971! / einen bahnhrechenden und wegbereitenden Aufsatz über die Auseinandersetzung der wichtigstem chinesischen Rezipienten mit Nietzsche vorgelegt und seine Untersuchungergebnisse in zahlreichen Einzeluntersuchungen und Abhandlungen verarbeitet und ausgebaut." (Erster Teil, pp.18-19)

6. D. A. Kelly. Sincerity and Will. The Existential Voluntarism of Li Shicen (1892-1935). PhD. Thesis. University of Sydney, 1981, pp.68, 69, 70, 119 (3x), 122 & 123.

7. Heinrich Geiger. *Li Shi-cen: Ein Philosoph zwischen dem traditionellen und modernen China*. Magister-Arbeit. Universität München, 1982, pp.4, 5, 6, 8, 10, 61-74 (12x), 76, 77, 86 & 112.

8. D. A. Kelly. Nietzsche in China: Influence and Affinity. *Papers on Far Eastern History*. 27, March 1983, pp.149-150, 155, 158 & 161.

"Gálik, in this indispensable pioneering study, discusses the impact of Nietzsche on Wang Guowei and Lu Xun in the first two sections. For further references, see below. Gálik's treatment of Mao Dun and Guo Moruo are taken as authoritative for the purpose of this article." (p.150)

9. H. Geiger. *Philosophishe Aesthetik in Chinas des 20. Jahrhunderts. Ihre chinesische Tradition und Moderne*. Bern: Peter Verlag, 1987, p.237.

10. R. D. Findeisen. Vier westliche Philosophen in China: Dewey und Russell, Bergson und Nietzsche. *Minima Sinica*, 1, 1992, p.32.

11. Cheung Chiu-yee. Cheng Feng: Nicai zai Zhongguo (Cheng Feng: Nietzsche v Číne). Nanking: Nanking University Press 1994. *China Review International*, 1, 1994, 2, p.104.

12. D. Kelly. The Highest Chinadom: Nietzsche and the Chinese Mind, 1907-1989. In G. Parkes ed. *Nietzsche and Asian Thought*. Chicago and London: The University of Chicago Press, 1991, pp.154 & 155.

13. D. Kelly. The Orientation of the Nietzschean Text. In G. Parkes ed. *Nietzsche and Asian Thought*. Chicago and London: The University of Chicago Press, 1991, p.17.

14. F. D. Findeisen. The Burden of Culture: Glimpses at the Literary Reception of Nietzsche in China. *AAS*, Vol. 6, No.1, 1997, p.85.

15. B. Ascher. Der chinesische Werther. Beispiel von Rezeption und Wirkung eines Werkes der deutschsprachigen Literatur in China der 20er und 30er Jahre des 20. Jahrhunderts. PhD. Thesis. Universität Wien, 1994, p.22.

16. W. Meißner. *China zwischen nationalen "Sondernweg" und universaler Modernisierung. Zir Rezeption westlichen Denkens in China*. München: Wilhelm Fink Verlag, 1994, p.295.

17. B. Buri. Mao Dun: Welches sind die Pflichten der heutigen Schriftsteller? - Übersetzung und Kommentar. In R. D. Findeisenand R. H. Gassmann eds. *Autumn Floods. Essays in Honour of Marián Gálik*. Bern: Peter Lang, 1998, p.156 (3x).

18. M. Lee. Gao Xingjian's Dialogue with Two Dead Poets from Shaoxing: Xu Wei and Lu Xun. In R. D. Findeisen and R. H. Gassmann eds. *Autumn Floods. Essays in Honour of Marián Gálik*. Bern: Peter Lang, 1998, p.409.

According to Mabel Lee this study was for some years the only one representing "substantial examination" of Nietzsche's influence on Lu Xun. (Ibid.)

19. H. G. Möller. Dionysian, Apollonian, Negation of Negation: Zhu Guangqian's Interpretation of Nietzsche. In R. D. Findeisen and R. H. Gassmann eds. *Autumn Floods. Essays in Honour of Marián Gálik*. Bern: Peter Lang 1998, p.632.

20. Tang Jinhai and Liu Changding. Mao Dun nianpu (*Mao Dun's Chronological Biography*). Vol. 2. Taiyuan, 1996, p.1307.

21. Shao Lixin. *Nietzsche in China*. Bern: Peter Lang, 1999, p.136.

22. Möller, H.-G.: Sino-Nietzscheanismus. Eine geistesgeschichtliche Analyse und ein Plädoyer für eine negative Dialektik in der philosophisophichen Komparatistik. *Minima Sinica*, 12, 2000, 2, p.38.

23. Yin Keqi. Nicai yu Zhongguo xiandai wenxue (Nietzsche and Modern Chinese Literature). Nanking: Nanjing daxue chubanshe 2000, pp. 14, 31 & 41.

24. Yu Longfa. Begegnungen mit Nietzsche. Ein Beitrag zu Nietzsche-Rezeption im chinesischen Denken vom 1919 bis heute. Wuppertal, Univ. Diss., 2000, pp.60, 82-83 & 85.

25. Cheung, Chiu-yee. *Lu Xun. The Chinese "Gentle" Nietzsche*. Bern: Peter Lang, 2001, pp.5, 148 & 150.

26. Mabel Lee. On Nietzsche and Modern Chinese Literature. From Lu Xun to Gao Xingjian. Literature and Aesthetics. *The Journal of the Sydney Society of Literature and Aesthetics*, Vol. XII, Nov. 2002, p.42.

27. R. D. Findeisen. Review of Cheung Jiu-yee: Lu Xun. The Chinese "Gentle" Nietzsche. Orientierungen (Bonn), 2, 2002, p.152.

28. R. D. Findeisen. Lu Xun: Zhongguo "wenhe" de Nicai (Lu Xun: The Chinese "Gentle Nietzsche". Lu Xun yanjiu yuekan (*Lu Xun Studies Monthly*), 11, 2002.

29. W. Kubin. Du gehst zu Chinesen? Vergiß die Peitsche nicht! *Minima Sinica*, 2, 2003, p.2.

"…über das Thema Nietzsche und China ist viel und manch Kompetentes geschrieben worden. Nehmen Sie die früheste und bahnbrechende Studie von Marián Gálik zum Beispiel. Nach mehr als 25 Jahren ist sie selbst mit ihrer angriffslustigen These, China habe Nietzsche nie verstanden, sondern lediglich instrumentalisiert, immer noch aktuel. Ich kann dem Großmeister der Sinologie nur beipflichten und meine Abhängigkeit von seinen Erkenntnissen dankbar eingestehen."

30. Mabel Lee. Zarathustra's "Statue": May Fourth Literature and the Appropriation of Nietzsche and Lu Xun. In D. Brooks and B. Kiernan eds. *Running Wild. Essays, Fictions and Memoirs Presented to Michael Wilding*. New Delhi: Manohar 2004, p.141.

31. Cai Zhongqi. The Influence of Nietzsche in Wang Guowei's Essay "On the Dream of the Red Chamber". *Philosophy East and West*, 54, Apr. 2004, 2, pp.171 & 186.

18. Main Issues in the Discussion on National Forms in Modern Chinese Literature. AAS, X, 1974, pp.97–111.

1. I. Eber. Chinese Views of Anglo-Chinese Writers and Their Works in the 1920s. In G. Malmqvist ed. *Nobel Symposium* 32. *Modern Chinese Literature and its Social Context*. Stockholm, 1977, pp.61 & 73.

2. Asian and African Studies. In *Asien, Africa, Latein-Amerika*, 5, 1977, 3, p.921.

3. Ch. Dunsing. Die literatur-theoretische Discussion in China in den Jahren, 1917–1940. PhD. Thesis. München, 1977, p.290.

4. B. Eberstein. *Das chinesische Theater im 20. Jahrhundert*. Wiesbaden, 1983, p.174.

5. R. Bauwe & F. Gruner. Nationale Traditionen der Literatur und Probleme ihrer Verarbeitung bei der Schaffung einer sozialistischen Literatur der Mongolei und China. *Asien, Afrika, Latein-Amerika*, 13, 1985, 1, pp.52–53.

6. Th. D. Huters. Hu Feng and the Critical Legacy of Lu Hsun. In Leo Ou-fan Lee ed. *Lu Xun and His Legacy*. Berkeley-Los Angeles-London, 1985, pp.143 & 145.

7. V. Bordahl. Strateger i Kinas litteratur. *Dokumentsamling of moderne kinesisk litteraturteori og-kritik*. Vol. 2. Kobenhavn, 1978, p.607.

8. Th. Huters. Mao Dun's Fushi: The Politics of the Self. *Modern Chinese Literature*, 5, 1989, 2, p.250.

9. Feng Liping. Democracy and Elitism: The May Fourth Ideal of Literature. *Modern China*, 22, 1996, 2, p.97.

10. Zhang Yingjin. *The City in Modern Chinese Literature and Film. Configurations of Space, Time and Gender*. Stanford: Stanford University Press, 1996, p.54.

19. Studies in Modern Chinese Literary Criticism: IV. The Aesthetico-impressionistic Criticism of Kuo Mo-jo. *Oriens Extremus*, 21, 1974, pp. 53-66.

1. R. Etiemble. Ving-cinq ans aprés, 1949-1974. In *Quarante ans de mon maoisme*, 1934-1974. Paris, 1976, p.411.

2. M. Anderson. *The Limits of Realism. Chinese Fiction in the Revolutionary Period*. Berkeley-Los Angeles-London, 1990, p.46.

20. Recenzia: Izučenie kitajskoj literatury v SSSR. *AAS*, XI, 1975, pp.245-249.

1. M. E. Šnejder. *Russkaja klassika v Kitaje*. Moskva, 1977, p.161.

21. On the Study of Modern Chinese Literature of the 1920s and 1930s. Sources, Results, Tendencies. *AAS*, XIII, 1977, pp.99-129.

1. *Modern Chinese Literature Newsletter*, 4, 1978, 1, p. 38. A "very valuable article." (Ibid.)

2. P. Bady. Pour une histoire littéraire de la Chine moderne: quelques sources chinoises et japonaises. *Journal asiatique*, 1978, pp.438 & 447.

3. Chen Shengsheng. Jinnian lai Meiguode "Zhongguo xiandai wenxue tongxin." (American "Modern Chinese Litcrature Newsletter" in the Last Years). Zhongguo xiandai wenxue yanjiu congkan (*Studies in Modern Chinese Literature*), 1. 1985, p.283.

4. H. Geiger. *Philosophische Aesthetik in China des 20. Jahrhunderts. Ihre chinesische Tradition und Moderne*. Bern: Peter Lang, 1987, p.237.

5. Wong Wang-chi. *Politics and Literature in Shanghai: The Chinese League of Left-Wing Writers*, 1930-1936. Manchester and New York, 1991, pp.102-137.

22. Literaturkritik. In W. Franke und B. Staiger eds. *China Handbuch*. Düsseldorf, 1974, pp.776-780.

1. W. Kubin. Die undialektische Seite der Literaturwissenschaft in der VR China dargestellt am Beispiel ron Yao Wenyuans Auseinandersetzung mit Ding Lings "Tagebuch der Sophia". *Bochumer Jahrbuch zur Ostasienforschung*, 1979, p.172.

2. Hui-wen von Groelling-Che. *Frauenhochschulbildung in China*, 1907-1937. *Zur Geschichte der Yanjing Universität in Beijing*. Weinheim und Basel: Beltz Verlag, 1990, p.79.

23. Studies in Modern Chinese Literary Criticism: IV. The Proletarian Criticism of Kuo Mo-jo. *AAS*, VI, 1970, pp.145-160.

1. B. S. McDougall. Mao Zedong's "Talks at Yan'an Conference on Literature and Art": A Translation of the 1943 Text with Commentary. Ann Arbor, 1980, p.50.

2. B. Eberstein. *Das chinesische Theater im 20. Jahrhundert*. Wiesbaden, 1983, p.60.

3. M. Loi. L'oeuvre autobiographique d'un erivain modern: Guo Moruo. In *Etudes d'histoire et de littérature chinoises offertes au Professeur Jaroslav Prušek*. Paris: Presses Universitaires de France, 1976, p.137.

24. *The Genesis of Modern Chinese Literary Criticism*, 1917-1930. London-Bratislava, 1980, 349 pp.

1. M. Helmut. Chinesische Ming- und Qing-Literatur in der Sowjetunion. In *Bochumer Jahrbuch zur Ostasienforschung*, 1981, p.386.

2. Z. Haft. Pien Chih-lin. PhD. Thesis. Leiden, 1981, pp.12 & 151.

3. B. Eberstein. *Das chinesische Theater im 20. Jahrhundert*. Wiesbaden, 1983, p.154.

4. Yin Huimin. Jinnian Xifang yanjiu Zhongguo wewxue jiankuang (A Short Outline of the Study of Modern Chinese Literature in the West). In Zhongguo wenxue yanjiu nianjian 1982 (*Annual of the Study of Modern Chinese Literature*, 1982). Peking, 1983, p.215.

The author charakterizes this book as a "pioneering work." (Ibid.)

5. Li Xiu. Bange shiji yilai guowai Mao Dun yanjiu gaishu (An Outline of Maodunian Studies Abroad in the Last Fifty Years). In Mao Dun yanjiu zai guowai (*Maotunovské bádanie v zahraničí*). _changša, 1984, p.39.

The same is reprinted in Mao Dun yanjiu (*Maotunovské štúdie*), 2, 1984, pp.283-284.

6. Leo Ou-fan Lee. Problems of Marxist Literary Criticism on Mainland China. *Tamkang Review*, XIV (1983-1984) 1-4, p.391.

7. I. Eber. The Reception of Lu Xun in Europe and America. The Politics of Popularization and Scholarship, In Leo Ou-fan Lee ed. *Lu Xun and His Legacy*. Berkeley-Los Angeles-London, 1985, p.260.

8. Liu Wuji. Zhongguo wenxue zai Dongou (Chinese Literature in East Europa). *Wenhuibao*, 1986 (no exact date known)

9. J. C. Kinkley. *The Odyssey of Shen Congwen*. Stanford, 1987, p.349.

10. Ng Mau-sang. *The Russian Hero in Modern Chinese Fiction*. Hong Kong-New York, 1988, pp.88, 132 & 272.

11. L. Kasarello. Rola i miejsce Tian Hana w procesie narodzin novoczesnego dramatu i teatru chinskiego. PhD. Thesis. Warszawa, 1988, pp. 88 & 266.

12. R. D. Findeisen. Die Last der Kultur. Vier Fallstudien zur chinesischen Nietzsche-Rezeption (Erster Teil). *Minima Sinica* 2, 1989, pp.5-6, 18, 19, 21, 22, 31, 33 & 42. /Zweiter Teil/. Ibid., 1, 1990, pp. 5, 6 (2x), 7, 30 & 37.

13. F. Gruner. Lu Xun's frühe Schrift: Über die Kraft der romantischen Poesie (Moluo shili shuo). In W. Kubin ed. *Aus dem Garten der Wildnis. Studien zu Lu Xun* (1881-1936). Bonn, 1989, pp.19 & 23.

14. M. Biasco. The Crisis of the Family System and the Search for a New Identity of Chinese Youth. In M. Gálik ed. *Interliterary and Intraliterary Aspects of the May Fourth Movement* 1919 *in China*. Bratislava, 1990, p.190.

15. Ni Ruiqin. Tolstoy and the May Fourth Literature. In M. Gálik ed. *Interliterary and Intraliterary Aspects of the May Fourth Literature* 1919 *in China*. Bratislava, 1990, p.224.

16. Chen Shensheng. Jinnian lai Meiguode "Zhongguo xiandai wenxue tongxin" (American "Modern Chinese Literature Newsletter" in the Last Years). Zhongguo xiandai wenxue yanjiu congkan (*Studies in Modern Chinese Literature*), 1, 1985, p.283.

(According to the author this book represents an "original and deep work." (Ibid.)

17. Literaturgeschichtliche Darstellungen. In Bi – Lexikon. *Ostasiatische Literaturen*. Leipzig, 1985, p.49.

18. Wen Rumin. Qianyan (Predslov). In Zhongxi bijiao wenxue lun ji (*A Selection of Sino – Western Comparative Studies*). Peking: Peking University Press, 1988, p.7.

19. H. Schmidt – Glintzer. *Geschichte der chinesischen Literatur*. Bern – München–Wien: Scherz, 1990, p.508.

20. Luo Gang. Lishi huiliuzhong de juezhe – Zhongguo xiandai wenyi sixiangjia yu Xifang wenyi lilun (The Best From the Eligible. Contemporary Literary Thinkers and Western Literary Theory). PhD. Thesis. Peking Normal University, 1987, 4. kap. pp.3& 27.

21. Ingrid Krüssmann – Ren. *Literarischer Symbolismus in China. Treoretische Rezeptionen und lyrische Gestaltung bei Dai Wangshu*, 1905–1950. Bochum: Brockmeyer, 1991, p.40.

22. J. J. Deeney. *Comparative Literature from Chinese Perspeetive. Cultural Interflow East and West*. Shenyang: Liaoning University Press, 1990, p.219.

23. Li Xiu. Mao Dun bijiao yanjiu lungao (Mao Dun as an Object of Comparative Study). Taiyuan, 1989, p.11. This book is here characterized as a "representative work." (Ibid.)

24. Zhou Faxiang. Jinnian lai Xifangde Zhongguo wenxue yanjiu yi bie

(An Outline of the Western Studies in the Realm of Chinese Literature in the Last Years). In Zhongguo wenxue yanjiu nianjian, 1987 (*Annual of the Study of Chinese Literature*, 1987), Peking, 1989, p.413.

25. Li Zhou, Que Guoqiu. Mao Dun yu waiguo wenxue (*Mao Dun and Foreign Literature*). Aomen, 1991, p.224.

26. B. Pisauro. Mao Dun (1895–1981) teorico della nuova letteratura cinese del Novecento. *Annali*, 52, 1992, Pascicolo 1, p.87.

27. He Yuhuai. Cycles of Repression and Relaxation. Politico–literary Events in China, 1976–1989. Bochum: Brockmeyer, 1992, p.113.

28. Wang Zelong. Xifang xiandaizhuyi shixue yu wusi Zhongguo xiandai shixue (Western Modernist and Chinese Poetics of the May Fourth Movement 1919). Waiguo wenxue yenjiu (*Studies in Foreign Literature*), 2, 1994, p.84.

29. W. Larson. Female Subjectivity and Gender Relations: The Early Stories of Lu Yin and Bing Xin. In Liu Kang and Tang Xiaobing eds. *Politics, Ideology and Literary Discourse in Modern China. Theoretical Interventions and Cultural Critique*. Durham and London: Duke University Press, 1993, p.124.

30. Zhang Jun. Lue tan haiwai de Yu Dafu yanjiu (On the Study of Yu Dafu Abroad). Wenyibao (*Literary Newspaper*), 13. 9. 1996, p.3.

31. Sun Lung-kee. Out of the Wilderness. Chinese Intellectuals Odyssey from the "May Fourth" to the "Thirties". PhD. Thesis. Stanford University Press, pp.36, 40 & 138.

32. Steven Day. A Review of Denton, In A. Kirk ed. *Modern Chinese Literary Thought: Writings on Literature*, 1893–1945. Stanford: Stanford University Press, 1996. *Journal of Asian Culture*, XVII, 1994–1995, p.78.

"Two names are indicated as the most characterrtistic for the hisatory of the whole Chinese literary Criticism: Steven Owen (Harvard) for classical and Marián Gálik for modern period." (Ibid.)

33. R. D. Findeisen. The Burden of Culture: Glimpses at the Literary Reception of Nietzsche in China. *AAS*, Vol. 6, No.1, 1997, p.83.

34. B. Ascher. Der chinesische Werther. Beispiel von Rezeption eines Werkes der deutschsprachigen Literatur im China der 20er und 30er Jahre des 20. Jahrhunderts. PhD. Thesis. Universität Wien, 1994, p.29.

35. L. Lundberg. *Lu Xun as a Translator. Lu Xun's Translations and Introduction of Literature and Literary Theory*. Stockholm: Stockholm University, 1989, pp.106 & 123.

36. Shi Zhongyi. Etude sur l'occidentalisme romantique de Guo Moruo, un počt chinois contemporain. Bern: Peter Lang, 1993, pp.243, 247 & 279.

"Certains critiques, dont des Occidentaux, conscients de la richesse de la civilisation chinoise, préfèrent attribuer les origins des concepts artistique de Guo Moruo f son čducation taodste avant la lecture des philosophes et des critiques occidentaux. Ce fut le case de Marián Gálik. Ainsi dans son oeuvre remarquable The Genesis of Modern Chinese Literary Criticism s'exprime-t-il, entre autre passages, comme ceci." And "this brings us to the sources of Guo Moruo's critical views. Before going to Kant, Tolstoy, Pater and Croce, he had been. through his education, in close contact with Taoist artistic tradition – and he believed in it. The words of Chuang-tzu formed a firm basis on which his critical theory was gradually built." (p.279, cf. *Genesis...*, p.36)

37. Wong Wang-chi. *Politics and Literature in Shanghai: The Chinese League of Left-Wing Writers*, 1930-1936. Manchester-New York: Manchester University Press, 1991, pp.12 & 28.

38. Li Biaojing and Wang Jialiang eds. Jianming Mao Dun cidian (*Mao Dun's Short Dictionary*). Lanzhou: Gansu jiaoyu chubanshe, 1993, p.475.

39. Ge Baoquan. Lun Mao Dun duiyu shijie wenxue suozuochu de chongda de gongxian (Mao Dun's Great Merits in the Field of Modern Literature). In Li Xiu ed. Mao Tun yanjiu zai guowai (*Maodun Studies Abroad*). Changsha: Hunan renmin chubanshe, 1984, pp.19-29.

40. Feng Liping. Democracy and Elitism – The May 4th Ideal of Literature. *Modern China*, Vol.22, No.2, 1996, pp.17-24.

41. Chen Shengsheng. Marián Gálik and His *Genesis* in China. In R. S. Findeisen and R. H. Gassmann eds. *Autumn Floods. Essays in Honour of Marián Gálik*. Bern: Peter Lang, 1998, pp.18 & 19 (2x).

42. Yue Daiyun. Wo suozhidao de Mal'ian Gao Like (*Marián Gálik—As I Know Him*). In R. D. Findeisen and R. H. Gassmann eds. *Autumn Floods. Essays in Honour of Marián Gálik*. Bern: Peter Lang, 1998, p.11.

Here is this book characterized as *chengming zhi zuo* (work which made the author known). Together with *Milestones* (see under No. 45), they form "twins": they transcended the traditional reasearch in the realm of the "influence" and "parallels", they are stressing the importance of the literary specificity within the interliterary process and they represent a peculiar contribution in the study of this process. Regarding this they made an important (*jieshi*) step forward. (Ibid.)

43. B. Buri. Mao Dun. Welches sind die Pflichten der heutigen Schriftsteller? Übersetzung und Kommentar. In R. D. Findeisen and R. H. Gassmann eds. *Autumn Floods. Essays in Honour of Marián Gálik*. Bern: Peter Lang, 1998, pp.153 & 156.

44. W. A. Lyell. Down the Road that Mei Took: Women in Yin Fu's Work. In R. D. Findeisen and R. H. Gassmann eds. *Autumn Floods. Essays in Honour of Marián Gálik*. Bern: Peter Lang, 1998, p.237.

45. H.-G. Möller. Dionysian, Apollonian, Negation of Negation: Zhu Guangqian's Interpretaion of Nietzsche. In R. D. Findeisen and R. H. Gassmann eds. *Autumn Floods. Essays in Honour of Marián Gálik*. Bern: Peter Lang, 1998, p.639.

46. Zhang Jie. Yingguo Lu Xun yanjiu liangying (Some Remarks on Luxunian Research in England). Lu Xun yanjiu dongtai (*Panorama of Luxunian Research*), 10, 1987, p.44.

47. Zhang Yingjin. *The City in Modern Chinese Literature and Film. Configurations of Space, Time and Gender*. Stanford: Stanford University Press, 1996, p.54.

48. Wilt Idema and Lloyd Haft. *A Guide to Chinese Literature*. Ann Arbor: Center for Chinese Studies. The University of Michigan, 1997, p.407.

"A very detailed study."

49. M. Dolezelová-Velingerová. European Studies of Modern Chinese Literature. In *Europe Studies China*. Papers from an International Conference on the History of European Sinology. London: Han-shan Tang, 1995, p.387.

50. Wu Xiaoming. Langmangzhuyide yingxiang yu liubian (Influence of and Changes in Romaticism). In Yue Daiyun and Wang Ning eds. Xifang wenyi

sixiang yu ershi shiji Zhongguo wenxue (*Western Literary Thought and Chinese Literature of the* 20th *Century*). Peking: Zhongguo shehui kexue chubanshe, 1990, p.33.

51. Tang Jinhai and Liu Changding. Mao Dun nianpu (*Mao Dun's Chronological Biography*). Vol. 2. Taiyuan, 1996, pp.1625-1626.

52. Fan Boqun and Zhu Donglin eds. 1898-1949 Zhong-wai wenxue bijiao shi (A Comparative History of Chinese and Foreign Literature, 1898-1949). Vol. 1, Nanking, Jiangsu jiaoyu chubanshe 1993, pp.279 & 289. On p.289 the authors assert that this is a *po yu yingxiang de* (very influential) book.

53. Yang Yi and Chen Shengsheng. Zhongguo bijiao wenxue piping shigang (*Outline of Modern Chinese Literary Criticism*). Taibei: Ye qiang, 1998, pp.129-130, 134 & 187.

54. Linda Pui-ling Wong. The Initial Reception of Oscar Wilde in Modern China: With Special Reference to *Salome*. *Comparative Literature and Culture* (Hong Kong), No. 3, 1998, p.54.

"Gálik's book focuses on the influence of Western ideas on Chinese literary criticism and is invaluable in discussing how major Chinese writers modified those ideas for their own uses." (Ibid.)

55. Wen Rumin. Cheng Fangwu de wenxue piping (Cheng Fangwu's Literary Criticism). Wenxue pinglun (*Literary Review*), 2, 1992, p.143.

56. Wen Rumin. Zhongguo xiangai wenxue pipingshi jiaocheng (*A Course in Modern Chinese Literary Criticism*). Peking: Peking University Press, 1993, 3rd edition, 1997, p.55.

57. Zhu Shoutong ed. Zhongguo xiandaizhuyi wenxue shi (*A History of Chinese Modernist Literature*). Vol. 2. Nanking: Jiangsu jiaoyu chubanshe, 1998, p.1033.

58. Zhang Yingjin. Building a National Literature in Modern China: Literary Criticism, Gender Ideology, and the Public Sphere. *Journal of Modern Literature in Chinese* (Hong Kong), 1, July 1997, 1, p.72.

59. H. Geiger. *Philosophische Ästhetik in China des 20. Jahrhundersts. Ihre Chinesische Tradition und Moderne.* Bern: Peter Lang, 1987, p.237.

60. Wen Rumin. Yu Dafu yanjiu zai guowai (Yu Dafu's Research Abroad), Wenyibao (*Literary Newspaper*), 11, 14. 9. 1985, p.3.

61. N. Knight. The Dilemma of Determinism. Qu Qiubai and the Origins of Marxist Philosophy in China. *China Information*, 13, 1999, 4, p.4.

62. Chan Ching – kiu Stephen. The Problematics of Modern Chinese Realism: Mao Dun and His Contemporaries, 1919 – 1937. PhD. Thesis. University of California, San Diego, 1986, p.307.

63. Lydia H. Liu. *Translating and Practice. Literature, National Culture and Translated Literature.* Stanford: Stanford University Press, 1995, pp.184 & 188.

64. Liu Fengjie. "Rende wenxue" de fashengyanjiu chuyi – Cong "Zhongguo xiandai wenxue piping fasheng shi" tanqi (My Views Concerning the Genesis of the Study of "Human Literature" – Starting with The Genesis of Modern Chinese Literary Criticism. Wenyi lilun yanjiu (*Studies in Literary Theory*), 2, 1999.

65 H. – G. Möller. Sino – Nietzscheanismus. Eine geistesgeschichtliche Analyse und ein Plädoyer für eine negative Dialektik in der philosophischen Komparatistik. *Minima Sinica*, 12, 2000, 2, p.38.

66. Yin Keqi. Nicai yu Zhongguo xiandai wenxue (*Nietzsche and Modern Chinese Literature*). Nanking: Nanjing daxue chubanshe, 2000, pp.104 & 144.

67. Mario Sabbatini. Introduzione. In Yu Dafu. La roccia di6inta. *Novelle*. Venice, Cafoscarina, 1999, p.14.

68. Xia Kangda and Wang Xiaoping eds. Ershi shiji guowai Zhongguo wenxue yanjiu (*Twentieth Century Chinese Literature in Foreign Studies*). Tianjin: Tianjin renmin chubanshe, 2000, p.332.

69. S. Daruvala. *Zhou Zuoren and Alternative Chinese Response to Modernity.* Cambridge (Mass.) and London: Harvard University Press, 2000, p.320.

70. R. D. Findeisen. *Lu Xun. Texte, Chronik, Bilder, Documente.* Basel-Frankfurt am Main: Stroemfeld Verlag, 2001, p.664.

71. Liu Zhiming. Yu Dafu yu waiguo wenxue (*Yu Dafu and Foreign Literature*). Wuchang: Huazhong keji daxue chubanshe, 2001, pp.102-103,

112-113 & 193.

72. Wang Ye. Lun "Kunmen de xiangzheng" dui Qian Xingcun 30niandai wenxue piping de yingxiang (The Impact of the "Symbols of Anguish" on the Literary Criticism of Qian Xingcun the thew 1930s). Zhongguo xiandai wenxue yanjiu congkan (*Modern Chinese Literature Studies*), 4, 2001, pp.230-231, 236 & 238.

73. Wang Zhehui. Jiqing xushu xiade geming yanshuo. Jiang Guangci xiaoshuo chuangzuo jianlun (Revolutionary Words Full of Enthusiasm. A Short Analysis of Jiang Guangci's Fiction). Zhongguo xiandai wenxue yanjiu congkan (*Modern Chinese Literature Studies*), 2, 2002, p.201.

74. Wang Lieyao. Liang Shiqiu yu Zhongguo xiandai xiju beiju yish de yanjin (Liang Shiqiu and the Evolution of Chinese Moder Theatre Tragedy Conciousness). Guandong shehui kexue (*Social Sciences in Guangzhou*), 6, 2001, pp.103-107.

74. Wang Lieyao. Jidujiao Wenhua yu Zhongguo xiandai xiju de beiju yishi (*Christian Culture and the Tragic Consciousness in Modern Chinese Drama*). Shanghai: Sanlian shudian, 2002, p.177.

75. Yuan Guoxing. Zongjiao yishi de lianjie yu wenxue xuanze. Dui Zhongguo xiandai wenxue chuantong de yi zhong jiedu (The Chains of Religious Consciousness and Literary Selection. On One Explanation of the Tradition in Modern Chinese Literature. In Nanjing daxue Zhongguo xiandai wenxue yanjiu zhongxin (*Nanking University Centre of Modern Chinese Literature*) ed. Zhongguo xiandai wenxue chuantong (*Tradition in Modern Chinese Literature*). Peking: Renmin wenxue chubanshe, 2002, p.137.

76. Lu (Lü) Lin. Yu Dafu yu Weimwizhuyi (Yu Dafu and Aestheticism). Guangbo dianshi daxue xuebao (*Journal of Radio and TV University*), 3, 2003, pp.6-8 & 13.

77. M. Hockx. *Questions of Style. Literary Societies and Literary Journals in Modern China*, 1911-1937. Leiden - Boston: Brill, 2003, p.190.

78. B. Staiger et alli. *Das große China Lexikon*. Darmstadt: Wisenschaftliche Buchgesellschaft, 2003, p.924.

79. Liu Xiaoxin. Shenmei zhijue (Aesthetic Intuition). Wenhua yanju

Zhongguo-xifang (*Cultural Studies. West-China*, September 18, 2004, p.28 (the column er shi shiji zhongguo wenxue piping 99 ci (99 *Items in the Literary Chinese Literary Criticism*)

80. Zhou Xiaoyi. Richang shenghuode meihua yu xiaofgei wenhua (Aesthetics of Everyday Life and Consume Culture). April 22, 2003. Wenhua yanjiu. Zhongguo-xifang (*Cultural Studies. China-West*)

81. Tan Chung. *Across the Himalayan Gap. History and literature. Tagore and China*. New Delhi: Gyan Publishing House, 1998, pp.40-41.

82. Ngueyn Tuan Ngoc. Socialist Realism in Vietnamese Literature: An Analysis of the Relationship between Literature and Politics. PhD. Thesis. Victorian University, Australia, 2004, pp.53 & 301.

83. O. Lomova. The Current State of Chinese Studies in Czech Republic - Research on China and

Tibet. In <http://ccs.nd.edu.tw.//Newsletter-75/75-05.htm

"In the text the author claims that the 'Genesis' and T. Pokora's Hsin-lun and Other Writings by Huan T'an were well received in the international Sinology."

84. M. M. Ferry. Women's Literary History: Inventing Tradition in Modern China. *Modern Language Quarterly*, 66, 2005, 3, p.317.

85. T. Huters. Chinese Theory and Criticism. 3. *Twentieth Century*.

http://61.152.93.149/english/Print.scsp? Article ID = 10747 April 13, 2005, n.p.

86. Dang Phung Quan: Triet Hoc Dong/Tay
http://www.talawas.org/talaDB/showFile.php? res=11558rb=0305 Feb. 13, 2004, note No.14.

87. Bai Liping. Zhongguo fanyi rencaigang - Fanyi luntan (Set of Talented People - Forum of Translation). Waiguo wenxue luntan (*Forum of Foreign Literature*), Aug. 11, 2002.

88. Song Baozhen. Guo Moruo: Shiju lilun yu weimei - chanshixue piping (xia) (Guo Moruo: Aesthetics in Historical Plays - Hermeneutic Critique (2). Xiju yanjiu (*Drama Studies*), Jan. 16, 2004. http://www.xiju.net/ReadNews.asp? NewsID=107

89. Wei Hongshan. Lun Guo Moruo wenyi piping (On Guo Moruo's Literary Criticism), Guo Moruo xuekan (*Guo Moruo's Bulletin*), 2, 2005, p.23.

90. Wan Shuyu. Guanghui yeji, weie dashan - Mao Dun zai Zhongguo xin wenhua yundong zhongde zuojung diwei (Mao Dun's Place in Modern Chinese Culture). Mao Dun yanjiu (*Mao Dun Studies*), 8, 2003, p.41.

91. Cheng Kai. Guomin geming yu "Zuoyi wenxue sichao" fasheng de lishi kaocha (1925 - 1929 nian) (National Revolution and the Study in the History of the Rise of the literary thought of the Left Wing Literature). PhD. Thesis. Peking University, 2004, pp.144-145.

92. J. Estran. Liang Shiqiu et la revue Xin Yue, 1928 - 1933. *Ètudes Chinoises*, vol. XXI, Nos. 1-2, 2002, p.264.

93. Yao Taoping. Langmanzhuyi sichao de lishi fansi (Historical Reflection of Romaticist Thought). Xinling zhi yi (*Soul Wings*), Nov. 6. 2005. http://xzd.2000y.net/mb/1/ReadNerws.asp? NewsID=2691961

94. Wang Ye. Wenxue yanjiuhui yu chuqi geming wenxue changdao (The Literary Research Society and the Early Advocating of Revolutionary Literature). Xiamen daxue xuebao (*Journal of Xiamen University*), 3, 2006, pp.121-128 (Note No.27).

95. Hou Hong. Faxian yu duihua: Zhongfa bijiao shixue de biyou zhilu (Discovery and Dialogue: The Right Way for Sino-French Poetics). Zhongguo bijiao wenxue (*Comparative Literature in China*), 2, 2006, pp. 128 - 136. Note 5.

96. Zhuang Guicheng, Zhuang Chunhui. Zhongguo wenxue piping xiandai zhuanxing fashenh "wusi" jiantao (Research into the Genesis of Modern Chinese Literary Criticism of the May Fourth Era. Originally in Jianghan luntan (*Yangtzu River Academic*), 12, 2005. See also Hubei tiankong gang (*Hubei Sky Net*). http://www. hbsky58. net

97. Zhang Qingmin. 4o niendai wenxue lilun zhuchao (On the Mainstream of the Literary Theories in the 1940s). Wenyi lilun yu piping (*Literary Theory and Criticism*), 4, 2004, pp.66-76.

98. Wang Haitao. Guo Moruo "wenxue benzhi" sixiang tanyuan (An

Inquiry into Guo Moruo's "Essence of Literature"). Guo Moruo xuekan (*Guo Moruo Studies*), 2004, pp.53-57.

99. Gao Xudong. Lun Liang Shiqiu renxinglun de xingzhi ji qi yanbian (On Liang Shiqiu's Theory of Human Nature and its Metamorphoses), Lilun xuekan (*Theoretical Studies*), 12, 2004, pp.107-110.

100. Jiang Yuqin. Xin wenxue fasheng shiqi de lilun fenqi yu xuanze – shi lun Chen Duxiu, Hu Shi dui Zhongguo xin wenxue de yingxiang (Theoretical Differentiation and Selection: The Influence of Chen Duxiu and Hu Shi on Modern Chinese Literature), Huazhong shifan daxue xyuebao (*Journal of the Central China Normal University*), 6, 2004, p.114.

101. Zhang Yonghui. Lu Xun zaoqi de wenxue gongyongguan – Lu Xun wenxue piping yanjiu zhi er (Pragmatic Aspect of Lu Xun's Early Literary Theory: Lu Xun's Literary Criticism (2). Baoding shifan zhuankexue xuebao (*Bulletin of Baoding College of Junior Education*), 1, 2004, p.7.

102. Fan Yanhui, Chen Qing. Lixing de Xinqiu yu renxing de huhuan – Liang Shiqiu renxing lun sixiang jiedu (New Rational Demands and the Call of Human Nature – Liang Shiqiu's Theory of Human Nature Revisited). Huangshi gaodeng zhuanke xuexiao xuebao (*Journal of Huangshi School of Junior Education*), 5, 2004, p.68.

103. Zhang Zao. Auf die Suche nach poetischer Modernitaet. Die neue Lyrik Chinas nach 1919. PhD. Thesis. Universitaet Tuebingen, 2004, p.248.

104. Yan Lifei. Zai minzu guojia yu wenxue zhi jia – chu chuangqi de xianshizhuyi piping de huayu (Between the National State and Literature – Literary Criticism of Early Realism). Tianjin shiofasn daxue xuebao (*Journal of Tianjin Normal University*), 4, 2005, pp.66-67.

105. Zhang Sen. 20 shiji 20 niandai geming wenxue guannian yu lilun tanqiu de shanbian (A Research into the Development of the Concept of Revolutionary Literature in the 1920s), Jimei daxue xuebao (*Bulletin of Jimei University*), 2, 2005, p.111.

106. Liang Kan. Hu Shi and Liang Shiqiu. *Chinese Studies in History*, Vol. 39, No. 1 (Fall 2005), pp.3-24.

107. Zhuang Guicheng, Shu Lingwo. Zhongguo xiandai wenxue piping

fasheng yanjiu shulun (A Surwey of the Genesis of Modern Chinese Literary Criticism). Wuhan daxue xuebao (*Bulletin of Wuhan University*), 3, 2005, p.425.

108. Chen Yinchi, Li Shu. Niaogan ta shan zhi shi – Yingyu xuejie Zhongguo wenlun yanjiu (*Chinese Literary theory in the English Speaking World*). Zhongguo bijiao wenxue, 3, 2005, p.145.

109. Zhang Tongzhu. Zhongguo xiandai wenxue zhong ziranzhuyi yu Xieshizhui zhi fansi (Retrospection of the Naturalism and Realism in Modern Chinese Literature) Guizhou shehui kexue (*Guizhou Social Sciences*), 4, 2005, p.110.

110. Yue Taoping. Langmanzhuyi sichao de lishi fansi (*Historical Retrospection of the Romantic Mind*).

http://xzd.2000y.net/mb/1/ReadNews.asp? NewsID=269196

111. Nick Knight. *Marxist Philosophy in China: From Qu Qiubai to Mao Zedong*, 1923–1945. Dordrecht: Springer 2005, p.29.

112. Song Xiaoying. Ouzhou Zhongguo xiandangdai wenxue yanjiu zhi fenxi (An Analysis of European Studies of Modern Chinese and Contemporary Literature). Yantai daxue xuebao (*Journal of the Yantai University*), 1, 2006, p.54.

113. Lu Daotian. Liang Shiqiu. Lu Xun renxing jiejixing lunzheng suyuan (Sources of Liang Shiqiu's and Lu Xun's Debate on the Human and Class Nature). Guangdong zhiye jishu shifan xueyuan xuebao (*Journal of Guangdong Normal University of Technology*), 1, 2002, p.34.

114. Lin Weimin. Shilun Zuoyi wenxue guanyu chuangzuo fangfa lilum de tansuo (On the Search for the Creation Devices of the Left Wing Literature). Huadong shifan daxue xuebao (*Journal of the East China Normal University*), 1, 2002, p.74.

115. Xiong Quan. Geming jia lianai. "zaoqi puluowenxue zhongde moshi daishuxie ji qi tanbian" (The Revolution and Love – the Pattern of Writing and its Evolution in the Early Proletarian Literature). Wenyi lilun yu piping (*The Theory and Criticism of Art and Literature*), 1, 2006, p.69.

116. Chen Xiaolan. Wenxue zhongde Bali yu Shanghai – yi Zuola he Mao

Dun weili (*Paris and Shanghai in Literature – With Zola and Mao Dun as Examples*). Guili: Guanxi shifan daxue chubanshe, 2006, p.19.

117. Chen Chen. Lun geming xianshizhuyi duiyu xianshizhuyi yu langmanzhuyi de gaizao (The Evolution of Realism and Romanticism into Revolutionary Realism). Qilu xuekan (*Bulletin of the Qilu University*), 2, 2006, pp.96-99.

118. An Wenjun. Zhou Zuoren sanwen meixue lilun chutan (Preliminary Remarks on Zhou Zuoren's Aesthetic Theory of Prose). Gansu jiaoyuyuan xuebao (*Journal of the Gansu Paedagogical Institute*), 1, 2003, p.41.

119. Jiang Yuqin. Xiandaixing yu fanxiandaixing. Hu Feng wenyi sichao panxi (Modernity and Anti-Modernity: An Analysis of Hu Feng's Literary Ideas. Qilu xuekan (*Bulletin of the Qilu University*), 2, 2002, p.85.

120. Zhuang Guicheng. Makesizhuyi wenxue piping de Zhongguohua guocheng fenxi (An Analysis of the Siniocization of Marxist Literary Criticism). Hubei minzuxueyuan xuebao (*Journal of the Hubei Institute of Nationalities*), 1, 2000, p.60.

121. Li An. Dui Wusi xin wenhua yundong ji dangdai Zhongguo shiyu zheng de sikao (On the Contemporary Reflections on Aphasia and the New Culture of the May Fourth Movement), Kashi shifan xueyuan xuebao (*Journal of Kashi Paedagogical Institute*), 1, 2002, p.75.

122. Zhi Tingge. Langman de bianxing: Chuangzaoshe wei yishu (er) yishuguannian zhi guanxi zai tantao (Romantic Metamorphosis: New Inquiry into the l'art pour l'art Concept of the Creation Society), Zhongzhou xuekan (*Zhongzhou Bulletin*), 3, 2000, p.88.

123. Tang Xiaolin. Lun Lusao dui Yu Dafu renwen jingshen de suzao (J. J. Rousseau as the Source for Yu Dafu's Humanistic Spirit). Tianjin shifan daxue xuebao (*Journal of Tianjin Normal University*), 4, 2001, pp.57-63.

124. Huang Jian. Liuxue Riben yu Chuangzaoshe xiaosuojia shengming yishi (Study in Japan and the Life Consciousness of the Creation Society). Xuzhou shifan daxue xuebao (*Journal of Xuzhou Normal University*), 1, 2007, pp.1-5. Note, No.10.

125. Ji Jianqing. Zheng Zhenduo zaoqi de shehuiguan yu wenxueguan

(Zheng Zhenduo and His Early Views on Society and Literature). Hebei shifan daxue xuebao (*Journal of Hebei Normal University*), 5, 2006, pp. 82 – 87. No.13.

126. Bai Liping. Liang Shiqiu wenyiguan ji fanyi huodong (Liang Shiqiu's Views on Literature and His Translation Work. http://www.denken.cn/forum/archive/index.php? t-3461.html

127. Natura e inspirazione in Bing Xin. Tesi online. Share Your Knowledge. http://www.tesionline.com/intl/pdfpublicview.jsp? url =../_PDF/1893/1893b.pdf

128. F. Gruner. Lu Xun zaonian guanghui de zhuzuo – "Moluo shili shuo" (Lu Xun's Early Work "On Satanic poetry". In Shiji zhijiao lun Lu Xun (*On Lu Xun at the Turn of Century*). Nanking, Jiangsu jiaoyu chubanshe, 1999, pp.405 & 408.

129. Wang Wei. Duikangxing yu wenxue jiechu de zongji – Gao Like guanyu xiandai Zhongguo wenxue guowai yinsu ji qi zhuanhua de lunshu (Literary Counterflow and Its Traces in Literary Reception – Gálik and the Foreign Elements and Their Transformation in Modern Chinese Literature.) Shanxi daxue xuebao (*Journal of Shanxi University*), 1, 2007, pp.121–124.

130. Peng Lihong. Puliehannuofu yu Zhongguo xiandaihua wenyi sichao – yishu qiyuanshuo ji qi yingxiang (Plekhanov and Modern Chinese Literary Mind – On Origin of Literature and its Influence). Fuling shifan xueyuan xuebao (*Journal of Fuling Teachers College*), 2, 2006, p.?.

131. Liu Zhao. Zhongguo xiandai wenxue de xingbie quanli – Yi Mao Dun de nuzuojia zuopin weili (The power of Gender in Modern Chinese Literature). Suzhou kexueyuan xuebao: shehui kexue ban (*Journal of Suzhou University of Technology: Social Sciences*), 2, 2006, pp.53–57.

132. Gao Wanlong. Recasting Lin Shu. A Cultural Approach to Literary Translation. PhD. Thesis. Griffith University 2003, p.319.

133. Liu Shen. 20shiji Zhongguo wenxue piping huayu chayi de lishi chanshi – 20shiji zhongguo wenxue pipingshi duhou (the Historical Hermrmeneutik of the Differences in the Chinese Literary Criticism of the 20th century – After Reading of the History of Chinese Literary Crticism of the 20th

Century). Guandong shehui kexue (*Social Sciences in Guangdong*), 2, 2005, pp.198-200.

25. A Comment on Two Slovak Books on the Theory of Comparative Literature. AAS, IX, 1973, pp. 175-184.

1. U. Weisstein. Vergleichende Literaturwissenschaft. Erster Bericht. 1968 -1977. Bern-Frankfurt/M, 1981, p.49.

"Auch in der Sektion für Orientalische Sprachen und Literaturen der Akademie wird, so etwa auf dem Gebiet der chinesisch - deutschen Literaturbeziehungen von Marián Gálik-Beachtliches geleistet."

26. Studies in Modern Chinese Intellectual History: II. Young Ch'ü Ch'iu-pai, 1915-1922. AAS, XII, 1975, pp. 85-121.

1. P. G. Pickowitz. *Marxist Literary Thought in China*. Berkeley-Los Angeles-London, 1981, pp.15, 30 (2x), 40, 41 (2x), 42 & 47.

"The work of the noted scholar Marián Gálik is highly sophisticated and always stimulating... His short essay entitled: Studies in Modern Chinese Intellectual History: II. Young Ch'ü Ch'iu-pai, 1915-1922. *Asian and African Studies*, 12 (1976), 85-121 which discusses a manner in which Ch'ü used vocabulary to interpret Marxist theory and the Russian evolution in the early 1920s, has profoundly influenced my own thinking on the immediate post-May Fourth period of Ch'ü's intellectual development." (p.245)

2. J. D. Spence. *The Gate of Heavenly Peace. The Chinese and Their Revolution*, 1875-1980. Penguin Books, 1982, pp.172, 175 (2x) & 177-178 (2x).

"In the Acknowledgments Prof. Spence mentions the study concerned with Qu Qiubai as one which helped him to make clear "the individual Chinese figures whose lives constitute." (p.16)

3. Chen Shengsheng. Jinnian Lai Meiguo "Zhongguo xiandai wenxue tongxin". Zhongguo xiandai wenxue yanjiu congkan (*Studies in Modern Chinese Literature*), 1, 1985, p.280.

4. D. A. Kelly. *Sincerity and Will. The Existential Voluntarism of Li Shicen*

(1892-1935). PhD. Thesis. University of Sydney, 1981, p.164.

5. R. D. Findeisen. Vier westliche Philosophen in China: Dewey und Russell, Bergson und Nietzsohe. *Minima Sinica*, 1, 1992, pp.13 & 15.

6. R. D. Findeisen. *Lu Xun. Texte, Chronik, Bilder, Dokumente*. Basel-Frankfurt am Main: Stroemfeld Verlag, 2001, p.158.

7. Céline Wang. Duoyu de hua: les "Mots de trop" de Qu Qiubai. p.143. http://www.afec-en-ligne.org/IMG/pdf/21-1.Wang.pdf

27. Chao - The King of Hell and The Emperor Jones. Two Plays by Hung Shen and O'Neill. AAS, XII, 1976, pp.123-133.

1. H. Frenz Eugen. O'Neill and China. *Tamkang Review*, X, 1 and 2 (Autumn 1979) p.20 /2x/.

2. E. M. Gunn. Introduction. In E. M. Gunn ed. *Twentieth - Century Chinese Drama. An Anthology*. Bloomington, 1983, p.xii.

3. Chen Shengsheng. Jinnian Lai Meiguo "Zhongguo xiandai wenxue tongxin". Zhongguo xiandai wenxue yanjiu congkan (*Studies in Modern Chinese Literature*), 1, 1985, p.280.

28. Yü Ta-fu's anarchistische Vorstellungen in gesellschaftlichen Leben und in der Literatur. Asiatische Studien/Études Asiatiques, 39, 2, 1975, pp.121-130.

1. Kao Shuhsi. Structure et signification dans le nouvelles de Yu Dafu. *La Litterature chinoise au temps de la Guerre de Résistance contre le Japon* (de 1937 f 1945). Paris, 1982, p.174.

2. W. Kubin. Yu Dafu (1896 - 1945): Werther und das Ende der Innerlichkeit. In G. Debon and A. Hsia eds. *Goethe und China China und Goethe*. Bern, 1985, p.163.

3. Chen Shengsheng. Jin nian lai Meiguo "Zhongguo xiandai wenxue tongxin", Zhongguo xiandai wenxue yanjiu congkan (*Studies in Modern Chinese Literature*), 1. 1985, pp.278-279.

4. R. D. Findeisen. Die Last der Kultur. Vier Fallstudien zu chinesischen Nietzsche-Rezeption (Erster Teil). *Minima Sinica*, 2, 1989, p.36.

5. B. Rusch. *Kunst und Literaturtheorie bei Yu Dafu* (1896 – 1945). Dortmund, 1994, p.1.

6. W. Kubin. The Young Man as a Melanlancholic Person. An Approach to Yu Dafu (1896 – 1945). In M. Gálik ed. *Chinese Literature and European Context*. Bratislava: Rowaco Ltd. and Institute of Asian and African Studies of the Slovak Academy of Sciences, 1994, p.53.

29. Studies in Modern Chinese Literary Criticism: I. Mao Tun in 1919-1920, AAS, III, 1967, pp.111-140.

1. Li Xiu. Kuayue shidai he minzude jiexian. Jieshao shijie geguo duiyu Mao Dun zhuzuode yanjiu (Transgressing the Borders of a Period and Nation), Wenhua jiaoliu (*Cultural Interflow*), 2, 1982, p.5.

2. Tang Jinhai and Liu Changding. Mao Dun nianpu (*Mao Tunov Chronologický Ivotopis*). Vol. 2. Taiyuan, 1996, p.1280.

30. Studies in Modern Chinese Literary Criticism: II. Mao Tun on Men of Letters, Character and Functions of Literature, 1921-1922, pp. 30-43.

1. Li Xiu. Kuayue shidai he minzude jiexian. Jieshao shijie geguo duiy Mao Dun zhuzuode yanjiu (Transgressing the Borders of a Period and Nation). Wenhua jiaoliu (*Cultural Interflow*), 2, 1982. p.5.

31. Comparative Literature in Soviet Oriental Studies. Neohelicon, III, 3-4, 1975, pp.285-301.

1. Zheng Shusen (W. Tay). Wenxue lilun yu bijiao wenxue (*Literary Theory and Comparative Literature*). Taipei, 1982, p.6.

2. U. Weisstein. Vergleichende Literaturwissenschaft. Erster ericht, 1968-1977. Bern-Frankfurt/M, 1981, p.201.

32. Recenzia: W. H. Nienhauser Jr. ed. *Critical Essays in Chinese Literature*. Hong Kong, 1976. *Archiv Orientální*, 46, 1978, 4, pp.366-367.

1. Liu Wu-chi. Zhuyi wode "Rongxiu qingyan" (Reminding My "Festive Goodbye"). In Xiu er weiqiao ji (*Retiring Does Not Mean That You Are Lost*). Taipei, 1983, pp.10-11.

33. The Concept of Positive Hero in Chinese Literature of the 1960s and 1970s. *AAS*, XVIII, 1981, pp.27-53.

1. P. Nazareth. *Asian and African Studies*, XVIII, 1981. *World Literatnre Today*, Autumn, 1982, p.759.

34. Studies in Modern Chinese Literary Criticism: VII. Liang Shih-ch'iu and New Humanism. *AAS*, IX, 1973.

1. J. D. Spence. *The Gate of Heavenly Peace. The Chinese and Their Revolution*, 1895-1980. Penguin Books, 1982, p.445.

2. Zheng Shusen ·(W. Tay). Guoji xuejie kan Liang Shiqiu. Quanqie yueyang dianhua (Liang Shiqiu and Foreign Scholars. Telephone Calls Through Oceans). In Huan xiang (*Return Home*). In Lianhe wenxue - Liang Shiqiu zhuanjuan (*Unites - Special Issue Dedicated to Liang Shiqiu*), n. d. (probably 1988, p.4)

3. L. Lundberg. *Lu Xun as a Translator. Lu Xun's Translation and Introduction of Literature and Literary Theory*, 1903 - 1936. Stockholm: Sockholm University, 1989, p.132.

4. R. D. Findeisen. *Lu Xun. Texte, Chronik, Bilder, Dokumente*. Basel-Frankfurt am Main: Stroemfeld Velag, 2001, p.564.

5. Yuan Guoxing. Zongjiao yishi de lianjie yu wenxue de xuanzhe (The Fetters of Religious Consciousness and Literary Selection). In Zhongguo xiandai wenxue chuantong (*Tradition of Modern Chinese Literature*). Peking: People's Literature Publishing House, 2002, p.137.

35. On the Literature Written by Chinese Women Prior to 1917. *AAS*, XV, 1979, pp.65-97.

1. J. D. Spence. *The Gate of Heavenly Peace. The Chinese and Their Revolution*, 1895-1980. Penguin Books, 1982, p.84 (2x).

2. W. Kubin. *Der durchsichtige Berg*. Stuttgart, 1985, pp.21 & 346.

3. G. Bien. Frauenbildern in Bing Xin's Erzählungen. In Kubin ed. *Moderne Chinesische Literatur*. Frankfurt/M, 1985, pp.248 & 250.

4. Yue Daiyun. Xu (Preface). In Zhongxi wenxue guanxide lichengpei (*Milestones in Sino-Western Literary Confrontation*, 1898-1979). Peking: Peking University Press, 1990, p.3.

5. Sharon Shih-jiuan Hou. Women's Literature. In W. H. Nienhauser ed. and compiled. *The Indiana Companion to Traditional Chinese Literature*. Bloomington: Indiana University, 1986, p.193.

6. D. Dauber. Geschliffene Jade. Zum Mythos der Song-Dichterin Li Qingzhao (1084-1155?). Bern: Peter Lang, 2000, p.18.

36. On the Social and Literary Context in Modern Chinese Literature of the 1920s and 1930s. In G. Malmqvist. *Modern Chinese Literature and its Social Context*. Stockholm, 1977, pp.7-45.

1. B. Eberstein. *Das chinesische Theater im* 20. *Jahrhundert*. Wiesbaden, 1983, p.124.

2. Z. Kasarello. Rola i miejsce Tian Hana v procesie narodzin nowocesnego dramatu i teatru chi_skiego. PhD. Thesis. Warszawa, 1988, p.231.

3. L. Bieg. Shi Zhecun und seine Erzählung *Große Lehrerin Huangxin*, oder die bewußte Rückwendung zur Tradition. In Helwig Schmidt-Glintzer ed. *Das andere China. Festschrift für Wolfgang Bauer zum 65. Geburtstag*. Wiesbaden: Harrassowitz, 1995, pp.439 & 443.

4. Zhang Yingjin. *The City in Modern Chinese Literature and Film. Configurations of Space, Time and Gender*. Stanford: Stanford University Press, 1996, p.173.

5. Linda Pui-ling Wong. The Initial Reception of Oscar Wilde in Modern

China: With Speial Refernce to *Salome*. *Comparative Literature and Culture* (Hong Kong), No. 3, 1998, pp.66-67.

6. R. John. Zum Erzählwerk des Shanghaier Modernisten Shi Zhecun (geb. 1905). Komparatistiche Untersuchungen und kritische Würdigung einer sinisierten "Literarischen Psychologie". Bern: Peter Lang, 2000, p.10.

"Marián Gálik hat mich während eines Gesprächs zur Recht darauf aufmerksam gemacht, daß es sich bei Shi Zhecun um einen 'sehr komplizierten' Autor handele, der sich bei der Suche nach Westlichen Vorbildern in viele unterschiedlichen Richtungen bewegt habe und somit innerhalb der modernen chinesischen Literatur 'eine Ausnahme darstelle." (pp. 22-23)

37. Some Remarks on "Literature of the Scars" in the People's Republic of China, 1967-1979. *AAS*, XVIII, 1982, pp.53-76.

1. F. Gruner. Das Gesellschafts - und Menschenbild in der erzählenden Prosa der VR China seit 1977-1978. *Asien, Afrika, Latein-Amerika*, 12, 1984, 3, p.459.

2. J. C. Kinkley. Introduction. In *After Mao: Chinese and Society*, 1978-1981. Cambridge (Mass)-London, 1985. pp.3 & 7.

3. M. S. Duke. *Blooming and Contending. Chinese Literature in the Post-Mao Era*. Bloomington, 1985, pp.64 & 67.

4. J. S. M. Lau. The Wounded and the Fatigued: Reflections on Post-1976 Chinese Fiction. In H. Martin ed. *Cologne Workshop* 1984 *on Contemporary Chinese Literature*. Köln, 1986, p.41.

5. F. Gruner. Some Remarks on Developmental Tendencies in Chinese Contemporary Literature since 1979. *AAS*, XXIII, 1987, p.35.

6. L. Bieg. "Rettet die von der 'Viererbande' verführten Kinder!" Die literarische Verarbeitung der Kulturrevolution in Erzählungen der Jahre 1977 bis 1979. *Die Horen*, 34, 1989, 3, p.64.

7. He Yuhuai. Cycles of Repression and Relaxation. Politico-literary Events in China, 1976-1989. Bochum: Brockmeyer, 1992, p.75.

8. Yang Guobin. *China's Zhiqing Generation: Nostalgia, Identity and*

Cultural Resistance in the 1990s. *Modern China*, 29, 2003, 3, p.268.

38. Doslov k Mao Tunovým poviedkam. In *Obchod rodiny Linovej a iné poviedky*. Bratislava, 1961, pp.251-262.

1. Li Xiu. Bange shiji yilai guowai Mao Dun yanjiu gaishu (Outline of Maodunian Studies Abroad in the Last Fifty Years). In Mao Dun yanjiu zai guowai (*Maodunian Studies Abroad*). Changsha, 1984, p.31.

2. Li Xiu. Mao Dun bijiao yanjiu lungao (*Mao Dun as an Object of Comparative Studies*). Taiyuan, 1989, pp.4, 69, 70, 70-71& 73.

3. Li Zhou, Que Guoqiu. Mao Dun yu waiguo wenxue (*Mao Dun and Foreign Literature*). Aomen, 1991, p.220.

4. Ye Ziming. Meng hui xing yi. Mao Dun wannian shenghuo jianwen (The Dreams Return and the Stars Go Their Own Ways. Remembering the Last Years of Mao Dun). Nanking, 1991, p.12.

5. Li Guangde. Lun Mao Dun zuopin zhongde Zhejiang difang "fengjinghua" (On Zhejiang Landscapes in Mao Dun's Works). Huzhou shizhuan xuebao (*Bulletin of Huzhou Paedagogical Institute*), 3, 1991, p.11.

6. Tang Jinhai and Liu Changding. Mao Dun nianpu (*Mao Dun's Chronological Biography*). Vol. 2. Taiyuan, 1996, pp.1137-1138.

7. Zhong Guisong. Ershi shiji Mao Dun yanjiu shi (*Mao Dun Studies in the 20th Century*). Hangzhou: Zhejiang renmin chubanshe, 2001, pp.148-149.

39. The Concept of Creative Personality in Chinese Literary Criticism. *Oriens Extremus*, 27, 1980, pp.183-202.

1. A. Marino. Putina Orientalistica. *Tribuna* (Cluj-Napoca). 9, 5, 1985.

2. B. Fuehrer. Die "schmerzvolle Klage" als Stimulus des chinesischen Dichters. Ein Essay. In R. D. Findeisen and R. H. Gassmamm ed. *Autumn Floods. Esays of Honour of Marián Gálik*. Bern: Peter Lang, 1998, p.35.

40. La discussione sulle "Forme nazionali" nella letteratura cinese. *Cina* (Rome), 10, 1973, pp.3-16.

1. A. Marino. Putina orientalistika. *Tribuna* (Cluj-Napoca), 9, 5, 1985.

41. Modern Asian Literatures. Towards a Potential Approach to Their Study. *AAS*, XVI, 1980, pp.145-151.

1. A. Marino. Putina orientalistica. *Tribuna* (Cluj-Napoca), 9, 5, 1985.

42. Lu Sǔn, Priateľ Mládeže. *Smena*, 20. 9. 1956.

1. I. Eber. The Reception of Lu Xun in Europe and in America. The Politics of Popularisation and Scholarship, In Leo Ou-fan Lee ed. *Lu Xun and His Legacy*. Berkeley-Los Angeles-London, 1985, p.254.

2. Zhang Jie. Yingguo Lu Xun yanjiu liangying (Short Remarks on the Study of Lu Xun in England). Lu Xun Yanjiu dongtai (*Panorama of Luxunian Research*), 10, 1987, p.44.

43. Goethe in China, 1932. *AAS*, XIV, 1978, pp.11-25.

1. Terry Siu-han Yip. Goethe's Impact on Modern Chinese Drama. *Modern Chinese Literature*, 2, 1986, 1. p.30.

2. R. D. Findeisen. Die Last der Kultur. Vier Fallstudien zur chinesischen Nietzsche-Rezeption (Erster Teil). *Minima Sinica* 2, 1989, p.40.

3. Yang Wuneng. Gede yu Zhongguo (*Goethe and China*). Peking: Sanlian shudian, 1991, pp.121-124.

4. Terry Siu-han Yip. Goethe in China: A Study of Reception and Influence. PhD. Thesis. University of Illinois at Urbana-Champaign, 1985, p.108.

"As Marián Gálik has correctly pointed out, the Chinese critics at the time greatly stressed Goethe's image as a warrior, as a man of deed and persistence, as well as a challenger to life partly because the Chinese intellectuals wished to use Goethe as an example or model for the general public at a time when national freedom were threatened by Japanese invasion." (Ibid.)

5. B. Ascher. Der chinesische Werther. Beispiel von Rezeption und Wirkung eines Werkes der deutschsprachigen Literatur im China der 20er und 30er Jahre des 20. Jahrhunderts. PhD. Thesis. Universität Wien, pp.45, 51,

53 & 59.

6. F. Kreissler. L'action culturelle allemande en Chine. De la fin du XIXe sičcle f la Seconde Guerre mondiale. Paris: Editions de la Maison des Science de l'Homme, 1989, p.19.

7. Terry Siu-han Yip. Goethe in China: The Reception of *Faust* and *Werther* in 20th Century China. *East-West Dialogue*. Special Issue. Vol. 4, No. 2 and Vol. 5, No. 1 (June 2000), pp.108-109 & 111.

44. Foreign Literature in the People's Republic of China between 1970-1979. AAS, XIX, 1985, pp.55-95.

1. A. Wedell-Wedelsborg. Chinese Modernism? In H. Martin ed. *Cologne Workshop* 1984 *on Contemporary Chinese Literature*. Köln, 1986, p.98.

2. I. Eber. Western Literature in Chinese Translation, 1949-1979, *AAS*, Vol.3, No.1, 1994, p.53.

3. Leonesi, B.: Lo *Spartaco* di Giovagnoli nella Repubblica Popolare Cinese: sulle trace di un mito. In A. E. Cadonna, F. Gatti eds. *Cina: miti e realtŕ*. Venice: Cafoscarina, 2001, pp.171-172.

45. *Milestones in Sino-Western Literary Confrontation*, 1898-1979. Bratislava-Wiesbaden, 1986, 286 pp.

1. W. Kubin. Die Philosophie des Weges. Die Sonette des Feng Zhi. Drachenboot 1, jún 1987, pp.7, 8, 9, 10 (3x), 11 (2x/ & 12 (spolu: 15x).

2. W. Kubin. Gib meinem schmalen Herzen ein großes Universum. In Feng Zhi. *Inter Nationes Kunstpreis*, Bonn, 1987, p.13.

3. R. Etiemble. Orientation bibliographique et non bibliographie. In *Ouverture* (*s*) *sur un comparatisme planetaire*. Paris: Christian Bourgois Editeur, 1988, p.261.

4. R. D. Findeisen. Die Last der Kultur. Vier Fallstudien zur chinesischen Nietzsche-Rezeption (Erster Teil). *Minima Sinica*, 2, 1989, p. 2, (Zweiter Teil). Ibid. 1, 1990, pp.20 & 25.

5. F. Gruner. Lu Xuns frühe Schrift: Über die Kraft der romantischen

Poesie (Moluo shili shuo). In W. Kubin ed. *Aus dem Garten der Wildnis. Studien zu Lu Xun* (1881-1936). Bonn, 1989, p.19.

6. Y. Monschein. Lu Xuns Erzählung Yao oder die Wirksamkeit eines Placebos. In W. Kubin ed. *Aus dem Garten der Wildnis. Studien zu Lu Xun* (1881-1936). Bonn, 1989, pp.41, 42 & 44.

7. Goatkoei Lang-Tan. Eines Liebenden Suche nach dem neuen Ideal. Zur Gestalt des Ich-Erzählers und dessen Sprachgestaltung in Lu Xuns Erzählung Shangshi (1925). In W. Kubin ed. *Aus dem Garten der Wildnis. Studien zu Lu Xun* (1881-1936). Bonn, 1989, p.72.

8. Yue Daiyun. Xu (Predslov). In Zhongxi wenxue guanxide lichengpei (*Milestones in Sino-Western Literary Confrontation*, 1898-1979). Peking: Peking University Press, 1990, p.3.

Author called this book a "great orchestral composition." (*jida chengzhi zuo*). According to her opinion "this book brought many new historical facts, prepared a spaces for new vistas and new possibilities of research…" (Ibid.)

9. R. Trappl. "Modernism" and Foreign Influences in Chinese Poetry: Exemplified by the Early Guo Moruo and Gu Cheng. In M. Gálik ed. *Interliterary and Intraliterary Aspects of the May Fourth Movement* 1919 *in China*. Bratislava, 1990, pp.88-89.

10. A. Bujatti. The Spirit of the May Fourth Movement in *The Godesses* of Guo Moruo. In M. Gálik ed. *Interliterary and Intraliterary Aspects of the May Fourth Movement* 1919 *in China*. Bratislava, 1990, pp.103 & 109.

11. J. C. Kinkley. Echoes of Maxim Gorky in the Works of Ding Ling and Shen Congwen. In M. Gálik ed. *Interliterary and Intraliterary Aspects of the May Fourth Movement* 1919 *in China*. Bratislava, 1990, p.180.

12. M. Biasco. The Crisis of the Family System and the Search for a new Identity of Chinese Youth. In M. Gálik ed. *Interliterary and Intraliterary Aspects of the May Fourth Movement* 1919 *in China*. Bratislava, 1990, p.194.

13. W. Kubin. Wang Meng "Yede yan" he Kanpeierde shenhua moshi (Wang Meng's "Eyes of the Night" and mythological Scheme of Joseph Campbell). Zhongguo bijiao wenxue (*Comparative Literature in China*), 2, 1989, 2, p.29.

14. H. Schmidt-Glintzer. Geschichte der chinesischen Literatur. Bern-München-Wien: Scherz, 1990, pp.498, 550 & 652.

15. Janet A. Walker. On the Applicabity of the Term "Novel" to Modern Non-Western Long Fiction. *Yearbook of Comparative and General Literature*, 37, 1988, p.62 (2x).

16. J. J. Deeney. Comparative Literature from Chinese Perspective. Cultural Interflow East and West. Shenyang: Liaoning University Press, 1990, p.16.

"*Milestones* is here evaluated as one of the works that brought much new into the study of Sino-European literary relations together with the books of C. Guillen, R. Etiemble, C. Koelb, S. Noakes and Makota Ueda." (Ibid.)

17. Li Zhou, Que Guogiu. Mao Dun yu waiguo wenxue (*Mao Dun and Foreign Literature*). Aomen, 1991. pp.2, 5 (2x) & 174.

18. J. J. Deeney. Comparative Literature in China (China—Mainland—Taiwan—Hong Kong). Occasional Paper No. 3. *Comparative Literature Research Unit*. Hong Kong: The Chinese University of Hong Kong, 1991, p.27.

19. Tan Guilin. Xiandai dushi wenxue fazhang yu *Ziye* de gongxian (Development of Modern City and *Midnight's* Contribution). Wenxue pinglun (*Literary Review*), 5, 1991, p.11.

20. R. D. Findeisen. Vier westliche Philosophen in China: Dewey und Russell, Bergson und Nietzsche. *Minima Sinica*, 1, 1992, p.28.

21. Goat-Koei Lang-Tan. Der Geist der deutschen Romantik in der Dichtung Feng Zhis. In A. Hsia und S. Hoefert eds. *Fernostliche Brückenschläge*. Bern: Peter Lang, 1992, p.97.

22. J. J. Deeney. Companions for Comparatists. *Tamkang Review*, XX, Spring 1990, 3, p.344.

23. Li Shih-xue. Zhongxi wenxue yinyuan (*Sino-Western Literary Relations*). Zixu (Self-Preface). Taipei: Lien-ching, 1991, p.vii.

"This author asserts that *Milestones* is the "most important" (*zuizhongyaode*) among the Western publications on the subject. It has been translated into Chinese in 1990 and published in the prestigious Peking University Press." (Ibid.)

24. B. Eberstein. Introduction. Thespis in the Peargarden. In B. Eberstein ed. *A Selective Guide to Chinese Literature*, 1900–1949, Vol. 4. Leiden: E. J. Brill, 1990, p.36.

25. R. D. Findeisen. A Sino–German Venture of the 1940s. Fascist Reception of Nietzschean Philosophy and the Zhangguo Group. In M. Gálik ed. *Chinese Literature and European Context*. Bratislava: Rowaco Ltd. and Institute of Oriental and African Studies of the Slovak Academy of Sciences, 1994, p.75.

26. Liu Wu-chi. The Southern Society and its Sole European Connection. In M. Gálik ed. *Chinese Literature and European Context*. Bratislava, 1994, p.150.

27. D. Kelly. The Highest Chinadom: Nietzsche and the Chinese Mind, 1907–1989. In G. Parkes ed. *Nietzsche and Asian Thought*. Chicago and London: The University of Chicago Press, 1991, p.155.

28. Mi Jiayan. Self-fashioning, Enlightenment and Economic Libidinale: Dialectics of the Body—An Anatomy of a Bio–Text Guo Moruo's *The Goddesses*. New Perspectives. *A Comparative Literature Yearbook*, 1, 1995, p.63.

29. Mabel Lee. Octavio Paz on Literary Translation and Yang Lian's Poems on Poetry. *Canadian Review of Comparative Literature/ Revue Canadienne de Littérature Comparée*, 23, Dec. 1996, 4, pp.954 (2x) & 955.

30. Lloyd Haft. Some Rhytmic Structures in Feng Zhi's Sonnets. *Modern Chinese Literature*, Vol. 9, 1996, p.303.

31. Mu Han, Ai Hua. Jinnian lai guowai dui Mao Dun yanjiu shuping (*Overview of Maodunian Studies Abroad*). Shehui kexue zhanxian (*Social Sciences Front*), 6, 1996, p.199.

"Deep study of materials and creative invention made it possible that in the field of the study of modern Chinese literature (Gálik) became the influential European Literary scholar. From his *Milestones in Sino–Western Literary Confrontation*, 1898–1979, and from his recent works one can see, that he learned much from the fortunes of many schools and he created his own scholarly views and methods of research (*ziju de xuewshu guandian he yanjiu* fangfa)... Gálik has his own critical visions and these are broadé (*kauikuo*) and rich on research impulses (*tamsuoxing*." (Ibid.)

32. A. Marino. "European" and "World" Literature. A New Comparative View. In ICLA '91. Tokyo. The Force of Vision 3. Proceedings of the 13th Congress of the International Comparative Literature Association. Tokyo: Tokyo University Press, 1995, p.303.

33. R. D. Findeisen. *The Burden of Culture. Glimpses at the Literary Reception of Nietzsche in China*. AAS, Vol. 6, No.1, 1997, p.85.

34. H. Frühauf. Urban Exoticism in Modern Chinese Literature. PhD. Thesis. The University of Chicago, 1990, p.148.

35. H. Frühauf. Urban Exoticism and Its Sino-Japanese Scenery, 1910-1923, AAS, No. 2, 1997, p.167.

36. B. Ascher. Der chinesische Werther. Beispiel von Rezeption und Wirkung eines Werkes der deutschsprachigen Literatur im China der 20er und 30er Jahre des 20. Jahrhunderts. PhD. Thesis. Universität Wien, 1994, pp.3, 29 & 157.

37. Mabel Lee. Personal Freedom in Twentieth-Century China: eclaiming the Self in Yang Lian's "*Yi*" and Gao Xingjian's "*Linshan*". In M. Lee and M. Wilding eds. *History, Literature and Society in Honour of S. N. Mukherjee*. New Delhi: Manohar, 1997, p.138.

38. L. Lundberg. Lu Xun as a Translator. Lu Xun's Translations and Introduction of Literary Theory, 1903-1936. Stockholm: Stockholm University 1989, p.19.

39. Tan Guilin. Xiandai dushi wenxue de "Ziye" de gongxian (A Contribution of the "Midnight" Into the Modern Metropolitan Literature). Zhongguo xiandai zhuming zuojia yanjiu (*Studies in Modern Well-known Writers*), 2, 1991, p.26. Originally in Wenyi pinglun (*Literary Review*), 1, 1991, pp.4-16.

40. Li Shuchang. Mao Dun duiyu waiguo wenxue de jiejin yu chuangxin (*Mao Dun and Creative Reception of Foreign Literature*). Anqiu: Shandong daxue chubanshe, 1993, p.251.

41. H. Willcock. Japanese Modernization and the Emergence of New

Fiction in Early 20th Century China – A Study of Liang Qichao. *Modern Asian Studies*, 29, Oct. 1995, p.1

42. M. Hockx. Mad Women and Mad Men: Intraliterary Contact in Early Republican Literature. In R. D. Findeisen and R. H. Gassmann eds. *Autumn Floods. Essays in Honour of Marián Gálik*. Bern: Peter Lang, 1998, p.317.

43. J. Benická. Some Remarks on the Satirical in Qian Zhongshu's Novel *Fortress Besieged*. In R. D. Findeisen and R. H. Gassmann eds. *Autumn Floods. Essays in Honour of Marián Gálik*. Bern: Peter Lang, 1998, p.352.

44. Yue Daiyun. Wosuo zhidaode Mali'an Gaolike (Marián Gálik as I Knew Him). In R. D. Findeisen and R, H. Gassmann eds. *Auutumn Floods. Essays in Honour of Marián Gálik*. Bern: Peter Lang, 1998, p.11.

45. Zhang Yingjin. *The City in Modern Chinese Literature & Film*. Stanford: Stanford University Press, 1996, pp.136, 137, 141, 142, 143 & 148.

"The best illustration of the dominance of vision in the configuration of the modern city is a phenomenon Marián Gálik terms the 'dance of breasts'." (p. 141)

"It is through the seemingly irresistible power of seduction that female sexuality may prove even more destructive. In other words, as Gálik himself acknowledges, The 'dance of the death' is a variation of the 'dance of the breasts.'" (pp.142–143)

46. M. Dolezelová – Velingerová. European Studies of Modern Chinese Literature. In *Europe Studies China*. Papers from International Conference on the History of European Sinology. London: Han-shan Tang, 1995, p.380.

47. W. Kubin. "The Sickness God" – The Sickness Man: The Problem of Imperfection in China and in the West. In I. Eber, Sze-kar Wan, K. Walf in collaboration with R. Malek. *Bible in Modern China. The Literary and Cultural Impact*. Sankt Augustin: Institute Monumenta Serica, 1999, p.419.

48. Chen Shengsheng. Wang Guowei: bijiao wenxue pipingjia (Wang Guowei: Literary Comparatist and Critic). Zhongwai wenhua yu wenlun (*Chinese Foreign Cultures and Literary Theories*) (Chengdu), 2, 1996, p.191.

49. W. Kubin. "Die Krankheit Gott" - Die Krankheit Mensch. Zum Problem des Unvollkommenen in China und im Westen. *Minima Sinica*, 1, 1999, p.12.

50. Jens Walter (Hrsg.). Kindlers neues Lexikon. Band 10. München: Kindler Verlag Bmbh, 1990, p.638 and Vol. 20, p.691.

51. W. Kubin. Schöpfer, Zerstörer. *Minima Sinica*, 2, 1999, pp. 103-104.

52. Fan Boqun and Zhu Donglin eds. 1898-1949 Zhongwai wenxue bijiao shi (*Chinese-Foreign Comparative Literature*, 1898-1949). Vol. 2. Nanking: Jiangsu jiaoyu chubanshe 1993, p.857.

53. Zou Zhenhuan. Yingxiang Zhongguo jindai shehui de yibai Zhongyi zuo (*One Hundred Translations that Influenced Modern Chinese Society*). Peking: Zhongguo duiwai fanyi chubanshe, 1994, pp.308 & 339.

"These are Johann Wolfgang Goethe's *Faust* and his *The Sorrows of Young Werther*."

54. Xie Zhixi. Mei de pianzhe. Zhongguo xiandai weimei - tuifeizhuyi wenxue sixiang yanjiu (*Slanting Beauty—Study in Contemporary Chinese Aesthetic and Decadent Thought*). Shanghai: Wenyi chubanshe, 1997 (2nd print. 1998), p.10.

55. Chiu-yee Cheung. The Nietzsche of Chinese Lu Xun Scholars. A Zigzag Road of the Reception of the "Gentle" Nietzsche. In Ricardo K. S. Mak and S. L. Paau eds. *Sino-German Relations since* 1800: *Multidisciplinary Explorations*. Bern: Peter Lang, 2000, pp.176-177.

"The translation (of the chapter on Lu Xun and Nietzsche, M. G.) indicated that Chinese scholars became more interested in literary aspect of the comparison." (p.177)

56. Th. Zimmer. Einnerungen an die Schuld. Die Aufarbeitung der Kulturrevolution am Beispiel der "Selbstbekenntnis-Literatur" (*zibai wenxue*) by Liang Xiaosheng. Orientierungen (Bonn), 12, 2000. 2, p.86.

57. Chiu-yee Cheung. *Lu Xun. The Chinese "Gentle" Nietzsche*. Bern: Peter Lang, 2001, p.5.

58. Xia Kangda and Wang Xiaoping. Ershi shiji guowai Zhongguo wenxue

yanjiu (Twentieth Century Chinese Literature in Foreign Studies). Tianjin: Tianjin renmin chubanshe 2000, pp. 285, 302, 312 & 313. This book is evaluated as "representative work (*daibiao zuo*) in the field of Sino-foreign literary relations." (p.302). A long characteistics of this work is on pp. 312 -313.

59. R. D. Findeisen. *Lu Xun. Texte, Chronik, Bilder, Dokumente.* Basel-Frankfurt an Main: Stroemfeld Verlag, 2001, pp.97, 663 & 666.

60. M. Eglauer. The Double First-Person Narrator - Lu Xun, Das agebuch eines Verrückten, *Arcadia*, 34, 1999.

61. W. Kubin. Nocturnal Consciousness and Female (Self-) Destruction. Towards a Theory of Darkness in Modern China. *Minima Sinica*, 13, 2001, 2, p.110.

62. L. Haft. *The Chinese Sonnet. Meanings of Form.* Leiden: Research School of Asian, African and American Studies, Leiden University, 2000, p.110.

63. Wang Ning. Shijie wenxue geju zhong de ershi shiji Zhongguo wenxue duandai (Twentieth Century Chinese Literature Within the Framework of World Literature). In Zhongguo xiandai wenxue chuantong (*Tradition of Modern Chinese Literature*). Peking: People's Literature Publishing House, 2002, p.220.

64. B. Staiger et alii. Das große China - Lexikon. Darmstadt: Wissenschftliche Buchgesellschaft, 2003, p.924.

65. Irene Eber. Na počesť Mariána Gálika (In Honour of Marián Gálik). *Studia Orientalia Slovaca*, 2, 2003, p.9.

66. Tan Chung. *Across the Himalaya Gap. History and Literature. Tagore and China.* New Delhi: Gyan Publishing House, 1998, pp.51-53.

67. Jiegou benzhizhuyi yu chaoyue juedinglun (To Build Essentialism and to Overcome the Fatalism), Kuanyue wenhua duihua (*Dialogues on Interculturality*), 11, 2003.

68. T. Huters. Chinese Theory and Criticism. 3. *Twentieth Century*. http://61.152.93.149/english/Print.scsp? ArticleID = 10747. April 13, 2005, n. p.

69. Zhang Kuan. Wenxue tiandi (*The Realm of Literature*).

http://archives. cnd. org/HXWK/column/Literature/kd050501 – 3. gb. html

dated 2005. This article is concerned with the problem of sonnets from the comparative point of view.

70. Ye Jun. Feng Zhi xueyuan zhizuo de kaixin neirong ji qi Deguo sixiang beijing (Feng Zhi's Campus Writing and its Roots in German Thought). Zhongguo bijiao wenxue (*Comparative Literature in China*), 4, 2004, p.144.

71. Chen Xiaolan. Cong Zuola, Jinqian dao Mao Dun *Ziye* kan wenxue jieshou zhongde bianxing (On the Process of Change in Reception of Zola's *L'Argent* in Mao Dun's *Midnight*). Zhongguo bijiao wenxue (*Comparative Literature in China*), 4, 2002, p.115.

72. Chen Xiaolan. Wenxue zhongde Bali yu Shanghai (*Paris and Shanghai in Literature*). Guilin: Guanxi shifan daxue chubanshe, 2006, p.19.

73. T. Th. Hay. Chinese Proletariam Myth: The Revolutionary Narrative and Model Theatre of the Cultural Revolution. PhD. Thesis. School of Asian and InternationalStudies, Griffith University, July 2000, p.409.

74. Yang Qi. Du Shaonian Weite zhi fannao (Reading *The Sorrows of Young Werther*). Anhui gongye daxue suozhi jiaoyu zhongxin (Centre of Qualitative Teaching of Anhui Industrial University).

http://www.ahur.edu.cn/szjy/wenji/2weicao.php

75. Author unknown. Yingxiang Zhongguo jindai shehui de yi bai zhong yizuo 82 lai zi Fushide de linggan he qishi (Inspiration and Stimuli from the *Faust*, No. 82 of the 100 Works that Influenced Modern Chinese Society. Zhongguo junshi lishi yanjiu zhongxin (*Center for the Study of Chinese Military History*), Jan. 13, 2007.

http://hi.baidu.com/mxhl138/blog/item/87...html

76. Pan Jian. Xin langman ju, Wusi qimeng yundong yu Zhongguo wenhua de xiandaihua licheng (New Romantic Plays, May Fourth Movement and the Process of Modernization of Chinese Culture), Jiangxi shehui kexue (*Social Sciences of Jiangxi Province*), 5, 2004, p.49.

77. Zhang Zao. Auf die Suche nach poetischer Modernitaet. Die neue

Lyrik Chinas nach 1919. PhD. Thesis. Universitaet Tuebingen, 2004, p.248.

78. Zhang Guan. Bijiao wenxue yanjiu yu shisihang shi wenti (*Comparative Literary Studies and the Sonnets*).

http://my.cnd.org/modules/wfsection/article.pkp? articleid=10063

79. Chen Jianhua. Shidai nüxing, lishi yishi yu "geming" de xiaoshuo di kaifang xingshi – Mao Dun zaoqi xiaoshuo "Hong". Zhongguo xueshu (*Chinese Learning*), 2000.

80. Dong Wenpo. Shilun Lu Xun wenxue chuangzuo zhongde xiangzhengzhuyi ji qi yishu tezheng (On Symbolism in Lu Xun's Creative Works and its Artistic features). Zhejiang shifan daxue xuebao (*Journal of Zhejiang Normal University*), 5, 2001, p.62.

81. Natura e ispirazione poetica in Bing Xin. Tesi online. Share Your Knowledge.

http://www.tesionline.com/intl/pdfpublicview.jsp? url=../-PDF/1893/1893b.pdf

82. Wang Wei. "Duikangxing" yu wenxue jiechu de zongyi – Gao Like guanyu xiandai Zhongguo wenxue guowai yinsu ji qi zhuanhua de lunshu ("Literary Counterflow" and its Traces in Literary Reception – Gálik on the Foreign Elements and their Transformation in Modern Chinese Literature). Shanxi daxue xuebao (*Journal of Shanxi University*), 1, 2007, pp.121–124.

46. Feng Zhi e il suo sonetto veneziano. *Catai* II/III, 1982–1983, pp.23–31.

1. W. Kubin. Die Philosophie des Weges. Die Sonette Feng Zhi. *Drachenboot*, 1, jún 1987, pp.8 & 11.

47. Studies in Modern Chinese Intellectual History: I. The World and China: Cultural Impact and Response in the 20th Century, *AAS*, XI, 1975, pp.11–56.

1. L. Kasarello. Rola i miejsce Tian Hana w procesie narodzin novoczesnego dramatu i teatru chinskiego. PhD. Thesis. Warszawa, 1988, p.245.

2. R. D. Findeisen. Die Last der Kultur. Vier Fallstudien zur chinesischen Nietzsche-Rezeption (Erster Teil). *Minima Sinica*, 2, 1989, p.19.

3. Yip Terry Siu-han. Goethe in China: A Study of Reception and Influence. PhD. Thesis. University of Illinois at Urbana-Champaign, 1985, pp. 22 & 70 (2x).

4. L. Lundberg. *Lu Xun as a Translator. Lu Xun's Translation and Introduction of the Literature and Literary Theory*, 1903–1936. Stockholm: Stockholm University, 1989, pp.96-97.

48. Studies in Modern Chinese Intellectual History: III. Young Lu Xun, 1902-1909. *AAS*, XXI, 1985, pp.37-64.

1. R. D. Findeisen. Die Last der Kultur. Vier Fallstudien zur chinesischen Nietzsche-Rezeption (Erster Teil). *Minima Sinica*, 2, 1989, p.19, (Zweiter Teil), Ibid., 1, 1990, pp.14 (2x), 17, 18, 19 & 33.

2. F. Gruner. Lu Xuns frühe Schrift: Über die Kraft der romantischen Poesie (Moluo shili shuo). In W. Kubin ed. *Aus dem Garten der Wildnis. Studien zu Lu Xun* (1881-1936). Bonn, 1989, pp.19 & 21.

3. R. D. Findeisen. Vier westliche Philosophen in China: Dewey und Russell, Bergson und Nietzsche. *Minima Sinica*, 1, 1992, p.28

4. D. Kelly. The Highest Chinadom: Nietzsche and the Chinese Mind, 1907-1989. In G. Parkes ed. *Nietzsche and Asian Thought*. Chicago and London: The University of Chicago Press, 1991, p.155.

5. W. Kubin. Die Verzweiflung trügt wie die Hoffnung. In *Lu Xun: Werke in sechs Bänden*. Band 6. Zürich: Unions Verlag, 1994, p.179.

6. R. D. Findeisen. The Burden of Culture: Glimpses at the Literary Reception of Nietzsche in China. *AAS*, Vol. 6, No.1, 1997, p.85.

7. R. D. Findeisen. Two Aviators : Gabriele D'Annunzio and Xu Zhimo. In Mabel Lee and Meng Hua eds. *Cultural Dialogue and Misreading*. Sydney: Wild Peony PTY Ltd., 1997, p.85.

8. R. D. Findeisen. *Lu Xun. Texte, Chronik, Bilder, Dokumente*. Basel-Frankfurt am Main: Stroemfeld Verlag, 2001, pp.635 & 641.

49. Studies in Modern Chinese Intellectual History: IV. Young Guo Moruo, 1914-1924. *AAS*, XXII, 1986, pp.43-71.

1. R. D. Findeisen. Die Last der Kultur. Vier Fallstudien zur chinesischen Nietzsche-Rezeption (Erster Teil), 2, 1989, pp. 19 & 37.

2. A. Bujatti. The Spirit of the May Fourth Movement in *The Goddesses* of Guo Moruo. In M. Gálik ed. *Interliterary and Intraliterary Aspects of the May Fourth Movement* 1919 *in China*. Bratislava, 1990, p.109.

3. Beate Rusch. *Kunst und Literaturtheorie bei Yu Dafu* (1896-1945). Dortmund: Projekt Verlag, 1884, p.53.

4. B. Rusch. Yu Dafu's House of Mirrors: A Few Notes on the Remaking of Self in Yu Dafu's Philosophy of Life and Blue Smoke. In M. Gálik ed. *Chinese Literature and European Context*. Bratislava: Rowaco Ltd. and Institute of Asian and African Studies of the Slovak Academy Sciences, 1994, p.58.

5. W. Kubin. "The Sickness God" – The Sickness Man: The Problem of Imperfection in China and in the West. In I. Eber, Sze-kar Wan, K. Walf in collaboration with R. Malek eds. *Bible in Modern China: The Literary and Intellectual Impact*. Sankt Augustin: Monumenta Serica, 1999, p.419.

6. "Die Krankheit Gott" – Die Krankheit Mensch. Zum Problem des Unvollkommenen in China und im Weste. *Minima Sinica*, 1, 1999, p.12.

50. Recenzia: W. Bauer, S. C. Hwang eds. *German Impact on Modern Chinese Intellectual History*. Deutschlands Einfluss auf die moderne chinesische Geistesgeschichte. *AAS*, XX, 1985, pp. 282-285.

1. R. D. Findeisen. Die Last der Kultur. Vier Fallstudien zur chinesischen Nietzsche-Rezeption (Erster Teil), *Minima Sinica*, 2, 1989, p.19.

51. Two Modern Chinese Philosophers on Spinoza. *Oriens Extremus*, 22, 1975, 1, pp.29-43.

1. R. D. Findeisen. Die Last der Kultur. Vier Fallstudien zur chinesischen Rezeption (Erster Teil). *Minima Sinica*, 2, 1989, p.36.

52. *Diplomová práca*: *Mao Tunove poviedky*. Praha 1958, 163+40 pp.

1. J. Průšek. Mao Tun and Yü Ta-fu. In Leo Ou-fan Lee ed. *The Lyrical and the Epic. Studies in Modern Chinese Literature* by Jaroslav Průšek. Bloomington, 1980, p.14.

53. In the Footsteps of the Inspector-General: Two Contemporary Chinese Plays. *AAS*, XX, 1984, pp.49-80.

1. W. Kubin. Die Jungfrau und der Dämon. Bemerkungen zur Rolle der Ironie in Sturm im Wasserglas (Fengpo). In W. Kubin ed. *Aus dem Garten der Wildnis. Studien zu Lu Xun* (1881-1936). Bonn, 1989, p.57.

2. W. Tay. Avant-garde Theater in Post-Mao China. The Bus-stop by Gao Xingjian. In H. Goldblatt ed. *Worlds Apart. Recent Chinese Writing and its Audiences*. New York: M. E. Sharpe, Inc., 1990, p.111.

54. Studies in Modern Chinese Literary Criticism: V. The Socio-Aesthetic Criticism of Ch'eng Fangwu. *AAS*, VII, 1971, pp.41-78.

1. I. Schäfer. Remarks on the Question of Individuality and Subjectivity in the Literature of the May Fourth Period. In M. Gálik ed. *Interliterary and Intraliterary Aspects of the May Fourth Movement 1919 in China*. Bratislava, 1990, p.35.

55. Mao Dun: Hong (*The Rainbow*). In M. Doleželová-Velingerová ed. *A Selective Guide to Chinese Literature*, 1900-1949. Vol. 1, Leiden, 1988, pp.133-135.

1. D. Ballhaus. *Die moderne Frau im Frühwerk des Schriftstellers Mao Dun*. Bochum, 1989, p.ii.

56. Comparative Aspects of the Genesis of Modern Chinese Literary Criticism. In Ying-hsiung Chou ed. *The Chinese Text. Studies in Comparative Literature*. Hong Kong: The Chinese University of Hong Kong, 1986, pp.177-190.

1. J. J. Deeney. Comparative Poetics from Chinese Perspectives (A Bibliographical Sampling from English Sources). *Revue de Littérature Comparée*, 2, Avril-Juin 1991, p.229.

2. Robert Magliola. Recenzia zborníka Ying-hsiung Chou ed. *The Chinese Text. Studies in Comparative Literature*. Hong Kong: The Chinese University of Hong Kong. *Literary Research (Recherche Littéraire)*, No.16-17 /Summer-Winter 1991/, p.15.

3. Zhang, Yingjin. *The City in Modern Chinese Literature and Film. Configurations of Space, Time and Gender*. Stanford: Stanford University Press, 1996, p.54.

4. Zhang, Yingjin. Engaging Chinese Comparative Literature and Cultural Studies. In Zhang, Yingjin ed. *China in a Polycentric World. Essays in Comparative Literature*. Stanford: Stanford University Press, 1998, pp.7 & 238.

57. East - West Interliterariness: A Theoretical Sketch and a Historical Overview. In Amiya Dev and Sisir Kumar Das eds. *Comparative Literature. Theory and Practice*. New Delhi: Indian Institute of Advanced Study at Shimla, 1989, pp.116-128.

1. J. J. Deeney. Comparative Poetics from Chinese Perspectives (A Bibliergraphical Sampling from English Sourees). *Revue de Littérature Comparée*, 2, Avril-June 1991, p.229.

2. S. Tötösy de Zepetnek. A Selected Bibliography of Theories, Methods and Histories of Comparative Literature /to 1999/. In http://www.arts.ualberta.ca/clcwebjournal/clitbibl1-99.html, 18

58. Some Remarks on Comparative Literature in Czechoslovak Oriental Studies. *Neohelicon*, III, 3-4, pp.113-115.

1. A. Marino. *Comparatisme et théorie de littérature*. Paris: Presses Universitaire de France, 1988, p.365.

59. Studies in Modern Chinese Intellectual History: V. Young Wang Guowei, 1901-1911. *AAS*, XXIV, 1989, pp.37-65.

1. Mabel Lee. The Philosophy of the Self and Yang Lian. In Yang Lian. *Masks and Crocodile. A Contemporary Chinese Poet and His Poetry*. Translation and Introduction by Mabel Lee. Sydney: Wild Peony PTY Ltd., 1990, p.13.

2. Chan Wing-ming. The Schopenheuerian Influence on Wang Kuo-wei's Jen-chien tz'u-hua. In M. Gálik ed. *Chinese Literature and European Context*. Bratislava: Rowaco Ltd. and Institute of Asian and African Studies of the Slovak Academy of Sciences, 1994, p.67.

60. Interliterary and Intraliterary Aspects of the Study of Post-1918 Chinese Literature. In Howard Goldblatt ed. *Worlds Apart. Recent Chinese Writing and its Audiences*. New York: M. E. Sharpe, 1990, pp. 231-245.

1. B. S. McDougall. Review of the Collection. *The Australian Journal of Chinese Affairs*, 27 (January 1992/, p.210.

2. H. Martin. Kulturkreis China: Zur Internationalen Reisensburg Konferenz 1986. In H. Martin. *Chinabilder III*. Taiwanesische Literatur – Postkoloniale Auswege. Dortmund: Projekt Verlag, 1996, p.92.

3. Mabel Lee. Personal Freedom in Twentieth-Century China: Reclaiming the Self in Yang Lian's Yi and Gao Xingjian's Lingshan. In M. Lee and M. Wilding eds. *History, Literature and Society in Honour of S. N. Mukherjee*. New Delhi: Manohar 1997, p.155.

4. M. Hockx. Mad Women and Mad Men: Intraliterary Contact in Early Republican Literature. In R. D. Findeisen and R. H. Gassmann eds. *Autumn Floods. Essays in Honour of Marián Gálik*. Bern: Peter Lang, 1998, pp.308

& 317.

61. La letteratura scritta dalle donne cinesi prima del 1917. In L. Lanciotti ed. *La Donna nella Cina imperiale e nella Cina repubblicana*. Firenze, 1980, pp.147-160.

1. Gudula Linck. Aus der fruchtbaren Erde wie einsame Schatten – zum Wandel der Wahrnehmung von Weiblichkeit bei der chinesischen Oberschicht der Sung-Zeit. In H. Schmidt-Glintzer ed. *Lebenswelt und Weltanschauung in frühneuzeitlichen China*. Stuttgart: Franz Steiner, 1990, p.201.

62. The Concept of Feeling in Chinese, English and German Literary Criticism. *Neohelicon*, X, 1983, 1, pp. 125-130.

1. J. J. D eeney. Companions for Comparatists. *Tamkang Review*, XX, Spring 1990, 3, p.341.

63. May Fourth Literature Reconsidered: Musing over Mythopoeia as Creation. In M. Gálik ed. *Interliterary and Intraliterary Aspects of the May Fourth Movement 1919 in China*. Bratislava: Veda, 1990, pp.269-283.

1. W. Kubin. The Young Man as a Melancholic Person: An Approach to Yu Dafu (1896–1945). In M. Gálik ed. *Chinese Literature and European Context*. Bratislava: Rowaco Ltd and Institute of Oriental and African Studies of the Slovak Academy of Sciences, 1994, p.54.

2. Linda Pui-ling Wong. The Initial Reception of Oscar Wilde in Modern China With Special Reference to *Salome*. *Comparative Literature and Culture*, 3, 1998, p.70.

64. Social and Patriotic Stimuli in Su Man-shu's Translations of Viktor Hugo and Lord Byron. *Bulletin of the International Association for Nanshe Studies* (Hong Kong), 1, 1990, pp.15-29.

1. Liu Wu-chi. The Southern Society and Its Sole European Connection. In M. Gálik ed. *Chinese Literature and European Context*. Bratislava: Rowaco

Ltd and Institute of Asian and African Studies of the Slovak Academy of Sciences, 1994, p.153.

65. At the Beginning Was Shijing: On the Reception of Chinese Literature in Bohemia and Slovakia, 1897-1988. *AAS*, XXV, 1990, pp. 39-56.

1. O. Král. Current Oxymoron of Chinese Literature in Bohemia and Moravia. In M. Gálik ed. *Chinese Literature and European Context*. Bratislava: Rowaco Ltd and Institute of Asian and African Studies of the Slovak Academy of Sciences, 1994, pp.181-202.

66. M. Gálik ed. *Interliterary and Intraliterary Aspects of the May Fourth Movenent* 1919 *in China*. Bratislava: Veda, 1990, 283 pp.

1. David Der-wei Wang. Xiandai Zhongguo xiaoshuo yanjiu zai Xifang. Xin fangxiang, xin fangfa de tansuo (Explorations into the Modern Chinese Fiction. New Tendencies and Methods). Zhongguo wenzhe yanjiu tongxin (Bulletin čínskej literatúry a filozofie) (Taipei) 1, 1991, 3, p.40.

2. Liu Wu-chi. The Southern Society and Its Sole Europeam Connection. In M. Gálik ed. *Chinese Literature and European Context*. Bratislava: Rowaco Ltd and Institute of Asian and African Studies, 1994, p.145.

3. B. S. McDougall. Modern Chinese Literature and its Critics. In *European Association of Chinese Studies. Selected Pappers of the 10th Bi-annual Conference*. Prague: East Asian Studies. Charles University, 1996, not paginated.

4. Mabel Lee. Personal Freedom in Twentieth-Century China. Reclaming the Self in Liang Yan's *Yi* and Gao Xingjian's *Lingshan*. In M. Lee and M. Wilding eds. *History, Literature and Society in Honour of S. N. Mukherjee*. New Delhi: Manohar, 1997, p.138.

5. Linda Wong. The Problem of Self: Adaptation of Dante Rosetti's "The Blessed Damozel" by Xu Zhimo and Wen Yiduo. In Mabel Lee and A. D. Syrokomla-Stefanowska eds. *Literary Intercrossings: East Asia and the West*. Sydney: Wild Peony PTY Ltd., 1998, p.196.

6. W. Kubin. Schöpfer! Zerstörer! *Minima Sinica*, 2, 1999, p.103.

7. B. Staiger et alii. *Das große China – Lexikon*. Darmstadt: Wissenschaftliche Buchgesellschaft, 2003. p.924.

8. Zhang Quan. Shijie hanxue zhongde Zhongguo dangdai wenxue yanjiu (World Sinology and Contemporary (and Modern) Chinese Literature. Hanxue yanjiu (*Chinese Studies*), 7, 2002, p.528.

9. B. S. McDougall. *Fictional Autors, Imaginary Audiences. Modern Chinese Literature in the Twentieth Century*. Hong Kong: The Chinese University Press, 2003, p.41.

67. Comparative Aspects of Mao Dun's Novel *Midnight*. AAS, XIX, 1983, pp.97–127.

1. Mu Han, Ai Hua. Jinnian lai guowai dui Mao Dun yanjiu shuping (A Surwey of Maodunian Studies Abroad). Shehui kexue zhanxian (*Social Sciences Front*), 6, 1996, p.198.

"In the last years it is necessary to regard Prof. Marián Gálik as a scholar who created relatively the most broad and rich work in the field of Maodunian studies. In the 1950s he studied at Peking University and became a resolute and serious researcher in modern Chinese and European literatures. Without any doubt he did much and attained important success in Comparative Literature." (Ibid.)

2. Chan Ching – kiu Stephen. The Problematics of Modern Chinese Realism. Mao Dun and His Contemporaries, /1919 – 1937/. PhD. Thesis. University of California, San Diego, 1986, p.307.

68. Marginalia to the Contemporary Situation in Chinese Comparative Literature Studies. *Chinese/International Comparative Literature Bulletin* (Hong Kong), 4/5, 1992, pp.2–5.

1. Tse Yiu – man (Xie Yao – wen). Fu, Bi, Xing. *Tamkang Review*, XXIV, Spring-Summer 1994, pp.65–66.

69. Berliner Begegnungen. Erinnerungen an Gu Cheng and Xie Ye. *Minima Sinica*, 1, 1993, pp.33-65.

1. W. Kubin. Splitter. Erinnerungen an Gu Cheng and Xie Ye. *Minima Sinica*, 1, 1994, pp.121-122.

2. S. Stafutti. Gu Cheng. La voce di un "Poeta delle voci". *Asiatica Venetiana*, 1. 1996, pp.173 & 179.

70. Fushide, Hongloumeng, Nüerxing (*Faust, A Dream of the Red Chamber*, Maidenhood). Shanghai wenxue (Šanghajská literatúra), 1, 1993, pp.65-68 (spoluautor: Gu Cheng).

1. S. Stafutti. La voce di un "Poeta delle voci". *Asiatica Venetiana*, 1. 1996, pp.173, 179 & 180.

2. S. Patton. The Unbearable Heaviness of Being: Gender, Sexuality and Insanity in Gu Cheng and Xie Ye's *Ying'er*. *Modern Chinese Literature*, 9, 1996, p.406.

3. Li Xia. Gu Cheng's *Ying'er*: A Journey to the West. In Li Xia ed. *Essays, Interviews, Recollections and Unpublished Materials of Gu Cheng, 20th Century Chinese Poet. The Poetics of Death*. Lewiston: The Edwin Mellen Press, 1999, p.71.

4. Liang Guizhe. Ai shi shenmo? Cong "Hongloumeng" dao "Ying'er" (What Is Love? From "*A Dream of the Red Chamber*" to "*Ying'er*". *Hongloumeng xuekan* (Štúdie k Snu o červenom paláci), 4, 1998, p.263.

5. Ye Rong. Qian lun jidujiao yingxiang zai 20shiji Zhongguo wenxue zhongde liangge gaochao (A Summary View on Two High Tides of the Impact of Christianity on Twentieth Century Chinese Literature), *Jidujiao wenhua xuekan* (*Journal for the Study of Christian Culture*), 10, 2004.

6. Mingri shalong (Sandy Dragon of Tomorrow) (no more data). <www.mrsl.com.cn/showness.asp? NewsID=4274>

71. Gu Cheng and Xie Ye: Contemporary Writers Who Died Too Early. *AAS*, Vol.3, 1994, pp.116-149.

1. S. Stafutti. Gu Cheng: La voce di un "Poeta delle voci". *Asiatica Venetiana*, 1, 1995, pp.175 & 177.

2. S. Patton. The Unbearable Heaviness of Being: Gender, Sexuality and Insanity in Gu Cheng and Xie Ye's *Ying'er*. *Modern Chinese Literature*. Vol. 9, 1996, p.410.

3. Li Xia. "Nameless Flowers" – The Role of Nature in Gu Cheng's Poetry and in His Narrative Prose *Ying'er*. In R. D. Findeisen and R. H. Gassmann eds. *Autumn Floods. Essays in Honour of Marián Gálik*. Bern: Peter Lang, 1998, p.432.

4. J. Benická. Some Remarks on the Satirical in Qian Zhongshu's Novel *Fortress Besieged*. In R. D. Findeisen and R. H. Gassmann eds. *Autumn Floods. Essays in Honour of Marián Gálik*. Bern: Peter Lang, 1998, p.358.

72. Postskript. Reflections of a Reader and Friend. In Gu Cheng, Lei Mi (Xie Ye): *Ying'er. The Kingdom of Daughters.* **Translated by Li Xia. Dortmund: Projekt Verlag, 1995, pp.277-302.**

1. S. Patton. The Unbearable Heaviness of Being: Gender, Sexuality and Insanity in Gu Cheng and Xie Ye's *Ying'er*. *Modern Chinese Literature*, Vol. 9, 1996, p.403.

2. Li Xia. "Nameless Flowers" – The Role of Nature in Gu Cheng's Poetry and in His Narrative Prose *Ying'er*. In R. D. Findeisen and R. H. Gassmann eds. *Autumn Floods. Essays in Honour of Marián Gálik*. Bern: Peter Lang, 1998, p.432.

3. Li Xia. "All My Flowers Are Dream Flowers". The Role of Nature in Gu Cheng's Poetry and Prose. In Li Xia ed. *Essays, Interviews, Recollections and Unpublished Material of Gu Cheng, 20th Century Chinese Poet. The Poetics of Death*. Lewiston: The Edwin Mellen Press, 1999, p.180.

73. Two from Czech Babel: Mathesius and Průšek in Sino - Bohemian Literary Confrontation. *Archiv Orientální*, 63, 1995, pp.94 - 112.

1. H. M. Henning. Zum Verständnis eines "zurückgezogenen Gelehrten" (yin shi) in der deutschen Sinologie-Anmerkungen zu Eduard Erkes (1891-1958). Mitteilungen der deutschen Morgenländischen Gesellschaft, 147, 1997, 1, pp.147 & 150.

74. The Exotic and Creative in The European Cultural Area. Zborník Filozofickej fakulty Univerzity Komenského. *Graeco-Latina et Orientalia*, XXI-XXII, pp.117-130.

1. H. Fühauf. Deutschland in der chinesischen Reiseliteratur der zwanziger und dreißiger Jahre. In W. Kubin (Hrsg.). *Mein Bild in Deinem Auge. Exotismus und Moderne: Deutschland-China im 20. Jahrhundert.* Darmstadt: Wissenschaftliche Buchgesellschaft, 1995, p.294.

2. Wolfgang Kubin. Vorwort. In W. Kubin (Hrsg.). *Mein Bild in Deinem Auge. Exotismus und Moderne: Deutschland - China im 20. Jahrhundert.* Darmstadt: Wissenschaftliche Buchgesellschaft, 1995, p.VII.

3. M. V. Dimic. Imperial Fictions of Travel: Images of China and the Chinese in European Popular Literature (May, Salgari, and Verne). *Canadian Review of Comparative Literature/ Revue Canadienne de Litérature Comparée*, XXIV, 1997, 4, p.1068.

75. Parody and Absurd Laughter in Wang Meng's Apocalypse. Musings over the Metamorphosis of the Biblical Vision in Contemporary Chinese Literature. In H. Schmidt - Glintzer ed. *Das andere China. Festschrift für Wolfgang Bauer zum 65. Geburtstag.* Wiesbaden: Harrassowitz Verlag, 1995, pp.449-461.

1. J. O. Zetzsche. Cultural Primer or Bible Stories in Contemporary Mainland China. *AAS*, Vol. 6, No.2, 1997, p.224.

2. Ye Rong. The Different Approaches to the Bible by Qian Zhongshu

(1910–1998) and Wang Meng (1934–). *Studia Orientalia Slovaca*, 2, 2003, pp.41–42.

3. Ye Rong. Qian Zhongshu yu Wang Meng dui "Shengjing" de butong yanyi (Different Approaches to the Bible by Qian Zhongshu and Wang Meng). *Jidujiao wenhua xuekan* (*Journal for the Studies of Christian Culture*), 11, 2004, pp.223 & 228.

4. Ye Rong. Jian lun jidujiao yingxiang zai 20 shiji Zhongguo wenxue zhongde liangge gaochao (A Summary View on Two High Tides of the Impact of Christianity on the Twentieth Century Chinese Literature). *Monumenta Serica*, 54, 2006, p.380.

76. Viae sericae: Le vie della seta: collegamento tra l' Asia a l' Europa. *I Quaderni di Gaia: Rivista di Letteratura Comparata*, Vol. 9, 1995, pp.53–65.

1. F. Berindeanu. Review in Literary Research (*Recherche Littéraire*), Fall-Winter 15, 1996, p.30.

"An exciting article by Marián Gálik reminding the reader of Foucault's 'archeological' approach to culture, analyses the history of the cultural bridging modelled by the myth of the Silk Road." (Ibid.)

77. Metamorphosis in Modern Chinese Intellectual (and Philosophical) Consciousness: Musings Over its Coming to Be. *AAS*, Vol. 1, No.2, 1992, pp.132–135.

1. Mabel Lee. Personal Freedom in Twentieth-Century China: Reclaiming the Self in Yang Lian's *Yi* and Gao Xingjian's *Lingshan*. In M. Lee and M. Wilding eds. *History, Literature and Society in Honour of S. N. Mukherjee*. New Delhi: Manohar 1997, p.155.

78. Zhushen de shizhe: Mao Dun yu waiguo shenhua zai Zhongguo de jieshao, 1924-1930 (The Messenger of Gods: Mao Dun and the Introduction of Foreign Myths to China). In *Mao Dun yu zhongwai wenhua. Mao Dun yanjiu guoji xueshu taolunhui lunwenji* (*Mao Dun and Foreign Culture. Proceedings of the International Conference for the Study of Mao Dun*). Nanking, 1993, pp.264-287.

1. Lin Bo. "Mao Dun yu zhongwai wenhua" jianjia (Studies on Mao Dun, Chinese and Foreign Culture). In Mao Dun yanjiu (*Mao Dun Studies*), 6, 1995, pp.351-352.

2. Zhu Shoutong. Zhiyue dangdai Zhongguo renwen xueshu fazhan de liangda de wenti (Two Great Problems Determining the Development of Chinese Humamistic Sciences), Hebei xuekan (*Hebei Studies*), 3, 2004, pp.5-9.

79. Dongfang zhi guang (Ex Oriente Lux). *Dushu* (*Reading*), 2, 1991, pp.12-13.

1. Xie Tianzhen. Bijiao wenxue de hougu yu qianzhan (Comparative Literature: Results and Prospects). In Yue Daiyun and Zhang Tiefu eds. Duoyuan wenhua yujing zhongde wenxue (*Literature in Pluralistic Cultural Context. Papers Read at the 4th International Conference of the Chinese Association of Comparative Literature*). Changsha: Hunan wenyi chubanshe, 1994, p.357.

2. Yue Daiyun. Wo de bijiao wenxue zhi guan (My Views on Comparative Literature). In Kua wenhua zhi qiao (*A Bridge Across Cultures*). Peking: Peking University Press, 2002, p.17.

80. M. Gálik ed. *Chinese Literature and European Context*. Bratislava: Institute of Asian and African Studies, 1994, 255pp.

1. M. Detrie. Poétiques orientales, poétiques occidentales: une nouvelle mise au point. *Revue de Littérature Comparée*, 71, 1997, 1, pp.98-99.

2. Wilt Idema and Lloyd Haft. *A Guide to Chinese Literature*. An Arbor: Center for Chinese Studies. The University of Michigan, 1997, p.406.

3. Wang Ning. Shijie wenxue geju zhongde ershi shiji Zhongguo wenxue shi duandai (Twentieth Century Chinese Literature Within the Framework of World Literature). In Zhongguo xiandai wenxue chuantong (*Tradition of Modern Chinese Literature*). Peking: People's Literature Publishing House, 2002, p.203.

4. B. Staiger et alii. Das große China – Lexikon. Darmstadt: Wissenschaftliche Buchgesellschaft, 2003, p.924.

5. B. S. McDougall. *Fictional Authors, Imaginary Audiences. Modern Chinese Literature in the Twentieth Century*. Hong Kong: The Chinese University Press, 2003, p.159.

81. The End of an Exotic Era? Reflections of a Comparatist. *Human Affairs*, Vol.4, No.1, 1994, pp.17-29.

1. V. Krupa. Marián Gálik: A Scholarly Identity Untouched by Age. In R. D. Findeisen and R. H. Gassmann eds. *Autumn Floods. Essays in Honour of Marián Gálik*. Bern: Peter Lang, 1998, p.3.

2. M. W. Dimic. Imperial Fictions of Travel: Images of China and Chinese in European Popular Literature (May, Salgari and Verne). *Canadian Review of Comparative Literature Revue Canadienne de Littérature Comparée*, XXIV, 1997, 4, p.1068.

82. Mao Dun and Me. *AAS*, Vol. 4, No.2, 1995, pp.113-136.

1. R. D. Findeisen. *Kairos* or Due Time: On Date and Dates in Modern Chinese Literature. In R. D. Findeisen and R. H. Gassmann eds. *Autumn Floods. Essays In Honour of Marián Gálik*. Bern, Peter Lang, 1998, p.223.

83. The Bible and Chinese Literature as Seen from the Angle of Intercultural Communication. *AAS*, Vol.2, No.2, 1993, pp.113-133.

1. A. Bujatti. "Morte di un Nazareno" di Ai Qing. In R. D. Findeisen and R. H. Gassmann eds. *Autumn Floods. Essays in Honour of Marián Gálik*. Bern: Peter Lang, 1998, p.653.

2. J. O. Zetzsche. *The Bible in China. The History of the Union Version or*

the Culmination of Protestant Missionary Bible Translation in China. Sankt Augustin: Steyler Verlag, 1999, pp.13 & 334.

84. The Reception of the Bible in Mainland China, 1980 – 1992: Observation of a Literary Comparatist. *AAS*, Vol.4, No.1, 1995, pp.24-46.

 1. J. O. Zetzsche. Cultural Primer or Bible Stories in Contemporary Mainland China. *AAS*, Vol. 6, No.2, 1997, p.218.

 2. B. Staiger. *Das große China – Lexikon*. Darmstadt: Wissenschaftliche Buchgesellschaft 2003, p.924.

85. European Literary Trends and Their Metamorphosis. In R. Bauer and D. Fokkema eds. *Proceedings of the 12th Congress of the International Comparative Literature Association*. Vol. 3. Munich, Iudicium Verlag, 1990, pp.374-378.

 1. Yue Daiyun. Xu (Preface). In Zhongguo wenxue guanxide lichengpai (*Milestones in Sino – Western Literary Confronation*, 1898 – 1979). Peking: Peking University Press, 1990, p.3.

86. Wo he Mao Dun (I and Mao Dun). Zhongguo xiandai wenxue yanjiu congkan (*Studies in Modern Chinese Literature*), 1, 1990, pp. 231-249.

 1. Ye Ziming. Hainei cun zhi ji, tianya ruo bi lian (A Bosom Friend Afair, Brings a Distant Land Near). In R. D. Findeisen and R. H. Gassmann eds. *Autumn Floods. Essays in Honour of Marián Gálik*. Bern: Peter Lang, 1998, p.217.

87. Viae sericae alebo Hodvábne cesty – sprostredkovatelia medzi Áziou a Európou. Historický Časopis, 42, 1994, 2, pp.322-332.

 1. J. Šíma. Severní ko č ovníci, hedvábí a hedvábné cesty (Northern Nomads, Silk and Silk Roads). In Obuchová and P. Charvát eds. Hedvábná cesta. Soubor statí (Silk Road. A Collection of shiren de yingxiang (Influence on the Bible on the "Dim Poets" Essays). Praha: Č eská spole č nost

orientalistická, 1998, p.77.

2. V. Liščák. Čína. Dobrodružství Hedvábné cesty. Po stopách styků Východ - Západ (*The Adventure of the Silk Road. On the Steps of the East-West Relations*). Praha: Set out, 2000, p.301.

88. Gu Cheng de xiaoshuo "Ying'er" yu "Shengjing" (Gu Cheng's Novel *Ying'er* and *Bible*). In Huang Ziping. Zhongguo xiaoshuo yu zongjiao (*Chinese Fiction and Religion*). Hong Kong, Zhonghua shuju, 1998, pp.345-362.

1. Huang Ziping. Bian houji (After Editing). Ibid., p.379.

2. Ye Rong. "Shengjing" dui "wenhua da geming" hou ji wei menglong after the Cultural Revolution).*Jidujiao wenhua xuekan* (*Journal for the Study of Christian Culture*), 10, 2004, pp.200-202.

3. Ye Rong. Jianlun jidujiao yingxiang zai 20 shiji Zhongguo wednxue zhongde liangge gaochao (A Summary View on Two High Tides of the Impact of Christianity on ther Twentieth Century Chinese Literature). *Monumenta Serica*, 54, 2006, pp.381-383.

4. R. Malek ed. *The Chinese Face of Jesus Christ*.Vol. 3b. Sankt Augustin: Institut Monumenta Serica and China-Zentrum, 2007, p.1676.

89. Globalization and Contemporary Chinese Literature. *Canadian Review of Comparative Literature/Revue Canadienne de Littérature Comparée*, Vol. XXIV, No. 4, 1997, pp.899-911.

1. A. O. Aldridge. Globalization, Localization, and This Culture is Ours: An Introduction. *Canadian Revue of Comparative Literature/ Revue Canadienne de Littérature Comparée*, Vol. XXIV. No. 4, 1997, pp.803-804.

"A far less complimentary view of Han Shao-kung as an example of the quest for Chinese identity (meant is John Kwok-kam Tam, M. G.) is given by Marián Gálik in an extensive portrayal of the effects of globalization in Chinese literature. For Gálik, Han's protagonists are sordid rather than splendid types. Gálik offers a definition of globalization combining cross-culturalization and historical continua. In tracing these parallel trends in the twentieth-century

China, he maintains that the theme of the modernizing process in literature – considered more or less as equivalent to Westernizing – does not adequately take into account indigenous roots such as mythology and folk culture."

90. Studies in Modern Chinese Intellectual History: VI. Young Bing Xin, 1919-1923. *AAS*, Vol. 2, No.1, 1993, pp.41-60.

1. R. Findeisen. Wang Jingzhi's *Yesu de fenfu* (*The Instructions by Jesus*): *A Christian Novel*. In I. Eber Sze-kar Wan, K. Walf in collaboration with R. Malek eds. *Bible in Modern China. The Literary and Intellectual Impact*. Sankt Augustin: Monumenta Serica, 1999, p.297.

2. R. Findeisen. "Superman" zu Besuch bei den Presbyterianinen. Zu einer Erzählung von Bing Xin aus dem Jahre 1921. *China Heute*. XIX, 2000, 6, pp.215-216 & 222.

91. Mythopoeic Warrior and and *Femme Fatale*: Mao Dun's Version of Samson and Delilah. In I. Eber, Sze-kar Wan, K. Walf in collaboration with R. Malek eds. *Bible in Modern China. The Literary and Intellectual Impact*. Sankt Augustin: Institute Monumenta Serica, 1999, pp. 301-320.

1. I. Eber. Introduction. Ibid., pp. 23-24.

2. Kam Louie. Review of Bible in Modern China. The Literary and Intellectual Impact. Edited by I. Eber et alii. Sankt Augustin: Institut Monumenta Serica. *China Quarterly*, 163, Sept. 2000, not readable, bad copy.

3. Chen-main Wang. Reviev of Bible in Modern China (as in No. 2). *China Review International*, 7, 2000, 1, p.444.

4. Irene Eber. Na počesť Mariána Gálik (In Honour of Marián Gálik). *Studia Orientalia Slovaca*, 2, 2003, p.11.

92. Die junge Bing Xin, der alte Tagore und der gute Hirte. Ein Fallbeispiel aus der modernen Geistesgeschichte. In I. Krüßmann and others eds. Der Abbruch des Turmbaus. Studien zum Geist in China und im Abendland. Festschrift für Rolf Trauzettel. Sankt Augustin, Institute Monumenta Serica, 1995, pp. 211-225.

1. B. Hoster. Bing Xin (Xie Wanying) (1900-1999), *China Heute*, XVIII, 2, 1999, p.40.

2. R. Findeisen. "Superman" zu Besuch bei den Presbyterianinen. Zu einer Erzählung von Bing Xin aus dem Jahre 1921. *China Heute*, XIX, 2000, 6, p.224.

3. Lin Lida. Shi lun jidujiao dui shaonian shiqide Bingxin ji qi chuangzuode yingxiang (The Impact of Christian Teaching on Creative Works by Young Bing Xin). Fujian luntan (*Fujian Forum*), 12, 2004, p.43.
http://fass.net.cn/fassNews/fass_readnews.asp? NewsID=809

93. Young Zhang Wentian and His "Goethe's Faust". AAS, Vol. 8, No.1, 1999, pp.3-16.

1. F. Litten. *Mit Goethe ins Politbüro*. Frankfurter Allgemeine Zeitung, Sept. 15, 1999.

94. The Song of Songs (Šir Hašširim) and The Book of Songs (Shijing): An Attempt in Comparative Analysis. AAS, Vol. 6, No.1, 1997, pp.45-75.

1. N. Bush. Asian and African Studies, Vol. 6, 1997, Nos. 1 and 2. *Seshat* 3 (Autumn 1999), p.93.

"This very lucid paper discusses comparisons between *The Bible* and Chinese poetry, complete with a full bibliography. It examines the lyrical poetry and its author concludes that the language and poetry of *The Book of Songs* has been inadequately studied from the literary point of view."

95. Persephone, Pandora and Miss Mei: Mythopoeic Vision in Classic Greek Myth and in Modern Chinese Novel. *Graecolatina et Orientalia*, 23-24, 1991-1992, pp.143-151.

1. R. D. Findeisen. Two Works – *Hong* (1930) and *Ying'er* (1993) as Indeterminate Joint Ventures. In Li Xia ed. *Essays, Interviews, Recollections and Unpublished Material of Gu Cheng, 20th Century Chinese Poet. The Poetics of Death.* Lewiston: The Edwin Mellen Press, 1999, p.144.

96. Marginalia to Gu Cheng's "Dasuowen" – "Questions and Answers". In Li Xia ed. and trans. *Essays, Interviews, Recollections and Unpublished Material of Gu Cheng, 20th Century Poet. The Poetics of Death.* Lewiston: The Edwin Mellen Press, 1999, pp.97-112.

1. Review by R. Keller In *Asiatische Studien (Etudes Asiatiques)*. liv, 2000, 4, p.980.

"Es gäbe viel naheliegendere und wohl auch erhellendere Bezüge, Z. B. die Frage nach einer Prägung von Gu Chengs Poetik und Lebensphilosophie durch den Denken Mao Zedongs bzw. durch den (Un) Geist der Kulturrevolution – eine Frage, die in diesem Sammelband jedoch höchstens am Rande gestreift wird, u.a. von Marián Gálik in den erläuternden Marginalien zu einem seiner beiden Gesprächen mit dem Dichter, die mit zu den spannendsten Beiträgen gehören."

97. Roc Bird's Wings or Well Frog's Walls: On the Far Eastern Intercultural Experience. *Asiatische Studien/ Etudes Asiatiques*, 51, 1996, 1, pp. 55-83.

1. I. Hijiya – Kirschnereit. Introduction. In I. Hijiya – Kirschnereit ed. *Canon and Identity. Japanese Modernization Reconsidered: Trans – cultural Perspectives.* München: Iudicium Verlag, 2000, pp.21 & 23.

2. Leo Tak – hung Chan. Translation, Transmission, and Travel: Culturalist Theorizing on "Outward" Translations of Classical Chinese Literature. In Leo Tak – hung Chan ed. *One into Many. Translation and*

Disssemination of Classical Chinese Literature. Amsterdam-New York: Editions Rodopi B. V., 2003, pp.335-336.

3. R. D. Findeisen. Does the East Asian - European Interliterary communication in the Late Qing - Late Meiji Periods offer a Model for a Globalized Literature? *Canadian Review of Comparative Literature/Revue Canadienne de Littérature Comparée*, Vol.30, Sept.-Dec. 2003, 3-4, pp.556 & 563.

98. Interlierariness as a Concept in Comparative Literaturre. In Histories and Concepts of Comparative Literature. Thematic Issue of CLCWeb: *Comparative Literature and Culture: A WWWeb Journal*, 2, 4 (2000).

1. B. Buchenau and M. Messmer compiled. Selected Bibliography for the Study of Interculturality in the Americas: Theories and Practice. In Intercultural Negotiations in the Americas and Beyond. Thematic Issue of CLCWeb: *Comparative Literature and Culture: A WWWeb Journal*, 3, 2, (2001).

2. N. Pireddu. Comparative Literature as a Messenger of Diversity: New Books by Ďurišin Cassola and Gnisci and Kushner and Pageaux. CLCWeb: *Comparative Literature and Culture: A WWWeb Journal*, 4, 1 (2002).

3. Steven Tötösy de Zepetnek. Preface. In *Comparative Literature and Comparative Cultural Studies*. West Lafayette, Indiana: Purdue University Press 2003, p.ix.

4. Amiya Dev. Comparative Literature in India. In Steven Tötösy de Zepetnek ed. *Comparative Literature and Comparative Culture*. West Lafayette, Indiana: Purdue University Press, 2003, p.26.

5. T. Virk. Comparative Literature versus Comparative Cultural Studies. CLCWeb: Comparative Literature and Culture: *A WWWeb Journal*, 5, 4 (2003), pp.9-18.

"… it is worth drawing attention to Dionýz Ďurišin's concept of interliterariness, which today is revitalized by Marián Gálik and meets with similar responses by other scholars such as Amiya Dev." (p.12)

6. T. Virk. Primerjalna književnost danes – en jutri? (Comparative Literature Today and Tomorrow). *Primerjalna Kniževnost*, Vol. 24, No. 2, 2001.

7. F. C. Aseguinolaza. Geography and Literature: On a Comparative History of the Literatures in the Iberian Peninsula. *Neohelicon*, 30, 2003, 1, p.125.

8. J. McNabb. Review of the book by S. Toetoesy de Zepetnek ed. *Comparative Literature and Comparative Cultural Studies*. West Lafayette. Purdue UP, 2002. *Literary Research-Recherche litteraire*, 21, 2004.

"The concept of interliteraness…is a solid and convincing presentation of the study of influence which may have informed genres and styles across cultures."

9. A. Casas. Sistema interliterario y planificacion historiographica a proposito del espacio geocultural iberico. *Interliteraria*, 8, 2003.

99. Feng Zhi and His Goethean Sonnet. In Akiyama Masayuki and Leung Yiu-am ed. *Crosscurrents in the Literatures of Asian and West. Essays in Honor of A. Owen Aldridge.* **Newark, Delaware: University of Delaware Press, 1997, pp.123-134.**

1. Review essay by Chi Ch'iu-lang in *Tamkang Review*, Vol. XXXI, No. 4 and Vol. XXXII, No. 1, Summer-Autumn 2001, p.274.

Reviewer wrote that the author "has set a good example of how cultural history is to be written." (Loc. cit.)

100. Between the Garden of Gethsemane and Golgotha: The Last Day and Night of Jesus in Modern Chinese Literature, 1921 – 1942. *Tamkang Review*, **Vol. XXXI, No. 4 and Vol. XXXII, No. 1, Sumner-Autumn 2001, pp.100-115.**

1. Leung Yiu – nam. Introduction: A. Owen Aldridge: A Profile for Taiwan. *Tamkang Review*, Vol. XXXII, No. 4 and Vol. XXXIII, No. 1, Summer-Autumn, 2001, p.10.

The reviewer mentions "Marián Gálik's erudite combination of linguistic, historical and critical scholarship in his survey of Chinese literary portrayals of Jesus." (Loc. cit.)

2. R. Malek. Faces and Images of Jesus Christ in Chinese Context. Introduction. In *The Chinese Face of Jesus Christ*. Vol. 1. Sankt Augustin: Institut Monumenta Serica and China-Zentrum, 2002, p.40 (quoted here is the German version of this article published in *China Heute*, 20, 1-2, 2001, pp.39-44.

3. B. Hoster. Jesus, Konfuzius und John Lennon. Jesus in der chinesischen Literatur des 20. Jahrhunderts: *Verbum SVD*, 44, 2003, 4, p. 414. (quoted here is the German version of the article published in *China Heute*, 20, 1-2, 2001, pp.39-44)

4. B. Hoster. "Rereading the Bible": Jesus in the Chinese Poems of the Late 2oth Century. In R. Malek ed. *The Chinese Face of Jesus Christ*. Vol. 3b. Sankt Augustin: Institut Monumenta Serica and China - Zentrum, 2007, p.1378.

101. Nietzsche's Reception in China, 1902-2000. *Archív Orientální*, 70, 2002, pp. 51-64.

1. Mabel Lee. On Nietzsche and Modern Chinese Literature. From Lu Xun to Gao Xingjian. Literature and Aesthetics. *The Journal of the Sydney Society of Literature and Aesthetics*, Vol. 12, 2002, p.42.

According to the reviewer this essay: "brilliantly sums up research in the field, including his own continuing research on Nietzsche's influence on May Fourth writers".

2. M. Lee. Nobel in Literature 2000. Gao Xingjian's Aesthetics of Fleeing. CLCWeb: *Comparative Literature and Culture*. A WWWeb Journal, 5, 1, 2003.

102. *Jesus the Proletarian.* A Biography by Professor Zhu Weizhi (1905-1999). In R. Malek ed. *The Chinese Face of Jesus Christ.* Vol. 3b. Sankt Augustin, Institut Monumenta Serica and China-Zentrum, 2007, pp.1335-1351.

1. R. Malek. Faces and Images of Jesus Christ in the Chinese Context. Introduction. In R. Malek ed. *The Chinese Face of Jesus Christ.* Vol.1. Sankt Augustin: Institut Monumenta Serica and China-Zentrum, 2002, p.50.

103. Tang Poetry in Translation in Bohemia and Slovakia, 1902-1999. In Leo Tak-hung Chan ed. *One into Many. Translation and Dissemination of Classical Chinese Literature.* Amsterdam-New York: Editions Rodopi B. V., 2003, pp.285-299.

1. Leo Tak-hung Chan. Introduction. The "Many Lives" of Translations. In Leo Tak-hung Chan ed. *One into Many. Translation and the Dissemination of Classical Chinese Literature.* Amsterdam-New York: Editions Rodopi B. V., p.27.

104. The Echoes of the Biblical Shulamite and Wilde's *Salome* in Three Modern Chinese Decadent Plays.

1. W. Böhi. Bibel und chinesische Kultur. Neue Zeitschrift für Missionswissenschaft. *Immensee* (Ch), 59, 2, 2002, p.132.

105. Wang Meng's Mythopoeic Vision of Golgotha and Apocalypse. Annali. Rivista del Dipartimento di Studi Asiatichi e del Dipartimento di Studi e del Richerche su Africa e Paese Arabi. 52, 1, 1992, pp. 61-82.

1. Ye Rong. The Different Approaches to the Bible by Qian Zhongshu (1910-1998) and Wang Meng (1934-). *Studia Orientalia Slovaca*, 2, 2003, p.43.

2. B. Hoster. *Jesus, Konfuzius und John Lennon. Jesus in den chinesischen Literature des* 20. Jahrhunderts: Verbum SVD, 44, 4, 2003, p.425.

3. W. Kubin. *Vox clamatis in deserto. Die weltlichen Gesichter von Christus*:

China und der Westen. Verbum SVD, 44, 2003, 4, p.31.

4. Ye Rong. Qian Zhongshu yu Wang Meng dui "Shengjing" de butong yanyi (Different Approaches to the Bible by Qian Zhongshu (1910-1998) and Wang Meng (1934-)). Jidujiao wenhua xuekan (*Journal for the Study of Christian Culture*), 11, 2004, pp.222-223.

5. W. Kubin. *Vox clamantis in deserto. The Wordly Faces of Jesus Christ*: China and the West. Sankt Augustin: Institut Monumenta and China-Zentrum, 2007, p.1580.

106. The Old Testament of the Bible in Modern Chinese Literary Criticism and Creative Literature. In R. Malek ed. *From Kaifeng... to Shanghai. Jews in China*. Sankt Augustin: Monumenta Serica Institute and China-Zentrum, 2000, pp.589-616.

1. Ye Rong. The Different Approaches to the Bible by Qian Zhongshu (1910-1998) and Wang Meng (1934-). *Studia Orientalia Slovaca*, 2, 2003, p.35.

2. Ye Rong. Qian Zhongshu yu Wang Meng dui "Shengjing" de butong yanyi (Different Approaches to the Bible by Qian Zhongswhu (1910-1998) and Wang Meng (1934-)). Jidujiao wenhua xuekan (*Journal for the Study of Christian Culture*), 11, 2004, pp.223 & 229.

3. Ye Rong. Jian lun jidujiao yingxiang zai 20 shiji Zhongguo wenxue zhongde liangge gaochao (A Summary View on Two High Tides of the Impact of Christianity on Twentieth Century Chinese Literature). *Monumenta Serica*, 54, 2006, p.371.

107. Temptation of the Princess: Xiang Peiliang's Version of Amnon's and Tamar's Last Rendezvous. In M. Gálik. *Influence, Translations and Parallels. Selected Studies on the Bible in China*. Edited by R. Malek. Sankt Augustin: Monumenta Serica Institute.

1. I. Eber. Zdravica na počesť Mariána Gálika (*In Honour of Marián Gálik*), 2, 2003, p.11.

108. Yaluosilafu Pushike: xuesheng yanzhong de shenhua yu xianshi (Jaroslav Průšek. A Myth and a Reality as Seen by his Pupil). Ershiyi shiji (*Twenty-first Century*), 15, 1993, pp.120–127

    1. Zhang, Quan. Shijie hanxue zhongde Zhongguo dangdai wenxue yanjiu (World Sinology and the Study of Contemporary (and Modern) Literature. Hanxue yanjiu (*Chinese Studies*), 7, 2002, p.501.

109. Niekoľko poznámok o svetovej literatúre od Goetheho po Ďurišina (Some Remarks on World Literature from Goethe to Ďurišin), *Slovak Review*, Vol.9, No.2, 2000.

    1. M. Zelenka. Hermeneutický a dekonstruktivistický model světové literatury (Hermeneutic and Deconstructivist Model of World Literature). In J. Koška and P. Koprda. Koncepcie svetovej literatúry v epoche globalizácie (*Concepts of World Literature in the Age of Globalization*). Bratislava: Institute of World Literature, Slovak Academy of Sciences, 2003, p.167.

110. Autobiography in Flux: On Two Problematic Spots in Mao Dun's Self-Portraits. In: Neder, Chr., Roetz H. and I-Schilling eds. *China in Seinen Biographischen Dimmensionen. Gedenkschrift für Helmut Martin*. Wiesbaden: Harrassowitz Verlag 2001, pp. 105–112.

    1. G. Stary. Review of the volume: Chr. Roetz Neder, and I-Schilling eds. *China in Seinen Biographischen Dimmensionen. Gedenkschrift für Helmut Martin. Asiatica Venetiana*, 6-7, 2001-2002, p.300.

111. Bawang yu yaokuai. Mao Dun dui Sansun he Dalila de yanyi (Mythopoeic Warrior and *Femme Fatale*: Mao Dun's Version of Samson and Delilah. In I. Eber et alii. Shengjing yu jindai Zhongguo (*The Bible and Modern China*). Hong Kong: Chinese Biblical Societies, 2003, pp.243–261.

    1. Daniel K. T. Choi. Zhongwenban xu (Preface to the Chinese Version). In I. Eber et alii. *Shengjing yu jindai Zhongguo* (*The Bible and Modern*

China). Hong Kong: Chinese Biblical Societies, 2003, p.8.

2. I. Eber. Daoyan: Zhongwen Shengjing fanyi, fanxiang he nayong (Introduction: Chinese Translation of the Bible, its Echo and Reception). In I. Eber et alii. Shengjing yu jindai Zhong Guo (*The Bible and Modern China*). Hong Kong: Chinese Biblical Societies, 2003, p.12.

112. Interliterarische Aspekte: Lu Xuns *Die ewige Lampe* (Changming deng) und W. M. Gáršins *Die rote Blume* (Krásnyj cvetók). In W. Kubin ed. *Aus dem Garten der Wildness. Studien zu Lu Xun* (1881-1936). Bonn: Bouvier, 1989, pp.125-137.

1. Goat koei Lang-Tan. Begegnung mit Anton Tschechow (1860-1904), Cao Xueqin (1724-1764) und mit dem mongolischen Dramen-Dichter Sa Dula (geb. 1308) in der Erzählung "Blumentempel" (1925) der Autorin Ling Shuhua (1900-1990). Heidelberg: Verlag Heidelberger Hochschulservice, 2004, p.4.

113. On the Nature of Feminine Purity in *A Dream of Red Mansions* and Goethe's *Faust*. Marián Gálik Interviews Gu Cheng in Berlin, April 24, 1992. In Li Xia ed. *Essays, Interviews, Recollections and Unpublished Material of Gu Cheng, 20th Century Chinese Poet. The Poetics of Death*. Lewiston: The Edwin Mellen Press, 1999, pp.349-364 (trans. into English by Li Xia).

1. Review essay by Gregory Lee in *Revue bibliographique de Sinologie*, Vol. XIX, 2001, p.425.

2. Gu Cheng. 1992 nian da de diantai huayu jizhe wen (Interview with the correspondert of German Radio (sic).

http://book.sina.com.cn/nzt/his/guchengwenxuan/64.shtml

114. Gu Cheng xiaoshuo "Ying'er" yu "Shengjing" (Gu Cheng's Novel *Ying'er* and *The Bible*). In Huang Ziping ed. Zhongguo xiaoshuo yu zongjiao (*Chinese Fiction and Religion*). Hong Kong: Zhonghua shuju, 1998, pp. 345-362.

1. Ye Rong, J. Benická. "Shengjing" dui "Wenhua da geming" hou ji wei menglong shiren de yingxiang (Influence of the Bible on the "Dim Poets" After the Cultural Revolution). *Shenxue yu quanshi. Jidujiao wenhua xuekan* (*Theology and Interpretation. Journal for the Study of Christian Culture*) (Peking), 10, 2004, pp.200-201.

2. Ma Shuzhen. Weiwangcheng de nuxing qimeng - guanyu "Gu cheng sha qi" ji qi shengcheng de yulun de fansi (The Feminist Enlightenment which Was not Accomplished: On Gu Cheng's Killing the Wife and Reflection about the Popular Opinion Concerned with it. Huanghe xinwen gang (*Yellow River News Net*), February 2007.

http://www.sxgov.cn

115. The "Third Covenant" and the Interreligious Understanding. Confessions of an Idealist. *Human Affairs*, 7, 1997, 1, pp.86-93.

1. Irene Eber. Introduction. In M. Gálik. *Influence, Translation and Parallels. Selected Studies on the Bible in China*. Sankt Augustin: Monumenta Serica Institute, 2004, p.17.

116. La ricezione dell'opera di Dionýz Ďurišin nello studio letterario occidentale. In Dionýz Ďurišin and Armando Ginsci. II. *Mediterraneo. Una rete interletteraria*. Roma: Bulzoni Editore, 2000, pp.215-223.

1. Bolletino 900, February 17, 2002.

http://www. rivistasinestesie. t/letteratura/archivio/bolletino _ al _ febbraio.doc

117. *Influence*, *Translations and Parallels*: *Selected Studies on the Bible in China*. Sankt Augustin: Monumenta Serica Institute, 2004.

1. M. Drijbooms. Een Introductie tot de Geëeuropeanisierte Grammatica van het Modern Chinees van Xieb yaoji: een kritische Studie van Hoofdstuck III: "De zin". Universiteit Gent, p.201.

2. Mans Ramstad. *The Chinese Bible. How We Got it and How we Need it*. p.8. (Note 5)

http://www.globalmissiology.org/english/docs _ pdf/contextualization/bible_in_China_mans_ramstadt_2006.pdf

"Slovakian scholar Marion Galik has made his life's work studying how the Bible and the biblical passages are handled by Chinese intellectuals of various sorts. His essays reveal much about the mixed reception of biblical literature across the decades of the 2oth century. You can find them in his book: Influence, Translation and Parallels: Selected Studies on the Bible in China, published in 2004 by Monumenta Serica as Festschrift for his 70th birthday."

3. F. Aubin. En Chine, le christianisme. *Archives de sciences sociales des religions*, 136, 2006, p.90.

"Marián Gálik, longtemps empêche par le regime communiste de pouvoir traiter librement de la question, d'exposer sa prodigieuse érudtition en matière de traitement, ou de parallèles, de themes bibliques dans la literature chinoise."

4. Song Jianhua. Bainian zhongguo huaju lishi xingshuai de zaidu sikao – Bo Chenjun xienshengde lunduan (A Second Thought of the Rise and Fall of the One Hundred History of Moderb Chinese Drama – A Refutation of the Judgment by Mr. Chen Jun, Fujian luntan (*Fu Jian Tribune*), 1, 2007, pp.84 –88. (note 9)

118. Yahuan de xiuyu – Bai Wei dui Baoyu fang Qingwen de tuifeizhuyi xushu (Temptation of the Maid: Bai Wei's Decadent Version of Baoyu's Last Rendez – vous). Hainan shifan xueyuan xuebao (*Journal of Hainan Normal University*), 5, 2004, pp.1–7.

1. Bai Wei yu weimeizhuyi sichao (Bai Wei and the Decadent Literary Mind). Hunan nuzi daxue keyanwai (*Hunan Women University*), February 2, 2006, Note 14.

http://www.hmnd.com.cn

2. Duan Xianghuai and Wen Aijun. Shilun "Shalemei" moshi dui Bai Wei "Linli" de yingxiang (On the Model of Salome as the Influential for Bai Wei's "Linli", Zhuzhou shifan gaodeng kexue xuebao (*Journal of the Zhuzhou Paedagogical Institute*), 6, 2006, pp.46–49.

3. Lin Lili. Bu qu linghun wusheng de nahan – jiantan Baiwei ji qinjuzuo (On Female Independent and Mute Cry for Arms: Some Remarks on Bai Wei and Her Dramas). *Hunan gongye jishu xueyuan xuebao*, 1, 2006.

119. Qingnian Bing Xin, 1919–1923: Bing Xin yu "Shengjing" Bing Xin yu Taigeer de guanxi yanjiu (Young Bing Xin, 1919–1923. Bing Xin, Bible and Rabibndranath Tagore). In Wang Binggen and others eds. Bing Xin lun ji (*On Bing Xin*), Vol. 1. Fuzhou: Haixia wenyi chubanshe, 2000, pp. 220–243.

1. Jiang Zhenlong. Bing Xin wenben shijie de wailai yinsu zai zhuanxing baihua wenxue de zuoyong (The Use of Foreign Literary Elements at the Creation of Modern Chinese Literature). Fujian Shifan daxue xuebao (*Journal of Fujian Normal Unversity of Fujian Province*), 6, 2004, p.9.

1.Pei Chunlai. 1994–2003 nian Bing Xin yanjiu shu pin (A review of Bing Xin Sttudies from the Years 1994–2003. Hainan shifan daxuwe xuebao (*Journal of the Hainan Normal University*), 5, 2005, pp.50–55. Note 2.

120. Bing Xin chuangzuo zai Poximiya yu Siluofake. In Wang Binggen and others eds. Bing Xin lun ji (*On Bing Xin*). Vol. 2. Haizia wenyi chubanshe, 2000, pp.347-358.

  1. Lin Qingxuan. Bing Xin ping lun Jibolun, Taigeer (Bing Xin on Kahlil Gibran and Rabindranath Tagore. Wenxue shi meihao he jiandande (*Literature is Beautiful and Simple*).
  http://www.ft77.com/qdw/ArticleShow.asp? ArticleID=627

121. Merchants and merchenarie in the Twilight of China in the 1930s. *Journal of the Oriental Society of Australia*, 24, 1992, pp.1-12.

  1. W. Kubin. Nocturnal Cosciousness and Female (Self-) Destruction. Towards a Theory of Darkness in Modern China. *Minima Sinica*, 2, 2001, p.109.

122. The Messenger of the Gods: Mao Tun and the Introduction of Foreign Myths to China. *Tamkang Review*, Vol. 23, Nos.1, 2, 3, 4, pp.640-669.

  1. W. Kubin. Nocturnal Consciousnwss and Female (Self-) Destruction. Towards a Theory of Darkness in Modern China. *Minima Sinica*, 2, 2001, p.109.

参考文献

中文书目

专著

[斯洛伐克]高利克著,陈圣生、华利荣等译:《中国现代文学批评发生史》,北京:社会科学文献出版社,1997年版。

[捷克斯洛伐克]高利克著,伍晓明、张文定译:《中西文学关系的里程碑》,北京:北京大学出版社,1990年版。

[斯洛伐克]高利克著,阎纯德、吴志良主编,李玲等译:《捷克和斯洛伐克汉学研究》,北京:学苑出版社,2009年版。

侯外庐主编:《中国哲学简史》,北京:中国青年出版社,1963年版。

李岫编:《茅盾研究在国外》,长沙:湖南人民出版社,1984年版。

茅盾著:《茅盾全集》第18-27集(中国文论1-10集),北京:人民文学出版社,1989,1991,1990,1991,1993,1996,1996,1996,1996,1996年版。

茅盾著:《茅盾译文选集》,上海:上海译文出版社,1981年版。

钱振纲编:《茅盾评说八十年》,北京:文化艺术出版社,2011年版。

孙中田、查国华编:《茅盾研究资料》,北京:中国社会科学出版社,1981年版。

乐黛云编:《国外鲁迅研究论集》,北京:北京大学出版社,1981年版。

周令飞编:《鲁迅社会影响调查报告》,北京:人民日报出版社,2011年版。

茅盾研究会编:《茅盾与二十世纪》,北京:华夏出版社,1997年版。

《小说月报》第12-18卷,上海:上海商务印书馆发行,1921-1927年。

期刊文章

[斯洛伐克]玛利安·高立克著,步朝霞译:"世界文学与文学间性 — 从歌德到杜里申",载《厦门大学学报》(哲学社会科学版)2008年第2期,第

5-12页。

[斯洛伐克]雷闻多著,杨虹等译:"汉学家马里安高利克博士七十岁寿辰",载《海南师范学院学报》2005年第3期。

[捷克斯洛伐克]马立安·嘎利克著,蒋承俊译:"斯洛伐克文版《林家铺子》前言(1961年)",载李岫编:《茅盾研究在国外》,长沙:湖南人民出版社,1984年版,第312-325页。

[捷克斯洛伐克]马立安·嘎利克著,华利荣译:"茅盾为现实主义和马克思主义的文学理论而斗争",载李岫编:《茅盾研究在国外》,长沙:湖南人民出版社,1984年版,第645-674页。

[捷克斯洛伐克]马里安·盖力克著,韩敏中译:"鲁迅对中国现代文学批评史的贡献以及他为马克思主义统一战线而进行的斗争",载乐黛云编:《国外鲁迅研究论集》,北京:北京大学出版社,1981年版,第228-278页。

[斯洛伐克]玛利安·高立克著,崔峰译:"我的《尼采在中国》四十年",待发表。

孙中田:"高利克印象——《中西文学关系的里程碑》",载《文艺争鸣》1993年第5期。

[斯洛伐克]高利克著,丁松译:"鲁迅的《长明灯》与V. M.迦尔洵的《红花》两部短篇小说比较观",载《鲁迅研究月刊》1993年第5期。

马利安·高立克:"茅盾小说中的神话视野",载《东北师范大学学报》1993年第2期。(没有标明译者)

[斯洛伐克]马立安·高利克著,万树玉译:"中国三十年代暮光照耀下的商人与娼妇",载中国茅盾研究会编:《茅盾与二十世纪》,北京:华夏出版社,1997年版,第563-576页。

[斯洛伐克]马立安·高利克著,周耀光译:"普西芬尼·潘多拉和梅小姐:古典希腊神话与现代中国小说中的神话视野",载中国茅盾研究会编:《茅盾与二十世纪》,北京:华夏出版社,1997年版,第577-590页。

[斯洛伐克]高利克著,陈志宏译:"顾城小说《英儿》与《圣经》",载黄子平主编:《中国小说与宗教》(香港浸会大学人文中国学术丛书,文学与宗教系列),香港:中华书局,1998年版,第345-362页。

[斯洛伐克]马利安·高立克著,胡宗锋、艾福旗译:"以圣经为源泉的中国现代诗歌:从周作人到海子",载《人文杂志》2000年第5期。

［斯洛伐克］马里安·高利克著，海岸译："中欧巴比塔：欧洲二十世纪的汉语诗歌翻译"，载《书城》2003年第5期，第75-77页。

［斯洛伐克］高利克著，杨治宜译："冯至与歌德的《浮士德》"，载《国际汉学》第12辑，2005年4月，第266-289页。

杨治宜："中国情铸五十秋——汉学家高利克访谈录"，载《国际汉学》第15辑，2007年4月，第186-196页。

［斯洛伐克］高利克："在北大研究茅盾"，载林建华主编：《红楼飞雪：海外校友情忆北大（1949-2008）》，北京：北京大学出版社，2008年，第205-209页。

［斯洛伐克］高利克著："希伯来申命记派史学与中国儒家早期史学：一种比较研究方法"，载《世界汉学》2010年春季刊，第50-62页。

［斯洛伐克］高利克著："从入迷至失望：茅盾与尼采（1920-1921）"，载钱振纲编：《茅盾评说八十年》，北京：文化艺术出版社，2011年版，第357-366页

［斯洛伐克］马利安·高立克著，陈菁霞采访整理："中国比较文学的两次'回归'"，载《中华读书报》2011年9月28日第10版。

［斯洛伐克］马利安·高立克："鲁迅在波西米亚和斯洛伐克"，载周令飞编：《鲁迅社会影响调查报告》，北京：人民日报出版社，2011年版，第307-319页。

［斯洛伐克］高利克著，叶蓉译："大卫王与晋文公：希伯来申典历史学和中国儒家编年史中的两位统治者范例"，载《基督教思想评论》2011年第12期，第4-24页。

［斯洛伐克］高利克著，马浩叶译："青年茅盾和对加百利·邓南遮的第一篇中文研究"，载中国茅盾研究会编《茅盾研究》第11辑，2012年3月，第175-188页。

彭松："对抗与交融中的中西文学关系——论高利克的中国现代文学研究"，载《兰州学刊》2009年第3期，第200-203页。

王炜："对抗性与文学接触的踪迹——高利克关于现代中国文学国外因素及其转化的论述"，载《山西大学学报》（哲学社会科学版）2007年第1期，第121-124页。

余夏云、梁建东："现实与神话——汉学家高利克教授访谈"，载《书城》2010年第3期。

庄嘉宁摘译:"我和茅盾",载《中国现代文学研究丛刊》1990年第1期。

"茅盾先生笔名考",载《现代中文学刊》2012年第2期。

杨玉英:《马立安·高利克的茅盾研究》,载《茅盾研究》第13集,2014年7月。

杨玉英:《马立安·高利克的国际汉学研究六十年》(My Journey through the Sixty Years of International Literary Sinology, 1953–2012),载《汉学研究》第18卷,2015年6月。

英文参考书目

专著

Bonnie S. McDougall. *The Introduction of Western Literary Theories into Modern China*, 1919 – 1925. Tokyo: The Center for East Asian Cultural Studies, 1971

C. T. Hsia. *A History of Modern Chinese Fiction*. New Haven: Yale University Press, 1961

Chow Tse-tsung. *The May Fourth Movement*. Harvard University Press, 1960

David Tod Roy. *Kuo Mo-jo: The Early Years*. Cambridge: Harvard University Press, 1971

Fung Yu-lan. *Chuangtzu. A New Selected Translation with an Exposition of the Philosophy of Kuo Hsiang*. Shanghai: The Commercial Press, Ltd., 1931

——. *A History of Chinese Philosophy. 2 Vols*. Princeton: Princeton University Press, 1952

Irene Eber, Sze-kar Wan and Knut Walf eds. *Bible in Modern China: The Literary and Intellectual Impact*. Sankt Augustin: Institut Monumenta Serica, 1999

J. J. Y. Liu. *The Art of Chinese Poetry*. Chicago-London: The University of Chicago Press, 1962

——. *Chinese Theories of Literature*. Chicago – London: The University of Chicago Press, 1965

Jaroslav Průšek ed. *Studies in Modern Chinese Literature*. Berlin: Akademie-Verlag, 1964

—— and Zbigniev Slupski eds. *Dictionary of Oriental Literatures*. Vol. 3. London: George Allen and Unwin Ltd., 1974

Leo Ou-fan Lee. *The Romantic Generation of Modern Chinese Writers*. Cambridge: Harvard University Press, 1973

Marián Gálik. *Mao Tun: The Shop of the Lin Family and Other Stories*. Bratislava: Slovensky Spisovatel, 1961

——. *Mao Tun and Modern Chinese Literary Criticism*. With preface by Jaroslav Prusek. Wiesbaden: Franz Steiner Verlag, 1969

——. *Preliminary Research-guide: German Impact on Modern Chinese Intellectual History*. Munchen, 1971

——. *The Genesis of Modern Chinese Literary Criticism*, 1917–1930. London: Curzon Press, 1980

—— trans. *Lao She: Rickshaw Boy. Crescent Moon*. Bratislava: Slovensky Spisovatel, 1983

——. *Milestones in Sino-Western Literary Confrontation*, 1898–1979. Wiesbaden: Harrassowitz, 1986

——. *Interliterary and Intraliterary Aspects of the May Fourth Movement* 1919 *in China*. Bratislava: Veda Publishing House of the Slovak Academy of Sciences, 1990

—— ed. *Chinese Literature and European Context*. Bratislava: Rowaco Ltd. and Institute of Asian and African Studies, 1994

——. *Influence, Translation and Parallels. Selected Studies on the Bible in China*. Sankt Augustin: Institut Monumenta Serica, 2004

Merle Goldman. *Literary Dissent in Communist China*. Cambridge: Harvard University press, 1967

Mileva Dolezelova-Velingerova ed. *A Selective Guide to Chinese Literature*, 1900–1949. *Vol.1. The Novel*. Leiden, E. J. Brill, 1988

T. A. Hsia. *The Gate of Darkness*. Seattle-London: University of Washington Press, 1968

Walt Whitman. *Leaves of Grass*. London: Everyman's Library, 1949

Yue Daiyun ed. *Lu Xun's Studies Abroad*. Peking: Peking University Press, 1981

Zbigniew Slupski ed. *A Selective Guide to Chinese Literature*, 1900-1949. Vol.2. *The Short Story*. Leiden, E. J. Brill, 1988

期刊文章

Beatrice Leung. "Influence, Translation and Parallels: Selected Studies on the Bible in China" (book review). *China Perspectives*, No.63, 2006. pp.2-3

D. W. Fokkema. "*Mao Tun and Modern Chinese Literary Criticism*" (book review), *T'oung Pao*, Vol.57, 1971, pp.241-245

——. "*The Genesis of Modern Chinese Literary Criticism, 1917-1930*" (book review). *T'oung Pao*, Vol.68, 1982, pp.366-368

Marián Gálik. "Yu Dafu: Intoxicating Spring Night". *Novy Orient*, No.8, 1961, p.192

——. "Naturalism: A Changing Concept". *East and West*, New Series (Rome), Vol.16, Nos. 3-4, 1966, pp.310-328

——. "On the Influence of Foreign Ideas on Chinese Literary Criticism, 1898-1904. *Asian and African Studies*, II, 1966, pp.38-48

——. "Jaroslav Průšek ed. *Studies in Modern Chinese Literature*" (book review). *Asian and African Studies*, III, 1967, pp.192-194

——. "A Comment on 'Controversies in Modern Chinese Intellectual History'". *Asian and African Studies*, IV, 1968, pp.113-124

——. "Studies in Modern Chinese Literary Criticism: III. Ch'ien Hsing-ts'un and the Theory of Proletarian Realism". *Asian and African Studies*, V, 1969, pp.49-70

——. "Merle Goldman. *Literary Dissent in Communist China*" (book review). *Asian and African Studies*, V, 1969, pp.130-133

——. "Nietzsche in China, 1918 - 1925". Hamburg: *Nachrichten der Gesellschaft fur Natur-und Volkerkunde Ostasiens*, No.110, 1971, pp.5-47

——. "Studies in Modern Chinese Literary Criticism. V. The Socio-aesthetic Criticism of Ch'eng Fang-wu". *Asian and African Studies*, VII, 1971, pp.41-78

——. "Studies in Modern Chinese Literary Criticism. VI. Chiang Kuang-tz'u's Concept of Revolutionary Literature". *Asian and African Studies*, VIII,

1972, pp.43-69

——. "David Tod Roy. *Kuo Mo-jo: The Early Years*" (book review). *Asian and African Studies*, VIII.1972, pp.206-207

——. "Studies in Modern Chinese Literary Criticism. VI. Liang Shih-chiu and New Humanism". *Asian and African Studies*, IX, 1973, pp.29-51

——. "Chu Tzu-ch'ing" In Jaroslav Prusek and Zbigniev Slupski eds. *Dictionary of Oriental Literatures*. Vol.3. London: George Allen and Unwin Ltd., 1974, p.22

——. "Liang Shih-ch'iu" In Jaroslav Prusek and Zbigniev Slupski eds. *Dictionary of Oriental Literatures*. Vol.3. London: George Allen and Unwin Ltd., 1974, p.22

——. "*The Red Gauze Lantern* of Feng Nai-ch'ao". *Asian and African Studies*, X, 1974, pp.69-95

——. "Main Issues in the Discussion on 'National Form' in Modern Chinese Literature". *Asian and African Studies*, X, 1974, pp.97-111

——. "A Comment on Two Books on Modern Chinese Poetry". *Asian and African Studies*, X, 1974, pp.145-167

——. "Studies in Modern Chinese Intellectual History: I. The World and China: Cultural Impact and Response in the 20th Century". *Asian and African Studies*, XI, 1975, pp.11-56

——. "Julia C. Lin. *Modern Chinese Poetry. An Introduction*" (book review). *Asian and African Studies*, XI, 1975, pp.249-252

——. "Studies in Modern Chinese Intellectual History: II. Young Ch'u Ch'iu-pai, 1915-1922". *Asian and African Studies*, XII, 1976, pp.85-121

——. "Xu Dishan: *Spring Peach*" In Anna Dolezelova ed. *The Sun Road. A Selection of the Modern Asian Short Stories*. Bratislava: Slovensky Spisovate, 1976, pp.58-84

——. "*Chao- The King of Hell* and *The Emperor Jones*: Two Plays by Hung Shen and O'Neill". *Asian and African Studies*, XII, 1976, pp.123-133

——. "Leo Ou-fan Lee. *The Romantic Geration of Modern Chinese Writers*" (book review). *Asian and African Studies*, XII, 1976, pp.231-233

——. "On the Study of Modern Chinese Literature of 1920s and 1930s:

Sources, Results, Tendencies". *Asian and African Studies*, XIII, 1977, pp. 99-129

——. "On the Social and Literary Context in Modern Chinese Literature of 1920s and 1930s" In G. Malmqvist ed. *Nobel Symposium 32. Modern Chinese Literature and its Social Context*. Stokholm, 1977, pp.7-45

——. "Goethe in China (1932)". *Asian and African Studies*, XIV, 1978, pp. 11-25

——. "Mayakovsky in China". *Asian and African Studies*, XIV, 1978, pp.159-174

——. "James J. Y. Liu. *Chinese Theories of Literature*" (book review). *Asian and African Studies*, XIV, 1978, pp.218-221

——. "Early Poems and Essays of Ho Ch'i-fang". *Asian and African Studies*, XV, 1979, pp.31-64

——. "On the Literature Written by Chinese Women Prior to 1917". *Asian and African Studies*, XV, 1979, pp.65-100

——. "Adele Austin Rickett trans. *Wang Kuo-wei's Jen-Chien tz'u-hua. A Study in Chinese Literary Criticism*" (book review). *Archiv Orientalni*, Vol. 47, No.3, 1979, pp.196-197

——. "Modern Asian Literatures: Towards a Potential Comparative Approach to Their Study". *Asian and African Studies*, XVI, 1980, pp.145-151

——. "Adele Austin Rickett ed. Chinese Approaches to Literature from Confucius to Liang Ch'i-ch'ao" (book review). *Asian and African Studies*, XVI, 1980, pp.238-240

——. "The Concept of Creative Personality in Traditional Chinese Literary Criticism". *Oriens Extremus*, Vol.27, No.2, 1980, pp.183-202

——. "The Concept of 'Positive Hero' in Chinese Literature of the 1960s and 1970s". *Asian and African Studies*, XVII, 1981, pp.27-53

——. "A Comment on Three Soviet Books on Traditional Chinese Literature". *Asian and African Studies*, XVII, 1981, pp.202-209

——. "Comparative Aspects of Pa Ch'in's Novel *Cold Night*". *Oriens Extremus*, Vol.28, No.2, 1981, pp.135-152

——. "Some Remarks on 'Literature of the Scars' in the People's Republic of

China, 1977-1979". *Asian and African Studies*, XVIII, 1982, pp.171-186

——. "Controversies about Confucius and Confucianism in China, 1898 - 1978". *Asian and African Studies*, XVIII, 1982, pp.171-186

——. "Foreign Literature in the People's Republic of China between 1970-1979". *Asian and African Studies*, XIX, 1983, pp.55-65

——. "The Concept of Feeling in Chinese, English and German Literary Criticism". *Neohelicon*, Vol.X, No.1, 1983, pp.123-130

——. "In Footsteps of the Inspector-General: Two Contemporary Chinese Plays". *Asian and African Studies*, XX, 1984, pp.49-80

——. "Some Remarks about Translations from Asian and African Literatures into Slovak". *Asian and African Studies*, XXI, 1985, pp.197-209

——. "Literary Oriental Studies in Slovakia". *Asian and African Studies*, XXI, 1985, pp.19-27

——. "Yu Dafu and His Panaesthetic Criticism". *Wenxue yanjiu congkan*, No.1, 1986, pp.28-35

——. "Interliterary and Intraliterary Aspects of the Study of Post - 1918 Chinese Literature". Proceedings of international conference organized by Helmut Martin (Ruhr University) and Joseph S. M. Lau (University of Wisconsin) entitled "The Commonwealth of Chinese Literature", June, 1986

——. "The Comparative Aspects of the Genesis of Modern Chinese Literary Criticism" In Chou Ying-hsiung ed. *The Chinese Text Studies in Comparative Literature*. Kong Kong: The Chinese University Press, 1986, pp.177-190

——. "Liang Qichao and Wang Guowei: The First Impact of Foreign Literature on Modern Chinese Literature". *Beijing Daxue bijiao wenxue yanjiuhui tongxun*, No.11, 1986, pp.36-47. Translated by Zhang Wending of the Chapter 1 of the monograph: *Milestones in Sino - Western Literary Confrontation*, 1898-1979. Wiesbaden: Harrassowitz, 1986, pp.7-18

——. "Hong Shen's *The King of Hell* and its Relation with O'Neill and Baker". *Beijing Daxue bijiao wenxue yanjiuhui tongxun*, No.12, 1987, pp.53-70

——. "Jiang Guangci: Shaonian piaobozhe (The Young Wanderer)" In Mileva Dolezelova-Velingerova ed. *A Selective Guide to Chinese Literature*,

1900-1949. Vol.1. The Novel. Leiden: E. J. Brill, 1988, pp.96-97

——. "Rou Shi: Er'yue (The Threshold of Spring) In Mileva Dolezelova-Velingerova ed. A Selective Guide to Chinese Literature, 1900-1949. Vol.1. The Novel. Leiden: E. J. Brill, 1988, pp.144-145

——. "Some Remarks on the Process of Emancipation in Modern Asian and African Literatures". Asian and African Studies, XXIII, 1988, pp.9-29

——. "Some Remarks on Contemporary Asian and African Philosophy". Asian and African Studies, XXIII, 1988, pp.235-249

——. "East-West Interliterariness: A Theoretical Sketch and a Historical Overview" In Amiya Dev and Sisir Kuman Das eds. Comparative Literature Theory and Practice. New Delhi: Indian Institute of Advanced Study Shimla, 1988, pp.116-128

——. "Studies in Modern Chinese Intellectual History: V. Young Wang Guowei, 1901-1911". Asian and African Studies, XXIV, 1989, pp.37-65

——. "Reflections on the Community of Chinese Literature". Asian and African Studies, XXIV, 1989, pp.223-230

——. "Feng Naichao" In L. Haft ed. A Selective Guide to Chinese Literature, 1900-1949. Vol.3. The Poem. Leiden: E. J. Brill, 1989, pp.96-99

——. "Social and Patriotic Stimuli in Su Manshu's Translations of Victor Hugo and Lord Byron". Guoji Nanshe xuehui congkan, Vol.1, 1990, pp.15-24

——. "Wang Meng's Methopoeic Vision of Golgotha and the Apocalypse". Proceedings of international conference sponsored by the John King Fairbank Center for East Asian Research, May 11-13, 1990

——. "Patriotic and Sociopolitical Stimuli in the First Chinese Translations of Lord Byron's Canto The Isles of Greece". Asian and African Studies, XXV, 1990, pp.31-38

——. "At the Beginning was Shijing: On the Reception of Chinese Literature in Bohemia and Slovakia, 1897-1988". Asian and African Studies, XXV, 1990, pp.39-56

——. "Cao Yu. Lei'yu (Thunderstorm)" In Ebstein B. ed. A Selective Guide to Chinese Literature, 1900-1949. Vol.4. The Drama. Leiden: E. J. Brill, 1990, pp.52-55

——. "Hong Shen. Zhao Yenwang (*Zhao — The King of Hell*)" In Ebstein B. ed. *A Selective Guide to Chinese Literature*, 1900-1949. Vol. 4. *The Drama.* Leiden: E. J. Brill, 1990, pp.128-130

——. "May Fourth Literature Reconsidered. Musings over Mythopoiea as Creation" In Marian Galik. *Interliterary and Intraliterary Aspects of the May Fourth Movement* 1919 *in China.* Bratislava: Veda Publishing House of the Slovak Academy of Sciences, 1990, pp.269-283

——. "Reception of Confucius and Confucianism in Bohemia and Slovakia". *Asian and African Studies*, Vol.26, 1991, pp.71-86

——. "Some Theoretical Problems of the Interliterary Community of the Far East". Proceedings of the 13th Congress of the International Comparative Literature Association, Kawamoto Koji, Heh-Asiang Yuan and Ohsawa Yoshihiro eds. *Inter-Asian Comparative Literature.* 1991, pp. 222-228

——. "The May Fourth Movement after Seventy Years: Some Remarks at the Opening of the Smolenice Symposium". *Asian and African Studies*, Vol.26, 1991, pp.211-218

——. "Intercultural Process in East-West Interplay: A Theoretical Sketch and a Historical Overview". *Human Affairs*, Vol.1, No.1, 1991, pp.49-58

——. "Qian Xingcun's Theory of Proletarian Realism". *Yantai shifan xueyuan xuebao*, No.3, 1992, pp.38-47. Translation of Chapter 7 of the monograph: *The Genesis of Modern Chinese Literary Criticism*, 1917-1930. London: Curzon Press, 1980, pp.166-190

——. "Chinese Literature in European Context: Musings over Its Importance in Comparative Literature". *Human Affairs*, Vol.2, No.2, 1992, pp.150-160

——. "Metamorphosis in Modern Chinese (and Philosophical) Consciousness: Musings over Its 'Coming to Be'." *Asian and African Studies*, Vol.27, No.2, 1992, pp.211-218

——. "The Exotic and the Creative in the European Cultural Area". *Graecolatina et Orientalia.* Ronik XXI-XXII, 1993, pp.117-130

—— and Gu Cheng. "*Faust, Dream of the Red Chamber* and Maidenhood". *Shanghai Literature*, No.1, 1993, pp.65-68

——. "A Model of the Modern Chinese Intelligentsia — Young Bing Xin, Old

Tagore and Good Shepherd". *Aixin*, Vol.1, No.2, 1993, pp.29-32

——. "Studies in Modern Chinese Intellectual History: VI. Young Bing Xin, 1919-1923". *Asian and African Studies*, XXVIII, 1993, pp.41-60

——. "One of the Czech Translation of *Tao-te-ching*. A Contribution to an Interliterary and Interphilosophical Understanding". *Archiv Orientalni*, Vol. 61, No.3, 1993, pp.291-302

——. "*The Bible* and Chinese Literature as Seen from the Angle of Intercultural Communication". *Asian and African Studies*, Vol. 2, No.2, 1993, pp.113-133

——. "Gu Cheng and Xie Ye: Contemporary Poets Who Died Too Early". *Asian and African Studies*, Vol. 3, No. 2, 1994, pp.116-139

——. "The End of an Exotic Era? Reflections of a Comparatist". *Human Affairs*, Vol.4, No.1, 1994, pp.17-29

——. "The Reception of *The Bible* in Mainland China, 1980 - 1992: Observations of a Literary Comparatist". *Asian and African Studies*, Vol.4, No.1, 1995, pp.24-46

——. "Parody and Absurd Laughter in Wang Meng's *Apocalypse*. Musings over the Metamorphosis of the Biblical Vision in Contemporary Chinese Literature" In Helwig Schmidt ed. *Das andere China. Festschrift fur Wolfgang Bauer zum 65. Geburtstag*. Wiesbaden: Otto Harrassowitz, 1995, pp.449-461

——. "Ten Venetiam Poems by Wang Duqing: Chinese Entry into Literary Decadence". *Asiatica Ventiana* (Venice), Vol.1, 1996, pp.43-62

——. "Melancholy in Europe and in China: Some Observations of a Student of Intercultural Process". *Asian and African Studies*, Vol. 5, No.1, 1996, pp. 50-69

——. "Gu Cheng's Novel *Ying'er* and *The Bible*". *Asian and African Studies*, Vol. 5, No.1, 1996, pp.83-97

——. "Interliterariness in Interliterary Process". *Zhongguo bijiao wenxue*, No. 3, 1996, pp.91-97

——. "Three Modern Taiwanese Poetesses (Rongzi, Xia Yu and Siren) on Three Wisdom Books and the Bible". *Asian and African Studies*, Vol. 5, No.

2, 1996, pp.113-131

——. "Some Remarks on Deviant Love and Violence in Three Modern Chinese Decadent Plays" In P. Santangelo and Donatella Guida eds. *Love, Hatred and Other Passions. Questions and Emotions in Chinese Civilization*. Leiden-Boston: Brill, 1996, pp.331-341

——. "Comparative Literature in Slovakia". *Canadian Review of Comparative Literature*, Vol.23, No.1, 1996, pp.101-111

——. "Matres Dolorosae: Musings over Wang Duqing's 'Before the Madonna' and Guido Reni's La Crocifissione dei Cappuccini". *Studi in Onore Di Lionello lanciotti*, 1996, pp.647-669

——. "Roc Bird's Wings or Well Frog's Walls on the Far Eastern Intercultural Experience". *Asiatische Studien Etudes Asiatiques*, L. 1, 1996, pp.55-84

——. "On the Necessity of the 'Third Covenant' and the Interreligious Understanding: Confessions of an Idealist". *Human Affairs*, Vol.7, No.1, 1997, pp.86-93

——. "*The Song of Songs* (Sir Hassirim) and *The Book of Songs* (Shijing): An Attempt at Comparative Analysis". *Asian and African Studies*, Vol.6, No. 1, 1997, pp.45-75

——. "Feng Zhi and His Goethean Sonnet" In Akiyama masayuki and Leung Yiu-nam eds. *Crosscurrents in the Literatures of Asia and the West. Essays in Honor of A. Owen Aldridge*. Newark: University of Delaware Press, 1997, pp.123-134

——. "Liang Shiqiu and New Humanism". Zhongguo xiandai wenxue yanjiu congkan, No.4, 1996, pp.251-275. Chinese version of Chapter 11 of the monograph: Marian Galik. *The Genesis of Modern Chinese Literary Criticism, 1917-1930*. London: Curzon Press, 1980, pp.285-307

——. "On the Process of Intercultural (Mis) understanding between East and West in the Age of the Present-day Globalization" In V. Krupa ed. *Intercultural Contacts and Communication between East and West*. Bratislava: Institute of Oriental and African Studies, 1997, pp.1-17

——. "Globalization and Contemporary Chinese Literature". *Canadian Review of Comparative Literature*, Vol. XXIV, No.4, 1997 (published in 1998)

——. "Visions and Desires in the 13th Icla'91 Tokyo Congress and its Proceedings." *Asian and African Studies*, Vol. 7, No.2, 1998, pp.176-196

——. "Young Zhang Wentian and His 'Goethe's *Faust*'". *Asian and African Studies*, Vol. 8, No.1, 1999, pp.3-16

——. "Lao She and His Reception in Bohemia and Slovakia". *Human Affairs*, Vol.9, No.1, 1999, pp.86-96

——. "Marginalia to Gu Cheng: Answers to the Questions" In Li Xia ed. *Essays, Interviews, Recollections and Unpublished Materials of Gu Cheng, 20th Century Chinese Poet. The Poetics of Death*. Lewiston: The Edwin Mellen Press, 1999, pp.97-112

——. "On the Nature of Feminine Purity in *A Dream of Red Mansion* and Goethe's *Faust*. Marian Galik Interviews Gu Cheng in Berlin, April 24, 1992" In Li Xia ed. *Essays, Interviews, Recollections and Unpublished Materials of Gu Cheng, 20th Century Chinese Poet. The Poetics of Death*. Lewiston: The Edwin Mellen Press, 1999, pp.349-364

——. "On the Literature Written by Chinese Women Prior to 1917". *Asian and African Studies*, Vol. 8, 1999. pp.65-99

——. "A New World Literature Series in Wild Peony". *Asian and African Studies*, Vol. 8, 1999. pp.101-109

——. "Socrates Arabus: Musings in Greco-Arabian Intellectual History". *Asian and African Studies*, Vol. 9, No.1, 2000, pp.139-144

——. "Bing Xin and Her Reception in Bohemia and Slovakia". *Archiv Orientální*, 2000, pp.41-52

——. "Reception of Chinese Translated Literature in Czechoslovakia, Poland and Hungary, 1919-1989. East-West Dialogue". Special Issue: *Chinese and European Literature. Mutual Influences and Perspectives*. Vol.4, No.2 and Vol.5, No.1, June 2000, pp.1-24

——. "Gao Xingjian: *Soul Mountain* (Chapter 63)". *Literary Weekly*, November 2, 2000, pp.6-7

——. "Criticism and Creative Literature" In R. Malek ed. *Jews in China: From Kaifeng to Shanghai*. Sankt Augustin: Monumenta Serica Institute, 2000, pp.589-616

——. "Searching for Roots and Lost Identity in Contemporary Chinese Literature". *Asian and African Studies*, Vol. 9, No.2, 2000, pp.154-167

——. "A Comment on Three Recent Books on *The Bible* in Modern and Contemporary China". *Human Affairs*, Vol.10, No.2, 2000, pp.183-193

——. "*The Old Testament* of the Bible in Modern Chinese Literary Criticism and Creative Literature". In Roman Malek ed. *Jews in China: From Kaifeng to Shanghai*. Nettetal: Steyler Verl., 2000. pp.589-616

——. "Reception of the Chinese Translated Literature in Czechoslavakia, Poland and Hungary (1919-1989)" In *East-West Dialogue*, Special Issue, Chinese and European Literature Mutual Influence and Perspectives, Vol.4, No.2, 2000, pp.1-24

——. "The Bible in the Twentieth Century China against the Background of Psalms Translations". *Bulletin of the Philosophical Faculty of Comenius University*, *Philologica LII*, 2001, pp.273-284

——. "Between the Garden of Gethsemane and Golgotha: The Last Night and Day of Jesus in Modern Chinese Literature, 1921-1942". *Tamkang Review*, Vol. XXXI, No.4- XXXII, No.1(Summer-Autumn) 2001, pp.100-115

——. "Gao Xingjian's Novel *Lingshan (Soul Mountain)*: A Long Journey in Search for a Woman" In International Conference on Subjectivity/ Cultural Identity in an Age of Globalization, May 26 - 27, 2001. *Conference Proceedings*. Taipei: Shih Hsin University, 2001, pp.43-63

——. "Some Remarks on the Concept of World Literature from Goethe to Ďurišin". *Human Affairs*, Vol.11, No.1, 2001, pp.23-35

——. "Is It not Delightful to Have Friends Coming from Afar? Professor Ye Ziming and Me". *Human Affairs*, Vol.11, No.2, 2001, pp.183-192

——. "Some Remarks on Deviant Love and Violence in Three Modern Chinese Decadent Plays". Proceedings of international conference organized by Paolo Santangelo, Istituto Universitario Orientale Napoli, held in Cortona, November 5-10, 2001

——. "Nietzsche's Reception in China, 1902-2000". *Archív Orientální*, Vol. 70, 2002, pp.51-64

——. "Deviant Love and Violence in Modern Chinese Decadent Drama". *Asian and African Studies*, Vol. 11, No.2, 2002, pp.185-204

——. "Tang Poetry in Translation in Bohemia and Slovakia, 1902-1999" In Leo Tak-hung Chan ed. *One into Many. Translation and the Dissemination of Classical Chinese Literature*. Amsterdam-New York: Editions Rodopi B. V., 2003, pp.285-299

——. "Concepts of World Literature, Comparative Literature, and a Proposal". *Zhongguo bijiao wenxue*, No.1, 2003, pp.121-135

——. "Root-seeking and Identity-seeking Movement in Contemporary Chinese Literature". *Dongnan xueshu*, No.4, 2003, pp.28-35

——. "Cultural Identity and the Intercultural East-West Process. Some Theoretical and Practical Considerations". *Asian and African Studies*, Vol. 12, No.2, 2003, pp.113-121

Soiree Davidienne. "More Musings over the Necessity of the 'Third Covenant'". *Studia Orientalia Slovaca*, No. 1, 2003, pp.5-16

——. "*The Song of Songs* and a New Vision of Love in Modern Chinese Literature: An Essay in Hebrew-Chinese Interliterary Process." Proceedings of international conference organized by Paolo Santangelo, Rome, May 29-31, 2003

——. "Julius Zeyer's Version of 'Kunala's Eyes': A Buddhist Story in Czech Attire." *Archive Orientalni*, Vol.71, 2003, pp.333-338

——. "The Bible as a Source of Modern Literature. From Zhou Zuoren to Haizi" In *From National Tradition to Globalization. The Trends in Modern Chinese Literature*. Faculty of Oreintal Studies. Saint Petersburg: Saint Petersburg State University, 2004, pp.42-74

——. "Preliminary Remarks on the Reception of Rilke's Works in Chinese Literature and Criticism". In Monika Schmitz-Emans ed. *Festschrift fur Adrian Hsia*. Heidelberg: Synchron, 2004, pp.145-152

——. "Goethe's Faust and Its Reception in China at the Beginning of the 1920s" In Liu Guangliao et al eds. *Wu-chi Liu. Professor, Scholar and Teacher*. Peking: Social Sciences Academic Press, 2004, pp.407-488

——. "Bi Gan's Heart in the Intra- and Intercultural Process", Proceedings of international conference held at the University of Venice "Ca Foscari", May

27-28, 2004

——."Julius Zeyer's Version of Ma Zhiyuan"s Lady Zhaojun: A Xiongnu Bride in Czech Attire". *Asian and African Studies*, Vol.15, No.2, 2006, pp.152-166

——. "Temptation of the Maid: Bai Wei's Decadent Version of Baoyu's Last Rendez-Vous" In *Decadence (Fin de Siecle) in Sino-Western Literary Confrontation*. Bratislava: Institute of Oriental and African Studies, 2005, pp.79-91

——. "The Bible in the Literature of the Chinese Mainland in the Twentieth Century". *Asian and African Studies*, Vol.16, No.1, 2007, pp.68-80

——. "The Twenty-Fourth Nasreddin? Two Women in Wang Meng's Xinjiang Stories" In V. Veit ed. *The Role of Women in the Altaic World*. Permanent International Altaic Conference, 44th Meeting. Walberberg, 26-31 August, 2001. Wiesbaden: Otto Harrassowitz Verlag, 2007, pp.77-82

——. "*The Song of Songs* and the New Vision of Love in Modern Chinese Literature. An Essay in Hebrew-Chinese Interliterary Process". *Changjiang xueshu*, No.4, 2007, pp.18-26

——. "On the Lyric(al)ness in the Sino-Japanese Interliterary Process: Musings after Reading *Kokinshu* Prefaces." *Asian and African Studies*, Vol. 16, No.2, 2007, pp.147-160

——. "The Influence of *The Bible* on Modern Chinese Poetry". *Renwen zazhi*, No.5, 2007, pp.107-118

——. "World Literature and Interliterariness: From Goethe to Ďurišin". *Aomen daxue xuebao*, No. 2, 2008, pp.5-12

——. "A Blue Flower in the House of Han: Wang Zhaojun's Story in Czech Attire". *Qinghua daxue xuebao*, No.3, 2008, pp.99-105

——. "Comparing Cao Xueqin's and Bai Wei's Qingwen with Gabriele D'Annunzio's Bianca Maria: A Study in Sino-Italian Literary Decadence. *Sixth International Conference on Honglou Meng (Honglou Meng and Sinology)*. Kuala Lumpur: Department of Chinese Studies, University of Malaya, 2008, pp.1-8

——. "Post May-Fourth Decadence in Chinese Literature" In O. Lomova ed.

Paths towards Modernity. Conference to mark the Centenary of Jaroslav Průšek. Prague: Charles University. The Karolinum Press, 2008, pp.379-394

———. "The Reception of Confucianism in Bohemia and Slovakia". *Zhongguo wenxue yanjiu*, No.3, 2008, pp.180-190

———. "The Images of Shulamite in the Chinese Transaltions of the Bible, 1919-2004" In *Globalization and Cultural Identity/Translation*. International Conference Proceedings. Jiaoxi: Foguang University, 2008, pp.161-169

———. "Ren bi huanghua shou: On the Beauty of Poetry by Chinese Ladies between Han and Qing Dynasties (2nd Century B. C.—19th Century A. D.). *Studia Orientalia Slovaca*, Vol.VII, 2008, pp.73-77

———. "Decadence in Sino-Western Literary Confrontation". *Zhongguo xiandai wenxue yanjiu congkan*, No.1, 2009, pp.189-201

———. "King David (ca. 1037 - 967 B. C.) and Duke Wei of Jin (ca. 697 - 628 B. C.): Two Paradigmatic Rulers from the Hebrew Deuteronomistic and Early Chinese Historiography". *Asian and African Studies*, Vol. 19, No.1, 2010, pp.1-25

———. "Hebrew Deuteronomistic and Early Chinese Confucian Historiography: A Comparative Approach". *Frontiers of History in China*, Vol.5, No.3, 2010, pp.343-362

———. "The Images of Shulamite in the Chinese Translations of the Bible, 1919-2004". Proceedings of the Conference at Renmin University, August, 2011

———. "Interliterariness and the Interliterary Communities". Proceedings of the Conference at the Tenth Triennal Congress of CCLA (Chinese Comparative Literary Association) and its concurrent International Scholarly Conference (August 8-12, 2011), August 8-12, 2011

———. "Back to Literariness?: And What about Interliteriness?" Opening Remarks at the Tenth Triennal Congress of CCLA (Chinese Comparative Literary Association) and its concurrent International Scholarly Conference (August 8-12, 2011)

———. "Quo Vadis Ars Sinica? Reflections on Sino-Western Dialogue". *Asian and African Studies*, Vol. 21, No.1, 2012, pp.70-85

——. "Some Remarks on the Concept of World Literature in 2000" In Jan Koska and Pavol Koprda eds. *Concepts of World Literature in the Age of Globalization*. Bratislava: Institute of World Literature, Slovak Academy of Sciences, Bratislava, pp.91-106

——. "Interliterariness as a Concept of Comparative Literature" In Steven Totosy de Zepetnek ed. *Comparative Literature and Comparative Cultural Studies*. West Lafayette: Purdue University Press, pp.34-44

——. "On the Seven Elders of the Symposium" In Raoul David Findeisen and Martin Slobodnik eds. *Talking Literature: Essays on Chinese and Biblical Writings and Their Interaction*. Wiesbaden: Harrassowitz Verlag, 2013

——. "Psalm 137 According to Zhang Xiaofeng: The Wailing World in Post-1949 Taiwan Literary History". *Frontier of Literary Study in China*, Vol.7, No.1, 2013, pp.23-36

Radovan Skultety. "Sub Aegide Pallas: Fifty Years devoted to Literary Sinology". *Asian and African Studies*, Vol.15, No.2, 2006, pp.185-197

Roxane Witke. "Mao Tun and Modern Chinese Literary Criticism" (book review). *China Quarterly*, No. 44, 1970, pp.216-219

William R. Schultz. "Kuo Mo-jo and the Romantic Aesthetic, 1918-1925". *Journal of Oriental Literature*, Vol.6, No.2, 1955

高利克研究鲁迅、郭沫若和茅盾的期刊文章

关于鲁迅

Marián Gálik. "Lu Xun— A Friend of Youth". *Smena* (Bratislava), September 20, 1956

——. "Lu Xun's Contribution to the History of Modern Chinese Literary Criticism and His Struggle for a United Marxist Front" In Yue Daiyun ed. *Lu Xun's Studies Abroad*. Peking: Peking University Press, 1981, pp.228-277

——. "Studies in Modern Chinese Intellectual History: III. Young Lun Xun, 1902-1909. *Asian and African Studies*, XXI, 1985, pp.37-64

——. "Lu Xun's 'Call to Arms' and the Creative Confrontation with Garshin, Andreev and Nietzsche". *Panorama of Lu Xun's Studies*, No.1, 1989, pp.61

–67. It is the translation of the Chapter 2 of Marián Gálik ed. *Milestones in Sino – Western Literary Confrontation*, 1898 – 1979. Wiesbaden: Harrassowitz, 1986

——. "Interliterary Aspects of the Short Stories by Lu Xun: Changming deng (*The Eternal Lamp*) and V. M. Garshin: Krasnyi Tsvetok (*The Red Flower*)". *Asian and African Studies*, XXIV, 1989, pp.67–79

——. "Interliterary Aspects of the Short Stories by Lu Xun: Chang ming deng (*The Eternal Lamp*) and V. M. Garshin: Krasny Tsvetok (*The Red Flower*). *Lu Xun's Studies Monthly*, No.5, 1993, pp.35–41

——. "LuXun's Reception in Bohemia and Slovakia", unpublished.

——. "The Archer Yi according to Julius Zeyer (1841–1901) and Lu Xun (1881 – 1936): On the Changes of Old Mythologomenas in Modern Literature". Proceedings of the 1st International Conference on Lu Xun, November, 8–11, 2012

关于郭沫若

Marián Gálik. "The Expressionistic Criticism of Kuo Mo-jo". *Tokyo Shinagaku -ho* (*Bulletin of the Tokyo Sinological Society*), No.13, 1967, pp.231–243

——. "Studies in Modern Chinese Literary Criticism. IV. The Proletarian Criticism of Kuo Mo-jo". *Asian and African Studies*, VI, 1970, pp.145–160

——. "The Aesthetico – Impressionistic Criticism of Kuo Mo – jo". *Oriens Extremus* (Hamburg), No.21, 1974, pp.53–66

——. "Guo Moruo and His Development from Aesthetico – Impressionist to Proletarian Criticism" In Wenxuesuo Guowai Zhongguoxue (wenxue) Yanjiuzu ed. *Series in Foreign Studies of Chinese Literature*. Peking: Zhongguo Wenlian Chubangongsi, 1985. It is the translation of the Chapter 2 of Marián Gálik. *The Genesis of Modern Chinese Literary Criticism*, 1917–1930. London: Curzon Press, 1980

——. "Studies in Modern Chinese Intellectual History. IV. Young Guo Moruo, 1914–1924". *Asian and African Studies*, XXII, 1986, pp.43–72

——. "Reception and Survival of Gothe's *Faust* in GuoMoruo's Works and Translations, 1919–1922". *Asian and African Studies*, XXVI, 1991, pp.49

—70

——. "Goethe's *Faust* in China and Guo Moruo, 1919-1947". *Guoji Nanshe xuehui congkan*, Vol. 3, 1992, pp. 143-157

——. "Gothic Chamber in Gothe's *Faust* and a Tiny Room in Hakozaki: Some Comments on Guo Moruo's Translation from October 10, 1919". 2010 年 8 月济南"郭沫若文献史料国际学术研讨会暨 IGMA 学术年会论文汇编》, pp.410-419

——. "Young Guo Moruo and Buddhism, 1914-1915". 2012 年 11 月乐山《郭沫若与文化中国 — 纪念郭沫若诞辰 120 周年国际学术研讨会论文集》, pp.214-218

关于茅盾

Marián Gálik. "Mao Dun: One Summer Night". *Novy Orient* (Praha), No.6, 1959, pp.109-110

——. "Mao Dun: Decay". *Nase Vojsko* (Praha), No.8, 1960, pp.192 & 170

——. "Mao Dun and Szech Literature". *Novy Orient*, No.4, 1961, pp.75-76

——. "A Minor Comedie Humaine of China in the Years, 1911-1949 (On the 65th Birthday of Mao Dun". *New Orient Bimonthly*, No.4, 1961, p.100

——. "The Names and Pseudonyms Used by Mao Tun". *Archív Orientální*, No. 31, 1963, pp.80-108

——. "A Comment on Two Studies Written on the Works of Mao Tun". *Asian and African Studies*, I, 1965, pp.81-103

——. "A Comment on Two Collections of Mao Tun's Works". *Archív Orientální*, No.33, 1965, pp.614-638

——. "From Chung-tzu to Lenin. Mao Tun's Intellectual Development". *Asian and African Studies*, III, 1967, pp.98-110

——. "Studies in Modern Chinese Literary Criticism: I. Mao Tun in 1919-1920". *Asian and African Studies*, III, 1967, pp.111-140

——. "Studies in Modern Chinese Literary Criticism: II. Mao Tun on Men of Letters, Character and Functions of Literature, 1921-1922". *Asian and African Studies*, IV, 1968, pp.30-43

——. "Mao Dun" (Mao Tun). *Pyramida*, 92, 1979, pp.2933-2934

——. "Comparative Aspects of Mao Dun's Novel *Midnight*". *Asian and African Studies*, XIX, 1983, pp.97-127

——. "Mao Dun's Struggle for Realistic and Marxist Theory of Literature" In Li Xiu ed. *Mao Dun's Studies Abroad*. Changsha: Changsha People's Publishing House, 1984. pp.645-674. It is the translation of the Chapter 8 of Marián Gálik. *The Genesis of Modern Chinese Literary Criticism*, 1917 - 1930. Bratislava-London: Veda-Curzon Press, 1980. pp.191-213

——. "Prologue to Slavak Edition of *The Shop of the Lin Family and Other Short Stories*" In Li Xiu ed. *Mao Dun's Studies Abroad*. Changsha: Changsha People's Publishing House, 1984. pp.312-325. But it is necessary to say that original work of the author was in reality an epilogue and not a prologue.

——. "Mao Dun on the Questions of the Literary Creation and Technique" In Tang Jinhai and Kong Haizhu eds. *Studies on Mao Dun's Life and Work*. Vol. 2, part 1, 1985, pp.1552-1569. It is the translation of the Chapter 11 of Marián Gálik. *Mao Tun and Modern Chinese Literary Criticism*. Wiesbaden: Franz Steiner Verlag, 1969

——. "Mao Dun on Literary Creation and Technique" (translation of the Chapter 11 of the monograph: *Mao Tun and Modern Chinese Literary Criticism*. Wiesbaden: Franz Steiner Verlag, 1969, pp.126-138. *Zhongguo bijiao wenxue*, No.3, 1986, pp.248-260

——. "Mao Dun: Hong (*The Rainbow*) and Ziye (*Midnight*)" In Mileva Dolezelova-Velingerova ed. *A Selective Guide to Chinese Literature*, 1900-1949. Vol.1. *The Novel*. Leiden: Brill, 1988, pp.133-134 & 137-139

——. "Mao Dun: Chuncan (*Springworms*)" In Zbigniew Slupski ed. *A Selective Guide to Chinese Literature*, 1900-1949. Vol.2. *The Short Story*. Leiden: E. J. Brill, 1988, pp.127-130

——. "Comparative Elements in Mao Dun's Novel *Midnight*" In *Mao Dun Studies*, No.4, 1990, pp.309-344. It is the translation of the Chapter 4 of Marián Gálik ed. *Milestones in Sino-Western Literary Confrontation*, 1898-1979. Wiesbaden: Harrassowitz, 1986, pp.73-79. Also reprinted in *Studies in Modern Chinese Well-known Writers*, No.1, 1991, pp.35-62

——. "Merchants and Mercenarie in the Twilight of China in the 1930s". *The*

Journal of the Oriental Society of Australia, Vol.24, 1992, pp.1-14

——. "Mao Dun and Me". *Asian and African Studies*, Vol.4, No.2, 1995, pp. 113-136

——. "The Mythopoeic Vision in Mao Dun's Fiction". *Dongbei Shida Xuebao*, 1993, No.2. pp.15-18. Also In *Guoji Nanshexuehuicongkan*, Vol.4, 1993, pp.169-178（原为1990年6月24-26日在新竹的清华大学举办的"中国现代文学第三次国际会议"会议论文，译者注）

——. "The Messenger of the Gods: Mao Dun and the Introduction of Foreign Myths to China, 1924-1930" In *Tamkang Review*, Vol. XXIII, 1992-1993, Nos. 1, 2, 3, 4 (published in 1994), pp.639-669

——. "Mao Dun and Me. " *Asian and African Studies*, Vol.4, No.2, 1995, pp.113-136

——. "Merchants and Mercenarie in the Twilight of China in the 1930s" In *Mao Dun yanjiuhuibian (The Chinese Association of Mao Dun Studies)*: *Mao Dun and the Twentieth Century*. Beijing: Xinhuachubanshe, 1997, pp.563-576

——. "Persephone, Pandora and Miss Mei: Mythopoeic Vision in Classic Greek Myth and in Modern Chinese Novel" In *Mao Dun yanjiuhuibian (The Chinese Association of Mao Dun Studies)*: *Mao Dun and the Twentieth Century*. Beijing: Xinhuachubanshe, 1997, pp.577-590

——. "Mythopoeic Warrior and Femme Fatale. Mao Dun's Vision of Samson and Delilah" In I. Eber, Sze-kar Wan and K. Walf eds. *Bible in Modern China: The Literary and Intellectual Impact*. Sankt Augustin: Nettetal, 1999, pp.301-320

——. "Mao Dun and Nietzsche. From Beginning to the End, 1917-1979". *Asian and African Studies*, Vol.8, No.2, 1999, pp.117-147

——."From Enthrallment to Disappointment. Mao Dun and Nietzsche, 1920-1921". *Mao Dun Studies*. Beijing: Xinhuachubanshe, 2003, pp.307-315 (Paper originally read at the International Symposium on Nietzsche in East Asia, Sept. 26-29, 1998, Sils-Maria, Switzerland)

——. "Young Mao Dun and the First Chinese Essay on Gabriele D'Annunzio: A Quest for Chinese Literary Decadence" In Chiu Ling-yeong and Donatella

Guida eds. *A Passion for China. Essays in Honor of Paolo Santangelo for his 60th Birthday*. Leiden-Boston: Brill, 2006, pp.142-155

——. "At Peking University I Studies the Life and Works of Mao Dun" In *Flying Snow under the Red Tower*: The Reminiscences of the Foreign Students on Peking University, 1947 - 2008. Beijing: Beijing University Press, 2008

——. *Mao Dun's Short Stories*, 1928 - 1937. Originally MA. thesis at the Philological Faculty of Charles University, Prague, 1958 (Unpublished)

——. *A Biography of Mao Dun*. 65p, written in Chinese between March and June 1960. (Unpublished)

——. "Young Mao Dun and the First Chinese Essay on Gabriele D'Annunzio: A Quest for Chinese Literary Decadence" In Chiu Ling-yeong ed. *A Passion for China*: *Essays in Honour of Paolo Santangelo for his 60th Birthday*. Leiden: Brill, 2006, pp.142-155

——. "Wo he Mao Dun" In Marián Gálik. *Jieke he Siluofake hanxue yanju*. Peking: *Xueyuan chubanshe* 2009, pp.101-122

高利克先生其他未公开发表的研究资料

1. Interview: "Sub Aegide Pallas (II): Marián Gálik Octogenarian" by Liu Yan at Institute for Transcultural Studies, Beijing International Studies University
2. "The Bible, Chinese Literature and Me: The Musings of an Octogenarian
3. "My 'Nietzsche in China after 40 Years (1971-2011)
4. 玛利安·高利克著. 刘燕译."冯至及其哥德十四行诗",待发表。

后 记

以抢救文物的心情
——谨以此书稿和译著献给高利克先生八十寿辰

不少人好奇地问起我和高利克先生的关系和认识过程。黄维樑老先生、阎纯德老先生、许建辉教授、曹师顺庆先生,还有好多好多。在公共场合、在采访中、在私下里,都有。在我,是先生的学生。先生则当我面告诉别人,我是他外孙女巴巴拉·巍白碧的好朋友,是他最好的翻译家。

是2010年8月21-24日在山东济南举办的"第二届郭沫若国际会议"上认识先生和白碧的。先生看到会议论文集上我的文章的参考文献中有对他的文献引用,便让他的老朋友,彼时澳门大学的朱寿桐教授把我叫过去对我表示感谢,并问我还有什么需要他帮助的。当时我的博士论文《英语世界的郭沫若研究》已经快完成,其中有三篇关于他研究郭沫若的文章在国内的数据库中无法获得,于是便如实告诉了先生,并给他留下了我的联系方式。先生答应我回斯洛伐克后就把文章发给我。后来,我还发过一次邮件给先生问及资料的事,先生没有回复。

时隔一年多后,即2011年的11月19日,高利克先生大约是因为白碧写文章的事记起了他在郭沫若国际会议上答应我的请求,给我发了封邮件。邮件中先生提出"交换",他将自己的那三篇研究郭沫若的文章给我,我则为白碧在国内找她论文需要的两篇中文文章。第二天,高利克先生随邮件先将他的那三篇研究郭沫若的文章以PDF的形式发给了我。当时我的专著《英语世界的郭沫若研究》已经出版,由于没能及时得到高利克先生研究郭沫若的这三篇文章,我在书中以"遗憾"为题做了说明。2011年12月11日的邮件中,高利克先生让我把所搜集到的有关他研究郭沫若的详细书目给他,他愿意把那些我在国内找不到的资料都亲自给我。

留学基金委的公派出国"项目。先生坚持让我去斯洛伐克科学院做他的学生收集布拉格汉学学派的中国现当代文学研究资料。研究计划书从内容、到语言和格式都是在他的亲自帮助下历时一个多月才完成的。最终,斯洛伐克科学院的官方邀请函是东方研究所所长作为他给先生80岁的生日礼物给我的。

　　高利克先生到乐山的前几天,正好中国茅盾学会的钱振纲教授和许建辉教授负责主编一套60册的《茅盾研究八十年书系》。许教授向先生约稿,想翻译出版他的第一本英文专著《茅盾与中国现代文学批评》。高利克先生告诉我和北京语言大学的李玲教授,他很想出版该书稿的译稿,但是他要一个熟悉他整个学术研究的、他认可的人来做这件事。他指明这个人是我。我同时告诉李玲、高利克先生和许建辉教授我确实太忙了,挪不出时间来做这个翻译。如果实在要我做,那得等到我九月把当时正在做的这本书稿完成了才行。其实,我更在意的是(这点我告诉了李玲和许教授),我本不是研究中国现当代文学的。这本书稿涉及相当范围的中国现当代文学史料和西方文学、哲学、宗教学史料,原始资料的查找核实是异常繁复浩大的工程。可是高利克先生很固执,说他相信我,他也可以等。在他的那封让人落泪的邮件里,先生说他会努力活到等我能去他那儿的一天。于是许教授把译稿出版的计划安排到了《茅盾研究八十年书系》第二辑。

　　在乐山和川大的这一个月中,交流时先生多次提及他的学术愿望,每次总说他还年轻,可以等我不那么忙的时候再帮他。可是,当许建辉教授再次告诉我《茅盾研究八十年书系》第二辑做了调整准备出论文集时,我不得不重新考虑先生的不再年轻,考虑他的期待和我的愧疚,考虑要等到出版社愿意免费出版的幸运机会。于是,在先生离开川大之前,我与许教授谈了我的打算。我说我愿意以抢救文物的心情,答应一位在国际汉学界德高望重的老前辈,毅然暂时放下手中的所有科研和杂事来翻译他的书稿。而且,一旦答应了,我会尽我最大的努力,保证按时将译稿保质保量地交给她,不负先生的殷切希望和我的付出。许建辉教授为先生的执著和我的努力感动,答应给我们四个月时间,八月底将书稿的定稿交给编委会。书稿译稿的出版委托协议书是我和许建辉教授、李玲教授以及先生商定后于4月28日在北京签订的。

　　这个协议的签订无意中成全了我现在的这本书稿。中国茅盾学会和拿到这些珍贵的资料,我萌发了申报关于高利克先生的郭沫若研究的课题。2011年12月25日,我去看望曹师顺庆先生时说到我与高利克先生的交往和课题研究的想法,顺庆先生鼓励我可以把研究范围扩及高利克的中国现当代文学研究,并亦真亦假地开玩笑说,玉英,看你面子够不够大,替我请他到川大做讲学吧,具体时间和时间长短都可以由他自己定。我可是曾经请了他两次都没请到的。我回家后即在圣诞节的夜晚给高利克先生发了节日的问候和请他到川大讲学的邀请。

2011年12月31日,先生给了我两封长长的邮件。第一封邮件中高利克先生梳理了他研究中国现当代文学的情况及他研究所涉及的作家与批评家。由于涉及的作家众多,他建议我最好做关于他的鲁迅、郭沫若和茅盾研究的研究。第二封邮件中高利克先生让我不用找香港的吴(耀宗)先生索取资料,并将"南社"的负责人、柳亚子先生的亲属高铦先生的联系方式(包括三个邮箱号和手机号)给了我,让我直接请他给我《郭沫若与歌德的〈浮士德〉在中国》(Goethe's Faust in China and Guo Moruo, 1919-1947)这篇文章。该文发表在《国际南社学会丛刊》1992年第3期上。大约是为了让高铦先生愿意帮助我这莫名跑出来求助的陌生人吧,先生在邮件中让我告诉高铦先生在自己2009年将20多封信呈交给中国现代文学馆和南社博物馆之后他又发现了不少自己与柳无忌先生之间的通信。高铦先生见到我的邮件后马上做了回复,并将我需要的文章及其后的附录(附录部分是高铦先生在给我手写的信中说怕我需要自作主张复印的)快递给了我。

2012年2月10日晚,高利克先生答应了到川大和乐山师范学院(师院的讲座是他自己主动提出来的)讲学的邀请,并随这封邮件将其回复顺庆先生的邮件同时也发了一份给我。讲学时间为一个月,具体时间定在2013年的4月。

2012年的3月和6月,我同时成功申报了两个与高利克先生的中国现当代文学研究相关的课题,课题的最终成果形式是书稿《马立安·高利克的中国现代文学研究》。更加密切的交往由此开始。帮先生填报到川大讲学办理邀请函需要的各种表格、与各位负责的老师的各种繁复的联系、他到沙湾参加郭沫若国际会议需要的各种材料、表格、简历和会议文章的修改以及与北京郭沫若纪念馆负责人联系他的护照、机票、接送、陪同等等事宜。很多事,我成了他的代办人。2013年年初时,我申报了"2013年国家中国现代文学馆的几位德高望重的前辈,也是先生的朋友,不明白先生为什么非要坚持将他这么重要的书稿让我这么一位学界小辈来翻译,并且宁可错失这么好的出版机会也不愿让他们找人翻译。先生与他们谈及我的研究,谈及我为人做事的严谨与认真,谈及我与他这一年多的交往。于是,北京语言大学的阎纯德先生对我的"中国文学经典在英语世界的系列研究"发生了兴趣。他委托李玲教授给我电话,转达了他的愿望,于是有了这本书稿作为阎先生主编的"列国汉学史书系"丛书出版的故事。

高利克先生说,我是他晚年生活里上帝派给他的天使,帮助他完成一生的夙愿。先生两次带着大袋的研究资料远道来乐山,每次都毫不隐讳地告诉我说:"I come here only for you!"在我告知他委托协议书签订事宜安排好后的邮件中,先生第一句话即是:"这样,我和你的名字就可以一起永远留在中国现代文学史上了!"包括进哥哥、芷蕤和竹田,身边的朋友一一见证了先生的睿智、谦和以及他对我的好。"投我以木桃,报之以琼瑶",感觉自己真正是怀着一种虔诚之心来回报一份深厚的信任与感情。希望两本书稿能不负高利克先生与其他所有对其给予厚望的学界同仁们的期望。

感谢所有关爱我的人!幸福因为有你在!

杨玉英
于乐山师范学院
二〇一四年七月二十六日